Gesetz

über die

Zwangsversteigerung

und die

Zwangsverwaltung

vom 24. März 1897

mit besonderer Berücksichtigung der bayerischen Ausführungs-Bestimmungen und
unter Anfügung von Beispielen

erläutert von

Anton Steiner
Kgl. Amtsrichter.

München 1905.
J. Schweitzer Verlag (Arthur Sellier).

Druck von C. Brügel und Sohn, Ansbach.

Vorwort.

Mit dem 1. Mai 1905 ist für einen größeren Teil auch des rechtsrheinischen Bayerns das Grundbuch für angelegt erklärt und damit auch das Reichsgesetz über die Zwangsversteigerung und Zwangsverwaltung in Kraft gesetzt worden.

Zur Erleichterung der praktischen Anwendung dieses Gesetzes für den bayerischen Juristen soll die gegenwärtige Bearbeitung dienen, welche den reichs- und landesrechtlichen Stoff in einheitlicher Darstellung zu bieten versucht.

Sie ist vorzugsweise für den Handgebrauch bestimmt, weshalb eine möglichst gedrängte Wiedergabe der durch die bisherige, bereits recht reichhaltige, Literatur und Rechtsprechung erzielten Resultate angestrebt wurde. Für die Übergangszeit erschienen mir kurze Hinweise auf den bisherigen bayerischen Rechtszustand, welche in der Regel den Erläuterungen der einzelnen Paragraphen vorangestellt wurden, nicht überflüssig zu sein, und noch mehr glaube ich, dies von den als Anhang beigefügten und nach dem Vorbilde der dort zitierten Bearbeitungen zusammengestellten Beispielen, sowie den auszugsweise mit abgedruckten gebührenrechtlichen Bestimmungen hoffen zu dürfen.

Wenn so das Buch dazu beitragen sollte, das vielfach in Bayern gegen das Gesetz bestehende Mißtrauen beseitigen zu helfen, so wäre mir dies ein Beweis, daß es der Praxis mit einigem Nutzen gedient hat.

München im Mai 1905.

Der Verfasser.

Inhaltsverzeichnis.

Verzeichnis der häufigeren Abkürzungen

(abgesehen von den ohnehin bekannten, lediglich nach den Namen der Verfasser zitierten Werke über das Bürgerliche, Zivilprozeß- und Konkurs-Recht).

Altmann = Das Reichsgesetz über die ZV. und ZVerw., Erläuterungen von Dr. Paul Altmann.
Becher, LZR. = Becher, das rechtsrheinisch-bayer. Landeszivilrecht und Landeszivilprozeßrecht.
Becher, Mat. = Becher, die gesamten Materialien zu den das BGB. und seine Nebengesetze betr. bayer. Gesetzen.
Böhm-Klein = Kom. z. Bayer. Ausführungsgesetz zum BGB. von F. Böhm und M. Klein.
Fischer-Schäfer = Die Gesetzgebung, betr. die ZV. in das unbew Vermögen im Reiche und in Preußen, bearbeitet von Dr. O. Fischer und Dr. S. Schäfer.
Freund = Die Zwangsvollstreckung in Grundstücke, system. dargestellt von J. Freund (3. Aufl.).
Gruchot = Gruchots Beiträge zur Erläuterung des deutschen Rechts von Rassow, Küntzel und Eccius.
Günther = Gesetz über die ZV. und ZVerw., erläutert von J. Günther.
Henle = Das Gesetz über die ZV. u. ZVerw., erläutert von W. Henle (2. Aufl.).
Henle-Schneider = Die bayer. Ausführungsgesetze z. BGB. von W. Henle u. H. Schneider.
Jäckel = Das Reichsgesetz über die ZV. und ZVerw., bearbeitet von Dr. Paul Jäckel (2. Aufl.).
Kretschmar = Das Reichsgesetz über die ZV. und ZVerw., syst. dargestellt von Ferd. Kretschmar.
Niebner = Ges. über die ZV. und ZVerw., bearbeitet von Alex. Niebner.
Ortenau-Henle = Komm. zur Bayer. Subhastationsordnung, 3. Aufl. von W. Henle.
Peiser = Die Zwangsverwaltung von Grundstücken von H. Peiser. (2. Aufl.)
v. d. Pfordten = Kommentar zu dem Gesetz über die ZV. und ZVerw. von Th. v. der Pfordten.
v. d. Pfordten, AG. = Ausführungsgesetz z. GBO. u. ZVG., Textausgabe von v. d. Pfordten.
Reinhard = Das Zwangsversteigerungsgesetz, Kommentar von Paul Reinhard.
Roth-Becher, BZR. = Bayer. Zivilrecht von Paul v. Roth und H. Becher.
Samter = Handbuch zum Verfahren der ZV. und ZVerw. von M. K. Samter.
Schöller = Die ZV. und ZVerw. von Grundstücken im Wege der Zwangsvollstreckung von Dr. W. Schöller.
Wenz-Wagner = Die ZV. und ZVerw., syst. dargestellt von P. Wenz und J. Wagner. (2. Aufl.)
Wolff = Das Reichsges. über die ZV. und ZVerw., erläutert von Th. Wolff. (2. Aufl.)

AG. = Ausführungsgesetz.
BayNotZ. = Bayer. Notariatszeitung und Zeitschrift für Notariat und freiw. Rechtspflege in Bayern, herausgeg. von H. Kaisenberg.
BayZfR. = Zeitschrift für Rechtspflege in Bayern, herausgeg. von v. d. Pfordten.
BGB. = Bürgerliches Gesetzbuch.
DA. f. GBÄ. = Dienstanweisung für die Grundbuchämter r. d. Rh. vom 27. Febr. 1905.
EG. = Einführungsgesetz.
GBO. = Grundbuchordnung.

GebGes. = Gebührengesetz.
GFG. = Gesetz über die Angelegenheiten der freiwilligen Gerichtsbarkeit.
GKG. = Gerichtskostengesetz.
GVBl. = Gesetz- und Verordnungsblatt.
GVollzGeschA. = Geschäftsanweisung für die Gerichtsvollzieher.
HGB. = Handelsgesetzbuch.
HypGes. = Hypothekengesetz.
JMBek. = Justizministerialbekanntmachung.
JMBl. = Justizministerialblatt.
JW. = Juristische Wochenschrift.
KO. = Konkursordnung.
Mot. = Motive.
NotGes. = Notariatsgesetz.
NotGebO. = Notariatsgebührenordnung.
NotGeschO. = Notariatsgeschäftsordnung.
Nov. = Novelle.
oberst. Erk. = Sammlung von Entscheidungen des bayer. obersten Landesgerichts in Zivilsachen und des Notariatsdisziplinarhofs.
RAGebO. = Rechtsanwaltsgebührenordnung.
Recht = Das Recht, Rundschau für den deutschen Juristenstand, herausgeg. von H. Th. Sörgel.
Rechtspr. d. OLG. = Rechtsprechung der Oberlandesgerichte, herausgeg. von Mugdan und Falkmann.
RG. = Entscheidungen des Reichsgerichts in Zivilsachen.
RGBl. = Reichsgesetzblatt.
SeuffArch. = J. A. Seufferts Archiv für Entscheidungen der obersten Gerichte.
SO. = Subhastationsordnung.
StGB. = Reichsstrafgesetzbuch.
StPO. = Reichsstrafprozeßordnung.
ÜV. = Bayer. Gesetz, Übergangsvorschriften zum Bürgerlichen Gesetzbuch betr.
VO. = Verordnung.
ZBlFG. = Zentralblatt für freiwillige Gerichtsbarkeit und Notariat, sowie Zwangsversteigerung, herausgeg. von A. Lobe.
ZfZP. = Zeitschrift für deutschen Zivilprozeß, herausgeg. von Dr. M. Schultzenstein und Dr. F. Vierhaus.
ZPO. = Zivilprozeßordnung.
ZVG. = Zwangsversteigerungs- und Zwangsverwaltungsgesetz.

Einleitung.

I. Entstehung des Gesetzes, Verhältnis zur ZPO., Zweck.

1. Während die ZPO. vom 30. Januar 1877, abgesehen von einigen Bestimmungen über Zuständigkeit und über das Verfahren bei den mit der Immobiliarvollstreckung zusammenhängenden Rechts- und besonders Verteilungs-Streitigkeiten, die Regelung des Verfahrens der Zwangsvollstreckung wegen Geldforderungen in das unbewegliche Vermögen vollständig der Landesgesetzgebung überlassen hatte, ergab sich aus der einheitlichen Ordnung des Liegenschaftsrechtes des BGB. die Notwendigkeit einer reichsgesetzlichen Gestaltung des Immobiliarzwangsvollstreckungsrechtes.

Zufolge Beschlusses des Bundesrats vom 14. Juni 1888 wurde gleichzeitig mit dem 1. Entwurf eines bürgerl. Gesetzbuches auch der Entwurf eines „Gesetzes, betr. die Zwangsvollstreckung in das unbewegliche Vermögen" hergestellt, welcher nebst den beigegebenen Motiven veröffentlicht ist (amtliche Ausgabe bei J. Guttentag in Berlin, 1889). Gegenstand dieses 1. Entwurfes war aber nur die Zwangsversteigerung und Zwangsverwaltung, nicht die Eintragung von Zwangshypotheken.

Nachdem der Entwurf, ebenso wie derjenige zum BGB., im Reichsjustizamt einer Neubearbeitung und sodann der Beratung und Beschlußfassung des Bundesrats unterzogen war, gelangte er am 12. Dezember 1896 als „Entwurf eines Gesetzes über die Zwangsversteigerung und die Zwangsverwaltung" und Einführungsgesetzes hierzu mit einer erläuternden Denkschrift an den Reichstag.

Der durch die Beschlüsse des Reichstags nach Maßgabe der Anträge der Beratungskommission abgeänderte 2. Entwurf des Gesetzes gelangte am 8. März 1897 zur Annahme und erhielt am 18. März 1897 die Zustimmung des Bundesrats; am 24. März 1897 wurden die Gesetze vom Kaiser unterzeichnet und im Reichsgesetzblatt Nr. 14 S. 97 ff. und 135 ff. veröffentlicht (Fassung vom 20. Mai 1898, RGBl. S. 713).

Das ZVG. tritt für Grundstücke und die diesen gleichgestellten Berechtigungen gemäß §§ 1, 15 EG. hierzu für jeden Grundbuchbezirk mit dem Zeitpunkt in Kraft, in welchem das Grundbuch überhaupt für angelegt erklärt wird.

Im nachstehenden ist in der Regel nur der I. Entwurf nebst Motiven (nach Guttentag), sowie die Denkschrift zum II. Entwurf nebst Kommissionsbericht (nach Hahn-Mugdan, Mot. Bd. V) zitiert.

2. Das Reichsgesetz über die Zwangsversteigerung und Zwangsverwaltung regelt in der Hauptsache — von §§ 172—184 abgesehen — das Verfahren, in welchem die zwangsweise Befriedigung einer Geldforderung (Anspruchs auf Zahlung einer bestimmten Geldsumme an den Gläubiger) aus dem unbeweglichen Vermögen eines Schuldners zu erfolgen hat.

Seine prozessualen Vorschriften bilden einen Bestandteil der ZPO., in welche sie bei § 869 einzufügen sind, und schließen sich hier an die in §§ 864 ff. durch die Novelle vom 17. Mai 1898 neugeschaffenen allgemeinen Bestimmungen über die Zwangsvollstreckung in das unbewegliche Vermögen an. Die Regelung der Materie in einem besonderen Gesetz neben der ZPO. ist also nur eine äußerliche. Soweit es nicht besondere Bestimmungen enthält, sind in dem von ihm geregelten Verfahren die Vorschriften der ZPO. anzuwenden. Dies gilt z. B. hinsichtlich der Partei- und Prozeßfähigkeit, des Verfahrens vor den Amtsgerichten, der fakultativen mündlichen Verhandlung.

Der materiell-rechtliche Inhalt des Gesetzes dient zur Ausführung und Ergänzung der Bestimmungen des BGB.,[1]) hauptsächlich des Hypothekenrechtes.

3. Das Gesetz findet, obwohl es zunächst dem Bedürfnis des Hypothekgläubigers gerecht werden will, in gleicher Weise bei der Verwirklichung des dinglichen, wie rein persönlichen Anspruchs Anwendung.

Ersterer kann regelmäßig nur nach Maßgabe des gegenwärtigen Gesetzes verfolgt werden (§§ 1147 mit 1107, 1192, 1200 BGB. und 866, 869, 870 ZPO.); eine Ausnahme besteht lediglich für den Fall, daß der Eigentümer des Grundstücks nach Eintritt der Fälligkeit des dinglich gesicherten Anspruchs eine anderweitige Befriedigungsart (lex commissoria, Privatverkauf, Vermietung bezw. Verpachtung u. dgl.) mit dem Berechtigten vereinbart (§ 1149 BGB.; obstr. Erk. n. F. III S. 683).

Der Gläubiger kann sich zur Sicherung seines Anspruchs auch der Zwangshypothek bedienen (§§ 866, 932 ZPO., §§ 421 ff. DA. f. GAÄ.), auch soweit dieser bereits hypothekarisch gesichert ist (Rechtspr. d. OLG. V S. 332, Recht 1902 S. 374).

Bei der Zwangsversteigerung wird das Recht des Gläubigers auf Befriedigung aus dem Grundstück mittels Umsetzung desselben in Geld, bei der Zwangsverwaltung mittels Verwertung der Einkünfte verwirklicht. Beide Vollstreckungsmaßregeln sind nunmehr nebeneinander anwendbar (der persönliche Gläubiger kann nach seiner Wahl außerdem noch mit Mobiliar-

[1]) „Die Immobiliarzwangsvollstreckung hängt nicht bloß in ihren Voraussetzungen, sondern auch in ihren Wirkungen eng mit den sachlichen Vorschriften des Liegenschaftsrechtes zusammen; das gilt namentlich von der Zwangsversteigerung, deren Zweck regelmäßig nur durch Vernichtung bestehender und durch Begründung neuer Rechte am Grundstück sich erreichen läßt." Denkschr. S. 34.

vollstreckung[2]) vorgehen)); vgl. Vorbem. 2 zu § 1. Die §§ 172—184 des Ges. betreffen Fälle, in denen zwar eine zwangsweise Versteigerung und Verwaltung von Immobilien, aber zu anderen Zwecken, als zur Befriedigung einer Geldforderung stattfindet.

II. Allgemeine Voraussetzung der Immobiliarvollstreckung.

Die Zulässigkeit der Immobiliarvollstreckung setzt, da die allgemeinen Bestimmungen der §§ 704—802 ZPO. hier gleichfalls Anwendung zu finden haben,[1]) voraus:

1. einen **vollstreckbaren Schuldtitel**, welcher die Verpflichtung zur Leistung einer bestimmten Geldsumme an den Gläubiger ausspricht (gleichgültig ob die Leistungspflicht persönlicher oder dinglicher Natur ist). Hierher gehören[2]):

a) die Endurteile (§§ 704; 300, 301; 302 Abs. 3, 540 Abs. 3, 599 Abs. 3 ZPO.); ausländische Urteile in den Fällen der §§ 722, 723, 328 ZPO.;

b) die in § 794 ZPO. bezeichneten Titel; Vollstreckungsbefehle (§ 700) mit der Beschränkung des § 866 Abs. 3 ZPO.;

c) Arrestbefehle (§§ 928 ff., 932 ZPO.), einstw. Verfügungen (§ 936 ZPO.), Schiedssprüche (§ 1042 ZPO.);

d) die Schuldtitel anderer Reichsgesetze (insbesondere der KO., StPO., des Genossenschafts-, Patent-, Gewerbe- und Kaufmannsgerichtsgesetzes, auch die Entscheidungen nach Art. 78 Ziff. 8, 121, 155, 182 BayNO. u. §§ 7, 132, 133 ZVG.);

e) die auf Grund des § 801 ZPO. mit Art. 4—8, 127, 139, 220, 221 BayAG. z. ZPO., 42 Nov. z. SO. mit 52 Abs. 2 BayAG. z. ZVG. zugelassenen Schuldtitel, insbesondere die Hypothekurkunden.

Die Vollstreckbarkeit der letzteren (welche zum Teil abweichend von der ZPO. geregelt ist, vgl. zu § 739 ff. die obstr. E. n. F. I S. 451) ist, soweit sie nicht zugleich der Vorschrift des § 794 Ziff. 5 ZPO. genügen, nur bezüglich derjenigen Hypotheken unberührt geblieben, welche schon zu der Zeit bestanden, zu welcher das Grundbuch als angelegt anzusehen war, und davon abhängig, daß die Hypothek zur Zeit des Vollstreckungsantrags noch eingetragen ist („besteht"). Nach Grundbuchanlegung errichtete notarielle Hypothekurkunden sind nur vollstreckbar, wenn sich der Schuldner in derselben der sofortigen Zwangsvollstreckung unterworfen hat (Art. 189 EG., 166 Abs. 2, 177 BayAG. z. BGB., VIII EG. z. G. betr. Änderungen der ZPO. v. 17. V. 98).

2. eine vollstreckbare, d. h. mit der **Vollstreckungsklausel** des § 725 ZPO. (nicht Rechtskraftszeugnis § 706) versehene Ausfertigung des Schuldtitels

---

²) Abweichend: Wolff, Altmann § 1 Note 2. (Der Gläubiger kann, wenn er ein Interesse hieran hat, jederzeit mehrere vollstreckbare Ausfertigungen des Vollstreckungstitels erlangen).

¹) Vgl. GVollz. GeschA.. vom 28. IV. 00 JMBl. S. 650 ff.

²) Vgl. die Aufzählung in § 52 GVollz. GeschA. und § 426 DA. f. GVA.

(Ausnahmen[3]): §§ 796, 929, 936 ZPO. für Vollstreckungs- und Arrestbefehle und einstw. Verfügungen; Art. 139 BayAG. z. ZPO. mit 47 ÜB. u. § 801 ZPO. für Ewiggeldbriefe). Das Vollstreckungsgericht hat nicht zu prüfen, ob die Vollstreckungsklausel zu Recht erteilt, sondern nur ob sie formell korrekt ist (z. B. den Vorschriften der §§ 724 Abs. 2, 725, 727 Abs. 2, 730 Abs. 3 ZPO. entspricht). Über die Zuständigkeit zur Erteilung derselben siehe §§ 724 Abs. 2, 797 Abs. 2, 801 ZPO., Art. 4 ff., 130, 132 Abs. 2 BayAG. hierzu, 45 NotGes., 186 NotGeschO.

3. **Den Nachweis der** in §§ 750—752 ZPO. **für den Beginn der Vollstreckung vorgeschriebenen Formalien**:

a) namentliche Bezeichnung der Parteien im Schuldtitel oder in der Vollstreckungsklausel (§ 750 Abs. 1 mit §§ 735—749, 779 ZPO.);

b) Zustellung des Schuldtitels, der weiteren Vollstreckungsklausel, der Urkunden, auf Grund deren diese erteilt wurde (§§ 750 Abs. 2, 799, 800 ZPO., Art. 134 AG. z. ZPO.), des Nachweises der Sicherheitsleistung (§ 751 Abs. 2), der Vorleistung bezw. des Annahmeverzugs im Fall des § 765 ZPO.; im Fall der §§ 176, 313 Abs. 1 ZPO. Zustellung an den Prozeßbevollmächtigten; bei Kostenfestsetzungsbeschlüssen und Urkunden des § 794 Ziff. 5 ZPO. (nicht den nach Art. 127 ff. BayAG. z. ZPO. vollstreckbaren Hypothekenbriefen und Ewiggeldbriefen) Zustellung mindestens einen Tag vorher[4]) (§ 798 ZPO.; Tag: § 187 Abs. 1 BGB., nicht 24 Stunden); Wegfall der Zustellung: §§ 132, 133 ZPG.;

c) Ablauf des Kalendertags (§ 751 Abs. 1 ZPO.);

d) Anzeige an die Militärbehörde (§ 752 ZPO.; Falkmann 2. Aufl. S. 162 legt dem § 752 ZPO. nur die Bedeutung einer instruktionellen Vorschrift bei).

4. **Unzulässig** ist die Zwangsvollstreckung der Gerichte gegen Fiskus, Gemeinden und unter ihrer Leitung stehende Körperschaften und Stiftungen (Art. 9 BayAG. z. ZPO.). Die Zwangsversteigerung speziell ist unzulässig, wenn ein der Veräußerung entgegenstehendes Recht vorhanden ist, siehe hierüber §§ 9 Ziff. 2, 28 des Ges.

III. Gegenstände der Immobiliarvollstreckung.

1. **Grundstücke** (d. h. abgegrenzte Teile des Erdkörpers, § 905 BGB.), welche gemäß § 3 GBO. im Grundbuch eingetragen sind. — Grundstücke, für welche gemäß § 4 GBO. ein gemeinschaftliches Grundbuchblatt angelegt wird, behalten ihre rechtliche Selbständigkeit. Im Falle der Vereinigung und Zuschreibung nach § 5 GBO. bilden die bis dahin selbständigen Grundstücke ein einheitliches Ganzes, das nur zusammen belastet, veräußert, vom persönlichen Gläubiger in Beschlag genommen werden kann. Dagegen können Vereinigung

---

[3]) Hierher auch § 483 Abs. I StPO., vgl. Löwe-Hellweg hierzu und zu § 495.

[4]) Die Zwangsvollstreckung beginnt mit der Anordnung der Versteigerung bezw. Verwaltung, nicht erst mit der Zustellung des Beschlusses.

und Zuschreibung die Rechte des Hypothekgläubigers auf Verfolgung seiner Ansprüche aus dem ihm haftenden Grundstück bezw. Grundstücksteil nicht beeinträchtigen (§ 1131 BGB.).[1] Im übrigen können reelle Grundstücksteile erst nach Anlegung eines besonderen Grundbuchblatts Gegenstand des Verfahrens sein. Vgl. hierzu Jäckel S. 66, Reinhard I S. 6, Fischer-Schäfer S. 116.

2. **Bruchteile** (ideelle Anteile) von Grundstücken in den zwei Fällen des § 864 Abs. 2 ZPO. Mehrere Miteigentümer besitzen im Zweifel zu gleichen Anteilen (§ 742 BGB.; vgl. § 48 GBO., §§ 269 ff., 348 DA. f. GBÄ.), soweit sie nicht Gesamthänder sind (§ 741 BGB., Gesellschaft, Erbengemeinschaft, eheliche Gütergemeinschaft, Gemeinschaft nach Art. 164 EG. z. BGB.); solange die Gemeinschaft zur gesamten Hand besteht, gibt es keine ideellen Anteile der Teilhaber an den Grundstücken der Gesamtheit (§§ 859, 860 ZPO.). Die Größe der Bruchteile muß sich aus dem Grundbuch ergeben, wenn in einzelne derselben vollstreckt werden will. Die Vollstreckung in das ganze Grundstück auf Grund eines nur den Bruchteil desselben umfassenden Anspruchs zu betreiben, wie es Art. 159 BaySO. zuließ, gestattet das ZVG. nicht mehr; auch nicht, wenn die gesondert belasteten Bruchteile sich später in einer Hand vereinigt hatten. Andrerseits ist eine Vollstreckung in Anteile unzulässig, welche sich in einer Hand vereinigt haben, wenn die 2. Alternative des § 864 Abs. 2 ZPO. nicht gegeben (z. B. der frühere Anteil unbelastet) ist, vgl. deutsche JurZ. 1904 S. 162, 546. (Mit der Vollstreckung in das ganze Grundstück, wie in einen Bruchteil ist nicht die Teilungssubhastation der §§ 180 ff. zu verwechseln.)

Wie die Zwangsvollstreckung in Bruchteile von Grundstücken erfolgt auch diejenige in das Stockwerkseigentum (Herbergsrecht, Geschoßeigentum, Art. 131, 182 EG. z. BGB.).[2] Steht das Eigentum an einem Stockwerk mehreren (z. B. Erben) gemeinschaftlich zu, so ist die Vollstreckung in einzelne Anteile am Stockwerkseigentum vor der Auseinandersetzung unzulässig (§§ 859, 860 ZPO.).

3. **Berechtigungen**, für welche die sich auf Grundstücke beziehenden Vorschriften gelten (§§ 864, 870 Abs. 1 ZPO.). Hierzu gehören

a) nach Reichsrecht die Erbbaurechte (§ 1017 BGB., Art. 184 EG. hierzu);

b) nach bayer. Recht das Bergwerkseigentum und die unbeweglichen Kuxe (Gewerkschaftsanteile des älteren Bergrechtes) (Art. 67 EG. z. BGB., 157 Nr. III u. Nr. XIX BayAG. hierzu, 263 des Berggeſ. v. 20. III. 1869), das Fischereirecht (Art. 69 EG. z. BGB., 1 BayAG. hierzu, 104 des Wasserbenützungsges. v. 28. V. 1852)[3]), die Realgewerbeberechtigungen (z. B. Apotheker-, Kaminkehrer-, Brennerei-, Wirtschafts-

---

[1]) Wird solchenfalls nur ein Teil der auf einem Folium vorgetragenen Grundstücke beschlagnahmt, so wird der Versteigerung-(Verwaltungs-)vermerk hierauf zu beschränken und die Vereinigung (Zuschreibung) erst bei Besitztitelberichtigung aufzuheben sein. Vgl. Jäckel S. 69; auch §§ 227, 307, 360 DA. f. GBÄ.

[2]) Art. 42 ÜV., Henle-Schneider S. 463—468; § 397 DA. f. GBÄ.

[3]) Henle-Schneider S. 4, 5.

gerechtsame, Art. 74 EG. z. BGB., 1 BayAG. hierzu)[4]), die Nutzungsrechte der in Art. 164 EG. z. BGB. genannten Verbände (z. B. Kommunbraurechte), endlich die nach Art. 19 Abs. 2 des Ges. vom 1. VII. 1898 über das Liegenschaftsrecht in der Pfalz an einzelnen Räumen eines Gebäudes bestehenden Rechte — die 4 letztgenannten Gattungen jedoch nur unter der Voraussetzung, daß sie nicht mit dem Grundstückseigentum verbunden sind (§ 96 BGB.).

Diese selbständigen Berechtigungen erhalten teils von Amts wegen, teils auf Antrag ein Grundbuchblatt (§§ 7, 20, 22 Abs. 2, 84 GBO., Art. 17, 18 bayer. AG. hierzu).[5]) Ihre Eintragung ist Voraussetzung der Vollstreckung. Die übrigen in § 3 BayHypGes. genannten Rechte gelten nicht mehr als Immobilien (vgl. Art. 61 ÜV. z. BGB., Henle-Schneider S. 504).

4. **Schiffe**, die im Schiffsregister eingetragen sind (siehe § 162, ausländische § 171); die Zwangsvollstreckung ist aber nur durch Zwangsversteigerung (nicht Zwangsverwaltung und Eintragung einer Sicherungshypothek) zulässig (§ 870 Abs. 2 ZPO.). Vgl. §§ 858, 864 ZPO.

5. **Die nach § 865 ZPO. der Hypothek bezw. dem Schiffspfandrecht unterliegenden Gegenstände**, nämlich Erzeugnisse und Bestandteile, Zubehör, Miet- und Pachtzinse, die aus einem mit dem Eigentum am Grundstück verbundenen Rechte entspringenden, wiederkehrenden Leistungen, endlich Versicherungsgelder. Diese Gegenstände werden jedoch nur in dem in §§ 1120—1130 bezw. 1265 BGB. bezeichneten Umfange von einer eingeleiteten Immobiliarvollstreckung mit umfaßt; vorher ist in beschränkter Weise Mobiliarvollstreckung zulässig (§ 865 Abs. 2 ZPO.). Innerhalb der Immobiliarvollstreckung ist wiederum der Einfluß der Versteigerungs- und der Verwaltungsbeschlagnahme ein verschiedener (so daß z. B. Miet- und Pachtzinse nur von der letzteren ergriffen werden), vgl. §§ 20, 21, 148, 162 Ges.[6]) und Einleitung IV.

Übergangszeit: Welche Gegenstände in Ansehung der Zwangsvollstreckung zum unbeweglichen Vermögen zu rechnen sind, bestimmt sich bis zur Grundbuchanlegung nach dem Landesrecht (§ 1 EG. z. ZVG., Art. 186, 189 EG. z. BGB., § 757 Abs. 2 (alt) ZPO., Art. 2 bis 4 BayEO.; vgl. Gaupp-Stein §§ 803, 864, Ortenau-Henle S. 36 ff.).

IV. Verhältnis zwischen Mobiliar- und Immobiliarvollstreckung.

Wenn die ZPO. auch die Immobiliarvollstreckung neben dem Grundstück auf eine Reihe anderer, von der Hypothek mitergriffener Gegenstände ausgedehnt hat, so sind diese doch nicht ohne weiteres einer Mobiliarvollstreckung (seitens der dinglichen wie persönlichen Gläubiger) entzogen. Diese ist vielmehr in verschiedenem Umfange teils vor Einleitung der Immobiliarvollstreckung, teils auch nach Anordnung der Zwangsversteigerung, zu-

[4]) Henle-Schneider S. 5; Böhm-Klein S. 15, 16. Vgl. auch bayer. HypGes. §§ 22, 120 und §§ 195, 221 DA. f. GBÄ.

[5]) Becher Mat. VI S. 18, 19, 124—126; § 221 DA. f. GBÄ.

[6]) Über Behandlung der von der Grundstücksversteigerung umfaßten Gegenstände: ZBlFG. 1903 S. 287 ff.

lässig, und soweit sie unzulässig ist, nur anfechtbar, nicht schlechthin nichtig (vgl. §§ 811, 850 ZPO. und Seuff. Arch. Bd. 60 S. 81). Erst die Zwangsverwaltung ermöglicht die volle Ausnützung der der hypothekarischen Haftung unterworfenen Vermögensobjekte des Schuldners zu Gunsten seiner Gläubiger.

1. a) Was zunächst die mit dem Grundstücke fest verbundenen (wesentlichen) **Bestandteile** angeht, so können dieselben nicht Gegenstand einer Mobiliarvollstreckung sein, weil sie in dinglicher Beziehung an dem rechtlichen Schicksal der Hauptsache teilnehmen (§§ 93, 94, 946 BGB., § 864 ZPO.). Von den unwesentlichen Bestandteilen können die zugeschriebenen Grundstücke (§§ 890 Abs. 2, 1131 BGB.) ihrer Natur nach, die Rechte des § 96 BGB. (Grunddienstbarkeiten, dinglichen Vorkaufsrechte, Reallasten, Überbau- und Notwegsrenten — §§ 1018; 1094 Abs. 2, 1103 Abs. 1; 1105 Abs. 2, 1110; 912 ff. BGB.; vgl. § 340 DA. f. GBÄ.), weil nicht übertragbar, sondern dem jeweiligen Grundstückseigentümer zustehend, für eine Sondervollstreckung nicht in Betracht kommen; einer etwaigen Pfändung der Rechte des § 96 BGB. könnte im Wege des § 766 ZPO. begegnet werden (Gaupp-Stein ZPO. § 864 I).

Bei den letztgenannten Rechten ist der Anspruch auf die einzelne Leistung zu unterscheiden, welche in Ansehung der Vollstreckung der gleichen Beurteilung, wie Miet- und Pachtzinsforderungen unterliegen (§§ 1126 BGB., 21 Abs. 2, 148 ZVG., Fischer-Schäfer S. 123, 125, 130).

b) Eine **Ausnahmestellung** unter den Bestandteilen des Grundstücks nehmen die noch ungetrennten, hängenden und stehenden Früchte (Feldfrüchte, Gemüse, Obst; nicht: schlagbares Holz) ein; sie können, obwohl unbewegliche Sachen (§ 94 BGB.) frühestens ein Monat vor der gewöhnlichen Reifezeit gemäß § 803 ff. ZPO., also wie bewegliche Sachen, für persönliche wie dingliche Ansprüche gepfändet werden, solange sie nicht im Wege der Immobiliarvollstreckung (Zwangsversteigerung oder -verwaltung) beschlagnahmt und soweit sie nicht unentbehrlich sind (§§ 810, 865 Abs. 2, 811 Ziff. 4 ZPO., § 98 Ziff. 2 BGB.; GVollzGeschA. §§ 136 ff.). Die Versteigerung noch ungetrennter Früchte ist jedoch erst nach der Reife zulässig (§ 824 ZPO.).

Der an sich zulässigen Pfändung solcher Früchte können aber die in § 10 ZVG. bezeichneten Realberechtigten im Wege des § 771 ZPO. widersprechen, falls ihr Anspruch bei der Zwangsvollstreckung in das Grundstück selbst dem Anspruch des Pfändungsgläubigers vorgeht (§ 810 Abs. 2 ZPO.). Es kann also z. B. der Hypothekgläubiger II. Ranges nicht der Pfändung der Früchte seitens des I. Hypothekgläubigers entgegentreten. Einem persönlichen Pfändungsgläubiger geht auch der persönliche Beschlagnahmegläubiger vor, selbst wenn dieser die Beschlagnahme des Grundstücks erst nach der Pfändung der Früchte erwirkt hat (§ 10 Ziff. 5 ZVG., Fischer-Schäfer S. 128, Gaupp-Stein § 810 IV — anders nach bisherigem Recht, Art. 8, 110, 153 BayGO.). Maßgebend für das Rangverhältnis im Sinne des § 810 Abs. 2 ZPO. ist § 10, nicht § 155 Abs. 2 ZVG. (Gaupp-Stein a. a. O.). Das Widerspruchsrecht steht auch dann dem Verwalter nicht zu, wenn die Zwangsverwaltung zu

Gunsten eines besser berechtigten Realgläubigers des § 10 ZVG. angeordnet ist, da der Verwalter die Interessen eines einzelnen Gläubigers nicht wahrzunehmen hat (Gaupp-Stein a. a. O. gegen Fischer-Schäfer S. 128).

Wohl aber kann der Pfändung in der Richtung gegen den Grundstückseigentümer ein gemäß §§ 954—957 BGB. Nutzungs- und Aneignungsberechtigter (auch Pächter) auf Grund Gewahrsams gemäß § 766 mit § 809 ZPO., auf Grund dinglichen Rechtes oder Besitzes auch gemäß § 771 ZPO. entgegentreten (Gaupp-Stein §§ 771 II, 810 II).

Neben dem Widerspruchsrechte des § 810 Abs. 2 ZPO. steht den Realberechtigten des § 10 ZVG. auch der Anspruch auf vorzugsweise Befriedigung aus dem Erlöse der in der Richtung gegen den Grundstückseigentümer gepfändeten ungetrennten Früchte gemäß § 805 ZPO. zu (Gaupp-Stein § 810 IV, 2).

Dagegen können sie sich nicht des Rechtsbehelfes aus § 766 ZPO. bedienen, solange die Pfändung nicht gegen § 810 Abs. 1, § 811 Ziff. 4 ZPO. verstößt.

Nach der Beschlagnahme (Zwangsversteigerung oder -verwaltung) ist die Pfändung stehender Früchte unzulässig und ändert hieran auch das dem Schuldner in der Zwangsversteigerung gemäß §§ 23 Abs. 2, 24 ZVG. verbleibende beschränkte Verfügungs- und Benützungsrecht nichts; (Gaupp-Stein § 810 IV.)

c) Eine Mobiliarvollstreckung in ungetrennte Früchte von der in § 810 ZPO. vorausgesetzten Art ist nicht bloß in der Richtung gegen den Eigentümer des Grundstücks, sondern auch gegen den **Nutzungsberechtigten als Schuldner** zulässig.

Da die Beschlagnahme das Recht des Pächters auf den Fruchtgenuß nicht berührt (§§ 21 Abs. 3, 148, 152 Abs. 2 ZVG.), an Stelle der Früchte vielmehr die Pachtsumme den Realgläubigern haftet (§ 148 mit § 21 Abs. 2 ZVG.), so hindert nicht einmal die Einleitung der Immobiliarvollstreckung gegen den Eigentümer eine Pfändung der dem Pächter gebührenden Früchte zu Gunsten seiner Gläubiger (vorbehaltlich der Beschränkung des § 811 Ziff. 4 ZPO.).

Wird dagegen die Fruchtziehung von einem dinglich Berechtigten (z. B. Nießbraucher) ausgeübt, so hat der im Rang vorgehende Realberechtigte des § 10 ZVG. die aus §§ 810 Abs. 2, 771 und 805 (nicht 766) ZPO. sich ergebenden Rechte gegenüber einer Pfändung seitens der Gläubiger des Nutzungsberechtigten (Gaupp-Stein § 810 IV, 2). Steht der Realberechtigte aber dem Pfändungsgläubiger im Range nach, so ändert auch eine zu Gunsten des ersteren eingeleitete Zwangsvollstreckung in das Grundstück nichts an der Mobiliarvollstreckung. Nach erfolgter Beschlagnahme ist die Pfändung der Früchte seitens eines dem Beschlagnahmegläubiger nachstehenden Gläubigers des Nutzungsberechtigten gemäß § 23 ZVG. unwirksam.

Soweit der Nutzungsberechtigte anderen Gläubigern weichen muß, gilt dasselbe von demjenigen, welcher seine Rechte auf den Fruchtgenuß erst von jenem ableitet (Fischer-Schäfer S. 129).

d) Nach dem bis zur Grundbuchanlegung geltenden **bisherigen bayer. Rechte** ist die Pfändung stehender Früchte von der Beschlagnahme an unzulässig (Art. 7, 8, 20 SO., § 33 HypGes.; Rechtsbehelf: § 766 ZPO.), bis zur Beschlagnahme zulässig (§ 714 ZPO. ä. F., Art. 181, 186, 189 EG. z. BGB.), unbeschadet der Vorschrift des § 715 Ziff. 5 ZPO. ä. F.

Eine Widerspruchs- und Vorrechtsklage des Hypothekgläubigers gemäß §§ 771, 805 ZPO. gegenüber der zulässigen Pfändung findet nicht statt (vgl. Neumiller § 865 [1]); die zulässig erfolgte Mobiliarvollstreckung kann jedoch vom Augenblicke der Beschlagnahme an nicht mehr fortgesetzt werden (Art. 20 SO.); das einmal zulässig begründete Vorzugsrecht des Pfändungsgläubigers geht dem jüngeren Hypothekrecht (und dem Anspruch des Beschlagnahmegläubigers) bei der Verteilung vor (Art. 110, 153, 105 SO.).

2. a) Die **Zubehörstücke** des Grundstücks können, soweit sie nach § 1120 BGB. der hypothekarischen Haftung unterliegen, im Gegensatz zum bisherigen bayer. R. (siehe u.) auch vor Einleitung der Immobiliarvollstreckung nicht gesondert gepfändet oder mit Arrest belegt werden (§§ 865 Abs. 2 Satz 1, 811 Ziff. 4 ZPO. mit §§ 97, 98 BGB., vgl. § 134 GVollzGeschA.).

Eine Sonderverwertung des Zubehörs ist auch dem Konkursverwalter nicht gestattet (Rechtspr. IV S. 368, v. d. Pfordten S. 16).

Die Unzulässigkeit einer etwaigen Mobiliarvollstreckung in Zubehörstücke kann gemäß § 766 ZPO. vom Schuldner, Zwangsverwalter und allen Realinteressenten des § 10 ZVG. (solange sie nicht befriedigt sind) geltend gemacht werden; an einem etwaigen Sondererlös steht den letzteren ein Recht auf vorzugsweise Befriedigung auch dann zu, wenn ihr Recht jünger als dasjenige des Pfändungsgläubigers ist (§ 805 ZPO., vgl. oben 1 b); auch die Widerspruchsklage des § 771 ZPO. ist zulässig (RG. Bd. 55 S. 208, Seuff. Arch. Bd. 58 S. 241, Rechtspr. II S. 127, abw. Gaupp-Stein § 865 V) und, soweit das Recht des Widersprechenden nicht erst durch die Beschlagnahme begründet wurde (§ 10 Ziff. 1, § 5 ZVG.), nicht von vorheriger Beschlagnahme abhängig.

b) Trotz Unzulässigkeit der Mobiliarvollstreckung in Grundstückszubehör **erwirbt der Ersteher desselben freies Eigentum**, wenn Versteigerung und Entfernung (Wegschaffung) desselben vom Grundstück noch vor der Beschlagnahme (zum Zweck der Zwangsversteigerung wie -verwaltung) erfolgt sind, selbst wenn jener in Ansehung der Realrechte nicht in gutem Glauben war (§ 1121 Abs. 1 BGB., Planck § 1121 Bem. 4; über den Zeitpunkt der Wirksamkeit der Beschlagnahme siehe §§ 22, 27, 151 ZVG.).

Dagegen bleibt trotz etwaiger Mobiliarvollstreckung das Zubehör hypothekarisch verhaftet und damit der nachfolgenden Beschlagnahme unterworfen (§§ 20 Abs. 2, 146, 148 ZVG., 1120, 1121 BGB.), nicht nur, wenn die Mobiliarversteigerung und die Entfernung des Zubehörs vom Grundstück erst nach der Beschlagnahme vor sich gehen würde, sondern auch wenn letztere zwischen Mobiliarversteigerung und Entfernung oder zwischen Entfernung und Mobiliarversteigerung erfolgte und wenn in ersterem Falle im Zeitpunkte der Entfernung, im letzteren im Zeitpunkte der Mobiliarversteigerung die Beschlagnahme bereits im Grundbuch eingetragen oder sie oder der Versteigerungs- bezw. Verwaltungsantrag dem Erwerber bekannt war oder doch nur infolge grober Fahrlässigkeit unbekannt geblieben ist (§ 23 Abs. 2 ZVG., Planck a. a. O.).

Zu beachten ist, daß sich dem Erwerber von Zubehörstücken gegenüber auf die Beschlagnahme nur berufen kann, wer dieselbe erwirkt hat (§ 23 ZVG.), nur im Fall der Grundstücksversteigerung auch der Ersteher (§§ 55, 90 ZVG.), ferner daß die Beschlagnahme in verschiedener Weise wirksam wird, je nachdem sie in Form der Einleitung des Immobiliarverfahrens oder des Beitritts erfolgt (§§ 22, 27, 151 ZVG.).

Hat der Ersteher in der Mobiliarversteigerung des Zubehörs, weil die hypothekarische Haftung erloschen, freies Eigentum erlangt, und kann das Vorzugs- bezw. Widerspruchsrecht nach §§ 805, 771 ZPO. nicht mehr am Erlös geltend gemacht werden, weil derselbe an den Pfändungsgläubiger ausgeliefert wurde, so sind die Realinteressenten des § 10 ZVG. auf den Bereicherungsanspruch gegen den Pfändungsgläubiger beschränkt (Gaupp-Stein § 865 V).

c) **Bis zur Grundbuchanlegung** ist die Pfändung des Grundstückszubehörs vor der Beschlagnahme formell zulässig (§§ 755—757 ZPO. ä. F., Art. 186, 189 EG. z. BGB., Art. 8 mit 7 Abs. 2 SO. und § 33 HypGes., GVollzGeschA. § 135); der Hypothekgläubiger kann jedoch im Wege des § 771 ZPO. der Pfändung widersprechen (obstr. Erk. XII S. 839, Neumiller ZPO. § 865 I).

Nach erfolgter Beschlagnahme ist die Pfändung von Zubehör unzulässig, was vom Hypothekgläubiger, wie Schuldner im Wege des § 766 ZPO. geltend gemacht werden kann (Neumiller a. a. O., Ortenau-Henle S. 39, 40).

Eine vor Beendigung der Mobiliarvollstreckung eintretende Beschlagnahme hindert die Fortsetzung der ersteren (Art. 8, 20 SO., GVollzGeschA. § 135); der Pfändungsgläubiger ist jedoch im Subhastationsverfahren zuzuziehen (Art. 40 Ziff. 4 SO.) und rangiert bei der Erlösverteilung vor dem jüngeren Hypothek- und Beschlagnahmegläubiger (Art. 110, 153, 105 SO.); ohne Beschlagnahme ist dem Hypothekgläubiger die Geltendmachung des Vorrechts nur im Wege des § 771, nicht 805 ZPO. gestattet (Neumiller a. a. O.).

3. a) Vom Boden **getrennte Erzeugnisse** (und getrennte Bestandteile) können nach der Grundstücksbeschlagnahme insoweit nicht mehr Gegenstand einer Mobiliarvollstreckung sein, als sie nach § 1120 ff. BGB. von der Hypothek und damit von der Beschlagnahme ergriffen werden (§ 865 Abs. 2 ZPO., Rechtsbehelf: § 766 ZPO.). Diese Wirkung hat aber die Einleitung der Zwangsversteigerung von dem in §§ 22, 27 ZVG. bezeichneten Zeitpunkte ab bei getrennten land- und forstwirtschaftlichen Erzeugnissen nur, soweit solche Zubehöreigenschaft haben (§§ 21 Abs. 1 ZVG., 98 Ziff. 2 BGB., 811 Ziff. 4 ZPO.), während die übrigen getrennten land- und forstwirtschaftlichen Erzeugnisse nur der Beschagnahme in der Zwangsverwaltung unterliegen (§§ 20 Abs. 2, 21, 148, 151 ZVG.).

Die nicht land- und forstwirtschaftlichen Früchte, welche vom Boden getrennt sind (Ausbeute an Sand, Steinen, Lehm, Torf, Mineralwasser, Abbruchsmaterialien u. dgl., § 99 BGB.) werden, soweit sie der Hypothek haften, auch von der Versteigerungsbeschlagnahme ergriffen.

Vor der so gestalteten Beschlagnahme ist eine Mobiliarvollstreckung in getrennte Erzeugnisse (und frühere Bestandteile) zulässig, soweit sie nicht als Grundstückszubehör anzusehen oder entbehrlich sind (§§ 865 Abs. 2, 811 Ziff. 4 ZPO. § 98 Ziff. 2 BGB.). Die Realberechtigten können gegen die zulässige Pfändung weder im Wege des § 766 noch des § 771 ZPO. einschreiten; die dem Pfändungsgläubiger vorgehenden bezw. älteren Realberechtigten können jedoch ihr Vorzugsrecht am Mobiliarerlös im Wege des § 805 ZPO. klageweise geltend machen (immer vorausgesetzt, daß sich ihr Realrecht hierauf erstreckt), wie sie auch, falls sie ebenfalls Pfändung erwirkt haben, im Verteilungsverfahren der §§ 872 ff. ZPO. die Berücksichtigung ihres Vorzugsrechtes im Teilungsplane beanspruchen können (Gaupp-Stein § 865^{IV}, 874^{I} ZPO., Fischer-Schäfer S. 132). Nach Beendigung der Mobiliarvollstreckung sind sie auf den Bereicherungsanspruch gegen den Pfändungsgläubiger beschränkt.

Eine nach zulässiger Pfändung erfolgte Beschlagnahme (der oben bezeichneten Art) ergreift aber gleichzeitig auch die gepfändeten, getrennten Erzeugnisse und Bestandteile; denn die Pfändung allein (ohne Veräußerung) hebt die hypothekarische Haftung auch nicht bei Wegschaffung der Pfandobjekte auf (Gaupp-Stein, Fischer-Schäfer a. a. O.). Zwar wird durch die nachträgliche Beschlagnahme die Mobiliarversteigerung in der Zwangsverwaltung nicht gehindert (Fischer-Schäfer S. 129); aber die Grundstücksversteigerung erstreckt sich gemäß §§ 55 Abs. 1, 90 Abs. 2 ZVG. auch auf die (noch nicht versteigerte) Ausbeute (vom Boden getrennten Bestandteile), weshalb eine Sonderversteigerung nur gemäß § 65 ZVG. stattfindet. Hieraus folgt, daß in dem Grundstücksversteigerungsverfahren der Pfändungsgläubiger seine Rechte gemäß § 37 Ziff. 4 ZVG. rechtzeitig anmelden muß, wenn er bei der Immobiliarerlösverteilung nicht den übrigen Rechten nachgesetzt werden will (§ 110 ZVG., Gaupp-Stein § 864^{IV}). Der nach Befriedigung des Pfändungsgläubigers verbleibende Überschuß gehört auch in der Zwangsverwaltung zur Immobiliarmasse (§ 1247 BGB.).

b) Hinsichtlich der Pfändung getrennter Erzeugnisse und sonstiger getrennter Bestandteile in der Richtung gegen den **Pächter** gilt das zu 1^{c} Bemerkte; der Pächter wird mit der Trennung Eigentümer gemäß § 956 BGB.; weder die Hypothek noch die Beschlagnahme hat einen Einfluß auf diesen Erwerb (§ 1120 BGB., §§ 21 Abs. 3, 148, 152 Abs. 2 ZVG.). Ebenso verhält es sich mit dem Eigentumserwerb des **dinglichen Nutzungsberechtigten** hinsichtlich der getrennten Früchte (anders 1^{c}), da § 1120 BGB. auch hier zutrifft (so Planck § 1120 Bem. 1^{b}; bestritten).

c) Bis zum Inkrafttreten des ZVG. ist die Mobiliarvollstreckung in die vor der Beschlagnahme angefallenen (getrennten) Früchte zulässig, soweit diese nicht für landwirtschaftliche Güter unentbehrlich sind (§§ 715 Ziff. 5,

755 ff. ZPO. ä. F.; Art. 186, 189 EG. z. BGB., § 33 HypGes., Art. 8 SO.). Soweit Zubehör gepfändet wurde, steht dem Hypothekgläubiger die Widerspruchsklage nach § 771 ZPO. zu (Neumiller § 865[1]).

Die nach der Beschlagnahme angefallenen Früchte sind der Pfändung ausnahmslos entzogen (Rechtsbehelf: § 766 ZPO.). Das Recht des Pächters bleibt unberührt (Ortenau-Henle S. 40, 58, 117).

4. **Miet- und Pachtzinsforderungen** des Eigentümers unterliegen der Mobiliarvollstreckung (für persönliche, wie dingliche Berechtigte)

a) soweit sie gemäß § 1123 Abs. 2 BGB. von der hypothekarischen Haftung überhaupt befreit sind (§ 865 Abs. 1 ZPO.);

b) solange nicht die Zwangsverwaltung des Grundstücks eingeleitet ist (§ 865 Abs. 2 ZPO.).

Die Beschlagnahme zum Zwecke der Zwangsversteigerung hindert die Pfändung von Miet- und Pachtzinsen überhaupt nicht (§ 21 Abs. 2 ZVG.).

a) Einer vor Einleitung der Zwangsverwaltung erwirkten Pfändung kann der Hypothekgläubiger auch dann nicht widersprechen, wenn er nachher die Zwangsverwaltung betreibt (Rechtspr. X S. 122), das erlangte Pfandrecht an den Miet- und Pachtzinsforderungen geht vielmehr auch seinem älteren Hypothekrecht vor (§ 1124 Abs. 1 Satz 2 BGB.). Nur soweit zur Befriedigung des Pfändungsgläubigers der gepfändete Miet- und Pachtzins nicht erforderlich ist, gebührt der Überschuß — vorausgesetzt, daß er von der hypothekarischen Haftung erfaßt worden war — der Verwaltungsmasse.

Das Pfandrecht erstreckt sich jedoch bei nachfolgender Zwangsverwaltung nicht auf eine spätere Zeit, als das zur Zeit des Eintritts der Wirksamkeit (§§ 22, 27, 151 ZVG.) der Zwangsverwaltung laufende und folgende Kalendervierteljahr (§ 1124 Abs. 2 BGB.). Hinsichtlich des auf eine spätere Zeit „treffenden" Betrags der Miet- und Pachtzinse ist die Pfändung unwirksam; diese Unwirksamkeit kann vom Zwangsverwalter und allen Realgläubigern (nicht bloß dem betreibenden) im Wege des § 771 und des § 766 ZPO. geltend gemacht werden (Gaupp-Stein § 865^IV a. E.). Soweit die Pfändung „unwirksam" ist, dient der Miet- und Pachtzinsbetrag in erster Linie zur Befriedigung der Realinteressenten des § 155 (10) ZVG. (die Beschlagnahme kommt also auch demjenigen zu gute, der das Verfahren nicht betreibt, ebenso wie der Versteigerungserlös unter alle Realgläubiger verteilt wird).

b) Nach Anordnung der Zwangsverwaltung ist die Pfändung des von der hypothekarischen Haftung ergriffenen (§ 1213 Abs. 2 BGB.) Miet- und Pachtzinses ausgeschlossen. Die Unzulässigkeit kann vom Schuldner, Verwalter und allen Realgläubigern des § 155 ZVG. geltend gemacht werden (§ 766 ZPO.). Den letzteren steht auch die Widerspruchsklage des § 771 offen (Gaupp-Stein § 771^II, 1 und ^VII).

An der Unzulässigkeit dieser Pfändung ändert auch ein nach § 845 ZPO. vorausgegangenes Zahlungsverbot nichts (Gaupp-Stein § 865^III); ein Pfändungsbeschluß könnte auch nicht mehr in Ansehung des halbjährigen Miet-

und Pachtzinses des § 1124 Abs. 2 BGB. erfolgen; ebensowenig ist etwa eine Pfändung für den Fall der Wiederaufhebung der Beschlagnahme zulässig, da das Gesetz eine bedingte Pfändung nicht kennt, die Pfändung einer bedingten Forderung aber nicht vorliegt.

c) Für die **Übergangszeit** (§§ 1 mit 15 EG. z. ZVG.) ist zu beachten, daß gemäß Art. 8, 20, 38, 39 BayGO. mit dem Augenblicke des Einlaufs[1]) des Ersuchens um Eintragung der Beschlagnahme (auch der Versteigerungsbeschlagnahme!) beim Hypotheken-(Grundbuch-)Amte alle nunmehr fällig werdenden Miet- und Pachtzinse (im ganzen Betrag, ohne Rücksicht auf die Zeit, auf welche sie treffen, BlfRA. 1902 S. 292) immobilisiert werden, sodaß eine Pfändung nach der Beschlagnahme nur noch insoweit zulässig wäre, als der Gläubiger sich etwa an die bereits vorher fällig gewordenen (noch nicht eingezogenen) Miet- und Pachtzinse halten wollte;

ferner, daß eine vor der Beschlagnahme erwirkte Pfändung ein Vorzugsrecht auch an den nachher fällig werdenden, immobilisierten Miet- und Pachtzinsen gegenüber einem jüngeren Hypothekrechte (und dem persönlichen Beschlagnahmeanspruch) gewährt (Art. 110, 153, 105 bayer. GO.),

endlich, daß § 1124 Abs. 2 BGB. erst nach dem Zeitpunkte, in welchem das Grundbuch als angelegt anzusehen ist, gilt, sodaß eine zulässig erfolgte Pfändung auch in Ansehung desjenigen Miet- und Pachtzinses, welcher auf das zur Zeit der Beschlagnahme laufende und folgende Kalendervierteljahr trifft, den dinglich Berechtigten nachsteht (Staudinger BGB. § 1124 Bem. 3). Nur ein vorauszahlbarer, auf diese Zeit treffender Zins, welcher vor der Beschlagnahme bereits fällig (aber nicht eingezogen) war, würde nicht zur Subhastationsmasse gezogen werden können.

d) Vgl. **im übrigen** die Bem. zu §§ 148, 151 ZVG. und § 15 EG. hierzu, sowie BayZfR. 1905 S. 161.

5. Für die Mobiliarvollstreckung in **Ansprüche auf wiederkehrende Leistungen** aus einem mit dem Eigentum am Grundstücke verbundenen Rechte (vgl. Bem. 1a) gilt im wesentlichen das nämliche, wie bei Miet- und Pachtzinsforderungen (§ 1126 BGB., §§ 21 Abs. 2, 148 ZVG.). Hinsichtlich der Wirksamkeit der Pfändung gegenüber der (Verwaltungs-)Beschlagnahme entscheidet aber, abweichend von § 1124 Abs. 2 BGB., nicht der Zeitraum, für welchen die Leistungen geschuldet werden, sondern der Zeitpunkt der Fälligkeit, § 1126 Satz 2 BGB. Das Recht selbst ist der Mobiliarvollstreckung entzogen, vgl. oben 1a.

6. **Forderungen aus Versicherungen**, welche dem Eigentümer oder Eigenbesitzer des Grundstücks zustehen, sind, auch wenn sie gemäß §§ 1127—1130 BGB. dem Hypothekgläubiger haften, bis zur Grundstücksbeschlagnahme ebenfalls unbeschränkt pfändbar (§ 865 Abs. 2 Satz 2 ZPO.; über die Ausnahmen siehe unter c); Pfändung ist insbesondere auch in solche Versicherungsforderungen zulässig, welche unpfändbare Gegenstände (z. B. Zubehörstücke oder Bestandteile, wie Schaufenster, stehende Früchte) betreffen (Fischer-Schäfer S. 130). Soweit Versicherungsforderungen aber dem Hypothekgläu-

---

[1]) Ortenau-Henle S. 56 zu Art. 7 Abs. 2 GO.

diger haften (§§ 1127—1130 BGB.), ist eine Pfändung nach erfolgter Beschlagnahme ausgeschlossen (Rechtsbehelf: § 766 ZPO.), wobei jedoch wieder zu beachten ist, daß diese Beschlagnahmewirkung bei den in § 21 Abs. 1 ZVG. bezeichneten Forderungen nur die Verwaltungsanordnung hat (§ 148). Im übrigen ist hinsichtlich der Wirksamkeit der Pfändung gegenüber der Hypothek zu unterscheiden zwischen Gebäudeversicherung und Versicherung anderer Gegenstände (Feuer-, Hagel-, Vieh-, Schadensversicherung).

a) Bei der **Gebäudeversicherung** hat der Hypothekgläubiger ein Recht auf vorzugsweise Befriedigung aus der Versicherungsforderung gegenüber der späteren Pfändung zu Gunsten eines persönlichen oder ihm im Rang nachfolgenden Hypothekgläubigers (§ 805 ZPO.). Seine Geltendmachung ist nicht davon abhängig, daß der Hypothekgläubiger rechtzeitig gemäß § 1128 BGB. Widerspruch gegen eine Zahlung an den Pfändungsgläubiger erhoben hat (Planck § 1128 Bem. 3a, Staudinger § 1128 Bem. 2). Haben mehrere dinglich Berechtigte Pfändung erwirkt (was zulässig ist, obwohl dieselben bereits ein gesetzliches Pfandrecht an der Forderung haben, Planck a. a. O. Bem. 3c), so rangieren die Pfändungspfandrechte nach dem Range der Hypotheken (v. d. Pfordten S. 18). Der jüngere Hypothekgläubiger erlangt auch durch die von ihm erwirkte Verwaltungsbeschlagnahme kein Vorzugsrecht gegenüber dem älteren Pfändungspfandgläubiger (a. M. Staudinger a. a. O.).

b) Gegenüber der Pfändung der Forderung aus einer **Versicherung anderer Gegenstände** (als Gebäude) haben die Hypothekgläubiger weder ein Widerspruchs- noch ein Vorzugsrecht, auch nicht, wenn die Versicherungssumme erst nach der Beschlagnahme fällig wird (§§ 1129 mit 1124 Abs. 1 BGB., Fischer-Schäfer S. 130, Planck § 1129 Bem. 2, Staudinger § 1129 Bem. 1). Die nachfolgende Beschlagnahme berührt die vorher erfolgte Pfändung nicht.

c) Liegt der Fall des § 1130 BGB. vor, so ist jede Pfändung **wirkungslos**, da der Versicherer mit Wirksamkeit gegenüber dem Hypothekgläubiger nur an den Versicherten selbst zahlen darf (Planck § 1130 Bem. 2).

Dies trifft z. B. für die staatliche Brandversicherung in Bayern nach Art. 40 BrandversichGes. vom $\frac{\text{3. IV. 1875}}{\text{5. V. 1890}}$ in der F. des Art. 164 bayer. AG. z. BGB. zu (Jaeger KO. § 1 Bem. 26, Gaupp-Stein § 851 II, Henle-Schneider Art. 164 Bem. 9; Stör in BlfRA. Bd. 68 S. 309 ff. nimmt Unpfändbarkeit des Anspruchs auf die Brandversicherungssumme an).

Dagegen ist die Unübertragbarkeit und damit die **Unpfändbarkeit** des Entschädigungsanspruches statuiert in den bayer. Ges. betr. die staatliche Hagelversicherung (v. 13. Febr. 1884 Art. 10), Viehversicherung (v. 11. Mai 1896 Art. 7 Abs. 3) und Pferdeversicherung (v. 15. April 1900 Art. 7 Abs. 3) mit Art. 75 EG. z. BGB. (vgl. Gaupp-Stein § 851 I, BlfRA. a. a. O.).

d) Für die **Übergangszeit** ist zu beachten, daß von den Versicherungsforderungen nur der Anspruch auf Entschädigung aus der staatlichen Brandversicherung von der Hypothekhaftung und der Grundstücks-Beschlagnahme ergriffen wird; die übrigen Entschädigungsforderungen bilden bewegliches

Vermögen und unterliegen der Pfändung, soweit sie nicht gesetzlich untersagt ist (vgl. oben c.); über das Nähere siehe BlfRA. Bd. 68 S. 313—318.

V. Hauptgrundsätze.

1. **Offizialprinzip.** Das auf Antrag eines Gläubigers eingeleitete Verfahren wird von Amts wegen bis zur Befriedigung (soweit diese möglich) durchgeführt, solange nicht ein gesetzlicher Grund zur Aufhebung bezw. Einstellung des Verfahrens vorliegt (Mot. 101, vgl. § 31) und soweit nicht das Gesetz zu einzelnen Maßregeln besondere Anträge verlangt. Die Versteigerung erfolgt öffentlich durch das Gericht (Beamten, Notar), die Verwaltung unter der Aufsicht dieser Organe.

Der Gläubiger, welcher zur Herbeiführung seiner Befriedigung Zwangsversteigerung oder -verwaltung betreibt, verfolgt zwar sein privates Recht; aber die Form, in welcher dies geschehen kann, bestimmt das Prozeßrecht. Dieses betraut mit der Durchführung der Befriedigung den Richter (Versteigerungsbeamten § 13 EG. z. ZVG.), der hierbei eine öffentliche Aufgabe zu erfüllen hat und seine Tätigkeit nicht von einem privaten Auftrag ableitet, der nicht bloß das Interesse des Antragstellers, sondern auch der übrigen Beteiligten, einschließlich des Schuldners wahrzunehmen verpflichtet ist (Dernburg 3. Aufl. Bd. III S. 735 ff.).

2. **Deckungsprinzip.** Durch die Zwangsversteigerung eines Grundstücks werden die dem Anspruch des betreibenden Gläubigers vorgehenden Rechte nicht berührt (§ 44), weil „das dingliche Recht die Sache selbst ergreift, den Berechtigten also auch gegen alle ihm nachteiligen Verfügungen des Eigentümers über die Sache, wie gegen die Geltendmachung von Rechten sichert, welche später vom Eigentümer oder gegen denselben begründet werden" (Mot. 111).

Der Zuschlag erfolgt daher nicht, wie bei der Mobiliarversteigerung, für jedes beliebige Gebot, sondern nur für ein solches, welches diese vorgehenden Ansprüche (und außerdem die Kosten des Verfahrens) deckt (geringstes Gebot). Das geringste (zulässige) Gebot setzt sich zusammen aus

a) einem bar zu zahlenden Teil (nicht zu verwechseln mit dem Bargebot, welches auch den bar zu zahlenden Teil des Meistgebots umfaßt, § 49);
b) den bestehenbleibenden Rechten.

Andrerseits kann der Zuschlag erteilt werden, falls das Mindestgebot erreicht ist; er muß erteilt werden, wenn (trotz entsprechender Aufforderung) nicht mehr geboten wird, ohne Rücksicht darauf, ob die übrigen Gläubiger oder der betreibende Deckung aus dem Erlös erhalten oder nicht, oder ob der Wertsbetrag des Objekts erreicht ist.

Indem das Gesetz den bar zu zahlenden Teil des Mindestgebots bestimmt und vorschreibt, daß die den übrigen Teil desselben bildenden Rechte bestehen bleiben, wird zum Ausdruck gebracht, daß die Inhaber dieser letzteren (von besonders vereinbarten Versteigerungsbedingungen abgesehen, § 59) nicht Barzahlung beanspruchen können, ja sogar nicht einseitig (ohne Zustimmung der dadurch Beeinträchtigten und des Schuldners, § 59 Bem. 2 c) auf Berücksichtigung im Mindestgebot (also auf Bestehenbleiben ihres Rechtes) verzichten dürfen. Dies auch dann nicht, wenn der betr. Anspruch bereits fällig ist. „Denn die Fälligkeit gibt dem Gläubiger nur das Recht der Beitreibung seines Anspruchs, nicht aber das Recht, in dem von einem Dritten betriebenen Verfahren befriedigt zu werden“ (Mot. 113). Die Einhaltung des gesetzlich vorgeschriebenen Mindestgebots dient also nicht nur zum Schutze der dem Betreibenden vorgehenden Rechte, sondern auch des Schuldners.

Das Deckungsprinzip findet keine Anwendung bei der Versteigerung von Schiffen (§ 169). Seine Durchführung erleidet Modifikationen in den besonderen Fällen der §§ 174, 179, 182. Über die zur Durchführung des Deckungsprinzips geschaffene Rangordnung der Rechte siehe §§ 10 ff.

3. **Übernahmeprinzip.** Hinsichtlich der bestehenbleibenden Rechte wird der Ersteher mit dem Zuschlage dinglicher Schuldner; er muß vermöge des dinglichen Charakters dieser Rechte als Eigentümer ohne weiteres die Zwangsvollstreckung in das Grundstück dulden.

Außerdem tritt der Ersteher in Ansehung der bestehenbleibenden Hypotheken, Grund- und Rentenschulden auch in das persönliche Schuldverhältnis dann ein, wenn der Vollstreckungsschuldner für die Schuld persönlich gehaftet hatte (bei Grund- und Rentenschulden nach § 53 Abs. 2). Letzterer wird von seiner Verbindlichkeit befreit, wenn und soweit der Gläubiger die Schuldübernahme genehmigt, und bleibt, soweit dies nicht geschehen, neben dem Ersteher als Solidarschuldner verhaftet.

Die übrigen Lasten, welche der Ersteher mit dem Erwerbe des Grundstücks auch persönlich auf sich nimmt, sieht das Gesetz als seine eigenen, nicht als diejenigen des Schuldners an (§ 1108 BGB., § 56 ZVG.).

Das mit dem Übernahmeprinzip zusammenhängende Anrechnungsprinzip der BayGO., nach welchem die in das geringste Gebot fallenden Kapitalsbeträge auf den Strichschilling angerechnet wurden, ist beseitigt. Das geringste Gebot besteht also nicht mehr in einer Summe, in welcher jene Kapitalsbeträge eingerechnet sind; vielmehr bilden diese auch äußerlich einen besonderen Bestandteil des Mindestgebots (im weiteren Sinne der Versteigerungsbedingungen).

4. **Surrogationsprinzip.** Infolge der Versteigerung erlöschen sämtliche Rechte am Grundstück, soweit[1]) sie nicht nach den im Zuschlagsbeschluß enthaltenen Versteigerungsbedingungen oder nach Vereinbarung mit dem Ersteher bestehen bleiben (siehe auch § 52 Abs. 2 des Ges. und § 9 EG., Art. 27 BayAG. z. ZVG.), und verwandeln sich in (dingliche) Vorzugsrechte am Er-

[1]) Ob sie zu Unrecht als bestehenbleibend in den Versteigerungsbedingungen aufgeführt oder weggelassen wurden, ist nach Rechtskraft des Zuschlags jeder Nachprüfung entzogen.

lös, der an die Stelle des Grundstücks getreten ist und dem Subhastaten eigentümlich gebührt (Mot. 263 ff., vgl. § 90).

Soweit dieser Erlös reicht, werden die Vorzugsrechte nach Maßgabe ihres Ranges (§§ 10—14) befriedigt und der Rest dem Subhastaten ausgeantwortet; ist der Strichschilling nicht bezahlt, so setzen sich die dinglichen Rechte an der auf Bezahlung des Strichschillings gerichteten Forderung des Subhastaten gegenüber dem Ersteher fort. Dies gilt auch bezüglich der Rechte an den mitversteigerten Gegenständen (§§ 20, 21, 55), während an den nicht versteigerten alle Rechte, insbesondere auch die Hypothekrechte, die in Ansehung der Hauptsache (Grundstücks usw.) durch den Zuschlag erloschen sind, unberührt bleiben (vgl. Bem. zu § 91).

5. **Das Prinzip der fakultativen mündlichen Verhandlung.** Die Vorschrift des § 764 ZPO., daß die Entscheidungen des Vollstreckungsgerichts bei Anordnung von Vollstreckungsmaßregeln und Mitwirkung zu solchen ohne vorgängige mündliche Verhandlung erfolgen können, gilt auch für das Verfahren nach dem ZVG. (auch vor dem Versteigerungsbeamten). Soweit mündliche Verhandlung (sei es kraft besonderer Vorschrift, wie im Versteigerungs- oder Verteilungstermin, sei es auf Grund richterlicher Anordnung) stattfindet, ist nicht das Parteivorbringen allein Grundlage der Entscheidung; diese ergeht vielmehr auf Grund des in den Akten enthaltenen, von den Parteien oder dem Richter (Versteigerungsbeamten) auf Antrag oder ex officio beigeschafften Prozeßstoffes.

Es erfolgen daher weder Ladungen im Parteibetrieb, noch von Amts wegen, sondern lediglich Zustellungen; das Ausbleiben der Parteien (Beteiligten) hindert nicht die Entscheidung; ein Beweisangebot ist (soweit nicht Besonderes, z. B. Glaubhaftmachung vorgeschrieben) nicht erforderlich. Die Beweisaufnahme selbst untersteht den Vorschriften der ZPO.; es sind alle Beweismittel derselben zulässig, auch Eideszuschiebung, wie Auferlegung des richterlichen Eides (durch Beschluß, statt Urteil). RG. Bd. 50 S. 368, Bd. 54 S. 311; Samter S. 2, Gaupp-Stein § 128 V, Falkmann 2. Aufl. S. 311 ff.

Die Entscheidungen, welche auf Grund mündlicher Verhandlung ergehen, werden verkündet, nicht zugestellt, § 329 Abs. 1 ZPO. Die Zustellung ist jedoch notwendig, um die Beschwerdefrist in Lauf zu setzen, und Sache der Parteien. Gaupp-Stein § 312 III.

Gesetz
über
die Zwangsversteigerung und die Zwangsverwaltung.

Vom 24. März 1897.
(RGBl. 1898 S. 713 ff.)

Erster Abschnitt.

Zwangsversteigerung und Zwangsverwaltung von Grundstücken im Wege der Zwangsvollstreckung.

Erster Titel.

Allgemeine Vorschriften.

Vorbemerkung.

1. Arten der Immobiliarzwangsvollstreckung. Die Zwangsvollstreckung in das unbewegliche Vermögen wegen Geldforderungen erfolgt nach den Vorschriften der §§ 864 ff. ZPO. Hiernach vollzieht sich die Vollstreckung in Grundstücke, sowie in Berechtigungen, für welche die sich auf Grundstücke beziehenden Bestimmungen gelten (siehe § 870 Abs. 1 ZPO.).

a) durch Eintragung einer Sicherungshypothek für die Forderung unter den Beschränkungen des § 866 Abs. 3 ZPO.;
b) durch Zwangsversteigerung;
c) durch Zwangsverwaltung.

Die beiden letzteren Arten sind durch gegenwärtiges Gesetz geregelt. Bei Anwendung desselben greifen die Bestimmungen der ZPO. in gleicher Weise Platz, wie wenn es ein Bestandteil derselben wäre (M. 71).

2. Verhältnis zwischen Zwangsversteigerung und -verwaltung. Abweichend vom bisherigen bayerischen Recht sind die beiden in § 1 bezeichneten Vollstreckungsmaßregeln bei Grundstücken gleichzeitig und zur Befriedigung der nämlichen Forderung zulässig. Denn die Versteigerungsbeschlagnahme ergreift nicht den ganzen Nutzwert des Grundstücks (§ 866 Abs. 2 ZPO. und §§ 21, 23, 148 des Gesetzes). Beim Eintritt der Versteigerungsbeschlagnahme wird ein etwa bereits schwebendes Zwangsverwaltungsverfahren nicht eingestellt (anders Art. 20 Abs. 2 BaySO.; vgl. auch Bem. zu § 15 EG. z. ZVG.), und bei Zurücknahme des Versteigerungsantrages bleibt die Zwangsverwaltung unberührt und umgekehrt.[1]) Auch die Befriedigung der betreibenden Gläubiger, welche nach Maßgabe der §§ 10 ff. und 155, 156 geschieht, hat in beiden Verfahren getrennt zu erfolgen. Ein Einfluß des einen auf das andere Verfahren ergibt sich nur aus §§ 10 Ziff. 1, 13 Abs. 3 und 77 Abs. 2. Eine Beschränkung besteht aber insofern, als bei schwebender Zwangsverwaltung die Versteigerung nur von einem Gläubiger verlangt werden kann, der dem die Verwaltung betreibenden im Range vorgeht oder doch die Zustimmung des besser berechtigten nachweist (§ 772 ZPO. mit §§ 23, 146 ff. ZVG., vgl. Fischer-Schäfer S. 137). Im Fall der Kumulation beider Maßregeln endigt die Zwangsverwaltung mit der Verkündung des Zuschlags an den Ersteher des Grundstücks, sofern nicht der Zuschlag rechtskräftig wieder aufgehoben wird; die Aufhebung des Zwangsverwaltungsverfahrens erfolgt jedoch gemäß § 161.

§ 1.

Für die Zwangsversteigerung und die Zwangsverwaltung eines Grundstücks ist als Vollstreckungsgericht das Amtsgericht zuständig, in dessen Bezirke das Grundstück belegen ist.

E. I § 6; M. S. 88; D. S. 34, 35; KBer. Nr. 58.

§ 2.

Ist das Grundstück in den Bezirken verschiedener Amtsgerichte belegen oder ist es mit Rücksicht auf die Grenzen der Bezirke ungewiß, welches Gericht zuständig ist, so hat das zunächst höhere Gericht eines der Amtsgerichte zum Vollstreckungsgerichte zu bestellen; die Vorschriften des § 37 der Civilprozeßordnung finden entsprechende Anwendung.

Die gleiche Anordnung kann getroffen werden, wenn die Zwangsversteigerung oder die Zwangsverwaltung mehrerer Grundstücke in demselben Verfahren zulässig ist und die Grundstücke in den Bezirken verschiedener Amtsgerichte belegen sind. Von der Anordnung soll das zum Vollstreckungsgerichte bestellte Gericht die übrigen Gerichte in Kenntniß setzen.

E. I §§ 7, 25 Abs. 2; M. 88, 121; D. 34, 35; KBer. 1.

Zuständigkeit.

1. Die Zwangsvollstreckung in das unbewegliche Vermögen gehört zur (sachlichen) Zuständigkeit der Amtsgerichte (bezw. Notare) §§ 753, 764 ZPO., § 15 des Gesetzes, § 13 EG., Art. 25 BayAG. z. ZVG. Für das Verfahren sind daher die Vorschriften der ZPO. über das Verfahren vor den Amtsgerichten entsprechend anzuwenden, soweit das vorliegende Gesetz nichts Anderes bestimmt.

Die in § 1 (früher § 755 Abs. 1 ZPO.) und § 2 (früher § 756 ZPO.) geregelte **örtliche** Zuständigkeit ist eine ausschließliche (§ 802 ZPO.); diese Zuständigkeitsbestimmung gilt nicht nur für Grundstücke, sondern ist auch hinsichtlich der Berechtigungen, für welche die sich auf Grundstücke beziehenden Vorschriften gelten (Bergwerkseigentum, unbewegliche Kuxe, Erbbaurechte, Fischereirechte, Realgewerbeberech-

---

[1]) Es ist nicht erforderlich, im Beschluß ersichtlich zu machen, daß beide Vollstreckungsmaßregeln für die gleiche Forderung eingeleitet werden (vgl. Ortenau-Henle S. 32 Note 3). Noch weniger kommt dies in den ins Grundbuch einzutragenden Vermerken zum Ausdruck.

tigungen und Nutzungsrechte) gemäß § 870 Abs. 1 ZPO. entsprechend anzuwenden (Mot. 88; Art. 17, 18 BayAG. z. GBO.).[1])

Bezüglich der Schiffe siehe § 163.

Die Zuständigkeit ist von Amts wegen zu prüfen (Gaupp-Stein §§ 38, 39 ZPO.). Unzuständigkeit des mit der Sache befaßten Gerichts macht dessen Verfahren ungültig, ist also ein Grund zur Versagung des Zuschlags (§§ 33, 83 Ziff. 6) und zur Aufhebung des erteilten, noch nicht rechtskräftigen Zuschlags. Die Unzuständigkeit ist daher, wenn sie dem Gerichte entgangen ist, auch vom Versteigerungsbeamten, der diesfalls seine Tätigkeit ablehnen muß, zu berücksichtigen, da derselbe nicht lediglich Beauftragter des Gerichts ist, sondern hinsichtlich der auf die Versteigerung bezüglichen Amtshandlungen an die Stelle des Vollstreckungsgerichts tritt (§ 13 EG. und Art. 25 BayAG. z. ZVG.).[2]) Der Mangel könnte auch durch eine Genehmigung sämtlicher Beteiligter nicht geheilt werden.[3])

2. Ungewißheit der Zuständigkeit. Die Vorschrift des § 2, die sich, wie diejenige des § 1, nur auf Grundstücke und Berechtigungen, welche ein Blatt im Grundbuch erhalten können, bezieht, entspricht dem aufgehobenen § 756 ZPO. (vgl. Art. 14 BaySO.).

Der Fall, in welchem sich ein Grundstück in den Bezirk mehrerer Amtsgerichte erstreckt, ist auch dann gegeben, wenn eine Vereinigung oder Zuschreibung von Grundstücken gemäß § 890 Abs. 1 und 2 BGB. erfolgt ist. Die in Art. 5 und 6 BayAG. z. GBO. für die Bestimmung des Grundbuchamtes maßgebende Zuständigkeitsvorschrift ist aber nicht für das Zwangsversteigerungs- und -verwaltungsverfahren bindend (Jäckel S. 19).

Nach dem Ermessen des höheren Gerichtes kann von der in Abs. 1 vorgeschriebenen Anordnung auch Gebrauch gemacht werden, wenn das Verfahren mehrere, in verschiedenen Amtsgerichtsbezirken gelegene Grundstücke betrifft und die Voraussetzungen des § 18 gegeben sind.

Außer den in § 2 aufgeführten Fällen erfolgt eine Bestimmung des zuständigen Gerichtes durch das zunächst höhere Gericht auch in den Fällen des § 36 Ziff. 1, 5 und 6 ZPO.

3. Voraussetzung der **Anordnung des höheren Gerichtes** ist in der Regel der Antrag eines Beteiligten (§ 37 ZPO.), so daß das angegangene Gericht, wenn es seine Unzuständigkeit erkennt, nicht von Amts wegen die Bestimmung des zuständigen Gerichtes herbeizuführen, sondern vielmehr die Eröffnung des Verfahrens abzulehnen, bezw. dasselbe wieder einzustellen hat (unter Bestimmung einer Frist zur Beibringung der Entscheidung des höheren Gerichtes).[4]) Erkennt das Vollstreckungsgericht (Versteigerungsbeamter) die Notwendigkeit der Bestimmung des zuständigen durch das höhere Gericht erst nach dem Schluß der Versteigerung, so ist § 33 anzuwenden. Die Entscheidung des Vollstreckungsgerichtes unterliegt der sofortigen Beschwerde, die des Notars zunächst der Erinnerung nach § 13 EG., Art. 25 BayAG. z. ZVG., §§ 95, 96 Ges.

---

[1]) Vgl. Becher Mat. VI S. 18, 19. — Zuständig ist das Amtsgericht, in dessen Bezirk die Berechtigung ausgeübt wird. In welchem Grundbuch das Recht eingetragen ist, ist gleichgültig.

[2]) Vgl. Becher Mat. VI S. 25, 26 und Ortenau-Henle, Einleitung S. 17 und S. 311.

[3]) Vgl. Jäckel S. 18. — Der Mangel der Zuständigkeit kann bis zur Rechtskraft des Zuschlags von jedem Beteiligten geltend gemacht werden (§ 766 ZPO., § 83 Ges.).

[4]) Z. B. wenn sich aus dem Grundbuch ergibt, daß einem Grundstücke ein in einem anderen Amtsgerichtsbezirke gelegenes Grundstück zugeschrieben ist. — Vgl. auch Recht VI S. 458, wo im Vollstreckungsantrage zugleich ein Gesuch nach § 37 ZPO. erblickt wird.

Da die Entscheidung des höheren Gerichts zum Vollstreckungsverfahren gehört,[5]) so ist der Antrag an die allgemeinen Voraussetzungen der Zwangsvollstreckung gebunden, also von der Zustellung des Vollstreckungstitels abhängig. Er ist an keine Form geknüpft; Anwaltszwang findet nicht statt. Die Ablehnung der Bestimmung des zuständigen Gerichts ist mit sofortiger Beschwerde anfechtbar (§ 95 des Ges. und § 37 ZPO.).

Das Verfahren vor dem Obergericht ist gebührenfrei, vgl. § 47 Ziff. 3 GKG. mit Art. 7 BayGeb.Ges.); Anwaltsgebühr: Art. 17, 19, 28 Abs. IV VO. vom 26. III. 02 (GVBl. S. 133, JMBl. S. 441); während der Übergangszeit: §§ 3, 12 VO. vom 25. IX. 79 (GVBl. S. 1295).

4. Höheres Gericht. Zuständig zur Anordnung nach § 2 ist das gemeinschaftliche höhere Gericht, in letzter Instanz das oberste Landesgericht, bezw. im Falle des § 9 EG. z. ZPO. das Reichsgericht.

5. Die **Mitteilung an die übrigen Gerichte** ist nach dem Vorgang von Art. 14 BaySO. nur instruktionell vorgeschrieben (vgl. § 40 Abs. 1 Satz 2).

§ 3.

Die Zustellungen erfolgen von Amtswegen.

E. I § 16 Satz 1; M. 101; D. 36; KBer. 2.

Zustellungen.

1. Grundsatz der Zustellung von Amts wegen. Im Einklang mit Art. 17 BaySO. ist als wesentliches Hilfsmittel des Offizialbetriebs im Interesse der Raschheit des Verfahrens und der gleichmäßigen Wahrung der Rechte aller Beteiligten die Zustellung von Amts wegen (seitens des Gerichts wie Notars) statuiert. Eine auf Betreiben eines Beteiligten erfolgte Zustellung ist daher unwirksam, sie könnte keine nach dem Gesetz an die Zustellung geknüpfte Frist in Lauf setzen.[1])

Ausnahme: Für die Beschwerdeinstanz gelten §§ 96, 103, 104.

2. Die Ausführung der Zustellungen erfolgt durch den Gerichtsschreiber (bezw. Notar, Art. 25 Abs. 2 BayAG. z. ZVG.) nach den Vorschriften der §§ 166 ff., 208—213 ZPO., soweit nicht in den §§ 4—7 des Gesetzes abweichende Bestimmungen getroffen sind.

Hierbei ist besonders zu berücksichtigen, daß gemäß §§ 81, 176, 178 ZPO. an die Prozeßbevollmächtigten zuzustellen ist. Jeder im Verfahren Beteiligte kann sich durch einen Prozeßbevollmächtigten vertreten lassen. Zum Nachweis der Vollmachtserteilung genügt der Vermerk in den amtsgerichtlichen Urteilen und Beschlüssen (vergl. § 88 Abs. 2 ZPO.). Stellt der Gläubiger selbst den Antrag auf Zwangsversteigerung oder -verwaltung, so erfolgt die Zustellung an ihn persönlich.

Hat ein Beteiligter einen Zustellungsbevollmächtigten bestellt (z. B. beim Grundbuchamt §§ 5, 19 Abs. 2), so ist diesem zuzustellen; eine Zustellung an den Beteiligten selbst ist aber nicht ungültig (§§ 4, 5).

Für die Zustellung an Generalbevollmächtigte und Prokuristen gilt § 173 ZPO., an Militärpersonen § 172 l. c.

Für nicht prozeßfähige Personen (§ 52 ZPO.) erfolgt Zustellung an den gesetzlichen Vertreter, bei Interessenkollision an den zu bestellenden Pfleger (§ 1909

---

[5]) Gleichgültig, ob sie vor oder erst nach dem Antrag auf Zwangsversteigerung oder -verwaltung herbeigeführt wird. — Bestritten.

[1]) Anders Entw. I § 16 Satz 2. — Die Kosten einer von den Beteiligten besonders bewirkten Zustellung gehören daher nicht zu den Kosten des Verfahrens (§ 109). Jäckel S. 23.

BGB., vgl. obstr. Erk. n. F. IV S. 378), für **Behörden, Gemeinden und Korporationen,** sowie **Vereine,** welche als solche klagen und verklagt werden können, an den Vorsteher (§ 171 ZPO.). **Ehefrauen** sind prozeßfähig (§ 52 Abs. 2 ZPO.), an sie muß daher jedenfalls Zustellung erfolgen (Jäckel S. 24); ob außerdem Zustellung an den Mann — mit Rücksicht auf sein eigenes Recht am Vermögen der Frau — zu geschehen hat, richtet sich nach dem Güterstand.

Wegen der Zustellung an den **Schuldner** siehe § 8.

Die Ausführung der Zustellungen von Amts wegen ist im Vollzuge der §§ 208—213 ZPO. eingehend geregelt in §§ 1—41, 69—72 JMBek. vom 16. Dezbr. 1899 (JMBl. S. 475 ff.); vgl. auch § 1 JMBek. vom 31. März 1905 (JMBl. S. 587) und die dort zitierten Bekanntmachungen.

Die Zustellung besteht, wenn eine Ausfertigung zugestellt werden soll, in deren Übergabe, in den übrigen Fällen in der Übergabe einer beglaubigten Abschrift des zuzustellenden Schriftstücks (§§ 170, 208 ZPO., § 5 JMBek.). Sie kann erfolgen nach Ermessen des Gerichtsschreibers durch den Gerichtsdiener oder die Post (§ 211 ZPO., § 6 JMBek.), im Fall des § 4 ZVG. auch durch Aufgabe zur Post (§ 7 JMBek.). Über die aufzunehmenden Zustellungsurkunden siehe §§ 11, 14, 29, 33, 35, 37 JMBek. Im Fall der Zustellung durch die Post oder mittels Aufgabe zur Post kann sich der Gerichtsschreiber der Hilfe des Gerichtsdieners nur in beschränkter Weise bedienen, §§ 36, 38—40 JMBek.

Entsprechendes gilt für die vom **Notar** nach Art. 25 Abs. 2 BayAG. z. ZVG. vorzunehmenden Zustellungen, § 203 NotGeschO. vom 24. Dezbr. 1899 (JMBl. S. 591).

Für die richtige Ausführung der Zustellungen ist der **Gerichtsschreiber (Notar)** allein verantwortlich; er bestimmt insbesondere die Art der Zustellung (vgl. §§ 7, 12 JMBek. vom 16. XII. 99). Daß der **Richter** die Personen bezeichnet, welchen zugestellt werden soll, ist zwar nicht ausdrücklich vorgeschrieben; es wird aber allgemein als dem Sinne des Gesetzes entsprechend angesehen, daß die Feststellung des Kreises der Beteiligten der richterlichen Würdigung überwiesen werden wollte (Niedner S. 7, Jäckel S. 22). Wird eine Entscheidung nach § 6 erforderlich, so sind die Akten dem Richter wieder vorzulegen (Fischer-Schäfer S. 173).

Die Zustellungen von Amts wegen im Zwangsversteigerungs- und -verwaltungsverfahren sind wie bisher als Regierungssache innerhalb Bayerns **portofrei** (JMBl. 1881 S. 319 und 1886 S. 178; 1900 S. 591 ff., 1902 S. 305).

3. Zustellungsmängel (Folge: Versagung des Zuschlags § 83 Ziff. 1, 7) sind in gewissen Fällen heilbar (vgl. § 84 des Ges. und §§ 187, 208 ZPO., wobei jedoch zu beachten ist, daß letztere Bestimmungen nur auf Ladungen[2]) und nur, soweit sie eine Verletzung der Vorschriften über die Ersatzzustellung betreffen, anwendbar sind). Ein Verzicht auf die Rüge eines Zustellungsmangels ist aber nach allgemeinen prozessualen Grundsätzen nicht vor dem Eintritt der Verletzung zulässig,[3]) und auch nachher nur, soweit es sich nicht um eine im öffentlichen Interesse aufgestellte Verfahrensvorschrift (z. B. die Einhaltung einer Notfrist) handelt. Vgl. § 144 Bem. 6.

---

[2]) Enthält das zuzustellende Schriftstück, z. B. die Terminsbestimmung der §§ 36 ff. noch andere Mitteilungen, so ist ein etwaiger Zustellungsmangel auf dem Wege der §§ 187, 208 ZPO. nicht heilbar (Reinhard I S. 51).

[3]) Vgl. Gaupp-Stein zu § 295 ZPO.

§ 4.

Wohnt derjenige, welchem zugestellt werden soll, weder am Orte, noch im Bezirke des Vollstreckungsgerichts, so kann die Zustellung durch Aufgabe zur Post erfolgen, solange nicht die Bestellung eines daselbst wohnhaften Prozeßbevollmächtigten oder Zustellungsbevollmächtigten dem Gericht angezeigt ist. Die Postsendung muß mit der Bezeichnung „Einschreiben" versehen werden.

E. I § 18; M. 103, 104; D. 36; KBer. 3.

Aufgabe zur Post.

1. **Bisheriges Recht.** Art. 19 BayGO. regelte die Verpflichtung des nicht im Gerichtsbezirke wohnhaften Beteiligten zur Bestellung eines Zustellungsbevollmächtigten; in Ermangelung eines solchen erfolgten die zweite und spätere Zustellungen durch Aufgabe zur Post bezw. im Wege öffentlicher Zustellung. Die Sendungen wurden nicht „eingeschrieben"; siehe jedoch §§ 39, 43 der JMBek. v. 16. XII. 1899 (JMBl. S. 491). — § 4 enthält auch eine Abweichung von §§ 174, 175 ZPO.

2. **Bedeutung der Vorschrift.** Sie ist nur fakultativ, schließt eine nach den Vorschriften der ZPO. ordnungsmäßig erfolgte Zustellung nicht aus. Andrerseits ist die Zustellung nach § 4 auch dann gültig, wenn die Sendung als unbestellbar zurückkommt (§ 175 Abs. 1 Satz 3 ZPO., vgl. auch § 6 Abs. 2 Ges.), gleichviel aus welchem Grunde (Wegzug, unbekannter Aufenthalt, Tod).

3. **Die Zulässigkeit** der Aufgabe zur Post erfordert, daß zur Zeit der Anordnung der Zustellung die Voraussetzungen des § 4 sich aus den Akten ergeben. Nachträgliche Ermittlung der Adresse hat nur Bedeutung für die späteren Zustellungen; ebenso eine nachträgliche Mitteilung des Todes des Adressaten. Hat der Beteiligte, welchem zugestellt werden soll, einen Prozeßbevollmächtigten ernannt, so kann nur an diesen gültig zugestellt werden (§ 3 Bem. 2); für die Anwendung des § 4 kommt es daher nur auf des letzteren Wohnung an, wie auch diesfalls nur er gültig einen Zustellungsbevollmächtigten benennen kann (zu den Vollstreckungs- oder Grundbuchakten). Statt an den Zustellungsbevollmächtigten kann stets wirksam auch seinem Auftraggeber (Partei, Prozeßbevollmächtigten) zugestellt werden, nur nicht in Form des § 4. Ist ein Generalbevollmächtigter (Prokurist) bestellt, so ist zwar eine gewöhnliche Zustellung an ihn zulässig und gültig (§ 173 ZPO.), eine solche nach § 4 aber nur, wenn die Voraussetzungen hierzu in der Person der Partei selbst vorliegen (bestritten). Die Benennung der Bevollmächtigten kann formlos geschehen, vom Vertreter jedoch nur unter Nachweis der Vollmacht. Diese kann auch dem Gericht nach § 5 oder durch Einsicht anderer Akten zur Kenntnis kommen (Jäckel S. 26, Fischer-Schäfer S. 173).

4. **Ausführung** der Aufgabe zur Post. Sie erfolgt mittelst „Einschreiben" und ist zum Akt zu vermerken (§ 213 ZPO.). Über die Tätigkeit des Gerichtsschreibers bezw. Notars hierbei siehe § 3 Bem. 2, über Beseitigung von Zustellungsmängeln und deren Folgen siehe § 3 Bem. 3.

5. § 4 ist **unanwendbar** bei Zustellung des Beschlagnahme- und Beitrittsbeschlusses an den Schuldner (§ 8; JMBek. vom 31. März 1905 § 1 Abs. 2).

§ 5.

Die Bestellung eines Zustellungsbevollmächtigten bei dem Grundbuchamte gilt auch für das Verfahren des Vollstreckungsgerichts, sofern sie diesem bekannt geworden ist.

E. I § 19; M. 104, 105; D. 36; KBer. 4.

Zustellungsbevollmächtigte.

1. **Die beim Grundbuchamt bestellten Zustellungsbevollmächtigten** gelten als solche auch für das Vollstreckungsverfahren, soweit sie dem Vollstreckungsgerichte mitgeteilt oder sonst amtlich bekannt geworden sind, und soweit deren Vollmacht nicht ausdrücklich (etwa auf den Verkehr mit dem Grundbuchamt) beschränkt worden ist. [1]) Die Mitteilungen des Grundbuchamtes sind an den Notar weiterzuleiten.

2. **Mitteilung an das Vollstreckungsgericht** (vgl. § 19 Abs. 2). Ist sie unterblieben und diesem (bezw. dem Notar) die Aufstellung eines Zustellungsbevollmächtigten beim Grundbuchamte auch auf andere Weise (durch Einsicht der Grundakten, Mitteilung seitens Dritter) amtlich nicht bekannt geworden, so ist eine an den Beteiligten selbst ordnungsgemäß (wenn auch in der Form des § 4 und erfolglos) betätigte Zustellung gültig. Dagegen ist die auf Grund einer unrichtigen Mitteilung des Grundbuchamtes erfolgte Zustellung ungültig. [2]) Für den Schaden, den der Beteiligte durch die unrichtige Zustellung erleidet, kann der Grundbuchrichter verantwortlich sein.

Ebenso ist die Zustellung ungültig, wenn sie im Widerspruche mit dem Inhalte der Vollstreckungsakten erfolgt (z. B. auf einem Irrtum des Vollstreckungsrichters beruht).

§ 6.

Ist der Wohnort desjenigen, welchem zugestellt werden soll, dem Vollstreckungsgerichte nicht bekannt, so hat das Gericht einen Zustellungsvertreter zu bestellen.

Das Gleiche gilt, wenn im Falle der Zustellung durch Aufgabe zur Post die Postsendung als unbestellbar zurückkommt. Die zurückgekommene Sendung soll dem Zustellungsvertreter ausgehändigt werden.

Statt der Bestellung eines Vertreters genügt es, wenn die Zustellung für nicht prozeßfähige Personen an die Vormundschaftsbehörde, für juristische Personen oder für Vereine, die als solche klagen und verklagt werden können, an die Aufsichtsbehörde angeordnet wird.

E. I, § 20, 23; M. 105, 106, 108, 109; D. 36; KBer. 3, 5.

Zustellungsvertreter.

1. **Aufstellung.** Die Vorschrift in Abs. 1 verbietet behufs Beschleunigung des Verfahrens die nach §§ 203 ff. ZPO. (vgl. Art. 18 BayGO.) zulässige öffentliche Zustellung (Ausnahme § 8), weicht aber insoferne von diesen Bestimmungen ab, als sie nur bei unbekanntem Wohnort (nicht Aufenthalt) anwendbar ist und es nur auf die Unkenntnis des Vollstreckungsgerichtes (Notars) ankommt. Es genügt also, wenn der Wohnort des Beteiligten (bzw. seines Prozeßbevollmächtigten) nicht aus den Vollstreckungsakten ersichtlich ist. Nachforschungen in anderen Gerichtsakten oder bei der Polizeibehörde braucht der Vollstreckungsrichter nicht vorzunehmen; sie dürfen aber versucht werden, soweit dadurch das Verfahren nicht ungebührlich verzögert (z. B. die Einhaltung von Fristen unmöglich) wird. Ist zwar der Wohnort, nicht aber die Wohnung bekannt, so sind weitere Ermittlungen der Wohnung notwendig, bis

---

[1]) Wolff § 5 Bem. 1.
[2]) Rechtspr. d. OLG. IV S. 375; Reinhard I S. 57, Jäckel S. 26.

feststeht, daß der Wohnort unbekannt geworden ist.[1]) Ist der Wohnort dem Vollstreckungsrichter (Notar) bekannt, gleichviel woher er diese Kenntnis schöpfte, so findet § 6 keine Anwendung.

Der Fall des Abs. 1 ist auch gegeben, wenn dem Vollstreckungsgerichte (Notar) bekannt ist oder wird, daß der Beteiligte gestorben ist und die Erben (ev. deren Vertreter) ihrem Namen oder Wohnort nach nicht bekannt sind, gleichgültig, ob der Tod vor oder nach der ersten Zustellung erfolgt ist (ZBlFG. IV S. 416). Wenn einem Beteiligten zur Vertretung im Verfahren ein Pfleger zu bestellen wäre (§§ 1795, 1796, 1909, 1911, 1913 BGB., 50 FGG.), ist bis zur Aufstellung desselben einem Zustellungsvertreter oder dem Vormundschaftsgerichte (Abs. 3) zuzustellen. Ist über eine Hypothek (Grund-, Rentenschuld) ein Brief erteilt, so gilt wie sonst als derjenige, welchem zugestellt werden soll, der zuletzt ausweislich der Abschrift des Grundbuchblattes als Gläubiger im Grundbuch Eingetragene, bis sich der Inhaber der Hypothek nach § 9 Ziff. 2 meldet (Jäckel S. 29, Wolff § 6 Bem. 6).

Gemäß Abs. 2 ist weiterhin ein Zustellungsvertreter zu bestellen, wenn im Falle des § 4 die Postsendung als unbestellbar zurückkommt, obwohl die Zustellung selbst mit der Aufgabe zur Post als bewirkt gilt (§ 175 Abs. 1 Satz 3 ZPO.). Diese ist daher nicht an den Zustellungsvertreter zu wiederholen; dagegen können weitere Zustellungen wirksam nur an ihn (nicht mehr durch Aufgabe zur Post an den Beteiligten) erfolgen, bis dessen Wohnort ermittelt ist (§ 7 Abs. 1). Die Aushändigung der Postsendung an den Zustellungsvertreter soll die Ermittlung des Beteiligten erleichtern; die Unterlassung der Aushändigung hat keinerlei Folgen in Ansehung des Verfahrens. Über Rechte und Pflichten des Zustellungsvertreters siehe § 7.

2. Die Bestellung des Zustellungsvertreters ist auch in Bayern immer **Sache des Vollstreckungsgerichtes** (Art. 25 BayAG. z. ZVG.).

> Die Motive (Becher Mat. VI S. 24, 135) lassen hierüber Zweifel zu. Art. 25 (26 Entw.) BayAG. hat von dem Vorbehalte des § 13 EG. nur soweit Gebrauch machen wollen, als erforderlich war, um die Zuständigkeit der Notare im bisherigen Umfange aufrecht zu erhalten. Der BaySO. ist die Bestellung von Zustellungsvertretern unbekannt. Zweifelhaft ist ferner, wer über die Voraussetzungen der Notwendigkeit eines Zustellungsvertreters während des Versteigerungsverfahrens entscheidet; m. E. obliegt diese Entscheidung ähnlich, wie bisher bei den Ersuchen nach § 202 ZPO. dem Notar, so daß das Gericht dem Ersuchen des Notars um Aufstellung eines Zustellungsvertreters einfach nachzukommen hat. — Wollte man den Notar auch zu dieser Aufstellung für zuständig erklären, dann müßte man ihm auch die vollstreckbare Entscheidung nach § 7 Abs. 2 Satz 3 übertragen.

Dem Gerichte ist auch die Auswahl der Person überlassen (Rechtsanwälte, Gerichtsschreiber, Gerichtsvollzieher; § 2 JMBek. vom 31. März 1905, JMBl. S. 588). Es kann auch ein nicht im Bezirke des Vollstreckungsgerichts wohnender Zustellungsvertreter aufgestellt und ihm nach § 4 zugestellt werden. Eine Pflicht zur Annahme der Funktion besteht nicht. (Jäckel S. 30).

3. Die nach **Abs. 3** zulässige **Zustellung an die Vormundschafts- und Aufsichtsbehörde** ersetzt nur die Bestellung eines Zustellungsvertreters, darf also nicht er-

[1]) Wenn der postalische Vermerk der zurückgelangten Sendung ersehen läßt, daß die Zustellung in der angegebenen „Wohnung“ nicht erfolgen konnte, so kann zwar die Zustellung nach § 4 gültig sein (weil z. B. nach Aktenlage die benützte Adresse richtig war); aber für weitere Zustellungen ist nunmehr zu untersuchen, ob § 4 oder § 6 anzuwenden ist. Vgl. Wolff § 6 Bem. 2, Jäckel S. 28.

folgen, solange die Zustellung an den gesetzlichen Vertreter bezw. Vorstand möglich ist (§ 171 ZPO.). Sie ist unmöglich, wenn dieser nach Namen oder Wohnort unbekannt ist;[2]) ebenso wenn die juristische Person usw. nicht mehr vorhanden ist. Ob eine Vormundschaft oder Pflegschaft schon anhängig ist oder nicht, ist gleichgültig; ebenso, daß juristische Personen zu bestimmten Rechtsgeschäften der Genehmigung einer Aufsichtsbehörde bedürfen.[3]) Die Zustellung nach Abs. 3 ist selbstverständlich auch so lange ausgeschlossen, als an einen ordnungsmäßig bestellten Prozeßbevollmächtigten zugestellt werden muß.

Die Zustellung an eine prozeßunfähige Person ist ungültig. Die Ungültigkeit kann bis zur Rechtskraft des Zuschlags gerügt werden (§ 83 Ziff. 1); der Mangel ist durch Zustimmung des Vertreters heilbar (§ 43 Abs. 2). Eine erst nach ordnungsmäßiger Zustellung eintretende Prozeßunfähigkeit ist auf erstere ohne Einfluß und nur bei weiterer Zustellung zu beachten.

Über Prozeßunfähigkeit siehe §§ 52, 53 ZPO., 104, 106—115 BGB., Art. 95 Abs. 2 EG. hierzu; über Vereine, die als solche klagen und verklagt werden können, §§ 50 Abs. 2, 54, 735 ZPO., 21—23 BGB., Art. 10, 65—67, 69, 75, 83, 113, 164—167 EG. hierzu.

Ordnet das Vollstreckungsgericht (Notar) die Zustellung nach Abs. 3 an, so ist die Zustellung (falls sie nicht gemäß § 4 mit § 175 Abs. 1 ZPO. schon mit der Aufgabe zur Post bewirkt war) nicht schon mit der Anordnung, sondern erst mit der Ausführung als erfolgt anzusehen (Reinhard I S. 61). Die Vormundschafts- oder Aufsichtsbehörde hat das zugestellte Schriftstück dem Vertreter zu übermitteln, event. solchen aufzustellen und das Vollstreckungsgericht (Notar) zu verständigen.

4. Unter Aufsichtsbehörde des Abs. 3 ist die nach öffentlichem Rechte sich bestimmende staatliche Aufsichtsbehörde, soweit vorhanden, zu verstehen, nicht etwa „ein statutarisch eingesetzter Aufsichtsrat oder die Registerbehörde" (Mot. 109).

In Bayern unterstehen der Staatskuratel außer den (Orts-, Distrikts-, Kreis-) Gemeinden die Stiftungen, und zwar die öffentlichen (allgemeinen, wie örtlichen), soweit nicht stiftungsgemäß etwas anderes gilt. Zuständige Aufsichtsbehörden für die allgemeinen öffentl. Stiftungen sind die Kreisregierungen, K. d. J., für die übrigen (insbesondere die örtlichen) öffentl. Stiftungen die vorgesetzte Verwaltungsbehörde, falls nichts Anderes durch den Stifter bestimmt ist (Allerh. VO. v. 6. III. 1817, betr. die Verwaltung des Stiftungs- und Kommunalvermögens, Form. VO. v. 27. III. 1817 und 17. XII. 1825; bayer. Verfassungsurkunde Tit. IV § 10, diess. GdeO. Art. 169, pfälz. GdeO. Art. 91; Seydel bayer. Staatsrecht 2. Aufl. Bd. II S. 21, 642, 724 ff., III S. 602, 606 ff.).

Die reinen Privatstiftungen unterstehen in Bayern nicht der Staatsaufsicht (Seydel a. a. O. II S. 725 Note 12, Art. 6 BayAG. z. BGB., Henle-Schneider, S. 20).

Die Verwaltung des örtlichen Kirchenvermögens der öffentl. Glaubensgesellschaften ist der Aufsicht der Distriktsverwaltungsbehörden, in wichtigen Beziehungen derjenigen der Kreisregierungen, K. d. J., unterworfen (Seydel a. a. O. III S. 531, 532, 602).

Die Vereine unterliegen keiner Staatsaufsicht; ihre Tätigkeit bewegt sich, auch wenn sie sich mit öffentlichen Angelegenheiten befassen, ausschließlich auf dem Gebiet

---

[2]) Bei Zustellungen an juristische Personen usw. braucht der Name des Vertreters bezw. Vorstehers in der Adresse nicht genannt zu werden; diesen zu ermitteln ist Sache des zustellenden Beamten; Mot. 109, Gaupp § 171 Bem. IV, Jäckel S. 31.

[3]) Wolff Bem. 12 zu § 6; vgl. bezügl. der Stiftungsverwaltungen JMB. vom 4. V. 1891 (JMBl. S. 90).

der privaten Handlungsfreiheit; die der Vereins- und Versammlungsfreiheit gezogenen polizeilichen Beschränkungen ändern hieran nichts, ebensowenig die Befugnis der staatlichen Behörden, einem Vereine die Rechtsfähigkeit zu entziehen (§§ 43, 44 BGB., Art. 4 BayAG. hierzu). Vgl. Jäckel S. 33 gegen Wolff § 6 Bem. 15.

Ein staatliches Aufsichtsrecht liegt auch dann nicht vor, wenn juristische Personen nur hinsichtlich ihrer Begründung an behördliche Entscheidungen (Genehmigung) gebunden sind (z. B. die Genossenschaften des bayer. Be- und Entwässerungsgesetzes Art. 3 Abs. 2, des Uferschutzgesetzes Art. 15).

5. Ausnahme von § 6 siehe § 8.

§ 7.

An den Zustellungsvertreter erfolgen die Zustellungen, solange derjenige, welchem zugestellt werden soll, nicht ermittelt ist.

Der Zustellungsvertreter ist zur Ermittelung und Benachrichtigung des Vertretenen verpflichtet. Er kann von diesem eine Vergütung für seine Thätigkeit und Ersatz seiner Auslagen fordern. Ueber die Vergütung und die Erstattung der Auslagen entscheidet das Vollstreckungsgericht.

Für die Erstattung der Auslagen haftet der Gläubiger, soweit der Zustellungsvertreter von dem Vertretenen Ersatz nicht zu erlangen vermag; die dem Gläubiger zur Last fallenden Auslagen gehören zu den Kosten der die Befriedigung aus dem Grundstücke bezweckenden Rechtsverfolgung.

E. I § 22; M. 107, 108; D. 36; KBer. 6.

Aufgabe des Zustellungsvertreters. Auslagen.

1. Pflichten des Zustellungsvertreters. Er hat die Aufgabe, die Zustellungen für den Vertretenen in Empfang zu nehmen, dessen Wohnort (bezw. Person, Erben) zu ermitteln und dem Gerichte bekannt zu geben und dem Ermittelten die zugestellten Schriftstücke auszuhändigen. Eine weitere Vertretung des Beteiligten im Verfahren steht ihm nicht zu.[1])

An ihn ist in der gewöhnlichen Weise (auch gemäß § 4) zuzustellen, bis dem Vollstreckungsgerichte (Notar) der Wohnort des Vertretenen, sei es durch diesen oder durch den Zustellungsvertreter bekannt wird. Dies ist ihm ev. vom Gerichte (Notar) mitzuteilen, da hiermit seine Funktion erlischt (Jäckel S. 31). Wird der Wohnort des Zustellungsvertreters selbst unbekannt, so ist dem Beteiligten ein neuer Zustellungsvertreter zu bestellen.

Der Zustellungsvertreter erhält zweckmäßig eine schriftliche Bestallung. Das Gericht hat dessen Tätigkeit zu überwachen; es kann zwar nicht mit Strafen gegen ihn vorgehen, aber ihn entlassen. Die Gültigkeit der an ihn erfolgten Zustellungen wird aber nicht durch seine Untätigkeit beeinflußt. Diese kann ihn dem Vertretenen gegenüber schadensersatzpflichtig machen (Wolff § 7 Bemerk. 1, Fischer-Schäfer S. 177).

2. Rechte. Der Zustellungsvertreter hat ein Recht auf Vergütung für seine Tätigkeit und auf Ersatz seiner Auslagen (Porti, Schreibgebühren, Reisekosten) gegenüber dem Vertretenen. Der betreibende Gläubiger haftet nur subsidiär und nur für die Auslagen des Vertreters. Beide haften jedoch persönlich, also auch, wenn ihre Forderungen nicht zum Zuge gekommen sind.

---

[1]) Es kann ihm aber auch die Ermittelung des Berechtigten nach § 135 übertragen werden, Wolff § 135 Bem. 5.

Über Höhe der Vergütung und Angemessenheit der Auslagen entscheidet dem Vertretenen gegenüber das Vollstreckungsgericht (nicht der Versteigerungsbeamte).[2] Hierbei darf nicht bloß die gehabte Mühe, sondern auch das Resultat, sowie das Interesse des Vertretenen (Größe seiner Forderung) in Betracht gezogen werden (§§ 91, 105, 329 ZPO.). Der Beschluß ist von Amts wegen dem Vertreter und Vertretenen (diesem nötigenfalls öffentlich[3]) zuzustellen, mit sofortiger Beschwerde anfechtbar (§ 793 ZPO.) und vollstreckbar (§ 794 Ziff. 3 ZPO.). Wegen seines Ersatzanspruches ist der Zustellungsvertreter nicht als Beteiligter im Verfahren (§ 9) zu erachten (falls er nicht die Forderung des Vertretenen auf Grund Festsetzungsbeschlusses gepfändet hat).

Die subsidiäre Haftung des betreibenden Gläubigers für die Auslagen kann von dem Zustellungsvertreter nur im Prozeßwege geltend gemacht werden (Jäckel a. a. O.). Dieser wird wegen § 7 Abs. 3 Satz 2 in der Regel ohne weiteres die Auslagen vergüten.

3. Der betreibende Gläubiger kann seinerseits **Ersatz** fordern von dem Vertretenen und die ihm zur Last fallenden Auslagen gleichzeitig mit seiner Forderung gegenüber der Masse liquidieren (§§ 10 Abs. 2 und 12 Ziff. 1). Der Vertretene selbst wird in der Regel die für die Vertretung gemachten Aufwendungen nicht vom Schuldner ersetzt verlangen können, da er sie selbst verschuldete (Fischer-Schäfer S. 177, Reinhard I S. 66).

§ 8.

Die Vorschriften der §§ 4 bis 7 finden auf die an den Schuldner zu bewirkende Zustellung des Beschlusses, durch welchen die Zwangsvollstreckung angeordnet oder der Beitritt eines Gläubigers zugelassen wird, keine Anwendung.

E. I § 24 Abs. 1; M. 110; D. 36; KBer. 7.

Zustellung an Schuldner.

Die Ausnahmebestimmung des § 8, welche neben § 3 die Anwendung der allgemeinen Vorschriften der §§ 208—213 ZPO. und damit insbesondere derjenigen der §§ 199 ff. ZPO. bei der **Zustellung des Anordnungs- und Beitrittsbeschlusses** an den **Schuldner** vorschreibt, gilt nicht für die sonstigen Zustellungen an den Schuldner. Es können also sonstige Beschlüsse und Verfügungen im Falle des § 4 durch Aufgabe zur Post ihm selbst (auch ins Ausland) und im Falle des § 6 dem Zustellungsvertreter zugestellt werden.

Im Falle des § 6 Ges., wie § 203 ZPO. ist dem Schuldner der Anordnungs- und Beitrittsbeschluß im Wege der öffentlichen Zustellung zuzustellen, wobei zu beachten ist, daß (entgegen Art. 18 BayGO.) eine Einrückung in öffentliche Blätter auch bei der ersten Zustellung nicht mehr erforderlich ist (§§ 204 Abs. 2, 206 Abs. 2 ZPO.). Auch hier gilt der Grundsatz des § 3, sodaß ein Parteiantrag nicht erforderlich ist (Jäckel S. 34).

Die Vorschrift des § 8 gilt auch, wenn der Schuldner vor der Zustellung des Anordnungs- oder Beitrittsbeschlusses (aber nach Erlassung desselben) gestorben und nunmehr an die Erben, nötigenfalls durch öffentliche Zustellung, zuzustellen ist. Ist deren Person unbekannt, so kann auf Antrag des betreibenden Gläubigers das

---

[2]) Denn diese Entscheidung gehört nicht zu den auf die Versteigerung bezüglichen Amtshandlungen; vgl. oben § 6 Bem. 2.

[3]) Da der § 6 seinem Zwecke nach hierauf nicht zutrifft (Wolff § 7 Bem. 6).

Vollstreckungsgericht in dem Falle des § 779 Abs. 2 ZPO. denselben einen einstweiligen besonderen Vertreter bestellen; [1]) für spätere Zustellungen würde die Aufstellung eines Zustellungsvertreters genügen.

Starb der Schuldner vor Erlassung des Beschlusses, so richtet sich das Verfahren gegen die Erben, gegenüber welchen Vollstreckungstitel vorliegen muß (§§ 727 ff. 750 Abs. 2 ZPO.), und müßte das Verfahren gegen den Schuldner als unzulässig wieder aufgehoben werden. Jäckel S. 34, Fischer-Schäfer S. 87 nehmen an, daß als Zeitpunkt des Beginns der Zwangsvollstreckung im Sinne des § 779 ZPO. im Gegensatz zu § 16 erst der Zeitpunkt der Zustellung des Beschlusses anzusehen sei.

Wegen §§ 22, 23 ist die Feststellung des Zeitpunktes, in welchem die Zustellung an den Schuldner erfolgte, von großer Wichtigkeit. Der Zustellungsbeamte wird deshalb zur genauen Konstatierung dieses Zeitpunktes von vornherein veranlaßt werden müssen.

§ 9.

In dem Verfahren gelten als Betheiligte, außer dem Gläubiger und dem Schuldner:

1. diejenigen, für welche zur Zeit der Eintragung des Vollstreckungsvermerkes ein Recht im Grundbuch eingetragen oder durch Eintragung gesichert ist;
2. diejenigen, welche ein der Zwangsvollstreckung entgegenstehendes Recht, ein Recht an dem Grundstück oder an einem das Grundstück belastenden Rechte, einen Anspruch mit dem Rechte auf Befriedigung aus dem Grundstück oder ein Mieth- oder Pachtrecht, auf Grund dessen ihnen das Grundstück überlassen ist, bei dem Vollstreckungsgericht anmelden und auf Verlangen des Gerichts oder eines Betheiligten glaubhaft machen.

E. I § 8; M. 88 ff.; D. 36; KBer. 8.

Beteiligte.

1. Bisheriges Recht. Die gesetzliche Feststellung des Kreises der im Zwangsversteigerungs- und -verwaltungsverfahren Beteiligten weicht in verschiedenen Punkten von den bezüglichen Bestimmungen der BaySO. (Art. 40, 41, Nov. 14) ab. Unbekannt ist dem Gesetze eine Unterscheidung zwischen persönlichem Schuldner und drittem Besitzer (dem nicht persönlich haftenden Eigentümer, Art. 23 BaySO.). Ist dieser letztere nicht im Grundbuch als Eigentümer eingetragen, so kann der Gläubiger einer Hypothek, Grund- und Rentenschuld oder Reallast auf Grund Vollstreckungstitels gegen den Eingetragenen ebenso in das Grundstück des ersteren vollstrecken, wie nach Art. 23 BaySO.; Schuldner im Verfahren ist lediglich der Eingetragene bezw. dessen Erbe (§§ 1148, 1192, 1200, 1107 BGB., § 17 des Ges.), während ersterer in die Rolle des Intervenienten (§ 771 ZPO.) gedrängt ist, der erst auf Anmeldung hin (§ 9 Ziff. 2) Beteiligter wird. Abweichendes gilt nur für die Zwangsverwaltung (§ 147) und für die Versteigerung von Schiffen (§§ 164, 181 Abs. 3). — Diejenigen, welche in Ansehung von

---

[1]) Ein solcher Antrag ist gemäß § 779 Abs. 1 ZPO. erst nach Beginn der Zwangsvollstreckung, also nach Anordnung der Zwangsversteigerung oder -Verwaltung (vgl. § 16 Bem. 5 und Einleitung II) zulässig, daher insbesondere nicht behufs Ermöglichung der Zustellung des Vollstreckungstitels zur Vorbereitung der Vollstreckung (§§ 727 ff., 749, 750 Abs. 2 ZPO.).

Beschlagnahmegegenständen die Einleitung eines Zwangsvollstreckungsverfahrens erwirkt haben (vgl. Art. 40 Ziff. 4 BayGO.) kommen als Beteiligte, soweit sie nicht aus dem Grundbuch zur Zeit der Eintragung des Vollstreckungsvermerks ersichtlich sind (z. B. im Falle des § 932 ZPO.), nur in Betracht, wenn sie sich nach § 9 Ziff. 2 gemeldet haben (Pfändung von Früchten § 810, von Versicherungsforderungen, Miet- und Pachtzinsen § 865 Abs. 2 ZPO., wobei zu beachten ist, daß die in § 21 Abs. 1, 2 bezeichneten Gegenstände von der Versteigerungsbeschlagnahme nicht ergriffen werden, § 148). — Endlich unterscheidet das Gesetz in Abweichung von der BayGO. zwischen Beteiligten, die von Amts wegen und solchen, die erst nach Anmeldung und Glaubhaftmachung ihres Rechtes zugezogen werden. Zu letzteren gehören nun insbesondere die aus öffentlichen Lasten Berechtigten (§§ 9 Ziff. 2 mit 10 Ziff. 3, vgl. Art. 14 Nov. z. BayGO.).[1])

2. Von Amts wegen sind als Beteiligte zuzuziehen:

a) Der betreibende bezw. beigetretene **Gläubiger,** für welchen, der **Schuldner,** gegen welchen das Verfahren (Versteigerung oder Verwaltung) durchgeführt werden soll.

Geht die Forderung des Gläubigers auf einen andern über (infolge Erbschaft, Zession, Pfändung und Überweisung), so kann zwar der frühere Inhaber derselben das Verfahren nicht mehr weiter betreiben (Rechtsbehelf des Schuldners: § 767 ZPO.), der neue aber erst nach Erwirkung und Zustellung einer neuen Vollstreckungsklausel (§§ 750 Abs. 2 mit 727 ZPO.).[2])

Schuldner im Sinne des Gesetzes kann nur der als Eigentümer Eingetragene oder sein Erbe sein (§ 17, Ausnahmen: §§ 133, 147, 164, 181 Abs. 3). Gegen ihn muß sich also der Vollstreckungstitel richten.[3])

Tritt nach Eintragung des Vollstreckungsvermerks ein Wechsel im Eigentum ein, so ist dies nach §§ 20, 23, 26 auf die Fortsetzung des Verfahrens gegen den bisherigen Vollstreckungsschuldner ohne Einfluß. Der neue Eigentümer wird als Beteiligter erst nach Anmeldung und ev. Glaubhaftmachung (§ 9 Ziff. 2) zugezogen (gleichviel ob er nachträglich eingetragen wird oder nicht, siehe Bem. 3). Auf Zustellungen an ihn findet § 8 keine Anwendung (Jäckel S. 162). Das Verfahren selbst kann der neue Eigentümer nur nach § 771 ZPO. beseitigen. — Über den Fall des Eigentumswechsels vor Eintragung des Vermerks siehe §§ 26, 28.

b) Die zur Zeit der Eintragung des Vollstreckungsvermerks im Grundbuch **eingetragenen Berechtigten.** Hierunter sind nicht bloß die Inhaber dinglicher Rechte — Hypothek,[4]) Grund- und Rentenschuld, Nießbrauch, Grunddienstbarkeit, Reallast,

---

[1]) Daher ist die Zustellung an Steuer- und Gemeindebehörden, Kaminkehrer usw. vor Anmeldung nicht mehr erforderlich. Sie ist auch nicht instruktionell vorgeschrieben, ihre Unterlassung jedenfalls ohne Nachteil für das Verfahren. Durch § 6 JMBek. vom 31. März 1905 (JMBl. S. 589) ist jedoch der Notar angehalten, diesen Behörden durch Übersendung einer Abschrift der Terminsbestimmung Mitteilung zu machen. Die Auslagen hierfür gehören zu den Kosten des Verfahrens (abw. BayNotZ. 1902 S. 46).

[2]) Vgl. Ortenau-Henle S. 57, Fischer-Schäfer S. 180.

[3]) Ist der Eingetragene nicht der persönliche Schuldner, so ist es Sache des dinglichen Gläubigers, diesen nach § 1166 BGB. zu benachrichtigen, um sich den Rückgriff auf ihn zu sichern. Beteiligter ist diesfalls der persönliche Schuldner als solcher aber ebensowenig, wie der wahre, aber nicht eingetragene Eigentümer; letzterer kann dies jedoch nach § 9 Ziff. 2 werden. — Soweit der Schuldner auch Gläubiger (einer Eigentümerhypothek) ist, gilt er und ein etwaiger Pfändungsgläubiger als Beteiligter nur gemäß § 9 Ziff. 1 bezw. 2. Der Gemeinschuldner ist bei Versteigerung seines Grundstücks nur beteiligt, wenn der Konkursverwalter es frei gegeben hat. (ZBlFG. IV S. 355.)

[4]) Bei Inhaberforderungen auch der Treuhänder (§§ 1187, 1189 BGB.); bei Briefhypotheken gilt bis zur Anmeldung nach § 9 Ziff. 2 der eingetragene Berechtigte als In-

Miteigentum, Vorkaufsrecht im Falle des § 1097 Satz 2 BGB., Pfandrecht an einem eingetragenen Rechte —, sondern auch diejenigen verstanden, deren (persönliche oder dingliche) Rechte durch Eintragung einer Vormerkung (§§ 883 ff. BGB.), eines Widerspruchs (§ 899 BGB.), einer Verfügungsbeschränkung oder eines Veräußerungsverbots (§§ 888, 892 ff. BGB.) gesichert sind. Ob das Recht eingetragen oder nur vorgemerkt ist, ist gleichgültig.

Hinsichtlich der Tatsache der Eintragung entscheidet nur der Inhalt des Grundbuchs selbst, nicht derjenige der nach § 19 Abs. 2 mitgeteilten Abschrift des Grundbuchblatts. Stimmen beide nicht überein, so kann der infolgedessen nicht zugezogene Beteiligte den Zuschlag anfechten (§§ 43 Abs. 2, 83, 97, 100); ist eine Anfechtung des Zuschlags nicht mehr möglich, so kann eine Schadensersatzpflicht des Staates bezw. des Grundbuchrichters begründet sein (§ 12 GBO. mit § 839 BGB., Art. 77, 78 EG., 60, 61 BayAG. hierzu). Dieser ist, wie bisher, nicht bloß für die Richtigkeit der in § 19 Abs. 2 erwähnten Mitteilungen, sondern auch für die Übereinstimmung der Abschrift des Grundbuchblatts mit dem Grundbuchinhalte allein verantwortlich. Der Vollstreckungsrichter ist zur Einsicht des Grundbuchs nicht verpflichtet (im Falle des § 2 gar nicht in der Lage); a. M. nur Wolff § 9 Bem. 5, vgl. auch v. d. Pfordten S. 65.

c) Bei der **Schiffsversteigerung** die in § 163 Abs. 3 bezeichneten Verbände, bei Versteigerung oder Verwaltung eines **unbeweglichen Kuxes** die Gewerkschaft [5]) (Art. 40 BayAG. z. ZVG. der an die Stelle des Art. 179 Abs. 2 der BaySO. getreten ist).

3. Eine Zuziehung von Personen, welche zur Zeit der Eintragung des Vollstreckungsvermerks nicht im Grundbuch eingetragen sind, findet gemäß § 9 Ziff. 2 nur **auf Grund vorheriger Anmeldung** statt. Letztere hat in Bayern von der Terminsbestimmung an beim Versteigerungsbeamten zu erfolgen, da er allein zunächst zu entscheiden hat, welche Amtshandlung (Zurückweisung, Verlangen einer Glaubhaftmachung) die Anmeldung erfordert (§ 37 Ziff. 4, 5, Art. 25 Abs. 2 BayAG.). Bei Gericht einlaufende Anmeldungen werden zwar zweckmäßig an den Notar weitergegeben; eine Wirksamkeit kommt ihnen aber vor dem Einlauf beim letzteren nicht zu. Auch im Falle der Eintragung eines Rechtes nach Eintragung des Vollstreckungsvermerks ist die Anmeldung notwendig, da die etwaige nachträgliche Mitteilung [6]) der Eintragung seitens des Grundbuchamtes kein Recht auf Zuziehung zum Verfahren gibt.

Die Anmeldung ist an keine Form gebunden und kann jederzeit (auch noch im Verteilungsverfahren) erfolgen; der Anmeldende hat das Verfahren in demjenigen

---

haber; bei Fideikommißschulden tritt an Stelle der Eintragung im Grundbuch die Eintragung in der Fideikommißmatrikel (Art. 34 Abs. 1 BayAG. z. ZVG.), während Lehenschulden, welche nicht Hypothek- oder Fideikommißschulden sind, nach § 9 Ziff. 2 zu behandeln, also anzumelden sind (Becher Mat. VI S. 33, 89, 146).

[5]) Sie kann wegen der nach Art. 92 (124 n. F.) des Berggesetzes vom $\frac{20. III. 69}{30. VI. 00}$ (GVBl. 1900 S. 775) von den Kuxeigentümern zur Erfüllung der Verbindlichkeiten der Gewerkschaft und zum Betriebe zu leistenden Beiträge (Art. 39 AG. z. ZVG.) als beteiligt erscheinen (Becher Mat. VI S. 91, vgl. Ortenau-Henle S. 516 f.). Die Zustellungen für die Gewerkschaft erfolgen entweder an den Repräsentanten oder an ein Mitglied des an Stelle des ersteren bestellten Grubenvorstandes (Art. 138, 140, 144 n. F. des Berggesetzes).

[6]) Dadurch, daß nachträgliche Eintragungen im Verfahren nicht mehr von Amts wegen berücksichtigt werden, sind die in Art. 35 Abs. 2 BaySO. angeordneten Mitteilungen entbehrlich geworden (Ortenau-Henle S. 113, 119; Reinhard I S. 195).

Stadium, in welchem es sich zur Zeit seiner Anmeldung befindet, auch gegen sich gelten zu lassen (Jäckel S. 40; vgl. Art. 41 Abs. 2 BayGO.).

Fristen und Folgen der Fristversäumung sind in §§ 37 Ziff. 4, 5 mit 45 statuiert, in welchen Fällen die Anmeldung nicht bloß Zuziehung zum Verfahren, sondern eine Berücksichtigung spezieller Art ermöglichen soll (Reinhard I S. 76).

Außer der Anmeldung ist Glaubhaftmachung[7]) des angemeldeten Rechtes auf Verlangen des Gerichts (Notars) oder eines Beteiligten erforderlich. Von Amtswegen wird sie aber nur bei begründeten Zweifeln an der Existenz des Rechtes verlangt werden. Das Verlangen kann jederzeit, auch nach vorheriger Zuziehung des Betreffenden, gestellt werden, besonders gegenüber etwaiger Antragstellung (z. B. §§ 59, 67). Wird Glaubhaftmachung verlangt, so wird, bis sie erfolgt oder auf sie verzichtet ist, die Anmeldung unberücksichtigt gelassen, ausgenommen die Fälle der §§ 41 Abs. 3, 45 Abs. 2, 88, 105 Abs. 2. Deshalb kann auch derjenige, der mit der verlangten Glaubhaftmachung im Rückstande ist, nicht von einem andern Glaubhaftmachung verlangen (vgl. auch §§ 37, 38 Bem. 2d, § 45 Bem. 2, 3; Wolff § 9 Bem. 2).

Über die Mittel zur Glaubhaftmachung s. § 294 ZPO. (Beweiserhebung, die nicht sofort geschehen kann, ausgeschlossen; Bescheinigung des Subhastaten kann genügen, ebenso Bestätigung der nachträglichen Eintragung in das Grundbuch, Fischer-Schäfer S. 181; eidesstattliche Versicherung, schriftlich oder mündlich, kann auch dem Notar gegenüber abgegeben werden, Art. 3 NotGes.).

Ob die Glaubhaftmachung erfolgt ist, entscheidet das Gericht (bezw. der Notar); Beschwerde hiergegen ist ausgeschlossen (§ 95). Nachholung der Glaubhaftmachung und Abänderung der Entscheidung ist jederzeit zulässig (§§ 571, 577 Abs. 2 ZPO.), aber ohne Einfluß auf das vorangegangene Verfahren; auch im Fall des § 9 Abs. 2 verschafft sie nur die Stellung eines Beteiligten, der nur aus anderen Gründen als wegen der bisherigen Nichtberücksichtigung die Zuschlagsentscheidung anfechten kann (vgl. Jäckel S. 360). Nichtberücksichtigung eines Beteiligten, dessen Recht als glaubhaft gemacht anzusehen gewesen wäre, oder ungerechtfertigte Zulassung kann jedoch unter Umständen Versagung bezw. Aufhebung des Zuschlags begründen (§§ 43 Abs. 2, 83, 100).

Im Wege des § 9 Abs. 2 können Beteiligte werden:

a) wer ein **der Zwangsvollstreckung (des Gläubigers) entgegenstehendes** (dingliches oder persönliches) **Recht** hat.[8]) Hierher gehört das Recht eines Dritten am Beschlagnahmeobjekte und seinen Zugehörungen — Eigentum, Miteigentum, Eigenbesitz,[8]) Erbbaurecht, Lehens- und Familienfideikommißrecht, soweit die Vollstreckung diese Rechte nicht unberührt lassen soll; Recht des Erwerbers, Pfandgläubigers, Nießbrauchers an einer von der Beschlagnahme betroffenen Forderung —; der Anspruch auf Herausgabe einer nicht dem Schuldner gehörigen Sache, das Anfechtungsrecht innerhalb und außerhalb des Konkurses;[9]) Rechte aus einem Veräußerungsverbote (Beschlagnahme), Rechte des Nacherben, des Ehemannes (§§ 772—774 ZPO.).

Dagegen gehören nicht hierher: Nießbrauch (im Range vor dem Beschlagnahmegläubiger: §§ 44, 52; im Nachrange: 92 Abs. 2, 121 Ges.; vgl. aber §§ 737, 738 ZPO.), elterliches Nutznießungsrecht (§§ 1659 BGB., 746 ZPO.), Vorkaufsrecht (§§ 512, 1097, 1098 BGB.), durch Vormerkung nach § 883 BGB.

---

[7]) Vgl. Mot. a. a. O.; Wolff § 9 Bem. 2; Jäckel S. 40, 173; Reinhard I S. 75, 76.

[8]) Vgl. Gaupp-Stein § 771 Bem. II; Recht VI S. 468.

[9]) Letzteres steht der Zwangsvollstreckung in das Vermögen des Anfechtungsgegners nur soweit entgegen, als es zur Befriedigung des Anfechtungsklägers erforderlich ist, vgl. Hartmann-Meikel S. 33, 252, Fischer-Schäfer S. 182; dagegen Wolff § 9 Bem. 6.

geschützte Ansprüche (vgl. § 37 Bem. 2e), Ansprüche auf Leistung, Recht des Konkursverwalters aus § 127 KO., das Zurückbehaltungsrecht des § 1000 BGB. (Rechtspr. VIII S. 116).

Das der Zwangsvollstreckung entgegenstehende Recht ist im Wege der Widerspruchsklage zu verfolgen (§§ 771, 769 ZPO.; 37 Ziff. 5; 52, 55, 83 Ziff. 5, 91 Ges.).

b) wer ein **Recht am Grundstück** (und den von der Beschlagnahme umfaßten bewegl. Sachen und Forderungen) oder **an einem das Grundstück belastenden Rechte** geltend macht, d. h. diejenigen dinglich Berechtigten, die entweder erst nach Eintragung des Vollstreckungsvermerks aus dem Grundbuch ersichtlich werden (vgl. § 9 Ziff. 1, oben Bem. 2b) oder welche überhaupt nicht eingetragen zu werden brauchen. Als solche Rechte sind zu nennen: Grunddienstbarkeiten (§§ 1018, 1090 BGB., § 9 EG., Art. 27 BayAG. z. ZVG.), Rechte des nicht eingetragenen Inhabers[10]) oder Pfandgläubigers von Hypotheken und Grundschulden (§§ 1117, 1154, 1155, 1273 BGB., § 837 ZPO.), Rechte des Eigentümers oder Ersatzberechtigten auf die Hypothek[11]) (§§ 1143, 1163 ff., 1182 BGB.); auch zu Unrecht gelöschte Rechte. Ein bloßer Hypothektitel (vgl. § 648 BGB.) genügt natürlich nicht (Jäckel S. 40).

Hierher muß auch der Gläubiger gezählt werden, der einen etwaigen Überschuß über den Erlös (hyperocha) gepfändet hat.[12])

c) wem ein (persönlicher) Anspruch mit dem **Recht auf Befriedigung aus dem Grundstück** (oder ein Pfand-, Nießbrauchs-Recht an einem solchen Anspruch) zusteht. Diese Ansprüche sind in § 10 Ziff. 1—3 aufgeführt.

d) Mieter und Pächter, wenn ihnen das Grundstück überlassen ist (§ 854 BGB.); siehe §§ 57, 59, 183. Nicht: Aftermieter und -pächter (Wolff, Bem. 10, Jäckel S. 39).

4. Am Verfahren nehmen noch andere Personen, wie der **Ersteher, zahlungspflichtige Dritte, Bieter, Verwalter** teil. Deren Zuziehung ist besonders geregelt (z. B. in §§ 88, 97, 151 ff.), sie sind nicht beteiligt im Sinne des § 9, da sie kein rechtliches Interesse an der Vollstreckung haben.

5. Die **Befugnisse der Beteiligten** und die **Art ihrer Zuziehung** im Laufe des Verfahrens sind verschieden. In einzelnen Fällen beschränkt sich die Zuziehung auf besondere Kategorien derselben (z. B. auf die im Versteigerungstermine anwesenden, § 63 Abs. 5; diejenigen, deren Rechte beeinträchtigt würden, § 59 Abs. 1). Jäckel S. 33.

Aber auch ohne ausdrückliche Beschränkung des Kreises der Beteiligten wird nach dem Zwecke einzelner Vorschriften der Ausschluß Nichtinteressierter anzunehmen sein, z. B. der Mieter und Pächter bei der Erlösverteilung §§ 115, 144 (Jäckel S. 237, 416, 508; Reinhard I S. 71, Fischer-Schäfer S. 289, 477).

§ 10.

Ein Recht auf Befriedigung aus dem Grundstücke gewähren nach folgender Rangordnung, bei gleichem Range nach dem Verhältniß ihrer Beträge:

[10]) Vgl. oben Note 4. — Im Zweifelsfall ist sowohl der eingetragene als der angemeldete Inhaber als Beteiligter zu behandeln (Fischer-Schäfer S. 182).

[11]) Die Pfändung des Berichtigungsanspruchs, welcher dem Eigentümer oder Ersatzberechtigten gegen den Hypothekgläubiger zusteht, verschafft ebensowenig die Stellung eines Beteiligten, wie die Pfändung der Eigentümerhypothek ohne Eintragung der Pfändung bezw. Aushändigung des Briefs (Rechtspr. d. OLG. VI S. 134, 403, VII 315, Recht 1904 S. 191, 501; 1905 S. 72; ZfZP. Bd. 33 S. 79 ff.; Schöbel prakt. Fragen S. 25, 26, Jäckel S. 385).

[12]) Recht am Surrogat des Grundstücks, vgl. Ortenau-Henle S. 119 und § 115 Jäckel S. 385. — Über die Form dieser Pfändung vgl. Seuff. Arch. Bd. 60 S. 83.

1. der Anspruch eines die Zwangsverwaltung betreibenden Gläubigers auf Ersatz seiner Ausgaben zur Erhaltung oder nöthigen Verbesserung des Grundstücks, im Falle der Zwangsversteigerung jedoch nur, wenn die Verwaltung bis zum Zuschlage fortdauert und die Ausgaben nicht aus den Nutzungen des Grundstücks erstattet werden können;
2. bei einem land- oder forstwirthschaftlichen Grundstücke die Ansprüche der zur Bewirthschaftung des Grundstücks oder zum Betrieb eines mit dem Grundstück verbundenen land- oder forstwirthschaftlichen Nebengewerbes angenommenen, in einem Dienst- oder Arbeitsverhältnisse stehenden Personen, insbesondere des Gesindes, der Wirthschafts- und Forstbeamten, auf Lohn, Kostgeld und andere Bezüge wegen der laufenden und der aus dem letzten Jahre rückständigen Beträge;
3. die Ansprüche auf Entrichtung der öffentlichen Lasten des Grundstücks wegen der laufenden und der aus den letzten zwei Jahren rückständigen Beträge;
4. die Ansprüche aus Rechten an dem Grundstücke, soweit sie nicht infolge der Beschlagnahme dem Gläubiger gegenüber unwirksam sind, die Ansprüche auf wiederkehrende Leistungen jedoch, mit Einschluß derjenigen, welche als Zuschlag zu den Zinsen behufs allmählicher Kapitalstilgung zu entrichten sind, nur wegen der laufenden und der aus den letzten zwei Jahren rückständigen Beträge;
5. der Anspruch des Gläubigers, soweit er nicht in einer der vorhergehenden Klassen zu befriedigen ist;
6. die Ansprüche der vierten Klasse, soweit sie in Folge der Beschlagnahme dem Gläubiger gegenüber unwirksam sind;
7. die Ansprüche der dritten Klasse wegen der älteren Rückstände;
8. die Ansprüche der vierten Klasse wegen der älteren Rückstände.

Das Recht auf Befriedigung aus dem Grundstücke besteht auch für die Kosten der Kündigung und der die Befriedigung aus dem Grundstücke bezweckenden Rechtsverfolgung.

E. I §§ 9—12, 15, 153, 236; M. 90 ff., 100, 284, 368; D. 36, 37; KBer. 9—13.

Recht auf Befriedigung aus dem Grundstück; Rangordnung.

Allgemeines. In Anlehnung an § 47 KO. werden in § 10 diejenigen Ansprüche aufgezählt, welchen reichsgesetzlich ein Recht auf (vorzugsweise) Befriedigung aus dem Grundstücke zukommt (zu unterscheiden von den Ansprüchen aus einem Recht am Grundstück), und in Verbindung mit §§ 11—13 die Reihenfolge bestimmt, in welcher diese Ansprüche zu befriedigen sind. Ergänzend kommen hierzu die auf Grund der Vorbehalte der §§ 2—4 des EG. z. ZVG. aufrecht erhaltenen landesrechtlichen Bestimmungen (Art. 34 ff., 37 ff. BayAG. z. ZVG., siehe unten).

Diese Vorschriften bilden die Grundlage für die Bestimmung des Mindestgebots (§§ 44 ff.) und für die Verteilung des Versteigerungserlöses (§§ 109

Abs. 2, 112 ff.) und der Verwaltungsüberschüsse (§§ 155 ff.). Die Befriedigung der Gläubiger der 8 Klassen des § 10 erfolgt in der Weise, daß die Ansprüche einer späteren Klasse erst berücksichtigt werden, wenn diejenigen der vorhergehenden zum Zuge gekommen sind. Hierbei ist zu beachten, daß die Kosten des Verfahrens vorweg (also vor der ersten Klasse) zu decken sind (§§ 44 Abs. 1, 109) und daß eine Rangverschiebung infolge verspäteter Anmeldung oder Glaubhaftmachung eines Anspruches gemäß § 37 Ziff. 4 eintreten kann. Innerhalb derselben Klasse können Ansprüche wieder verschiedenen Rang einnehmen (§ 11); auch hier schließt der bessere Rang den schlechteren aus. Bei Gleichrang innerhalb der nämlichen Klasse erfolgt Befriedigung nach dem Verhältnis der Forderungsbeträge, falls die verfügbare Masse für die Klasse nicht ausreicht.

Die Bestimmungen der §§ 10 ff. finden auf die Zwangsversteigerung von Schiffen nur insoweit Anwendung, als sie den Beschlagnahmegläubiger betreffen (vgl. § 163 Bem. 5).

Inwieweit das Gesetz von den entsprechenden Vorschriften der BayHO. (Art. 107—109, 150, 151, Nov. Art. 46) abweicht, ist bei den einzelnen Klassen bemerkt.

1. Das Vorrecht der **ersten Klasse** steht dem Gläubiger zu, welcher die Zwangsverwaltung betrieben hat (oder dem Zwangsverwaltungsverfahren beigetreten ist) hinsichtlich des Ersatzes gewisser Verwaltungsausgaben. Voraussetzung ist:

a) daß die Ausgaben für die Erhaltung oder nötige Verbesserung des Grundstücks gemacht wurden; hierzu gehören z. B. Versicherungsprämien, soweit sie auf das Grundstück und die Gegenstände Bezug haben, auf welche sich die Beschlagnahme erstreckt, die Kosten einer zur Abwendung von Devastationen angeordneten Zwangsverwaltung, einschließlich des Honorars für diesen Verwalter,[1]) ferner notwendige Reparaturkosten, Kosten der Aussaat, der Unterhaltung von Gesinde und Vieh, soweit ohne diesen Aufwand eine Entwertung des Grundstücks zu befürchten wäre; nicht erforderlich ist jedoch, daß hierdurch ein dauernder Vorteil, eine Bereicherung der Realgläubiger erzielt wurde.[2])

b) daß die Ausgaben tatsächlich zu genanntem Zweck verwendet wurden; im Falle von Vorschußleistungen an den Verwalter obliegt dem Gläubiger die Beweislast hinsichtlich der tatsächlichen Verwendung der Vorschüsse (Wolff Bem. 7d);

c) im Falle der Zwangsversteigerung, daß die Verwaltung bis zum Zuschlag dauerte (auch wenn sie von einem anderen als dem liquidierenden Gläubiger fortgesetzt wurde) und daß die Ausgaben nicht aus den Nutzungen des Grundstücks erstattet werden können (§§ 155 ff.); der Grund, warum sie nicht aus den Nutzungen Deckung finden können, ist gleichgültig.[3])

Anderen Personen, als dem die Zwangsverwaltung betreibenden Gläubiger steht das Vorrecht der ersten Klasse nicht zu, weder einem Gläubiger, der nicht die Zwangsverwaltung betreibt (auch wenn er tatsächlich Auslagen gemacht hat, welche der Masse zu gute kommen), noch dem Verwalter (vgl. §§ 93 Abs. 2, 109). Eine

---

[1]) Nicht hierher gehören die Kosten einer lediglich zur Befriedigung des Gläubigers betriebenen Zwangsverwaltung, einschließlich des Honorars für einen solchen Verwalter; sie fallen, soweit nicht die Nutzungen ausreichen (§ 155), dem Gläubiger zur Last und können von ihm im Zwangsversteigerungsverfahren nur als Kosten der Rechtsverfolgung neben seinem Anspruch liquidiert werden (RG. Bd. 25 S. 230, Wolff § 10 Note 7b, Reinhard I S. 82; Rechtspr. 1903 S. 441).

[2]) Ebenso Reinhard I S. 80, 81, Wolff § 10 Note 7e, Fischer-Schäfer S. 184; abw. Jäckel S. 44; vgl. RG. Bd. 17, 273; Bd. 25, 222 ff.; Bd. 41, 325.

[3]) Vergl. RG. Bd. 25, 232; Bd. 41, 321; Reinhard I S. 82, Fischer-Schäfer S. 184; dagegen Jäckel S. 44.

gerichtliche Genehmigung von Aufwendungen ist bedeutungslos. Die Kosten der gemäß § 25 des Ges. und §§ 1134 Abs. 2, 1135 BGB. außerhalb eines Zwangsverwaltungsverfahrens angeordneten Sicherungsmaßregeln gehören ebenfalls nur zu den Kosten der Rechtsverfolgung, welche gemäß §§ 10 Abs. 2, 12 Ziff. 1 zu locieren sind. Nicht hierher gehören auch die Kosten der nach § 94 angeordneten Verwaltung, welche auf Rechnung des Erstehers geführt wird (Jäckel S. 45, Fischer-Schäfer S. 223).

Der Anspruch des § 10 Ziff. 1 ist gemäß §§ 37 Ziff. 4, 45 Abs. 1 anzumelden und, falls der Gläubiger nicht gleichzeitig die Zwangsversteigerung betrieben hat, auf Verlangen des die Zwangsversteigerung Betreibenden glaubhaft zu machen. Folgen nicht rechtzeitiger Anmeldung: §§ 37 Ziff. 4, 110. Im Zwangsverwaltungsverfahren wird ein Anspruch nach § 10 Ziff. 1 gemäß § 155 Abs. 2 gedeckt. Die Staatskasse haftet niemals für derartige Ansprüche (Rechtspr. II S. 239).

Nach Art. 107 BayHO. genossen die Kosten einer etwaigen Verwaltung und die Aufwendungen Dritter im Interesse der Masse **allgemein** ein Vorzugsrecht vor den übrigen Ansprüchen;[4]) dies ist nunmehr hinsichtlich der letzteren überhaupt nicht mehr, hinsichtlich der ersteren nur noch im Zwangsverwaltungs-, nicht im Zwangsversteigerungsverfahren der Fall.

2. Das Vorrecht der **2. Klasse**, des **„Liedlohns"** — der BayHO. unbekannt — ist reichsgesetzlich auf die Zwangsversteigerung und -verwaltung land- oder forstwirtschaftlicher Grundstücke beschränkt (vergl. § 61 Ziff. 1 KO.). Der Antrag, das Vorrecht auf die Ansprüche der Bauarbeiter auszudehnen, wurde abgelehnt (KB. 11).

a) **Erforderlich** ist, daß der Berechtigte zur Bewirtschaftung des beschlagnahmten Grundstücks oder zum Betrieb eines damit verbundenen land- oder forstwirtschaftlichen Nebengewerbes (nicht zu persönlichen Dienstleistungen) **angenommen** war.[5]) Ein Nebengewerbe liegt dann vor, wenn die ihm dienenden industriellen Anlagen in einem derartigen Verhältnis zum Gute stehen, daß der Betrieb der ersteren allein oder doch hauptsächlich auf die Produkte des letzteren angewiesen ist (KBer. zu § 50 der PrKO. von 1855), z. B. Brauereien, Käsereien, Zuckerfabriken, Sägewerke, Mühlen, Ziegeleien (vgl. Rechtspr. d. OLG. Bd. VI S. 233, ZBlFG. V S. 93). Ist der Arbeiter außer für den Wirtschaftsbetrieb noch für andere Zwecke (Familie, Handwerk) eingestellt, so ist nur ein Teil des Lohns bevorrechtigt. Gleichgültig ist, ob die Dienste dem Schuldner (nach der Beschlagnahme gemäß § 24) oder seinem Rechtsvorgänger bzw. -nachfolger geleistet wurden, wenn der Berechtigte nur von demjenigen in Dienst genommen wurde, welcher zur Zeit der Arbeitsleistung der Eigentümer des Grundstücks war. Nicht notwendig ist auch, daß das Dienst- oder Arbeitsverhältnis zur Zeit der Beschlagnahme oder des Zuschlags noch bestand, ebensowenig, daß der Dienstlohn eingeklagt wurde (Jäckel S. 47, Wolff Bem. 8d).

Das Arbeits- oder Dienstverhältnis braucht nicht mit einer persönlichen Unterordnung unter den Arbeitgeber verbunden oder dauernd zu sein (vgl. Lohnbeschlagnahmegesetz v. 21. VI. 1869); die Dienste brauchen auch nicht von dem Arbeiter per-

---

[4]) Ortenau-Henle S. 378, 380.

[5]) Das Vorrecht ist auch dann begründet, wenn ein einzelnes, zu einem land- oder forstwirtschaftlichen Besitz gehöriges Grundstück der Zwangsvollstreckung unterworfen wird, der Dienstbote oder Arbeiter aber nicht nur zur Bewirtschaftung des betreffenden Grundstücks, sondern des ganzen Guts eingestellt wurde. Ebenso, wenn das Nebengewerbe, in welchem der Arbeiter tätig ist, dem ganzen Gute dient, aber nur ein einzelnes Grundstück beschlagnahmt wird. Vgl. Wolff § 10 Bem. 8e und f, Henle § 10 Bem. 7; dagegen Fischer-Schäfer S. 184, 185, v. d. Pfordten S. 42, welche eine entsprechende Teilung der Lohnforderung eintreten lassen wollen.

sönlich geleistet zu werden, wenn er sie gesetzlich oder vertragsmäßig durch andere leisten kann (Wolff § 10 Bem. 8, Fischer-Schäfer S. 185).

b) Die Dienste müssen dem land- oder forstwirtschaftlichen Betrieb dienen. Ihnen stehen gemäß Art. 38 Abs. 1 Bay.AG. z. ZVG. die zum Betriebe eines Bergwerks geleisteten Dienste gleich; sie begründen ein Recht auf vorzugsweise Befriedigung aus dem Bergwerk (Becher Mat. VI S. 35). Der BayKO. ist auch dieses Vorrecht fremd.

Ob die Dienstleistungen rein körperliche oder höherer Art (kaufmännische, technische u. dgl.), begründet keinen Unterschied (Henle § 10 Bem. 8).

c) Das Vorrecht genießen alle Ansprüche auf Gegenleistungen (mögen diese in Geld oder Naturalien, wie Kost, Wohnung u. dgl. bestehen) für geleistete oder zur Verfügung gestellte Dienste, auch für solche Dienste, welche aus Verschulden des Dienstherrn nicht geleistet werden konnten; nicht aber Schadensersatzansprüche, wie z. B. nach §§ 627 Abs. 2 Satz 2, 628 Abs. 2 BGB., Art. 26 BayAG. hierzu (Reinhard I S. 85).

d) Bevorzugt sind nur die laufenden Ansprüche (nicht aus dem laufenden Jahre) und diejenigen aus dem letzten Jahre, siehe § 13. Das Vorrecht geht durch Stundung der Bezüge nicht verloren, wohl aber durch Umwandlung des Schuldverhältnisses gemäß § 364 BGB. (Wolff a. a. O.).

e) Die Lohnansprüche müssen angemeldet werden, § 9 Ziff. 2, § 37 Ziff. 4, §§ 45, 110.

2a. Zwischen der 2. und 3. Klasse rangieren die Ansprüche nach Art. 92 (124) des Berggesetzes (Art. 39 Abs. 1 BayAG. z. ZVG., vgl. oben § 9 Bem. 2c u. zu § 2 EG. z. ZVG.

3. Hinsichtlich des Vorrechtes der **öffentlichen Lasten** des Grundstückes in der **3. Klasse** vgl. Art. 108 Ziff. 1, 151 Abs. 1 Ziff. 1 BayKO., welche den gleichen Rang auch den Grundabgaben, den Real- und sonstigen, dem jeweiligen Grundstücksbesitzer als solchem obliegenden Lasten einräumte, während diese nunmehr, soweit sie nicht öffentliche Lasten sind, in die 4. Klasse gehören. Wegen des zeitlichen Umfangs des Vorrechts siehe § 13 und die 7. Klasse. Gleichgültig ist, ob die Lasten auf die Besitzzeit des Schuldners oder des Vorgängers treffen. Welche Leistungen zu den öffentlichen Lasten eines Grundstückes zählen, bestimmt sich nach den Landesgesetzen (Mot. S. 93, KBer. 12). Ferner kann durch die Landesgesetze bestimmt werden, daß gewisse öffentliche Lasten anderen im Range vorgehen (§ 4 Abs. 1 EG. z. ZVG.). Eine solche Bestimmung ist in Bayern nicht getroffen,[6]) weshalb für das Rangverhältnis mehrerer Ansprüche in der 3. Klasse die Vorschrift des § 10 Abs. 1 maßgebend ist. Dagegen ist von dem Vorbehalt des § 4 Abs. 2 EG. z. ZVG. Gebrauch gemacht worden (siehe unter d).

Als öffentliche Lasten des Grundstückes sind nun in Bayern anerkannt (Becher Mat. VI S. 23):

a) nach Art. 122 BayAG. z. BGB. alle Leistungen, welche auf Grund eines Rechtsverhältnisses des öffentlichen Rechtes von dem Grundstück zu entrichten sind. Ausgeschlossen sind dadurch die auf einem privatrechtlichen Titel beruhenden und die dem Verpflichteten persönlich obliegenden Leistungen. Dagegen gehören hierher die auf das Grundstück treffenden Steuern, Kreis-, Distrikts- und Gemeindeumlagen, die Beiträge für die öffentliche Brand- und Hagelversicherung, für die land- und forstwirtschaftliche Unfall- und Krankenversicherung. Unter Steuern in

---

[6]) Becher Mat. VI S. 23 zu Art. 23, 24 BayAG. z. ZVG.

diesem Sinne sind nicht Gewerbe-, Einkommen-, Kapitalrentensteuern zu verstehen; ebensowenig Kirchenumlagen, Beiträge zur Ortskrankenkasse, zur Unfall- und Invaliditätsversicherung (vgl. dagegen § 61 Ziff. 2 KO.), Staats- und Notariatsgebühren für den Erwerb des Grundstückes (staatliche und örtliche Besitzveränderungsgebühren) oder für Übernahmeerklärungen (§ 144), Hypothekbestellungen, da diese sämtlich den Verpflichteten persönlich treffen.[7])

Als öffentliche Lasten dürften dagegen auch die Abgaben für die Benützung von Gemeindeanstalten (Kanalisations- und Straßenkostenbeiträge-,[8]) Fäkalieneinleitungs-, Grubenreinigungs-, Rekognitionsgebühren, Abgaben für Gas- und Wasserleitung, elektrische Beleuchtungsanlagen) anzusehen sein (Henle-Schneider S. 192; Böhm-Klein S. 186).

Diese letztgenannten Leistungen gehören, „falls für sie hinsichtlich ihrer Voraussetzungen, ihres Anfalls und ihrer Höhe bestimmte, ein für allemal maßgebende, für die Beteiligten im wesentlichen gleichförmige Grundsätze bestehen", zu den öffentlichen Abgaben im Sinne des Art. 40 der diesrh. Gemeindeordnung; da es „sich um Gegenleistungen für eine von der Gemeinde zu Gunsten eines bestimmten Anwesens gewährte Befugnis handelt, so stellen sie sich als Ausfluß einer auf öffentlichem Rechte beruhenden Verpflichtung dar, welche bis zu ihrer Erfüllung mit dem Besitz des Anwesens verbunden ist". Da sie somit als eine dem „Besitzer" als solchem obliegende Last angesehen werden konnten, wurde ihnen bisher vielfach das Vorrecht des Art. 108 Ziff. 1 BayPO. zugestanden. Die Motive zu Art. 23, 24 AG. erwähnen diese Abgaben nicht, (Becher Mat. VI S. 23 und 77). Neuerdings hat zu dieser Frage das OLG. Zweibrücken (Urteil v. 6. XII. 04, BayZfR. 1905 S. 132). Stellung genommen und den Charakter der „öffentl. Abgaben" im Sinn des § 61 Ziff. 2 KO. den von einer Gemeinde für die Lieferung von Strom erhobenen „Gebühren" aberkannt, soweit die Stromlieferung aus der gemeindlichen Beleuchtungsanstalt nicht dem öffentl. Interesse und dem allgemeinen Wohl dient, sondern sich als finanzielles Unternehmen der Gemeinde darstellt.

b) Die Beiträge zu den Kosten genossenschaftlicher Bewässerungs- und Entwässerungsunternehmungen, sowie die Teilrenten, welche für ein einer solchen Genossenschaft gewährtes Darlehen der Landeskulturrentenanstalt auf die Grundstücke der einzelnen Genossen verteilt sind (Art. 14 des Be- und Entwässerungs-Ges. vom 28. Mai 1852 und Art. 9 Abs. 2 Ziff. 3 des Ges. über die Landeskulturrentenanstalt vom 21. April 1884 in der Fassung des Art. 148 und bezw. 170 Ziff. III BayAG. z. BGB.), die Beiträge des Werkbesitzers zur Knappschafts- und Krankenkasse nach Art. 38 Abs. 2 BayAG. z. ZVG. mit Art. 174, 176, 177 Abs. 2 Berggesetzes vom 20. III. 1869 (Becher Mat. VI S. 35, 91; § 123 Ziff. 6 DA. f. GVÄ).

c) Nach Art. 23 BayAG. z. ZVG. bei einem landwirtschaftlichen Grundstücke die Beiträge, welche für die öffentliche Versicherung des zum Zubehör gehörenden Viehs zu entrichten sind (Ges. betr. die Viehversicherungsanstalt vom 11. Mai 1886), ferner

die Kaminkehrerlöhne bei einem mit Gebäude versehenen Grundstücke. Das Vorzugsrecht des Kaminkehrers beschränkt sich auf den Erlös der von ihm bedienten Gebäulichkeiten.[9])

d) Der Ärarial- und Lokal-Malzaufschlag für das im letzten Jahre vor der Beschlagnahme steuerbar gewordene Malz nach Maßgabe des § 4 Abs. 2

---

[7]) Jäckel S. 651; Wolff § 10 Bem. 9b und c; Ortenau-Henle, S. 383.

[8]) Entsch. des bayer. Verwaltungsgerichtshofes Bd. X S. 281, Bd. XII S. 63; vgl. Ortenau-Henle S. 383, RG. Bd. 42 S. 276.

[9]) Vgl. Allerh. VO. vom 27. Februar 1869, Becher Mat. VI S. 77 ff. und 133 ff.

EG. und Art. 24 BayAG. z. ZVG. (§ 3 des Ges. über den Malzaufschlag vom $\frac{\text{16. Mai 1868}}{\text{8. Dezbr. 1889}}$, vgl. Art. 46 Nov. z. BayGO.). Das Vorrecht ist beschränkt auf einen Jahresbetrag (im Gegensatze zu den übrigen öffentlichen Lasten, § 10 Ziff. 3); es erstreckt sich auf die Wohn-, Wirtschafts- und sonstigen Gebäude, welche mit den dem Brauereibetriebe dienenden Grundstücken räumlich verbunden sind, und auf die dazu gehörigen Rechte.[10])

4. Die **4. Klasse** umfaßt die **dinglichen Rechte am Grundstück,** auch die nicht im Grundbuch eingetragenen (z. B. eine zu Unrecht gelöschte Hypothek). Vgl. die 5., 6. und 8. Klasse.

Die mit hierher gehörigen Grundabgaben (Grundgefälle des Staates und der Ablösungskasse, ferner die übrigen auf Grund der Ablösungsgesetze an die Stelle der Grundgefälle getretenen Lasten) sind Reallasten. Diese und die sonstigen, dem Besitzer als solchem obliegenden Lasten bildeten bisher nach Art. 108 Ziff. 1 und 151 Ziff. 1 BayGO. mit den öffentlichen Lasten eine Klasse vor den Ewiggilten (Art. 109, 152) und vor den Hypothekforderungen (Art. 108 Ziff. 2 BayGO., Ortenau-Henle S. 385). Das Rangverhältnis aller Rechte der 4. Klasse regelt nunmehr § 11.

a) Die dinglichen Rechte des § 10 Ziff. 4 sind teils solche, welche ein Recht auf Befriedigung aus dem Grundstück gewähren (Hypothek-, Grund- und Rentenschuld, Reallast §§ 1105, 1107, 1113, 1147, 1191, 1199, 1200 BGB.), teils solche, welche, wie Erbbaurechte, Grund- und persönliche Dienstbarkeiten, dingliche Vorkaufsrechte im Fall des § 1097 Satz 2 BGB. (Fischer-Schäfer S. 186), nicht auf Leistungen von vertretbaren Sachen gerichtet sind, aber einen Anspruch auf Ersatz des Wertes gewähren, falls sie durch den Zuschlag untergehen (§§ 52, 91, 92). Vgl. § 9 Abs. 1 und 2 EG. und Art. 27 BayAG. z. ZVG.

Über die Behandlung der Hypotheken des bisherigen Rechtes siehe Art. 192 EG. z. BGB.[11]) und die Bem. zu § 50.

Was speziell die nach bisherigem Rechte vorgemerkten Hypotheken betrifft, so genießen dieselben das nämliche Vorzugsrecht wie die eingetragenen, falls nur die Voraussetzungen oder doch wenigstens die rechtliche Möglichkeit für die Umwandlung in förmlichen Eintrag vorhanden ist (wofür nach Art. 22 BayAG. z. GBO. die bisherigen Vorschriften maßgebend sind).[12]) Über Vormerkungen nach § 883 BGB. siehe § 48 und Recht 1903 S. 589, 1904 S. 69.

Ewiggelder sind nach Art. 47 ÜB. z. BGB. wie Rentenschulden zu behandeln (§ 609 DA. f. GBÄ.; über ihr bisheriges Rangverhältnis zu den Hypotheken siehe Art. 109 BayGO. mit Art. 38 Nov. hierzu.

b) Das Vorrecht der 4. Klasse ist nur soweit gegeben, als nicht das dingliche Recht infolge der Beschlagnahme dem betreibenden Gläubiger gegenüber unwirksam ist. Dies ist der Fall, wenn das dingliche Recht erst nach Eintragung des Versteigerungsvermerks oder unter der Kenntnis der Beschlagnahme erworben bezw., soweit es der Eintragung bedurfte, eingetragen wurde (vgl. §§ 873, 878, 879, 1115 BGB.). Geschah letzteres zwar nach Beginn der Wirksamkeit der

[10]) Becher a. a. O., Ortenau-Henle S. 384. — Durch JMBek. vom 15. Sept. 1888 (JMBl. S. 199) ist die Mitteilung von der Beschlagnahme solcher Objekte an das Hauptzollamt vorgeschrieben.

[11]) Becher Mat. VI S. 27; DA. f. GBÄ. § 605.

[12]) Gilt auch für die Hypothekvormerkungen nach der Beschlagnahme, Ortenau-Henle S. 111, 386; obstr. Erk. n. F. Bd. II S. 10. Über die Beseitigung der Vormerkung siehe §§ 886, 887 BGB., Art. 57 ÜB. hierzu und Art. 57 BayAG. z. ZVG., Becher Mat. VI S. 22; DA. f. GBÄ. § 606.

Beschlagnahme, aber vor Eintragung des Versteigerungsvermerks, so ist das Recht in die 4. Klasse zu locieren, bis der Gläubiger im Prozeßwege sein Vorrecht hat feststellen lassen (Reinhard I S. 90, Jäckel S. 49).

Da das durch die Beschlagnahme begründete Veräußerungsverbot nur zu Gunsten des jeweils betreibenden Gläubigers wirkt, so kann der Erwerb eines Rechtes am Grundstück nach der Beschlagnahme, aber vor dem Beitritt eines weiteren Gläubigers (Zustellung des Beitrittsbeschlusses) diesem gegenüber wirksam sein (vgl. §§ 20, 23 und unten Bem. 6).

c) die Ansprüche auf wiederkehrende Leistungen aus dinglichen Rechten (Zinsen, Renten, Altenteilsbezüge, Amortisationsquoten; gleichgültig, ob Nebenleistungen oder Hauptansprüche)[13]) werden an 4. Stelle nur in beschränktem Umfang befriedigt, nämlich nur die laufenden und nicht länger als 2 Jahre rückständigen (vgl. § 13). Diese Beschränkung gilt selbstverständlich nicht für solche wiederkehrende Leistungen, für welche eine eigene Sicherungshypothek eingetragen ist (Maximalhypothek § 1190 BGB.). Denn wenn auch der Hypothektitel des § 12 Nr. 11 HypGes. nach Art. 53, 54, 55 ÜV. z. BGB. beseitigt ist, so ist eine vertragsmäßige Bestellung nicht ausgeschlossen.

Verzinsliche Hypotheken, welche zur Zeit der Anlegung des Grundbuchs bereits bestehen, sind als Normalhypotheken im Sinne des BGB. (§§ 1113 ff.) zu beurteilen, ihr Inhalt d. h. die Gesamtheit der Befugnisse und Verpflichtungen der Vertragsteile, einschließlich des Zinsenvorrechts, also nach neuem Recht zu bemessen. Daß das gegenüber § 42 BayHypGes. erweiterte Zinsenprivilegium nicht auf einer Bestimmung des BGB., sondern des § 10 ZVG. beruht, kann keinen Unterschied begründen (Art. 192 EG. z. BGB., Henle-Schneider S. 483).

Wegen der einzelnen Leistungen aus Reallasten alten Rechts siehe Art. 46 ÜV. z. BGB. (Henle-Schneider S. 476; DA. f. GBA. § 610).

d) In der 4. Klasse kommt zwar auch die Eigentümerhypothek-, grund- und -rentenschuld zur Befriedigung, die Nebenleistungen (Zinsen, Kosten) jedoch nur unter den aus §§ 1177, 1178, 1192, 1197, 1200 BGB. sich ergebenden Beschränkungen (Wolff § 10 Bem. 10 b).

5. An **5. Stelle** steht der Anspruch des **betreibenden** (beigetretenen) Gläubigers. Ihm gingen nach Art. 108 Ziff. 3 BaySO. noch die Resolutionsberechtigten vor (Ortenau-Henle S. 390).

Der das Verfahren betreibende persönliche Gläubiger wird hiernach, wie im bisherigen Rechte so behandelt, als wenn für seine Forderung an letzter Stelle eine Hypothek im Grundbuch eingetragen wäre (obwohl er kein Recht am Grundstück erwirbt). Er geht infolgedessen (wie bisher, vgl. Ortenau-Henle S. 391) den Forderungen der Hypothekgläubiger bezüglich der älteren Rückstände (8. Klasse) vor.

Insoferne die Forderung des Gläubigers an sich einer der Klassen 1—4 angehört – ob auf Grund eines dinglichen Rechtes die Vollstreckung betrieben wird, wird sich in der Regel aus dem Vollstreckungstitel ergeben[14]) —, behält sie dieses Vorrecht. Seine älteren als zweijährigen Ansprüche auf wiederkehrende Leistungen rangieren jedoch, (soweit sie nicht durch eigene Kautionshypotheken gesichert sind), in der 5. Klasse.

---

[13]) Annuitätenzahlung ist Kapitalstilgung, keine den Zinsen ähnliche Nebenleistung (obstr. Erk. n. F. Bd. III S. 640, RG. Bd. 54 S. 88; vgl. auch Fischer-Schäfer S. 189).

[14]) Ob ein Urteil über den persönlichen Anspruch, der dinglich gesichert ist, genügt, z. B. ein Wechselurteil, um den Rang einer für die Wechselsumme haftenden Höchsthypothek geltend machen zu können, ist bestritten; vgl. ZBlFG. III S. 429 und Bem. 4 zu § 16.

Seine Kostenforderungen sind auf die entsprechenden Klassen zu verteilen. Mehrere Beschlagnahmegläubiger rangieren nach § 11 Abs. 2.

6. In die **6. Klasse** gehören Ansprüche aus dinglichen Rechten am Grundstück (4. Klasse), welche dem beitreibenden Gläubiger (5. Klasse) gegenüber **unwirksam** sind, weil sie erst nach der Beschlagnahme begründet wurden. Sie können dem ersten Beschlagnahmegläubiger nach-, einem später beigetretenen aber vorgehen; letzteres auch, wenn die erste Beschlagnahme nicht aufgehoben wird (vgl. oben Bem. 4 b).

Gegenüber Ansprüchen der 2. oder 3. Klasse kann ein Vorrecht der 6. Klasse nicht in Frage kommen, auch wenn erstere nach der Beschlagnahme erst entstanden sind.

7. An **7. Stelle** stehen die älteren als zweijährigen **Rückstände öffentlicher Lasten,** an **8. Stelle** die älteren **Rückstände** wiederkehrender Leistungen **aus dinglichen Rechten,** soweit nicht für diese älteren Rückstände gemäß §§ 1184, 1113 Abs. 2, 1190 BGB. eigene Sicherungshypotheken eingetragen sind (4. Klasse) oder Beschlagnahme erwirkt ist (5. Klasse).

Die Geltendmachung etwaiger Verjährung solcher Ansprüche (§§ 197, 223 Abs. 3, 902 Abs. 1 BGB.) geschieht im Wege des Widerspruchs (§ 115). Ältere, über 1 Jahr hinausgehende Rückstände der 2. Klasse (Liedlöhne) genießen kein Vorzugsrecht, sie sind überhaupt nicht aus dem Grundstück zu befriedigen.

8. Gemäß § 10 Abs. 2 teilen in allen Klassen (nicht bloß bei der Hypothek, Grund- und Rentenschuld nach § 1118 BGB. und insbesondere auch in der 5. Klasse) die **Kosten** der Kündigung und der die Befriedigung aus dem Grundstücke bezweckenden Rechtsverfolgung den Rang des Hauptanspruchs[15]). Bezüglich der Zinsen und anderen Nebenleistungen siehe § 12. Dort ist auch die Rangordnung dieser Ansprüche unter einander geregelt. Nicht unter Abs. 2 fallende Kosten müssen durch Kautionshypotheken bezw. Beschlagnahme gesichert sein, falls sie Deckung aus dem Strichschillinge finden sollen. Das gilt z. B. von den Kosten einer Mobiliarvollstreckung.

Die Kosten müssen notwendig oder zweckmäßig gewesen sein (§§ 91, 788 ZPO., vgl. Falkmann 2. Aufl. S. 354 ff.). Hat der Beteiligte die Kündigung durch einen Rechtsanwalt vornehmen lassen, so kann ein höherer Betrag, als derjenige, welchen die Kündigung durch den Gerichtsvollzieher gekostet haben würde, der Masse gegenüber nicht liquidiert werden, also vor allem keine Anwaltsgebühr (obstr. Erk. n. F. Bd. II S. 904, vgl. Wolff § 10 Bem. 6 a, a. M. Reinhard I S. 93).

Von den Kosten der Rechtsverfolgung sind nur diejenigen privilegiert, die auf die erstrebte Befriedigung aus dem Grundstücke oder den nach §§ 1120 ff. BGB. mithaftenden Gegenständen erwachsen sind. Die Kosten der persönlichen Klage (des Real- wie persönlichen Gläubigers) gehören nicht zu den Kosten der die Befriedigung aus dem Grundstück bezweckenden Rechtsverfolgung.[16])

Außer den Kosten der dinglichen Klage (auch Urkundenprozeß, Mahnverfahren §§ 592, 688 ZPO.) rangieren mit dem Hauptanspruch — immer unter der in § 91 Abs. 1 ZPO. bezeichneten Voraussetzung — diejenigen der Beitreibung aus dem Grundstück (Einleitung des Zwangsversteigerungs- und -verwaltungsverfahrens, Beitritt), der Vertretung im Verfahren, Versteigerungs-, Verteilungstermin[17]),

---

[15]) Nach Art. 107, 108 BayGO. mit § 43 HypGes. ist sowohl Umfang, wie Rang des Kostenvorzugsrechtes anderweitig geregelt (Ortenau-Henle S. 379, 387—389, 391).

[16]) Ebenso Jäckel S. 53, Fischer-Schäfer S. 191; a. M. Wolff § 10 Bem. 6b, Reinhard I S. 94; vgl. aber Bem. 4 zu § 16.

[17]) Über die Anwaltsgebühren für die Vertretung im Verfahren siehe obstr. Erk. n. F. Bd. II S. 905, Recht 1902 S. 232; für die Zeit nach Grundbuchanlegung: Allerh. VO. vom

auch wenn das Verfahren von einem andern betrieben und wieder aufgehoben wurde, der persönlichen Teilnahme (Zeitversäumnis- und Reisekosten), die Kosten des Zustellungsvertreters im Falle des § 7 Abs. 3 Satz 2, der Sicherungsmaßregeln im Falle des § 25, des Arrestes und einstweiliger Verfügungen hinsichtlich des Grundstücks, einer resultatlos verlaufenen Zwangsversteigerung (nicht dagegen Kosten für zurückgenommene Anträge auf Immobiliarexekution), der Zwangseintragung (§ 867 Abs. 1 ZPO.), der Berichtigung des Grundbuchs auf Antrag des Berechtigten im Falle des § 14 GBO.[18])

Zur Liquidierung der privilegierten Kosten ist ein Schuldtitel (Kostenfestsetzungsbeschluß) nicht erforderlich. Sie sind bei Feststellung des geringsten Gebotes zu berücksichtigen, wenn sie rechtzeitig angemeldet und, falls der Liquidant nicht selbst die Zwangsversteigerung betreibt, auf Verlangen des betreibenden Gläubigers glaubhaft gemacht wurden (§ 45 Abs. 1). Ihre endgültige Feststellung erfolgt im Verteilungsplan, nötigenfalls auf Grund Widerspruchs eines Beteiligten im Prozeßwege. In den Plan sind sie auf Verlangen des Liquidanten, auch wenn sie offensichtlich unbegründet sind, einzustellen, da sonst die Anmeldung selbst als Widerspruch behandelt werden müßte. Bei Widerspruch ist nach §§ 115, 124 zu verfahren (Eventualverteilung, Hinterlegung); Jäckel S. 55, Recht 1902 S. 389.

Wegen der auf das Verfahren treffenden Gerichtskosten siehe § 109.

9. Das in § 10 gewährte Vorrecht einer Forderung steht auch dem Singular-**Rechtsnachfolger** zu, welcher dieselbe im Wege der Zession oder Pfändung und Überweisung oder kraft Gesetzes erworben hat (Wolff § 10 Bem. 4 und 9c, Ortenau-Henle S. 386). Die auf die Rechtsnachfolge selbst erwachsenen Kosten (für Erwirkung der weiteren Vollstreckungsklausel, Zustellung u. dgl.) sind dagegen nicht erstattungsfähig.

10. Über die Rangordnung bei Versteigerung eingetragener **Schiffe** siehe § 163 Bem. 5.

§ 11.

Sind Ansprüche aus verschiedenen Rechten nach § 10 Nr. 4, 6 oder 8 in derselben Klasse zu befriedigen, so ist für sie das Rangverhältniß maßgebend, welches unter den Rechten besteht.

In der fünften Klasse geht unter mehreren Ansprüchen derjenige vor, für welchen die Beschlagnahme früher erfolgt ist.

E. I § 10; M. 97, 98; D. 37, 38; KBer. 13.

Rangordnung innerhalb derselben Klasse.

1. Allgemeines. Nicht alle Ansprüche, welche gemeinsam einer der in § 10 aufgestellten Klassen angehören, haben gleichen Rang, so daß gemäß § 10 Abs. 1 Befriedigung nach dem Verhältnis ihrer Beträge eintreten könnte. Dies trifft vielmehr nur für die 1., 2., 3. und 7. Klasse zu, da weder im ZVG. noch auf Grund des Vorbehalts des § 4 EG. hierzu in Bayern eine verschiedene Rangordnung aufgestellt ist.[1]) Dagegen besteht für die Ansprüche der 4., 5., 6. und 8. Klasse des § 10 noch eine besondere Rangordnung (ebenso Art. 108 Abs. 2, 151 Abs. 2 BayGO.).

---

26. III. 1902 (GVBl. S. 133) Art. 17 und 18 mit Art. 25 und 28 Abs. 4. Eine besondere Gebühr für Empfang und Ablieferung von Geldern des Beteiligten (siehe RG. Bd. 22 S. 323) kann nach Art. 17 Abs. 1 Ziff. 2 der VO. v. 26. III. 1902 nicht mehr beansprucht werden.

[18]) Jäckel S. 53, 54; Wolff § 10 Note 6b, Fischer-Schäfer S. 191.

[1]) Mot. zu Art. 24 u. 25 des Entw. des BayAG. z. ZVG.; Becher Mat. VI S. 23.

In der 5. Klasse entscheidet die Zeit der Wirksamkeit der Beschlagnahme (§ 22) — Ausnahme: Art. 48 BayAG. z. ZVG. —, in der 4., 6. und 8. Klasse das materielle Recht.

2. Für die **zur Zeit der Grundbuchanlegung bestehenden dinglichen Rechte** am Grundstück und an solchen Rechten bestimmt sich das Rangverhältnis gemäß Art. 184, 186, 189 EG. z. BGB., Art. 2 EG. z. ZVG. nach dem bisherigen Recht (Planck Bem. 7, 9 zu Art. 189 EG.).

a) Hiernach richtet sich der Rang der Hypotheken nach dem Tag (Zeitfolge) der Eintragung (Vormerkung[2]) oder der anderweitigen Vereinbarung. Ohne letztere genießen die am gleichen Tag eingetragenen Hypotheken gleichen Rang (BayHypGes. §§ 1, 23, 30, 60; obstr. Erk. Bd. XVI S. 379, n. F. II S. 186, III S. 1079, V S. 419).

An gleicher Stelle mit dem Kapital, falls dieses als verzinslich im Hypothekenbuche eingetragen ist, gelangen aber nicht bloß, wie nach § 42 BayHypGes., die Zinsen des zur Zeit der ersten Beschlagnahme laufenden und des vorausgegangenen Jahres zur Befriedigung, sondern es hat auch bei Hypotheken, welche bereits zur Zeit des Inkrafttretens des BGB. bestanden, gemäß Art. 184, 192 EG. z. BGB. die Bestimmung des § 10 Ziff. 4 zur Anwendung zu kommen (vgl. oben § 10 Bem. 4c).

Über die Regelung der Rangverhältnisse bei Darlehen der Landeskulturrentenanstalt siehe Art. 118 EG., 170 BayAG. z. BGB.

b) Bei den übrigen, unter die 4., 6. und 8. Klasse fallenden Grundstücksbelastungen alten Rechtes ist zu beachten, daß sie nicht durch Eintragung entstanden, daß eine solche überhaupt nur Rechtswirkungen gegenüber den Hypothekgläubigern (nicht anderen Realgläubigern) äußerte (§ 22 HypGes.) und daß gewisse Belastungen auch den Hypothekgläubigern gegenüber ohne Eintragung wirksam waren (§ 22 Ziff. 5 HypGes.). Letztere sind die Grunddienstbarkeiten und die Grundgefälle des Staates und der Ablösungskasse nebst den an deren Stelle getretenen Leistungen (aufgezählt bei Ortenau-Henle S. 213 Note 4).

Diese staatlichen Grundgefälle u. s. w. bedürfen auch jetzt nicht der Eintragung (Art. 128 BayAG. z. BGB., 27 Abs. 2 BayAG. z. ZVG.), gehen den Hypotheken im Range vor (Art. 184 EG. z. BGB., 108 Ziff. 1, 151 Ziff. 1 BaySO., 141 BayAG. z. BGB., Henle-Schneider S. 225) und unterliegen der Behandlung nach § 9 Abs. 2 EG. z. ZVG., nach welchem sie unter Umständen einem älteren dinglichen Recht weichen müßten.

Die zur Zeit der Grundbuchanlegung bestehenden Grunddienstbarkeiten bedürfen gleichfalls auch jetzt noch nicht der Eintragung (Art. 27 Abs. 2 BayAG. z. ZVG. mit § 9 EG. z. ZVG. und Art. 187 EG. z. BGB., 10 und 44 ÜV. z. BGB., § 613 DA. f. GBÄ., Henle-Schneider S. 406, 407). Durch die in Art. 187 EG., 10 ÜV. z. BGB. vorbehaltene Eintragung wird nur Wirksamkeit gegenüber den Erwerbern von Rechten am Grundstück erzeugt. Zur Wirksamkeit gegenüber den Hypothekgläubigern bedurften dagegen schon nach § 22 Ziff. 5 des HypGes. der Eintragung alle nicht dort ausgenommenen dinglichen Rechte, insbesondere die sonstigen Grundabgaben des Staates oder der Privaten (Ortenau-Henle S. 214, Art. 141, 150, 151, 153, 163, 170 BayAG. z. BGB.) und die Altenteilsrechte (Art. 27 Abs. 1 BayAG.

---

[2]) Über Hypothekvormerkungen vergl. Regelsberger, BayHypR. § 67, Ortenau-Henle S. 111 und 386; Art. 192 EG. z. BGB., 57 ÜV. z BGB., 22 BayAG. z. GBO. Vgl. auch Bem. 4a zu § 10.

mit § 9 Abs. 2 EG. z. ZVG.; vgl. Art. 32—48, 85 BayAG., 48, 116—118 ÜV. z. BGB., § 605 Abs. 3 DA. f. GBÄ.).

Soweit derartige Rechte eingetragen sind und die Feststellung ihres Ranges im Verfahren (bei Feststellung des Mindestgebots, der Versteigerungsbedingungen, der Verteilung) erforderlich wird, entscheidet die Eintragung, und ist die Geltendmachung eines anderen Rangverhältnisses (z. B. einem Hypothekgläubiger gegenüber, welchem der öffentliche Glaube des Hypothekenbuchs — §§ 25, 26 HypGes. — nicht zur Seite steht) der prozeßrichterlichen Entscheidung zu überlassen.

Soweit sie aber der Eintragung nicht bedurften, ist für die Feststellung des Rangverhältnisses zwischen Hypotheken und solchen Rechten weder im Verfahren nach der BayGO. noch nach dem ZVG. Raum; es muß vielmehr, wenn Streit besteht, gesondert zum Austrag gebracht werden (obstr. Erk. n. F. I S. 22, vgl. §§ 90, 91 Ges. und 9 EG. hierzu.).

c) Über Rangabtretung siehe BayHypGes. §§ 62, 151; Rangeinräumung und Rangvorbehalt HypGes. §§ 84, 150, 158 mit Nov. vom 20. XII. 1903 Art. I Ziff. 14; Art. 11 Abs. 2 Nov. z. SO. und Art. 58, 59 ÜV. z. BGB. Änderungen des Rangverhältnisses, welche nach Grundbuchanlegung vorgenommen werden, unterliegen auch hinsichtlich der in diesem Zeitpunkt bestehenden Rechte den Vorschriften des BGB. und der GBO. (Art. 189, 192 EG. z. BGB.). Dagegen bleiben die aus §§ 84, 150 HypGes. vor Grundbuchanlegung erworbenen Rechte den in diesem Zeitpunkt bestehenden Hypotheken gegenüber unberührt. (Henle-Schneider S. 495—501; §§ 607, 608 DA. f. GBÄ.).

3. Der Rang der **nach dem Zeitpunkt, in welchem das Grundbuch als angelegt anzusehen ist, begründeten dinglichen Rechte** bestimmt sich nach §§ 879 bis 881, 883 (vgl. auch §§ 914, 917, 1131) BGB., also

a) für Rechte, welche in derselben Abteilung des Grundbuchs eingetragen sind, nach der Reihenfolge der Eintragungen (entscheidend ist die räumliche Aufeinanderfolge, nicht Nummern- oder Zeitfolge);

b) für Rechte, welche in verschiedenen Abteilungen eingetragen sind, nach dem Datum der Eintragungen, wobei solche vom gleichen Tage gleichen Rang genießen;

c) im Falle anderweitiger Regelung des Rangverhältnisses nach der diesbezüglichen Eintragung (vgl. §§ 281—288 DA. f. GBÄ.).

Die Eintragungen in einer Abteilung erfolgen nach der Zeitfolge der Anträge; bei gleichzeitig gestellten Anträgen muß der Gleichrang vermerkt sein (§§ 13 Abs. 1 Satz 2, 46 Abs. 1 GBO.)[3]) Werden mehrere Eintragungen, die nicht gleichzeitig beantragt sind, in verschiedenen Abteilungen unter dem gleichen Tag bewirkt, so ist im Grundbuch zu vermerken, daß die später beantragte Eintragung der früher beantragten im Rang nachsteht (§ 46 Abs. 2 GBO.), widrigenfalls Gleichrang besteht.

Werden mehrere Eintragungen beantragt, durch die dasselbe Recht betroffen wird, so darf die später beantragte Eintragung nicht vor Erledigung des früher gestellten Antrags erfolgen, eventuell ist zu Gunsten des früher gestellten Antrags eine Vormerkung oder ein Widerspruch einzutragen (§§ 17, 18 GBO., § 65

[3]) Der beim Grundbuchamt eingehende Eintragungsantrag ist mit einem die Zeit des Eingangs genau angebenden Vermerk zu versehen; für die Beurkundung dieses Zeitpunkts ist auch der Gerichtsschreiber des Amtsgerichts zuständig (Art. 3 BayAG. z. GBO., §§ 10, 32, 33, 35 DA. f. GBÄ.). — Eintragungsanträge, die mit der gleichen Post einlaufen, gelten als gleichzeitig angebracht (Achilles-Strecker S. 195; vgl. § 34 DA. f. GBÄ.).

DA. f. GBA.). In letzterem Fall bestimmt sich der Rang des Rechtes nach der Eintragung der Vormerkung (§ 883 Abs. 3 BGB.).

Eine andere als aus den Eintragungen im Grundbuch ersichtliche Rangordnung hat das Vollstreckungsgericht (Notar), falls nicht alle hierbei Beteiligten einig sind, nicht zu berücksichtigen; der Widersprechende ist auf den Klageweg verwiesen (vgl. §§ 894, 899 BGB.).[4])

Eine **Änderung des Rangverhältnisses** kann gemäß § 880 BGB. auch nachträglich erfolgen; ist dieselbe eingetragen, so behält das vorgetretene Recht den ihm eingeräumten Rang ohne Rücksicht auf das spätere, durch Rechtsgeschäft bedingte Schicksal des zurückgetretenen. Fällt aber die Rangänderung oder das vorgetretene Recht weg, so nimmt das zurückgetretene seinen alten Rang wieder ein.

Einer Zustimmung der Zwischengläubiger bedarf es nicht, sie haben weder Vorteile noch Nachteile von der Rangänderung (§ 880 Abs. 5 BGB.). Über Rangänderung beim Zurücktreten mehrerer Rechte vgl. Recht VIII S. 516, 597.

Das Rangverhältnis wird ferner beeinflußt durch den vom Eigentümer nach § 881 BGB. ausgeübten **Rangvorbehalt.** Auch hier erfahren die inzwischen liegenden, ohne entsprechenden Vorbehalt eingetragenen Rechte (z. B. die Zwangshypotheken) durch die Rangverschiebung keine Beeinträchtigung, während andererseits das zurücktretende (mit dem Vorbehalt belastete) Recht gegen eine über den Umfang des Vorbehalts hinaus gehende Zurücksetzung geschützt wird. Nach der Beschlagnahme ist die Ausübung des Rangvorbehalts dem Beschlagnahmegläubiger gegenüber unwirksam (§ 23, Fischer-Schäfer S. 195, Jäckel S. 58).

Im übrigen, besonders über den Einfluß von Rangeinräumung und Rangvorbehalt auf das Mindestgebot vgl. Bem. 3c und d zu § 44.

Bis zur Grundbuchanlegung finden auf die Rangänderung die bisherigen Vorschriften Anwendung (Art. 184, 186, 189 EG. z. BGB., siehe oben Bem. 2c).

4. Mehrere Beschlagnahmeforderungen rangieren gemäß Abs. 2 nach dem Zeitpunkte der Wirksamkeit der Beschlagnahme (Zustellung, Einlauf beim Grundbuchamt § 22; Abweichung: Art. 48 BayAG. z. ZVG. für die gerichtliche Versteigerung von Bergwerken und unbeweglichen Kuxen). Dies gilt auch für Beschlagnahme vom gleichen Tag (die bisher Gleichrang einnahmen, Art. 10 Abs. 3 BaySO.). Beschlagnahmen, die gleichzeitig wirksam werden,[5]) genießen gleichen Rang. Mehrere gleichzeitige Anträge müssen in einem Beschluß erledigt werden, damit dieser für alle gleichzeitig wirksam wird (Jäckel S. 58). Ein Beitrittsbeschluß kann (infolge früherer Zustellung) auch vor dem Beschlagnahmebeschluß wirksam werden (Fischer-Schäfer S. 200).

§ 12.

Die Ansprüche aus einem und demselben Rechte haben unter einander folgende Rangordnung:

1. die Ansprüche auf Ersatz der im § 10 Abs. 2 bezeichneten Kosten;

---

[4]) Vgl. Jäckel S. 56, Wolff § 11 Bem. 2; Achilles-Strecker S. 25, 26, 296, Planck § 894 BGB., Gruchot 1899 S. 886. — Auch ein Widerspruch gegen eine Eintragung (§§ 54, 71 GBO., 899 BGB.) ändert an der Rangordnung nichts, schließt nur für den späteren rechtsgeschäftlichen Erwerb die Berufung auf § 892 BGB. aus (Fischer-Schäfer S. 192).

[5]) Wenn sich z. B. bei Zustellungen vom gleichen Tag die Zeit der Zustellung nicht feststellen läßt (Jäckel S. 59, Reinhard I S. 99).

2. die Ansprüche auf wiederkehrende Leistungen und andere Nebenleistungen;
3. der Hauptanspruch.

E. I § 13; M. 98; D. 37, 38; KBer. —.

Rangordnung der Ansprüche aus dem gleichen Rechte.

1. Bisheriges Recht. Eine analoge Vorschrift fehlte in der BayGO.; im Zweifel bestand unter den in § 12 bezeichneten Ansprüchen Gleichrang.

2. Voraussetzung der Vorschrift. Vgl. §§ 367 BGB., 48, 62 KO. Der § 12 hat nur Bedeutung im Fall der Unzulänglichkeit der Masse zur Deckung der ganzen Post und setzt voraus, daß für die mehreren Ansprüche auch ein Recht auf Befriedigung aus dem Grundstück gewährt ist, sowie, daß die Ansprüche nicht verschiedenen Klassen angehören. Gleichgültig ist, ob sie einem oder verschiedenen Gläubigern zustehen.

3. Zu den **Nebenleistungen** der Ziff. 2 gehören z. B. die eingetragenen Zinsen (§ 1115 BGB.), die gesetzlichen, Verzugs- und Strafzinsen (§§ 1118 mit 246, 288, 289, 291; 1146 BGB.), die wiederkehrenden Leistungen aus Rentenschulden und Reallasten (Leibgeding u. dgl.), Amortisationsbeträge.[1]) Unter dem **Hauptanspruch** ist Kapital, Ablösungssumme (z. B. §§ 1199, 1200 BGB., Art. 85 BayAG. hierzu), oder Wert des Rechtes selbst (§ 92) zu verstehen (Reinhard I S. 100, Jäckel S. 60).

§ 13.

Die laufenden Beträge wiederkehrender Leistungen nehmen ihren Anfang von dem letzten Fälligkeitstermine vor der Beschlagnahme des Grundstücks; die Rückstände werden von demselben Zeitpunkte zurückgerechnet.

Fehlt es innerhalb der letzten zwei Jahre an einem Fälligkeitstermine, so entscheidet die Zeit der Beschlagnahme.

Liegen mehrere Beschlagnahmen vor, so ist die erste maßgebend. Bei der Zwangsversteigerung gilt, wenn bis zur Beschlagnahme eine Zwangsverwaltung fortgedauert hat, die für diese bewirkte Beschlagnahme als die erste.

E. I § 14; M. 99, 100; D. 37; KBer. —.

Abgrenzung laufender und rückständiger Beträge.

1. Bisheriges Recht. Auch die BayGO. unterschied wiederkehrende Leistungen teils nach dem letzten Fälligkeitstermine vor der Beschlagnahme (Art. 3 der Nov.), teils nach dieser selbst oder dem zur Zeit der Beschlagnahme laufenden Jahresabschnitt (Art. 108, 109).

2. Die Unterscheidung zwischen **laufenden und rückständigen Beträgen** wiederkehrender Leistungen ist wichtig bei Bestimmung des Ranges (§ 10), Feststellung des Mindestgebots (§§ 45, 47, 49), Verteilung (§§ 114, 155, 156). Maßgebend ist im Falle des Abs. 1 der Fälligkeitstermin, Abs. 2 der Zeitpunkt der Wirksamkeit (§ 22) der Beschlagnahme, Abs. 3 der ersten Beschlagnahme (auch wenn diese wieder aufgehoben und das Verfahren auf Grund Beitritts fortgeführt wurde). Endpunkt der laufenden Beträge ist der Zuschlag, § 47 gilt nur für die Bestimmung des Mindestgebots. Abs. 2 des § 13 gilt besonders für gesetzliche und Verzugszinsen.

---

[1]) Obwohl diese sich als Kapitalstilgung darstellen, erscheinen sie doch im Sinn des § 12 als Nebenleistung; vgl. obstr. Erk. Bd. III (n. F.) S. 640.

Beispiele:

a) Letzter Fälligkeitstermin der Ansprüche aus § 10 Ziff. 2 war der 31. März 1904; die auf die Zeit vom 1. April 1903 bis 31. März 1904 treffenden[1]) Beträge sind rückständig, alle späteren „laufend" (auch wenn sie während des Verfahrens wieder „fällig" werden).

b) Ein Anspruch nach § 10 Ziff. 3 war vor der am 3. Februar 1904 erfolgten ersten Beschlagnahme zum letztenmal am 2. Februar 1902 fällig gewesen: Der auf die Zeit vom 3. Februar 1902 bis 2. Februar 1904 treffende Teil des Anspruchs ist „rückständig" (obwohl noch nicht „fällig") und gehört ebenso wie der auf die Zeit vom 3. Februar 1904 an treffende in die 3. Klasse, während die auf die Zeit vor dem 3. Februar 1902 entfallenden Beträge als ältere Rückstände in die 7. Klasse einzureihen sind.

3. § 13 gilt analog auch für öffentl. Lasten, die **nicht in wiederkehrenden Leistungen** bestehen (§ 10 Ziff. 3); ist eine solche innerhalb der letzten 2 Jahre vor der Beschlagnahme fällig geworden, so gehört sie also noch in die Klasse 3, nicht 7 des § 10; sie bedarf der Anmeldung (§ 45) und fällt dem Ersteher (nicht der Masse) zur Last, wenn sie erst nach dem Zuschlag fällig wird (§ 56); Jäckel S. 61, Reinhard I S. 102.

§ 14.

Ansprüche von unbestimmtem Betrage gelten als aufschiebend bedingt durch die Feststellung des Betrags.

E. I §§ 71 Abs. 1 Satz 2, 160 Abs. 2, 161 Abs. 3; M. 174, 294, 295; D. 38; KBer. 14.

Unbestimmte Beträge.

1. Bisheriges Recht. Bezüglich der Behandlung einer der Summe nach nicht feststehenden Forderung war in Art. 113—115 SO. bzw. Art. 2 Abs. 2 mit 7 Abs. 2 Nov. hierzu Vorsorge getroffen.

2. § 14 stellt den Grundsatz auf, daß **Ansprüche von unbestimmtem Betrag** im Verfahren (bei Bestimmung des Mindestgebots: §§ 45, 46, 48, 50 Abs. 2 Ziff. 1, § 51; bei der Verteilung: §§ 119, 120, 125) bis zu ihrer Feststellung als bedingt behandelt werden, obwohl sie unbedingt sind. Hierher gehören sowohl solche Ansprüche, deren Geldwert nicht aus dem Grundbuch ersichtlich ist, als auch solche, welche überhaupt nicht auf eine Geldleistung gerichtet sind (z. B. Reallast-, Auszugsleistungen, Liedlohnforderungen, soweit sie Naturalien zum Gegenstand haben).

3. Dagegen **fallen nicht unter § 14:**

a) bestrittene Ansprüche (§ 115);

b) Altenteils-, Alimentenansprüche und ähnliche bis zum Eintritte eines ungewissen Ereignisses (Tod, Verheiratung) fortbestehende Forderungen, wenn sie bestimmte Geldleistungen zum Gegenstand haben (KBer. 14). Fallen sie ins Mindestgebot, so findet § 51 zwar Anwendung, wenn sie schon vor dem Zuschlag wegfallen (§ 50 Abs. 1), nicht aber, wie bei anderen bedingten Rechten, wenn sie nach dem Zuschlag erlöschen (§ 50 Abs. 2 Ziff. 1). Letzterenfalls kommt der Vorteil dem Ersteher zu gute. Erlöschen sie durch den Zuschlag, weil sie nicht gesetzlich oder vertragsmäßig bestehen zu bleiben haben, so ist, falls sie nicht ausgefallen, der Wertsersatz nach §§ 92, 121 zu leisten (Jäckel S. 189);

c) die Sicherungs- und Maximalhypotheken der §§ 1484 ff., 1190 BGB., Art. 192 Abs. 1 Satz 2 EG. hierzu (§§ 923, 866 ZPO.), da hierbei nicht der

[1]) Nicht: während dieser Zeit fällig gewordenen Beträge (Fischer-Schäfer S. 202).

Geldbetrag der Belastung, sondern nur die Person des Berechtigten (Gläubiger oder Eigentümer) ungewiß ist. Soweit sie nicht valutiert sind, findet kein Aufrücken der Nachgläubiger statt, wobei es gleichgültig ist, ob die Hypothek ins Mindestgebot aufgenommen ist oder nicht. Als Berechtigter im Sinne des § 1163 Abs. 1 BGB. erscheint entweder der Eigentümer zur Zeit der Bestellung der Hypothek oder des Erlöschens der Forderung (RG. Bd. 55 S. 217; vgl. auch Bd. 49 S. 162, Bd. 52 S. 59, 411, ferner ZBlFG. IV S. 111, 203, 279 ff. gegen Recht 1902 S. 32, ZBlFG. IV S. 699; Gruchot Beitr. Bd. 46 S. 336 und unter § 50 Bem. 3). Zu den Sicherungshypotheken zählen auch die unter dem alten Recht vorgemerkten Hypotheken.[1]) Die Maximalhypothek bei Schiffen ist jedoch ein bedingtes Recht (Jäckel S. 65).

d) betagte unverzinsliche Ansprüche, deren Fälligkeitstermin ungewiß ist; diese gelten nur für das Verteilungsverfahren als aufschiebend bedingt (§ 111); über ihre Behandlung bei Feststellung des Mindestgebots siehe § 48 Bem. 2.

Zweiter Titel.

Zwangsversteigerung.

I. Anordnung der Versteigerung.

§ 15.

Die Zwangsversteigerung eines Grundstücks wird von dem Vollstreckungsgericht auf Antrag angeordnet.

E. I § 25; M. 121; D. 38; KBer. 15.

Versteigerungsantrag und -beschluß.

1. Bisheriges Recht. Vgl. § 755 ZPO. (ä. F.), welcher durch § 15 ersetzt ist, und Art. 24, 29 BayHO.

2. Vollstreckungsorgan ist das nach §§ 1, 2 zuständige Amtsgericht. Die Anordnung der Versteigerung ergeht durch Beschluß; ist sie bereits erfolgt, so wird nur die Zulassung des Beitritts ausgesprochen (§ 27). Im Falle der Abweisung der beantragten Anordnung kann diese das Beschwerdegericht selbst beschließen (§ 575 ZPO., RG. Bd. XVI S. 323). Die Anordnung der Zwangsversteigerung kann auch landesgesetzlich keiner andern Behörde übertragen werden (Art. 13 Abs. 1 EG., 25 Abs. 1 BayAG. z. ZVG.). Vgl. Bem. 3 zu § 1.

3. Allgemeine Voraussetzung der Anordnung der Versteigerung ist die Zulässigkeit der Zwangsvollstreckung, vgl. hierüber Einleitung II.

4. Besondere Voraussetzung ist ein Antrag, dessen Inhalt § 16 bestimmt, und die Eintragung des Schuldners im Grundbuch, § 17.

Der Antrag kann vom Gläubiger selbst oder seinem Prozeßbevollmächtigten unter Vollmachtsvorlage, von dem gesetzlichen Vertreter einer nicht prozeßfähigen Partei mit dem Nachweis der Legitimation (§§ 56, 78, 80 ZPO.) schriftlich oder zu Protokoll des Gerichtsschreibers gestellt werden. Einer besonderen Ermächtigung bedarf der Vormund eines Miteigentümers im Fall des § 181 Abs. 2.

---

[1]) Art. 57 BayAG. z. ZVG., Becher Mat. VI S. 38 § 606 DA. f. GBÄ. und Bem. 3b zu § 50.

Die Prozeßvollmacht ermächtigt zur Vertretung bei allen im Laufe des Verfahrens nötigen Rechtshandlungen, außer zum Empfang von Geldern und Quittungsleistung (§ 81 ZPO.) und zur Abgabe von Geboten und Erklärungen hierüber (§§ 71 Abs. 2, 81 Abs. 2, 3 des Ges., Reinhard I S. 111, Fischer-Schäfer S. 204). Der Nachweis der Vollmacht bezw. Legitimation kann durch Bezugnahme auf die beim Vollstreckungsgericht befindlichen Akten ersetzt werden (§ 80 Abs. 1 ZPO.). Bei landgerichtlichen Urteilen genügt der Vermerk der Vertretung nicht (§ 88 Abs. 2 ZPO.), wohl aber eine ausdrückliche Bestätigung des Gerichtsschreibers, daß sich die Vollmacht beim Prozeßakt befindet.

5. Die **Anordnung** der Versteigerung erfolgt durch Beschluß, in der Regel ohne mündliche Verhandlung und Gehör des Schuldners (§ 764 Abs. 3, vgl. § 834 ZPO.). Der Beschluß wird, wie der Antrag (§ 16), die Parteien, den Anspruch des Gläubigers, den Vollstreckungstitel, das Grundstück, die Anordnung der Versteigerung und die Ernennung des Versteigerungsbeamten (Art. 25 Abs. 1 BayAG.) zu enthalten haben. Zustellung des Beschlusses §§ 4 ff., 8, 22, 27; weitere Mitteilungen Art. 34, 43, 44 BayAG. z. ZVG.

Gegen die Abweisung des Antrags steht dem Antragsteller die sofortige Beschwerde (§ 793 ZPO., § 95 Ges.), gegen die Anordnung dem Schuldner Einwendungen[1]) nach § 766 ZPO. (soweit sie sich nicht gegen die Zulässigkeit der Vollstreckungsklausel §§ 732, 768, gegen den Anspruch selbst, § 767 ZPO., richten), Dritten aber nur der Klageweg nach § 771 ZPO. zu (Reinhard I S. 111, 112.) Die Notwendigkeit einer einstweiligen Einstellung des durch den Beschluß eingeleiteten Zwangsvollstreckungsverfahrens (§§ 37 Ziff. 5 des Ges., 767, 768, 771 mit 769 Abs. 2 ZPO.) wird sich für das Vollstreckungsgericht wohl in der Regel erst bei der Nähe des Versteigerungstermines ergeben (vgl. jedoch § 28).

Mit der Erlassung der Anordnung beginnt zwar die Zwangsvollstreckung, nicht aber die Wirksamkeit der Beschlagnahme (§§ 22); wurde der Antrag zur Ergänzung zurückgestellt, so begründet er kein Vorzugsrecht (§§ 10 Ziff. 5, 11 Abs. 2) gegenüber den inzwischen einlaufenden vollständigen Anträgen (Rechtspr. d. OLG. VI S. 433).

6. **Anwaltsgebühr** für Antrag: Art. 5, 17, 18 mit 28 Abs. 4 der Allerh. VO. vom 26. III. 1902 (GVBl. S. 133, Motive im JMBl. S. 441 ff.); Informationsgebühr: Art. 6 Abs. 4 u. 5 mit Art. 25 l. c.; für die Übergangszeit: Allerh. VO. vom 25. IX 1879 (GVBl. S. 1295) mit § 23 RRAGO. — Die Gebühr gehört zu den Kosten des § 10 Abs. 2.

§ 16.

Der Antrag soll das Grundstück, den Eigentümer, den Anspruch und den vollstreckbaren Titel bezeichnen.

Die für den Beginn der Zwangsvollstreckung erforderlichen Urkunden sind dem Antrage beizufügen.

E. I §§ 28, 29 M. 124–127; D. 38; KBer. –.

---

[1]) RG. Bd. 16 S. 319, Bd. 18 S. 431, Bd. 25 S. 368; Seuff. Arch. Bd. 43 S. 116; Rechtspr. V S. 68; Falkmann 2. A. S. 371. AM. Jäckel S. 130, 291, welcher annimmt, daß Einwendungen des Schuldners nur dann zulässig seien, wenn sie sich gegen die Art und Weise der Zwangsvollstreckung richten, dagegen nicht, wenn sie die Zulässigkeit des Beschlagnahmebeschlusses (z. B. wegen Verletzung der §§ 750 ff. ZPO.) bemängeln, weil hierüber der Beschluß bereits eine „Entscheidung" im Sinn des § 95 ZVG. treffen müsse.

Inhalt des Versteigerungsantrags.

1. Bisheriges Recht. Die vorstehende Ordnungsvorschrift weicht, indem sie einen bestimmten Inhalt des Versteigerungsantrags verlangt, nur der Form nach von Art. 24 ff. BaySO. ab.

2. Was das **Grundstück** (grundstücksgleiche Berechtigung) angeht, so versteht es sich von selbst, daß es genügend deutlich bezeichnet werden muß. Es liegt im Interesse des Antragstellers, Zweifel über die Identität des Objekts von vorneherein auszuschließen, um nicht zurückgewiesen oder zur Ergänzung veranlaßt zu werden, die mit einem Rangverlust (§ 11 Abs. 2) verbunden sein kann.

Besondere Deutlichkeit ist am Platz, wenn mehrere Grundstücke auf einem Grundbuchblatt vorgetragen sind und der Antrag sich nicht auf sämtliche bezieht (§§ 4, 87 Satz 2 GBO.; vgl. Einleitung III); diesfalls ist mindestens die Angabe der (Plan-) Nummer des Grundstücks (§ 2 Abs. 2 GBO.) erforderlich.

Bei Beschlagnahme eines ideellen Teils des Grundstücks ist die Quote zu bezeichnen (vgl. Einleitung III). Die Vermutung des § 742 BGB. ist für den Grundbuchverkehr ohne Bedeutung; ergibt sich die Größe der Anteile nicht aus dem Grundbuch, so ist vor der Beschlagnahme die Berichtigung des Grundbuchs auf Grund Nachweises der für die Entstehung des Gemeinschaftsverhältnisses maßgebenden Tatsachen herbeizuführen oder nur Pfändung und Überweisung des Anteils am Gemeinschaftsvermögen möglich (Rechtspr. II S. 4 und 87, ebenso v. d. Pfordten S. 55, Jäckel S. 70).

Bei Divergenz zwischen Antrag und Eintragung ist der Antrag entweder berichtigen zu lassen oder zurückzuweisen. Die Bezugnahme auf das Grundbuch (§ 17 Abs. 2) ersetzt die richtige Angabe des Grundstücks nicht (Jäckel S. 71).

3. Hinsichtlich des **Eigentümers** müssen sich Antrag, Schuldtitel (Vollstreckungsklausel) und Eintragung im Grundbuch decken (§§ 9, 17 des Ges.; § 750 Abs. 1 ZPO.). Ausnahmen: §§ 133, 147, 164, 181 Abs. 3. Vgl. § 9 Bem. 2 u. § 17.

4. Der **Anspruch** braucht nicht auf einem eingetragenen Rechte zu beruhen, er kann auch ein persönlicher sein (vgl. § 794 Ziff. 5 ZPO.). Die dingliche oder persönliche Natur des Anspruchs und damit der Rang des Antragstellers (§ 10, 11, 44) ergibt sich in der Regel aus dem Schuldtitel.[1]) Bei bloß dinglichen Ansprüchen kann natürlich nur Befriedigung aus demjenigen Grundstück gesucht werden, welches für den Anspruch dinglich haftet.

Der Anspruch muß aber eine Geldforderung zum Gegenstand haben; ein Anspruch auf Herausgabe einer species (Münzen, Wertpapiere) ist kein Geldanspruch. Dagegen genügt es, wenn die Forderung alternativ auf eine Geldzahlung gerichtet ist (§ 264 Abs. 1 BGB., Jäckel S. 72).

Anzugeben ist außerdem der Grund und Betrag des Anspruchs und dessen Ausscheidung nach Haupt- und Nebensache. Prozeßkosten sind durch Festsetzungsbeschluß zu belegen; die durch etwaige frühere Vollstreckungen erwachsenen, erstattungs-

---

[1]) Um den Rang eines eingetragenen Rechtes bei Feststellung des Mindestgebots (§ 44) geltend machen zu können, genügt auch der Nachweis bezw. das Anerkenntnis, daß die vollstreckbare persönliche Forderung dem eingetragenen Rechte zu Grunde liegt; es ist nicht erforderlich, daß der Vollstreckungstitel erkennen läßt, daß der dingliche Anspruch verfolgt wird. Denn unter „Anspruch" im Sinne des § 44 ist nicht gerade der vollstreckbare gemeint. Es genügt also z. B. ein Vollstreckungsbefehl oder ein Wechselurteil, wenn darüber kein Streit besteht, daß die geltend gemachte persönliche Forderung durch ein bestimmtes dingliches Recht gesichert ist (Fischer-Schäfer S. 114, Schöbel prakt. Fragen S. 6, Gruchot Bd. 44 S. 530, Zentralbl. II S. 555, Recht 1905 S. 74 gegen Jäckel S. 73, 74, Zentralbl III S. 429).

fähigen (§ 91 ZPO.) Kosten sind glaubhaft zu machen (§§ 105 Abs. 3, 788 ZPO.); für die weiter entstehenden Kosten (die nur in dem Umfange des § 9 Abs. 2 aus dem Grundstück zu befriedigen sind) ist die Beschränkung auf ein Aversum unzulässig, sie sind vielmehr erst im Verteilungsverfahren anzumelden und in den Plan einzusetzen.

5. Der Vollstreckungstitel und die übrigen für den Beginn der Vollstreckung erforderlichen Urkunden (siehe Einl. II) sind nicht nur zu bezeichnen, sondern beizufügen. Wurde der Vollstreckungstitel im Laufe des Verfahrens zurückgegeben, so ist die Vornahme weiterer Vollstreckungshandlungen (z. B. Terminsanberaumung) von der Wiedervorlage abhängig (vgl. Reinhard I S. 19, Wolff § 1 Bem. 2, Ortenau-Henle S. 32). — Beizufügen ist ev. auch ein Zeugnis des Grundbuchamts über die Eigentumseintragung (§ 17 Abs. 2).

6. Die Angabe der **Versteigerungsbedingungen**, des Ortes, der Zeit und der Art der Versteigerung (§ 37) kann jederzeit nachgeholt werden (abweichend Art. 24 Ziff. 5, 6 und 60, 61 BaySO.; Mot. 125). Die Vorlage eines Steuerkatasterauszugs (§ 5 EG. z. ZVG.) ist in Bayern nicht verlangt; der bisher für Art. 26 Ziff. 4 BaySO. maßgebende Grund ist mit der Grundbuchsanlegung weggefallen. Dagegen ist die Erholung des Auszugs dem Notar zur Pflicht gemacht durch § 3 JMBek. vom 31. März 1905 (JMBl. S. 588). Über den Vorschlag der Person des Versteigerungsbeamten s. § 35.

§ 17.

Die Zwangsversteigerung darf nur angeordnet werden, wenn der Schuldner als Eigenthümer des Grundstücks eingetragen oder wenn er Erbe des eingetragenen Eigenthümers ist.

Die Eintragung ist durch ein Zeugniß des Grundbuchamts nachzuweisen. Ist das Vollstreckungsgericht zugleich das Grundbuchamt, so genügt statt des Zeugnisses die Bezugnahme auf das Grundbuch.

Die Erbfolge ist durch Urkunden glaubhaft zu machen, sofern sie nicht bei dem Gericht offenkundig ist.

E. I §§ 26, 29; M. 121, 127; D. 39; KBer. —.

Besondere Voraussetzung der Versteigerungsanordnung.

1. Bisheriges Recht. Hinsichtlich des Nachweises des schuldnerischen Eigentums bestand nach Art. 21, 22, 30 Abs. 2 BaySO. keine Einheitlichkeit. Eine Vormerkung der Beschlagnahme, wie des Besitztitels ist dem neuen Rechte unbekannt[1]).

2. Eintragung des Eigentums des persönlichen, wie dinglichen Schuldners im Grundbuch ist unerläßliche Vorbedingung der Anordnung der Zwangsversteigerung (Ausnahmen: für den Fall der Aufgabe des Grundstücks nach § 787 mit § 58 ZPO., ferner für Wiederversteigerung § 133, Zwangsverwaltung § 147, Schiffe § 164, Teilungssubhastation § 181). Nichtbeachtung begründet Versagung des Zuschlags (§§ 83 Ziff. 6, 84).

---

[1]) Zwar ist gemäß § 883 BGB. eine Auflassungsvormerkung zulässig. Gegenüber demjenigen, zu Gunsten dessen diese Vormerkung eingetragen ist, als Schuldner kann jedoch nicht die Versteigerung angeordnet werden; gegenüber dem eingetragenen Eigentümer nimmt diesfalls die Vollstreckung zwar ihren Fortgang, aber, wenn die Vormerkung dem betreibenden Teil im Rang vorgeht, nur vorbehaltlich des durch die Vormerkung geschützten Rechtes (vgl. § 37 Ziff. 5. Fischer-Schäfer S. 224, 241 Jäckel S. 154).

Nur der im Grundbuch eingetragene Eigentümer bezw. dessen Erbe kann Schuldner im Versteigerungsverfahren sein (vgl. § 9 Bem. 2). Zu Gunsten des Gläubigers gilt die Vermutung,[2]) daß dem Eingetragenen auch Eigentum zusteht (§§ 891 Abs. 1, 1148 BGB., Mot. a. a. O.); der wirkliche (nicht eingetragene) Eigentümer ist auf den Weg der Widerspruchsklage (§§ 771, 769 ZPO., siehe § 37 Ziff. 5)[3]) verwiesen; das Vollstreckungsgericht hat von Amts wegen nur aus dem Grundbuch ersichtliche, der Vollstreckung entgegenstehende Hindernisse zu berücksichtigen (z. B. Eintragung eines neuen Eigentümers nach Anordnung der Versteigerung, aber vor Wirksamkeit der Beschlagnahme, §§ 28, 83 Ziff. 5).

Ist der Schuldner, obwohl Eigentümer, nicht als solcher eingetragen (z. B. bei Scheinauflassung, nicht rechtsgeschäftlichem Erwerbe), so ist auf Grund des Vollstreckungstitels die Berichtigung des Grundbuchs herbeizuführen (§§ 14, 22 Abs. 2 GBO., § 124 Abs. 4 DA. f. GBÄ., 256, 792, 894, 896 ZPO.). Dies ist auch in den Fällen zulässig, in welchen die Eintragung einer Sicherungshypothek nicht verlangt werden könnte (§ 866 Abs. 3 ZPO., ZBlFG. V S. 69), oder in welchen nur die Verpflichtung des Schuldners zur Duldung der Zwangsvollstreckung in das Grundstück ausgesprochen ist (Henle § 17 Bem. 1, Fischer-Schäfer S. 206, Achilles-Strecker § 14 Bem. 3a, Rechtspr. d. OLG. VIII S. 152).

Bei Vollstreckung eines auf Grund des Anfechtungsgesetzes oder im Anfechtungsprozeß des Konkursverwalters ergangenen Duldungsurteils erscheint der Anfechtungsgegner als Schuldner, welcher den Anfechtungskläger aus dem Grundstück zu befriedigen hat; eine Wiedereintragung des persönlichen Schuldners ist weder zulässig (da er nicht mehr Eigentum besitzt) noch nötig. Vgl. Hartmann-Meikel S. 211 ff., 218; RG. Bd. 56 S. 142, Recht VIII S. 108, ZfZP. Bd. 33 S. 1; Jäckel S. 90, Fischer-Schäfer S. 207; über den Fall anfechtbarer Auflassung von Bruchteilen DJZ. 1904 S. 162, 546.

Die vorherige Berichtigung des Grundbuchs ist auch notwendig, wenn der dingliche Gläubiger ausnahmsweise nicht gegen den jeweils eingetragenen Eigentümer vorgehen wollte. Da er sein dingliches Recht gegen jeden Eigentümer verfolgen kann (§ 1148 BGB.), so braucht er in der Richtung gegen den eingetragenen nur auf Duldung der Zwangsvollstreckung in das Grundstück zu klagen, in den Fällen des § 800 ZPO., Art. 127 ff. BayAG. z. ZPO. nur die Umstellung und Zustellung der Vollstreckungsklausel herbeizuführen (§§ 727, 750 Abs. 2 ZPO.). Vgl. Fischer-Schäfer S. 206.

Die Berichtigung ist dagegen nicht erforderlich, wenn der Schuldner auf Grund Erbfalls Eigentümer geworden ist. Hier genügt Glaubhaftmachung der Erbfolge (sofern sie nicht ohnedies gerichtsbekannt ist), die jedoch nur durch Urkunden erfolgen kann, aber auch durch geeignete Privaturkunden, z. B. Privattestament (§ 294 ZPO., abweichend von § 36 Abs. 1 GBO.). Die Mittel zur Glaubhaftmachung hat der Gläubiger zu beschaffen (§ 792 ZPO., keine Beweisaufnahme, Aktenerholung u. dgl.). Gleiches gilt für den Fall der Fortsetzung der Gütergemeinschaft (Zeugnis nach § 1507 BGB., Fischer-Schäfer S. 207).

Ist der Erbe nur Miteigentümer, so ist bis zur Auseinandersetzung die Vollstreckung in den (künftigen) Anteil am Grundstück unzulässig, auch dann, wenn die

---

[2]) Über die Tragweite der Vermutung nach § 891 BGB. vgl. RG. Bd. 56 S. 58, ZBlFG. V S. 35, 679.

[3]) Im Wege der Einwendungen nach § 766 ZPO. kann der wirkliche Eigentümer auch dem persönlichen Gläubiger gegenüber nicht seine Rechte verfolgen; a. M. Fischer-Schäfer S. 206 mit Berufung auf § 1148 BGB. Die Vermutung des § 17 gilt aber auch zu Gunsten des persönlichen Gläubigers (vgl. auch Rechtspr. I S. 329).

Nachlaßquote eingetragen ist (Pfändung und Überweisung des Anteils am Nachlaß, §§ 859 Abs. 2, 747 ZPO., 2033 Abs. 2, 2040 Abs. 1, 2042 BGB.).

Bei einer Vollstreckung gegen eine Ehefrau als eingetragene Eigentümerin sind die §§ 739—745 ZPO. zu beachten (vgl. hierzu Gaupp-Stein; Jäckel S. 82; BlfRA. Bd. 63 S. 497, Bd. 66 S. 259, Bd. 69 S. 231 ff.).

a) Im Fall des § 739 l. c. genügt nicht die Verurteilung des Mannes als Gesamtschuldner, wohl aber eine nach § 794 Ziff. 5 ZPO. errichtete Urkunde, in welcher sich der Mann der sofortigen Zwangsvollstreckung in das eingebrachte Gut unterwirft und welche mit der Vollstreckungsklausel versehen ist (ZBlFG. V S. 336)[4]); im Falle des § 740 l. c. genügt zwar ein Urteil gegen den Mann, aber vor Anordnung der Zwangsversteigerung gegen die allein eingetragene Frau ist Berichtigung des Grundbuchs notwendig. Ausnahme von §§ 739, 740 siehe § 741 ZPO.

Treten die Güterstände der §§ 739, 740 erst nach Rechtshängigkeit eines Rechtsstreits der Frau ein, so bedarf es in der Richtung gegen den Mann nur der Erteilung einer weiteren Vollstreckungsklausel (§ 742 ZPO.), im Falle des § 742 Abs. 2 jedoch, wie in dem des § 740 l. c., noch der Grundbuchberichtigung.

b) Für die Vollstreckung nach Beendigung der Gemeinschaft gelten §§ 743, 744 bei fortgesetzter Gütergemeinschaft § 745 ZPO.

Im Falle der §§ 740, 745 Abs. 1 ZPO. erfolgt die Zwangsvollstreckung auf Grund Urteils gegen den Mann bezw. gegen den überlebenden Ehegatten, ohne Rücksicht darauf, daß die Ehefrau bezw. die Abkömmlinge im Grundbuche gleichfalls eingetragen sind; denn den Gläubigern gegenüber gilt der Mann bezw. überlebende Ehegatte als Alleineigentümer des Gesamtguts (Fischer-Schäfer S. 60, 62).

3. Der Nachweis der Eigentumseintragung kann nur durch ein Zeugnis des Grundbuchamtes geliefert werden. Dasselbe ist vom Grundbuchrichter (Grundbuchkommissär, § 1 GBO., Art. 1, 2 AG. hierzu, §§ 1, 3, 9, 10 DA. f. GBÄ.) auszustellen und besteht in einem, die jüngsten Eintragungen in Titel und erster Abteilung enthaltenden Auszug des Grundbuchblatts (§§ 550, 551 mit 24, 25 DA. f. GBÄ.). Ausnahmen: § 17 Abs. 2 Satz 2, welche Bestimmung jedoch nicht von Einhaltung des § 16 entbindet, und Abs. 3, wo Glaubhaftmachung genügt.

4. Gerichtsgebühr für den Versteigerungsbeschluß: Art. 7 und 8 des GebGes. in der Fassung der Bek. vom 11. XI. 1899; für die Übergangszeit: Art. 7—9 des GebGes. vom 26. II. 1892 mit Art. 297 des ersteren. Sie gehört zu den Kosten des § 10 Abs. 2. Gebühr für Antragszurücknahme: Art. 7 GebGes. mit § 46 GKG. Gebührenvorschuß: Art. 16 mit 19 (19 mit 23 alt) GebGes.

§ 18.

Die Zwangsversteigerung mehrerer Grundstücke kann in demselben Verfahren erfolgen, wenn sie entweder wegen einer Forderung gegen denselben Schuldner oder wegen eines an jedem der Grundstücke bestehenden Rechtes betrieben wird.

E. I § 32; M. 130; D. 39; KBer. 16.

---

[4]) Bei der Zwangsvollstreckung aus bayer. Hypothekurkunden, welche gemäß § 801 ZPO., Art. 127 ff. BayAG. hierzu, abweichend vom Reichsrecht geregelt ist, findet § 739 ZPO. überhaupt keine Anwendung, vgl. BlfRA. Bd. 66 S. 475, obstr. Erk. n. F. I S. 451.

Verbindung mehrerer Versteigerungen.

1. Bisheriges Recht. Die BayGO. (Art. 44) kannte eine Verbindung zweier, mehrere Grundstücke umfassenden Verfahren (abgesehen von dem Fall der Vereinigung mehrerer Grundstücke auf einem Hypothekenbuchsfolium, Art. 49 ff.) nur, wenn es sich um den nämlichen Schuldner handelte.

2. Versteigerung mehrerer Grundstücke in einem Verfahren. In der Regel ist jedes Grundstück (auch Bruchteil) Gegenstand eines besonderen Verfahrens. Eine Verbindung ist aber zulässig:

a) (wie bisher) für persönliche Forderungen, wenn mehrere Grundstücke desselben Schuldners versteigert werden sollen; gleichgültig ist, ob mehrere Gläubiger oder mehrere Forderungen in Frage kommen (letzteres bestritten, ebenso Wolff § 18 Bem. 2, Henle § 18 Bem. 2, Fischer-Schäfer S. 61)[1];

b) wenn die Verfahren wegen des nämlichen, auf jedem der Grundstücke lastenden dinglichen Rechtes (Hypothek, Grund- oder Rentenschuld, Reallast) betrieben wird; gleichgültig ist die Anzahl der Eigentümer oder der Vollstreckungstitel.

Unzulässig ist die Verbindung zu a, wenn es sich um eine persönliche Gesamtschuld mehrerer Eigentümer (z. B. des Hauptschuldners und des Solidar-Bürgen, Henle a. a. O.) handelt, zu b, wenn zwar eine Gesamtbelastung vorhanden, aber aus ihr nicht das Verfahren betrieben wird (Henle a. a. O., Jäckel S. 91).

3. Die Anordnung der **Verbindung** kann auf Antrag des Gläubigers[2]) oder eines Beteiligten, z. B. eines beitretenden Gesamthypothekgläubigers) oder von Amts wegen erfolgen, auch im Laufe des Verfahrens. Kein Recht auf Verbindung. Sie erfolgt durch das Gericht (nicht Notar § 13 EG. z. ZVG) und ist abzulehnen, wenn eine Verwirrung zu besorgen ist oder für das bisherige Verfahren eine erhebliche Verzögerung und Benachteiligung einzelner Beteiligter eintreten würde. Eine Aufhebung der einmal zulässigerweise angeordneten Verbindung ist unstatthaft (außer im Beschwerdeweg), da eine dem § 150 ZPO. analoge Vorschrift fehlt (Fischer-Schäfer S. 208).[3]) Liegen die Grundstücke in verschiedenen Gerichtsbezirken, so hat das nach § 2 Abs. 2 zuständige höhere Gericht auch über die Verbindung zu entscheiden.

4. Gegen die Anordnung der Verbindung steht jedem Beteiligten die Einwendung nach § 766 ZPO. und hierauf die sofortige **Beschwerde** (§§ 95 Ges., 793 ZPO.) zu, letztere ohne weiteres dem Antragsteller bei Ablehnung seines Verbindungsantrags. Eine Anfechtung des Zuschlags mit der Begründung, die Verbindung sei unzulässigerweise erfolgt oder wieder aufgehoben worden, findet nicht statt, da die Versteigerung

[1]) Zweck der Verbindung ist Kostenersparung und Vereinfachung bei Meidung von Verwirrungen, Erzielung eines höheren Kaufpreises, Ermöglichung von Gesamtausgeboten. Die Befriedigung mehrerer Forderungen in dem nämlichen Verfahren bereitet aber keine Schwierigkeiten, wenn im übrigen die Verhältnisse einfach gelagert sind, was ja aus dem Grundbuch ersichtlich ist.

[2]) Ein solcher Antrag ist implicite in dem Antrage auf Zwangsversteigerung mehrerer Grundstücke enthalten und erfordert eine Entscheidung darüber, ob ein gemeinsames Verfahren eingeleitet werden kann oder nicht (z. B. wenn der Konkursverwalter mehrere Grundstücke nach § 172, der Nachlaßverwalter nach § 175 versteigern lassen will; ZBlFG. III S. 154, Recht VIII S. 506).

[3]) §§ 63, 64 stünden m. E. nicht entgegen, da die Beteiligten auf die dort vorgesehene Stellung, die ihnen erst die Verbindung verschafft, kein Recht haben; a. M. Fischer-Schäfer a. a. O., v. d. Pfordten S. 62.

selbst nicht unzulässig war (§ 83 Ziff. 6, § 100; Wolff § 18 Bem. 6, v. d. Pfordten S. 63; a. M. Fischer-Schäfer S. 208).

5. Über die **Wirkung** der Verbindung siehe §§ 63, 64, 112, 122.

§ 19.

Ordnet das Gericht die Zwangsversteigerung an, so hat es zugleich das Grundbuchamt um Eintragung dieser Anordnung in das Grundbuch zu ersuchen.

Das Grundbuchamt hat nach der Eintragung des Versteigerungsvermerkes dem Gericht eine beglaubigte Abschrift des Grundbuchblatts und der Urkunden, auf welche im Grundbuche Bezug genommen wird, zu ertheilen, die bei ihm bestellten Zustellungsbevollmächtigten zu bezeichnen und Nachricht zu geben, was ihm über Wohnort und Wohnung der eingetragenen Betheiligten und deren Vertreter bekannt ist. Statt der Ertheilung einer beglaubigten Abschrift der Urkunden genügt die Beifügung der Grundakten oder der Urkunden.

E. I § 33; M. 131; D. 39; KBer. 17.

Mitwirkung des Grundbuchamtes.

1. Bisheriges Recht. Die Bestimmung, welche in Verbindung mit den Vorschriften über den öffentlichen Glauben des Grundbuchs die Wirksamkeit der Beschlagnahme sichern soll, entspricht im wesentlichen dem Art. 30 Abs. 1 u. 31 Abs. 1 BaySO.; sie ist erweitert, indem die Beifügung von Urkunden und andere Mitteilungen angeordnet sind, beschränkt durch Wegfall einer dem Art. 31 Abs. 2 und 3 SO. ähnlichen Bestimmung.

2. Ersuchen an das Grundbuchamt, Versteigerungsvermerk. Gleichzeitig mit der Anordnung der Versteigerung ist das Grundbuchamt zu ersuchen, in das Grundbuch auch einzutragen, daß „die Zwangsversteigerung angeordnet ist". Um die Mitteilungen nach Abs. 2 braucht nicht mehr ersucht zu werden. Das Ersuchen kann mit dem Beschluß verbunden sein, es enthält aber nur die genaue Bezeichnung des Grundstücks (§ 137 mit § 129 DA. f. GBA.), weil nicht mehr (wie bisher) die Parteien und die Beschlagnahmeforderung eingetragen werden (vgl. § 27 Abs. 1 Satz 2). Das Ersuchen ist auch dann notwendig, wenn der Vollstreckungsrichter gleichzeitig Grundbuchbeamter ist. Dasselbe ist zu den Grundbuchanlagen zu nehmen (§§ 129, 139 DA. f. GBA.).

Über die Wirkung der Eintragung s. § 22, über die Löschung §§ 34, 130, 145, über Vermerk bei Zwangsverwaltung § 146.

3. Tätigkeit des Grundbuchamtes. Dieses hat zunächst den Eingang des Ersuchschreibens genau zu vermerken (§ 13 GBO. und Art. 3 BayAG. hierzu, §§ 32 ff. DA. f. GBA.). Maßgebend ist der Zeitpunkt, in welchem das Ersuchen dem zur Beurkundung des Eingangs zuständigen Richter bezw. Gerichtsschreiber (Art. 3 Abs. 1 BayAG. z. GBO., §§ 3, 10 DA. f. GBA.) vorgelegt wird; mehrere gleichzeitig vorgelegte Anträge sind als gleichzeitig eingegangen zu behandeln (Achilles-Strecker S. 194, 195, § 34 DA. f. GBA.). Ist der Vollstreckungsrichter gleichzeitig Grundbuchbeamter, so ist der Eingangsvermerk unmittelbar nach Unterzeichnung des Beschlusses und des Ersuchens zu beurkunden (v. d. Pfordten S. 64).

Das Grundbuchamt hat sodann dem Ersuchen zu entsprechen, wenn es formell in Ordnung ist, ohne in eine sachliche Prüfung desselben einzugehen (§ 39 GBO., §§ 41, 53 ff., 139 DA. f. GBA). Das Ersuchen muß z. B. abgelehnt werden, wenn das Grundstück nicht richtig bezeichnet ist, so daß begründete Zweifel über die Identität desselben bestehen (§ 28 GBO., §§ 137, 139 Abs. 2 DA. f. GBA.); es darf nicht abgelehnt werden (abweichend Art. 31 Abs. 1 BayGO.), wenn sich aus dem Grundbuch rechtliche Hindernisse für die Versteigerung (z. B. Veräußerungsverbot,[1] Eigentumswechsel) ergeben; deren Bedeutung zu würdigen, ist Sache des Vollstreckungsrichters (§ 28). Eine vorläufige Eintragung eines mangelhaften Ersuchens ist unzulässig (vgl. § 22 Note 1); ebenso eine Beschwerde gegen die Eintragung oder die Eintragung eines Widerspruchs (ZBlFG. V S. 189).

Wird das Ersuchen abgelehnt, so ist Beschluß hierwegen dem Vollstreckungsgericht zuzuleiten, welchem das Beschwerderecht zusteht (neben dem Gläubiger), auch wenn die Grundbuchabteilung demselben Gerichte angehört (ZBlFG. V S. 223). Auf den ablehnenden Bescheid kann sich das Vollstreckungsgericht entweder zu einer Wiederholung seines Ersuchens oder zur Aufhebung des Versteigerungsbeschlusses (wogegen dem Gläubiger Beschwerde zusteht) oder zur Beschwerde entschließen. Es kann aber auch (wie bisher), seinen Beschluß aufrecht erhalten und dem Gläubiger eine Frist zur Beseitigung des Bescheides des Grundbuchamtes gewähren, in welchem Falle der Beschlagnahmebeschluß zwar wirksam wird (durch Zustellung), aber bis zur Eintragung des Versteigerungsvermerks des Schutzes des § 23 Abs. 2 Satz 2 entbehrt. — Nach Rechtspr. VI S. 437 stünde dem Gläubiger kein eigenes Beschwerderecht zu, dagegen Oberneck, Reichsgrundb. S. 82, Jäckel S. 93.

Nach Eintragung des Vermerks ist diese dem Eigentümer und dem Vollstreckungsgericht, diesem unter Bestätigung des Zeitpunkts des Eingangs des Ersuchens (§ 22) gleichzeitig mit den Mitteilungen nach Abs. 2 bekannt zu machen (§§ 56, 62 DA. f. GBÄ.) Unter letzteren befindet sich unter allen Umständen eine vom Grundbuchrichter (Art. 12 BayAG. z. GBO., §§ 3, 9, 10 DA. f. GBÄ.) beglaubigte Abschrift des Grundbuchblattes (§§ 544 ff. DA. f. GBÄ.). Wegen der Haftung für die Richtigkeit der Abschriften siehe § 9 Bem. 2 b.

Über die übrigen in Abs. 2 bezeichneten, nach Beendigung des Verfahrens an das Grundbuchamt zurückzugebenden Urkunden (Grundbuchanlagen, Anmeldungen des Inhabers von Briefhypotheken, Angaben des Wohnsitzes, der Zustellungsbevollmächtigten u. dgl.) vgl. §§ 874, 885 Abs. 2, 1115 BGB., § 9 JMBek. vom 31. März 1905, § 548 Abs. 2 DA. f. GBÄ.

Über die Zustellungsbevollmächtigten s. § 5; über nachträgliche Mitteilungen § 9 Fußnote 6.

Die Eintragung des Versteigerungs- (und Verwaltungs-)vermerks ins Grundbuch hat auch bei Familienfideikommissen zu geschehen (§ 2 EG., Art. 34 Abs. 1 BayAG. z. ZVG., Becher Mat. VI S. 146).

4. Die Eintragung des Versteigerungs- (und Verwaltungs-)vermerks ist in Bayern **gebühren**pflichtig: Art. 116, 117 mit 297 des GebGes. vom 11. XI. 1899, Art. 88 des GebGes. v. 26. II. 1892. Die Gebühr gehört zu den Kosten des § 10 Abs. 2. Dasselbe gilt von den Gebühren für die nach § 19 Abs. 2 zu fertigenden Abschriften, GebGes. Art. 123, 297 (neu), 92 (alt).

5. Mit der Anordnung der Versteigerung ist gemäß § 13 EG., 25 BayAG. z. ZVG. die **Bestellung des Versteigerungsbeamten** zu verbinden; über dessen Stellung s. § 35, Aktenabgabe an denselben § 36.

[1]) Auch der Konkursvermerk kann nicht hindern, da dem Grundbuchamt weder mitgeteilt wird, ob die Versteigerung von einem persönlichen oder dinglichen Gläubiger oder vom Konkursverwalter beantragt wurde, noch auch in allen Fällen bekannt sein kann, ob die Versteigerung nicht trotz Konkurseröffnung (z. B. wegen früherer Zustellung § 22) zulässig ist (a. M. Jäckel S. 115, v. d. Pfordten S. 64; vgl. 23 Bem. 4).

§ 20.

Der Beschluß, durch welchen die Zwangsversteigerung angeordnet wird, gilt zu Gunsten des Gläubigers als Beschlagnahme des Grundstücks.

Die Beschlagnahme umfaßt auch diejenigen Gegenstände, auf welche sich bei einem Grundstücke die Hypothek erstreckt.

E. I §§ 35, 36 Abs. 1; M. 133—135; D. 39; KBer. —.

§ 21.

Die Beschlagnahme umfaßt land- und forstwirthschaftliche Erzeugnisse des Grundstücks sowie die Forderung aus einer Versicherung solcher Erzeugnisse nur, soweit die Erzeugnisse noch mit dem Boden verbunden oder soweit sie Zubehör des Grundstücks sind.

Die Beschlagnahme umfaßt nicht die Mieth- und Pachtzinsforderungen sowie die Ansprüche aus einem mit dem Eigenthum an dem Grundstücke verbundenen Rechte auf wiederkehrende Leistungen.

Das Recht eines Pächters auf den Fruchtgenuß wird von der Beschlagnahme nicht berührt.

E. I § 36 Abs. 2, 3; M. 135; D. 39, 40; KBer. 18.

Wirkungen und Umfang der Beschlagnahme.

1. Bisheriges Recht. Gemäß Art. 33 BayZO. waren alle nach der Beschlagnahme hinsichtlich des Beschlagnahmegegenstandes abgeschlossenen Verträge und getroffenen Verfügungen, soweit sie die Gläubiger beeinträchtigten, nichtig. Es war jedoch nicht unbestritten, ob diese Wirkung nur zu Gunsten des jeweiligen Beschlagnahmegläubigers oder auch der übrigen jeweils vorhandenen Realgläubiger eintrete; ferner, ob im Falle weiterer Beschlagnahme jene Wirkung als schon mit der ersten Beschlagnahme eingetreten anzusehen sei (vgl. Ortenau-Henle S. 108, 122, Regelsberger § 84 Note 2, obstr. Erk. n. F. II S. 10, IV S. 820).

Das durch die Beschlagnahme begründete Vorzugsrecht des Beschlagnahmegläubigers war in Art. 9—11 SO. ähnlich, wie in §§ 10 Ziff. 5, 11 Abs. 2 geregelt.

Ein bedeutsamer Unterschied besteht dagegen zwischen Art. 8 BayZO. und §§ 20 Abs. 2 mit 21, besonders in Ansehung der Erträgnisse, (vgl. Einleitung IV).

2. Wirkung der Beschlagnahme. Die Versteigerungsanordnung (ebenso Beitrittsbeschluß § 27 Abs. 2, Verwaltungsbeschlagnahme § 146) begründet:

a) ein Recht auf Befriedigung aus dem Grundstück nach der sich aus §§ 10—12 ergebenden Rangordnung, kein dingliches Recht (Pfandrecht, Hypothek) am Grundstück, Rechtspr. d. OLG. IV S. 375, V S. 321. Dem betreibenden Teil steht daher z. B. nicht das Ablösungsrecht des § 268 BGB. zu (Jäckel S. 116); ebensowenig der Schutz des § 892 BGB.; auch die Eintragung eines Widerspruches gegen den Vermerk ist unzulässig (ZBlFG. IV S. 352). — Die Beschlagnahme ist aber trotzdem auch für dingliche Ansprüche um deswillen von größter Bedeutung, weil die dingliche Haftung derjenigen Gegenstände, auf welche sich die Hypothek ꝛc. erstreckt, erst mit der Beschlagnahme durch den Realgläubiger in die Erscheinung tritt (§§ 1121 ff. BGB., Reinhard I S. 130, 131). — Über das Absonderungsrecht des Beschlagnahmegläubigers im Konkurs siehe § 23 Bem. 4.

b) ein Veräußerungsverbot zu Gunsten des betreibenden Teils (§§ 23, 24, 26), auch des beitretenden (§ 27 Abs. 2), ohne daß dies im Beschlusse ausgesprochen zu werden braucht.

Die Beschlagnahme wirkt insbesondere nicht zu Gunsten der Realgläubiger, welche nicht selbst das Verfahren betreiben, und hindert nicht die Eintragung eines neuen Erwerbers (Bem. 1; Jäckel S. 106, Gruchot Bd. 48 S. 475, 476); insoferne sie jedoch die Grundlage der Versteigerung bildet, erzeugt sie auch Wirkungen für den Ersteher (§§ 55, 93).

Zeitpunkt der Wirksamkeit: § 22.

3. Umfang der Beschlagnahme. Gemäß § 865 ZPO., § 20 Abs. 2 und § 21 des Ges. ergreift die Versteigerungsbeschlagnahme (im Gegensatze zur Verwaltungsbeschlagnahme § 148):

A) das Grundstück mit seinen wesentlichen und nicht wesentlichen Bestandteilen,[1]) insbesondere mit den noch nicht getrennten Erzeugnissen (§§ 93—96, zugeschriebenen Grundstücken §§ 890 Abs. 2, 1131 BGB., auch den nach der Beschlagnahme wesentliche Bestandteile gewordenen beweglichen Sachen, § 946 BGB.).

Ausgenommen sind

a) die dem Pächter gebührenden (auch noch nicht vom Boden getrennten) Früchte (§§ 94, 99 BGB., 21 Abs. 3 Ges.);

b) diejenigen Früchte, welche ein dem Beschlagnahmegläubiger vorgehender dinglicher Nutzungsberechtigter gemäß § 954 BGB. zu ziehen berechtigt ist oder welche ein solcher nachstehender Berechtigter innerhalb der Grenzen der §§ 23 Abs. 1, 24 Ges. trennen und verwerten darf (Jäckel S. 97, 98, Wolff § 20 Bem. 5, Fischer-Schäfer S. 129);

c) die Ansprüche auf wiederkehrende Leistungen, welche aus einem mit dem Eigentum am Grundstücke verbundenen Recht (§§ 96 mit 1018, 1094 Abs. 2, 1103, 1105 Abs. 2, 1110 BGB.) entspringen und welche nach § 1126 BGB. nur dem Realgläubiger haften (§ 21 Abs. 2).

B) die Zubehörstücke[2]) und die vom Grundstücke zur Zeit der Beschlagnahme (§ 22) getrennten Erzeugnisse und sonstigen Bestandteile (§§ 97, 98, 1120 BGB.

---

[1]) Über Gebäude als Grundstücksbestandteile: Rechtspr. d. OLG. VI S. 211, als bewegliche Sachen: Seuff. Arch. Bd. 60 S. 1; Rolläden Rechtspr. VI S. 215; Dampfkessel IV S. 204; Maschinen V S. 77, VII S. 348, VIII S. 413, obstr. Erk. n. F. II S. 872, V S. 122, 318, ZBlFG. V S. 490; elektr. Beleuchtungsanlage RG. Bd. 58 S. 338; über den Begriff der Einfügung von Sachen in ein Gebäude: RG. Bd. 56 S. 290.

[2]) Zubehör können sein z. B. Baumaterialien: Rechtspr. d. OLG. IV S. 21, VIII S. 419; Maschinen: VIII S. 413, obstr. Erk. n. F. III S. 159, 653; Fabrikkessel: Rechtspr. VIII S. 419, RG. Bd. 51 S. 272, Bd. 56 S. 290; Druckereimaschinen: Rechtspr. VI S. 270; Feldbahn: Rechtspr. VIII S. 417; Dünger und Vieh: Rechtspr. II S. 342, III S. 235, VIII S. 419; Pflanzen einer Gärtnerei: Rechtspr. III S. 234; Hotelinventar: Rechtspr. II S. 172, RG. Bd. 48 S. 207; Badewannen, Badeöfen: Rechtspr. II S. 340; Zaun, Herd, Klingel, Öfen: Rechtspr. VII S. 347; Restaurationsinventar: Rechtspr. II S. 499, V S. 78, VI S. 212, obstr. Erk. n. F. V S. 85; Bierwagen: Rechtspr. VI S. 213. Nicht: Biervorräte: obstr. Erk. n. F. V S. 85, Musikautomaten: Rechtspr. IV S. 204. Vorübergehende Zweckbestimmung seitens Mieter und Pächter einerseits, dinglich Berechtigter, wie Nießbraucher, Miteigentümer andrerseits: Rechtspr. V S. 76, VII S. 350, RG. Bd. 55 S. 284.

Über die Frage, ob der Begriff des gesetzlichen Zubehörs auch während der Übergangszeit aus dem BGB. zu bestimmen ist, vgl. Haberstumpf S. 15, 32 zu Art. I Ziff. 6, II Ziff. 1 der HypGesNov. vom 20 XII. 1903. — Über die rückwirkende Kraft der HypGesNov. siehe BayZfR. 1905 S. 182.

Ausgenommen sind:

a) die nicht in das Eigentum des Schuldners (vor oder nach der Beschlagnahme) gelangten oder gemäß §§ 1121, 1122 BGB. aus der hypothekarischen Haftung wieder freigewordenen Zubehörstücke[3][4] (vgl. § 926 BGB., Art. I Ziff. 5, 6 mit II Ziff. 1 der BayHypGes.-Novelle vom 20. XII. 1903); über den Einfluß der Versteigerung auf solche Zubehörstücke Dritter siehe § 55 Abs. 2;

b) die gemäß §§ 954—957 BGB. mit der Trennung in das Eigentum eines andern als des Schuldners oder Eigenbesitzers des Grundstücks (z. B. des Nießbrauchers, Pächters) gelangten oder gemäß §§ 1121, 1122 BGB. wieder aus der hypothekarischen Haftung frei gewordenen, Erzeugnisse und sonstigen Bestandteile.

Soweit es nach § 1121 Abs. 2 BGB. auf den guten Glauben des Erwerbers ankommt, tritt an die Stelle der Kenntnis der Hypothek die Kenntnis des Versteigerungsantrags oder der Beschlagnahme, sowie die Tatsache der Eintragung des Versteigerungsvermerks, § 23 Abs. 2.

c) vom Boden getrennte land- und forstwirtschaftliche Erzeugnisse (nicht sonstige Bestandteile), welche nicht Zubehör sind (§ 21 Abs. 1 Ges. mit § 98 BGB., vgl. § 811 Ziff. 4 ZPO.) gleichgültig, ob sie vom Grundstück entfernt sind oder nicht, und ob sie vor oder nach der Beschlagnahme vom Boden getrennt wurden.

d) nach Art. 41 BayAG. z. ZVG. die bereits gewonnenen Bergwerksmineralien.

C) die Versicherungsgelder gemäß §§ 20 Abs. 2 Ges., 1127—1130 BGB.,[5] für land- und forstwirtschaftliche Erzeugnisse jedoch nur, soweit diese selbst von der Beschlagnahme erfaßt werden (vgl. Bc.). Ist die hypothekarische Haftung erloschen, so ist die Versicherungsforderung auch von der Beschlagnahme frei. Über den Zeitpunkt der Wirksamkeit der Beschlagnahme solcher Forderungen s. § 22 Abs. 2.

Von der Beschlagnahme in der Zwangsversteigerung werden weiterhin nicht ergriffen die Miet- und Pachtzinsforderungen (§ 21 Abs. 2), obwohl sie nach § 1123 BGB. dem Realgläubiger haften; von der Beschlagnahme werden ferner unterschiedslos frei alle beweglichen Sachen (Zubehör, getrennte Erzeugnisse und getrennte sonstige Bestandteile), über welche der Schuldner gemäß §§ 23 Abs. 1, 24 wirksam verfügen durfte (vgl. Fischer-Schäfer S. 217).

4. Soweit die Versteigerungsbeschlagnahme die hypothekarische Haftung nicht erschöpft, also Gegenstände der freien Verfügung des Schuldners verbleiben, kann mit **Zwangsverwaltung** (siehe § 148) und in beschränktem Umfang auch mit **Mobiliarvollstreckung** (§§ 810, 865 ZPO.) vorgegangen werden. Über das Nähere siehe Einleitung IV.

5. Über die Wirkungen des **Zuschlags** auf die Beschlagnahmegegenstände siehe §§ 55, 56, 57, 90 Abs. 2.

---

[3]) Der Umfang der hypothekarischen Haftung bestimmt sich auch bei den zur Zeit der Grundbuchanlegung bestehenden Hypotheken von diesem Zeitpunkt an nach den Vorschriften des BGB. (Art. 192 EG. hierzu; Rechtspr. d. OLG. VI S. 273, ZBlFG. IV S. 405).

[4]) Über den Begriff „Entfernen vom Grundstück“ siehe Recht 1904 S. 162.

[5]) Vgl. Ortenau-Henle S. 42, 154; BlfRA. Bd. 68 S. 309, 329; ZBlFG. V S. 139.

§ 22.

Die Beschlagnahme des Grundstücks wird mit dem Zeitpunkte wirksam, in welchem der Beschluß, durch den die Zwangsversteigerung angeordnet ist, dem Schuldner zugestellt wird. Sie wird auch wirksam mit dem Zeitpunkt, in welchem das Ersuchen um Eintragung des Versteigerungsvermerkes dem Grundbuchamte zugeht, sofern auf das Ersuchen die Eintragung demnächst erfolgt.

Erstreckt sich die Beschlagnahme auf eine Forderung, so hat das Gericht auf Antrag des Gläubigers dem Drittschuldner zu verbieten, an den Schuldner zu zahlen. Die Beschlagnahme wird dem Drittschuldner gegenüber erst mit dem Zeitpunkte wirksam, in welchem sie ihm bekannt oder das Zahlungsverbot ihm zugestellt wird. Die Vorschriften des § 845 der Civilprozeßordnung finden entsprechende Anwendung.

E. I § 37; M. 136—138; D. 40, 41; KBer. —.

Bewirkung der Beschlagnahme.

1. **Bisheriges Recht.** Nach Art. 7 BayGO. ist die Beschlagnahme „bewirkt" mit der Eintragung im Hypothekenbuch, welche als mit dem Einlauf des Ersuchens beim Hypothekenamt erfolgt angenommen wurde (Ortenau-Henle S. 56, 108); das gleiche galt für die von der Beschlagnahme umfaßten Versicherungsforderungen (Ortenau-Henle S. 42; dagegen war schon im Art. 39 SO. die Erlassung eines Zahlungsverbots an die Mieter und Pächter vorgesehen.

2. Die Beschlagnahme wird in der Regel (Abs. 1) **wirksam:**

a) mit dem Zeitpunkt des Eingangs des Ersuchens um Eintragung beim Grundbuchamte, soferne hierauf die Eintragung wirklich erfolgt (auch, wenn ein ablehnender Bescheid vom Beschwerdegericht aufgehoben wurde).[1] Über die Beurkundung des Eingangs s. § 19 Bem. 3.

b) mit der nach §§ 8, 3 erfolgten Zustellung des Anordnungsbeschlusses an den Schuldner (der Antrag wird nicht mehr zugestellt). Die Eintragung des Versteigerungsvermerks wird bei Zustellung nicht abgewartet (erstere wird durch besonderes Ersuchschreiben nach § 19 Abs. 1 herbeigeführt). Lediglich durch Zustellung tritt der Beitrittsbeschluß in Wirksamkeit (§ 27 Abs. 1 Satz 2, Rechtspr. IX S. 139; anders Art. 7, 43 BayGO.). Der Zustellungsbeamte ist wegen § 23 Abs. 2 zweckmäßig zur genauen Feststellung des Zeitpunktes der Zustellung (Stunde, Minute) zu veranlassen.

c) dem Drittschuldner einer Versicherungsforderung (Miet- und Pachtzinsforderung im Fall der Zwangsverwaltung) gegenüber wird die Beschlagnahme ausnahmsweise (Abs. 2) erst wirksam, wenn der Versteigerungsantrag ihm bekannt (§ 23 Abs. 2 Satz 1) oder ein Zahlungsverbot bezw. Ankündigung desselben (§ 845 ZPO.)

---

[1]) Das Ersuchen um Eintragung des Versteigerungsvermerks kann nicht vorläufig vollzogen und dadurch die Priorität des Eingangsvermerks gewahrt werden, da die Sicherung des Beschlagnahmegläubigers weder durch Vormerkung noch durch Widerspruch möglich ist, Staudinger Bem. II 1h zu § 883 BGB., Recht 1902 S. 263, 1904 S. 69. Kann hiernach § 18 Abs. 2 GBO. nicht angewendet werden, so muß das Ersuchen entweder vollzogen oder abgelehnt werden, was bei der Einfachheit desselben meist ohne weiteres möglich ist. A. M. Wolff § 22 Bem. 4, Fischer-Schäfer S. 215, v. d. Pfordten S. 73, welche eine Zwischenverfügung für zulässig erachten, aber sich nicht darüber erklären, wie bei weiteren Eintragungsanträgen die Priorität gewahrt werden soll.

zugestellt wurde (im Falle der Ersatzzustellung ist es gleichgültig, ob das Verbot zu seiner Kenntnis kam, Recht 1905 S. 104). Bis zu diesem Moment kann der Drittschuldner mit befreiender Wirkung zahlen, für Schuldner und Dritte (Zessionare, Pfändungsgläubiger) bleibt es jedoch bei der nach a, b bezw. 23 Abs. 2 Satz 1 und 2 eintretenden Wirksamkeit der Beschlagnahme. Dem Drittschuldner obliegt keine Erkundigungspflicht (Jäckel S. 103, Fischer-Schäfer S. 215), ihm kann auch die Tatsache der Eintragung des Versteigerungsvermerks allein nicht schaden (§ 23 Abs. 2 Satz 2, § 892 BGB.).

Das Zahlungsverbot ist nur auf Antrag des betreibenden (beigetretenen) Gläubigers (Zwangsverwaltung: § 151 Abs. 3) vom Subhastationsrichter (§§ 1, 2, 15 Ges., nicht § 828 ZPO.) zu erlassen und nach §§ 3, 4 ff. (nicht öffentlich, RG. Bd. 22 S. 408, Jäckel S. 103) zuzustellen. Es ist unwirksam, wenn es ohne Antrag des Gläubigers ergeht und solange, als nicht die Beschlagnahme selbst wirksam ist (Fischer-Schäfer S. 215).

Die Ankündigung des Zahlungsverbots nach § 845 ZPO. ist Sache des Gläubigers und vor dem Versteigerungsantrag zulässig und wirksam. Zur Wahrung der Frist des § 845 ZPO. ist rechtzeitige Zustellung des gerichtlichen Zahlungsverbots erforderlich (nicht bloß Erwirkung der Beschlagnahme), Jäckel S. 104.

An den Vorschriften der §§ 1128—1130 BGB. zu Gunsten des Realgläubigers ist durch § 22 Abs. 2 nichts geändert (v. d. Pfordten S. 74). Ihm gegenüber kann also z. B. eine Zahlung des Versicherers unwirksam sein, obwohl dieser den Versteigerungsantrag nicht gekannt und ein Zahlungsverbot nicht erhalten hat.

3. Die Beschlagnahme **erlischt** mit der Zurücknahme des Antrags (§ 29), Aufhebung des Verfahrens (§ 28, 86), Zuschlag (§ 90), nicht mit der einstweiligen Einstellung des Verfahrens (§§ 30, 33, 86), vgl. Reinhard I S. 144.

§ 23.

Die Beschlagnahme hat die Wirkung eines Veräußerungsverbots. Der Schuldner kann jedoch, wenn sich die Beschlagnahme auf bewegliche Sachen erstreckt, über einzelne Stücke innerhalb der Grenzen einer ordnungsmäßigen Wirthschaft auch dem Gläubiger gegenüber wirksam verfügen.

Kommt es bei einer gegen die Beschlagnahme verstoßenden Verfügung nach § 135 Abs. 2 des Bürgerlichen Gesetzbuchs darauf an, ob derjenige, zu dessen Gunsten verfügt wurde, die Beschlagnahme kannte, so steht die Kenntniß des Versteigerungsantrags einer Kenntniß der Beschlagnahme gleich. Die Beschlagnahme gilt auch in Ansehung der mithaftenden beweglichen Sachen als bekannt, sobald der Versteigerungsvermerk eingetragen ist.

E. I §§ 39, 40; M. 140—142; D. 41; KBer. —.

Beschlagnahmewirkung.

1. **Bisheriges Recht.** Über den Umfang der durch Art. 33 BaySO. normierten relativen Nichtigkeit der nach der Beschlagnahme vom Schuldner getroffenen Verfügungen vgl. § 21 Bem. 1. — Die Möglichkeit eines gutgläubigen Erwerbs von Beschlagnahmegegenständen war ausgeschlossen. Entscheidend war lediglich die Tatsache der Eintragung der Beschlagnahme (Einlaufs beim Hyp.-Amt), die Kenntnis derselben gleichgültig. Vgl. auch § 26 Bem. 1.

2. § 23 beschäftigt sich mit der dem Anordnungsbeschlusse zur Sicherung des Erfolges des Verfahrens beigelegten Wirkung eines **Veräußerungsverbots** (vgl Bem. 2

zu §§ 20, 21). Dasselbe hat nach §§ 136 mit 135 BGB. nur relative Kraft, d. h. der Schuldner bleibt verfügungsberechtigt in Ansehung der beschlagnahmten Gegenstände, seine Verfügungen sind jedoch dem betreibenden (bezw. beigetretenen) Gläubiger unschädlich, anderen gegenüber aber voll wirksam (Gruchot Bd. 48 S. 380). (Über die strafrechtlichen Folgen solcher Verfügungen s. § 137 BGB.). Der Gläubiger kann die Unwirksamkeit auch nach der Versteigerung geltend machen, dagegen nicht mehr, wenn er nicht benachteiligt, z. B. durch das Meistgebot gedeckt ist (Jäckel S. 110, 114); ebensowenig, wenn er der Verfügung zugestimmt hat (vgl. obstr. Erk. n. F. IV S. 820).

Der Grundsatz der Unwirksamkeit der dem Beschlagnahmegläubiger nachteiligen Verfügungen wird lediglich zu Gunsten des gutgläubigen Dritten durchbrochen.

3. Unwirksam[1]) sind folgende nach Wirksamkeit (§ 22) der Beschlagnahme vorgenommenen Rechtsgeschäfte:

A) in Ansehung des Grundstücks: Veräußerung (dinglicher Vertrag) und Belastung, auch Zinsenerhöhung (§§ 1119, 1192 Abs. 2 BGB.), Ausübung eines Rangvorbehalts (§ 881 Abs. 4 BGB.), ebenso Eintragung von Sicherungshypotheken, Vormerkungen, Verfügungsbeschränkungen im Wege der Zwangsvollstreckung und Arrestvollziehung (§ 135 Abs. 1 Satz 2, 136 BGB.); nicht aber Geltendmachung, Übertragung, Pfändung und Verpfändung von Eigentümerhypotheken und -grundschulden (§§ 1163, 1177 BGB.), Ausfüllung der Maximalhypothek (§ 1190 BGB.), Zustimmung zu einer Vorrechtseinräumung (§ 880 Abs. 5 BGB.). Vgl. Jäckel S. 107, 108; Fischer-Schäfer S. 217.

Die vorbezeichneten unwirksamen Rechtsgeschäfte des Schuldners muß jedoch der betreibende Teil im Verhältnis zum Dritten gegen sich gelten lassen, wenn in dem nach §§ 892 Abs. 2 mit 873, 878 BGB. maßgebenden Zeitpunkte der Versteigerungsvermerk noch nicht eingetragen war und (falls die Beschlagnahme in jenem Zeitpunkt, obwohl noch nicht eingetragen, doch schon wirksam gewesen, § 22) der Dritte auch vom Versteigerungsantrag keine Kenntnis gehabt hatte (§§ 892 Abs. 1 BGB., 23 Abs. 2 Ges.). Im Falle des Beitritts (§ 27), welcher nur durch Zustellung, nicht durch Eintragung wirksam wird, kommt es auch nur auf die Kenntnis des Versteigerungsantrags an. Unkenntnis aus Fahrlässigkeit steht der Kenntnis nicht gleich (anders bei beweglichen Sachen § 932 Abs. 2 BGB.). Eine Einschränkung der Wirkungen des gutgläubigen Erwerbs enthält § 26.

Beispiele:

a) Angenommen, die Beschlagnahme wird zuerst durch Eintragung (§ 22 Abs. 1 Satz 2) wirksam; dann ist der Dritte, dem eine Hypothek an dem Grundstück bestellt wird, im Erwerbe geschützt, wenn das Ersuchen um Eintragung des Versteigerungsvermerks erst nach dem Antrag auf Eintragung der Hypothek eingelaufen ist, auch wenn der Hypothekgläubiger Kenntnis von dem Versteigerungsantrag hatte, oder wenn entgegen § 17 GBO. der Versteigerungsvermerk vor der Hypothek eingetragen wurde;[2])

[1]) Wolff Bem. 4—6 zu § 23, Jäckel S. 107 ff., Fischer-Schäfer S. 217 ff., v. d. Pfordten S. 76 ff. Die vor der Beschlagnahme geschlossenen Rechtsgeschäfte können nach allgemeinen Rechtsgrundsätzen (§§ 116 ff. BGB.) oder auf Grund des Anfechtungsgesetzes anfechtbar sein.

[2]) Denn in dem nach § 878 BGB. maßgebenden Zeitpunkt existierte eine Beschlagnahme auch noch nicht gemäß § 22 Abs. 1 Satz 2, weshalb es auf den guten oder bösen Glauben überhaupt nicht ankommt (Wolff Bem. 5); der Verstoß gegen § 17 GBO. ist aber gemäß § 878 BGB. ohne Nachteil für diesen Hypothekgläubiger.

ist aber das Ersuchen um Eintragung des Versteigerungsvermerks vorher eingelaufen, so wird es gemäß § 17 GBO. auch vorher vollzogen, der Dritte steht also, weil aus dem Grundbuche die Beschlagnahme ersichtlich, dem Beschlagnahmegläubiger nach; würde aber in letzterem Fall gegen § 17 GBO. verstoßen, der Versteigerungsvermerk also später eingetragen als die Hypothek, so wäre diese nur wirksam, wenn der Hypothekgläubiger den Versteigerungsantrag zur Zeit des Eingangs des Antrags auf Eintragung der Hypothek nicht gekannt hätte (Jäckel S. 112, v. d. Pfordten S. 80).

b) Angenommen dagegen, die Beschlagnahme wird zuerst durch Zustellung (§ 22 Abs. 1 Satz 1) wirksam: Dann ist obiger Dritte im Erwerbe geschützt nicht bloß, wenn seine Hypothek vor der Zustellung eingetragen wurde, sondern auch wenn vor derselben der Antrag auf Eintragung der Hypothek beim Grundbuchamt einging, nachher aber nur, wenn er den Versteigerungsantrag nicht kannte.

Wenn auch nach vorstehendem ein Rechtsgeschäft dem betreibenden Teile gegenüber unwirksam ist, so hat dies doch der Grundbuchrichter nicht zu beachten (abgesehen von irrigen Eintragungen, § 54 GBO., §§ 75, 131, 245, 246 DA. f. GBÄ.); denn die Beschlagnahme ist keine Grundbuchssperre. Vom Vollstreckungsrichter (Versteigerungsbeamten) andererseits sind alle vor dem Versteigerungsvermerk (im Falle des Beitritts: vor Zustellung des Beitrittsbeschlusses) eingetragenen Rechte, wenn auch dem betreibenden Teil gegenüber unwirksam, doch als wirksam zu behandeln, also gemäß § 9 Ziff. 1 von Amts wegen zu berücksichtigen und nach § 10 Ziff. 4 zu locieren, alle nachher eingetragenen als unwirksam (§ 10 Ziff. 6), die erst auf Anmeldung (§ 9 Ziff. 2) im Verfahren berücksichtigt werden. Ein vor dem Versteigerungsvermerk eingetragener Eigentumswechsel ist nach § 28, ein nach der Beschlagnahme erfolgter nach § 26 zu behandeln. Im übrigen ist die Geltendmachung der Unwirksamkeit Sache des betreibenden Teils und geschieht im Wege des Prozesses. Den Beweis der Kenntnis der Beschlagnahme hat der betreibende Teil zu führen, soferne nicht der Versteigerungsvermerk bereits vor dem für den Erwerb des Dritten maßgebenden Zeitpunkte eingetragen war (Jäckel S. 112).

B) In Ansehung der von der Beschlagnahme ergriffenen (§§ 20, 21) beweglichen Sachen ist unwirksam eine Verfügung (Veräußerung, Verpfändung, Nießbrauchsbestellung) des Schuldners, welche die Grenzen einer ordnungsmäßigen Wirtschaft überschreitet. Jedoch ist auch hier der gute Glaube des Erwerbers geschützt, wenn derselbe in dem nach §§ 929—934 BGB. für den Erwerb als maßgebend bestimmten Zeitpunkte weder die Beschlagnahme, noch den Versteigerungsantrag, noch die Überschreitung der Grenzen einer ordnungsmäßigen Wirtschaft kannte oder bei einiger Sorgfalt (§ 932 Abs. 2 l. c.) kennen mußte; vorausgesetzt ist auch hier, daß in jenem Zeitpunkte die betreffende Beschlagnahme bereits wirksam war (§§ 22, 27); mit Eintragung des Versteigerungsvermerks gilt auch hier die Beschlagnahme als bekannt (§ 23 Abs. 2 Satz 2).

Soweit die Verfügung wirksam war — und dies ist sie auch, wenn der betreibende Teil einzelne Gegenstände freigibt und dann veräußern läßt (Recht 1905 S. 589, ZBlFG. V S. 615) — fällt auch der Erlös nicht in die Masse (Fischer-Schäfer S. 217; a. M. Jäckel S. 109 u. Wolff § 23

Bem. 6); soweit sie unwirksam war, kann der betreibende Gläubiger (und wegen §§ 1121, 1122 BGB., 55 Ges. auch der Ersteher, nicht der Schuldner) die Unwirksamkeit der Verfügung geltend machen, event. die Zurückschaffung der Sachen, bezw. Schadenersatz verlangen (§§ 816 ff. BGB.). Gegenüber einer Pfändung von Zubehör sind §§ 865 Abs. 2, 766, gegenüber einer Pfändung von anderen Sachen (z. B. Früchten § 810) sind §§ 865 Abs. 2, 771 ZPO. anzuwenden.[3])

Die Verfügungsbefugnis des Schuldners nach § 23 Abs. 1 Satz 2 ist ganz ausgeschlossen im Fall des § 25 und § 148. Den Verfügungen des Schuldners stehen diejenigen eines Eigentümers gleich, der Eigentum erst nach der Beschlagnahme erwarb (§ 26).

C) Über beschlagnahmte Forderungen kann der Schuldner oder sein Rechtsnachfolger (Zessionar, Pfändungsgläubiger, § 135 Abs. 1 Satz 2 BGB.) von dem in § 22 Abs. 1 bezeichneten Zeitpunkt an nicht mehr wirksam verfügen (abtreten, verpfänden, einziehen), während der Drittschuldner bis zu dem in § 22 Abs. 2 angegebenen Zeitpunkt wirksam zahlen kann. Der Erwerber der Forderung kann sich nicht auf seinen guten Glauben berufen (Fischer-Schäfer S. 219); wer eine beschlagnahmte Forderung eingezogen hat, ist zur Herausgabe des Empfangenen an die Masse verpflichtet (§§ 816 ff. BGB.); hat der Drittschuldner, ohne im guten Glauben zu sein, an Schuldner oder dessen Rechtsnachfolger gezahlt, so muß er nochmals zahlen. Eine unwirksame Pfändung ist gemäß §§ 865 Abs. 2, 771 ZPO. zu bekämpfen.

4. Einfluß der **Konkurseröffnung.** Die Beschlagnahme erzeugt ein Absonderungsrecht im Konkurs (§§ 13, 47 KO., § 10 Ziff. 5 Ges.), vorausgesetzt, daß im Augenblicke der Konkurseröffnung (§ 108 KO.) die Beschlagnahme gemäß § 22 wirksam geworden war. Ist die Beschlagnahme bei Konkurseröffnung nicht durch Zustellung wirksam gewesen, so kann sie dies auch nicht mehr werden, wenn der Eintragungsantrag vor der Konkurseröffnung beim Grundbuchamt eingeht, aber erst nachher vollzogen wird (§§ 14, 15 KO., Jäckel S. 115, Fischer-Schäfer S. 219, 220, vgl. auch § 19 Fußnote 1); diese Beschlagnahme ist deshalb nach § 28 aufzuheben.

Auf die Verfolgung dinglicher Ansprüche hat die Konkurseröffnung keinen Einfluß; hierwegen kann die Versteigerung vor wie nach Konkurseröffnung eingeleitet und durchgeführt werden (§§ 4, 47 KO.). Die Möglichkeit, im Falle der Konkurseröffnung auch wegen betagter und bedingter Forderungen die Versteigerung zu betreiben (Art. 169 BayGO., Ortenau-Henle S. 500) gewährt das ZVG. nicht mehr; die sich hieraus wegen §§ 64, 153 KO. ergebende Unbilligkeit, welche den Hypothekgläubiger dann trifft, wenn er den Ausfall seiner Forderung nicht rechtzeitig festzustellen vermag, sollte bei der Revision der KO. beseitigt werden, was nicht geschehen ist (Mot. 359, Fischer-Schäfer S. 564, Jaeger KO. § 153 Anm. 2).

Über die Frage, ob der Absonderungsberechtigte auch auf Grund eines persönlichen Schuldtitels während des Konkurses die Beschlagnahme erwirken kann, siehe Recht 1904 S. 590, 620.

Ob nach Konkurseröffnung die Zustellung des Vollstreckungstitels an den Konkursverwalter genügt oder eine neue Vollstreckungsklausel gegen ihn erforderlich ist, ist bestritten; vgl. Jaeger KO. § 14 Bem. 10. Die Praxis hat sich für Ersteres entschieden.

---

[3]) Werden bewegliche Sachen, die nicht Zubehör sind, gepfändet, so hat der Realgläubiger, solange er nicht Beschlagnahme erwirkt hat, nur das Vorzugsrecht nach § 805 ZPO.; vgl. Einleitung IV.

§ 24.

Die Verwaltung und Benutzung des Grundstücks verbleibt dem Schuldner nur innerhalb der Grenzen einer ordnungsmäßigen Wirthschaft.

E. I § 38 Abs. 1; M. 138—140; D. 41; KBer. —.

Verwaltung und Benutzung während der Beschlagnahme.

1. Bisheriges Recht. Vgl. BayGO. Art. 46. — Eine dem Art. 6 l. c. entsprechende Vorschrift ist für die Zwangsversteigerung entbehrlich, für die Zwangsverwaltung aber nicht aufgenommen worden.

2. Dem in § 23 behandelten Veräußerungsverbot hinsichtlich der von der Beschlagnahme ergriffenen Gegenstände steht die **Verwaltungs- und Nutzungsbefugnis** gegenüber, welche dem Schuldner (neueingetretenen Eigentümer, § 26) im Rahmen einer ordnungsmäßigen Wirtschaft so lange zusteht, als er nicht durch § 25 beschränkt oder Zwangsverwaltung nach § 148 (149) angeordnet ist. Erst die letztere ergreift auch den Nutzwert des Grundstücks.

Der Schuldner verwaltet innerhalb der Grenzen des § 24 mit § 23 Abs. 1 Satz 2 die Beschlagnahmeobjekte auf eigene Rechnung, nicht auf Rechnung der Immobiliarmasse,[1]) untersteht nicht der Kontrolle des Gläubigers, hat keine Rechnung zu stellen, erhält für Verwendungen keinen Ersatz (Jäckel S. 117).

Er ist nicht verpflichtet, Verwaltung und Bewirtschaftung weiter zu führen, und ist nur schadensersatzpflichtig gegenüber dem Gläubiger, wenn er die Grenzen einer ordnungsmäßigen Wirtschaft überschreitet (§§ 823 ff. BGB., vgl. auch § 137 StGB.) Diese Grenzen richten sich nach den tatsächlichen Verhältnissen; es ist weder der Maßstab einer Musterwirtschaft anzulegen, noch die Notlage des Schuldners zu berücksichtigen (Reinhard I S. 159, Fischer-Schäfer S. 221).

3. Zu den in § 24 gestatteten **wirtschaftlichen Maßnahmen** gehört besonders die Ausbeutung und *Fruchtziehung* (durch welche land- und forstwirtschaftliche Erzeugnisse von der Beschlagnahme frei werden, § 21 Abs. 1, Fischer-Schäfer S. 221), *Verpachtung und Vermietung* zu angemessenen Preisen,[2]) *nicht* aber die Einziehung von *Versicherungsforderungen* (letzteres ist bestritten; Jäckel S. 117 hält sie dann für zulässig, wenn sie zur Wiederherstellung oder Neubeschaffung des versicherten Gegenstandes erfolgt, Fischer-Schäfer S. 125, 222, wenn der Versicherungsvertrag hierüber Bestimmungen trifft).

§ 25.

Ist zu besorgen, daß durch das Verhalten des Schuldners die ordnungsmäßige Wirthschaft gefährdet wird, so hat das Vollstreckungsgericht auf Antrag des Gläubigers die zur Abwendung der Gefährdung erforderlichen Maßregeln anzuordnen. Das Gericht kann die Maßregeln aufheben, wenn der zu deren Fortsetzung erforderliche Geldbetrag nicht vorgeschossen wird.

E. I § 38 Abs. 2; M. 139; D. 41; KBer. 10.

---

[1]) Der Überschuß aus einer ordnungsmäßigen Wirtschaft fällt daher nicht in die Masse (vgl. § 23 Bem. 3B). Gerade diese Überschüsse ebenfalls für die Gläubiger zu verwerten, ist Zweck der *Zwangsverwaltung* (Reinhard I S. 148; bestritten).

[2]) Bei Überschreitung der Verwaltungsbefugnis ist der Ersteher nicht an den Miet- und Pachtvertrag gebunden (vgl. § 57).

Weitere Anordnungen auf Grund der Beschlagnahme.

1. Bisheriges Recht. Im Falle der Vernachlässigung der Wirtschaft oder der Gefährdung der Beschlagnahmeobjekte durch tatsächliche Verfügungen des Schuldners gestattete auch Art. 15 BayGO. dem Vollstreckungsgerichte, die geeigneten Sicherungsmaßregeln anzuordnen, was jeder Beteiligte beantragen konnte.

2. Die **Sicherungsmaßregeln**, welche dem betreibenden Teil gegen die aus §§ 23 Abs. 1 Satz 2 und 24 sich ergebende Gefahr neben der Zwangsverwaltung (§§ 148, 149) und dem zu Gunsten des Realgläubigers vom Prozeßgericht nach §§ 1134, 1135, 1192, 1200 BGB. zu gewährenden Schutz (einstw. Verfügung nach §§ 935 ff., 942 ZPO.) zu Gebote stehen (wahlweise, Jäckel S. 118), sind vom Subhastationsrichter auf Antrag nach freiem Ermessen anzuordnen. Der betreibende Gläubiger hat die die Gefährdung begründenden Tatsachen glaubhaft zu machen (Unterlassung der Aussaat, der Ernte, der Beaufsichtigung, der Versicherung — vgl. Recht 1904 S. 156 —; Abholzung, Devastierung, Beiseiteschaffung von Zubehör; leichtsinnige Bewirtschaftung; unordentlicher Lebenswandel u. dgl.) Dringlichkeit ist nicht Voraussetzung der Anordnung des § 25, ebensowenig schuldhaftes Verhalten; es genügt daher z. B. auch Mangel an Betriebsmitteln (Fischer-Schäfer S. 223, Niedner Bem. 1).

Die Vorbeugungsmaßregeln — es können im Wege des § 25 nur drohende Gefährdungen abgewendet, nicht bereits eingetretene Schädigungen gut gemacht werden — können in Geboten und Verboten einzelner Handlungen (Strafandrohung, auch Haft, vgl. Seuff. Arch. Bd. 48 S. 477), in der vollständigen oder teilweisen Entziehung der Verwaltung und Benützung (Verwahrung, Bewachung), oder in der Aufstellung eines Verwalters bestehen. Eine solche Verwaltung ist aber nicht mit derjenigen der §§ 146 ff. zu verwechseln, sie könnte sich nur auf die von der Versteigerungsbeschlagnahme ergriffenen Gegenstände (z. B. nicht auf Miet- und Pachtzinsforderungen) beziehen (Fischer-Schäfer S. 222).

3. Gegen die Anordnung, welche zuzustellen ist (§§ 3, 8), steht dem Schuldner nur **die Erinnerung** nach § 766 ZPO. zu; Beschwerde, auch gegen die Entscheidung auf Grund des § 766 ZPO., ist ausgeschlossen (§ 95), ein Widerspruch analog den §§ 924, 936 ZPO. unzulässig (Reinhard I S. 161). Zur Vollstreckung des Beschlusses kann der Gerichtsvollzieher angerufen werden (§§ 892, 758, 759 ZPO., vgl. § 150 Abs. 2 Ges.).

4. Die **Kosten** der Maßregeln genießen, selbst wenn sie in der Anordnung einer Verwaltung bestehen, nicht das Vorrecht des § 10 Ziff. 1 oder 109 (anders Art. 107 BayGO.), sondern gehören zu den Kosten der Rechtsverfolgung (§§ 10 Abs. 2, 12 Ziff. 1; Jäckel S. 119, Fischer-Schäfer S. 223). Zur Deckung der Kosten, einschließlich des Honorars, kann ein Vorschuß gefordert, bei Nichteinzahlung die angeordnete Maßregel wieder aufgehoben werden (vgl. § 934 Abs. 2 ZPO.; Jäckel a. a. O.).

5. Eine besondere **Gebühr** neben derjenigen der Art. 8, 9 GebGes. wird für die Anordnungen nach § 25 nicht erhoben; über die Gebühr des Rechtsanwalts siehe Art. 5, 8 mit 25, 28 bezw. 17 der Allerh. VO. vom 26. III. 1902.

§ 26.

Ist die Zwangsversteigerung wegen des Anspruchs aus einem eingetragenen Rechte angeordnet, so hat eine nach der Beschlagnahme bewirkte Veräußerung des Grundstücks auf den Fortgang des Verfahrens gegen den Schuldner keinen Einfluß.

E. I § 41; M. 143, 144; D. 41; KBer. —.

Einfluß der Veräußerung des Grundstücks.

1. Bisheriges Recht. Die BayGO. hatte den Einfluß einer Veräußerung des Grundstücks nach der Beschlagnahme auf das Verfahren nicht besonders geregelt. Da der Eigentumswechsel, welcher sich außerhalb des Hypothekenbuchs vollzog, zu Gunsten aller Realinteressenten als unwirksam galt, sobald vor dem Eigentumserwerb das Ersuchen um Eintragung der Beschlagnahme beim Hypothekenamt eingelaufen war, so wurde das Verfahren ohne Rücksicht auf ihn fortgesetzt (Art. 33 SO., Ortenau-Henle S. 108, 110). Ob der Erwerber die Beschlagnahme kannte, war gleichgültig.

2. Eine **Veräußerung des Grundstücks nach der Beschlagnahme** wäre gemäß § 23 Ges. mit §§ 135, 136 BGB. dem betreibenden Teil gegenüber wirksam, wenn zur Zeit des Eigentumswechsels (§ 892 Abs. 2 BGB.) weder die Beschlagnahme aus dem Grundbuch ersichtlich noch der Versteigerungsantrag dem Erwerber bekannt war (§ 892 Abs. 1 BGB.). Eine Verfügung über das Grundstück enthält nur der dingliche Vertrag samt Eintragung, nicht die Einigung allein, auch nicht der obligatorische Vertrag (§ 313 BGB.; Recht 1904 S. 38—40).

Auf einen solchen gutgläubigen Erwerb nimmt aber das Verfahren nur in beschränktem Maße Rücksicht.

a) Die Wirkung des guten Glaubens schließt § 26 für den Fall aus, daß es sich um die Verfolgung eines **eingetragenen** Rechtes handelt. Ist also die Versteigerung wegen des Anspruchs aus einer Reallast, Hypothek Grund- oder Rentenschuld angeordnet und dieser Beschluß gemäß § 22 Abs. 1 (durch Zustellung, bezw. Eingang beim Grundbuchamt mit darauffolgender Eintragung) wirksam geworden, so ist eine nachher erfolgte Grundstücksveräußerung (Eintragung der Auflassung §§ 873, 925 BGB.; § 20 GBO.), auch wenn der Erwerber im guten Glauben war, auf das Verfahren ohne Einfluß. Dasselbe wird vielmehr gegen den früheren Eigentümer fortgesetzt und der neu eingetretene als Beteiligter (von Amts wegen, wenn er vor dem Versteigerungsvermerk — zwischen Zustellung und Eintragung der Beschlagnahme — eingetragen war, außerdem nur auf Anmeldung, § 9) zum weiteren Verfahren zugezogen (vgl. § 325 Abs. 3 ZPO.). Der Versteigerungsbeschluß selbst wird ihm, da er nicht Vollstreckungsschuldner ist, nicht mehr zugestellt. Er kann, wenn er das eingetragene Recht des betreibenden Teils selbst (z. B. wegen Nichtigkeit) zu beseitigen imstande ist, die Einstellung des Verfahrens gemäß §§ 771, 769 ZPO., 37 Ziff. 5 des Ges. herbeiführen; ebenso v. d. Pfordten S. 88.

b) Dagegen verbleibt es bei der Vorschrift des § 23, wenn das Verfahren zu Gunsten einer **persönlichen** Forderung[1]) betrieben wird, d. h. der Eigentumswechsel nach Wirksamkeit (§ 22) der Beschlagnahme begründet für den gutgläubigen Erwerber ein der Zwangsvollstreckung entgegenstehendes Recht, das gemäß §§ 771, 769 ZPO., 37 Ziff. 5 Ges. verfolgt werden kann, welches aber (abgesehen von prozeß- bezw. vollstreckungsrichterlicher einstw. Einstellung) auf das Verfahren nur dann einen Einfluß hat, wenn der Eigentumswechsel vor dem Versteigerungsvermerk eingetragen ist. Letzterenfalls ist nach § 28 zu verfahren[2]) und dem Gläubiger zu überlassen, den neu eingetretenen Eigentümer auf Duldung der Zwangsvollstreckung in das Grundstück zu verklagen.

[1]) Auch wenn diese dinglich, z. B. durch Zwangs- oder Höchsthypothek, gesichert ist, die Klage aber nicht die Befriedigung aus dem Grundstück bezweckt hatte (Fischer-Schäfer S. 223, 224; vgl. § 10 Note 13 a).

[2]) Jäckel S. 121, Fischer-Schäfer S. 224; a. M. Reinhard I S. 164, welcher auch in diesem Falle den Erwerber lediglich auf §§ 771, 769 ZPO. verweist.

3. § 26 ist auch gegeben, wenn nach Wirksamkeit der Beschlagnahme der Schuldner **allgemeine Gütergemeinschaft** vereinbart (§ 1438 BGB.). Ebenso, wenn der neue Erwerber seinen Anspruch auf Eigentumsübertragung durch Vormerkung nach § 883 BGB. hatte sichern lassen; auch diese ist auf das von dem dinglichen, dem vorgemerkten Erwerber im Range vorgehenden, Gläubiger betriebene Verfahren ohne Einfluß (Fischer-Schäfer S. 224, 225). Für den Fall **der Erbfolge** bestimmt § 779 ZPO., daß die Zwangsvollstreckung fortgesetzt wird, wenn sie zur Zeit des Todes begonnen hatte (mit Erlassung des Anordnungsbeschlusses, Gaupp-Stein Vorbem. VII b zum 8. Buch der ZPO.). Über **Dereliktion** siehe § 787 ZPO.

Auf die Veräußerung beschlagnahmter Forderungen und beweglicher Sachen bezieht sich § 26 nicht (vgl. § 23 Bem. 3 B, C; Fischer-Schäfer S. 224).'

4. Veräußerung vor der Beschlagnahme (§ 22) steht der Vollstreckung immer entgegen; war sie nach Anordnung der Versteigerung (der neue Erwerber sowohl vor dem Versteigerungsvermerke, als auch vor Zustellung) eingetragen worden, so ist nach § 28 zu verfahren (vgl. Art. 32 BayZO.). Der betreibende Teil muß sich einen Vollstreckungstitel bezw. eine neue Vollstreckungsklausel gegen den Erwerber verschaffen (§§ 325, 727, 750 ZPO.).

§ 27.

Wird nach der Anordnung der Zwangsversteigerung ein weiterer Antrag auf Zwangsversteigerung des Grundstücks gestellt, so erfolgt statt des Versteigerungsbeschlusses die Anordnung, daß der Beitritt des Antragstellers zu dem Verfahren zugelassen wird. Eine Eintragung dieser Anordnung in das Grundbuch findet nicht statt.

Der Gläubiger, dessen Beitritt zugelassen ist, hat dieselben Rechte, wie wenn auf seinen Antrag die Versteigerung angeordnet wäre.

E. I §§ 31, 40; M. 129, 130, 143; D. 41; KBer. —.

Beitritt.

1. Bisheriges Recht. Die Zulassung des Beitritts ist sachlich nicht von der weiteren Beschlagnahme des Art. 42 BayZO. verschieden. Diese vollzog sich jedoch durch Eintragung.

2. Jeder nach Anordnung der Versteigerung (Unterzeichnung des Beschlusses) einlaufender Versteigerungsantrag ist als **Beitrittsantrag** zu behandeln (gleichzeitig einlaufende erste Anträge sind in einem Beschluß zu erledigen). Der Antrag muß ebenfalls den §§ 16, 17 entsprechen; ist nach Anordnung des Verfahrens ein neuer Eigentümer eingetragen worden (§ 26), so ist dieser für den beitretenden Gläubiger der Schuldner, gegen welchen sich sein Vollstreckungstitel richten muß.[1])

Der weitere Antrag muß dasselbe Grundstück (bezw. den nämlichen ideellen Anteil) betreffen.

Ist die Versteigerung des ganzen Grundstücks angeordnet, so ist ein weiterer (nach § 864 Abs. 2 ZPO. zulässiger) Antrag wegen eines Bruchteils desselben durch Beitrittsbeschluß zu erledigen (in welchem Falle die Löschung des Versteigerungsvermerks auf die übrigen Anteile zu beschränken ist, wenn nur deren Beschlagnahme wegfällt (Fischer-

---

[1]) Ist der Beitritt gegen den ursprünglichen Schuldner zugelassen und vor Zustellung des Beitrittsbeschlusses ein neuer Eigentümer eingetragen worden, so ist hinsichtlich des Beitritts nach § 28 zu verfahren (Wolff. Bem. 5, 8 zu § 27; vgl. oben Bem. 4).

Schäfer S. 226). Geht umgekehrt die Bruchteilsversteigerung voraus, so ist ein das ganze Grundstück betreffender Antrag teils als Beitritt (nämlich in Ansehung des bereits beschlagnahmten Anteils), teils als selbständiger Antrag zu behandeln, vorausgesetzt, daß der zweite Antragsteller dem ersten im Range nachgeht. (Denn in diesem Falle stünde einem selbständigen Verfahren hinsichtlich des ganzen Grundstücks das zu Gunsten des besser berechtigten ersten Beschlagnahmegläubigers bestehende Veräußerungsverbot nach § 772 ZPO., § 23 Ges. entgegen. Wird die erste Beschlag nahme aufgehoben, so ist das Verfahren für den zweiten als einheitliches fortzusetzen, wenn § 864 Abs. 2 ZPO. nicht mehr gegeben ist.) Geht aber der zweite Gläubiger, der die Versteigerung des ganzen Grundstücks beantragt, dem ersten, auf dessen Betreiben die Anteilsversteigerung eingeleitet wurde, im Range vor, so braucht jener sich die Anteilsversteigerung, die zu einem Verfahren nach § 63 führen müßte, nicht gefallen zu lassen, weshalb auf seinen Antrag die Versteigerung des ganzen Grundstücks in einem selbständigen Verfahren anzuordnen ist. Die Anteilsversteigerung erledigt sich dann durch die Versteigerung des Ganzen; findet jene aber eher statt als diese, so läuft der Ersteher des Anteils Gefahr, ihn wieder zu verlieren, wenn der zweite Gläubiger sein Beschlagnahmerecht gemäß §§ 37 Ziff. 4, 54 Ges. mit 325 Abs. 3 ZPO. rechtzeitig in der Anteilsversteigerung angemeldet hat (Fischer-Schäfer S. 226, 227; Jäckel S. 124, 125). Ob eine Verbindung der Verfahren angeordnet werden kann, richtet sich nach § 18 (vgl. Art. 44 BayZO.).

3. Der Beitritt ist bis zur Verkündung[1]) des Zuschlags **zulässig** (§§ 89, 90), auch während der Dauer der einstweiligen Einstellung des ersten Verfahrens, nicht mehr nach Aufhebung desselben (§§ 28 ff., 86); letzterenfalls entscheidet lediglich die Beschlußfassung, nicht die Zustellung oder die Rechtskraft des Aufhebungsbeschlusses (bestritten).

Wird der erste Antrag zurückgenommen, so wird das Verfahren für den beigetretenen fortgesetzt; der Versteigerungsvermerk bleibt bestehen.

4. Der **Beschluß** ordnet lediglich die Zulassung des Beitritts an, hat aber dieselben **Wirkungen** (Beschlagnahme, Vorzugsrecht) wie der Versteigerungsbeschluß (§ 21). Dieselben treten aber (da eine nochmalige Eintragung des Versteigerungsvermerks nicht mehr stattfindet) erst mit der nach §§ 3, 8 erfolgenden Zustellung an den Schuldner ein (Rechtspr. d. OLG. IX S. 139). Von diesem Zeitpunkt an wirkt auch der Versteigerungsvermerk für den beigetretenen Gläubiger; alle vor der Zustellung vorgenommenen Rechtshandlungen des Schuldners in Ansehung des Grundstücks sind dem Beigetretenen gegenüber gültig.

Eine neuerliche Ernennung des Versteigerungsbeamten findet nicht statt, ebensowenig eine Zustellung an den Erstbetreibenden (anders Art. 43 BayZO.) oder ein Ersuchen an das Grundbuchamt um weitere Mitteilungen nach § 19 Abs. 2, da die nach dem Versteigerungsvermerk erfolgten Eintragungen ohne Anmeldung selbst dann nicht berücksichtigt werden, wenn die erste Beschlagnahme wegfällt (a. M. Wolff § 27 Bem. 4 a, v. d. Pfordten S. 90).

Über den Rang mehrerer Beschlagnahmegläubiger siehe §§ 10 Ziff. 5, 11 Abs. 2, 13 Abs. 3; Einfluß auf die Feststellung des Mindestgebots s. § 44 Abs. 2; Aktenabgabe an den Notar s. § 36.

5. Kein Beitritt ist die Fortsetzung des Verfahrens für den **Rechtsnachfolger** des Gläubigers; Voraussetzung ist Rechtsnachfolgeklausel und Zustellung (§§ 727,

[1]) Nicht bis zur Rechtskraft des Zuschlagsbeschlusses; denn der Eigentumsübergang infolge Zuschlags ist definitiv, nicht von Eintragung oder Rechtskraft des Zuschlags abhängig und nicht aufschiebend bedingt (Fischer-Schäfer S. 225, Jäckel S. 123).

750 Abs. 2 ZPO.). Die Fortsetzung wird zweckmäßig (nicht notwendig) durch einen Beschluß des Vollstreckungsgerichts ausgesprochen, der aber keiner Eintragung fähig ist (vgl. Ortenau-Henle S. 57 und § 31).

6. **Die Gerichtsgebühr** ist dieselbe, wie für den Anordnungsbeschluß (Art. 8 BayGebGes.; Pfaff-Reisenegger Bem. 1 Abs. 2 hierzu).

II. Aufhebung und einstweilige Einstellung des Verfahrens.

§ 28.

Wird dem Vollstreckungsgericht ein aus dem Grundbuch ersichtliches Recht bekannt, welches der Zwangsversteigerung oder der Fortsetzung des Verfahrens entgegensteht, so hat das Gericht das Verfahren entweder sofort aufzuheben oder unter Bestimmung einer Frist, binnen welcher der Gläubiger die Hebung des Hindernisses nachzuweisen hat, einstweilen einzustellen. Im letzteren Falle ist das Verfahren nach dem Ablaufe der Frist aufzuheben, wenn nicht inzwischen der Nachweis erbracht ist.

E. §§ 34, 109 Abs. 2; M. 132, 222, 238; D. 42; KBer. —.

Entgegenstehende Rechte.

1. **Bisheriges Recht. Allgemeines.** Die Notwendigkeit der Vorschrift des § 28, sachlich übereinstimmend mit Art. 32 BaySO., ergibt sich nicht nur aus der Möglichkeit, daß seit Ausstellung des Zeugnisses des Grundbuchamts bis zur Eintragung des Versteigerungsvermerks (bezw. Wirksamkeit der Beschlagnahme) Änderungen des Grundbuchinhalts erfolgt sein können, sondern auch aus dem Umstande, daß das Grundbuchamt — abweichend BaySO. — die Zulässigkeit der Eintragung des Versteigerungsvermerks sachlich nicht zu prüfen berechtigt ist (vgl. § 19 Bem. 3).

§ 28 ist eine Abweichung von § 577 Abs. 3 ZPO. und rechtfertigt sich durch die Erwägung, daß über die aus dem Grundbuch ersichtliche Tatsache eine Entscheidung noch nicht getroffen wurde.

2. Die **Aufhebung wegen entgegenstehender Rechte** erfolgt in Abweichung von §§ 771 ZPO. dann von Amts wegen (ohne daß es eines Antrags des Dritten bedarf) und durch das Vollstreckungsgericht, wenn ihm jene Rechte aus dem Grundbuch (nicht Grundbuchanlagen), sei es im Weg des § 19 Abs. 2, oder §§ 9, 37 Ziff. 5 bekannt werden.

Zur Aufhebung nach § 28 gibt nur ein vor dem Versteigerungsvermerk eingetragenes[1]) Recht Veranlassung (vgl. § 23 Bem. 3 A). Hierher gehören Veräußerungsverbote[2]) (§§ 135, 136 BGB., 772 ZPO., auch Verwaltungsbeschlag-

---

[1]) Auch ein zu Unrecht gelöschtes und nach dem Vermerk wieder eingetragenes Recht (Fischer-Schäfer S. 228).

[2]) Von den vertragsmäßigen Veräußerungsverboten können nur mehr die schon zur Zeit des Inkrafttretens des BGB. bestandenen und durch Art. 168 EG. z. BGB. aufrechterhaltenen Verbote zu Gunsten der Nichthypothekgläubiger in Betracht kommen, nachdem solche nach § 137 BGB. mit dinglicher Wirkung gegen Dritte nicht mehr geschaffen werden können (Staudinger BGB. § 137 Bem. 2, § 892 Bem. 2 c γ.), die früher entstandenen aber, soweit sie zu Gunsten eines Hypothekgläubigers vereinbart waren, durch HypGes.-Nov. vom 20. Dezbr. 1903 Art. I Ziff. 7, II Ziff. 2 beseitigt sind.

Ob die erstgenannten überhaupt dingliche Wirkung äußern und somit gegenüber der Zwangsvollstreckung eine Berücksichtigung beanspruchen können, richtet sich nach dem vor 1900 gültigen materiellen Recht. Für das Gebiet des gem. Rechts wird die Dinglichkeit

nahme); Lehen- und Fideikommißeigenschaft des Grundstücks (Art. 13, 14 BayAG. z. GBO., vgl. Ortenau-Henle S. 44 ff.); Eigentum eines Dritten[3]) (vgl. § 26 Bem. 2—4); Rechte der Konkursgläubiger (vgl. § 23 Bem. 4).

3. Verfahren. Die Anordnung nach § 28 erfolgt durch das Vollstreckungsgericht (nicht Notar[4]): § 13 EG., Art. 25 BayAG. z. ZVG.) mittelst **Beschlusses**, welcher zuzustellen ist (§§ 3, 32) und gegen welchen Einwendungen nach § 766 ZPO. mit darauffolgender sofortigen Beschwerde zulässig sind (§ 95). Das Gericht hat die Wahl zwischen Aufhebung und einstw. Einstellung; letztere wird in der Regel angewendet, wenn sich das Hindernis alsbald beseitigen läßt. Über die zu bestimmende Frist siehe §§ 223—225 ZPO.

Die Anordnung ist bis zum Schluß der Versteigerung zulässig (vgl. §§ 33, 85, 86); nach derselben ist gemäß § 33 zu verfahren.

4. Wirkung. Im Falle der Aufhebung des Verfahrens nach § 28 erlischt die Beschlagnahme mit dem Erlaß des Aufhebungsbeschlusses; dieser wirkt dergestalt, daß die Versteigerungsanordnung als nicht erlassen gilt. Die Beschlagnahme lebt aber wieder auf, wenn die Versteigerungsanordnung im Beschwerdeweg wieder hergestellt wird.

5. Mit der Aufhebung des Verfahrens ist, (falls dasselbe nicht für einen anderen Gläubiger fortzusetzen ist), **die Löschung des Versteigerungsvermerks** herbeizuführen (§ 34); sie kann jedoch gemäß § 572 Abs. 2 ZPO., wenn Beschwerde eingelegt ist, ausgesetzt werden. Infolge der Löschung des Versteigerungsvermerks ist ein gutgläubiger Erwerb von Rechten am Grundstück bis zur Wiedereintragung möglich (v. d. Pfordten S. 97).

6. Die Aufhebung ist bei Familienfideikommissen und Bergwerken dem Fideikommißgericht bezw. der Bergbehörde mitzuteilen (Art. 34 Abs. 2, 43 Abs. 1 BayAG. z. ZVG.).

Zusatz. Neben den in §§ 28 ff. genannten **Aufhebungs- und Einstellungsgründen** kommen für das Verfahren noch diejenigen **der §§ 707, 719, 732 Abs. 2, 766—786, besonders 775, 776 ZPO. und diejenigen der §§ 75—77 ZVG.** in Betracht. In diesen Fällen wird jedoch seitens des Vollstreckungsgerichts bezw. Notars lediglich die Entscheidung des Prozeßrichters (über Aufhebung oder Einstellung) vollzogen (§ 32), wozu allerdings ein eigener, der sofortigen Beschwerde nach § 95 (Erinnerung nach § 13 Abs. 2 EG.) unterliegender Beschluß des Vollstreckungsgerichts (Notars) erforderlich ist. Nur im Falle des § 769 Abs. 2 ZPO. obliegt die einstweilige Entscheidung über solche Einstellungsgründe, im Falle des § 766 ZPO. die definitive Entscheidung über die Zulässigkeit des Beschlagnahmebeschlusses gleichfalls dem Vollstreckungsgericht, die ihrerseits

---

verneint (BlfRA. Bd. 64 S. 353 ff.), für das des preuß. Rechts für den Fall bejaht, daß das Verbot durch Eintragung gesichert war (Förster-Eccius § 194, 24; Roth-Becher Bd. II Abt. 1 S. 186, Habicht III. Aufl. S. 136—138, 256). Letzterenfalls wäre nach § 28 zu verfahren, wenn das Verbot dem betreibenden Teil vorgeht, und nicht etwa (vom Fall des § 59 abgesehen) das Verbot als ein ins Mindestgebot aufzunehmendes und dem Ersteher gegenüber aufrecht bleibendes Recht zu behandeln (Jäckel S. 154).

[3]) Eine Vormerkung zur Sicherung des Anspruchs auf Eigentumsübertragung (§ 883 BGB.) oder ein Widerspruch (§ 899 BGB.) begründen keine entgegenstehenden Rechte, wohl aber der mit dem Range der Vormerkung (§ 883 Abs. 3 BGB.) eingetragene Eigentumswechsel selbst (Fischer-Schäfer S. 228, 241; v. d. Pfordten S. 94, 108; Recht 1904 S. 70).

[4]) Es ist natürlich nicht ausgeschlossen, daß der Notar zur Prüfung der Frage, ob das Verfahren fortzusetzen ist, die Akten dem Gerichte zurückgibt, wenn dieses ein Recht fraglicher Art übersehen hat, vgl. § 33.

wieder eines Vollzugsbeschlusses des Notars (§§ 32, 33) bedarf, wenn dieser bereits das eigentliche Versteigerungsverfahren eingeleitet hat. § 769 Abs. 2 ZPO., ist in der Regel nur dann gegeben, wenn der Intervenient bis zur Zuschlagsverkündung keine einstweilige Entscheidung des Prozeßgerichts zu erlangen vermag (Jäckel S. 128, Falkmann 2. Aufl. S. 345 ff.).

§ 29.

Das Verfahren ist aufzuheben, wenn der Versteigerungsantrag von dem Gläubiger zurückgenommen wird.

E. I §§ 42, 107; M. 144, 219; D. 42; KVer. —.

Antragszurücknahme.

1. Bisheriges Recht. Die Zurücknahme des Versteigerungsantrags war als Aufhebungsgrund in der BayGO. nicht ausdrücklich benannt. Die Aufhebung erfolgte, auch wenn die Zurücknahme beim Notar beantragt war, durch das Gericht (vgl. Ortenau-Henle S. 67).

2. Zulässigkeit. Die Aufhebung des Verfahrens infolge Zurücknahme des Antrags ist wie bisher (Art. 82 Ziff. 10 BayGO.) bis zur Erteilung des Zuschlags [1]) statthaft (§ 33).

Die Zurücknahme kann formlos, auch mündlich im Versteigerungstermine erklärt werden (in welchem Falle die Erklärung vom Notar zu Protokoll zu nehmen und dem Gericht zu übermitteln ist, nachdem er die Versteigerung eingestellt hat, vgl. Ortenau-Henle S. 67, 72).

Als Zurücknahme gilt auch eine zweimalige Einstellungsbewilligung (§ 30).

Die Zurücknahme des Antrags kann nur das ganze Grundstück betreffen und nicht auf einzelne Teile des Beschlagnahmegegenstandes (z. B Zubehörstücke) beschränkt werden (Rechtspr. d. OLG. VIII S. 5).

3. Die **Wirkungen** der Beschlagnahme (§§ 10 Ziff. 5, 23) erlöschen nicht erst mit der Aufhebung (wie § 28), sondern schon mit der Zurücknahme des Versteigerungsantrags d. h. mit dem Zeitpunkt, in welchem dieselbe in den Einlauf des Gerichts (Notars) gelangt oder vor ihm (Gerichtsschreiber) erklärt wird. Gleichgültig ist, wann sie zu den Vollstreckungsakten gelangt; hat z. B. der Notar den Zuschlag erteilt, obwohl der Antrag gegenüber dem Gerichte bereits zurückgenommen war, so ist der Zuschlag der Beschwerde (§§ 83 Ziff. 6, 100) unterworfen; der Ersteher hat jedoch hierwegen keinen Grund zur Beschwerde (§ 100 Abs. 2). Wird nach dem Eingang der Zurücknahme ein neuer Antrag gestellt, so ist dieser nicht als Beitritt zu behandeln (Wolff § 29 Bem. 3, Jäckel S. 134, 135); indem das alte Verfahren aufgehoben und ein neuer Versteigerungsvermerk eingetragen wird, gelangt die neue Beschlagnahme nicht, wie beim Beitritt, allein durch Zustellung zur Wirksamkeit (§ 22). Ebenso ist zu verfahren, wenn bereits ein Beitrittsbeschluß erlassen, aber vor seiner Zustellung der erste Gläubiger seinen Antrag zurücknimmt (Recht 1904 S. 226).

4. Verfahren. Der Aufhebungs**beschluß**, welcher im Falle des § 29 nur formelle Bedeutung hat, ist zuzustellen (§§ 3, 32) und gleichzeitig um Löschung des Versteigerungsvermerks zu ersuchen (§ 34).

---

[1]) Mit dem Zuschlag ist der Beschlagnahmegegenstand nicht nur der Verfügung des Schuldners, sondern auch derjenigen des betreibenden Teils entzogen; wird der Zuschlag im Beschwerdeweg aufgehoben und ist das Verfahren fortzusetzen (§ 86), so ist auch die Zurücknahme des Antrags wieder möglich (Reinhard I S. 172).

Das Verfahren wird jedoch nicht aufgehoben, wenn es von mehreren betrieben wird und nicht alle ihre Anträge zurückgenommen haben (anders nach bisherigem Rechte, wo auch die weitere Beschlagnahme infolge gesonderter Eintragung eine selbständige Bedeutung hatte). Diesfalls ergeht Beschluß, daß das Verfahren nunmehr für den andern fortgesetzt wird; auch dieser ist zuzustellen; der Versteigerungsvermerk bleibt bestehen. Stellt der zurückgetretene Gläubiger in dem für andere fortgesetzten Verfahren neuerlichen Versteigerungsantrag, so bestimmt sich seine Rechtsstellung nach dem neuen Beitrittsbeschluß (Jäckel S. 135).

Der Aufhebungsbeschluß ist mit sofortiger Beschwerde[1]) anfechtbar (§ 95), gegen den Fortsetzungsbeschluß sind nur Erinnerungen (nach § 766 ZPO.) zulässig. — Vgl. auch § 28 Bem. 4, 5.

5. Über den Einfluß der Antragszurücknahme auf den **Versteigerungstermin** und das geringste Gebot siehe §§ 43, 44.

§ 30.

Das Verfahren ist einstweilen einzustellen, wenn der Gläubiger die Einstellung bewilligt; ist die Einstellung erfolgt, so gilt eine neue Bewilligung als Rücknahme des Versteigerungsantrags.

Der Bewilligung der Einstellung steht es gleich, wenn von dem Gläubiger die Aufhebung des Versteigerungstermins bewilligt wird.

E. I § 108; M. 219, 220; D. 42; KBer. 20.

Einstweilige Einstellung auf Gläubigerantrag.

1. Bisheriges Recht. Art. 12 BayEO. gestattete dem Gläubiger die einstweilige Einstellung des Verfahrens bis zur Dauer eines Jahres. Mehrmalige solche Einstellungen wurden zusammengerechnet.

2. Die **Einstellungsbewilligung** seitens des betreibenden Gläubigers ist nunmehr nur einmal zulässig, und zwar bis zur Erteilung des Zuschlags (§ 33, Rechtspr. d. OLG. II S. 81). Sie darf überdies nicht die Dauer von 6 Monaten überschreiten (§ 31 Abs. 2), damit nicht durch Anwachsen der wiederkehrenden Leistungen (§§ 10, 13) die nachstehenden Beteiligten geschädigt werden.

Die Bewilligung der Einstellung[1]) ist an keine Form gebunden; sie kann auch in einer Stundungserklärung enthalten sein und vom Schuldner vorgelegt werden (§ 775 Ziff. 4 ZPO.). Der Gläubiger kann seine Erklärung jederzeit ändern (§ 31 Abs. 1); ob er an dieselbe gebunden ist (Stundungsvertrag), hat nicht der Vollstreckungsrichter zu entscheiden (§§ 767, 769 ZPO.; Jäckel S. 131, 137).

Auch der Antrag auf Aufhebung des Versteigerungstermins ist eine Einstellungsbewilligung, kann also nur einmal gestellt werden (auch wenn gleichzeitig die Anberaumung eines neuen Termins — „Vertagung" — verlangt wird) und nur, wenn nicht bereits eine Einstellungsbewilligung (mit Einstellung) vorausgegangen ist.

---

[1]) Einwendungen nach § 766 ZPO. sind seitens des Gläubigers auch dann nicht zulässig, wenn das Gericht irrtümlich den Fall des § 30 Abs. 1 Satz 2 für gegeben erachtet hat (§ 95).

[1]) Auch die Zurücknahme des Vollstreckungstitels kann zu einer Einstellung führen, wenn derselbe zur Fortsetzung der Vollstreckung (z. B. Versteigerungsterminsanberaumung) notwendig wäre, aber nicht wieder vorgelegt wird (vgl. Ortenau-Henle S. 32, GVollzGeschA. § 70, Reinhard I S. 19).

Jede zweite Bewilligung desselben Gläubigers führt zur Aufhebung des Verfahrens (§ 30 Abs. 1 Satz 2, § 29), vorausgesetzt, daß nach der ersten Bewilligung das Verfahren gemäß § 31 Abs. 1 fortgesetzt worden war (Jäckel S. 138).

3. Verfahren. Die Einstellung ist durch **Beschluß** auszusprechen (während der Dauer des eigentlichen Versteigerungsverfahrens durch den Notar, § 13 EG., Art. 25 BayAG. z. ZVG., nach Schluß der Versteigerung durch Zuschlagsversagungsbeschluß § 33); derselbe ist zuzustellen (§§ 3, 32) und mit sofortiger Beschwerde (§ 95), bezw. derjenige des Notars zuerst mit der Erinnerung des § 13 Abs. 2 EG. anfechtbar.

Mit der Einstellung ist die Wiedervorlage der Akten nach 6 Monaten zu verfügen (auch wenn über diese Zeit hinaus Stundung bewilligt war) und nach § 31 zu verfahren. Wird die Aufhebung nötig, so sind vom Notar die Akten an das Gericht zurückzuleiten. Ist der Versteigerungstermin anberaumt, so ist derselbe abzusetzen und dies den Beteiligten mitzuteilen; dagegen findet eine Ausschreibung der Terminsaufhebung nicht statt (anders Art. 66 SO.).

Wird das Verfahren von mehreren betrieben, so ist die Einstellungsbewilligung des einen auf das Verfahren des andern ohne Einfluß; der Beschluß muß daher ersehen lassen, wessen Verfahren eingestellt (bezw. im Fall des § 31 fortgesetzt) wird.

4. Die einstweilige Einstellung **bewirkt** das Ruhen des Verfahrens unter Aufrechterhaltung der Beschlagnahme und der etwaigen Sicherungsmaßregeln; abgegebene Gebote erlöschen (§ 72 Abs. 3). Das Verfahren ruht, bis die Fortsetzung beantragt wird (§ 31 Abs. 1) oder die Aufhebung erfolgt (§§ 29, 30 Abs. 1 Satz 2, 31 Abs. 2).

5. Die (vom Schuldner oder Dritten herbeigeführte) **Einstellung durch das Prozeßgericht** (§§ 707, 709, 732, 769 ff. ZPO.), welche in Ausfertigung vorzulegen ist (§ 775 Ziff. 2 ZPO.), bedarf in der Regel noch des Vollzugs durch einen eigenen Beschluß des Vollstreckungsgerichts (Notars); eine solche Einstellung erscheint aber natürlich nicht als eine vom Gläubiger bewilligte im Sinne des § 30; ebensowenig eine Einstellung durch das Vollstreckungsgericht aus anderen Gründen (z. B. auf Grund §§ 28, 75, 76, 77 Ges., §§ 766, 769 Abs. 2 ZPO.). Vgl. § 28 Bem. 7.

§ 31.

Im Falle einer einstweiligen Einstellung darf das Verfahren, soweit sich nicht aus dem Gesetz ein Anderes ergiebt, nur auf Antrag des Gläubigers fortgesetzt werden.

Wird der Antrag nicht binnen sechs Monaten gestellt, so ist das Verfahren aufzuheben. Die Frist beginnt, wenn die Einstellung von dem Prozeßgericht angeordnet war, mit der Wiederaufhebung der Anordnung, in den übrigen Fällen mit der Einstellung des Verfahrens.

E. I §§ 110, 111; M. 223, 224; D. 42, 43; KBer. 21, 22.

Wirkung der Einstellungsbewilligung. Fortsetzung des Verfahrens.

1. Bisheriges Recht. Vgl. § 30 Bem. 1.

Während nach bayer. Recht im Falle der Einstellung auf bestimmte Zeit das Subh.-Verfahren entsprechend dem Grundsatz des Offizialbetriebs nach Wegfall des Hindernisses von Amts wegen fortgesetzt wurde, verlangt das ZVG. hierzu einen Antrag des Gläubigers; ausgenommen sind nur die Fälle des § 28 Ges. und § 769 Abs. 2 ZPO., in welchen kraft besonderer Vorschrift nach fruchtlosem Ablauf der gesetzten Frist die Zwangsvollstreckung von Amts wegen fortzusetzen ist. Andrerseits schützt § 31 Abs. 2 gegen eine Verschleppung des Verfahrens. — Abweichend geregelt ist der Fall des § 76.

2. Der Fortsetzungsantrag ist formlos, kann innerhalb der 6 Monate des Abs. 2 jederzeit (auch im Fall der Stundung Bem. 2 zu § 30) gestellt werden; während des eigentlichen Versteigerungsverfahrens bei Gericht einlaufende Fortsetzungsanträge sind an den Notar zu leiten. Die Fortsetzung bezweckt auch ein Antrag auf Anberaumung eines neuen Versteigerungstermins, ebenso ein Beitrittsgesuch. Jeder von mehreren betreibenden Gläubigern kann selbständig Fortsetzung verlangen, der Rechtsnachfolger nur nach Beobachtung der §§ 727, 750 Abs. 2 ZPO. Ein Antrag ist auch bei Einstellung auf bestimmte Zeit notwendig; dieser kann aber gleichzeitig mit der Einstellungsbewilligung gestellt werden (Rechtspr. II S. 81, a. M. Jäckel S. 139, v. d. Pfordten S. 99). In der Bewilligung der Einstellung auf bestimmte Zeit allein ist jedoch kein Fortsetzungsantrag enthalten.

3. Die Frist des Abs. 2 beginnt mit der Verkündung bezw. Zustellung der Wiederaufhebung der Einstellung seitens des Prozeßgerichts [1]) oder der Zustellung des Einstellungsbeschlusses des Vollstreckungsgerichts an den Gläubiger, im Falle des § 33 mit § 86 mit der Rechtskraft des den Zuschlag versagenden Beschlusses (Jäckel S. 140). Für die Berechnung der 6 Monate sind die §§ 187 Abs. 1, 188 Abs. 2, 3 BGB. u. 222 ZPO. maßgebend. Die Frist kann nur mit Zustimmung aller Beteiligten verlängert werden (Mot. 224, Jäckel S. 140; vgl. § 30 Bem. 2).

4. Die Fortsetzung bedarf keiner Anordnung durch Beschluß (in der Regel Terminsanberaumung, die wiederum den §§ 37 ff., 43 ff. genügen muß); derselben kann der Schuldner gemäß § 766 (wenn er materielle Hinderungsgründe z. B. Stundungsvertrag behauptet, nach § 767) ZPO. widersprechen. Gegen die (beschlußmäßige) Ablehnung eines Fortsetzungsvertrags ist sofortige Beschwerde (§ 95) zulässig. Gegen die Verfügungen bezw. Entscheidungen des Notars ist zunächst Erinnerung nach § 13 EG., Art. 25 BayAG. z. ZVG. zu erheben.

5. Die Aufhebung nach Fristablauf erfolgt von Amts wegen (auch wenn der Fortsetzungsantrag nachgeholt worden wäre, Fischer-Schäfer S. 233) durch das Vollstreckungsgericht, zu welchem Zwecke der Notar die Akten zurückzuleiten hat (bei mehreren Beschlagnahmen nur die auf die erloschene Beschlagnahme bezüglichen Aktenstücke, einschließlich derjenigen, welche die Aufhebung begründen). Der Aufhebungsbeschluß ist, wenn er ohne Gehör des Gläubigerteils erfolgt ist, zunächst im Wege des § 766 ZPO. anzufechten (Recht 1905 S. 21). Nach Fristablauf kann nur ein neuer Versteigerungs- bezw. Beitrittsantrag gestellt werden.

§ 32.

Der Beschluß, durch welchen das Verfahren aufgehoben oder einstweilen eingestellt wird, ist dem Schuldner, dem Gläubiger und, wenn die Anordnung von einem Dritten beantragt war, auch diesem zuzustellen.

E. I § 146; M. 273; D. 42; KBer. —.

Zustellung des Aufhebungs- bezw. Einstellungsbeschlusses.

1. Bisheriges Recht. Die BayHO. hatte die Zustellung der Aufhebungs- und Einstellungsbeschlüsse nicht durch eine besondere Vorschrift angeordnet, vgl. Art. 17 daselbst.

---

[1]) In den Fällen der §§ 707, 719 mit der Verkündung des den Einspruch oder das Rechtsmittel zurückweisenden Urteils, auch wenn dieses nicht ausdrücklich die Einstellung aufhebt (RG. Bd. 42 S. 370, Fischer-Schäfer S. 42, 233).

2. Weiteres Verfahren im Falle der Aufhebung und Einstellung. § 32 schreibt allgemein **die Zustellung des Aufhebungs- bezw. Einstellungsbeschlusses** des Vollstreckungs- (nicht Prozeß-) gerichts und des Notars vor, auch wenn jener verkündet wurde (Reinhard I S. 182, 183). Ausnahme: § 33 mit §§ 73 Abs. 2, 87, 88. — Die Zustellung ist Voraussetzung des Beginns des Fristenlaufs für die Beschwerde und auch dann notwendig, wenn das Verfahren von mehreren betrieben wird. Sie erfolgt gemäß §§ 3 ff. an Schuldner (nicht den Eigentümer des § 26) und Gläubiger, sowie etwaigen Intervenienten. Kommt mit der Aufhebung oder Einstellung ein Termin in Wegfall, so ist dies den übrigen Beteiligten mitzuteilen (Veröffentlichung nicht notwendig, § 39); im Falle der Aufhebung ist eine formlose Mitteilung auch an die Drittschuldner des § 22 Abs. 2 zweckmäßig (Henle Bem. 2 zu § 32, Jäckel S. 142). Weitere Mitteilungen siehe Art. 34 Abs. 2, 43 Abs. 1 BayAG. z. ZVG.; Löschung des Versteigerungsvermerks im Falle der Aufhebung: § 34.

Da die Aufhebung des Verfahrens immer Sache des Vollstreckungsgerichts ist, so sind während des eigentlichen Versteigerungsverfahrens die dem Notar zugeleiteten Akten zurückzuholen; die Mitteilung des Wegfalls eines bereits anberaumten Versteigerungstermins ist Sache des Notars.

3. § 32 gilt nicht für den **Zuschlagversagungsbeschluß** (§§ 86, 87, Jäckel S. 141).

§ 33.

Nach dem Schlusse der Versteigerung darf, wenn ein Grund zur Aufhebung oder zur einstweiligen Einstellung des Verfahrens oder zur Aufhebung des Termins vorliegt, die Entscheidung nur durch Versagung des Zuschlags gegeben werden.

E. I §§ 169 Abs. 3, 122; M. 211, 222, 240; D. 43; KBer. —.

Einstellung und Aufhebung nach Schluß der Versteigerung.

1. Bisheriges Recht. Eine dem § 33 entsprechende Vorschrift fehlte in der BaySO., da diese weder die Versagung des Zuschlags durch Beschluß noch eine Gebundenheit des Bieters an sein Gebot über den Termin hinaus kannte, wenn ihm nicht der Zuschlag erteilt war (Ortenau-Henle S. 281). Lag ein Einstellungsgrund vor, so war der Versteigerungsbeamte, weil ein etwaiger Zuschlag der Anfechtung gemäß Art. 82 Ziff. 10 ausgesetzt war, lediglich zur Unterlassung des Zuschlags verbunden (Ortenau-Henle S. 302).

2. Grund der Vorschrift ist § 72 Abs. 3, nach welchem die gelegten Gebote durch den Aufhebungsbeschluß (des Vollstreckungsgerichts) oder den Einstellungsbeschluß (des Notars) erlöschen und auch nicht mehr aufleben würden, wenn sich Aufhebung oder Einstellung als ungerechtfertigt herausstellen würden. Deshalb schreibt § 33 lediglich eine andere Art der Beschlußfassung vor, falls ein Aufhebungs- oder ein Einstellungsgrund nach dem (zu verkündenden) Schluß der Versteigerung vor Verkündung des Zuschlags (sei es auch nur in Ansehung eines Teils[1]) der Beschlagnahmeobjekte, Rechtspr. d. OLG. VI S. 431) bekannt (erkannt) wird (vgl. §§ 37 Ziff. 5, 79). Durch die Ver-

[1]) In solchen Fällen muß der Zuschlag hinsichtlich aller Beschlagnahmeobjekte, für welche gemeinsame Versteigerungsbedingungen aufgestellt sind und welche zusammen versteigert werden, versagt und die Versteigerung hinsichtlich der nicht von der Einstellung betroffenen Objekte nach § 86 besonders fortgesetzt werden (vgl. auch Zentralbl. f. f. G. IV S. 302 ff., v. d. Pfordten S. 101 und 156).

sagung des Zuschlags statt Erlassung eines Aufhebungs- oder Einstellungsbeschlusses werden die Gebote bis zur Rechtskraft des Versagungsbeschlusses aufrecht erhalten (§ 86).

Ist § 33 nicht befolgt worden, so sind die Gebote erloschen und erübrigt, wenn der Aufhebungs- bezw. Einstellungsbeschluß als materiell unbegründet im Beschwerdeweg aufgehoben wird, nichts als die Fortsetzung des Verfahrens durch Anberaumung eines neuen Termins (Jäckel S. 145, Fischer-Schäfer S. 234).

Über die Rechtsbehelfe gegen den Versagungsbeschluß siehe §§ 96 ff., 13 Abs. 2 EG., Art. 25 BayAG. z. ZVG.

3. Schwierigkeiten ergeben sich für den **Vollzug** des § 33 aus § 13 Abs. 1 EG. mit § 86 Ges., da die Aufhebung des Verfahrens dem Vollstreckungsgericht vorbehalten ist, während die Einstellung auf Grund der Bestimmungen des ZVG. während des eigentlichen Versteigerungsverfahrens auch zur Zuständigkeit des Notars gehört (Art. 25 BayAG. z. ZVG.). Fischer-Schäfer S. 607, Jäckel S. 602, v. d. Pfordten S. 101, 574 vertreten im Anschluß an Wolff § 13 EG. Bem. 3 die Meinung, daß die Versagung des Zuschlags aus einem Aufhebungsgrund (§ 83 Ziff. 5, 6) nur vom Vollstreckungsgericht (nicht Notar) ausgesprochen werden könnte, weil der Notar diesfalls gemäß § 86 implicite über die Aufhebung entscheiden würde. Allein durch die Übertragung der Entscheidung über den Zuschlag an die Notare ist auch in diesen Fällen nichts an der durch § 13 Abs. 1 EG. vorbehaltenen Zuständigkeit des Vollstreckungsgerichts geändert; denn diesem verbleibt, auch wenn man die Versagung des Zuschlags wegen eines Aufhebungsgrundes dem Notar zuweist, die Entscheidung darüber, ob ein Aufhebungsgrund vorliegt und das Verfahren durch Löschung des Versteigerungsvermerks zu beendigen ist oder nicht (vgl. § 86). Überdies stünde einer Versagung des Zuschlags durch das Vollstreckungsgericht die Vorschrift des § 87 im Wege, da der Notar nicht einfach ohne Entscheidung die Akten zurückgeben oder einen Termin zwecks Verkündung der Entscheidung des Gerichts anberaumen kann und § 32 nicht Anwendung findet. Vgl. Reinhard II S. 367, 368.

Versagt der Notar den Zuschlag, weil er einen Grund zur Aufhebung des Verfahrens für vorliegend erachtet, und schließt sich das Vollstreckungsgericht dieser Ansicht an, so muß es sich nur hüten, vor Rechtskraft des Versagungsbeschlusses (§ 86) die Aufhebung auch formell auszusprechen und die Löschung des Versteigerungsvermerks zu veranlassen.

Hält das Gericht einen Aufhebungsgrund nicht für gegeben, so hat es die Akten wieder an den Notar zu leiten und es dem Gläubiger zu überlassen, die Fortsetzung des Verfahrens zu beantragen (§ 31) oder den Versagungsbeschluß im Wege des § 13 Abs. 2 EG. z. ZVG. zu bekämpfen.

4. Unter der Aufhebung bezw. Einstellung ist auch in §§ 33, 72 Abs. 3 nicht die durch das **Prozeßgericht** angeordnete oder eine vom Vollstreckungsgericht gemäß § 769 Abs. 2 ZPO. verfügte einstw. Einstellung verstanden, sondern die durch den Notar zu betätigende Vollziehung dieser Beschlüsse. Erstere haben das Erlöschen der Gebote nicht zur Folge (Fischer-Schäfer S. 235).

§ 34.

Im Falle der Aufhebung des Verfahrens ist das Grundbuchamt um Löschung des Versteigerungsvermerkes zu ersuchen.

E. I § 146; M. 273; D. 43; K.Ber. —.

Löschung des Versteigerungsvermerks.

1. Über das **bisherige Recht** vgl. Art. 12 Satz 3 BayGO., Ortenau-Henle S. 67.

2. Das **Ersuchen um Löschung** des Versteigerungsvermerks erfolgt im Falle der Aufhebung (nicht Einstellung) des Verfahrens von Amts wegen gleichzeitig mit dem Beschluß, nicht erst nach Zustellung oder Rechtskraft desselben (§ 572 Abs. 1 ZPO.). Im Falle der Beschwerdeeinlegung kann das Vollstreckungsgericht die noch nicht vollzogene Löschung inhibieren, das Beschwerdegericht auch die Wiedereintragung einstweilen anordnen (§ 572 Abs. 2, 3 ZPO.). Die Wiedereintragung wirkt, vorbehaltlich des inzwischen erfolgten gutgläubigen Rechtserwerbs, wie wenn die Löschung nicht erfolgt wäre, (Fischer-Schäfer S. 236, Jäckel S. 145). Im Falle des § 86 mit 33 darf die Löschung erst nach Rechtskraft des Versagungsbeschlusses erfolgen.

3. Löschung. Das Grundbuchamt hat kein sachliches Prüfungsrecht gegenüber dem Ersuchen (vgl. oben § 19 Bem. 3 u. § 39 GBO.); eine Löschung auf Antrag einer Partei ohne Ersuchen seitens des Vollstreckungsgerichts ist ausgeschlossen (Jäckel a. a. O.); im übrigen siehe § 55 GBO. und § 290 DA. f. GBA. — Über die Löschung nach dem Zuschlag siehe § 130.

III. Bestimmung des Versteigerungstermins.

§ 35.

Die Versteigerung wird durch das Vollstreckungsgericht ausgeführt.

E. I § 43; Mt. 119, 120; D. 43; KBer. —

Zuständigkeit.

Die **Ausführung der Versteigerung** ist nach Reichsrecht, wie die Anordnung (§ 19), Sache des Vollstreckungsgerichts (§ 1). § 65 enthält eine Ausnahme für die Verwertung mithaftender beweglicher Sachen und Forderungen (§§ 20, 21), § 13 EG. z. ZVG. einen Vorbehalt für die Landesgesetzgebung, auf Grund dessen in **Bayern**, wie bisher (Art. 29, 35, 48 ff., 76 SO.), die Ausführung der Versteigerung den **Notaren** übertragen wird (Art. 25 BayAG. ZVG.).

Das Verfahren beim Versteigerungsbeamten (das Versteigerungsverfahren im engeren Sinn §§ 35—89) ist ebenfalls Offizialverfahren, soweit nicht das Gesetz ausdrücklich einen Antrag erfordert (§§ 31, 76, 77).

Vgl. im übrigen die Bem. zu § 13 EG. z. ZVG.

§ 36.

Der Versteigerungstermin soll erst nach der Beschlagnahme des Grundstücks und nach dem Eingange der Mittheilungen des Grundbuchamts bestimmt werden.

Der Zeitraum zwischen der Anberaumung des Termins und dem Termine soll, wenn nicht besondere Gründe vorliegen, nicht mehr als sechs Monate betragen.

Der Termin kann nach dem Ermessen des Gerichts an der Gerichtsstelle oder an einem anderen Orte im Gerichtsbezirk abgehalten werden.

E. I § 43 Abs. 2, §§ 46, 47; Mt. 147, 148, 153; D. 43; KBer. —

Terminsbestimmung.

1. Über das **bisherige Recht** vgl. BayGO. Art. 34 Abs. 2, Art. 48 Abs. 1, Art. 52—54.

2. Aktenabgabe an den Notar. Nach Eingang der Mitteilungen des Grundbuchamtes (§ 19 Abs. 2) sind die Akten (falls zu einer Tätigkeit nach § 28 Ges. oder § 572 Abs. 2 ZPO. kein Anlaß besteht und keine Einstellung vorliegt) unverzüglich an den Versteigerungsbeamten zu leiten. Die Zustellung des Anordnungsbeschlusses an den Schuldner ist (auch bei der Terminsbestimmung) nicht abzuwarten, was besonders im Fall der öffentl. Zustellung wichtig ist (Fischer-Schäfer S. 237, a. M. Henle Bem. 2, 3, Jäckel S. 147).

Dagegen ist eine Terminsanberaumung zu Gunsten eines beigetretenen Gläubigers von der erfolgten Zustellung des Beitrittsbeschlusses abhängig, da erst hierdurch die weitere Beschlagnahme wirksam wird (§ 22); zweckmäßig werden daher auch die Beitrittsakten erst nach Zustellung an den Notar abgegeben.

Die Rechtskraft des Anordnungs- oder Beitrittsbeschlusses ist keinesfalls Voraussetzung des weiteren Verfahrens; dieses kann jedoch, falls Einwendungen oder Beschwerde erhoben wurden, inhibiert werden (§§ 766 Abs. 1, 572 Abs. 2, 3 ZPO.)

Zurückbehalten wird nur das Original des Beschlusses, an den Notar geleitet (wegen §§ 43, 44 Abs. 2) die Ausfertigung des Beschlusses mit Zustellungsnachweis; die Anfertigung eines Auszugs aus der Abschrift des Grundbuchblatts wird zweckmäßig sein. (Art. 35 BayGO.). Soferne die Zustellungsnachweise nicht gleichzeitig übermittelt werden können, ist dies nachzuholen, sobald es geschehen kann, und der Notar von dem Hindernis zu verständigen, damit dieser bei der Terminsbestimmung hierauf Rücksicht nimmt (§ 43 Abs. 2). Außer den Mitteilungen des Grundbuchamts sind besonders auch die inzwischen oder später einlaufenden Anmeldungen oder sonstigen Mitteilungen der Beteiligten (Prozeßvollmachten, Wohnungsanzeigen u. dgl.) zu überschicken.

3. Die **Anberaumung des Versteigerungstermins** erfolgt unmittelbar nach Empfang der Akten durch Beschluß des Notars. Der Termin ist so anzusetzen, daß zwischen ihm und der bewirkten Bekanntmachung eine Frist von 6 Wochen liegt (§§ 43 Abs. 1, 83 Ziff. 7); die Maximalfrist von 6 Monaten soll nur ausnahmsweise (z. B. wenn zu einer gelegeneren Zeit die Erzielung eines höheren Erlöses erwartet werden darf oder mit Zustimmung sämtlicher Beteiligten, vgl. §§ 31 Abs. 2 und 30) überschritten werden.

Als Versteigerungsort braucht nicht mehr die Gemeinde der belegenen Sache, es kann auch nach Ermessen des Notars dessen Amtssitz oder ein Ort im Bezirke des Vollstreckungsgerichts (nicht Landgerichtssprengel), im Falle des § 2 im Bezirke des bestellten Amtsgerichtes gewählt werden (vgl. Art. 6 NotGes. v. 9. VI. 99, §§ 19, 20 BayNotGeschO. v. 24. XII. 99).

§ 36 enthält nur Ordnungsvorschriften; ihre Verletzung ist ohne Einfluß auf die Gültigkeit des Verfahrens.

Weitere Ordnungsvorschriften enthält § 4 JMBek. vom 31. März 1905 (JMBl. S. 589) für den Fall, daß ein beschlagnahmtes Gebäude durch Brand beschädigt wurde.

Gegen die Terminsbestimmung sind Erinnerungen gemäß § 13 Abs. 2 EG. z. ZVG. (wie gegen das Verfahren des Gerichtsvollziehers) zulässig, dagegen nicht gegen die hierauf erfolgende Entscheidung des Vollstreckungsgerichts, ebensowenig Beschwerde (außer, wenn der Beschluß die Anordnung der Fortsetzung des Verfahrens nach Einstellung enthält, §§ 28, 30, 31, 33 mit 95). Vgl. Wolff Bem. 1, v. d. Pfordten S. 105.

4. Vor dem Versteigerungstermin kann ein **Verständigungstermin** (Art. 23, 24 Nov. z. BayGO.) anberaumt werden, § 62.

§ 37.

Die Terminsbestimmung muß enthalten:

1. die Bezeichnung des Grundstücks;
2. Zeit und Ort des Versteigerungstermins;
3. die Angabe, daß die Versteigerung im Wege der Zwangsvollstreckung erfolgt;
4. die Aufforderung, Rechte, soweit sie zur Zeit der Eintragung des Versteigerungsvermerkes aus dem Grundbuche nicht ersichtlich waren, spätestens im Versteigerungstermine vor der Aufforderung zur Abgabe von Geboten anzumelden und, wenn der Gläubiger widerspricht, glaubhaft zu machen, widrigenfalls die Rechte bei der Feststellung des geringsten Gebots nicht berücksichtigt und bei der Vertheilung des Versteigerungserlöses dem Anspruche des Gläubigers und den übrigen Rechten nachgesetzt werden würden;
5. die Aufforderung an diejenigen, welche ein der Versteigerung entgegenstehendes Recht haben, vor der Ertheilung des Zuschlags die Aufhebung oder einstweilige Einstellung des Verfahrens herbeizuführen, widrigenfalls für das Recht der Versteigerungserlös an die Stelle des versteigerten Gegenstandes treten würde.

§ 38.

Die Terminsbestimmung soll die Bezeichnung des zur Zeit der Eintragung des Versteigerungsvermerkes eingetragenen Eigenthümers sowie die Angabe des Grundbuchblatts und der Größe des Grundstücks enthalten.

E. I §§ 44, 45; M. 149—152; D. 43; KBer. 23.

Inhalt der Terminsbestimmung.

1. Bisheriges Recht. Allgemeines. Die §§ 37, 38 enthalten einige Abweichungen von Art. 48 BaySO., 20. Nov. hierzu. Nicht in die Versteigerungsbekanntmachung werden aufgenommen die Versteigerungsbedingungen, insbesondere nicht die im Mindestgebot zu berücksichtigenden Hypotheken, die dinglichen Lasten, sowie der Gläubiger und seine Forderung, siehe § 41 Abs. 2.[1]) Ziff. 4 enthält eine bedeutende Erweiterung des Anmeldungszwanges. Neu ist § 37 Ziff. 5, welche Vorschrift mit Rücksicht auf den mit dem Zuschlag (im Gegensatz zu Art. 55 Ziff. 2 SO.) eintretenden Untergang der entgegenstehenden Rechte Dritter erforderlich war.

2. Inhalt der Terminsbestimmung. Er ist teils *wesentlich* (§ 37), so daß ein Mangel die Notwendigkeit der Aufhebung des Termins und die Versagung bezw. Aufhebung des Zuschlags begründet (§§ 43, 83 Ziff. 7, 100 Abs. 3, ebenso Art. 82 Ziff. 1 BaySO.), teils *nicht wesentlich* (§ 38 Ges.; § 6 EG. u. Art. 42 BayAG. z. ZVG., betr. Bergwerke und unbewegl. Kuxe). Eine Verletzung des § 37 kann auch mit Zustimmung aller Beteiligten nicht geheilt werden, es müßte denn sein, daß nur die den

[1]) Auch die bisher in die Bekanntmachung aufgenommenen Bedingungen waren nur vorläufige Feststellungen, die im Termin häufige Änderungen erfuhren. Nunmehr sind alle Interessenten, auch die Beteiligten (vgl. Art. 21 Nov. z. SO.) zur weiteren Aufklärung auf §§ 41 Abs. 2, 42 verwiesen.

Beteiligten zugestellte Terminsbestimmung fehlerhaft, die veröffentlichte dagegen in Ordnung wäre (Jäckel S. 150). Ob die Verletzung in einem für die Beteiligten wesentlichen Punkte besteht oder nicht, ist gleichgültig. Ergänzungen und Berichtigungen sind nur innerhalb der Fristen des § 43 zulässig.

a) **Das Grundstück** muß so bezeichnet sein, daß die Kauflustigen und Beteiligten über die Identität des Objekts außer Zweifel sind (vgl. § 16); es wird in der Regel der Eintragung im Grundbuch entsprechend bezeichnet werden nach Plan- bezw. Hausnummer, Steuergemeinde, Straße, Gattung; Eigentümer[2]); Grundbuchblatt, Flächeninhalt (§ 38, vgl. jedoch § 56 Satz 3); Bruchteil. Nichtaufgeführt werden die mit zu versteigernden Gegenstände (§§ 20 Abs. 2, 21, 55). Nach Ermessen des Versteigerungsbeamten kann der Beschrieb noch durch andere Angaben ergänzt werden, insbesondere im Falle von Veränderungen, welche im Grundbuch noch nicht verlautbart sind; vgl. § 5 JMBek. vom 31. III. 1905 (JMBl. S. 589). Über den Einfluß ungenauer Bezeichnung des Grundstücks auf den Zuschlag siehe RG. Bd. 57 S. 200.

b) **Zeit und Ort** des Termins sind nach Tag, Stunde, Lokalität genau zu bezeichnen. Selbstverständlich ist die Angabe des Versteigerungsbeamten. Unrichtige oder mangelhafte Angaben müssen auch hier zur Terminsaufhebung bezw. Zuschlagsversagung führen (§§ 43 Abs. 1, 83 Ziff. 7, 84).

c) Die Angabe der **Versteigerungsart** (zwecks Zwangsvollstreckung, auf Antrag des Konkursverwalters oder Erben, zwecks Aufhebung der Gemeinschaft) ist erforderlich, weil die Voraussetzungen und Wirkungen dieser Versteigerungsarten verschieden sind.

d) Die **Aufforderung zur Anmeldung** und ev. Glaubhaftmachung der dinglichen Rechte richtet sich an alle, deren Ansprüche (nach Rang und Betrag) zur Zeit der Eintragung des Versteigerungsvermerks nicht aus dem Grundbuch (nicht: Abschrift des Grundbuchblattes) ersichtlich[3]) waren, (nachher eingetragenen Ansprüche, § 9 Ziff. 2; zu Unrecht gelöschte Rechte, wenn sie nicht durch einen vorher eingetragenen Widerspruch gesichert sind, § 48; Ansprüche aus § 10 Ziff. 1—3; rückständige wiederkehrende Leistungen, auch aus eingetragenen Rechten, § 45 Abs. 2; Kosten[4]) und andere Nebenforderungen, §§ 10 Abs. 2, 12; Ersatzansprüche für Rechte, welche durch den Zuschlag erlöschen, wenn deren Betrag nicht eingetragen war, §§ 882, 1097, 1190 BGB.). Auch Rechte an den von der Beschlagnahme und Versteigerung ergriffenen mithaftenden beweglichen Gegenständen und Forderungen bedürfen der Anmeldung (Gaupp-Stein § 865 IV, vgl. Einleitg. IV 3a und unten e).

Zweckmäßig, wenn auch nicht wesentlich, ist wegen § 37 Ziff. 4 die Bekanntgabe des Zeitpunkts der Eintragung des Versteigerungsvermerks in der Terminsbestimmung (Jäckel S. 150).

Der Anmeldung bedürfen niemals: Rechte, welche der Eintragung überhaupt nicht bedürfen (§ 9 EG. und Art. 27 BayAG. z. ZVG.); die Überbau- und Notwegrenten (§ 52 Abs. 2); laufende wiederkehrende Leistungen aus eingetragenen Rechten (§§ 45 Abs. 2, 46, 114 Abs. 2); der Anspruch des betreibenden bezw. beigetretenen Gläubigers (Wolff § 37 Bem. 5, Jäckel S. 152).

Die Anmeldung muß rechtzeitig, spätestens vor Aufforderung zur Abgabe der Gebote (§ 66 Abs. 2) beim Notar erfolgen und ist auf Widerspruch des (betreiben-

---

[2]) Im Falle der §§ 787 ZPO., 928 BGB. ist die Tatsache der Dereliktion zu erwähnen (Reinhard I S. 200); im Fall des § 180 sind alle Miteigentümer anzugeben.

[3]) Eine etwaige Mitteilung des Grundbuchamts ersetzt die Anmeldung nicht.

[4]) Die Kosten hat weder der Versteigerungsbeamte noch der Verteilungsrichter zu prüfen oder festzusetzen (Recht 1902 S. 388).

den oder beigetretenen) Gläubigers glaubhaft zu machen (Ausnahme: § 45 Abs. 2). Der Widerspruch anderer Beteiligter ist hier (anders § 115) bedeutungslos.

Die Unterlassung rechtzeitiger Anmeldung bezw. Glaubhaftmachung eines Rechtes hat zur Folge, daß dieses bei Feststellung des Mindestgebots unberücksichtigt bleibt (§ 45) und nicht nur den im Mindestgebot berücksichtigten Ansprüchen (so Art. 20 Abs. 2, 3 Nov. z. BayGO.), sondern auch denen des betreibenden Teils und den übrigen, rechtzeitig angemeldeten Ansprüchen nachstehen muß (§§ 110, 114). Hierdurch ist es allen Beteiligten ermöglicht, mit annähernder Genauigkeit berechnen zu können, welches Gebot sie zur Deckung der eigenen Forderung zu legen haben, was bisher besonders im Falle der Beschlagnahme durch den ersten Hypothekgläubiger häufig nicht geschehen konnte.

Infolge unterlassener rechtzeitiger Anmeldung kommt das betr. Recht an letzter Stelle zu stehen, ohne daß es auf seinen Rang ankommt. Mehrere nicht rechtzeitig angemeldete Ansprüche kommen nach ihrem Rang (§§ 10 ff.), nicht nach der Zeit der etwaigen verspäteten Anmeldung zum Zuge (Wolff § 37 Bem. 5).

Der Rangverlust ist endgültig und begründet keine Bereicherungsklage, falls das Recht infolgedessen ausgefallen ist, (Fischer=Schäfer S. 411, Rechtspr. III S. 337, IX S. 140, ZBlFG. IV S. 356, 718). Die Präklusion hat die Aufforderung nach Ziff. 4 zur Voraussetzung (§ 110) und verliert ihre Kraft, wenn eine neue Aufforderung zur Abgabe von Geboten (z. B. in einem neuen Termine) erfolgen muß.

e) Die **Aufforderung zur Geltendmachung** entgegenstehender Rechte[5]) ergeht auch an denjenigen, dessen Recht im Grundbuch eingetragen ist (für den Fall, daß auf dasselbe trotz § 28 keine Rücksicht genommen wurde und eine Zuschlagsanfechtung auf Grund des § 83 Ziff. 5 nicht erfolgte).

Das der Zwangsvollstreckung entgegenstehende Recht kann am Grundstück oder dessen Zubehör und von der Beschlagnahme ergriffenen beweglichen Gegenständen bestehen; es muß so beschaffen sein, daß mit demselben Aufhebung oder einstweilige Einstellung des Verfahrens verlangt werden kann (Recht 1903 S. 215, 468).

Über diese Rechte im einzelnen siehe § 9 Bem. 3a und § 28 Bem. 2. Ein durch Vormerkung nach § 883 BGB. gesicherter Anspruch auf Auflassung des Grundstücks (Rückfallsrecht nach Art. 39 ÜG. und Art. 17 pfälz. LiegenschG.; vgl. § 604 DA. f. GBÄ.) hindert die Versteigerung nicht; geht die Vormerkung dem betreibenden Teil vor, so bleibt sie bestehen und ist dem Ersteher gegenüber geltend zu machen, andernfalls erlischt sie durch den Zuschlag und der Berechtigte kann sich nur an den Erlös halten (§§ 91, 92 Jäckel S. 154, Fischer=Schäfer S. 241, ZBlFG. IV S. 258 ff., V S. 217). Dagegen wendet sich § 37 Ziff. 5 nicht an den Erwerber einer Forderung, die mit Wirksamkeit gegenüber der Beschlagnahme aus dem Vermögen des Schuldners ausgeschieden ist (Mot. S. 152, Fischer=Schäfer S. 241, Jäckel S. 154; vgl. aber § 37 Ziff. 4).

Die Geltendmachung der entgegenstehenden Rechte besteht nicht in der Anmeldung und Glaubhaftmachung (hierdurch wird, wenn das Recht nicht schon eingetragen war, nur die Zuziehung zum Verfahren erreicht, § 9 Ziff. 2), sondern in der Herbeiführung der prozeßrichterlichen Aufhebung bezw. Einstellung des Verfahrens (§§ 771, 769, 770 ZPO.) in dringenden Fällen ist

---

[5]) Sie war in der BayGO. entbehrlich, da diese dem Ansteigerer nur soweit Eigentum übertrug, als es der bisherige Eigentümer besessen hatte (Art. 55 Ziff. 2; vgl. Ortenau-Henle S. 149, 226; obstr. Erk. VII S. 82, IX S. 154, n. F. I S. 22; Bl. f. RA. Bd. 54 S. 401, Bd. 55 S. 81. — Nach § 90 vollzieht sich dagegen der Eigentumsübergang ohne Rücksicht auf Eigentum und guten Glauben des Schuldners oder Erstehers (ZBlFG. V S. 139).

zur Erlassung der einstweiligen Anordnung nicht der Notar, sondern das Vollstreckungsgericht zuständig, Becher Mat. VI S. 25) und in dem Nachweis dieser Entscheidungen. Letztere sind spätestens vor Erteilung des Zuschlags gemäß §§ 775 Ziff. 1, 776 ZPO. vorzulegen, und zwar während des eigentlichen Versteigerungsverfahrens dem Notar. Dieser hat auf Grund der vorgelegten Anordnung Beschluß zu fassen und zuzustellen, event. nach § 33 zu verfahren. Die einstweilige Einstellung des Verfahrens ist auch nach Versteigerung bis zur Zuschlagsverkündung zulässig, hat aber dann die Versagung des Zuschlags zur Folge (Rechtspr. d. OLG. VI S. 430, § 33 Bem. 2).

Ungenügend wäre ein bloßer Vorbehalt der Rechte des Dritten im Zuschlagsbeschluß (Jäckel S. 200) oder das Anerkenntnis der besseren Rechte desselben seitens des betreibenden Teils. Die Pfandfreigabe seitens aller betreibenden Gläubiger hebt zwar die Wirksamkeit der Beschlagnahme (nicht das dingliche Recht der Realgläubiger!) in Ansehung der freigegebenen Gegenstände auf; ob sie aber nicht trotzdem von der Versteigerung ergriffen werden, bemißt sich nach §§ 55 Abs. 2, 59 (Jäckel S. 106, v. d. Pfordten S. 109, ZBlFG. III S. 287 ff., V S. 140 ff., Recht VIII S. 586).

Nicht rechtzeitige Herbeiführung der Aufhebung bezw. Einstellung des Verfahrens hat zur Folge, daß sich der Berechtigte nicht mehr an das Grundstück (und mithaftende Gegenstände), sondern nur noch an den Versteigerungserlös halten kann. Nur im Falle des § 28 kann er außerdem den Zuschlag anfechten (§§ 83 Ziff. 5, 6 und 100). Der Erlös tritt dergestalt an die Stelle des Grundstücks (der mithaftenden Gegenstände), daß an ihm das Recht im gleichen Umfang geltend gemacht werden kann; zu diesem Zwecke kann eine Ausscheidung der Erlöse (für Grundstück, bewegliche Sachen, Forderungen) nach dem Wertsverhältnis nötig werden (Wolff § 55 Bem. 9, Jäckel S. 210, Reinhard I S. 200, vgl. auch § 55 Bem. 2); im Verteilungsverfahren geht das fragliche Recht denjenigen Ansprüchen vor, welche ihm gegenüber unwirksam (z. B. später eingetragen) sind; soweit der Erlös einem Gläubiger zu Unrecht ausbezahlt wurde, ist diesem gegenüber die Bereicherungsklage gegeben (§§ 812 ff. BGB., vgl. Wolff § 37 Bem. 6, Recht 1902 S. 235); der betreibende Teil und der Versteigerungsbeamte können schadensersatzpflichtig sein (§§ 823, 839 BGB.).

Wird die Einstellung des Verfahrens wieder aufgehoben, so kann die Fortsetzung des Verfahrens nur auf Antrag des betreibenden Teils erfolgen (§ 31); ohne solche Fortsetzung erstreckt sich die Versteigerung nicht auf diejenigen Gegenstände, hinsichtlich deren das Verfahren eingestellt war; ist der betreibende Teil durch die Versteigerung der Hauptsache befriedigt, so ist die Beschlagnahme in Ansehung der abgesonderten Gegenstände erloschen (Jäckel S. 245, a. M. ZBlFG. III S. 291 ff.); vgl. § 65.

3. Weitere Anmeldungen sind vorgeschrieben in § 53 Abs. 2 (persönliche Haftung), § 54 (Fälligkeit).

§ 39.

Die Terminsbestimmung muß durch einmalige Einrückung in das für Bekanntmachungen des Gerichts bestimmte Blatt öffentlich bekannt gemacht werden.

Hat das Grundstück nur einen geringen Werth, so kann das Gericht anordnen, daß die Einrückung unterbleibt; in diesem Falle muß die Bekanntmachung dadurch erfolgen, daß die Terminsbestimmung in der Gemeinde, in deren Bezirke das Grundstück belegen ist, an die für amtliche Bekanntmachungen bestimmte Stelle angeheftet wird.

E. I. §§ 48, 49; M. 153—155; D. 43, 44; KBer. —.

Bekanntmachung der Terminsbestimmung durch Einrückung oder Anheftung.

1. Die §§ 39—41 enthalten Vorschriften über die Art, wie die Versteigerung zur Kenntnis gebracht wird. **Die Einhaltung des § 39 ist eine wesentliche Voraussetzung** der Gültigkeit des Verfahrens. Nichteinhaltung bedingt Verlegung des Versteigerungstermins, Versagung bezw. Aufhebung des Zuschlags (§§ 43, 83 Ziff. 7, 100 Abs. 3).

Ob die Bekanntmachung der Terminsbestimmung nach Abs. 1 oder 2 zu erfolgen hat, hat der Versteigerungsbeamte nach freiem Ermessen zu entscheiden; ein förmlicher, zuzustellender Beschluß hierüber ist zwar nicht erforderlich, die Anordnung nach Abs. 2 jedoch aktenmäßig niederzulegen (Wolff Bem. 1). Ist aus den Akten, falls von Abs. 2 Gebrauch gemacht wurde, nicht ersichtlich, warum dies geschah, so ist das Verfahren ungültig, nicht aber, wenn sich der Notar über den Wert getäuscht und den Abs. 2 für anwendbar erklärt hat (Wolff a. a. O.). Die Beteiligten können gegenüber der Anordnung nach Abs. 2 oder deren Ablehnung Einwendungen nach § 766 ZPO. erheben. Gegen die hierauf ergehende Entscheidung kann um Abhilfe beim Vollstreckungsgericht nachgesucht werden, dessen Beschluß endgültig ist; Zuschlagsanfechtung kann hierauf nicht gestützt werden (§ 13 EG., Art. 25 BayAG. z. ZVG., § 95 des Ges.; Jäckel S. 157).

2. Die Bekanntmachung der Terminsbestimmung[1]) erfolgt ihrem **ganzen Inhalte** nach (nicht, wie bisher nach Art. 64 BaySO., im Auszug). Vgl. JMBek. v. 31. März 1905 § 7 Abs. 1.

3. Veröffentlichung durch die Zeitung. Sie hat mindestens einmal (§ 40 Abs. 2) in dem für Bekanntmachungen des (Vollstreckungs-)Gerichts bestimmten Blatte zu erfolgen und muß mindestens 6 Wochen vor dem Termine bewirkt sein (§ 43 Abs. 1). Mangels besonderer Vorschrift darf sie als bewirkt angesehen werden mit dem Tage der Ausgabe der betr. Zeitungsnummer (Jäckel S. 156, Fischer-Schäfer S. 242). Letztere ist zu den Akten zu bringen (vgl. § 7 Abs. 2 JMBek. vom 31. März 1905). Im Falle des § 2 genügt die Bekanntmachung durch das Amtsblatt des bestellten Vollstreckungsgerichts.

4. Veröffentlichung durch Anheftung. Sie war bisher in allen Fällen obligatorisch; nunmehr „soll" sie in Bayern in allen Fällen (also auch im Fall des Abs. 1) stattfinden (§ 7 EG., Art. 26, 55 BayAG. z. ZVG.), ist aber obligatorisch nur im Fall des Abs. 2, in welchem keine Einrückung erfolgt. Die Anheftung an die Gemeindetafel wird nicht durch die nach § 40 instruktionell vorgeschriebene Anheftung an die Gerichtstafel ersetzt.

Werden gleichzeitig mehrere, in verschiedenen Gemeinden gelegene Grundstücke versteigert, so ist die Anheftung in jeder dieser Gemeinden vorzunehmen (Reinhard I S. 203).

Sie erfolgt auf Grund Ersuchens des Notars durch die Gemeindebehörde oder den Gerichtsvollzieher, welche über die erfolgte Anheftung eine Bestätigung zu erteilen haben[2]) (GVollzO. und -GeschA., JMBl. 1899 S. 520, 1900 S. 731; vgl. auch Bem. zu § 7 EG. z. ZVG.).

---

[1]) Veröffentlicht wird nur die Terminsbestimmung; die Aufhebung eines Termins braucht lediglich gemäß § 32 zugestellt zu werden (Henle Bem. 4 zu § 30, anders Fischer-Schäfer S. 245 und Art. 66 BaySO.).

[2]) Reisekosten des Gerichtsvollziehers bei Bekanntmachung in mehreren Gemeinden: Obstr. Erk. n. F. V S. 402.

Mit der Anfechtung ist die Bekanntmachung im Sinne des § 43 Abs. 1 bewirkt. Eine Zeitdauer für den Aushang ist, wie bisher, nicht vorgeschrieben. Eine öffentliche Bekanntmachung läge jedoch nicht vor, wenn die Terminsbestimmung unmittelbar nach der Anheftung wieder abgenommen würde. Deshalb ist es zweckmäßig, die Gemeindebehörde um Aushang bis kurz vor dem Termine zu ersuchen. Ist jedoch die Anheftung bescheinigt, so ist bis zum Beweis des Gegenteils anzunehmen, daß die Terminsbestimmung genügend lange angeheftet war (Wolff Bem. 6).

Die Bescheinigung der Anheftung ist zu den Akten zu bringen. Der Beweis der Anheftung kann aber auch auf andere Weise geführt werden (Jäckel S. 157).

Ist das Grundstück einem Gemeindebezirk überhaupt nicht einverleibt, so wird wegen der Größe und des Wertes des Grundstücks auch der Fall des § 39 Abs. 2 nicht vorliegen.

§ 40.

Die Terminsbestimmung soll an die Gerichtstafel angeheftet werden. Ist das Gericht nach § 2 Abs. 2 zum Vollstreckungsgerichte bestellt, so soll die Anheftung auch bei den übrigen Gerichten bewirkt werden.

Das Gericht ist befugt, noch andere und wiederholte Veröffentlichungen zu veranlassen; bei der Ausübung dieser Befugnis ist insbesondere auf den Ortsgebrauch Rücksicht zu nehmen.

E. I. §§ 43, 49; M. 153—155; D. 44; K.Ber. 24.

Bekanntmachung der Terminsbestimmung. Fortsetzung.

1. Der § 40 enthält nur **Ordnungsvorschriften**, ihre Nichteinhaltung ist also ohne Einfluß auf das Verfahren. Die Anheftung der Terminsbestimmung an die Gerichtstafel war der BayGO. unbekannt. Sie erfolgt durch den Gerichtsschreiber, der vom Notar darum zu ersuchen ist. Dies auch im Fall des § 2 Abs. 2.

2. Weitere Veröffentlichungen (vgl. Art. 64, 65 BayGO.) sind in das Ermessen des Versteigerungsbeamten (Art. 25 BayAG. z. ZVG.) gestellt und können insbesondere veranlaßt werden, wenn ein Beteiligter für die Mehrkosten aufkommt. Einem hierauf gerichteten Antrag braucht jedoch nicht entsprochen zu werden (anders bisher, Art. 64 BayGO., Ortenau-Henle S. 249), da jeder Beteiligte weitere Veröffentlichungen selbst vornehmen lassen kann. Die weiteren Bekanntmachungen, welche der Notar veranlaßt, sind auf die Gültigkeit des Verfahrens ohne Einfluß und für den Beginn der Versteigerungsfrist bedeutungslos; Art. 43 Abs. 1 findet daher auf sie keine Anwendung (Jäckel S. 158).

Die von einem Beteiligten für weitere Veröffentlichungeu vorgeschossenen Auslagen werden nicht aus der Masse erstattet, da sie nicht zu den Kosten des § 10 Abs. 2 gehören (Wolff Bem. 5); anders, wenn sie der Notar von Amts wegen veranlaßt hat (vgl. Art. 15 des BayGebGes. vom 11. XI. 1899).

§ 41.

Die Terminsbestimmung ist den Betheiligten zuzustellen.

Im Laufe der zweiten Woche vor dem Termine soll den Betheiligten mitgetheilt werden, auf wessen Antrag und wegen welcher Ansprüche die Versteigerung erfolgt.

Als Betheiligte gelten auch diejenigen, welche das angemeldete Recht noch glaubhaft zu machen haben.

E. I §§ 52—54; M. 156—159; D. 44; KBer. 25.

Zustellung der Terminsbestimmung an die Beteiligten.

1. Rechtliche Natur der Vorschrift. Die Zustellung der Terminsbestimmung mit ihrem ganzen Inhalt ist obligatorisch. Sie erfolgt nach den Vorschriften der §§ 3—7 und muß nach § 43 Abs. 2 mindestens 2 Wochen vor dem Termine bewirkt sein. Mängel derselben gegenüber den zur Zeit der Anberaumung des Termins bekannten Beteiligten führen, soweit sie nicht gemäß § 43 Abs. 2, 83 Ziff. 1 u. § 84 geheilt werden, zur Aufhebung des Termins und zur Versagung bezw. Aufhebung des Zuschlags (§§ 43 Abs. 2, 83 Ziff. 1). Diese Wirkung hat eine fehlerhafte Zustellung auch dann, wenn der Mangel der Terminsbestimmung nicht gerade einen für den Beteiligten wesentlichen Punkt betrifft (vgl. § 100 Abs. 2, auch Ortenau-Henle S. 242, 243). Abs. 2 hat dagegen nur die Bedeutung einer instruktionellen Vorschrift; sie kann aber, wenn durch Unrichtigkeit der Anwendung die Feststellung des Mindestgebots beeinflußt wird, Zuschlagsanfechtung begründen (Recht 1904 S. 82). Eine ausdrückliche Ladung erfolgt nicht mehr (Jäckel S. 158).

2. Beteiligt und berechtigt, die Zustellung der Terminsbestimmung zu verlangen, sind die in § 9 aufgeführten Personen mit der Maßgabe, daß es hier auf die Glaubhaftmachung der angemeldeten Rechte nicht ankommt (Abs. 3).[1])

Die Zustellung an die erst nach der Terminsanberaumung bekannt gewordenen Beteiligten darf nicht unterbleiben; der Mangel derselben beeinträchtigt aber die Gültigkeit des Verfahrens nicht und darf hierwegen nicht der Zuschlag versagt werden (§ 43 Abs. 2, Jäckel S. 158; vgl. auch Art. 62 BayGO.). Im Falle des § 132, wie § 133 (Wiederversteigerung) ist selbstverständlich auch der Ersteher als nunmehriger Schuldner Beteiligter; im Fall des § 85 Abs. 2 tritt der bisherige Meistbietende hinzu.

Nach Art. 14 Nov. z. BayGO. gehörten zu den Beteiligten auch diejenigen, welche einen Anspruch wegen öffentlicher Lasten und Abgaben von dem Grundstück hatten (vergl. Ortenau-Henle S. 242). Nunmehr zählen diese Berechtigten erst auf Anmeldung ihres Anspruches hin zu den Beteiligten. Vorherige Zustellung an sie kann aber im Verwaltungswege angeordnet werden, was auch in Bayern geschehen ist (§ 6 JMBek. v. 31. März 1905; vgl. Jäckel S. 159, Reinhard I S. 207).

3. Die Mitteilung nach Abs. 2 ist vom Notar zwar nicht förmlich zuzustellen, gleichwohl jedoch aktenmäßig niederzulegen. Der Gläubiger und Schuldner erhalten diese Mitteilung schon durch Zustellung des Einleitungsbeschlusses; weitere Mitteilungen brauchen an sie daher nur im Falle des Beitritts eines anderen Gläubigers oder einer anderweitigen Änderung der Sachlage zu geschehen (Jäckel, Reinhard a. a. O.).

Die Benachrichtigung darf erst zwei Wochen vor dem Termin erfolgen, kann also nicht mit der Zustellung der Terminsbestimmung verbunden werden. Andererseits brauchen Änderungen der Sachlage, die sich erst nach erfolgter Benachrichtigung ergeben, nicht mehr mitgeteilt zu werden. Die Beteiligten erhalten hiervon im Termine Kenntnis. (Vgl. Art. 62 BayGO. und Art. 22 Nov. hierzu.)

Die Benachrichtigung soll den Beteiligten die Prüfung, ob und wieweit sie von der Versteigerung berührt werden, ermöglichen; zweckmäßig ist sie daher auf die Mitteilung des Ranges des Anspruchs des Gläubigers, bei mehreren auch auf die Angabe, welcher Anspruch mit Rücksicht auf § 44 Abs. 2 für die Bildung des Mindestgebots maßgebend ist, auszudehnen (Lorenz S. 14, Jäckel S. 159).

---

[1]) Zediert ein Beteiligter nach der an ihn erfolgten Zustellung seine Forderung, so bedarf es keiner neuerlichen Zustellung an den Zessionar (Ortenau-Henle S. 242).

§ 42.

Die Einsicht der Mittheilungen des Grundbuchamts sowie der erfolgten Anmeldungen ist Jedem gestattet.

Das Gleiche gilt von anderen das Grundstück betreffenden Nachweisungen, welche ein Betheiligter einreicht, insbesondere von Abschätzungen.

E. I § 55; M. 159; D. 44; KBer. 26.

Recht auf Akteneinsicht.

1. Bisheriges Recht. Nach Art. 64 Ziff. 6 BaySO. und Art. 21 Nov. hierzu konnte jedermann die Beschreibung des Versteigerungsgegenstandes und die Versteigerungsbedingungen beim Notar einsehen, sowie Aufschluß über die ins Mindestgebot fallenden Ansprüche und Hypothekforderungen erholen; im übrigen war gemäß Art. 13 Abs. 2 die Akteneinsicht nur den Gläubigern gestattet, welche im Besitze einer vollstreckbaren Urkunde sich befanden (Ortenau-Henle S. 67 ff., 250).

2. Nunmehr ist durch § 42 in Verbindung mit § 299 ZPO. jedem Beteiligten (§ 9)[1]) **allgemeine Akteneinsicht** und das Verlangen von Ausfertigungen, Auszügen und Abschriften gestattet. Ein rechtliches Interesse an der Akteneinsicht glaubhaft zu machen, sind nur dritte Personen (Kauflustige) verbunden, und auch diese nur, soweit es sich nicht um die in § 42 genannten Aktenstücke handelt. Diese Aktenstücke können zwar von jedem eingesehen werden, ohne daß Gericht oder Notar berechtigt oder verpflichtet wären, nach dem Zwecke der Einsichtnahme zu forschen; die Erteilung von Ausfertigungen u. s. w. ist aber auch hier Dritten gegenüber an die Glaubhaftmachung eines rechtlichen Interesses geknüpft (Reinhard I S. 210). Unbegründete Verweigerung der Akteneinsicht hat keinen Einfluß auf die Gültigkeit des Verfahrens.

3. Nachweisungen. Die von einem Beteiligten eingereichten Nachweisungen haben keinen amtlichen Charakter. Eine amtliche Abschätzung des Wertes des Grundstückes erfolgt nur in den Fällen der §§ 64 und 112 (vgl. § 11 EG. und Art. 29 BayAG. z. ZVG.). Die Aufnahme eines amtlichen Zubehör-Verzeichnisses (vgl. Art. 37 BaySO.) unterbleibt gleichfalls, da die Entscheidung darüber, was als Zubehör eines Grundstückes anzusehen ist (§§ 97, 98 BGB.), dem Prozeßrichter vorbehalten bleibt.

§ 43.

Der Versteigerungstermin ist aufzuheben und von neuem zu bestimmen, wenn die Bekanntmachung der Terminsbestimmung nicht sechs Wochen vor dem Termine bewirkt ist.

Das Gleiche gilt, wenn nicht zwei Wochen vor dem Termine dem Schuldner ein Beschluß, auf Grund dessen die Versteigerung erfolgen kann, und allen Betheiligten, die schon zur Zeit der Anberaumung des Termins dem Gerichte bekannt waren, die Terminsbestimmung zugestellt ist, es sei denn, daß derjenige, in Ansehung dessen die Frist nicht eingehalten ist, das Verfahren genehmigt.

E. I §§ 50, 52 Abs. 2, 3, 57, 58; M. 155—161; D. 44; KBer. 27.

---

[1]) Zu den Beteiligten gehört auch der Ersteher, der zahlungspflichtige Dritte der §§ 61, 82, der Meistbietende des § 81 Abs. 2—4, und der Bieter, dessen Gebot nicht erloschen ist.

Versteigerungsfrist. Notwendigkeit der Aufhebung des Termins.

1. Bisheriges Recht. Die Frist, welche nach Art. 64 BayGO. zwischen dem Termin und dessen Bekanntmachung liegen mußte, betrug einen Monat; ebenso diejenige zwischen dem Termin und der Zustellung der Versteigerungsbekanntmachung (Art. 62); für den Fall der Verlegung des Termins war erstere Frist auf zwei Wochen reduziert, für die nochmalige Zustellung aber eine Frist überhaupt nicht mehr einzuhalten (Art. 66). Eine weitere Beschlagnahme für eine Forderung besseren Ranges blieb bei Feststellung des Mindestgebots außer Betracht, wenn nicht den Gläubigern, deren Rechte hierdurch beeinträchtigt wurden, noch zwei Wochen vor dem Termine hiervon Mitteilung hatte gemacht werden können (Art. 22 Nov.). Auch die Zustellung des Beschlagnahmebeschlusses an den Schuldner brauchte nicht eine bestimmte Zeit vor dem Termine erfolgt zu sein, da die Wirksamkeit des Beschlusses lediglich an die Eintragung geknüpft war.

2. Nunmehrige Fristen. Voraussetzung der Gültigkeit des Verfahrens ist (abgesehen von dem wesentlichen Inhalte der Terminsbestimmung — denn unter der Terminsbestimmung des § 43 Abs. 1 ist nur eine wirksame zu verstehen — und der vorschriftsmäßigen Bekanntmachung und Zustellung derselben) die Einhaltung (Ablauf) einer dreifachen Frist: der sechswöchentlichen Versteigerungsfrist, der zweiwöchentlichen Frist für die Zustellung des Versteigerungs- bezw. Beitrittsbeschlusses an den Schuldner (§ 8) und der zweiwöchentlichen Frist für die Zustellung der Terminsbestimmung an die zur Zeit der Anberaumung des Termins bekannten Beteiligten (§§ 4—7).

Die Fristen sind gesetzliche, die weder von Amts wegen noch auf Antrag abgekürzt werden können (§§ 222, 224 ZPO., 187, 188 BGB., ZBlFG. IV S. 102). Maßgebend für die Berechnung ist der Tag der Ausgabe der betr. Zeitungsnummer bezw. der Anheftung, bei mehrfacher Bekanntmachung derjenige der ersten (Jäckel S. 156, 161). Die erste und die dritte der genannten Fristen sind auch dann, wenn ein anberaumter Termin aufgehoben ist, wieder von neuem einzuhalten,[1]) wobei für die Frage, welchen Beteiligten die Terminsbestimmung nunmehr zuzustellen ist, der Zeitpunkt der neuen Terminsbestimmung maßgebend ist (auch im Falle der Verlegung des Termins, § 31). Was die zweite Frist angeht, so ist diese besonders dann zu beachten, wenn die Versteigerung auf Grund eines Beitrittsbeschlusses (z. B. wenn der erste Gläubiger seinen Antrag zurückgenommen hat, oder das Verfahren ihm gegenüber aus anderen Gründen aufgehoben oder eingestellt ist) erfolgen soll. Kann die Versteigerung aber auf Grund eines rechtzeitig zugestellten Beschlusses erfolgen, so hindert der Umstand nicht, daß ein weiterer Beschluß nicht rechtzeitig zugestellt wurde; nur ist in diesem Falle § 44 Abs. 2 zu beachten (vgl. Jäckel S. 162).

3. Folgen der Nichteinhaltung. Sind die Fristen des § 43 nicht gewahrt, so ist der Termin von Amts wegen ebenso aufzuheben, wie wenn die Terminsbestimmung selbst, ihre Bekanntmachung oder Zustellung fehlerhaft war. Während jedoch die Nichteinhaltung der sechswöchentlichen Versteigerungsfrist mit Rücksicht auf die unbekannten Beteiligten und Dritte auch nicht durch Zustimmung aller heilbar ist und eventuell die Versagung bezw. Aufhebung des Zuschlags zur Folge hat (§§ 83 Ziff. 7, 100 Abs. 3, 33)[2]), kann ein Mangel nach Abs. 2 durch die Genehmigung des Schuld-

[1]) Reinhard I S. 212, 215, Recht 1900 S. 487; anders Art. 66 Abs. 2 BayGO. Einer nochmaligen Zustellung des Versteigerungs- bezw. Beitrittsbeschlusses bedarf es selbstverständlich in diesem Falle nicht.

[2]) Nach Erteilung des Zuschlags ist der Mangel nur auf erhobene Beschwerde hin zu prüfen; wird diese nicht eingelegt, der Zuschlag also rechtskräftig, so ist das Verfahren gültig.

ners bezw. betroffenen Beteiligten und damit das der Erteilung des Zuschlags nach § 83 Ziff 1, 100 Abs. 1 entgegenstehende Hindernis beseitigt werden (§ 84).

Die Genehmigung (nachträgliche Zustimmung, § 184 BGB.), die auch der Prozeßbevollmächtigte erteilen kann, muß ausdrücklich, und zwar wegen § 84 Abs. 1 und 2 in öffentlich beglaubigter Urkunde geschehen, soweit sie nicht zu Protokoll des Versteigerungsbeamten erklärt wird. Notarielle Form ist nicht erforderlich, gerichtliche Beurkundung steht öffentlicher Beglaubigung gleich (§ 129 Abs. 2. BGB.; vergl. Wolff § 43 Bem. 7, Reinhard I S. 215, Jäckel S. 162). Die Genehmigung kann jederzeit vom Gericht oder Notar von Amts wegen beigeschafft oder von den Beteiligten (besonders dem Gläubiger) beigebracht werden. Zu beachten ist noch, daß die dritte der oben genannten Fristen nur den zur Zeit der Anberaumung des Termins bekannten Beteiligten gegenüber gewahrt werden muß, daß die Nichteinhaltung aber auch diesen gegenüber keine nachteiligen Folgen hat, soweit ihre Rechte durch den Zuschlag nicht beeinträchtigt werden (§ 84 Abs. 1).

Kann der Notar mit Wahrscheinlichkeit auf ein solches Ergebnis der Versteigerung rechnen, so ist es nicht unzulässig, den Termin trotz eines solchen (heilbaren) Mangels abzuhalten und dem Schluß der Versteigerung die Entscheidung darüber vorzubehalten, ob der Zuschlag erteilt werden kann oder nicht (Jäckel a. a. O.).

4. Durch die Bestimmung des § 43 ist — außer den Fällen richterlicher Aufhebung oder Einstellung des Verfahrens — eine **Aufhebung** des Termins von Amts wegen **aus anderen Gründen**, z. B. bei Naturereignissen, plötzlicher Erkrankung des Notars u. dergl., selbstverständlich nicht ausgeschlossen.

IV. Geringstes Gebot. Versteigerungsbedingungen.

§ 44.

Bei der Versteigerung wird nur ein solches Gebot zugelassen, durch welches die dem Anspruche des Gläubigers vorgehenden Rechte, sowie die aus dem Versteigerungserlöse zu entnehmenden Kosten des Verfahrens gedeckt werden (geringstes Gebot).

Wird das Verfahren wegen mehrerer Ansprüche von verschiedenem Range betrieben, so darf der vorgehende Anspruch der Feststellung des geringsten Gebots nur dann zu Grunde gelegt werden, wenn der wegen dieses Anspruchs ergangene Beschluß dem Schuldner zwei Wochen vor dem Versteigerungstermine zugestellt ist.

E. I §§ 59, 64; M. 111—120, 161—166; D. 44, 45; KBer. 28, 29.

Geringstes Gebot.

1. **Deckungsprinzip. Bisheriges Recht.** Aus der Natur der zwangsweisen, nicht vertragsmäßigen Übertragung des Eigentums am Grundstück ergibt sich für das Gesetz die Notwendigkeit der Feststellung derjenigen Bedingungen, unter welchen die Erteilung des Zuschlags erfolgt. Es bestimmt daher vor allem einerseits, daß das Meistgebot ausschlaggebend sei (§ 81), andrerseits daß der Zuschlag nur für ein gewisses Mindestgebot erteilt werden dürfe (§§ 44 Abs. 1, 71 Abs. 1). Mit letzterem Grundsatz ist das auch von der Nov. z. BaySO. angenommene Deckungsprinzip durchgeführt. Dieses besteht in dem Ausschluß eines Gebotes, welches nicht wenigstens die

dem betreibenden Gläubiger vorgehenden Rechte und Ansprüche sowie die Kosten des Verfahrens deckt.

Gegenüber dem bisherigen bayer. Recht besteht eine Abweichung besonders hinsichtlich des Umfangs des Mindestgebots (den Kosten des Verfahrens standen noch einige andere, im Art. 107 BayGO. genannte Kosten gleich) und hinsichtlich der Durchführung des Deckungsprinzips. Die Deckung der im Mindestgebot berücksichtigten Ansprüche erfolgte nämlich, soweit diese in Hypothekforderungen bestanden, in der Regel — Ausnahme[1]: Art. 8 Nov. z. BayGO. — dadurch, daß sie vom Ansteigerer in Anrechnung auf den Kaufpreis übernommen wurden (Anrechnungsprinzip), während gemäß § 52 die im Mindestgebote berücksichtigten Rechte, soweit sie nicht durch Barzahlung zu decken sind, ohne weiteres bestehen bleiben. Ausgeboten wird also das Grundstück samt seinen Belastungen, soweit solche bestehen bleiben; geboten wird lediglich die bar zu zahlende Summe, während bisher jedes Gebot auch die stehen bleibenden Kapitalsbeträge in sich schloß.[2] Vgl. Einleitung V. Der Notar wird die Beteiligten vor Abgabe der Gebote auf diesen Unterschied hinweisen müssen, zumal während der Übergangszeit, damit Irrtümer der Bieter hintangehalten werden (vgl. Rechtspr. d. OLG. IV S. 158).

Die gesetzliche Versteigerungsbedingung des § 52 ist jedoch, wie bisher, keine zwingende Vorschrift, sondern kann gemäß § 59 durch Vereinbarung abgeändert werden; es kann insbesondere bestimmt werden, daß auch noch andere Rechte bestehen bleiben oder daß ein an sich zu berücksichtigendes Recht durch Barzahlung gedeckt werden soll (ebenso Art. 5 Nov. z. BayGO., vgl. Ortenau-Henle S. 187).

2. Umfang des Mindestgebots. Im geringsten zulässigen Gebot, für dessen Festsetzung die §§ 10—14 maßgebend sind, müssen berücksichtigt werden:

a) die dem Anspruch des betreibenden Gläubigers vorgehenden Rechte aller Art, mögen sie die Zahlung einer Geldsumme zum Gegenstand haben oder nicht.

Diese Rechte bestimmen sich nach der in §§ 10 ff. (vgl. § 45) festgesetzten Rangordnung, sodaß z. B. dem Gläubiger, welcher die Zwangsvollstreckung wegen einer Wechselforderung betreibt, die Ansprüche der 4 ersten Klassen des § 10 vorgehen;

b) die Kosten des Verfahrens in dem nach § 109 sich bemessenden Umfang.

Es besteht:

a) aus einem bar zu bezahlenden Teil. Zu diesem gehören gemäß § 49 die Kosten des Verfahrens, die in § 10 Ziff. 1—3 bezeichneten Ansprüche, sowie die laufenden und aus den beiden letzten Jahren rückständigen wiederkehrenden Leistungen nebst den Kosten der die Befriedigung aus dem Grundstück bezweckenden Rechtsverfolgung (§ 10, Abs. 2, § 12 Ziff. 1 u. 2);

b) aus den bestehen bleibenden Rechten, insbesondere den Kapitalsbeträgen der Hypotheken, Grund- und Rentenschulden. Soweit hierunter sich Rechte befinden, welche nicht auf Leistungen vertretbarer Sachen gerichtet sind (Reallasten, Erbbaurechte, Grund- und persönliche Dienstbarkeiten usw., vgl. § 92) ist bei der Feststellung des geringsten Gebots die Ersatzsumme aus dem Werte des Rechtes zu ermitteln,

---

[1]) Das Gesetz kennt keine Rechte, welche vom Bestehenbleiben prinzipiell ausgeschlossen sind, Mot. S. 115.

[2]) Zu beachten ist jedoch, daß bei der Gebührenbewertung (Art. 9, 10 ff., 146 GebGes. vom 11. XI. 99 bezw. 9. VII 04), welcher stets der ganze Wert des Grundstücks zu Grunde gelegt wird, die bestehen bleibenden Rechte, wie bisher, dem baren Meistgebot zuzurechnen sind. Dagegen ist die bei Ortenau-Henle S. 167 und 203 erörterte Frage, ob Pfandbriefdarlehen mit dem Nominalbetrag anzusetzen sind, für das neue Recht gegenstandslos.

welche gezahlt werden muß, wenn das Recht sich als nichtbestehend herausstellt (§ 51 Abs. 2).

Die Ansprüche des oder der betreibenden Gläubiger werden im geringsten Gebote nicht berücksichtigt (soweit ihnen nicht wegen gleichzeitig betriebener Zwangsverwaltung das Vorrecht des § 10 Ziff. 1 zukommt).

Über die Behandlung bedingter Hypotheken siehe §§ 48, 50; der Gesamthypotheken § 64; über die Erhöhung des Mindestgebots im Fall der Versteigerung mehrerer Grundstücke in demselben Verfahren siehe § 63 Abs. 4.

3. Bedeutung und Art der Feststellung des Mindestgebots.

a) Dieselbe erfolgt seitens des Notars im Versteigerungstermin, nötigenfalls mit Hilfe eines Rechnungsverständigen (§ 66 Abs. 1). Sie begrenzt die Verpflichtungen des Erstehers, so daß andere als im Mindestgebot berücksichtigte Rechte am Grundstück ihm gegenüber nicht geltend gemacht werden können (§ 52). Hiervon machen nur die in §§ 912—917 BGB. genannten Rechte, sowie diejenigen eine Ausnahme, die nach Landesrecht der Eintragung nicht bedürfen, daher auch dann bestehen bleiben, wenn sie bei der Feststellung des geringsten Gebots nicht berücksichtigt sind (§ 52 Abs. 2, § 9 EG. und Art. 27 BayAG. z. ZVG.) Für wiederkehrende Leistungen aus solchen Rechten haftet der Ersteher jedoch nur vom Zuschlag an (§ 56), während die bis dahin laufenden und rückständigen aus dem Bargebot zu decken sind, wenn sie entweder aus dem Grundbuch ersichtlich oder angemeldet worden sind (Jäckel S. 164).

Auch dadurch erleidet die Feststellung des Umfangs der dem Ersteher gegenüber bestehen bleibenden Rechte keine Veränderung, daß ein im Mindestgebote berücksichtigtes Recht sich als nicht bestehend erweist; diesfalls ändert sich nur die Art der Berichtigung des Gebots, indem an die Stelle dieses Rechtes ein gleichwertiger Ersatzbetrag tritt (§§ 50, 51, 125; Jäckel S. 174).

Den Beteiligten gegenüber ist die Feststellung des Mindestgebots im Versteigerungstermine keine endgültige. Sie können (abgesehen von der Zuschlagsanfechtung, Bem. 4) die im Mindestgebote berücksichtigten Rechte noch durch Widerspruch im Verteilungstermine bekämpfen und sich so den auf das bestrittene Recht treffenden Wertsbetrag sichern (§ 125).

b) Nach welchem Anspruch das geringste Gebot im Falle der Konkurrenz mehrerer betreibender Gläubiger, die verschiedenen Rang einnehmen, zu berechnen ist, sagt das Gesetz nicht ausdrücklich (anders Art. 1 Abs. 2 Nov. z. BaySO.). Es folgt jedoch aus § 44 Abs. 1, daß jeder von ihnen verlangen kann, daß das Mindestgebot nach seinem Anspruch berechnet, also nur die ihm vorgehenden Rechte berücksichtigt werden. Denn sonst wäre der besser Berechtigte unter Umständen genötigt, um zu seinem Gelde zu kommen, seine eigene Forderung und die von nachstehenden Gläubigern zu überbieten. In der Regel ist daher das Mindestgebot nach dem Range des bestberechtigten der „betreibenden" [3]) Gläubiger zu berechnen. Be-

[3]) Unter mehreren Forderungen desselben Gläubigers gibt diejenige den Ausschlag, welche den besseren Rang einnimmt (vgl. BayNotZ. 1888 S. 177). Es ist nicht erforderlich, daß gerade aus dem dinglichen Recht das Verfahren betrieben wird, wenn nur die vollstreckbare persönliche Forderung einem bestimmten dinglichen Recht zu Grunde liegt (vgl. § 16 Bem. 4).

Wer die Versteigerung sistiert, „betreibt" nicht das Verfahren im Zeitpunkte der Feststellung des Mindestgebots; sein Anspruch wird also nicht zu Grunde gelegt (vgl. dagegen Art. 19 Abs. 2 der Nov. z. BaySO., BayNotZ. 1896 S. 32 ff., 156 ff.).

Da die Zurücknahme des Versteigerungsantrags bis zur Verkündung des Zuschlags zulässig ist, so müßte sie, wenn sie nach Schluß der Versteigerung erklärt würde, zur Vertreiben also der II. und III. Hypothekgläubiger das Verfahren, so besteht das geringste Gebot aus den Kosten und der I. Hypothek (samt Nebenforderungen), wenn der II. Hypothek keine weiteren Rechte vorgehen. Unter mehreren persönlichen Gläubigern, die das Verfahren betreiben, geht derjenige vor, zu Gunsten dessen zuerst die Beschlagnahme wirksam wurde (§ 11 Abs. 2).

Ausnahmsweise kann sich aber das Mindestgebot nach einem nachstehenden Rechte bestimmen, wenn es sich hiernach noch niedriger stellen würde, z. B. wenn im vorgedachten Falle die I. Hypothek 100 Mk. und die II. Hypothek 50 Mk. beträgt, die erstere aber (anerkannter- oder festgestelltermaßen) nur dem zweiten, nicht aber dem dritten Hypothekgläubiger gegenüber zu Recht besteht. Hier kann der dritte als Betreibender verlangen, daß nur die ihm vorgehende, also die II., nicht die I. Hypothek im Mindestgebote berücksichtigt wird (Jäckel S. 165, Fischer-Schäfer S. 248; a. M. Wolff Bem. 4).

Eine weitere Ausnahme von obiger Regel statuiert § 44 Abs. 2 (vgl. Art. 22 Nov. z. BayZPO.). Hiernach darf der Anspruch besseren Ranges nur zu Grunde gelegt werden, wenn entweder der hierwegen ergangene, sei es Einleitungs- oder Beitrittsbeschluß, dem Schuldner zwei Wochen vor dem Termin zugestellt war, oder wenn der Schuldner die Nichteinhaltung dieser Frist gemäß § 43 Abs. 2 genehmigt und die nachstehenden Gläubiger, deren Rechte infolgedessen nicht berücksichtigt würden, dieser Bestimmung des Mindestgebots zugestimmt haben. (§ 59; vgl. § 43 Bem. 2). Andernfalls ist bei der Feststellung des geringsten Gebots derjenige besser berechtigte Anspruch zu Grunde zu legen, bezüglich dessen der Beschluß rechtzeitig zugestellt wurde.

Der Fall des § 44 Abs. 2 liegt auch dann vor, wenn erst innerhalb der zwei Wochen vor dem Termin eine Rangänderung zu Gunsten des besser berechtigten Gläubigers erfolgt ist, welche zu einer Erniedrigung des Mindestgebots führen würde. Das Mindestgebot könnte hier ohne Zustimmung der Betroffenen nur nach dem ursprünglichen Rang des Gläubigers bestimmt werden (Jäckel S. 166, Fischer-Schäfer S. 249; a. M. v. d. Pfordten S. 122).

c) Im Falle nachträglicher Rangänderung gemäß § 880 BGB. ist zu beachten, daß dieselbe nur Wirkungen zwischen dem zurück- und vortretenden Berechtigten äußert, daß ersterer also den übrigen gegenüber seinen Rang behält, soweit er nicht vom vortretenden ausgefüllt wird, daß die übrigen Berechtigten aber andrerseits durch die Änderung nicht beeinträchtigt werden können (vgl. Reinhard I S. 225 ff., Fischer-Schäfer S. 193, Jäckel S. 176 ff.).

Beispiel I (das zurücktretende Recht ist größer als das vortretende): Ein Grundstück ist belastet mit

1. 50 Mk. des A
2. 100 Mk. des B
3. 60 Mk. des C
4. 30 Mk. des D.

B räumt dem D den Vorrang ein, so daß die Befriedigung aus dem Grundstück in folgender Weise stattfindet:

---

sagung des Zuschlags führen (vgl. § 33), wenn nicht das Verfahren unter neuerlicher Feststellung des Mindestgebots (und Berücksichtigung des § 44 Abs. 2) für die übrigen Betreibenden wiederholt würde.

Auf Grund Ablösung der besser berechtigten Beschlagnahmeforderung kann der betreibende Teil nicht zur Zurücknahme des Versteigerungsantrags gezwungen werden, solange das Verfahren von einem anderen Gläubiger schlechteren Ranges fortgesetzt wird; § 268 Abs. 3 Satz 2 BGB., Rechtspr. d. OLG. VIII S. 429.

1. A mit 50 Mk.
2. D mit 30 Mk.
3. B mit 70 Mk.
4. C mit 60 Mk.
5. B mit 30 Mk.

Das Mindestgebot beträgt daher (von Kosten usw. abgesehen), wenn B die Versteigerung betreibt: 50 des A + 30 des D; wenn C betreibender Teil: 50 des A + 30 des D + 70 des B; wenn D betreibender: 50 des A.

Beispiel II: Betrug umgekehrt die Hypothek des B 30 und die des D 100, so ergibt sich bei Rangtausch folgende Reihenfolge:

1. A mit 50 Mk.
2. D mit 30 Mk.
3. C mit 60 Mk.
4. D mit 70 Mk.
5. B mit 30 Mk.

und als Mindestgebot, wenn B betreibender: 50 des A + 30 des D + 60 des C + 70 des D; wenn C betreibender: 50 des A + 30 des D; wenn D betreibender: 50 des A.

Beispiel III: Ist das vor- oder zurücktretende Recht oder beide nicht auf Zahlung einer Geldsumme gerichtet und sind Zwischenrechte vorhanden, so kann zur Prüfung der Frage, ob letztere durch die Rangänderung nicht beeinträchtigt werden, ein doppeltes Ausgebot (§ 59) notwendig werden. Wenn z. B. ein Servitutberechtigter einem Hypothekgläubiger den Vorrang eingeräumt hat und ein Zwischengläubiger betreibt das Verfahren, so ist mangels Einigung das Grundstück einmal mit der Servitut, das andremal mit der vorgetretenen Hypothek auszubieten. Wird aber auf Grund der letzteren das Verfahren betrieben, so ist das Zwischenrecht im Mindestgebote zu berücksichtigen, weil ihm vor der Rangänderung nur die Servitut vorging, die nicht zur Versteigerung führen konnte; es muß also auch nach der Rangänderung gegen einen Ausfall geschützt werden (vgl. auch Planck § 880 BGB., v. d. Pfordten S. 117, 118).

d) Nicht unbestritten ist die Gestaltung des Mindestgebots unter dem Einfluß eines Rangvorbehalts, wenn Zwischenrechte vorhanden sind (§ 881 BGB., vgl. Reinhard I S. 229, Staudinger zu § 881 BGB., v. d. Pfordten S. 118). Hier ist daran festzuhalten, daß einerseits der Vorbehalt nicht dem, ohne einen solchen eingetragenen Zwischenrechte gegenüber geltend gemacht werden kann und daß andrerseits die Vorbehaltssumme nicht durch Eintragung von Zwischenposten zum Nachteile des mit dem Vorbehalt belasteten Rechts sich erhöhen darf.

Angenommen also, letzteres Recht sei A mit 10 Mk., die Zwischenpost B mit 10 Mk., die Vorbehaltssumme C mit 10 Mk., so gehen dem A die 10 des C, dem B die 10 des A, dem C die 10 des B vor. Betreibt nun A das Verfahren, so können weder die 10 des B im Mindestgebot berücksichtigt werden (weil B hinter A rangiert), noch die des C (weil sich dies B gemäß § 881 Abs. 4 BGB. nicht gefallen zu lassen braucht); das Mindestgebot bestünde daher nur aus den Kosten des Verfahrens. Betreibt B das Verfahren, so sind die 10 des A ins Mindestgebot aufzunehmen, da ihm nur A, nicht aber C vorgeht. Ist aber C betreibender Teil, so kommt nicht nur B ins Mindestgebot (weil ihm vorgehend), sondern auch A (weil A nicht gezwungen werden kann, das Grundstück mit der Last B zu steigern, die ihm nachgeht).

Angenommen dagegen, die Vorbehaltssumme werde durch das Zwischenrecht nicht erschöpft, letzteres (B) betrage vielmehr im vorigen Beispiel nur 4 Mk., so ergäbe sich als Reihenfolge der 3 Rechte:

C 6 Mk. A 4 Mk. B 4 Mk. A 6 Mk. C 4 Mk.

(dem Zwischenrecht B gehen 10 vor, von denen A 6 an C, und zwar im Vorrang, abgeben muß. A braucht sich aber nur den Vorrang eines Betrages von 10 Mk. gefallen zu lassen, A muß also mit seinem Rest zu 6 Mk. unmittelbar hinter C und B kommen). Betreibt hier A das Verfahren, so ist im Mindestgebot nur C mit 6 zu berücksichtigen (wobei jedoch hinsichtlich der Verzinsungs- und Fälligkeitsbestimmungen nicht die des C, sondern des A maßgebend bleiben müssen, wenn B nicht geschädigt werden soll); ist B betreibender Teil, so kommt C mit 6 und A mit 4 ins Mindestgebot (C 6 aber nur wieder mit der vorbezeichneten Abweichung); ist C betreibender, so ist keines der 3 Rechte im Mindestgebote zu berücksichtigen.

4. Anfechtung der Feststellung. Die Bestimmung des Mindestgebots im Versteigerungstermine ist zwar, wie bisher (Ortenau-Henle S. 160, 296 ff.), nur eine provisorische, für das Verteilungsverfahren nicht präjudizierliche, so daß eine dort festgestellte Forderung hier neuerdings bestritten werden kann; trotzdem können die Beteiligten ein Interesse an der richterlichen Abänderung des Mindestgebots noch während des Versteigerungsverfahrens haben, dann nämlich, wenn die unrichtige Aufstellung seitens des Notars zu einem die Beteiligten beeinträchtigenden Ergebnis geführt hat.

a) Eine Beschwerde hierwegen (auf Grund Erinnerung nach § 13 Abs. 2 EG., Art. 25 BayAG. z. ZVG.) ist aber nach § 95 nur möglich, wenn die unrichtige Feststellung des geringsten Gebots die Ergebnislosigkeit des Termins und damit die Einstellung des Verfahrens herbeigeführt hat (§ 77 Abs. 1). Sie steht dem betreibenden Gläubiger zu und führt zur Aufhebung des Einstellungsbeschlusses, worauf der Notar von Amts wegen zur neuerlichen Versteigerung unter anderweitiger Feststellung des geringsten Gebots schreiten muß (Reinhard I S. 235, 236, nun auch Jäckel S. 167).

b) In den übrigen Fällen kann wegen Verletzung der Vorschriften über die Feststellung des Mindestgebots (bezw. wegen Zulassung von Geboten, welche nicht den gesetzlichen Bestimmungen über das Mindestgebot entsprechen und daher unwirksam sind [§ 71]) Beschwerde (Erinnerung nach § 13 Abs. 2 EG.) nur gegen den Beschluß über Erteilung oder Versagung des Zuschlags eingelegt werden (§ 83 Ziff. 1, 95, 97, 100 Abs. 1).[4]) Sie steht sowohl dem betreibenden Teil, wie den geschädigten Beteiligten zu. Eine Benachteiligung derselben ist möglich, sowohl wenn das Recht eines anderen (formell) zu Unrecht berücksichtigt wurde (§ 45) und die Erzielung eines höheren Gebots verhinderte, als auch wenn ein Recht unrichtigerweise nicht berücksichtigt wurde, bei gehöriger Berücksichtigung aber bestehen geblieben wäre. Im letzteren Fall könnte von dem Berechtigten bei der Verteilung nur der Wertsersatz verlangt werden[5]);

---

[4]) Nach Art. 60 BaySO. konnte eine Abänderung des Mindestgebots, soweit dessen Feststellung bereits in der Versteigerungsbekanntmachung angekündigt war, selbständig im Beschwerdewege herbeigeführt werden, vgl. Ortenau-Henle S. 235. Nunmehr ist in dieser Beziehung auch eine Anrufung des Vollstreckungsgerichts nach § 13 Abs. 2 EG. unmöglich, da das Mindestgebot vor dem Termin nicht mehr bekannt gegeben wird.

[5]) Dieser Erfolg kann eine Schädigung des Berechtigten auch dann enthalten, wenn dieser vollen Wertsersatz empfangen würde, da er sich diesen nicht gefallen zu lassen braucht, vielmehr gemäß §§ 44, 52 das Bestehenbleiben seines Rechtes beanspruchen kann (Fischer-Schäfer S. 252).

andrerseits können hierdurch aber auch nachstehende Rechte verkürzt werden, welche sonst noch Deckung aus dem Erlös gefunden hätten. Eine Benachteiligung des Beteiligten liegt dagegen nicht vor, wenn er volle Befriedigung erhält und nur diese beanspruchen konnte (Jäckel S. 168, 175, 176, Reinhard S. 236, 237, Fischer-Schäfer S. 252).

Gegen eine formell unrichtige Feststellung des Mindestgebots ist nur der Beschwerdeweg eröffnet und keine Klage zulässig; dagegen kann eine materielle Unrichtigkeit nur im Prozeßwege (Anfechtungsklage, Klage auf Einräumung des Vorrangs, Grundbuchberichtigung, Feststellungsklage) beseitigt werden; der Gläubiger ist nicht auf die Widerspruchsklage beschränkt (vgl. Jäckel S. 167, ZBlFG. IV S. 22, obstr. Erk. n. F. IV S. 914; auch Ortenau-Henle S. 207).

§ 45.

Ein Recht ist bei der Feststellung des geringsten Gebots insoweit, als es zur Zeit der Eintragung des Versteigerungsvermerkes aus dem Grundbuch ersichtlich war, nach dem Inhalte des Grundbuchs, im Uebrigen nur dann zu berücksichtigen, wenn es rechtzeitig angemeldet und, falls der Gläubiger widerspricht, glaubhaft gemacht wird.

Von wiederkehrenden Leistungen, die nach dem Inhalte des Grundbuchs zu entrichten sind, brauchen die laufenden Beträge nicht angemeldet, die rückständigen nicht glaubhaft gemacht zu werden.

E. I §§ 60, 61; M. 162—164; D. 45; KBer. —.

Die im Mindestgebot zu berücksichtigenden Rechte.

1. Bisheriges Recht. Auch die Novelle zur BaySO. Art. 2 bestimmte als Grundlage für die Aufstellung des geringsten Gebots die Eintragungen im Hypothekenbuch, in Art. 3 die Anmeldungen der Beteiligten (zu welchen diese nach Art. 15 Abs. 2, 20 Abs. 2 aufzufordern waren), in Art. 4 und 11 das Anerkenntnis der Beteiligten und die rechtskräftige Feststellung.

2. Voraussetzung der Berücksichtigung im Mindestgebot ist, außer dem Vorrang vor dem betreibenden Gläubiger (§§ 44 mit 9—12) die Eintragung eines Rechtes (Anspruchs) im Grundbuch zur Zeit der Eintragung des Versteigerungsvermerks oder dessen rechtzeitige Anmeldung und eventuelle Glaubhaftmachung.

Verletzung des § 45 ist ebenfalls Grund zur Versagung bezw. Anfechtung des Zuschlags (§§ 83 Ziff. 1, 100).

a) Von Amts wegen sind nun zu berücksichtigen (außer den Kosten des Verfahrens) die zur Zeit der Eintragung des Versteigerungsvermerks aus dem Grundbuch ersichtlichen (wenn auch nur durch Vormerkung oder Widerspruch gesicherten § 48) Rechte. Die Hypotheken alten Rechts sind als Buchhypotheken, die bisherigen Vorzugsrechte und Hypotheken der Pfalz, soweit sie zur Zeit der Grundbuchanlegung eingetragen waren, als Sicherungshypotheken nach BGB. zu berücksichtigen (Art. 192 EG. z. BGB., Art. 1, 12 pfälz. LiegG.; vgl. §§ 605 ff. DA. f. GBÄ.; von § 8 EG. z. ZVG. ist in Bayern kein Gebrauch gemacht. (Über die der Eintragung nicht bedürfenden Rechte siehe § 9 EG. mit Art. 27 BayAG. z. ZVG.).

Maßgebend ist nur der Inhalt des Grundbuchs, nicht der Abschrift des Grundbuchblatts; hat die Unrichtigkeit der letzteren zu einer unrichtigen Feststellung des Mindestgebots geführt, so ist die Anfechtung des Zuschlags möglich (vgl. § 9 Bem. 2b). Bezugnahme auf die Eintragungsbewilligung steht der Eintragung in der Regel gleich (§§ 874 BGB., 50 GBO., §§ 254—258, 381—383, 405, 411, 412, DA. f. GBÄ.; vgl. aber z. B. § 1115 BGB., Fischer-Schäfer S. 251).

Das eingetragene Recht hat nur dann unberücksichtigt zu bleiben, wenn sein Nichtbestehen feststeht (bei Vorlage eines Urteils, einer Sterbeurkunde, eines Anerkenntnisses u. dgl.); vergl. §§ 50, 51. Nicht als erloschen sind Hypotheken, Grund- und Rentenschulden, welche auf den Eigentümer übergegangen sind, anzusehen (§§ 1163, 1164, 1168, 1199 BGB.), auch dann nicht, wenn der Eigentümer auf Grund Vormerkung nach § 1179 BGB. oder Rangeinräumungsverzichts (§§ 84, 158 HypGes. in der Fassung der Nov. vom 20. XII. 1903) zur Löschung der Eigentümergrundschuld verpflichtet ist; letzterenfalls ist nur nach § 50 Abs. 2 Ziff. 1, § 125 zu verfahren, es müßte denn sein, daß die zur Löschung erforderlichen Urkunden dem Versteigerungsbeamten vorliegen (Seuff. Arch. Bd. 60 S. 21, RG. Bd. 57 S. 211 ff.; Jäckel S. 170). Einer Anmeldung der Eigentümergrundschuld bedarf es nicht.

Nach dem Inhalte des Grundbuchs richtet sich ferner Umfang und Rang der Rechte, solange nichts anderes angemeldet ist.

Auch ein nach der Wirksamkeit der Beschlagnahme (§ 22), aber vor dem Versteigerungsvermerk eingetragenes Recht ist zu berücksichtigen; ein Widerspruch ist vom betreibenden Gläubiger im Prozeßwege durchzuführen, bei Feststellung des Mindestgebots bleibt er unbeachtet (vgl. § 23 Bem. 3 A a. E.).

Entscheidend ist der Zeitpunkt der Eintragung des Versteigerungsvermerks auch im Falle der Durchführung der Versteigerung auf Grund eines Beitritts, selbst wenn das Recht vor dessen Zulassung eingetragen wurde.[1]) Jäckel a. a. O.

b) Im übrigen ist zur Berücksichtigung Anmeldung und Glaubhaftmachung des Rechtes erforderlich, also z. B. für nicht eingetragene (zu Unrecht gelöschte) Rechte (ausgenommen die zur Wirksamkeit gegen Dritte der Eintragung nicht bedürfenden Rechte, siehe a), und für den etwa aus dem Grundbuch nicht ersichtlichen Umfang, Geldwert (siehe § 46 Bem. 3) oder Rang der Ansprüche — laufende und rückständige wiederkehrende Leistungen aus öffentlichen Lasten, sowie aus den der Eintragung nicht bedürfenden Rechten;[2]) Rückstände (§ 13) wiederkehrender, nach dem Inhalte des Grundbuchs sich ergebender Leistungen; Nebenleistungen; Kosten[3]).

3. Anmeldung. Formlos; für einen Vertreter ist schriftliche Vollmacht erforderlich. Mangel der Vollmacht kann aber nur der betreibende Teil rügen (bestr., Jäckel S. 173). Die Anmeldung muß den Rechtsgrund und, wenn sie auf Barzahlung gerichtet ist, den Betrag angeben (Ausnahme bei Naturalleistungen § 46); sie hat rechtzeitig d. h. spätestens vor der Aufforderung zur Abgabe der Gebote zu erfolgen (§ 37 Ziff. 4). Verspätete Anmeldungen dürfen aber nicht zurückgewiesen werden, weil sie für eine spätere wiederholte Feststellung des Mindestgebots und für das Verteilungsverfahren (§ 110) wirksam sind. Dies gilt auch für die Ansprüche des betreibenden Gläubigers (vgl. § 114 Abs. 1 Satz 2) und der ihnen gleich- oder nachstehenden Berechtigten (vgl. § 37 Bem. 2d).

---

[1]) Auch eine etwaige nachträgliche Mitteilung seitens des Grundbuchamtes (§ 19 Abs. 2) würde die Anmeldung nicht ersetzen (vgl. § 27 Bem. 4).

[2]) Vgl. oben § 37 Bem. 2d; Jäckel S. 61, 164, 170—172. Auch eine Anmeldung des Fälligkeitstermins kann notwendig sein, vgl. § 47 Satz 2.

[3]) Auch solche Kosten müssen dem Betrage nach angemeldet werden, für welche das Grundstück gesetzlich haftet (§§ 1118 BGB., 867 Abs. 1 ZPO.). Nur wenn ein Höchstbetrag für Kosten nach § 1115 BGB. (nicht Kostenkautionshypothek) eingetragen ist, bedarf es nicht der Anmeldung (Fischer-Schäfer S. 395, Jäckel S. 172). Auch künftig entstehende Kosten sind ihrem Betrage nach anzumelden und glaubhaft zu machen (Ansatz eines Aversums ist unzulässig). Recht 1902 S. 388.

4. **Glaubhaftmachung** (§ 294 ZPO.)[4]. Sie kann zwar jeder Beteiligte, sowie das Gericht verlangen (§ 9 Abs. 2); aber nur die von einem der betreibenden Gläubiger vergeblich verlangte Glaubhaftmachung hat die Nichtberücksichtigung des Rechtes im Mindestgebote zur Folge, nicht also ein anderweitiger Widerspruch. Der Widerspruch ist bis zur Aufforderung zur Abgabe von Geboten zulässig (Jäckel S. 167, 174). Mit Rücksicht auf die Möglichkeit der Anfechtung des Zuschlags ist der Widerspruch des Gläubigers, die Unterlassung oder die Art der Glaubhaftmachung und die Entscheidung des Notars hierüber in das Protokoll aufzunehmen (vgl. im übrigen §§ 9 Bem. 3; 37 Bem. 2d).

Die Glaubhaftmachung ist jedoch erlassen für Rückstände aus solchen wiederkehrenden Leistungen, welche sich aus dem Inhalte des Grundbuchs ergeben. Ein Widerspruch des Gläubigers im Versteigerungstermine ändert hieran nichts und vermag auch die Berücksichtigung derselben bei der Verteilung nicht zu beseitigen. Der Gläubiger ist auf den Widerspruch gegen den Teilungsplan beschränkt. Andrerseits ist aber dieser Widerspruch dem Gläubiger auch dann unbenommen, wenn er im Versteigerungstermine die Zulassung des angemeldeten Rechtes unwidersprochen gelassen hat (Reinhard I S. 238).

5. Über die **Anfechtung** der Feststellung des Mindestgebots siehe § 44 Bem. 4.

§ 46.

Für wiederkehrende Leistungen, die nicht in Geld bestehen, hat das Gericht einen Geldbetrag festzusetzen, auch wenn ein solcher nicht angemeldet ist.

E. I § 62 Abs. 2; M. 164, 165; D. 45; KBer. —.

Wiederkehrende Naturalleistungen.

1. **Bisheriges Recht.** Nach Art. 2 Abs. 3, Art. 3 Abs. 4 Nov. z. BayHO. (vgl. Ortenau-Henle S. 176 ff., 182, 560) war eine Ermittlung des Wertes von Leistungen, deren Gegenstand nicht in Geld bestand, für die Zwecke der Feststellung des Mindestgebots allgemein vorgeschrieben; nunmehr ist eine solche nur noch bei „wiederkehrenden" Leistungen notwendig, da einmalige Leistungen nicht aus dem Bargebot zu befriedigen sind (§ 49). Doch soll nach § 51 Abs. 2 auch für diese eine Wertfestsetzung erfolgen, weil mit ihrem Wegfall gerechnet werden muß.

2. **Inhalt der Vorschrift.** Unter welchen Voraussetzungen wiederkehrende, nicht in Geld bestehende Leistungen im Mindestgebot überhaupt zu berücksichtigen sind, bestimmt § 45. Sie bedürfen hiernach, soweit sie nicht aus dem Grundbuch ersichtlich sind, der Anmeldung bezw. Glaubhaftmachung. Nur die Anmeldung eines Geldbetrages für Naturalleistungen erläßt § 46. Wurde ein solcher angemeldet, so ist auch er auf Widerspruch des Gläubigers glaubhaft zu machen; geschieht dies, so bedarf es keiner Wertfestsetzung (Mot.).

3. Die **Abschätzung** in Geld durch den Notar ist also eine subsidiäre; sie erfolgt nötigenfalls unter Zuziehung von Sachverständigen. Sie darf nur stattfinden bei (Haupt- oder Neben-)Leistungen, die ihrer Natur nach wiederkehren (wenn sie auch in concreto nur einmal geschuldet werden) und ihrer Natur nach nicht in Geld bestehen (z. B. Auszugsleistungen, Kirchentrachten). Sie erstreckt sich auf die laufenden Beträge und angemeldeten Rückstände eingetragener, sowie auf die angemeldeten laufenden und

---

[4]) Der Notar ist auch zur Entgegennahme von Versicherungen an Eidesstatt zuständig; NotGes. Art. 3; vgl. GVollzGeschA. § 97 Abs. 3.

rückständigen Beträge nicht eingetragener wiederkehrenden Leistungen (Reinhard I S. 240).

Sie beschränkt sich jedoch auf die im Mindestgebot zu berücksichtigenden wiederkehrenden, nicht in Geld bestehenden Leistungen; für die nicht ins Mindestgebot fallenden findet eine Abschätzung von Amts wegen nicht statt, weshalb auch deren Geldwert rechtzeitig angemeldet und glaubhaft gemacht werden muß. Über das weitere Verfahren siehe § 47.

4. Wirkung der Schätzung. Während eine Anfechtung des Zuschlags möglich ist, wenn der angemeldete und glaubhaft gemachte Geldbetrag nicht berücksichtigt wurde,[1]) ist im Falle der Abschätzung durch den Notar Zuschlagsanfechtung ausgeschlossen und der Berechtigte auf nachträgliche Geltendmachung eines höheren Wertes im Verteilungsverfahren beschränkt, woselbst er wegen § 37 Ziff. 4, § 110 mit dem Mehrbetrage den sämtlichen Gläubigern nachsteht. § 46 statuiert nur insofern eine Ausnahme von § 37 Ziff. 4, § 110, als der Anspruch nur nicht ganz wegen Nichtanmeldung des Betrags unberücksichtigt bleibt, sondern von Amts wegen gewertet wird. Im übrigen treffen auch ihn die Folgen der Nichtanmeldung, soweit hinterher mehr verlangt wird, als festgesetzt wurde (so Jäckel S. 181, Reinhard S. 242 gegen Fischer-Schäfer S. 253, v. d. Pfordten S. 128).

Eine im Verteilungsverfahren erfolgende niedrigere Feststellung kommt den ausfallenden Gläubigern, zuletzt dem Eigentümer zugute (vgl. Art. 34 Nov. z. BayGO.). In dieser Beziehung hat also die Schätzung nur Bedeutung für das Versteigerungsverfahren.

§ 47.

Laufende Beträge regelmäßig wiederkehrender Leistungen sind für die Zeit bis zum Ablaufe von zwei Wochen nach dem Versteigerungstermine zu decken. Nicht regelmäßig wiederkehrende Leistungen werden mit den Beträgen berücksichtigt, welche vor dem Ablaufe dieser Frist zu entrichten sind.

E. I § 62 Abs. 1; M. 164; D. 45; KBer. —.

Berechnung wiederkehrender Leistungen.

1. Einstellung in das Mindestgebot. Während nach Art. 3 Abs. 1 Nov. z. BayGO. laufende Leistungen nur bis zum Zuschlag (der immer im Versteigerungstermin erfolgte) in das Mindestgebot aufgenommen wurden, schreibt das Gesetz für die Zwecke der Feststellung des geringsten Gebots, da der Tag des Zuschlags sich nicht mit Sicherheit bestimmen läßt (§ 87), ihre Berechnung bis zum Ablaufe zweier Wochen nach dem Termine vor.

Es unterscheidet aber in Anlehnung an §§ 101, 103 BGB. zwischen regelmäßig und nicht regelmäßig wiederkehrenden Leistungen. Erstere werden, ohne Rücksicht auf die Fälligkeit, bis zum genannten Zeitpunkt nach dem Verhältnis der Zeit angesetzt, letztere mit dem ganzen Betrag der wiederkehrenden Leistung, falls sie vor jenem Zeitpunkt fällig geworden ist bezw. fällig wird. Zu ersteren gehören Zinsen, Amortisationsraten, Reallast-, Auszugsrenten, zu letzteren Kirchenbaulasten u. dgl.

---

[1]) Ein Interesse an der Anfechtung wird aber in der Regel nur der nachfolgende Gläubiger haben, weil der Berechtigte selbst, das Vorhandensein genügender Masse vorausgesetzt, noch im Verteilungsverfahren Befriedigung der glaubhaft gemachten Leistung im Range des Hauptanspruchs verlangen kann, während der Nachfolgende hierdurch einen Ausfall erleidet (Jäckel S. 175, 181, vgl. § 44 Bem. 4).

Bei letzteren muß der Fälligkeitstermin, falls er aus dem Grundbuch nicht ersichtlich ist, rechtzeitig angemeldet und event. glaubhaft gemacht sein (§§ 45, 37 Ziff. 4).

§ 47 gilt sowohl für die in Geld bestehenden als auch für die nach § 46 erst zu schätzenden Leistungen, für Haupt- wie Nebenleistungen (Jäckel S. 181).

2. Für die **Berechnung** der wiederkehrenden Leistungen **im Verteilungsverfahren** ist lediglich der Tag des Zuschlags (§§ 89, 104) maßgebend, da von demselben an gemäß § 56 die Lasten auf den Ersteher übergehen. Erfolgte der Zuschlag vor dem Zeitpunkte des § 47, so hat ein etwa ausfallender Gläubiger, eventuell der Schuldner, Anspruch auf den frei werdenden Betrag; erfolgt der Zuschlag (z. B. infolge eingelegter Beschwerde) erst später, so vermehrt dies den Ausfall eines Gläubigers, es bewirkt eventuell sogar einen Ausfall des letzten im Mindestgebote berücksichtigten Gläubigers, falls das Meistgebot nicht mehr als das zulässige geringste Gebot betragen hat.

Für die Berechnung der nicht im Mindestgebote stehenden wiederkehrenden Leistungen im Verteilungsverfahren (also aus den bar zu zahlenden Rechten) ist nicht der Zuschlag, sondern der Verteilungstermin (bezw. Zahlungstag §§ 143, 144) maßgebend.

3. Verletzung des § 47 (z. B. Verwechslung regelmäßig und nicht regelmäßig wiederkehrender Leistungen) begründet die Beschwerde nach §§ 83 Ziff. 1, 100 (bezw. Erinnerung nach § 13 Abs. 2 EG., Art. 25 BayAG. z. ZVG.).

§ 48.

Bedingte Rechte sind wie unbedingte, Rechte, die durch Eintragung eines Widerspruchs oder einer Vormerkung gesichert sind, wie eingetragene Rechte zu berücksichtigen.

E. I § 63; M. 165; D. 46; KBer. —.

Behandlung bedingter und durch Vormerkung oder Widerspruch gesicherter Rechte.

1. Auch die Vorschrift des **§ 48 gilt nur für die Feststellung des Mindestgebots.** Hier sind (ebenso wie nach Art. 2 Abs. 2 Nov. z. BaySO.) bedingte (aufschiebend oder auflösend bedingte) oder durch Widerspruch oder Vormerkung gesicherte Rechte wie unbedingte bezw. eingetragene (unter Beifügung der ihnen anhaftenden Beschränkung) zu berücksichtigen, da die Feststellung des geringsten Gebots selbst nicht von einer Bedingung abhängig gemacht werden kann. Soweit bedingte Rechte (Vormerkung, Widerspruch) nicht aus dem Grundbuch ersichtlich bezw. erst nach der Eintragung des Versteigerungsvermerks eingetragen sind, können sie selbstverständlich nach § 48 nur behandelt werden, wenn sie angemeldet und nötigenfalls glaubhaft gemacht wurden.

Für das Verteilungsverfahren erforderte jedoch der Charakter der bedingten Ansprüche eine besondere Regelung (§§ 119, 120; vgl. Art. 111 BaySO.).

2. Bedingte Rechte sind auch Ansprüche von unbestimmtem Betrag (§ 14). Betagte Ansprüche mit einem ungewissen Fälligkeitstermin (incertus, an z. B. Verheiratung) sind bedingt; auch diejenigen mit unbestimmtem Termin (incertus, quando z. B. Tod) können nicht anders behandelt werden. Dagegen ist (mit Fischer-Schäfer S. 254, v. d. Pfordten S. 129) bei betagten Ansprüchen mit gewissem und bestimmtem Termin (certus, an et quando) zu unterscheiden, ob sie bar zu zahlen sind oder nicht; ersterenfalls ist nur der gegenwärtige Wert, wie in § 111 Satz 2, in das Mindestgebot einzusetzen, letzterenfalls aber sind sie wie bedingt, d. h. samt Nebenbestimmung, zu berücksichtigen.

Die Vorschrift des § 48 gilt nicht, wenn feststeht, daß die auflösende Bedingung eingetreten oder die aufschiebende Bedingung nicht eingetreten, das Recht also in Wegfall gekommen oder nicht zur Entstehung gelangt ist, vorausgesetzt, daß nicht das Recht sich mit dem Eigentum vereinigt hat (§§ 1163, 1177 BGB., vgl. § 45 Bem. 2a). Soweit das in das Mindestgebot einmal aufgenommene Recht sich später als nichtbestehend herausstellt, ist der entsprechende Betrag bar hinzuzuzahlen (§§ 50, 51).

3. Durch Vormerkung oder Widerspruch (§§ 883, 899 BGB.) gesicherte Rechte sind nur solche, welche, wenn sie definitiv eingetragen wären, eine eigene Belastung des Grundstücks bilden würden, z. B. eine gelöschte Hypothek, gegen deren Löschung ein Widerspruch eingetragen ist, oder ein durch Vormerkung gesicherter Anspruch auf Einräumung einer noch nicht bestehenden Hypothek, Grund- oder Rentenschuld, einer Reallast, eines Vorrangs. Dagegen wird durch einen Widerspruch gegen eine eingetragene Hypothek oder durch eine Vormerkung des Anspruchs eines Gläubigers auf Einräumung oder Übertragung eines Rechtes an einem bereits eingetragenen Rechte (z. B. Pfandrecht an einer Hypothek) keine selbständige Belastung begründet, da diese auch ohne Vormerkung oder Widerspruch bereits gegeben ist und berücksichtigt werden muß (Wolff § 48 Bem. 3, Jäckel S. 183, 184).

Eine selbständige Belastung des Grundstücks bildet auch die Vormerkung zur Sicherung des Anspruchs auf Übertragung (oder Rückübertragung) des Eigentums am Grundstück (auch Rückkaufsrecht, Eigentumsvorbehalt des bisherigen Rechts, Art. 39 ÜB., Art. 17 pf. LiegenschG., § 604 DA. f. GBA.), wenngleich sich diese Last nicht berechnen läßt. Eine solche Vormerkung ist daher, wenn sie dem betreibenden Teile vorgeht und nicht auf Grund derselben nach §§ 28, 37 Ziff. 5 die Einstellung des Verfahrens herbeigeführt ist, im Mindestgebote zu berücksichtigen (Jäckel S. 174, 175 Fischer-Schäfer S. 254; vgl. § 37 Bem. 2e). Würde die Vormerkung nicht berücksichtigt, so wäre auch die Anfechtung des Zuschlags möglich, weil sie am Grundstück erlöschen würde und sich der Berechtigte nicht mit dem Versteigerungserlös zufrieden zu geben bräuchte.

Über Vormerkung und deren Berücksichtigung in der Zwangsversteigerung siehe „Recht" 1903 S. 589, 1904 S. 69 ff., sowie § 50 Bem. 3b.

Das dingliche Vorkaufsrecht (§ 1098 Abs. 2 BGB.) ist nur im Falle des § 1097 Satz 2 BGB. zu berücksichtigen (Fischer-Schäfer S. 247, Jäckel S. 322).

§ 49.

Der Theil des geringsten Gebots, welcher zur Deckung der Kosten sowie der im § 10 Nr. 1—3 und im § 12 Nr. 1, 2 bezeichneten Ansprüche bestimmt ist, desgleichen der das geringste Gebot übersteigende Betrag des Meistgebots ist von dem Ersteher im Vertheilungstermine baar zu berichtigen (Baargebot).

Das Baargebot ist von dem Zuschlag an zu verzinsen.

Der Ersteher wird durch Hinterlegung von seiner Verbindlichkeit befreit, wenn die Hinterlegung und die Ausschließung der Rücknahme im Vertheilungstermine nachgewiesen werden.

E. I § 65; M. 167, 168; D. 46; KBer. 28, 29.

Das Bargebot und seine Berichtigung.

1. Bisheriges Recht. Auch in der BayGO. (Art. 55 Ziff. 1) und der Novelle hierzu (Art. 3, 6, 8, 9) waren nicht bloß die in Anrechnung auf den Kaufpreis zu übernehmenden, sondern auch die bar zu bezahlenden Forderungen ausdrücklich bezeichnet. Zu ersteren gehörten die ins Mindestgebot eingerechneten Hypothekforderungen (Fideikommißschulden und Ewiggelder, Art. 38 Nov.), mit Ausnahme der Korrealhypotheken in denjenigen Fällen, in welchen nicht sämtliche hierfür haftende Grundstücke von dem nämlichen Ansteigerer erworben wurden, der Sicherungshypotheken und bedingten Hypothekforderungen. Bar zu bezahlen waren fällige wiederkehrende Leistungen (Zinsen, Annuitätenraten), Kostenansprüche und andere Nebenforderungen, die Leistungen aus öffentlichen und Real-Lasten (Steuern ꝛc., Art. 108 Ziff. 1 SO.), Leistungen, deren Gegenstand nicht in Geld bestand, ferner die nach Art. 107 SO. vorweg aus der Masse zu deckenden Kosten des Verfahrens, der Verwaltung usw., endlich der das Mindestgebot übersteigende Betrag des Meistgebots.

2. Während §§ 44—48 den Umfang des Mindestgebots bestimmen, regeln §§ 49—51 die Art und Weise, in welcher das ganze Gebot zu berichtigen ist.

Nach 49 besteht das **Meistgebot**

a) aus den bar zu zahlenden Kosten des Verfahrens und den im § 10 Ziff. 1—3 und § 12 Ziff. 1 und 2 bezeichneten, ebenfalls bar zu entrichtenden Ansprüchen;

b) aus den übrigen, im Mindestgebot enthaltenen, gegen den Ersteher stehen bleibenden Ansprüchen;

c) aus dem bar zu zahlenden, das Mindestgebot (a+b) übersteigenden Betrag des Meistgebots.

Letzterer dient zur Befriedigung des betreibenden und der ihm gleich- oder nachstehenden Gläubiger und gebührt nach deren Befriedigung dem Schuldner.

Unter Bargebot versteht das Gesetz nur den im Verteilungstermine bar zu berichtigenden Teil des Meistgebots (a + c), nicht auch den nach §§ 50, 51 mehr zu zahlenden Betrag (§ 132 Abs. 1 Satz 2) und denjenigen Teil, für welchen nach § 60 Zahlungsfristen bewilligt sind (vgl. jedoch § 60 Satz 2!). Es erhöht sich im Falle der Versteigerung mehrerer Grundstücke nach § 63 Abs. 4 und der Wiederversteigerung nach § 128 Abs. 4.

Die nach a) und c) bar zu zahlenden Ansprüche können nur am Erlöse geltend gemacht werden, während sie am Grundstück selbst erlöschen (§§ 52, 91).

3. Zahlungszeit. Das Bargebot ist an sich mit dem Zuschlage fällig, da der Ersteher mit diesem Zeitpunkt das Eigentum am Grundstück erwirbt. Das Gesetz schiebt aber die Zahlungspflicht bis zum Verteilungstermin auf (anders BaySO. Art. 55 Ziff. 1) und schreibt nur die Verzinsung (zu 4%, § 246 BGB.) vom Zuschlag an vor (letztere Bestimmung entspricht dem Art. 55 Ziff. 1 BaySO., Art. 54 BayAG. z. ZVG.). Bei Berechnung der Zinsen ist der Zuschlagstag mitzurechnen (Jäckel S. 186), nicht aber der Zahltag (Verteilungstermin).

Die Zinsen sind ebenfalls im Verteilungstermine zu zahlen; sie erhöhen die Aktivmasse des Teilungsplans. Da im Bargebot auch Beträge enthalten sind, die nicht verzinst zu werden pflegen (Kosten, Steuern u. dgl.), so kommen die hieraus erwachsenden Zinsen dem Ausfall zu gute (Jäckel S. 186, Fischer-Schäfer S. 255).

Die Vorschrift des § 49 Abs. 1, 3 schließt nicht aus, daß der Ersteher seiner Zahlungspflicht schon vor dem Verteilungstermine genügt. Direkte Zahlung an die zum Zuge gekommenen Gläubiger ist insbesondere bei außergerichtlicher Verteilung (§§ 143, 144) zulässig. Sie befreit aber nur unter der Voraussetzung, daß die Forderung des betr. Gläubigers unwidersprochen bleibt, so daß der Ersteher die Gefahr, an einen Nichtberechtigten gezahlt zu haben, tragen muß. Eine unmittelbare Befreiung von seiner Zahlungsverbindlichkeit erlangt daher der Ersteher nur durch die gemäß § 376 Abs. 1, § 378 BGB. (unter Verzicht auf das Recht der Zurücknahme) erfolgte Hinterlegung. Dieselbe ist insbesondere notwendig zur Abwendung der Verzinsungspflicht und der nach § 94 bis zur Hinterlegung (oder Zahlung) zulässigen gerichtlichen Verwaltung. Die Hinterlegung erfolgt bei dem Gericht bezw. bei der für das Vollstreckungsgericht zuständigen gerichtlichen Hinterlegungsstelle, welche eine Bescheinigung über die erfolgte Hinterlegung ausstellt. (Art. 144—146 EG. z. BGB., Hinterlegungsordnung vom 18. Dez. 1899 JMBl. S. 1057, VO. vom 25. Dez. 1899, Bek. vom 27., 28., 30. Dez. 1899 JMBl. S. 1074 ff.). Im Falle der Hinterlegung bei einer unzuständigen Hinterlegungsstelle hat der Ersteher lediglich die Übersendungskosten zu tragen (Jäckel S. 187). Die Hinterlegungskosten fallen der Masse zur Last, vgl. § 109.

Hinterlegung oder Zahlung (des Bargebots samt etwaigen Zinsen) ist im Verteilungstermin (Ausnahme §§ 143, 144) nachzuweisen. Soweit ein solcher Nachweis nicht geliefert ist (§§ 107 Abs. 2, 3; 108; 60, 61), erfolgt Ausführung des Teilungsplans durch Übertragung der Forderung gegen den Ersteher auf die Berechtigten (§ 118). Im übrigen verfügt das Vollstreckungs- (nicht Hinterlegungs-) Gericht die Auszahlung der unbestritten gebliebenen Forderungsbeträge durch die Hinterlegungsstelle (§ 117 Abs. 3).

§ 50.

Soweit eine bei der Feststellung des geringsten Gebots berücksichtigte Hypothek, Grundschuld oder Rentenschuld nicht besteht, hat der Ersteher außer dem Baargebot auch den Betrag des berücksichtigten Kapitals zu zahlen. In Ansehung der Verzinslichkeit, des Zinssatzes, der Zahlungszeit, der Kündigung und des Zahlungsorts bleiben die für das berücksichtigte Recht getroffenen Bestimmungen maßgebend.

Das Gleiche gilt:

1. wenn das Recht bedingt ist und die aufschiebende Bedingung ausfällt oder die auflösende Bedingung eintritt;
2. wenn das Recht noch an einem anderen Grundstücke besteht und an dem versteigerten Grundstücke nach den besonderen Vorschriften über die Gesamthypothek erlischt.

Haftet der Ersteher im Falle des Abs. 2 Nr. 2 zugleich persönlich, so ist die Erhöhung des zu zahlenden Betrags ausgeschlossen, soweit der Ersteher nicht bereichert ist.

E. I §§ 69—71; M. 172—174; D. 46, 47; KBer —.

Erhöhung der Barzahlung bei Wegfall von Hypotheken-, Grund- und Rentenschulden.

1. Zweck der §§ 50 und 51; **bisheriges Recht.** Aus dem Prinzipe, daß ein in das Mindestgebot eingesetztes Recht, soweit es nicht durch Barzahlung zu decken ist, bestehen bleibt (§ 49) und daß der Ersteher insoweit ohne weiteres in die damit verbundene Last eintritt, würde sich eine ungerechtfertigte Bereicherung des Erstehers für den Fall ergeben, daß diese Last tatsächlich nicht vorhanden ist.

Der Art. 7 Abs. 2, 3 Nov. z. BayHO. begegnete dieser Möglichkeit mit der Vorschrift, daß im Falle des Wegfalls einer in das Mindestgebot aufgenommenen Forderung eine andere zur Übernahme zu bestimmen war (Ersatzübernahme).

Die Schwierigkeiten, die sich aus dieser Substituierung besonders dann ergaben, wenn beide Forderungen ihrer rechtlichen Natur nach verschieden waren, sucht das Reichsgesetz dadurch zu vermeiden, daß es neben dem Bargebot die Barzahlung des Kapitalsbetrages der berücksichtigten, aber wegfallenden Hypothek, Grund- oder Rentenschuld (§ 50) bezw. des Wertes der wegfallenden sonstigen Rechte (§ 51) vorschreibt. Andrerseits soll durch § 50 Abs. 1 Satz 2 und Abs. 3 sowie § 51 Abs. 1 Satz 2 einer Verschlechterung der Lage des Erstehers, die sich durch diese Erhöhung des bar zu zahlenden Teils des Meistgebots ergeben könnte, vorgebeugt werden.

2. Umfang und Erfüllung der Mehrzahlungspflicht. In dem Umfange der Verbindlichkeiten des Erstehers darf durch den Wegfall eines im Mindestgebot berücksichtigten Rechtes keine Veränderung eintreten, es findet lediglich eine Änderung der Art der Berichtigung des Meistgebots statt. Der an Stelle der Hypothek, Grund- oder Rentenschuld mehr zu zahlende Betrag deckt sich daher mit dem Betrag des im Mindestgebote berücksichtigten Kapitals; hinsichtlich der Nebenbestimmungen verbleibt es, soweit Verzinslichkeit, Zinssatz, Zahlungszeit, Kündigung und Zahlungsort in Frage kommen, bei denjenigen, die für das weggefallene Recht maßgebend waren. Der mehr zu zahlende Betrag ist also nicht, wie das Bargebot des § 49 mit dem Zuschlage fällig und im Verteilungstermin an das Gericht, sondern unmittelbar an denjenigen zu zahlen, der ohne die Mehrzahlung zunächst einen Ausfall erleidet, auch nicht gemäß § 49 Abs. 2 zu verzinsen; der Gläubiger, welchem der Betrag zufällt, hat vielmehr keine anderen Befugnisse, als der weggefallene Berechtigte, muß also insbesondere das Kapital erst kündigen, wenn dieser es nicht ohne vorherige Kündigung verlangen konnte.

Den Umfang der Mehrzahlung zu bestimmen, bietet im Fall des § 50 keine Schwierigkeiten; wenn dies bei Feststellung des Mindestgebots nicht geschehen ist, so ist dies bei der Verteilung gemäß § 125 nachzuholen. Steht im Verteilungstermin die Notwendigkeit der Mehrzahlung bereits fest, so ist der mehr zu zahlende Betrag gemäß § 125 Abs. 1 dem nächsten Berechtigten zuzuteilen und auszuzahlen, bezw. (wenn Zahlung nicht geleistet wird) auf ihn die Forderung gegen den Ersteher zu übertragen und hierfür Sicherungshypothek eintragen zu lassen (§ 128); ist aber die Frage der Mehrzahlungspflicht noch eine offene (z. B. wenn das Recht bedingt oder mit Widerspruch belegt ist), so tritt Eventualverteilung in Form der bedingten Zuweisung und Übertragung an den Berechtigten nach § 125 Abs. 2 ein (vgl. Fischer-Schäfer S. 257).

Wurde auch bei Aufstellung des Teilungsplans die Eventualverteilung unterlassen und gegen den Plan in dieser Form kein Widerspruch erhoben, so ist später, wenn der Mangel sich herausstellt, nicht etwa die Eventualverteilung unter Zuziehung der Beteiligten nachzuholen, sondern der Benachteiligte ist auf den Klageweg beschränkt. Dasselbe gilt, wenn das Vorliegen eines Falles des § 50 überhaupt erst nach Abschluß der Verteilung (im Fall der außergerichtlichen Verteilung nach Ablauf der 2wöchentlichen Frist des § 144) sich herausstellt (vgl. § 125 Bem. 2b).

3. Fälle des § 50. Die Erhöhung der Zahlungspflicht tritt ein:

a) wenn die berücksichtigte Hypothek, Grund- oder Rentenschuld zur Zeit des Zuschlags[1]) nicht besteht, gleichgültig, ob ihr Nichtbestehen (z. B. wegen Nichtigkeit der Eintragungsbewilligung infolge Geschäftsunfähigkeit, Scheingeschäfts

[1]) Wenn das berücksichtigte Recht erst nach dem Zuschlag zu bestehen aufhört (z. B. infolge Verzichts des Gläubigers auf die Hypothek, nicht Forderung, § 1168 BGB.), so gebührt der Vorteil dem Ersteher, weil er keine Folge des Zuschlags ist; Rechtspr. d. OLG. V S. 334. Anders im Falle 3b.

u. dgl.) bereits bei Feststellung des Mindestgebots bekannt war, die Berücksichtigung zu Unrecht erfolgte (vgl. § 45 Bem. 2a), die Anfechtung des Zuschlags aber unterblieb, oder ob sich erst später herausstellt, daß sie nicht bestanden hatten.

Der Fall ist dagegen nicht gegeben, wenn nur die der Hypothek zu Grunde liegende Forderung nicht zur Erstehung gelangt oder wieder weggefallen ist (z. B. wegen Nichthingabe der Darlehensvaluta, Nichtigkeit des Darlehensvertrags, Ausfall der ihm zu Grunde liegenden aufschiebenden Bedingung, Nichtübergabe des Briefes an den Gläubiger; wegen Befriedigung durch Zahlung, Aufrechnung, wegen Verzichts auf die Forderung); denn in ersterem Fall steht die Hypothek demjenigen zu, welcher zur Zeit der Eintragung der Hypothek Eigentümer war (Eigentümergrundschuld); in letzterem Fall erwirbt die Hypothek der Eigentümer[2])[3]) oder der Ersatzberechtigte (§§ 774, 1143, 1150, 1163, 1164, 1168—1171, 1176, 1177, 1178 BGB.; vgl. §§ 446 ff. DA. f. GBA.).

Eine im Zeitpunkte der Grundbuchanlegung (§ 1 EG. z. ZVG.) eingetragene Hypothek bayer. Rechts verwandelt sich in eine solche nach BGB. (mit der Fähigkeit, Eigentümerhypothek zu werden) nicht nur, wenn ihr eine Forderung tatsächlich zu Grunde liegt, sondern auch, wenn zwar eine Valuta noch nicht gegeben, aber nach dem, die Grundlage der Hypothek bildenden Vertragsverhältnis eine Forderung in Zukunft erwachsen kann, für welche die Sicherung bestellt werden wollte (BayZfR. 1905, S. 89 ff.)

Auch dann tritt eine Erhöhung der Barzahlung ein, wenn die berücksichtigte Hypothek usw. nur einzelnen Beteiligten gegenüber (z. B. einem nachstehenden) unwirksam ist.[4]) Diesfalls sind die besseren Rechte mittelst Widerspruchs und Klage

---

[2]) D. h. derjenige, welcher Eigentümer in dem Zeitpunkte war, in welchem die Voraussetzung für die Entstehung der Eigentümerhypothek (-grundschuld) eintrat. Ist der Wegfall der persönlichen Forderung vor dem Zuschlag bereits eingetreten, so bleibt die dem betreibenden Teil vorgehende Hypothek als dem betr. Eigentümer gehörig bestehen. Fällt die Forderung aber erst nach dem Zuschlag weg, so erwirbt die Hypothek der Ersteher (bezw. spätere Eigentümer). Mehrzahlung findet in beiden Fällen nicht statt. Vgl. Planck zu § 1163 BGB., ZBlFG. IV S. 203, 279 ff., Gruchot Bd. 46 S. 336. Das Gesagte gilt speziell auch von Annuitätentilgungen (RG. Bd. 54 S. 88, Jäckel S. 49). Über den Einfluß eines Rangeinräumungsverzichts bezw. der Vormerkung eines Löschungsanspruchs siehe Bem. 3b.

[3]) Bis zum Erlöschen der Forderung steht die Hypothek ausschließlich dem Gläubiger zu; es besteht daneben nicht etwa eine latente Eigentümerhypothek (ZBl.FG. V S. 447). Der Anspruch des Eigentümers auf Eintragung als Gläubiger der Hypothek (auf Berichtigung des Grundbuchs) kann zwar gepfändet und zur Einziehung (nicht an Zahlungsstatt) überwiesen werden; er ist aber kein Recht am Grundstück, kann also ebensowenig, wie die Pfändung, eingetragen werden. Letztere kann vielmehr erst nach Eintragung des Eigentümers als Gläubigers (d. h. nach erfolgter, vom urkundenmäßigen Nachweis der Entstehung der Eigentümerhypothek abhängigen Berichtigung) im Grundbuch verlautbart werden (RG. Bd. 57 S. 211, ZBl.FG. V S. 153, 396, 400; vgl. §§ 22, 29, 40 BGO., § 448 DA. f. GBÄ.). Zur Sicherung des Pfändungsgläubigers dient Vormerkung (§ 883 BGB.), bezw. Widerspruch (§ 899 BGB.); vgl. Gaupp-Stein § 857 II, 6, Rechtspr. d. OLG. VIII S. 109, Biermann, Widerspruch u. Vormerkung, S. 84. Bei Briefhypotheken erfolgt die Pfändung durch Wegnahme des beim Eigentümer befindlichen Briefes (§ 830 ZPO.; vgl. ZBl.FG. V S. 641). Über Pfändbarkeit des Berichtigungsanspruchs vgl. noch ZfZP. Bd. 33 S. 79 ff. Dem Gläubiger, welcher eine Eigentümerhypothek(-grundschuld, den Berichtigungsanspruch) gepfändet hat, geht selbstverständlich derjenige im Range vor, zu Gunsten dessen die Hypothek vorher mit einem Rangeinräumungsverzichte bezw. einer Vormerkung des Anspruchs auf Löschung belastet ist (RG. Bd. 57 S. 211, Seuff. Arch. Bd. 60 S. 1, ZBl.FG. V S. 185).

[4]) Z. B. infolge Anfechtung auf Grund Anfechtungsgesetzes (vgl. Hartmann-Meikel S. 211 ff. und ZfZP. Bd. 33 S. 1 ff.).

zur Geltung zu bringen und für den Fall, daß die Unwirksamkeit des berücksichtigten Rechtes festgestellt wird, der an die Stelle tretende, bar zu zahlende Betrag in das Mindestgebot einzustellen (Fischer-Schäfer S. 260, 261, Recht 1903 S. 591, Jäckel S. 194; abw. BayNotZ. 1904 S. 75).

b) wenn die Hypothek, Grund- oder Rentenschuld bedingt ist (§§ 158, 163 BGB.) und die aufschiebende Bedingung ausfällt oder die auflösende eintritt, das dingliche Recht also entweder gar nicht zur Entstehung gelangt oder wieder erlischt — nicht, wenn das Recht aus einem anderen Grunde nach dem Zuschlag wegfällt (Rechtspr. d. OLG. V S. 334) oder wenn nur die Forderung bedingt ist, § 1113 Abs. 2 BGB. Da das bedingte Recht nur als solches in das Mindestgebot eingestellt wird, der Ersteher also mit der Möglichkeit seines Wegfalls rechnen muß, so ist es gleichgültig, wann dieser eintritt (anders im Falle a).

Als bedingt ist auch eine Eigentümergrundschuld zu behandeln, welche mit dem Anspruch eines andern auf Löschung (§ 1179 BGB., Rangeinräumungsverzicht §§ 84, 158 HypGes. in d. F. v. 20. XII. 1903, Art. 58, 59 ÜB., §§ 607, 608 DA. f. GBA.) belastet ist, nämlich auflösend bedingt durch das Bestehen und die Geltendmachung des durch die Vormerkung gesicherten Anspruchs (Seuff. Arch. Bd. 60 S. 21, Planck Bem. 1, 4 zu § 1179, ZBlFG. V S. 305 ff.).

Beispiel: Bei einer dem betreibenden Teil B vorgehenden Kautionshypothek des A zu 1000 Mk., welche nur zu 800 Mk. valutiert ist, ist zu Gunsten des dritten Hypothekgläubigers C ein Rangeinräumungsverzicht seitens des Subhastaten D eingetragen. Die Hypothek zu 1000 Mk. ist für A und D als bestehen bleibend zu berücksichtigen und als weitere Versteigerungsbedingung festzusetzen, daß der Ersteher außer dem Bargebote 200 Mk. mehr zu zahlen hat, falls D zur Bewilligung der Löschung der entsprechenden Eigentümergrundschuld verpflichtet ist. Im Verteilungsverfahren ist dann nach § 125 zu verfahren, also wenn der Subhastat die Löschung der 200 Mk. bewilligt, dieser Betrag dem nächsten, sonst leer ausgehenden Gläubiger (also möglicherweise einem anderen als dem C) zuzuteilen, bei Barzahlung auszuhändigen, bei Nichtzahlung durch Sicherungshypothek sicherzustellen; oder wenn die Löschung nicht bewilligt wird, der Betrag von 200 Mk. dem nächsten ausfallenden Gläubiger bedingt zuzuteilen, zu übertragen und sicherzustellen.

Wenn die Kautionshypothek des A nicht bestehen bleibt (dem B nachgeht), so ist bei der Verteilung der 200 Mk. nach §§ 119, 120 zu verfahren, also, wenn der durch den Rangeinräumungsverzicht (Vormerkung) gesicherte Anspruch feststeht (unbestritten ist), der Betrag dem Nächstausgefallenen zuzuteilen und auszuzahlen, bezw. zu übertragen und sicherzustellen; oder im Fall des Streites bedingt dem Subhastaten und Eventualberechtigten zuzuteilen, sodann aber dem ersteren auszuzahlen, bezw. für ihn allein zu übertragen und sicherzustellen (§ 120 Bem. 3). Ein Streit über den eingetragenen Rangeinräumungsverzicht (Löschungsanspruch) und seine Geltendmachung liegt aber nicht vor, wenn nur seine formelle Berücksichtigung im Teilungsplan bekämpft wird (ZBlFG. V S. 185; RG. Bd. 57 S. 211).

Zu bemerken ist noch, daß die Vormerkung des § 1179 BGB. auch zu Gunsten eines anderen als des gleich- oder nachstehenden Berechtigten eingetragen werden kann (nach ZBlFG. V S. 305 ff. nur zu Gunsten des Realgläubigers als solchen, nicht jedes Dritten), ferner daß auch ihre Geltendmachung nicht davon abhängig ist, daß dieser Berechtigte dadurch selbst zum Zuge kommt.

Den bedingten Rechten sind gemäß § 48 die vorgemerkten und durch Widerspruch gesicherten Rechte gleich zu behandeln, da auch hier mit der Möglichkeit gerechnet werden muß, daß es nicht zu einer definitiven Eintragung kommt (vgl. Recht 1903 S. 589, 1904 S. 69 ff.).

Die vorgemerkte Hypothek geht, wenn der durch sie gesicherte Anspruch nicht zur Entstehung gelangt oder wegfällt, nicht auf den Grundstückseigentümer über, sondern wird, weil sie kein Recht am Grundstück, sondern nur ein Sicherungsmittel ist, gegenstands- und wirkungslos; ZBlFG. III S. 370.

Bedingte Hypothekenrechte sind auch die nach den bisherigen bayer. Vorschriften vorgemerkten Hypotheken (Art. 57 ÜV., Art. 22 BayAG. z. GBO., § 606 Abs. 2 DA. f. GBÄ.; vgl. Ortenau-Henle S. 171), mit Ausnahme der Zwangs- und Arresthypotheken. Letztere verwandeln sich mit Grundbuchsanlegung in Sicherungshypotheken (Art. 192 EG. z. BGB., Art. 57 BayAG. z. GBO. und Art. 57, 60 Abs. 2 ÜV., Henle-Schneider S. 494) und stehen, soweit eine Forderung hierzu entstanden ist, dem Gläubiger, im übrigen (im Nachrang § 1176 BGB.) dem Eigentümer zu, sind daher, ohne daß § 50 Anwendung findet, in ihrem ganzen Betrag für diese beiden in das Mindestgebot aufzunehmen (der nicht valutierte Teil kommt also nicht mehr, wie bisher, dem zunächst ausfallenden Gläubiger zu gute).

Das letztere gilt auch von den Kautionshypotheken der §§ 1184 ff., 1190 BGB. Diese stehen gleichfalls in Ansehung des nichtvalutierten Teils der Forderung demjenigen zu, welcher Eigentümer zur Zeit ihrer Eintragung (nicht Forderungsfeststellung, vgl. § 14 Bem. 3c, RG. Bd. 55 S. 217) war. Bei den Kautionshypotheken des bayer. HypRechts (welche gemäß Art. 192 EG. z. BGB. regelmäßig in Sicherungshypotheken des § 1190 BGB. übergehen, vgl. Bl. f. RA. Bd. 69 S. 90 ff.) ist zu prüfen, ob nicht die Hypothek schon vor dem 1. I. 1900 hinsichtlich des nicht valutierten Teils erloschen war, (z. B. wenn das Rechtsverhältnis, dem die Kaution diente, schon vorher beendigt gewesen); letzterenfalls wäre, wenn die Kautionshypothek (weil der Wegfall des nicht valutierten Teils noch nicht festgestellt war) im ganzen Betrag in das Mindestgebot eingestellt wurde, Mehrzahlung nach § 50 zu leisten. So: ZBlFG. II S. 849, IV S. 111, 203, 279 ff., 699, 702; BayZfR. 1905 S. 89 ff. gegen Recht 1902 S. 32; vgl. RG. Bd. 49 S. 162; Bd. 51 S. 119; Bd. 52 S. 59, 411; Gruchot Bd. 46 S. 336, Rechtspr. d. OLG. V S. 213, 335; BayNotZ. 1904 S. 78 ff.

Auch die neben der Hauptsachehypothek eingetragenen sog. Zinsen- und Kostenkautionshypotheken des bisherigen bayer. Rechts werden als Sicherungshypotheken (Art. 192 Abs. 1 Satz 2 EG. z. BGB.) den Vorschriften des BGB. über die Entstehung der Eigentümerhypothek, besonders des § 1163, unterworfen werden müssen. Nach Rechtspr. IV S. 160 ist zwar für das sächs. Recht die Frage dahin entschieden worden, daß diese Hypotheken dem Willen der Beteiligten entsprechend keine „selbständige" hypothekarische Belastung des Grundstücks darstellten, vielmehr wie ein gemäß § 1115 BGB. zur Deckung von Nebenleistungen eingetragener Geldbetrag zu behandeln seien, der, soweit er gegen den Subhastaten nicht erschöpft sei, bestehen bleibe, ohne zur Anrechnung zu kommen (ähnlich, wie nach Art. 3 Abs. 2, 8 Abs. 3 Satz 2 Nov. z. BaySO., Ortenau-Henle S. 170, 202; vgl. Schöbel, prakt. Fragen S. 10). Aber abgesehen davon, daß Art. 192 Abs. 1 Satz 2 EG. z. BGB. eine Unterscheidung zwischen selbständigen und unselbständigen Hypotheken nicht kennt, auch der Wille der Vertragsteile für die Überleitung der Hypothek belanglos ist (Planck Art. 192 EG. Bem. 4b), kann die Zinsen- und Kostenkaution des bayer. Rechts trotz ihrer Abhängigkeit von der Hauptsache nicht als unselbständige Hypothek bezeichnet werden (vgl. § 43 BayHypGes.).

Übrigens ist die Frage nur für diejenigen Fälle von Bedeutung, in welchen die Hypothek nicht mit einem Rangeinräumungsverzicht ausgestattet ist. Vgl. auch § 14 Bem. 3.

Über betagte Rechte siehe die Bem. zu §§ 14, 48.

c) wenn das Recht zur Zeit des Zuschlags noch an einem anderen Grundstücke besteht und an dem versteigerten Grundstücke nach Maßgabe der §§ 1173—1182 BGB. vor oder nach dem Zuschlag erlischt und, falls der Ersteher zugleich persönlich haftet, soweit er bereichert ist. (Über die Einstellung der Gesamthypothek in das Mindestgebot siehe § 64.) Hierher gehören folgende Fälle (vgl. Jäckel S. 191 ff., Reinhard I S. 255 ff., v. d. Pfordten S. 136 ff., §§ 446, 447 DA. f. GBA.):

aa) Es ist die der Gesamthypothek zu Grunde liegende Forderung nicht zur Entstehung gelangt oder erloschen oder es ist (bei der Briefhypothek) nicht zur Aushändigung des Briefes an den Gläubiger gekommen (§§ 1163 Abs. 1, 2; 1172 BGB.); es verzichtet der Korrealgläubiger auf das Gesamtpfand oder er wird gemäß § 1170 l. c. mit seinem Rechte im Wege des Aufgebotsverfahrens ausgeschlossen (§ 1175 l. c.). In diesen Fällen erwerben die Eigentümer der belasteten Grundstücke gemeinschaftlich die Gesamthypothek als Grundschuld. Der Ersteher kann, ebenso wie der Gläubiger (§§ 1132, 1172 l. c.), falls die Gesamthypothek in ihrem vollen Umfang in das Mindestgebot aufgenommen wurde, die Verteilung auf die einzelnen Grundstücke, sei es nach Maßgabe des vereinbarten, im Grundbuch eingetragenen Teilungsmodus, sei es nach dem Werte der Grundstücke, verlangen. Der hierbei nicht auf das versteigerte Grundstück bezw. seinen Eigentümer treffende Teilbetrag der Gesamthypothek erlischt (ist nach § 13 GBO. zu löschen), und soweit dies der Fall ist, ist Mehrzahlung zu leisten. Die Verteilung und damit die Geltendmachung der Mehrzahlungspflicht kann der Eventualberechtigte des § 125 Abs. 2 im Prozeßwege betreiben. Erhöhung der Barzahlung um den Gesamtbetrag tritt ein, wenn der Gläubiger auf die Hypothek an dem versteigerten Grundstück verzichtet (§ 1175 Abs. 1 Satz 2 l. c.) und der Ersteher nicht persönlich für die Gesamthypothek haftet (§ 50 Abs. 3).

bb) Wird der Gesamthypothek(-grund- oder -rentenschuld-)Gläubiger aus einem anderen mithaftenden Grundstück oder aus den Gegenständen, auf welche sich die Hypothek erstreckt, im Wege der Zwangsvollstreckung befriedigt, so werden die übrigen Pfandobjekte frei (§ 1181 BGB.). War trotzdem bei diesen der ganze Betrag der Gesamthypothek(-grund oder -rentenschuld) im Mindestgebote berücksichtigt, so ist Mehrzahlung zu leisten, sofern und soweit nicht der Ersteher bezw. sein Rechtsvorgänger nach § 1182 ersatzpflichtig ist, z. B. dem Eigentümer desjenigen Grundstücks, aus welchem der Gläubiger befriedigt wurde — was sich nach den sonstigen, zwischen den Eigentümern der Grundstücke bestehenden Rechtsverhältnissen beurteilt —, da die Hypothek u. s. w. insoweit auf den Ersatzberechtigten kraft Gesetzes übergeht (§ 1182 BGB.).

cc) Das nämliche gilt, wenn und soweit der Eigentümer des mithaftenden Grundstücks den Gesamtpfandgläubiger freiwillig befriedigt, ferner wenn das Gläubigerrecht auf den ersteren übertragen wird oder Vereinigung der Forderung und Schuld in der Person desselben eintritt (§ 1173 BGB.; vgl. ZBlFG. V S. 465).

dd) Befriedigt der persönliche Schuldner den Gesamtpfandgläubiger (oder vereinigen sich Forderung und Schuld) und hat er keinen Ersatzanspruch gegen den Eigentümer des versteigerten Grundstücks bezw. Ersteher, sondern nur gegen die andern Eigentümer, so erlischt die Gesamthypothek auf dem versteigerten Objekt und es hat Mehrzahlung einzutreten; dies ist nicht der Fall, wenn und soweit der persönliche Schuldner Regreß gegen alle Eigentümer der mithaftenden Grundstücke nehmen kann oder wenn und soweit er einen Ersatzanspruch gerade gegenüber dem Ersteher bezw. Eigentümer des versteigerten Grundstücks hat (anders, wenn er bloß die Rechte des Gesamtpfandgläubigers bei der Zahlung abgetreten erhalten hat, ZBlFG. V S. 399); besteht aber für den persönlichen Schuldner überhaupt kein Ersatzanspruch gegen irgend einen Eigentümer der mithaftenden Grundstücke, so erlischt mit der Befriedigung zwar die Forderung, die Hypothek wird aber Eigentümergesamtgrundschuld und eine Mehrzahlung findet nicht statt (§§ 1174 mit 1163, 1164, 1172 BGB., vgl. die Komm. hierzu, sowie Bl. f. RA. Bd. 68 S. 112 ff., Jäckel S. 192).

Sind mehrere mit einer Gesamthypothek(=grund= oder =rentenschuld) belastete Grundstücke um ein Gesamtausgebot — für den Fall des Einzelausgebots vgl. § 64 — zugeschlagen worden, so tritt eine Mehrzahlung nicht ein, solange das Recht nicht auf sämtlichen zugeschlagenen Objekten erloschen ist (Jäckel a. a. O.)

§ 51.

Ist das berücksichtigte Recht nicht eine Hypothek, Grundschuld oder Rentenschuld, so finden die Vorschriften des § 50 entsprechende Anwendung. Der Ersteher hat statt des Kapitals den Betrag, um welchen sich der Werth des Grundstücks erhöht, drei Monate nach erfolgter Kündigung zu zahlen und von dem Zuschlag an zu verzinsen.

Der Betrag soll von dem Gerichte bei der Feststellung des geringsten Gebots bestimmt werden.

E. I § 70; M. 173, 174; D. 47; KBer. 30.

Wegfall anderer Rechte.

1. Die Vorschriften des **§ 50** sind **analog anzuwenden** auf Reallasten, persönliche und Grund-Dienstbarkeiten, Erbbaurechte. Für sie kannte die BayHO. eine Ersatzübernahme nicht, da sie gemäß Art. 55 Abs. 2 ohne Anrechnung auf den Kaufpreis auf den Ansteigerer übergingen (vergl. Art. 7 Abs. 2 Nov. z. BayHO., Ortenau-Henle S. 162 und § 46 Bem. 1, § 52 Bem. 1).

Unter § 51 fallen sowohl nicht bestehende, als bedingte Rechte. Altenteils= oder Alimentenansprüche, deren Wegfall zwar gewiß, wobei aber der Zeitpunkt des Wegfalls ungewiß ist, gehören nicht zu den bedingten Rechten; wohl aber ergibt sich auch hier die Notwendigkeit, die Ersatzsumme (§ 51) zu bestimmen für den Fall, daß das Recht noch vor dem Zuschlag, z. B. durch den Tod des Berechtigten, wegfällt (vgl. § 14 Bem. 3).

2. Feststellung der Mehrzahlung. Während in den Fällen des § 50 der Betrag der Mehrzahlung ohne weiteres mit dem Kapital der Hypothek, Grund= oder Rentenschuld feststellbar ist, muß derselbe hier durch Wertsschätzung erst gefunden werden (nötigenfalls unter Einvernahme von Sachverständigen, Abhaltung eines besonderen Termins nach § 62). Ist ein Höchstbetrag im Grundbuch angegeben (§ 882 BGB., Art. 48 Abs. 3 ÜB.), so kann über diesen nicht hinausgegangen werden.

Die Bestimmung des Ersatzbetrags für ein in das Mindestgebot fallendes Recht des § 51 hat im Versteigerungstermine stets auch dann zu geschehen, wenn sie nicht als erforderlich erscheint. Sie kann gemäß §§ 83 Ziff. 1, 100 mit 13 Abs. 2 EG., Art. 25 BayAG. z. ZVG. mit Beschwerde gegen den Zuschlag angefochten werden (Reinhard I S. 263). Ist aber der Zuschlag unter der Bedingung, daß der festgesetzte Betrag eventuell hinzuzuzahlen ist, rechtskräftig geworden, so ist dieser auch für das Verteilungsverfahren maßgebend.

Ist die Feststellung im Versteigerungstermine unterblieben, so ist sie im Verteilungstermine nachzuholen und bei Widerspruch gegen den Plan im Prozeßwege herbeizuführen (Jäckel S. 190).

Die Feststellung des Ersatzbetrages hat natürlich nur Bedeutung für den Wegfall des Rechtes. Solange es besteht, wirkt es gegen den Ersteher, weil es bestehen, also durch die Versteigerung unberührt bleibt (Jäckel a. a. O.).

3. Erfüllung der Mehrzahlungspflicht. Ebenso wie die Ersatzsumme des § 50 ist auch diejenige des § 51 nicht sofort mit dem Zuschlage fällig. Sie muß dem Ersteher von demjenigen zunächst ausgefallenen Berechtigten, welchem sie nach Wegfall des Rechtes gemäß § 125 zugeteilt wurde, unter Einhaltung einer dreimonatlichen Kündigungsfrist erst gekündigt, jedoch vom Zuschlag an gemäß § 246 BGB. mit 4 % verzinst werden. Der Ersteher kann die Ersatzsumme jederzeit leisten und, soferne sie einem Beteiligten noch nicht zugeteilt ist, hinterlegen (§ 271 Abs. 2 BGB.), wodurch er von der Pflicht der Verzinsung befreit wird (Reinhard a. a. O.).

§ 52.

Ein Recht bleibt insoweit bestehen, als es bei der Feststellung des geringsten Gebots berücksichtigt und nicht durch Zahlung zu decken ist. Im Uebrigen erlöschen die Rechte.

Das Recht auf eine der in den §§ 912 bis 917 des Bürgerlichen Gesetzbuchs bezeichneten Renten bleibt auch dann bestehen, wenn es bei der Feststellung des geringsten Gebots nicht berücksichtigt ist.

E. §§ 66, 72; M. 113, 169, 175 ff.; D. 47; KBer. —.

Bestehenbleiben und Erlöschen der Rechte.

1. Bisheriges Recht. Das bisherige bayer. Recht enthielt keine allgemeine Bestimmung über das Erlöschen der Rechte am Grundstück. Aus Art. 55, 94 SO., Art. 1, 6 Nov. hierzu ergab sich nur das Erlöschen aller derjenigen Hypotheken, welche vom Ansteigerer nicht in Anrechnung auf den Strichschilling übernommen waren (Ortenau-Henle S. 146, 147, 188); dagegen blieben die nicht in Hypotheken bestehenden Belastungen des Grundstückes von der Zwangsversteigerung grundsätzlich unberührt, also bestehen (von der Spezialvorschrift des Art. 57 SO. und Art. 15, 16 Nov. abgesehen). Bei der Feststellung des Mindestgebots brauchten sie daher nicht erwähnt zu werden.

Das Reichsgesetz geht von dem umgekehrten Standpunkt aus: Es statuiert allgemein (Ausnahmen: Bem. 3b, c), daß nicht berücksichtigte Rechte erlöschen sollen, und dehnt diesen Grundsatz auf alle Rechte am Grundstück aus.

2. Bedeutung der Vorschrift. Sie enthält die Ausführung des Deckungsprinzips in Form einer gesetzlichen, jedoch der vereinbarten Abänderung (§ 59) fähigen Versteigerungsbedingung. Die Deckung erfolgt nicht durch eine Rechtshandlung (Vertrag), sondern kraft gesetzlicher Vorschrift (im Gegensatze zu den nach § 91 Abs. 2 vereinbarungsgemäß bestehen bleibenden Rechten). Dem Ersteher gegenüber stellt sie klar, daß nur solche Rechte, die bei der Feststellung des geringsten Gebots berücksichtigt wurden und nicht durch Zahlung (§ 49) zu decken sind, und nur in dem Umfange, zu welchem sie in das Mindestgebot eingestellt waren, auf dem von ihm erstandenen Objekte bestehen geblieben sind. Diese Rechte werden von der Zwangsversteigerung nicht berührt, insbesondere nicht durch dieselbe fällig (vgl. § 54), „da aus dieser allein ebensowenig wie aus der freiwilligen Veräußerung von dem Gläubiger oder Ersteher ein Recht abgeleitet werden kann, in dem von einem anderen betriebenen Verfahren auf Befriedigung seines Anspruchs aus dem Erlöse zu dringen" (Mot.).

Das Bestehenbleiben gewisser Rechte hat für den Ersteher die Bedeutung eines teilweisen Entgeltes für das Grundstück.

Über die Ablehnung des Anrechnungsprinzips der BayGO. siehe Einleitung V und § 44 Bem. 1.

3. Bestehen bleiben (am Grundstück und den nach § 55 mitversteigerten Gegenständen):

a) Die im Mindestgebote (§ 44) berücksichtigten, nicht nach § 49 Abs. 1 barzuzahlenden Hauptrechte (Kapitalbeträge der Hypotheken und Grundschulden, im übrigen Ablösungssumme, Ersatzbetrag) sowie die Ansprüche auf Zinsen, Renten, Reallast-, Altenteils- und Auszugsleistungen vom Zuschlag an.

b) Ausnahmsweise auch ohne Berücksichtigung im Mindestgebote: nach § 52 Abs. 2 die Ansprüche aus §§ 912—917 BGB. (Notweg- und Überbaurenten); nach § 9 EG. und Art. 27 BayAG. z. ZVG.: eingetragene Leibgedingsrechte (auch Hypotheken alten Rechtes dieser Art, vgl. Art. 48, 116—118 ÜV.), die Grundgefälle des Staats und der Ablösungskasse und die an deren Stelle getretenen Lasten, sowie nicht eintragungsbedürftige Grunddienstbarkeiten. Das Erlöschen dieser letzteren Rechte ist jedoch auf Verlangen nach § 9 Abs. 2 EG. z. ZVG. als Versteigerungsbedingung dann festzusetzen, wenn durch das Fortbestehen des Rechtes ein vorgehender oder gleichstehender Beteiligter beeinträchtigt wird. Soferne dies ungewiß ist, hat nach § 59 Abs. 2 ein doppeltes Ausgebot zu erfolgen. Ergibt sich unter der Bedingung des Bestehenbleibens des Rechtes ein den betr. Beteiligten deckendes Gebot, so ist der Zuschlag zu erteilen, ohne Rücksicht auf ein unter der entgegengesetzten Bedingung abgegebenes höheres Gebot (Jäckel S. 642; Becher Mat. VI S. 28; vgl. Bem. zu § 9 EG.).

c) Die Lasten des öffentlichen Rechtes (Wolff § 52 Bem. 3, Reinhard I S. 266).

Zu beachten ist jedoch, daß auch diese Lasten den Ersteher erst für die Zeit nach dem Zuschlag treffen (§ 56); für die wiederkehrenden Leistungen hieraus gelten § 37 Ziff. 4 und §§ 45 Abs. 2 mit 49 (Fischer-Schäfer S. 263, v. d. Pfordten S. 141).

4. Dagegen erlöschen:

a) Die nicht berücksichtigten Rechte (Ausnahme 3b, c), vor allem des betreibenden Gläubigers[1]) und der ihm gleich- oder nachstehenden Berechtigten, dann aber auch die im Mindestgebot übergangenen Rechte. Ob sie mit Recht oder Unrecht

---

[1]) Auch sein Hauptrecht erlischt, wenn das Bestehenbleiben desselben nicht auf dem Wege des § 59 zur Versteigerungsbedingung erhoben wurde (Reinhard I S. 267, Jäckel S. 197; Mot. 176).

unberücksichtigt blieben, ist gleichgültig. Letzterenfalls ist nur Beschwerde gegen den Zuschlag zulässig; ist diese versäumt, so kann sich der Berechtigte nur an den Erlös halten, an welchem er mit dem Range seines Rechtes partizipiert (Widerspruch, Bereicherungsklage gegenüber den beteiligten Gläubigern; die Zuteilung eines anderen berücksichtigten und bestehen bleibenden Rechtes auf den zu Unrecht übergangenen ist ausgeschlossen, Recht 1905 S. 138).

b) Die durch Zahlung zu deckenden (nicht: „gedeckten") Ansprüche (des § 10 Ziff. 1—3 und § 12 Ziff. 1 u. 2), soweit sie nicht (vom Zuschlag an) vom Ersteher ohnedies zu tragen sind.

5. Es erlischt jedoch nur die **Dinglichkeit** der ausgefallenen Rechte: an die Stelle des Rechtes auf Befriedigung aus dem Grundstück (und mithaftenden Sachen, soweit versteigert) tritt das Recht auf Befriedigung aus dem Erlös (mit dem Kapital oder Wert, § 92). Von der persönlichen Verbindlichkeit (soweit eine solche mit dem Rechte verbunden ist) wird der Schuldner (von Verzicht, Kompensation usw. abgesehen) nur befreit, wenn dieselbe gemäß § 53 auf den Ersteher allein übergeht, wenn der Berechtigte Zahlung aus dem Erlös erhalten (§ 362 BGB.) oder sich mit der Übertragung der Forderung gegen den Ersteher zufrieden gegeben hat (§§ 117, 118 Abs. 2, 125 Abs. 3) oder wenn statt der Barzahlung das Stehenbleiben des Rechtes vereinbart wurde (§ 91 Abs. 2, 3); Wolff § 52 Bem. 5. Im übrigen läßt die Versteigerung die persönlichen Rechtsverhältnisse zwischen Schuldner und Dritten (abgesehen noch von § 57) unberührt.

§ 53.

Haftet bei einer Hypothek, die bestehen bleibt, der Schuldner zugleich persönlich, so übernimmt der Ersteher die Schuld in Höhe der Hypothek; die Vorschriften des § 416 des Bürgerlichen Gesetzbuchs finden mit der Maßgabe entsprechende Anwendung, daß als Veräußerer im Sinne dieser Vorschriften der Schuldner anzusehen ist.

Das Gleiche gilt, wenn bei einer Grundschuld oder Rentenschuld, die bestehen bleibt, der Schuldner zugleich persönlich haftet, sofern er spätestens im Versteigerungstermine vor der Aufforderung zur Abgabe von Geboten die gegen ihn bestehende Forderung unter Angabe ihres Betrags und Grundes angemeldet und auf Verlangen des Gerichts oder eines Betheiligten glaubhaft gemacht hat.

E. I § 67; M. 169, 170; D. 47; KBer. 30.

Eintritt des Erstehers in das persönliche Schuldverhältnis.

1. Allgemeines. Vgl. § 52 Bem. 5. — Auch nach bisherigem Rechte (Art. 6 Nov. z. BayHO.) trat der Ansteigerer hinsichtlich der in das Mindestgebot eingerechneten Hypothekenforderungen in die persönliche Haftung ein, wenn der Besitzer für die Forderung persönlich haftete, ohne daß der bisherige Schuldner seiner persönlichen Haftung entbunden wurde (Ortenau-Henle S. 188, 189). Während jedoch der Eintritt des Ansteigerers in diese Haftung sich erst mit der Erklärung des Richters nach Art. 7, 35 Nov. im Verteilungstermine vollzog [1]), erlangt der Gläubiger der bestehen bleibenden Hypothek (Grund- oder Rentenschuld) nach § 53 ein selb-

[1]) Ortenau-Henle S. 189, 418; BayNotZ. 1890 S. 129.

ständiges Recht gegen den Ersteher schon mit dem Zuschlag ohne eine diesbezügliche richterliche Erklärung. Hieraus folgt, daß nunmehr der Gläubiger eines bestehen bleibenden Rechtes die Kapitalsforderung gegenüber dem Ersteher (wie gegenüber jedem Käufer des Pfandobjekts), sobald deren Fälligkeit diesem gegenüber wirksam ist (§ 54), geltend machen kann. In das Grundstück freilich kann wegen des Kapitals nicht vor Eintragung des Erstehers als Eigentümers vollstreckt werden (§ 133 gilt nur für die übertragenen Forderungen, z. B. Nebenleistungen); aber in das übrige Vermögen des Erstehers ist die Zwangsvollstreckung wegen des Kapitals sofort nach Fälligkeit möglich.

An dem Rechte der dem betreibenden Gläubiger vorgehenden Beteiligten ändert also die Zwangsversteigerung ebensowenig etwas, wie der freihändige Verkauf. Dem Schuldner soll jedoch durch § 53 die Aussicht gewährt sein, von der persönlichen Verbindlichkeit befreit zu werden, und dem Ersteher die Möglichkeit genommen werden, sich auf Kosten des ersteren zu bereichern.

Während § 53 Bestimmungen über die persönliche Seite des Rechtsverhältnisses zwischen Gläubiger und Schuldner in Ansehung eines dinglich bestehen bleibenden Rechtes trifft, werden in § 91 umgekehrt die persönlichen Rechtsbeziehungen hinsichtlich der dinglich erlöschenden Rechte unberührt gelassen (Rechtspr. d. OLG. IX S. 140).

2. Voraussetzungen der Schuldübernahme:

a) Die Hypothek u. s. w. muß bestehen (siehe § 50) und bestehen bleiben, sei es daß sie in das geringste Gebot fällt oder daß sie gemäß § 59 Abs. 3 auf Grund einer besonderen Versteigerungsbedingung nicht erlischt.[2]) Die Übernahme der persönlichen Schuld tritt nicht ein hinsichtlich eines Anspruchs auf Barzahlung aus dem Meistgebote.

b) Der Schuldner, d. h. derjenige, gegen den sich das Verfahren richtet, muß persönlich haften, und zwar dem Hypothekgläubiger gegenüber. Ist nach der Einleitung des Verfahrens ein Eigentumswechsel eingetreten und hierauf ein zweiter Gläubiger dem Verfahren beigetreten, der dieses gegen den neuen Eigentümer betreibt, so sind zwei Schuldner vorhanden und es genügt für § 53, wenn nur einer von beiden persönlich haftet (Reinhard I S. 269, abw. Jäckel S. 199).

c) Die mit einer Grund- oder Rentenschuld etwa verbundene persönliche Haftung des Schuldners muß von diesem angemeldet und ev. glaubhaft gemacht sein, weil in der Regel mit der Grund- und Rentenschuld eine persönliche Verpflichtung des Eigentümers nicht verbunden ist. Die Anmeldung der persönlichen Forderung muß rechtzeitig und zwar seitens des Schuldners erfolgen. Der Notar, sowie jeder (interessierte d. h. nicht im geringsten Gebote berücksichtigte) Beteiligte kann Glaubhaftmachung fordern (Reinhard I S. 276). Tritt der Ersteher mangels Anmeldung nicht in die persönliche Haftung ein, so kann von ihm der persönliche Schuldner Ersatz aus dem Grundstücke fordern, falls er die Schuld tilgt (§§ 812 ff., Jäckel S. 200).

3. Genehmigung der Schuldübernahme. Die Befreiung des Schuldners tritt erst mit der ausdrücklichen oder stillschweigenden Genehmigung des Gläubigers nach

---

[2]) In letzterem Falle wird mit Jäckel S. 200, Reinhard I S. 270 anzunehmen sein, daß der Gläubiger, wenn er selbst das Liegenbleiben seiner Hypothek vorschlägt, auch die Schuldübernahme will, so daß es der Einholung seiner späteren Genehmigung nicht mehr bedarf. Der Fall des § 91 Abs. 2, wo das Bestehenbleiben nicht auf einer Versteigerungsbedingung, sondern, wie die Schuldübernahme des § 144, auf Vereinbarung zwischen Ersteher und Gläubiger beruht, gehört nicht hierher; denn dort wird der Schuldner gemäß § 91 Abs. 3 auch dann frei, wenn der Ersteher nicht in die persönliche Schuld eintritt (Reinhard a. a. O.).

Mitteilung seitens des Schuldners ein (§ 416 BGB., vgl. oben Fußnote 2). Sie kann vom Zuschlag an erfolgen, also schon vor der Eintragung des Erstehers als Eigentümer.[3]) Bis zur Genehmigung kann die Schuldübernahme durch Vereinbarung des Erstehers mit dem Schuldner ausgeschlossen werden. Die Genehmigung des Gläubigers kann dem Ersteher oder Schuldner gegenüber erfolgen; sie gilt als erfolgt, wenn sich der Gläubiger innerhalb der Frist des § 416 BGB. nicht erklärt hat.

4. Bis zur erfolgten Genehmigung des Gläubigers und nach deren **Verweigerung** haften Schuldner und Ersteher, der eine persönlich, der andere dinglich. Der Ersteher ist jedoch dem Schuldner gegenüber zur Befriedigung des Gläubigers verpflichtet (§§ 329, 415 Abs. 3 BGB.) Erfüllt er diese aus seinem Gebote sich ergebende Verpflichtung, so erlischt die Forderung und die Hypothek wird zur Eigentümergrundschuld des Erstehers, so z. B. wenn der Gläubiger selbst Ersteher ist (§§ 1163, 1177, nicht 1143 BGB., Fischer-Schäfer S. 265, bestr.). Ebenso verhält es sich mit einer Grund- oder Rentenschuld, mit welcher eine persönliche Haftung des Schuldners verbunden war, wenn der Ersteher den Gläubiger befriedigt und der Schuldner dem § 53 Abs. 2 genügt hatte; wurde letzteres unterlassen, so verbleibt es bei der persönlichen Haftung des Schuldners (vgl. oben Bem. 2c).

Befriedigt aber der Schuldner den Gläubiger, wodurch er gemäß § 1164 BGB. die Hypothek erwirbt, so kann er von dem Ersteher Ersatz des Geleisteten fordern (§ 812 BGB.). Gegen nachteilige Verfügungen des Gläubigers über die Hypothek ist der Schuldner durch § 1165 BGB. geschützt.[4]) Vgl. Wolff Bem. 4, 7; Jäckel S. 201, 203.

5. Wirkungen der Genehmigung. Mit der erfolgten Genehmigung des Gläubigers wird der Schuldner unter Rückwirkung auf den Tag des Zuschlags (§ 184 BGB.) auch von seiner persönlichen Schuld befreit; der Ersteher wird aber Schuldner nur in Höhe der Hypothek; soweit eine solche nicht besteht (z. B. für nicht eingetragene Verzugszinsen) tritt die Wirkung der Schuldübernahme nicht ein.

Der Ersteher kann dem Gläubiger die Einwendungen entgegensetzen, die sich aus dem Rechtsverhältnisse zwischen diesem und dem Schuldner ergeben; denn er übernimmt die Schuld so, wie sie bestand.

Mit einer dem Schuldner zustehenden Gegenforderung kann der Ersteher jedoch nicht aufrechnen (§ 417 BGB.). Die für die Forderung bestehenden Bürgschaften und anderweitigen Pfandrechte erlöschen (Gesamthypotheken an den nicht versteigerten Grundstücken, soweit sie nicht dem Schuldner gehören), sofern der Bürge oder Eigentümer des mitverhafteten Gegenstandes nicht in die Schuldübernahme willigt (§§ 418, 1175 BGB.). Will der Gläubiger auf diese Sicherungen nicht verzichten, so muß er daher die Genehmigung der Schuldübernahme verweigern (Jäckel S. 202, Reinhard I S. 275.)

6. Auf Reallasten bezieht sich § 53 nicht. Vom Zuschlag an haftet der Ersteher für die Reallastleistungen auch persönlich, solidarisch neben dem ursprünglichen Schuldner (§§ 56 Ges., 1108 BGB.). Die bis dahin rückständigen und laufenden Leistungen sind aus dem Bargebote zu decken (§ 49). Befriedigt der Schuldner eine dem Ersteher nach § 56 obliegende Leistung, so ist der Ersteher ihm gegenüber ersatzpflichtig (§ 812 BGB.). Jäckel S. 199, Fischer-Schäfer S. 266.

---

[3]) Da das Eigentum im Gegensatze zu § 873 BGB. nach § 90 schon mit dem Zuschlag übergeht (so Reinhard I S. 272, bestr.).

[4]) Eine solche nachteilige Verfügung liegt aber in der Regel nicht schon dann vor, wenn der Gläubiger selbst den Ausfall seiner Hypothek in der von ihm betriebenen Zwangsvollstreckung herbeigeführt hat (RG. Bd. 58 S. 425).

§ 54.

Die von dem Gläubiger dem Eigentümer oder von diesem dem Gläubiger erklärte Kündigung einer Hypothek, einer Grundschuld oder einer Rentenschuld ist dem Ersteher gegenüber nur wirksam, wenn sie spätestens in dem Versteigerungstermine vor der Aufforderung zur Abgabe von Geboten erfolgt und bei dem Gericht angemeldet worden ist.

Das Gleiche gilt von einer aus dem Grundbuche nicht ersichtlichen Thatsache, in Folge deren der Anspruch vor der Zeit geltend gemacht werden kann.

E. I § 68 Abs. 1, 2; M. 171, 172; D. 47; KBer. —.

Wirksamkeit der Kündigung und Fälligkeit gegen den Ersteher.

1. Bisheriges Recht. Die Vorschrift entspricht dem Art. 6 Abs. 2 Nov. z. BaySO., insoferne nicht nur die Kündigung, sondern auch der Eintritt einer sonstigen Bedingung der Fälligkeit, um gegenüber dem Ersteher zu wirken, der rechtzeitigen Anmeldung bedarf. Die Aufforderung hierzu geschieht nach § 37 Ziff. 4. Nach bisherigem Rechte war diese Anmeldung aber auch erforderlich, wenn der Fälligkeitsgrund (z. B. Kalendertag, Eigentumswechsel) im Hypothekenbuch eingetragen war (Ortenau-Henle S. 191). Einer richterlichen Erklärung bedarf es zur Geltendmachung der gegen den Ersteher wirksamen Fälligkeit nicht mehr (vgl. § 53 Bem. 1).

Zweck der Vorschrift ist, den Ersteher vor einer unvorhergesehenen Inanspruchnahme seitens der Gläubiger zu schützen.

2. Kündigung. Dem Ersteher gegenüber ist die Kündigung einer bestehenbleibenden Hypothek, Grund- oder Rentenschuld nur wirksam:

a) wenn sie vom Gläubiger (nicht dem betreibenden, sondern dem Gläubiger der Hypothek, Grund- oder Rentenschuld) dem eingetragenen Eigentümer gegenüber, oder umgekehrt, erfolgt ist (§§ 1141, 1160 Abs. 2, 1193, 1202 BGB.). Eine dem persönlichen Schuldner, der nicht Eigentümer ist, oder von ihm erklärte Kündigung hat nur Bedeutung für das persönliche Schuldverhältnis (in das der Ersteher gemäß § 53 nicht eintritt, wenn der Schuldner nicht zugleich Eigentümer war);

b) wenn sie überdies rechtzeitig d. h. spätestens im Versteigerungstermine vor der Aufforderung zur Abgabe von Geboten erfolgt und bis zu diesem Zeitpunkte beim Notar angemeldet worden ist. Ob die Kündigung wirklich erfolgt ist, hat der Versteigerungsbeamte nicht zu prüfen. Es ist dem Ersteher unbenommen, seine Einwendungen gegen den behaupteten Eintritt der Fälligkeit im Prozesse geltend zu machen. Der Notar hat nur die Anmeldung gemäß § 66 entgegenzunehmen und bekannt zu machen.

Die Anmeldung ist vorgeschrieben, weil die Tatsache der erfolgten Kündigung nicht aus dem Grundbuch ersichtlich ist. Die nicht rechtzeitig angemeldete Kündigung verliert nicht ihre Wirksamkeit überhaupt, sondern nur dem Ersteher, nicht auch dem Subhastaten oder anderen Mitverpflichteten gegenüber; auch kann sie der Ersteher für sich geltend machen (Jäckel S. 205). Die Anmeldung kann in jeder Form geschehen, auch von jedem Dritten, der ein rechtliches Interesse daran hat, daß die Kündigung gegenüber dem Ersteher wirkt (z. B. Mitverpflichteten, Schuldner); so Jäckel a. a. O., abw. Fischer-Schäfer S. 267. Dem Gläubiger ist aber unbenommen, trotzdem auf die Geltendmachung der Kündigung dem Ersteher gegenüber zu verzichten (v. d. Pfordten S. 147).

Die Anmeldung wird nicht dadurch ersetzt, daß der Ersteher auf andere Weise von der Kündigung Kenntnis erhält (Wolff § 54 Bem. 4).

Ist zwar Kündigung und Anmeldung rechtzeitig erfolgt, aber vom Notar nicht bekannt gegeben worden, so ist wegen einer Verletzung der Vorschriften über die Feststellung der Versteigerungsbedingungen der Zuschlag zu versagen bezw. anfechtbar (§§ 83 Ziff. 1, 97, 100). Der Notar kann außerdem schadensersatzpflichtig werden. Dem Ersteher gegenüber ist die Kündigung, obwohl ihm nicht bekannt gegeben, wirksam, da der Beteiligte alles getan hat, was ihm vorgeschrieben war (Wolff § 54 Bem. 6, Fischer-Schäfer S. 267, Ortenau-Henle S. 191; abw. Jäckel S. 205 und Reinhard I S. 282).

Im Falle der Unwirksamkeit der Kündigung gegenüber dem Ersteher muß der Gläubiger von neuem kündigen.

Die gesetzliche Versteigerungsbedingung des § 54 kann gemäß § 59 abgeändert werden.

3. Andere Fälligkeitsgründe. Sie bedürfen der Anmeldung, soweit sie die Fälligkeit vor der aus dem Rechtsverhältnis selbst sich ergebenden Zeit herbeiführten und nicht aus dem Grundbuch ersichtlich sind. Es genügt aber nicht die Anmeldung der Fälligkeit ohne Angabe der sie begründenden Tatsache (Recht 1903 S. 83).

Hierher gehört der Eintritt der Fälligkeit wegen Verzögerung der Zinszahlung, der Anwesensverschlechterung (§ 1133 BGB.), ferner der Rechtshängigkeit (§ 325 Abs. 3 ZPO.). Ist letzterenfalls trotz nicht erfolgter Anmeldung das gegen den Subhastaten erwirkte Urteil gegen den Ersteher für vollstreckbar erklärt worden, so kann dieser gemäß §§ 732, 768 ZPO. Einwendungen bezw. Klage erheben (Reinhard I S. 284, Jäckel S. 206).

Der Anmeldung bedarf dagegen z. B. nicht der Eintritt der grundbuchmäßig verlautbarten Fälligkeit wegen erfolgter Beschlagnahme (Jäckel S. 206); die Fälligkeit ist auch keine „vorzeitige", wenn sie die allein nach der Vertragsbestimmung mögliche ist, z. B. Eintritt für den Fall des Todes, der Verheiratung (Reinhard I S. 280).

§ 55.

Die Versteigerung des Grundstücks erstreckt sich auf alle Gegenstände, deren Beschlagnahme noch wirksam ist.

Auf Zubehörstücke, die sich im Besitze des Schuldners oder eines neu eingetretenen Eigenthümers befinden, erstreckt sich die Versteigerung auch dann, wenn sie einem Dritten gehören, es sei denn, daß dieser sein Recht nach Maßgabe des § 37 Nr. 5 geltend gemacht hat.

E. I § 73; M. 178, 179; D. 47, 48; KBer. —.

Umfang der Versteigerung.

1. Bisheriges Recht. Die Vorschrift stellt, wie Art. 55 Ziff. 2 BaySO., in Form einer gesetzlichen Versteigerungsbedingung den Umfang derjenigen Gegenleistung fest, welche der Ansteigerer mangels abweichender Vereinbarung oder Anordnung (§§ 59, 65) als Entgelt für Erfüllung des Meistgebots erhält. Nach Art. 8, 36 BaySO., 45 Ziff. 1 Nov. hierzu und § 33 HypGes. in d. F. vom 20. XII 1903 erstreckte sich die Versteigerung (von einer auf Antrag angeordneten besonderen Versteigerung abgesehen), wie die Beschlagnahme, auf Hauptsache, bewegliche Zugehörungen (landwirtschaftliches Inventar) und auf die nach der Beschlagnahme angefallenen Erträgnisse, nicht jedoch auf bewegliche Zubehörstücke, die nicht in das Eigentum des Besitzers der Sache gelangt waren.

2. Umfang des Gegenstandes der Versteigerung (vgl. auch § 90). Er deckt sich im allgemeinen ebenfalls mit demjenigen der Beschlagnahme (§§ 20, 21). Dieser Grundsatz erfährt aber sowohl eine Einschränkung, als eine Erweiterung.

a) Die Versteigerung ergreift (von den Fällen der §§ 59, 65 abgesehen) nur diejenigen Gegenstände, bezüglich deren die Beschlagnahme (zum Zwecke der Zwangsversteigerung, nicht -verwaltung) noch in Wirksamkeit ist, also nicht auch untergegangene oder vom Schuldner gemäß §§ 23, 24 innerhalb der Grenzen einer ordnungsmäßigen Wirtschaft oder mit Zustimmung des Gläubigers veräußerte bezw. vom Dritten gutgläubig erworbene Gegenstände (Forderungen), siehe jedoch § 55 Abs. 2. Soweit die Veräußerung dem Gläubiger gegenüber aber unwirksam ist, gelten sie als mitversteigert und können vom Ersteher, ebenso wie vor dem Zuschlage von dem Gläubiger, herausverlangt werden, vorausgesetzt daß das Eigentum hieran nicht etwa gemäß §§ 946 ff., 951 BGB. untergegangen ist (Seuff. Arch. Bd. 59 S. 69, Gruchot Bd. 48 S. 480; Jäckel S. 207; vgl. oben §§ 20, 21 Bem. 3, § 23 Bem. 3 B und C).

b) Sie erstreckt sich aber nicht nur auf das von der Hypothek und der Beschlagnahme (§ 20 Abs. 2) ergriffene Zubehör, sondern auf alle vorhandenen Zubehörstücke (§ 97, 98 BGB.), die sich zur Zeit der Versteigerung[1]) (nicht des Zuschlags, vgl. §§ 56 Abs. 1, 90) im Besitze des Schuldners (Konkurs-, Zwangsverwalters) oder des nach der Beschlagnahme eingetretenen Eigentümers (nicht: Mieters, Pächters, Nießbrauchers oder anderen Nutzungsberechtigten), wenn auch im Eigentume Dritter (auch des Erstehers in der Mobiliarvollstreckung, Rechtspr. IV S. 373) befinden, soweit diese nicht gemäß § 37 Ziff. 5 hierwegen die Aufhebung oder Einstellung des Verfahrens herbeigeführt haben.

Der Dritte, welcher der Aufforderung nach § 37 Ziff. 5 (§§ 769, 771 ZPO.) nicht nachgekommen ist, geht seines Eigentums verlustig und kann nur Ersatz aus dem Versteigerungserlös verlangen. Durch einen bloßen Protest des Dritten gegen die Mitversteigerung (Vorbehalt im Zuschlagsbeschluß, Pfandfreigabe; v. d. Pfordten S. 109, Jäckel S. 106, 210, ZBlFG. V S. 140, Rechtspr. d. OLG. VIII S. 4, RG. Bd. 39 S. 293; vgl. auch § 65 Bem. 2) wird diese Wirkung nicht ausgeschlossen. Der Betrag, den er ersetzt verlangen kann, bestimmt sich nach dem Maße, um welches sich der Erlös infolge der Versteigerung der Sache des Dritten erhöht hat (Jäckel S. 210, RG. Bd. 8 S. 204, ZBlFG. III S. 414). Der Betrag ist zum Verteilungsverfahren anzumelden und bei Widerspruch durch den Prozeßrichter festzustellen (§§ 114 ff.).

Der Abs. 2 des § 55 gilt nicht für die Zwangsverwaltung; der Verwalter ist daher zur Herausgabe der nicht dem Schuldner gehörigen Gegenstände verpflichtet (ZBlFG. IV S. 557, Rechtspr. d. OLG. VIII S. 11, Seuff. Arch. Bd. 58 S. 426).

3. Guter Glaube. Der Erwerb des Erstehers vollzieht sich auch im Falle des Abs. 2 ohne Rücksicht auf seine Kenntnis oder Unkenntnis von dem Eigentume des Dritten; die §§ 926 Abs. 2, 932—936 BGB. finden keine Anwendung, da es sich nicht um Übertragung des Eigentums durch Rechtsgeschäft handelt (Jäckel S. 209, Reinhard I S. 291; ZBlFG. V S. 139, Rechtspr. d. OLG. VIII S. 6). Arglist des Erstehers kann jedoch einen Schadensersatzanspruch des Eigentümers begründen (Recht VII S. 49).

---

[1]) Der Ersteher soll das erhalten, worauf er geboten hat (Jäckel S. 209, RG. Bd. 49 S. 253).

§ 56.

Die Gefahr des zufälligen Unterganges geht in Ansehung des Grundstücks mit dem Zuschlag, in Ansehung der übrigen Gegenstände mit dem Schlusse der Versteigerung auf den Ersteher über. Von dem Zuschlag an gebühren dem Ersteher die Nutzungen und trägt er die Lasten. Ein Anspruch auf Gewährleistung findet nicht statt.

E. I § 74; M. 179—181; D. 48; KBer. —.

Übergang der Gefahr; Nutzungen und Lasten; Gewährleistung.

1. Bisheriges Recht. Die BaySO. enthielt keine Bestimmung über den Übergang der Gefahr beim Erwerbe des versteigerten Grundstücks. Sie ließ das Eigentum samt den Rechten und dinglichen Lasten des bisherigen Eigentümers auf den Ansteigerer mit dem Zuschlag übergehen und schloß nur eine Gewährschaftsleistung für den Flächeninhalt und für Freiheit von Grunddienstbarkeiten, nicht aber wegen anderer Mängel der Sache aus (Art. 55 Ziff. 2, 3, Art. 58 SO.; vergl. Ortenau-Henle S. 153 ff., 227 ff.).

2. Zeitpunkt des Übergangs der Gefahr. Das Gesetz verlegt in Anlehnung an § 446 BGB. den Zeitpunkt des Übergangs der Gefahr auf den Ersteher hinsichtlich des Grundstücks in den Zuschlag (Verkündung, Zustellung), als denjenigen Moment, in welchem sich nach §§ 89, 90, 104 der Eigentumserwerb vollzieht. In Ansehung der übrigen Gegenstände, auf welche sich die Versteigerung nach § 55 erstreckt, ist der Schluß der Versteigerung d. h. derjenige Moment, in welchem der dreimalige Aufruf des letzten Gebots erfolgt (§§ 73 Abs. 2, 74) für maßgebend erklärt, obwohl das Eigentum erst mit dem Zuschlag übergeht.[1]) Ein nach dem Zuschlag bezw. nach der Versteigerung eintretender Schaden entbindet den Ersteher in keiner Weise seines Gebots; er kann sich hierwegen nur an den Schädigenden halten.

3. Völliger Untergang des Grundstücks vor dem Zuschlag ohne Schuld des Erstehers hat Versagung bezw. Nichtigkeit des Zuschlags (auch ohne Anfechtung) zur Folge, da Eigentum an einer nicht vorhandenen Sache nicht übertragen werden kann (Mot.). Dasselbe gilt von einer vor dem Zuschlag eingetretenen Enteignung.

Ob teilweiser Untergang des Grundstücks (z. B. Einsturz, Abbrennen von Gebäuden, Waldungen; siehe Bem. 4) die gleiche Wirkung haben muß, oder ob unter analoger Anwendung der §§ 323, 462, 472, 473 BGB. Minderung des Meistgebots einzutreten hat, ist bestritten. Mit Fischer-Schäfer S. 271, v. d. Pfordten S. 154 ist anzunehmen, daß diese Analogie mangels vertragsmäßiger Beziehungen zwischen Ersteher und Gläubiger in der Zwangsversteigerung nicht Platz greifen kann. Ist daher nicht mehr vorhanden, auf was der Ersteher geboten hat, so ist der Zuschlag wirkungslos. Der Ersteher kann ihn anfechten (§ 83 Ziff. 6), aber auch trotz Rechtskraft Zahlung verweigern und das Gezahlte zurückfordern (abw. Jäckel S. 213, Reinhard I S. 296, 298).

Der zufällige Untergang der mitversteigerten Gegenstände vor der Versteigerung ist in der Regel ohne Einfluß auf die Verpflichtung des Erstehers zur Bezahlung des Meistgebots. Liegt aber auf Seiten des Erstehers ein wesentlicher Irrtum

[1]) Zur Begründung der letzteren Bestimmung führen die Mot. an, daß für die Zeit zwischen Versteigerung und Zuschlag weder dem Schuldner noch sonst einem Beteiligten die Gefahr aufgebürdet, ebensowenig aber dem Ersteher ein Abzug an dem Meistgebote wegen des Untergangs eines einzelnen Gegenstandes gestattet werden kann.

im Sinne des § 119 BGB. vor, so ist eine Anfechtung des Zuschlags möglich (Reinhard I S. 299, Jäckel S. 211, v. d. Pfordten S. 155).

4. Die Gefahr der **Verschlechterung** des Grundstücks oder der mitversteigerten Grundstücke, mag dieselbe auf Sachmängeln (z. B. Zerstörung der Ernte oder eines Teils des Gebäudes) oder auf Rechtsmängeln (z. B. wegen Belastung mit einer nicht eingetragenen Grunddienstbarkeit, § 9 EG., Art. 27 BayAG. z. ZVG.) beruhen, hat der Ersteher zu tragen (ohne Anspruch auf Aufhebung des Zuschlags oder Minderung des Meistgebots), da durch § 56 Satz 3 jeder Anspruch auf Gewährleistung (§ 462 BGB.) ausgeschlossen ist, soweit sie nicht auf dem Wege des § 59 geschaffen worden ist. Dem Schuldner gegenüber kann jedoch ein Anspruch wegen ungerechtfertigter Bereicherung begründet sein.[2])

Ob teilweiser Untergang des Grundstücks oder bloße Verschlechterung vorliegt, ist eine Frage tatsächlicher Natur. Wenn ein Miethaus oder ein allein versteigerter Wald niederbrennt, kann nicht mehr von Verschlechterung des an sich noch vorhandenen Grundstücks gesprochen werden; anders wenn es sich z. B. um die Scheune eines Bauerngutes handelt (bestritten).

Hat sich der Umfang der Versteigerungsobjekte zwischen Versteigerung und Zuschlag infolge teilweiser Einstellung des Verfahrens vermindert, so tritt § 33 ein (vgl. § 37 Bem. 2e).

5. Nutzungen und Lasten gehen auf den Ersteher ebenfalls mit dem Zuschlage (den Tag des letzteren mitgerechnet, Jäckel S. 213) über. Dies gilt aber nur im Verhältnis zum Subhastaten (nicht Mieter oder Pächter § 57), mit welchem sich der Ersteher gemäß §§ 101, 102 BGB. auseinanderzusetzen hat.

Die Erzeugnisse des § 99 Abs. 1 BGB. gebühren (in der Zwangsversteigerung, im Gegensatze zur Zwangsverwaltung § 148) dem Schuldner, soweit sie vor dem Zuschlage von der Sache getrennt wurden; insoweit sie jedoch Zubehör (§ 98 Abs. 2 l. c.) sind oder ordnungswidrig gezogen wurden, werden sie auch im Falle der Trennung *vor* dem Zuschlage von der Beschlagnahme und Versteigerung mitergriffen, gebühren also dem Ersteher (§§ 23, 24, 55), vorbehaltlich des gutgläubigen Erwerbs Dritter (Jäckel S. 214; teilw. abw. Fischer-Schäfer S. 272, 273).

Vor dem Zuschlage fällig gewordene *Zivilfrüchte* gebühren dem Schuldner, auch wenn sie nicht gezogen waren (§ 101 BGB.). Soweit sie jedoch die Vergütung für Überlassung des Gebrauchs oder Fruchtgenusses bilden oder in Zinsen, Gewinnanteilen und anderen regelmäßig wiederkehrenden Leistungen bestehen, sind sie nach der Zeitdauer der Berechtigung vor und nach dem Zuschlag zu verteilen.[3]) Dies gilt besonders von Miet- und Pachtzinsen, ohne Unterschied, ob sie im voraus fällig sind oder nicht. Bei vertragsgemäßen *Vorauszahlungen* (§ 57 Bem. 3, 6), welche der Schuldner (bezw. dessen Mietzins-Pfändungsgläubiger) in Empfang genommen hat, kann sich der Ersteher nur an ihn (nicht Mieter, Pächter) halten; ebenso umgekehrt bei nachheriger Fälligkeit der Beträge.

Auch die *Lasten* des Grundstücks, welche der Ersteher vom Zuschlag an zu tragen hat, verteilen sich nach § 103 BGB. pro rata temporis, soweit sie in regelmäßig wieder-

---

[2]) Den Gläubigern gegenüber besteht kein Schadensersatzanspruch, auch wenn sie die Mängel kannten, da die Zwangsversteigerung nicht nach den Grundsätzen des Kaufes zu beurteilen ist; es müßte denn eine absichtliche Täuschung des Erstehers vorliegen (§§ 823 ff. BGB., Reinhard I S. 303).

[3]) Vgl. Ortenau-Henle S. 58 und Bl. f. RA. ErgBd. VII S. 209; obstr. Erk. n. F. Bd. II S. 353; Einleitung S. 12, 13. — Besteht eine Zwangsverwaltung, so fallen die dem Schuldner zukommenden Miet- und Pachtgelder in die Verwaltungsmasse (§ 148).

kehrenden Leistungen bestehen, während Leistungen anderer Art dem Ersteher nur zur Last fallen, soweit sie nach dem Zuschlag fällig werden (siehe § 47).

§ 57.

Ist das Grundstück einem Miether oder Pächter überlassen, so finden die Vorschriften der §§ 571, 572, des § 573 Satz 1 und der §§ 574, 575 des Bürgerlichen Gesetzbuchs entsprechende Anwendung. Der Ersteher ist jedoch berechtigt, das Mieth- oder Pachtverhältniß unter Einhaltung der gesetzlichen Frist zu kündigen. Die Kündigung ist ausgeschlossen, wenn sie nicht für den ersten Termin erfolgt, für den sie zulässig ist.

E. I § 141; M. 266—268; D. 48; KBer. 31.

Miete und Pacht.

1. Allgemeines. Die BayGO., welche im Gegensatze zum ZVG. in dem Zuschlage die Vollendung eines Kaufgeschäftes erblickt — vgl. Ortenau-Henle S. 16, 17 —, überließ die Beurteilung der Wirkung des Zuschlags in Bezug auf Miet- und Pachtverträge dem Zivilrechte.[1] Über die Rechtslage während der Übergangszeit siehe Bem. 6.

Auch § 57 knüpft an den für den freiwilligen Kauf geltenden Grundsatz „Kauf bricht nicht Miete" der §§ 571 ff. BGB. an, weicht jedoch hiervon im Interesse des Erstehers ab, indem es ihm (ähnlich, wie dem Konkursverwalter) ein besonderes Kündigungsrecht ohne Rücksicht auf den Miet- und Pachtvertrag einräumt.

2. Voraussetzung der Anwendbarkeit der §§ 571 ff. BGB. ist die vertragsgemäße Überlassung des Grundstücks bezw. der Mieträume (§ 865 BGB.) an den Mieter oder Pächter seitens des Eigentümers. Sie finden keine Anwendung, wenn das Grundstück von einem dinglichen Nutzungsberechtigten (Nießbraucher) vermietet oder verpachtet wurde; diese Verträge teilen das Schicksal des dinglichen Rechtes, von dem sie sich ableiten; geht dieses unter (weil dem betreibenden Teile nachstehend), so ist der Ersteher auch an jene nicht gebunden (Fischer-Schäfer S. 279, v. d. Pfordten S. 163).

Fortdauer des Miet- oder Pachtbesitzes bis zum Zuschlag ist nicht erforderlich, solange derselbe nicht freiwillig aufgegeben ist (Reinhard I S. 305). Liegt eine Überlassung zur Zeit des Zuschlags (§§ 89, 104) nicht mehr oder noch nicht vor, so ist der Ersteher an sie nicht gebunden und kann auch keine Rechte daraus ableiten; der Mieter oder Pächter ist in diesem Fall auch nicht Beteiligter im Sinne des § 9 Abs. 2 und § 59; solche nicht vollzogene Miet- oder Pachtverträge kann jedoch der Schuldner im Wege des § 59 zur Geltung gegenüber dem Ersteher bringen (Wolff § 57 Bem. 3, 4, Jäckel S. 215).

Gleichgültig ist, ob die Überlassung vor oder nach der Beschlagnahme erfolgte. Der Gläubiger kann sich, wenn nach seiner Meinung die Überlassung eine Überschreitung der dem Schuldner nach § 24 zustehenden Verwaltungsbefugnis enthält oder wenn sie aus einem anderen Grunde als unwirksam angefochten werden will (z. B. weil die Überlassung seitens des nach der Beschlagnahme eingetretenen Eigentümers erfolgte), im Wege des § 59 durch Aufstellung einer von § 57 abweichenden Versteigerungsbedingung schützen und die sofortige Räumung seitens des Mieters oder

[1]) Ortenau-Henle S. 152, 153; allg. PrLR. I, 21 §§ 350 ff., Landtagsabschied vom 18. Febr. 1871 (GBl. 1870/71 S. 310), BayNotZ 1888 S. 184.

Pächters verlangen. Hierzu bedarf es aber der Zustimmung des Schuldners. Ist beim Mangel derselben das Grundstück gemäß § 59 Abs. 2 doppelt ausgeboten und der Zuschlag unter der Bedingung der sofortigen Räumung erteilt worden, so erwirbt zwar der Ersteher den Anspruch des Gläubigers, die Überlassung als unwirksam zu behandeln, ebenso, wie ein anderes mitversteigertes Forderungsrecht. Ob dieser Anspruch aber begründet ist, kann nur im Prozesse entschieden werden (Bestritten; nach Wolff Bem. 4, Fischer-Schäfer S. 276 kann der Ersteher die Unwirksamkeit des Vertrags auch ohne besondere Versteigerungsbedingung geltend machen).

4. Allgemeine Rechte und Pflichten des Erstehers in Ansehung des Miet- und Pachtverhältnisses. Derselbe tritt, vom Zuschlag (§§ 89, 104) an, an die Stelle des Vermieters (Verpächters, §§ 571, 581 BGB.) und ist an den Miet- (Pacht-) Vertrag, wie er sich bis zu diesem Zeitpunkte (jedoch unbeschadet der aus der Beschlagnahme sich ergebenden Wirkungen) gestaltet hat, gebunden. Der Mietzins gebührt ihm für die Zeit nach dem Zuschlag (§ 56) und hierwegen steht ihm das Pfandrecht der §§ 559 ff. BGB. zu, wie ihm auch die vom Mieter bestellte Sicherheit haftet (§ 572 BGB.)

Vorausverfügungen (Zession, Verpfändung und Pfändung, RG. Bd. 58 S. 181, JW. 1094 S. 407, Rechtspr. d. OLG. VII S. 24, 469, Jäckel S. 220) des Vermieters hinsichtlich des Mietzinses sind dem Ersteher gegenüber nur soweit wirksam, als sie das zur Zeit des Zuschlags laufende und folgende Kalendervierteljahr betreffen (§ 573 Satz 1, nicht 2 BGB.). Der Ersteher kann, auch wenn er die Zwangsverwaltung betrieben hat, der Vorausverfügung gegenüber nicht geltend machen, daß dieselbe nur hinsichtlich des zur Zeit der Beschlagnahme laufenden und folgenden Vierteljahrs wirksam gewesen sei (§ 1124 Abs. 2 BGB.). Diesen Einwand hätte er nur wegen des bis zum Zuschlag laufenden Zinses. Für die Zeit nach demselben kann er sich nicht auf sein (erloschenes) Hypothekenrecht berufen (a. M. anscheinend Rechtspr. d. OLG. VIII S. 6, v. d. Pfordten S. 161).

Rechtsgeschäfte zwischen Mieter und Vermieter hinsichtlich des Mietzinses (Zahlung an den Vermieter oder Pfändungsgläubiger, Stundung, Erlaß) sind dem Ersteher gegenüber nur nach Maßgabe des § 574 BGB. wirksam, wobei es auf den Zeitpunkt ankommt, in welchem der Mieter vom Zuschlage Kenntnis erhalten hat (gleichgültig ist es, durch wen er diesen und ob er den Ersteher erfahren hat). Über Aufrechnung des Mieters mit Gegenforderungen siehe § 575 BGB. Insoweit hiernach der Ersteher den ihm für die Zeit nach dem Zuschlage zustehenden Zins nicht erhält, kann er sich nur an den Vermieter halten.

Andrerseits obliegen dem Ersteher auch die Verpflichtungen des Vermieters, für deren Erfüllung auch der Schuldner, sowie der Meistbietende des § 81 haften (§§ 536 ff. 546—548, 571 Abs. 2 BGB.). Wolff Bem. 2, 3 zu § 57, Jäckel S. 216 ff.

4. Kündigungsrecht des Erstehers. Außer dem vertragsmäßigen bezw. dem durch §§ 553, 554 BGB. gewährten Kündigungsrecht steht ihm noch ein besonderes nach § 57 Satz 2 und 3 ZVG. zu. Es kann nicht durch Vertrag oder Eintragung im Grundbuch ausgeschlossen werden (Jäckel S. 216; vgl. aber Bem. 5). Seine Ausübung ist an Einhaltung der gesetzlichen Frist (für Miete §§ 565 Abs. 1 Satz 1, Abs. 4, 580; für Pacht § 595 BGB.) gebunden und nur zum ersten (vertragsmäßig oder gesetzlich) zulässigen Termin nach dem Zuschlage gestattet. Maßgebend für die Berechnung dieses Termins ist die Verkündung bezw. Zustellung (§§ 87, 89, 104) des Zuschlagsbeschlusses, nicht der Zeitpunkt des Eintritts der Rechtskraft desselben. Wird der Zuschlag im Beschwerdewege wieder aufgehoben, so ist eine inzwischen dem Ersteher gegenüber oder von ihm erfolgte Kündigung wirkungslos (Jäckel S. 218, bestritten).

Das Kündigungsrecht steht nur dem Ersteher, sowie demjenigen, an welchen dieser das Grundstück veräußert, nicht aber dem Meistbietenden des § 81 zu, da diesem nicht der Zuschlag erteilt wird (Jäckel S. 218, Wolff Bem. 7 zu § 57).

Von dem Kündigungsrechte des § 57 kann selbstverständlich der Schuldner, falls er selbst das Grundstück wieder ersteht, keinen Gebrauch machen. Es ist auch ausgeschlossen im Falle der Zwangsversteigerung zum Zwecke der Aufhebung der Gemeinschaft (§ 183).

5. Rechte des Mieters (Pächters). Wegen der Versteigerung des Grundstücks hat der Mieter kein Kündigungsrecht; er kann auch nicht, wenn der Ersteher nach § 57 kündigt, vom Vertrage zurücktreten und etwaige Schadensersatzansprüche nur außerhalb des Verfahrens gegen den Subhastaten geltend machen; dieser hat die Erfüllungsunmöglichkeit zu vertreten (§§ 325, 541 BGB., Jäckel S. 219, Fischer-Schäfer S. 275).

Im Verfahren selbst kann er zwar nach § 59, wenn er seine Rechte aus dem Mietvertrage gemäß § 9 Abs. 2 angemeldet hat, den Ausschluß des in § 57 eingeräumten Kündigungsrechtes bedingen. Wird jedoch infolge dieser Bedingung bei dem hiernach erforderlichen doppelten Ausgebote des § 59 Abs. 2 ein geringeres Gebot erzielt als ohne dieselbe, so verbleibt es bei der gesetzlichen Versteigerungsbedingung des § 57. Ist der Mieter nicht beteiligt (§ 9 Abs. 2), so können andere Beteiligte (besonders der Schuldner) von § 59 Gebrauch machen und den Ausschluß des Kündigungsrechtes des § 57 Satz 2 als Versteigerungsbedingung aufstellen lassen (Jäckel S. 219, Wolff Bem. 9 zu § 57).

6. Übergangszeit. § 57 findet auch Anwendung auf Miet- und Pachtverhältnisse, welche nach den Vorschriften des BGB. begründet wurden (Art. 171 EG. z. BGB.), wenn die Überlassung des Grundstücks vor Grundbuchanlegung erfolgte (Art. 6 ÜV., Habicht 3. Aufl. S. 292, Bl. f. RA. Bd. 66 S. 410). Es sind also dem Ersteher (nicht: Hypothek- oder Beschlagnahmegläubiger) gegenüber insbesondere die Vorausverfügungen und Rechtsgeschäfte des Vermieters (Subhastaten und neuen Eigentümers) hinsichtlich des Mietzinses (oben Bem. 3) auch vor Grundbuchanlegung nach neuem Rechte zu beurteilen (vgl. Ortenau-Henle S. 58, 117; BayZfR. 1905 S. 161).

> Beispiel: Am 28. XI. 06 Pfändung und Überweisung der Mietzinse gemäß § 832 ZPO. für A, am 1. XII. 06 Beschlagnahme zum Zweck der Zwangsversteigerung für B, am 1. IV. 07 Grundbuchanlegung, am 2. IV. 07 Zuschlag an C: Die Mietzinse für die Zeit vom 2. IV.—1. X. 07 gehören ohne Rücksicht auf Fälligkeit dem A; die während der Zeit vom 1. XII. 06—1. IV. 07 (Subhastationsdauer) postnumerando fällig gewordenen Mietzinse gebühren der Subhastationsmasse (Art. 8 SO., vgl. § 148 Bem. 2), ebenso die während dieser Zeit praenumerando fällig gewordenen, soweit sie nicht auf eine spätere Zeit als den 1. IV. 07 treffen.

Gleiches gilt auch für die nach früherem Rechte begründeten Miet- und Pachtverhältnisse, jedoch mit dem Abmaße, daß die dem Mieter und Pächter günstigeren Vorschriften des alten Rechtes unberührt bleiben (Art. 28 BayAG. z. ZVG., Becher Mat. VI S. 29, 143, Henle-Schneider S. 395, 396).

Nicht anwendbar sind dagegen in den nach BaySO. zu erledigenden Verfahren (§ 15 EG. z. ZVG.) die Vorschriften des § 59.

§ 58.

Die Kosten des Beschlusses, durch welchen der Zuschlag ertheilt wird, fallen dem Ersteher zur Last.

E. I § 75; M. 181; D. 48; KBer. —.

Zuschlagskosten.

1. Bisheriges Recht. Die Vorschrift entspricht dem Art. 55 Ziff. 5, Art. 107 BaySO. Hiernach waren die Kosten des Versteigerungsprotokolls samt dem Honorare des Versteigerungsbeamten hierfür, ferner die Kosten der Umschreibung im Hypothekenbuch und Steuerkataster, endlich die nach dem Gesetze vom 15. Juni 1898 zur Erhebung gelangende gemeindliche Besitzveränderungsgebühr vom Ansteigerer zu tragen und am Strichschillinge nicht in Abrechnung zu bringen. Vgl. § 449 BGB.

2. Kostenpflicht. Das mit dem Verfahren, betr. die Zwangsversteigerung und -Verwaltung von Gegenständen des unbeweglichen Vermögens (Grundstücken und ihnen gleichstehenden Rechten), zusammenhängende Gebührenwesen ist, da das Reichsgerichtskostengesetz nach § 1 desselben hierauf keine Anwendung findet, wie bisher, landesrechtlich geregelt (BayGebGes. in der Fassung vom 11. Nov. 1899, Art. 7—22, 116, 146, 297 mit Ges. vom 9. Juli 1904).[1])

Das Landesrecht entscheidet aber nur über die Höhe und die Art der Erhebung der Gebühren, nicht über die materielle Verpflichtung zur Kostentragung. Die Kosten des Verfahrens fallen gemäß § 788 ZPO. in letzter Linie dem Schuldner zur Last; sie werden nicht nur bei Feststellung des geringsten Gebots an erster Stelle berücksichtigt, sondern auch vom Erlöse vorweg in Abzug gebracht (§§ 44, 109).

Zu den Kosten des Verfahrens (§§ 44, 109) gehören aber nicht die Kosten[2]) des Zuschlagsbeschlusses nach Art. 10, 146 BayGebGes. (einschließlich des nach dem Ges. vom 9. VII. 04 zur Erhebung kommenden Gebührenzuschlags), welche § 58 allein dem Ersteher überbürdet, auch wenn der Zuschlag in einem besonderen Termine (§ 87) erfolgt. Gleiches gilt von den Kosten der Eintragung des Erstehers in das Grundbuch (Art. 20, 116 BayGebGes.), sowie für das Honorar des Notars (Art. 52 Abs. 2, nicht 1, mit Art. 23 NotGebO.) und die gemeindliche Besitzveränderungsabgabe (Ges. vom 15. VI. 1898 JMBl. S. 195 ff.). Die Kosten des Zuschlags sind also bei Feststellung des Mindestgebots nicht zu berücksichtigen und am Meistgebote nicht abzurechnen. Sie sind neben dem Bargebote vom Ersteher zu tragen; die §§ 132, 133 finden auf sie keine Anwendung (Jäckel S. 222), ebensowenig § 128. Soweit sie nicht bezahlt werden, kann es daher nicht zur Eintragung einer Sicherungshypothek kommen, da sie nicht dem Subhastaten geschuldet werden; Nichtzahlung hindert lediglich die Besitztitelberichtigung.

Für diese Kosten haftet auch der Meistbietende im Falle der §§ 81, 82, nicht aber der Dritte im Falle des § 61, auch nicht der betreibende Gläubiger oder Schuldner (Jäckel S. 222, Reinhard I S. 313)[3]).

Auch der Notar haftet nicht mehr für die Kosten des Zuschlags, deren Bezahlung gemäß § 291 NotGeschO. vom 24. XII. 1899 (JMBl. S. 591) mit seiner Unterschrift auf dem Protokolle zu vermerken ist. Vgl. § 130 Bem. 5.

---

[1]) Hierzu VO. vom 23. Dez. 1899 (JMBl. S. 335) und Instruktion vom 25. Dez. 1899 (JMBl. S. 343).

[2]) Die Gebühr des Art. 9, 10, 146 BayGebGes. wird aus dem Bargebote samt den im Mindestgebote berücksichtigten Rechten (deren Wertbeträgen) berechnet; nicht eingerechnet werden nur die in § 52 Abs. 2 ZVG., § 9 EG., Art. 27 BayAG. z. ZVG. aufgeführten Rechte.

[3]) Der Rechtsanwalt haftet nicht für die Kosten des namens seines Auftraggebers erlangten Zuschlags (Pfaff-Reisenegger Bem. 5 zu Art. 10 GebGes.).

Es kann daher der Notar auch die Aktenabgabe an das Gericht nicht von Bezahlung der Kosten abhängig machen. Die Aktenabgabe an das Gericht hat nach § 227 Abs. 3 NotGeschO. nach beendigter Tätigkeit des Versteigerungsbeamten zu erfolgen; diese ist beendigt, wenn der Notar die nicht bezahlten Gebühren an das Rentamt zur Einziehung überweist. Art. 55 NotGes. vom 9. Juni 1899 (GVBl. S. 137), Art. 288 BayGebGes., § 290 NotGeschO. finden auch deshalb keine Anwendung, weil es sich nicht um eine Abgabe der Urkunden „für die Beteiligten" handelt, diese vielmehr eine Folge des Offizialprinzips ist.

Wohl aber haftet der Grundbuchbeamte, wenn er vor Nachweis der Zahlung der Gebühren die Umschreibung betätigt (Art. 289 BayGebGes.).

3. Nicht zu den Kosten des § 58, sondern zu den Kosten des Verfahrens (§§ 44, 109) gehören die **Auslagen** des Versteigerungsbeamten für Zustellungen, Insertionen, Reisen u. s. w.; die Kosten des früheren Zuschlags im Falle der Wiederversteigerung fallen nicht dem neuen Ersteher zur Last; ihre Nichtzahlung hindert daher auch nicht die Besitztitelberichtigung auf den neuen Ersteher (§ 133, obstr. Erk. n. F. III S. 279).

4. Über das Verfahren bei **Erinnerungen** und **Beschwerden gegen den Ansatz von Kosten** und Auslagen, welches analog den §§ 4, 16 RGKG. geregelt ist, siehe Instr. z. RGKG. und GebGes. (JMBl. 1899 S. 387); hinsichtlich der Gebühren für das Versteigerungsprotokoll jedoch Art. 10 Abs. 2 BayGebGes.

§ 59.

Jeder Betheiligte kann eine von den gesetzlichen Vorschriften abweichende Feststellung des geringsten Gebots und der Versteigerungsbedingungen verlangen. Wird durch die Abweichung das Recht eines anderen Betheiligten beeinträchtigt, so ist dessen Zustimmung erforderlich.

Sofern nicht feststeht, ob das Recht durch die Abweichung beeinträchtigt wird, ist das Grundstück mit der verlangten Abweichung und ohne sie auszubieten.

Soll das Fortbestehen eines Rechtes bestimmt werden, das nach § 52 erlöschen würde, so bedarf es nicht der Zustimmung eines nachstehenden Betheiligten.

E. I §§ 76, 77; M. 182—184; D. 48, 49; KBer. 32, 33.

Abänderung der gesetzlichen Versteigerungsbedingungen.

1. Bisheriges Recht. Allgemeines. Im Interesse der Erzielung eines möglichst hohen Gebots hatte Art. 60 BaySO. dem Beschlagnahmegläubiger ein Vorschlagsrecht hinsichtlich der festzusetzenden Versteigerungsbedingungen eingeräumt, wogegen die dadurch beeinträchtigten Beteiligten Abhilfe bei Notar und Gericht zu suchen hatten. Daneben wurde aber die Einigung aller Beteiligten offen gelassen (Art. 61) und in Art. 19 der Nov. eine Änderung des Mindestgebots dadurch erleichtert, daß der Kreis der diesfalls Beteiligten eingeschränkt war.

Noch weiter geht § 59, indem er jede Abänderung auf Verlangen ohne weiteres zuläßt, wenn durch dieselbe ein anderer Beteiligter nicht beeinträchtigt wird, und falls die Beeinträchtigung nicht feststeht, ein doppeltes Ausgebot mit und ohne jene Abweichung ermöglicht, ähnlich, wie dies nach Art. 57 BaySO. und Art. 15, 16 Nov. hierzu geschah. Dieses Verfahren ist auch dann notwendig, wenn das Fortbestehen eines Rechtes bedungen wird, welches nach § 52 erlöschen würde, während dies bisher nicht erforderlich war, weil in der Regel — im Gegensatze zu § 52 — die nicht in Hypotheken bestehenden Belastungen des Grundstücks von der Zwangsversteigerung unberührt blieben.[1])

Mangels besonderer Anträge hat der Notar die gesetzlichen Versteigerungsbedingungen zu Grunde zu legen. Ihre Feststellung erfolgt nur mehr im Versteigerungs- bezw. Vortermin (§ 62).

2. Voraussetzungen der Abänderung der Versteigerungsbedingungen (vgl. BayNotZ. 1904 S. 49 ff.).

a) Sie muß zulässig und darf durch eine zwingende Vorschrift nicht ausgeschlossen sein. Zulässig ist die Abänderung der Vorschriften über Mindestgebot, Zahlung des Erlöses, Übernahme, Kündigung, Übergang der Gefahr, Eigentumserwerb, Miete und Pacht, Kosten). Unzulässig ist eine unmögliche oder unsittliche oder eine im Widerspruche mit zwingendem Recht (z. B. § 90) stehende Bedingung (Reinhard I S. 315, Jäckel S. 223, 224).

b) Durch die Abweichung darf das Recht eines nicht zustimmenden Beteiligten (§ 9) nicht beeinträchtigt werden. Steht fest, daß durch die Abweichung das Recht eines Beteiligten nicht beeinträchtigt wird, so bedarf es keinerlei Zustimmung; steht die Beeinträchtigung fest, so kann die Abänderung nur mit der Zustimmung (Genehmigung § 84 Abs. 2)[2]) des oder der beeinträchtigten Beteiligten bedungen werden, und muß bei fehlender Zustimmung der Antrag auf Abänderung der Versteigerungsbedingungen oder auf Vornahme eines Doppelausgebots ohne weiteres zurückgewiesen werden; ist, was in der Regel der Fall sein wird, die Möglichkeit einer Beeinträchtigung gegeben, sei es, daß diese selbst oder der Kreis der betroffenen Beteiligten nicht feststeht, so ist von Amts wegen ein doppeltes Ausgebot mit der und ohne die Abweichung vorzunehmen, wobei der Zuschlag demjenigen Gebote zu erteilen ist, welches die Rechte der Beteiligten (einschließlich des Schuldners) am wenigsten beeinträchtigt.

Eine Beeinträchtigung liegt vor, wenn ein an sich bestehenbleibendes Recht durch Barzahlung befriedigt werden soll (z. B. gemäß § 9 Abs. 2 EG. und Art. 27 BayAG. z. ZVG.). In diesem Falle braucht der Berechtigte sich mit Barzahlung nicht abfinden zu lassen; wenn auch er mit der Abweichung einverstanden wäre, so könnte doch auch eine Schädigung des betreibenden Teils, der nachstehenden Beteiligten und des Schuldners möglich sein, da bei Barzahlung des Rechtes weniger geboten würde, als wenn es bestehen bliebe.

Diese Gefahr eines Ausfalls besteht auch in dem Fall, daß der Berechtigte auf Bestehenbleiben seiner Hypothek verzichtet; die Vorschriften über das Mindestgebot bezwecken nicht nur den Schutz der vorgehenden Gläubiger, sondern auch des Schuldners (Reinhard I S. 317, nun auch Jäckel S. 226. Anders Art. 19 Abs. 2 Nov. z. BaySO., siehe BayNotZ. 1896 S. 160, 1902 S. 84, Ortenau-Henle S. 239 u. dort zit.).

Den umgekehrten Fall behandelt Abs. 3. Hier ist von vornherein nicht klar, ob durch das Fortbestehen des an sich erlöschenden Rechtes nicht die vorgehenden oder gleichstehenden Berechtigten dadurch geschädigt werden, daß die Abweichung überhaupt die Bieter von einem zulässigen, bezw. diese Berechtigten deckenden, Gebot abhält (siehe Bem. d).

---

[1]) Mot. zu Art. 27 (28) des BayAG. z. ZVG., Becher Mat. VI. S. 28.

[2]) Abwesenheit im Versteigerungstermine ersetzt die Zustimmung nicht (wenn sie nicht im Vortermin des § 62 abgegeben wurde), Reinhard I S. 318, Jäckel S. 224.

c) Es bedarf eines **Antrags** eines Beteiligten (§ 9, auch Mieter und Pächter). Anregung hierzu seitens des Notars und Anberaumung eines besonderen Termins (§ 62) ist nicht unzulässig. Der Antrag bedarf, wenn er schriftlich eingereicht wird, der öffentlichen Beglaubigung (§ 84, Fischer-Schäfer S. 280; a. M. Jäckel S. 224 und BayNotZ. 1904 S. 53) und kann auch vor dem Termin gestellt werden. Er ist aber nur bis zur Aufforderung zur Abgabe von Geboten zulässig (Fischer-Schäfer S. 280, v. d. Pfordten S. 165).

d) Im **Falle des Abs.** 3 bedarf es der Zustimmung der **nach**stehenden Beteiligten (zu welchen der Schuldner und Mieter oder Pächter gehören) nicht. Die Abweichung des Abs. 3 ist daher ohne weiteres zuzulassen, wenn die im Range vorgehenden oder gleichstehenden Beteiligten (soweit sie nicht ohnedies im Mindestgebote berücksichtigt sind) zustimmen, und der Zuschlag kann mit der nach Abs. 3 beantragten Abweichung erteilt werden, wenn nur die Rechte **dieser** Beteiligten gedeckt werden, auch wenn diejenigen der nachstehenden Beteiligten durch die Abweichung eine Beeinträchtigung erleiden.

Beispiel: Auf dem Grundstück lasten für A 1000 Mk., für B (betreibender Gläubiger) 300 Mk., für C im Gleichrang mit B ein Nießbrauchsrecht, wert 500 Mk., für D 200 Mk. C beantragt Bestehenbleiben seines Rechtes, B verweigert seine Zustimmung (der Zustimmung des A und D bedarf es nicht). Da nicht feststeht, ob unter der beantragten Bedingung B gedeckt wird, ist ein doppeltes Ausgebot vorzunehmen. Mindestgebot (abgesehen von Kosten): Bestehenbleiben der 1000 Mk. des A. Es werden geboten: Ohne Nießbrauchsrecht **bar**: 1000 Mk., so daß auch D volle Deckung (300 B, 500 C, 200 D) fände; mit dem Nießbrauchsrecht aber **bar**: 300 Mk., so daß D ausfiele. Der Zuschlag muß für 300 Mk. mit dem Nießbrauchsrecht erfolgen, ohne Rücksicht auf D.

Das Recht, dessen Bestehenbleiben nach Abs. 3 verlangt werden kann, muß ein **dingliches** sein (§ 10 Ziff. 4).

Der Zustimmung der Mieter und Pächter bedarf es nur, wenn es sich um Abweichungen von § 57 und zwar um eine Einschränkung der ihnen dort gesicherten Rechte handelt (Jäckel S. 224 ff., Reinhard I S. 316 ff.).

3. **Doppelausgebot.** Es ist ein ernsthaftes, kein probeweises, sodaß jeder Bieter an sein Gebot gebunden ist (§ 72), bis feststeht, welches der Gebote das bessere ist. Werden mehrere Abweichungen von den gesetzlichen Versteigerungsbedingungen beantragt, so kann ein mehrfaches Doppelausgebot notwendig werden.

Das Verfahren (auch unzulässigen Anträgen gegenüber) ist zu protokollieren (§ 80).

4. **Nichtbeachtung** des § 59 kann Versagung bezw. Aufhebung des Zuschlags zur Folge haben (§§ 83 Ziff. 1, 84, 100).

5. § 59 gilt **nicht vor Grundbuchanlegung** (§ 57 Bem. 6).

6. Über **weitere Abweichungen** von den gesetzlichen Versteigerungsbedingungen siehe §§ 60 ff. und § 9 EG. z. ZVG.

§ 60.

Jeder Betheiligte kann verlangen, daß für den das geringste Gebot übersteigenden Betrag des Meistgebots Zahlungsfristen als Versteigerungsbedingung festgestellt werden; die Zustimmung eines anderen Betheiligten ist nicht erforderlich. Soweit Zahlungsfristen bewilligt werden, ist das Gebot von dem Zuschlag an zu verzinsen.

E. I § 78 Abs. 1 Satz 1; M. 184; D. 49; KBer. —.

§ 61.

Im Falle des § 60 ist auf Antrag eines Betheiligten, dessen Recht durch die Bewilligung von Zahlungsfristen beeinträchtigt werden würde, das Grundstück mit Zahlungsfristen und ohne sie auszubieten. Der Zuschlag wird auf Grund des mit Zahlungsfristen erfolgten Ausgebots nur ertheilt, wenn ein Dritter unter Sicherheitsleistung sich verpflichtet, die dem Ersteher obliegende Zahlung vollständig oder mit einem Abzug im Vertheilungstermine zu bewirken, und wenn im Falle eines Abzugs nach dessen Abrechnung das Meistgebot mit Zahlungsfristen höher ist als das andere Meistgebot.

In Ansehung der Verpflichtung des Dritten finden die Vorschriften des § 53, in Ansehung der Sicherheitsleistung die Vorschriften des § 69 entsprechende Anwendung. Die Sicherheitsleistung ist nicht erforderlich, wenn für ein eigenes Gebot des Dritten Sicherheitsleistung nicht verlangt werden könnte.

Wird der Dritte bei der Ertheilung des Zuschlags für zahlungspflichtig erklärt, so tritt die Forderung gegen den Dritten als Versteigerungserlös an die Stelle der Forderung gegen den Ersteher; die Forderung gegen den Ersteher steht dem Dritten zu.

E. I § 78 Abs. 1 Satz 2, Abs. 2—5; M. 184 ff.; D. 49; KBer. —.

Zahlungsfristen.

1. Bisheriges Recht. Nach Art. 59 BayZO. mit Art. 10 Nov. hierzu konnte jeder Beteiligte für Erlegung des Kaufpreises (außer für Kosten und wiederkehrende in das Mindestgebot aufgenommene Leistungen) eine dreimonatliche (in der Pfalz für 80% eine dreijährige) Zahlungsfrist verlangen; die Bedingung längerer Zahlungsfristen war von Zustimmung sämtlicher Beteiligten abhängig. Die BayZO. stand also einer Versteigerung unter längerer Strichschillingsstundung mit Rücksicht auf deren wirtschaftliche Gefahren grundsätzlich ablehnend gegenüber (Ortenau-Henle S. 231). § 60 läßt dagegen die Bewilligung von Zahlungsfristen allgemein, jedoch unter den Kautelen des § 61 zu.

2. Versteigerung mit Zahlungsfristen. Nach § 60 kann jeder Beteiligte auch längere Zahlungsfristen, aber nur für den das geringste Gebot übersteigenden Betrag, auch für die nicht im geringsten Gebot enthaltenen Nebenleistungen, verlangen (Abweichung von § 49 Abs. 1) und ist, soweit von § 61 nicht Gebrauch gemacht wird, das Grundstück mit denselben auszubieten.

Es bedarf also, abweichend von § 59, nicht der Zustimmung der beeinträchtigten Beteiligten.

Anders, wenn der in das Mindestgebot fallende, bar zu zahlende Teil (§§ 10 Ziff. 1—3; 12 Ziff. 1, 2; 49), über den Verteilungstermin hinaus gestundet werden soll, in welchem Falle nach § 59 zu verfahren ist. Dies gilt auch für den nach §§ 50, 51 mehr zu zahlenden Betrag (Jäckel S. 230; abw. Fischer-Schäfer S. 287, v. d. Pfordten S. 174).

Werden verschiedene Zahlungsfristen verlangt, so ist (auch wenn von § 61 nicht Gebrauch gemacht wurde) ein mehrfaches Ausgebot nötig und der Zuschlag dem besten Gebote, bei gleichen Geboten demjenigen mit der kürzeren Zahlungsfrist, zu erteilen (Reinhard I S. 324). Zahlungsfristen kann nicht derjenige verlangen, der kein Interesse an ihrer Bewilligung hat (z. B. Mieter, Pächter und derjenige, dessen Recht bestehen bleibt, wohl aber der Schuldner, Reinhard I S. 322).

Das Gebot mit Zahlungsfristen ist, wie nach § 49 Abs. 2, soweit nichts anderes im Wege des § 59 vereinbart ist, mit 4% zu verzinsen (§ 246 BGB.).

Der Antrag kann nur bis zur Aufforderung zur Abgabe von Geboten (auch schriftlich, in öffentlich beglaubigter Form, § 84) gestellt werden, da sonst mit der Feststellung der Versteigerungsbedingungen immer wieder von vorne angefangen werden müßte (vgl. § 59 Bem. 2c, Fischer-Schäfer S. 285, v. d. Pfordten S. 170, bestr.; chikanösen Anträgen könnte nicht mit § 226 BGB. entgegengetreten werden, da es sich um Ausübung prozessualer Befugnisse handelt; a. M. Reinhard I S. 323).

Im Falle des § 60 findet eine Hinausschiebung des Verteilungstermins bis zum Ablauf der Zahlungsfrist nicht statt (§ 118 Abs. 1 Satz 2).

3. Doppelausgebot; Antragsrecht. Dem unbeschränkten Verlangen von Zahlungsfristen steht das Recht auf Vornahme des Ausgebots mit und ohne Zahlungsfristen (in Ansehung des das Mindestgebot übersteigenden Betrags) gegenüber. Dem mit Zahlungsfristen Bietenden wird dann der Zuschlag nur erteilt, wenn

a) sein Gebot höher (nicht gleich hoch), wie das Meistgebot ohne Zahlungsfristen ist,

b) ein Dritter Zahlung im Verteilungstermine zusichert und hierfür Sicherheit leistet.

Sichert der Dritte nicht Zahlung in Höhe des Meistgebots mit Fristen zu, sondern eine geringere Summe, so muß auch *diese* höher sein als das Meistgebot ohne Fristen.

Dieses Verfahren bietet den Beteiligten Aussicht, Barzahlung schon im Verteilungstermine durch einen Dritten zu erlangen, auch wenn der Zuschlag mit Zahlungsfristen erfolgt.

Voraussetzung des Doppelausgebots ist aber ein *Antrag* desjenigen (auch des Schuldners), welcher durch die Bewilligung von Zahlungsfristen beeinträchtigt würde (indem er Befriedigung erst nach dem Verteilungstermine erhielte).

Der Antrag nach § 61 ist solange *zulässig*, wie der des § 60 und kann auch von einem im Termine nicht Anwesenden (für den Fall des § 60) gestellt werden. Ein schriftlicher Antrag bedarf der öffentlichen Beglaubigung (§ 84, Fischer-Schäfer S. 285; a. M. BayNotZ. 1904 S. 53). Nicht berechtigt zum Antrag nach § 61 sind Gläubiger, deren Ansprüche in das gesetzliche oder vereinbarte Mindestgebot fallen (auch nicht wegen des bar zu zahlenden Teils); ebensowenig natürlich Mieter oder Pächter, wohl aber der Antragsteller des § 60 selbst.

4. Sicherheit. Sie ist *von Amts wegen* zu verlangen — anders § 67 Abs. 1 —, außer wenn für ein eigenes Gebot des Dritten keine solche verlangt werden könnte (§ 67 Abs. 3, nicht Abs. 2; § 10 EG. z. ZVG.). Der Sicherheit bedarf es auch nicht, wenn die hieran interessierten Beteiligten (einschließlich des Schuldners) auf sie verzichten (Jäckel S. 231, Reinhard I S. 326).

Hinsichtlich der *Höhe* der dem Dritten obliegenden Sicherheit ist im Gesetze nichts bestimmt. Man wird deshalb annehmen müssen, daß der Notar in analoger Anwendung der §§ 108 ff. ZPO. die Höhe der Sicherheit nach pflichtgemäßem Ermessen zu bestimmen hat, wobei jedoch wegen § 67 Abs. 3 Satz 2 nicht unter $1/_{10}$ herabgegangen werden darf. Sie in voller Höhe des vom Dritten zu zahlenden Betrags zu verlangen, ist nicht notwendig, sonst wäre § 134 Satz 1 wegen §§ 107 Abs. 3, 108 ganz gegenstandslos (Jäckel S. 231 und Wolff Bem. 5 gegen Fischer-Schäfer S. 286).

Soweit der Dritte Zahlung verspricht und Sicherheit leistet, oder nicht zu leisten braucht, ist hiervon der Ersteher befreit (§ 67 Abs. 3 Satz 2).

Über die Art der Sicherheit siehe § 69 (Bürgschaft unzulässig, Art. 31 BayAG. z. ZVG.).

Die Sicherheit ist an die Hinterlegungsstelle abzuliefern (Becher Mat. VI S. 26).

5. Über die Gestaltung der **Rechtsbeziehungen des Dritten zu den Beteiligten, dem Ersteher und dem Schuldner** besteht Streit (Fischer-Schäfer S. 284, 285, Jäckel S. 233).

Soweit der Dritte nach §§ 61 Abs. 3, 82 für zahlungspflichtig erklärt ist (vgl. § 82 Bem. 3e), tritt er an die Stelle des Erstehers. Dieser haftet also den Beteiligten persönlich nach Maßgabe der §§ 53, 60 nur noch für das Mindestgebot (wenn nicht auch bezüglich des baren Mindestgebots [1]) der Dritte eingetreten ist). Der Dritte haftet persönlich nicht für etwaige, eine persönliche Forderung sichernde, bestehen bleibende Hypotheken, Grund- und Rentenschulden (bestr.), [2]) im übrigen aber nur er (nicht der Ersteher), und nicht bloß den Gläubigern, sondern auch dem Schuldner. Dieser wird daher von seiner persönlichen Schuld frei, wenn der Gläubiger auf Anzeige hin die Schuldübernahme des Dritten genehmigt hat (§ 416 BGB.; Reinhard I S. 328, Jäckel S. 232, 233, Riedner Bem. 4c zu § 61).

Den vom Dritten gemachten Abzug können die Beteiligten nicht vom Ersteher verlangen; dieser schuldet ihn vielmehr nur dem Dritten.

Zahlt der Dritte im Verteilungstermine den von ihm zu zahlenden Teil des Strichschillings nicht, so ist, falls er für zahlungspflichtig erklärt wurde (§ 82), nach § 118 die Forderung insoweit gegen ihn, im übrigen gegen den Ersteher auf die Berechtigten zu übertragen (§ 134). Neben der persönlichen Haftung des Dritten hinsichtlich des von ihm zu zahlenden Betrags besteht eine dingliche des Erstehers wegen § 52 Abs. 1 Satz 2 den Gläubigern gegenüber nur, soweit sie durch besondere Sicherungshypotheken geschützt sind (§§ 128, 134 Satz 1).

Die persönliche Forderung der beteiligten Gläubiger (richtiger des Subhastaten) gegen den Ersteher geht kraft Gesetzes (Abs. 3 mit § 412 BGB.) auf den Dritten über (sodaß der Sicherungshypothek der Gläubiger nach §§ 128, 134 nicht mehr eine persönliche Forderung gegen den Ersteher zu Grunde liegt). Nur der Dritte kann vom Ersteher die Einhaltung der Zahlungsfristen verlangen, die Beteiligten nur Zahlung im Verteilungstermine durch den Dritten. Die Forderung des Dritten gegen den Ersteher ist nach § 132 vollstreckbar, sobald hierfür Sicherungshypothek eingetragen ist (siehe § 134).

Eine nach §§ 50, 51 eintretende Erhöhung der Barzahlungspflicht trifft den Ersteher, nicht den Dritten (Jäckel S. 230, bestr.; vgl. oben Bem. 2).

---

[1]) Nach dem Wortlaute des § 61, besonders des Abs. 3, wäre es nicht unzulässig, wenn der Dritte für die rechtzeitige Zahlung des ganzen Bargebots (einschließlich des baren Mindestgebots) einstehen würde (Fischer-Schäfer S. 285).

[2]) Auf die bestehen bleibenden Rechte kann sich § 61 Abs. 2, trotzdem er auf § 53 verweist, nicht beziehen, da nach § 61 Abs. 1 die Zahlungspflicht des Dritten nichts damit zu tun hat (§ 61 Abs. 2 ist aus Versehen stehen geblieben, als § 67 Abs. 2 des Entw. I im § 53 Entw. II fallen gelassen wurde).

5. Nichtbeachtung der §§ 60 und 61 kann die Aufhebung des Zuschlags zur Folge haben (§§ 83 Ziff. 1, 84, 100).

§ 62.

Das Gericht kann schon vor dem Versteigerungstermin Erörterungen der Betheiligten über das geringste Gebot und die Versteigerungsbedingungen veranlassen, zu diesem Zwecke auch einen besonderen Termin bestimmen.

E. I § 56; M. 148, 159, 160; D. 49; KBer. —.

Vorbereitung des Versteigerungstermins.

1. Bisheriges Recht. Nach Art. 23, 24 Nov. z. BayS.O. war dem Notar die Abhaltung eines Verständigungstermins zur Vorbereitung der Versteigerung gestattet, im Falle mehrfacher Beschlagnahme sogar vorgeschrieben.

2. Nach § 62 ist es dem **Ermessen** des Versteigerungsbeamten überlassen, wie und in welchem Umfang er den Versteigerungstermin vorbereiten, welche Beteiligte er hierzu und wie er sie beiziehen will. Die Kosten der Vorbereitung fallen unter § 109, diejenigen der Beteiligten unter § 10 Abs. 2 (Jäckel S. 234). Ein **Vortermin** kann besonders zur Festsetzung des Geldwertes von wiederkehrenden Leistungen (§ 46), eines Rechtes, welches nicht auf Geldzahlung gerichtet ist (§ 92), der Höhe etwaiger Mehrzahlungen (§§ 50, 51), oder Sicherheitsleistungen (§§ 60, 61) oder der Art der Versteigerung und des Wertes mehrerer Grundstücke (§§ 63, 64), geboten sein (Reinhard I S. 331, 332, vgl. Ortenau-Henle S. 266). Der Termin wird häufig durch Vorschläge der Beteiligten über die Art der Versteigerung, die mit der Zustellung der Terminsbestimmung bekannt gemacht werden können, veranlaßt werden. Die Feststellungen im Vortermine sind aber nicht bindend, können also im Versteigerungstermin umgestoßen werden. Rechtsnachteile sind mit dem Nichterscheinen im Vortermine nicht verbunden.

§ 63.

Mehrere in demselben Verfahren zu versteigernde Grundstücke sind einzeln auszubieten.

Jeder Betheiligte kann verlangen, daß neben dem Einzelausgebot alle Grundstücke und, sofern einige von ihnen mit einem und demselbe Rechte belastet sind, auch diese Grundstücke zusammen ausgeboten werden. Auf Antrag kann das Gericht auch in anderen Fällen das Gesammtausgebot einiger der Grundstücke anordnen.

Das Gesammtausgebot kann vor oder nach dem Einzelausgebot erfolgen.

Wird bei dem Einzelausgebot auf eines der Grundstücke ein Meistgebot abgegeben, das mehr beträgt als das geringste Gebot für dieses Grundstück, so erhöht sich bei dem Gesammtausgebote das geringste Gebot um den Mehrbetrag. Der Zuschlag wird auf Grund des Gesammtausgebots nur ertheilt, wenn das Meistgebot höher ist als das Gesammtergebniß der Einzelausgebote.

Das Einzelausgebot unterbleibt, wenn die anwesenden Betheiligten zustimmen, deren Rechte bei der Feststellung des geringsten Gebots nicht zu berücksichtigen sind.

E. I §§ 80–83; M. 187–191; D. 49, 50; KBer. 34.

Ausgebot mehrerer Grundstücke in einem Verfahren.

1. Bisheriges Recht. Die BayZO. (Art. 49, 51) stellte als Regel die Versteigerung nach Hypothekenbuchs-Folien auf. Jeder Beteiligte konnte aber sowohl die Einzelversteigerung der mehreren auf einem Folium als auch die Gesamtversteigerung der auf mehreren Folien vorgetragenen Grundstücke, sowie eine Gruppenversteigerung verlangen. Der hierher gehörige Art. 12 Nov. war bereits durch Art. 9 des Ges., betr. die Anlegung des Grundbuchs r. d. Rh., vom 18. Juni 1898 beseitigt. Nunmehr ist Einzelversteigerung der Grundstücke nach rechtlichen Einheiten die Regel.

2. Versteigerungsarten im Falle der Versteigerung mehrerer Grundstücke in einem Verfahren (vgl. § 18).

a) Einzelausgebot (auf Grund gesondert festgestellten Mindestgebots). Dieses findet statt, soferne nichts anderes verlangt ist, wie auch jedes Grundstück regelmäßig Gegenstand eines besonderen Verfahrens ist. Im Falle der Zuschreibung oder Vereinigung (§ 890 BGB.) liegt nur ein Grundstück vor; anders im Falle des § 4 GBO.[1]) Das Einzelgebot unterbleibt ganz, wenn Abs. 5 gegeben ist. Zu den Beteiligten, welche hier zustimmen müssen, gehört der betreibende Gläubiger, die ihm Gleich- und Nachstehenden, der Beteiligte nach § 37 Ziff. 5 und der Schuldner, und auch diese nur, soweit sie im Termin anwesend sind, nicht Mieter und Pächter (Reinhard I S. 334).

Das Vorliegen einer Korrealhypothek(-grund- und -rentenschuld) ist allein (ebenso nach bisherigem bayer. Recht) kein Grund zur Unterlassung des Einzelgebots.

b) Gesamt- und Gruppenausgebot (auf Grund des nach Abs. 4 festgestellten Mindestgebots) finden (sei es neben dem Einzelausgebot oder ohne dieses) nur auf Antrag eines derjenigen Beteiligten statt, die ein Interesse daran haben (besonders der Gesamthypothekgläubiger; nicht: Mieter oder Pächter und der im Mindestgebote Berücksichtigten, Jäckel S. 237). An Gruppenausgeboten, welche einzelne von mehreren Grundstücken umfassen, sind so viele zulässig, als gemeinsame Belastungen vorhanden sind. Zustimmung eines anderen Beteiligten ist nicht erforderlich (Jäckel S. 308).

In anderen Fällen (z. B. bei wirtschaftlicher Zusammengehörigkeit) liegt die Anordnung des Gesamt- oder Gruppenausgebots im Ermessen des Versteigerungsbeamten[2]). Sie setzt aber auch hier stets einen Antrag voraus (§ 63 Abs. 2 Satz 2).

3. Die Reihenfolge ist dem Ermessen des Versteigerungsbeamten überlassen. Werden nur Einzelausgebote aufgeworfen, so kann für jedes Grundstück die Versteigerung gesondert geschlossen werden; finden aber verschiedene Versteigerungsarten nebeneinander statt, so sind die hierbei erzielten Gebote miteinander auszurufen und die Versteigerung sodann gemeinsam zu schließen (§ 73, Reinhard I S. 339, vgl. auch Ortenau-Henle S. 141 u. NotGeschO. vom 24. XII. 1899 § 171).

4. Erhöhung des Mindestgebots. Dieses berechnet sich beim Einzelausgebote nach den auf jedem Grundstück besonders lastenden Ansprüchen (wobei eine Gesamtbelastung, wenn nicht nach § 64 zu verfahren ist, bei jedem Grundstück ganz zu berücksichtigen ist, § 45), beim Gesamt- und Gruppenausgebote durch Addi-

---

[1]) Auch die nach bisherigem Recht auf einem Folium vorgetragenen Grundstücke sind rechtlich nicht als ein Grundstück zu betrachten, solange Vereinigung oder Zuschreibung nicht erfolgt ist (vgl. § 314 Abs. 2, § 333 Abs. 2 DA. f. GBÄ.). Auf ihre Versteigerung finden daher die §§ 63, 64 Anwendung (anders Art. 49 BayZO.); die gemeinsamen Hypotheken sind Gesamthypotheken (Henle, Anlegung d. Grdbch., 2. Aufl. Art. 5 Bem. 1).

[2]) Die Versteigerung nach Bruchteilen wäre nur nach Maßgabe des § 59 zulässig (Wolff § 63 Bem. 6).

tion der einzelnen Mindestgebote; es erhöht sich jedoch letzterenfalls um diejenigen (bar zu zahlenden) Beträge, welche auf die einzelnen Grundstücke über das jeweilige Mindestgebot hinausgeboten wurden. Auf diese Weise sollen die beim Einzelausgebot erzielten Mehrgebote den Beteiligten erhalten bleiben[3]).

Ist das erzielte Gesamtgebot nicht größer als die Summe der zulässigen Einzelmeistgebote, so ist auf diese der Zuschlag zu erteilen (anders Ortenau-Henle S. 141). Sind in den Einzelmindestgeboten auch bestehen bleibende Gesamtbelastungen enthalten, die nicht nach § 64 verteilt sind, so ist deren mehrfache Berücksichtigung bei der Vergleichung der Meistgebote entsprechend in Rechnung zu ziehen. Wenn z. B. die Grundstücke M und N mit der Korrealhypothek des A zu 100 vor dem betreibenden B belastet sind, so ist ein Gesamtmeistgebot von 40 (bar) niedriger als die beiden Einzelmeistgebote von 10 und bezw. 20 (bar), da in diesen die Post des A zweimal berücksichtigt ist (Jäckel S. 244, Wenz-Wagner S. 114, v. d. Pfordten S. 178, 179).

5. Nichtbeachtung des § 63 Abs. 1, Abs. 2 Satz 1, Abs. 5 hat gemäß §§ 83 Ziff. 2, 84, 100 Versagung bezw. Aufhebung des Zuschlags zur Folge, wenn eine Beeinträchtigung des Beteiligten vorliegt und dieser das Verfahren nicht genehmigt; das gleiche gilt von einer Verletzung der Vorschrift des Abs. 4 (§ 83 Ziff. 1). Ist in den übrigen Fällen (§ 63 Abs. 2 Satz 2) auf Antrag eine Versteigerungsart zu Unrecht unterblieben oder vorgenommen worden, so ist Anfechtung ausgeschlossen (Wolff Bem. 10, Jäckel S. 238); wohl aber läge auch hier ein Zuschlagversagungsgrund (§§ 83 Ziff. 1, 84) vor, wenn der Notar ohne Antrag ein Gesamtausgebot angeordnet hätte (Jäckel S. 308, v. d. Pfordten S. 239).

§ 64.

Werden mehrere Grundstücke, die mit einer dem Anspruche des Gläubigers vorgehenden Gesammthypothek belastet sind, in demselben Verfahren versteigert, so ist auf Antrag die Gesammthypothek bei der Feststellung des geringsten Gebots für das einzelne Grundstück nur zu dem Theilbetrage zu berücksichtigen, der dem Verhältnisse des Werthes des Grundstücks zu dem Werthe der sämmtlichen Grundstücke entspricht; der Werth wird unter Abzug der Belastungen berechnet, die der Gesammthypothek im Range vorgehen und bestehen bleiben. Antragsberechtigt sind der Gläubiger, der Eigenthümer und jeder dem Hypothekengläubiger gleich- oder nachstehende Betheiligte.

Wird der im Abs. 1 bezeichnete Antrag gestellt, so kann der Hypothekengläubiger bis zum Schlusse der Verhandlung im Versteigerungstermine verlangen, daß bei der Feststellung des geringsten Gebots für die Grundstücke nur die seinem Anspruche vorgehenden Rechte berücksichtigt werden; in diesem Falle sind die Grundstücke auch mit der verlangten Abweichung auszubieten. Erklärt sich nach erfolgtem Ausgebote der Hypothekengläubiger der Aufforderung des Gerichts ungeachtet nicht darüber, welches Ausgebot für die Ertheilung des Zuschlags maßgebend sein soll, so verbleibt es bei der auf Grund des Abs. 1 erfolgten Feststellung des geringsten Gebots.

[3]) Vorausgesetzt, daß das Einzelausgebot vorausgeht, sei es von Anfang an oder infolge mehrfachen Wechsels der Gesamt-(Gruppen-) und Einzelausgebote (Wolff Bem. 7 zu § 63, Jäckel S. 239). Über den Einfluß der Einzelmeistgebote beim Zuschlag für das Gesamtgebot auf die Verteilung siehe § 112 Abs. 3.

Diese Vorschriften finden entsprechende Anwendung, wenn die Grundstücke mit einer und derselben Grundschuld oder Rentenschuld belastet sind.

E. I §§ 81—83; M. 190; D. 50, 51; KBer. 35.

Mindestgebot bei Gesamthypotheken.

1. Bisheriges Recht. Allgemeines. Ruht auf mehreren Grundstücken eine Gesamtbelastung, so wird ein nachfolgender Gläubiger nur selten eine Versteigerung der einzelnen Grundstücke erzielen, weil jene im Mindestgebote voll zu berücksichtigen ist. Das gleiche gilt aber auch für die Einzelausgebote, wenn die Grundstücke gemeinsam in einem Verfahren versteigert werden sollen. Um auch das Einzelausgebot zu ermöglichen, ist daher ein Eingriff in die Rechte des Korrealgläubigers notwendig.

Die BayGO. (Art. 2 Abs. 1 Satz 2, Art. 8, 29 Nov.) suchte dies zu erreichen, indem sie für die Regel Barzahlung der Gesamthypothek (obwohl im Mindestgebote stehend) vorschrieb, wobei es genügte, wenn nur die Summe der Einzelergebnisse die Gesamthypothek deckte (Ortenau-Henle S. 168, 202). Sie begnügte sich also mit einer Teilung des Erlöses (Art. 106). Das ZVG. stellt dagegen den Korrealgläubiger vor die Wahl einer zwangsweisen Teilung der Gesamthypothek selbst (§ 64 Abs. 1) oder der Barzahlung (Abs. 2).

Die Vorschrift des § 64 beugt nun dem Übelstande vor, daß durch Berücksichtigung des vollen Betrages der Gesamthypothek bei jedem einzelnen Grundstücke, wie solche nach § 44 erfolgen müßte, entweder ein zulässiges Gebot überhaupt nicht erzielt würde oder der Ersteher des einzelnen Grundstücks, von welchem die ganze Hypothek beigetrieben würde, auf die nach §§ 50, 51 notwendige Zuzahlung seitens der übrigen Ersteher angewiesen wäre.

2. Voraussetzungen des § 64. Derselbe betrifft nur die in das Mindestgebot fallenden Gesamthypotheken(-grund-, -rentenschulden, nicht Reallasten) und gilt nur für das Einzelausgebot. Beim Gesamtausgebot ist die Gesamtbelastung nach § 44 nur einmal anzusetzen. (Über die Feststellung des Mindestgebots hierbei vgl. § 63 Bem. 4). § 64 findet aber ferner nur Anwendung, wenn mehrere Grundstücke, die gemeinsam belastet sind, in demselben Verfahren versteigert werden (auch wenn nur einige von ihnen zusammen, andere mitbelastete aber einzeln versteigert werden) und ohne Rücksicht darauf, daß die Hypothek rc. auch noch auf anderen, nicht in das Verfahren einbezogenen Grundstücken ruht. Endlich ist ein Antrag vorausgesetzt.

3. Verteilung der Gesamthypothek. Sie kann nur der betreibende Gläubiger, der Eigentümer und die dem Gesamtgläubiger gleich- oder nachstehenden Beteiligten (nicht: Mieter, Pächter, die dem Gesamtgläubiger Vorgehenden und dieser selbst, soweit er nicht gleichzeitig ein nachstehendes Recht besitzt) verlangen. Der Antrag ist nach Aufforderung zur Abgabe von Geboten nicht mehr zulässig (bestr.; vgl. § 64 Abs. 2 und Bem. 2 zu §§ 60, 61, Jäckel S. 241). Zustimmung eines anderen Beteiligten ist nicht erforderlich. Die Verteilung erfolgt nach dem Werte der einzelnen Grundstücke nach Abzug[1]) der vorgehenden, bestehen bleibenden Belastungen (vgl. § 1172 Abs. 2 BGB.).

Beträgt z. B. der Wert der Grundstücke A und B 15000 Mk. und 10000 Mk., die Gesamthypothek 3000 Mk., die Höhe der ihr vorgehenden Belastungen (bezgl. der Rentenschulden siehe § 1199 Abs. 2 BGB., im übrigen

---

[1]) Übersteigen oder erschöpfen die Vorbelastungen schon den Wert eines Grundstücks, so kann auch von der Gesamthypothek nichts auf dieses verteilt werden (Reinhard I S. 343).

§§ 45, 48, 51) bei A 3000 Mk., bei B 4000 Mk., so ist die Gesamthypothek im Verhältnis von 12000 : 6000 = 2 : 1 zu teilen, so daß auf A 2000 Mk., auf B 1000 Mk. treffen. Folgt der betreibende Gläubiger unmittelbar dem Gesamtgläubiger, so sind im Mindestgebot als bestehen bleibend zu berücksichtigen bei A 3000 Mk. + 2000 Mk, bei B 4000 Mk. + 1000 Mk., wozu noch je die (nach dem absoluten Werte der Grundstücke, also) im Verhältnis von 3 : 2 zu teilenden Kosten kommen.

Die Feststellung der Grundstückswerte erfolgt nach § 11 EG. und Art. 29 BayAG. z. ZVG. durch den Notar[2]), eventuell nach den Vorschriften der ZPO. mittelst Schätzung durch Sachverständige, deren Kosten unter §§ 44, 109 fallen und ebenfalls im Mindestgebote zu berücksichtigen sind, soweit sie nicht von einem Beteiligten übernommen wurden. Die Feststellung kann gemäß § 62 in einem besonderen Termine vorbereitet werden; sie ist selbständig nicht mit Beschwerde (Erinnerung nach § 13 EG.) anfechtbar (Bem. 7).

4. **Wirkung** der Verteilung. Infolge der Verteilung erlischt auf jedem Grundstücke mit der Rechtskraft des Zuschlags sowohl der Verbandcharakter, als auch der auf dasselbe nicht verteilte Betrag der Hypothek, und nur der auf das Grundstück verteilte Betrag bleibt nach § 52 bestehen. Die Gesamthaftung bleibt jedoch bestehen, wenn nur ein Teil der mitbelasteten Grundstücke mittelst rechtskräftigen Zuschlags versteigert wurde; und zwar im ganzen Umfang auf den nicht versteigerten, zu den Teilbeträgen auf den versteigerten Grundstücken. Bei Besitztitelberichtigung (§ 130) ist die Löschung der auf den versteigerten Grundstücken erloschenen Beträge und ev. der Verbandeigenschaft zu veranlassen (Jäckel S. 242).

Bestünde in obigem Beispiel die Gesamthypothek auch an dem nicht versteigerten Grundstück O, so würden auf A und B nicht Einzelhypotheken entstehen, sondern Gesamthypotheken, und zwar auf A zu 2000 gemeinsam mit O, auf B zu 1000 gemeinsam mit O, während zwischen A und B die Mithaft erloschen wäre (anscheinend anders Reinhard I S. 344).

Die Art der Verteilung wirkt also auch für das Verteilungsverfahren. Durch diese Verteilung werden die zwischen dem Gesamthypothek- und betreibenden Gläubiger stehenden Rechte nicht berührt (Jäckel S. 240, vgl. § 83 Ziff. 3).

5. **Schutz des Gesamthypothekgläubigers.** Er kann sich gegen diesen Eingriff in sein Recht nur dadurch wahren, daß er

a) nach §§ 1132, 875, 876 BGB. selbst die Verteilung vornimmt (vgl. Art. 5, 7 Ges., betr. die Anlegung des Grundbuchs r. d. Rh.) und spätestens im Termine, vor Aufforderung zur Abgabe der Gebote (Bem. 3) nachweist, daß die Teilung im Grundbuch vollzogen ist (bestr.; nach a. M. ist genügend, daß die Löschung möglich ist, § 875 BGB.), wodurch der etwa schon gestellte Antrag nach Abs. 1 hinfällig wird; gleiches gilt von dem Verzicht auf die Hypothek an einem Grundstücke (§§ 1175, 1168 BGB., Fischer-Schäfer S. 292); oder

b) von Abs. 2 Gebrauch macht und vor Schluß der Verhandlung (§ 74, nicht § 73) verlangt, daß das Grundstück sowohl unter Berücksichtigung der Verteilung nach Abs. 1, als auch unter Nichtberücksichtigung der Gesamthypothek und der ihr gleich- und nachstehenden Rechte (im Mindestgebot) ausgeboten wird. Der Zuschlag wird hier nicht dem besseren Meistgebot erteilt, sondern demjenigen, für welches sich der Gesamtgläubiger entscheidet.

Entscheidet er sich trotz Aufforderung nicht für das Meistgebot nach Abs. 2 (oder hat er sich vorher entfernt, Wolff § 64 Bem. 1b), so verbleibt es bei der Verteilung

[2]) Becher Mat. VI S. 29, 30, 84, 144; JMBek. vom 31. III. 05 § 8.

nach Abs. 1; andernfalls erhält er, sowie die ihm gleich- und nachstehenden Beteiligten Barzahlung aus dem Erlös der Einzelversteigerung nach Abs. 2, wie wenn er das Verfahren selbst betrieben hätte. Mit der Wahl erlöschen die auf das andere Ausgebot abgegebenen Gebote.

Entscheidet sich der Gesamtgläubiger für das Meistgebot nach Abs. 2, also für Barzahlung, und ist dieses (die Einzelgebote zusammengerechnet) nicht so hoch, daß die dem **betreibenden** Gläubiger vorgehenden Rechte gedeckt werden, so ist nach § 83 Ziff. 3 der Zuschlag zu versagen, und das Einzelausgebot ist ergebnislos. Der Gesamthypothekgläubiger nötigt damit die Beteiligten, das Gesamtausgebot zu beantragen (§ 63 Abs. 2).

Beispiel: Die Grundstücke M und N im Wertsverhältnis 1:2 sind belastet mit

M	N
100 für A	200 für B
300 korrealiter für C	
50 für D	100 für E
30 korrealiter für F.	

F ist betreibender Gläubiger; auf seinen Antrag wurde die Hypothek des C mit 100 bei M und 200 bei N verteilt (Abs. 1), also für bestehen bleibend erklärt bei M: 250, bei N: 500 (von Kosten usw. abgesehen). C stellt nun Antrag nach Abs. 2, so daß im Mindestgebote nur zu berücksichtigen sind bei M: 100 des A, bei N: 200 des B.

Werden bei letzterem Ausgebot 110 für M, 210 für N, zusammen also 320 **bar** geboten, so ist, falls C dieses Meistgebot wählt, der Zuschlag zu versagen, da zwar er selbst gedeckt ist, aber D und E einen Ausfall erleiden, obwohl sie dem F vorgehen.

Damit der Zuschlag beim Ausgebote nach Abs. 2 erteilt werden kann, ist ein **Gesamt**-Bargebot von mindestens 450 erforderlich (§ 83 Ziff. 3), da erst hierdurch C, D und E „gedeckt" wären. Daß D und E wirklich aus den **Einzel**geboten „Befriedigung" erlangen, ist dagegen nach § 83 Ziff. 3 nicht notwendig (obwohl dies offenbar erreicht werden wollte). Sie erleiden einen Ausfall, wenn bei M nicht mindestens 100 + 50, bezw. bei N 200 + 100 bar erzielt, oder wenn hinterher C Befriedigung nur aus **einem** der Grundstücke sucht (§§ 122 Ges., 1132 Abs. 1 Satz 2 BGB.) und infolgedessen die Einzelbargebote für D oder E nicht mehr ausreichen. § 64 Abs. 2 enthält also tatsächlich eine Durchbrechung des in § 44 allgemein aufgestellten Deckungsprinzips (v. d. Pfordten S. 183, 239 ff. und in BayNotZ. 1904 S. 249 ff. gegen Fischer-Schäfer S. 292, 339).

Wird der Antrag nach Abs. 1 nicht gestellt oder zurückgezogen, so entfällt auch das Recht des Gesamtgläubigers nach Abs. 2. In diesem Fall ist, soferne der Gläubiger nicht nach a eine Verteilung vorgenommen hat, jedes Grundstück nach § 44 mit dem ganzen Betrag der Korrealhypothek auszubieten (im obigem Beispiel also M mit 450, N mit 600, sämtlich als bestehen bleibend). Erklärt der Korrealgläubiger von vorneherein, daß er sich auf eine Teilung seines Rechtes nach Abs. 1 nicht einlassen werde, so ist ein Ausgebot nach Abs. 1 entbehrlich (Reinhard I S. 346).

c) Der Gesamtgläubiger kann auch, statt den Antrag nach Abs. 2 zu stellen, neben dem Einzelausgebote selbst ein Gesamtausgebot nach § 63 Abs. 2 verlangen. Letzteres nützt ihm aber nichts, wenn die Summe der Einzelgebote (unter Verteilung der Gesamthypothek) höher ist als das Gesamtgebot (§ 63 Abs. 4).

6. Andere, nicht in einer Hypothek, Grund- oder Rentenschuld bestehenden, in das Mindestgebot fallende **Gesamtbelastungen** sind nach § 44 bei jedem Grundstück nach ihrem vollen Wert zu berücksichtigen und gegen einen Ausfall durch § 83 Ziff. 3 geschützt (Jäckel S. 239, Fischer-Schäfer S. 293).

7. Nichtbeachtung der Vorschrift. Gegen die Wertsfestsetzung nach Abs. 1 ist Beschwerde auch nicht nach § 95 zulässig, wohl aber gegenüber einer anderweitigen Verletzung des § 64 (§ 83 Ziff. 1, 3, §§ 84, 100).

§ 65.

Das Gericht kann auf Antrag anordnen, daß eine Forderung oder eine bewegliche Sache von der Versteigerung des Grundstücks ausgeschlossen und besonders versteigert werden soll. Auf Antrag kann auch eine andere Art der Verwerthung angeordnet, insbesondere zur Einziehung einer Forderung ein Vertreter bestellt oder die Forderung einem Betheiligten mit dessen Zustimmung an Zahlungsstatt überwiesen werden. Die Vorschriften der §§ 817, 820, 835 der Civilprozeßordnung finden entsprechende Anwendung. Der Erlös ist zu hinterlegen.

Die besondere Versteigerung oder die anderweitige Verwerthung ist nur zulässig, wenn das geringste Gebot erreicht ist.

E. I 84; M. 191, 192; D. 51; KBer. –.

Gesonderte Verwertung mithaftender Gegenstände.

1. Bisheriges Recht. Nach Art. 36 BayHO. und Art. 13 Nov. hierzu konnte durch das Gericht auf Antrag eines beteiligten Gläubigers eine gesonderte Versteigerung von beweglichen Zugehörungen oder Früchten angeordnet werden, wenn das Recht der im Mindestgebote zu berücksichtigenden Hypothekgläubiger dadurch nicht beeinträchtigt wurde.

2. Eine **gesonderte Verwertung** der zur Masse gehörigen Forderungen oder beweglichen Sachen kann in Abweichung von § 55 in zwei Fällen stattfinden:

a) wenn auf Betreiben eines Dritten die Zwangsvollstreckung in jene zur Zeit der Versteigerung einstweilen eingestellt ist (§ 37 Ziff. 5). Die Beschlagnahme dauert hier unabhängig von der Versteigerung der Hauptsache fort (obstr. Erk. n. F. I S. 39). Zur Fortsetzung der Vollstreckung bedarf es hier aber regelmäßig eines rechtzeitig gestellten Antrags des betreibenden Teils (§ 31); ist die Fortsetzung zulässig, so ergeht Beschluß nach § 65, der dem Schuldner, Gläubiger und Dritten (vgl. § 32) zuzustellen und seitens des Schuldners mit Erinnerungen nach § 766 ZPO., seitens des Dritten mit sofortiger Beschwerde anfechtbar ist. Wird der Antrag nach § 31 nicht rechtzeitig gestellt oder ist die Fortsetzung unzulässig (z. B. weil bei der Hauptsacheversteigerung der Gläubiger befriedigt wurde, was aber erst mit Verteilung des Erlöses feststeht; abw. Jäckel S. 245; vgl. Rechtspr. III S. 337), so erlischt die Beschlagnahme und ist nach § 31 Abs. 2 zu verfahren. Den am Grundstücke dinglich Berechtigten bleibt zwar der Gegenstand auch nach Aufhebung der Beschlagnahme verhaftet (RG. Bd. 55 S. 414; Recht VIII S. 586 und Gruchot Bd. 48 S. 470; s. unten § 91 Bem. 2), die Vollstreckung in denselben ist aber von ihnen selbständig zu betreiben (Jäckel S. 245) und hat mit dem Subhastationsverfahren nichts mehr zu tun (vgl. auch ZBlFG. V S. 613 ff.).

Dagegen ist eine gesonderte Vollstreckung in Gegenstände, die als Bestandteile des Grundstücks zu erachten sind, nicht zulässig; sie erwirbt der Ersteher, auch wenn die Vollstreckung in sie einstweilen eingestellt war (ZBlFG. III S. 149; Herold in ZBlFG. IV S. 291 ff. ist der gleichen Meinung auch in Ansehung der sonstigen beweglichen Sachen und Forderungen, welche trotz Einstellung der Vollstreckung „vorbehaltlich" der Rechte des Dritten zur Versteigerung gelangen sollen, vgl. §§ 50 Abs. 2, 90 Abs. 2). Auch ein Bereicherungsanspruch gegen die Gläubiger ist nicht gegeben.

Eines Antrags nach § 31 bedarf es nicht im Falle des § 769 Abs. 2 ZPO.; mit dem Ablaufe der dort bestimmten Frist ist die Vollstreckung von Amts wegen fortzusetzen (so auch v. d. Pfordten S. 185).

b) wenn das Vollstreckungsgericht (nicht Notar, Becher Mat. VI S. 25) auf Antrag nach seinem Ermessen zwecks Erzielung eines höheren Gebots die getrennte Versteigerung bezw. anderweitige Verwertung (§ 825 ZPO.) anordnet (§ 65). Antragsberechtigt ist jeder an der besseren Verwertung interessierte Beteiligte, insbesondere auch der Schuldner (nicht: Mieter, Pächter und die im Mindestgebote berücksichtigten Gläubiger). Die Anordnung ist bis zum Schlusse der Versteigerung zulässig. Vorher abgegebene Gebote werden mit dieser Änderung der Versteigerungsbedingungen hinfällig (Reinhard I S. 348, Jäckel S. 246, abw. Fischer-Schäfer S. 293, v. d. Pfordten S. 185).

3. Ausführung der Anordnung des § 65. Sie kann (abgesehen von einem zu Bem. 2a bezeichneten Hindernis) erst erfolgen, wenn feststeht, daß das geringste Gebot bei der Versteigerung des Grundstücks erreicht ist; die Anordnung der gesonderten Versteigerung, soweit sie auf Antrag erfolgte, ist daher eine bedingte und wieder aufzuheben, wenn mangels Erreichung des geringsten Gebots zur Mitversteigerung der die Anordnung betreffenden Sachen und Forderungen geschritten werden muß (Jäckel S. 247).

Die Ausführung der gesonderten Verwertung kann durch Versteigerung — seitens des Notars, in demselben Termin, wie die Versteigerung des Grundstücks selbst oder später, oder seitens eines Gerichtsvollziehers (GVollzGeschA. v. 28. IV. 1900 JMBl. S. 730, §§ 817 ff. ZPO.) oder Auktionators — sowie durch freihändigen Verkauf seitens eines Beauftragten, bei Forderungen durch Einziehung seitens eines Beauftragten oder durch Überweisung an einen zustimmenden Beteiligten erfolgen.[1])

Wird der gesondert zu versteigernde Gegenstand dem Gläubiger zugeschlagen, so findet auch § 817 Abs. 4 ZPO. Anwendung. Die Anordnung eines freihändigen Verkaufs kann auch in anderen Fällen als denen des § 820 l. c. erfolgen.

Die Überweisung einer Geld-Forderung erfolgt nur an Zahlungsstatt zum Nennwerte und nur an einen Beteiligten, dessen Anspruch zunächst zum Zuge gekommen wäre und nicht bestritten ist. Er gilt als befriedigt, soweit die Forderung besteht (§ 835 Abs. 2 ZPO.). Die Überweisung geschieht durch Beschluß, welcher an Stelle des Zuschlags tritt und mit sofortiger Beschwerde anfechtbar ist, soweit der Zuschlagsbeschluß anfechtbar wäre. Die Zustellung des Überweisungsbeschlusses an den Beteiligten erfolgt von Amts wegen, durch diesen an den Drittschuldner (§§ 835 Abs. 2, 829 Abs. 2 ZPO.; Fischer-Schäfer S. 295).

---

[1]) Die Kosten der Ausführung gehören zu den Kosten des Verfahrens (§ 109) und sind aus dem Gesamterlös vorweg zu decken (Wolff § 65 Bem. 9, Jäckel S. 248).

Im übrigen ist der Erlös aus der gesonderten Verwertung zu hinterlegen und entweder im allgemeinen Verteilungstermin oder in einem nachträglichen zu verteilen (§§ 107, 117; Jäckel S. 248, Reinhard I S. 352).

4. Anfechtung. Der den Antrag auf gesonderte Verwertung abweisende Beschluß ist nicht anfechtbar (§ 95); auch nicht die Anordnung derselben, wohl aber der auf Grund derselben ergehende Zuschlags- (Überweisungs-) Beschluß (§§ 83 Ziff. 1, 84, 100), besonders wenn die bestehenbleibenden Rechte eines Hypothekgläubigers durch die gesonderte Verwertung gefährdet würden (§§ 1134, 1135 BGB.).[2]) Ob derselbe auch Einwendungen gegen die Anordnung der Sonderverwertung nach §§ 766 oder 771, 769 ZPO. erheben kann, ist bestritten (vgl. Jäckel S. 246, Reinhard I S. 350; jedenfalls wird mit Rücksicht auf die Möglichkeit der Zuschlagsaufhebung schon vor der Anordnung der Sonderverwertung von Amts wegen geprüft werden müssen, ob nicht dadurch eine Gefährdung der bestehen bleibenden Rechte herbeigeführt wird, worüber diese Berechtigten zweckmäßig gehört werden; aber auch wenn dies geschieht, ist eine Beschwerde gegen den über etwaige Einwendungen entscheidenden Beschluß unzulässig; Fischer-Schäfer S. 294, v. d. Pfordten S. 186, 187).

5. Aufhebung und Einstellung des Vollstreckungsverfahrens hinsichtlich des Grundstücks umfassen natürlich auch die Sonderverwertung.

V. Versteigerung.

§ 66.

In dem Versteigerungstermine werden nach dem Aufrufe der Sache die das Grundstück betreffenden Nachweisungen, die das Verfahren betreibenden Gläubiger, deren Ansprüche, die Zeit der Beschlagnahme und die erfolgten Anmeldungen bekannt gemacht, hierauf das geringste Gebot und die Versteigerungsbedingungen nach Anhörung der anwesenden Betheiligten, nöthigenfalls mit Hilfe eines Rechnungsverständigen, unter Bezeichnung der einzelnen Rechte festgestellt und die erfolgten Feststellungen verlesen.

Nachdem dies geschehen, hat das Gericht auf die bevorstehende Ausschließung weiterer Anmeldungen hinzuweisen und sodann zur Abgabe von Geboten aufzufordern.

E. I §§ 85–88; M. 192–194; D. 59; KBer. 36.

Gang der Verhandlung bis zum Ausgebot.

1. Bisheriges Recht. Allgemeines. Die vorbereitenden Verhandlungen des Versteigerungstermins, wie sie der § 66 vorschreibt, weichen nur in einigen Punkten von dem Verfahren des bisherigen Rechtes ab. Diese betreffen die Bekanntgabe der Ansprüche der betreibenden Gläubiger und der Zeit der Beschlagnahme, sowie den Hinweis auf die bevorstehende Ausschließung weiterer Anmeldungen, welcher nicht mehr an den Ablauf einer Stunde vom Beginne des Termins an gebunden ist. Zu fixieren ist nunmehr nur der Zeitpunkt der Aufforderung zur Abgabe von Geboten und des Schlusses der Versteigerung (§ 73; vgl. dagegen BaySO. Art. 76 und Nov. Art. 24 Abs. 3, 4). — Der Versteigerungstermin zerfällt nunmehr in 3 Ab-

---

[2]) Vorausgesetzt, daß er mit der gesonderten Versteigerung sich nicht einverstanden erklärt hat (Jäckel S. 246). — Vgl. auch Ortenau-Henle S. 115 Fußnote 3.

schnitte: 1) die Vorverhandlung, 2) das Versteigerungsgeschäft, 3) die Verhandlung über den Zuschlag. Ihre Nichteinhaltung ist mit verschiedenen Rechtsnachteilen bedroht.

2. Die **Vor-Verhandlung** bis zur Aufforderung zur Abgabe der Gebote, welche mit dem Aufrufe der Sache und der Feststellung der anwesenden Beteiligten (§§ 9, 88) beginnt, gliedert sich in die Bekanntgabe der Sachlage[1]) (Gestattung der Akteneinsicht), in die Feststellung des geringsten Gebots und der Versteigerungsbedingungen und ihre Verlesung, in den Hinweis auf die bevorstehende Ausschließung weiterer Anmeldungen und endlich in die Aufforderung zur Abgabe von Geboten. Mit der letzteren beginnt das eigentliche Versteigerungsgeschäft (§§ 67—73).

Die Angabe der betreibenden Gläubiger, ihrer Ansprüche und der Zeit der Beschlagnahme ist für die Festsetzung des Mindestgebots (§§ 43 Abs. 2, 44 Abs. 2) und des Umfangs der laufenden und rückständigen Leistungen (§ 13) von Bedeutung. Der Zeitpunkt der Wirksamkeit der Beschlagnahme (§§ 22, 27) muß dem Versteigerungsbeamten vom Vollstreckungsgerichte mitgeteilt werden.

Unter den Anmeldungen sind vor allem diejenigen nach §§ 9, 37 Ziff. 4, 5, ferner die Angaben eines verlangten Wertersatzes (§ 45), sowie der erfolgten Kündigung (§ 54) begriffen.

Bei der Bestimmung des Mindestgebots ist besonders ein etwaiger Widerspruch des Gläubigers (§ 45) festzustellen. Die Verlesung der Feststellungen muß im Versteigerungsprotokolle konstatiert werden. Dasselbe gilt von dem Hinweis auf die bevorstehende Ausschließung weiterer Anmeldungen (§ 37 Ziff. 4, Versagung des Zuschlags § 83 Ziff. 4) und dem Zeitpunkte (Stunde und Minute), in welchem zur Abgabe von Geboten aufgefordert wurde (§§ 73 Abs. 1, 78, 80, 83 Ziff. 7).

3. Das Verfahren ist nötigenfalls von der Feststellung des Mindestgebots an zu **wiederholen,** wenn nach derselben vor Aufforderung zur Abgabe von Geboten neue Anmeldungen erfolgen oder andere Versteigerungsbedingungen (§§ 59 ff.) beantragt werden.

4. Daß sich der Notar eines **Ausrufers** beim Versteigerungsgeschäfte bedient, ist durch das Gesetz nicht für unzulässig erklärt (vgl. Art. 69 Abs. 2 BayGO.; Kosten: Art. 15 BayGebGes. v. 11. XI. 1899).

5. Anwaltsgebühr für Vertretung im Termin: Art. 17, 18, 25, 28 mit 5 VO. vom 26. III. 1902 (GVBl. S. 133; Motive im JMBl. S. 427 ff.).

§ 67.

Ein Betheiligter, dessen Recht durch Nichterfüllung des Gebots beeinträchtigt werden würde, kann Sicherheitsleistung verlangen, jedoch nur sofort nach Abgabe des Gebots. Das Verlangen gilt auch für weitere Gebote desselben Bieters.

Steht dem Bieter eine durch das Gebot ganz oder theilweisegedeckte Hypothek, Grundschuld oder Rentenschuld zu, so braucht er Sicherheit nur auf

---

[1]) Auch bei Zwangsversteigerungen ist ein Zeugnis des Rentamts über die Bodenzinsbelastung zu den Akten zu bringen (Art. 18 Abs. 2 Ges. v. 2. II. 1898, obstr. Erk. n. F. IV S. 914). — Zu den weiter bekannt zu machenden Nachweisungen gehören besonders die der §§ 19 Abs. 2, 42 Abs. 2, auch der vom Notar gemäß § 3 JMBek. vom 31. III. 1905 zu erholende Grundsteuerkatasterauszug, sowie die Mitteilungen der Brandversicherungskammer. Es genügt Bekanntgabe des wesentlichen Inhalts und Vorlage zur Einsicht (Jäckel S. 249).

Verlangen des Gläubigers zu leisten. Auf Gebote des Schuldners oder eines neu eingetretenen Eigenthümers findet diese Vorschrift keine Anwendung.

Für ein Gebot des Reichs, der Reichsbank oder eines Bundesstaats kann Sicherheitsleistung nicht verlangt werden. Das Gleiche gilt in Ansehung eines Gebots, zu dessen Erfüllung sich nach § 61 ein Dritter verpflichtet hat.

E. I §§ 90, 91, 93; M. 196—201, 204; D. 52, 53; KBer. —.

Voraussetzung der Sicherheitsleistung.

1. Die Vorschrift weicht in mehrfacher Beziehung von dem **bisherigen bayerischen Recht** (Art. 55 Ziff. 4, 74 SO., 17, 18 Nov.) ab. Sie stimmen beide darin überein, daß sie Sicherheit für das Gebot, nicht für den Zuschlag (unbedingter Eigentumsübergang) verlangen.

2. Zweck der Vorschrift ist nicht so fast der Schutz desjenigen, welcher aus dem Bargebote zu befriedigen ist, gegen die Erteilung des Zuschlags an einen Zahlungsunfähigen, als vielmehr gegen die Nachteile, welche darin bestehen, daß die bar zu zahlenden Kosten und wiederkehrenden Leistungen im Falle der Nichterfüllung des Gebots dergestalt anwachsen, daß die Sicherheit des Grundstücks allein nicht mehr ausreicht.

3. Recht auf Sicherheitsleistung. Ob das Interesse eines Beteiligten Sicherheitsleistung seitens des Bieters erheischt, hat grundsätzlich nicht der Versteigerungsbeamte zu entscheiden; es kann aber auch nicht mehr jeder Beteiligte schlechthin Kautionsleistung fordern (Ortenau-Henle S. 157, 158). Sicherheit können verlangen sowohl die im Mindestgebote berücksichtigten (wegen ihrer bar zu zahlenden und bestehen bleibenden Ansprüche, Jäckel S. 252) als auch diejenigen Beteiligten, welche wenigstens teilweise durch das Meistgebot Deckung erlangt haben,[1] sowie der Schuldner, soweit er für einen durch das Gebot gedeckten Anspruch persönlich haftet, und der Eigentümer wegen des erzielten Überschusses (nicht: Mieter und Pächter).

Zu der (nach § 70 erfolgenden) Entscheidung der Frage, ob ein Sicherheit verlangender Beteiligter durch ein gelegtes Gebot eine (wenn auch nur teilweise) Deckung erlangt hat, sind alle ihm vorgehenden Ansprüche (auch Zinsen und Kosten, sowie angemeldete Rückstände — anders Art. 17 Satz 2 Nov. z. BaySO.) zusammen zu rechnen. Nicht gedeckt durch ein Gebot erscheint ein Beteiligter, der hieraus nur für den Fall Befriedigung zu erhoffen hat, daß er einen ihm vorgehenden, gedeckten Anspruch mit Erfolg anfechten kann.

Steht dem Bieter, der nicht Schuldner oder Eigentümer ist, eine durch das Gebot wenigstens teilweise gedeckte (auch bestehen bleibende) Hypothek ꝛc. zu, so braucht er Sicherheit nur auf Verlangen des betreibenden Gläubigers (anders nach Art. 55 Ziff. 4 BaySO.) zu leisten. Dies gilt auch, wenn die Hypothek ꝛc. nur vorgemerkt, durch Widerspruch gesichert oder auf den Bieter überhaupt nicht eingetragen ist, wenn dieser nur nachweist, daß sie ihm zusteht (Briefhypothe 1117 Abs. 3, 1155, 1156 BGB.; Reinhard I S. 360); ferner, wenn die Hypothek verpfändet oder wenn sie erst nach dem Versteigerungsvermerk eingetragen wurde. Einem Hypothekgläubiger steht auch derjenige gleich, dem die Hypothek an Zahlungsstatt oder zur Einziehung überwiesen ist (Fischer-Schäfer S. 300).

---

[1] Auch dann, wenn sie durch das vorhergehende Gebot gar nicht gedeckt worden wären, da das Gesetz ihnen ein Recht auf Erfüllung jedes Gebots gibt, weshalb sie auch dann beeinträchtigt würden, wenn gerade das letzte Gebot nicht erfüllt würde (Reinhard I S. 359; a. M. Wolff § 67 Bem. 2).

Von der Pflicht zur Sicherheitsleistung ist der Schuldner und der neu eingetretene Eigentümer (§ 26) nicht befreit, auch wenn ihnen eine Hypothek zc. zusteht (Ausnahme im Falle des § 133, in welchem der Ersteher als Schuldner erscheint). Dies gilt auch vom Konkursverwalter des Schuldners, wenn er nicht selbst das Verfahren nach § 172 betreibt, und von dem Ehegatten des Schuldners bezw. Eigentümers, falls allgemeine Gütergemeinschaft zwischen ihnen besteht (Wolff § 67 Bem. 7, Jäckel S. 258). — Siehe auch §§ 175, 184.

Ganz befreit sind ferner (außer Reich, Reichsbank und Bundesstaat) Gemeinden,[2]) gemeindliche Kreditanstalten und Sparkassen (§ 10 EG., Art. 30 BayAG. z. ZVG.; anders bisheriges Recht); endlich ein Gebot, für welches ein Dritter nach § 61 Sicherheit geleistet hat.

Die Pflicht der Sicherheitsleistung oder die Befreiung hiervon kann auch gemäß § 59 geregelt werden.

4. Geltendmachung des Rechtes auf Sicherheit. Sie hat sofort nach Abgabe des Gebotes zu geschehen (vgl. Art. 74 Abs. 2 BaySO.). Ob das Verlangen „sofort" gestellt wurde, ist nach den Umständen des einzelnen Falles zu beurteilen; es muß als sofort gestellt angesehen werden, wenn es erfolgte, sobald der Beteiligte zu Wort gekommen ist, auch wenn bereits weitere Gebote erfolgt waren (Reinhard I S. 362).

Dadurch daß frühere Gebote ohne Sicherheitsleistung zugelassen wurden, wird das Verlangen einer solchen für spätere Gebote desselben Bieters nicht ausgeschlossen.

Das Verlangen ist nur nach, nicht vor einem Gebote zulässig.[3]) Es kann bis zur Sicherheitsleistung einseitig zurückgezogen werden (vgl. § 69 Bem. 4). Soweit der „betreibende" Teil Sicherheit in ausgedehnterem Maße verlangen kann, als die übrigen Beteiligten, ist vorausgesetzt, daß er das Verfahren auch noch in diesem Stadium betreibt.

Die Anträge wie die Verhandlungen über die Sicherheit müssen zu Protokoll festgestellt werden (§§ 78, 80).

§ 68.

Die Sicherheit ist für ein Zehntel des Baargebots, wenn aber der Betrag der aus dem Versteigerungserlöse zu entnehmenden Kosten höher ist, für diesen Betrag zu leisten.

Ein Betheiligter, dessen Recht nach § 52 bestehen bleibt, kann Sicherheitsleistung bis zur Höhe des Betrags verlangen, welcher zur Deckung der seinem Rechte vorgehenden Ansprüche durch Zahlung zu berichtigen ist.

Bietet der Schuldner oder ein neu eingetretener Eigenthümer des Grundstücks, so kann der Gläubiger Sicherheitsleistung bis zur Höhe des Betrags verlangen, welcher zur Deckung seines Anspruchs durch Zahlung zu berichtigen ist.

E. I § 92; M. 201–203; D. 52, 53; KBer. 43.

---

[2]) Becher Mat. VI S. 30, 84, 144: Orts-, Distrikts- und Kreisgemeinden, „da die Verwaltungen dieser Körperschaften und Anstalten die Gewähr dafür böten, daß sie nicht durch Beteiligung an einer Zwangsversteigerung Verpflichtungen übernehmen, zu deren Erfüllung die Mittel fehlen".

[3]) So Jäckel S. 261, Wolff § 67 Bem. 4; a. M. Reinhard I S. 362. Nach ihm müßte auch ein vor dem Termine, sowie schriftlich und generell erklärtes Verlangen berücksichtigt werden, da auch dies nicht ausdrücklich für unzulässig erklärt ist.

Höhe der Sicherheit.

1. Bisheriges Recht. Nach Art. 55 Ziff. 4 BaySO. betrug die Höhe der zu leistenden Sicherheit für ein Gebot $^1/_5$ des bar zu zahlenden Teils des Strichschillings; der Bürge mußte aber für den ganzen Betrag des Bargebots eintreten (Ortenau-Henle S. 156). Eine Unterscheidung nach der Person des Bieters (§ 68 Abs. 3), ebenso wie ein Gebot des Schuldners (nicht Drittbesitzers) war dem bayer. Recht unbekannt; vgl. Art. 73 BaySO., Ortenau-Henle S. 277.

2. Die Höhe der Sicherheit für das Gebot beträgt nunmehr regelmäßig $^1/_{10}$ des im Verteilungstermine zu zahlenden Bargebots (§§ 49, nicht 50 und 61), mindestens aber soviel als die Kosten des Verfahrens (§ 109). Der Antragsteller kann sich mit einer geringeren Summe begnügen, mehrere Antragsteller müssen diesfalls sämtlich zustimmen (Fischer-Schäfer S. 300).

Wenn es sich nicht um Gebote des Schuldners (§ 9 Bem. 2a) oder neueingetretenen Eigentümers (§ 26) handelt, so kann im Falle des § 67 (nicht 61) die Sicherheit auch durch Bürgschaftsstellung (§ 239 BGB.) geleistet werden (§ 10 Ziff. 2 EG., Art. 31 BayAG. z. ZVG.). Der Bürge haftet zwar allen aus dem Bargebote zu befriedigenden Berechtigten, da die Sicherheit für die ganze Schuld des Erstehers zu leisten ist; deshalb wird die Bürgschaft, wenn der zunächst auf Übertragung der Forderung gegen den Ersteher angewiesene Berechtigte durch diesen oder Dritte befriedigt wird, für den im Range nachfolgenden Beteiligten wirksam. Aber die Verbindlichkeit des Bürgen ist erschöpft, wenn er $^1/_{10}$ des Bargebots an den zunächst Berechtigten, der durch den Ersteher keine Befriedigung erlangte, bezahlt hat, da § 10 EG. der Landesgesetzgebung nur die Art, nicht die Höhe der Sicherheitsleistung zu ändern gestattet hat (vgl. Art. 10 preuß. AG., Jäckel S. 663, Fischer-Schäfer S. 621; anders Art. 55 Ziff. 4 BaySO., siehe oben Bem. 1). Wird ausnahmsweise vereinbart (§ 59), daß die Bürgschaft nicht für die ganze Schuld des Erstehers zu leisten sei, so haftet der Bürge auch nur der Vereinbarung gemäß; er kann dann nicht von einem anderen Berechtigten in Anspruch genommen werden (mißverständlich Becher Mat. VI S. 31).

Unter Bargebot ist nur der im Verteilungstermine bar zu zahlende Teil des Meistgebots zu verstehen (§ 49). Mit zu berücksichtigen ist also der Mehrbetrag des § 63 Abs. 4 Satz 1, nicht aber derjenige Teil, für welchen Zahlungsfristen (§§ 60, 61) bewilligt sind, auch nicht die Mehrzahlung nach §§ 50, 51 (Jäckel S. 257).

Für die Berechnung der Höhe der Sicherheit ist es gleichgültig, ob ein dem Antragsteller vorgehender Gläubiger auf Sicherheit verzichtet oder den Bietenden als Alleinschuldner zu übernehmen erklärt oder ob der Bieter selbst eine durch das Gebot gedeckte Forderung hat (anders Art. 55 Ziff. 4 SO., wo eigene oder übernommene Hypotheken als Mittel zur Sicherheitsleistung verwertet wurden, vgl. §§ 67 Abs. 2, 69 und 184).

3. Ausnahmen. Höhere Sicherheit kann verlangt werden seitens desjenigen, dessen Recht nach § 52 (nicht auf Grund § 59 oder § 91 Abs. 2 oder § 9 EG., Art. 27 BayAG. z. ZVG.) bestehen bleibt (Abs. 2), sowie seitens des oder der betreibenden Gläubiger gegenüber dem Schuldner[1]) und neuen Eigentümer (Abs. 3).

---

[1]) § 68 Abs. 3 findet keine Anwendung auf Gebote des Ehegatten des Schuldners (außer bei allgemeiner Gütergemeinschaft, bestr.); des minderjährigen Kindes desselben oder des Vaters des minderjährigen Schuldners; des Miteigentümers bezüglich des Anteils der anderen; des Schuldners oder Eigentümers in der Wiederversteigerung gegen den Ersteher; wohl aber auf Gebote des Konkursverwalters im Verfahren gegen den Gemeinschuldner (Jäckel S. 258, Fischer-Schäfer S. 301, 302, v. d. Pfordten S. 195, 196).

Ersterenfalls ist die Sicherheit in voller Höhe der bar zu zahlenden, dem Beteiligten vorgehenden Ansprüche (§ 10 Ziff. 1—3, § 12 Ziff. 1, 2) zu leisten, im letzteren Falle beträgt sie soviel, wie der bar zu zahlende Teil des Meistgebots selbst, abzüglich der dem betreibenden Teile nachfolgenden, etwa noch gedeckten Ansprüche.

Die erhöhte Sicherheit des Abs. 2 und 3 muß ausdrücklich verlangt werden, wenn es nicht bei der des Abs. 1 verbleiben soll (Jäckel S. 258, vgl. Recht 1902 S. 486).

§ 69.

Die Sicherheitsleistung ist durch Hinterlegung von Geld oder inländischen Werthpapieren zu bewirken. Werthpapiere sind zur Sicherheitsleistung nur geeignet, wenn sie auf den Inhaber lauten und einen Kurswerth haben; den Inhaberpapieren stehen Orderpapiere gleich, die mit Blankoindossament versehen sind. Mit Werthpapieren kann die Sicherheit in Höhe des ganzen Kurswerths geleistet werden.

Die Uebergabe an das Gericht hat die Wirkung der Hinterlegung.

E. I § 94; M. 205—208; D. 52, 53; KBer. 37.

Art und Wirkung der Sicherheit.

1. Über das **bisherige Recht** vgl. Art. 55 Ziff. 4 BayGO. — Wertpapiere mußten kursfähig sein; mit ihnen konnte also Sicherheit ebenfalls nur in Höhe des Kurswertes geleistet werden.

2. **Mittel der Sicherheitsleistung.** Als solche sind hier (vgl. §§ 232—240 BGB.) nur zugelassen außer Geld (wozu im Verkehr auch Reichskassenscheine und Reichsbanknoten gerechnet werden, Fischer-Schäfer S. 302):

a) Inländische, auf den Inhaber lautende, kursfähige Wertpapiere und mit Blankoindossament versehene Orderpapiere.

Zu ersteren gehören die Inhaberschuldverschreibungen (§§ 793 ff. BGB.; vgl. Art. 49 ff. BayAG. z. BGB., Art. 8, 32 ÜB.) und Inhaberaktien, nicht die qualifizierten Legitimationspapiere des § 808 BGB. (z. B. Sparkassabücher), auch nicht Bescheinigungen über Forderungen, die im Reichs- oder preuß. Staatsschuldbuch eingetragen sind (§ 14 RG. vom 31. V 1891, § 15 pr. Ges. vom 20. VII 1883; Jäckel S. 258). Mündelmäßigkeit (§ 234 BGB.) ist nicht erfordert. Mit den Inhaberpapieren kann Sicherheit in voller Höhe des Kurswertes geleistet werden (anders § 234 Abs. 3 BGB.). Die Zins-, Renten-, Gewinnanteil- und Erneuerungsscheine sind mit zu hinterlegen.

Begründete Zweifel hinsichtlich des Kurswertes der Inhaberpapiere oder der Echtheit des Blankoindossaments können zur Zurückweisung der Sicherheit führen (Reinhard I S. 367, Jäckel S. 259).

b) **Bürgen** (§ 10 EG., Art. 31 BayAG. z. ZVG.). Der Schuldner und der während des Verfahrens eingetretene Eigentümer (§ 26) können sich jedoch dieses Mittels nicht bedienen; ebensowenig der Dritte des § 61 (Becher Mat. VI S. 31).

Ob der Bürge im Sinne des § 239 BGB. tauglich erscheint, hat der Notar nach pflichtgemäßem Ermessen zu entscheiden (anders bish. Recht, vgl. Ortenau-Henle S. 157). Bei pflichtwidriger Zulassung kann ein Schadensersatzanspruch begründet sein, wenn der Berechtigte bei Unkenntnis des Bürgen und im Vertrauen auf dessen Zulassung durch den Notar einen Widerspruch unterlassen hatte. Der Notar ist daher berechtigt, und event. verpflichtet, wenn ihm der Bürge und seine Verhältnisse unbekannt sind oder seine Tauglichkeit bestritten wird, Nachweis entsprechenden Vermögens zu verlangen, der sofort erbracht werden muß.

Auf Widerspruch gegen die Zurückweisung des Bürgen und auf Beschwerde hin kann zwar jener Nachweis einer Nachprüfung unterzogen, nicht aber der fehlende Nachweis nachgebracht werden (Jäckel S. 663, Fischer-Schäfer S. 622).

c) Der Beteiligte, welcher Sicherheit verlangt, kann sich auch mit einer anderen Art derselben begnügen (z. B. mit Verpfändung von Forderungen, Hypotheken, Sparkasseguthaben, vgl. § 68 Bem. 2). Der Umtausch der Sicherheitsmittel des § 69 in solche, nicht ohne weiteres zulässige, bedarf dagegen der Zustimmung der sämtlichen Interessenten des § 67 Abs. 1 Satz 1; vgl. § 235 BGB.

3. Bewirkung. Die Sicherheit ist entweder gerichtlich zu hinterlegen und nachzuweisen oder dem Notar zu übergeben, welcher sie an die gerichtliche Hinterlegungsstelle abzuführen hat.[1]) Von der erlegten Sicherheit ist der Notar Hinterlegungsgebühren zu erheben berechtigt (NotGebO. Art. 97 ff.), welche dem Ersteher, nicht der Masse (anders im Falle des § 49 Abs. 3) zur Last fallen, vgl. Ortenau-Henle S. 157.

Die Bürgschaftsleistung geschieht in der Regel durch mündliche Erklärung vor dem Versteigerungsbeamten, der sie wie die sonstigen Vorgänge im Termin zu protokollieren hat (§§ 78, 80); die Unterschrift des Bürgen ist daher nicht erforderlich, wohl aber die Einhaltung der Vorschrift des § 162 mit § 160 Ziff. 2 ZPO. (Jäckel S. 663). Die Bürgschaftserklärung kann aber auch schriftlich beigebracht werden, wobei es dem Notar überlassen ist, öffentliche Beglaubigung zu fordern (Fischer-Schäfer S. 622). Die Erklärung des Bürgen muß in allen Fällen den Verzicht auf die Einrede der Vorausklage enthalten (§ 239 Abs. 2 BGB).

4. Wirkung. Mit der Hinterlegung bezw. Übergabe an den Notar erwirbt jeder der Interessenten des § 67 Abs. 1 Satz 1, nicht bloß derjenige, welcher Sicherheit verlangt hat (Wolff § 69 Bem. 4, Jäckel S. 260), ein Pfandrecht an dem hinterlegten Geld oder den hinterlegten Wertpapieren, event. bei Bargeld an der Forderung auf Rückzahlung gegen die Hinterlegungsstelle (§ 233 BGB., RG. Bd. 12 S. 222).[2])

Die Sicherheit haftet also auch dem Schuldner für einen etwaigen Übererlös oder, soweit er selbst einem zum Zuge gekommenen Gläubiger persönlich haftet (Fischer-Schäfer S. 303), ebenso demjenigen, der aus der Mehrzahlung nach §§ 50, 51 Befriedigung zu erwarten hat (v. d. Pfordten S. 198), endlich für die Kosten des Verfahrens (§§ 108, 109), nicht aber für Staats- und Notariatsgebühren.

Die Kaution kann seitens des Gerichts (oder Notars) nur mit Zustimmung der Interessenten (vgl. § 67 Bem. 3) oder beim Nachweis der Erfüllung des Meistgebots freigegeben werden. Im Falle des § 144 ist der Nachweis der Zahlung erst als geliefert anzusehen, wenn der angeblich Befriedigte nicht selbst innerhalb 2 Wochen Erinnerungen erhoben hat; dagegen können Erinnerungen eines Beteiligten, der nach § 67 Abs. 1 Satz 1 nicht Interessent wäre, also z. B. desjenigen, welcher aus dem

---

[1]) Vgl. Ortenau-Henle S. 157; NotGes. v. 9. Juni 1899 Art. 4; Mot. zu Art. 25 BayAG. z. ZVG., Becher Mat. VI S. 26. — Die Hinterlegung erfolgt zur Verfügung des Vollstreckungsgerichts. Die Hinterlegungserklärung hat daher zwar nicht den Verzicht auf Rücknahme zu enthalten, da die §§ 372 ff. BGB. nur auf die Hinterlegung zum Zwecke der Befreiung von einer Verbindlichkeit Anwendung finden (Planck, Bem. 2 zu § 232, bestr.), wohl aber die Bemerkung, daß die Rückgabe der Kaution nur durch Verfügung des Vollstreckungsgerichts geschehen kann. Die bayer. Hinterlegungsordnung vom 18. Dezbr. 1899 enthält freilich keine diesbezügliche Bestimmung.

[2]) Art. 145 EG., Art. 167 BayAG. z. BGB., Hinterlegungsordnung v. 18. XII. 1899 (JMBl. S. 1057 ff.) §§ 8, 47.

Meistgebote nur durch Anfechtung einer vorgehenden Forderung Befriedigung fände, die Freigabe der Kaution allein nicht hindern.

Es ist aber auch nicht zulässig (falls nicht alle Interessenten ausdrücklich zustimmen), die Sicherheit vor dem Verteilungstermin an die Gläubiger abzuführen (§§ 117, 107 Abs. 3, 108).

Über die Realisierung des Pfandrechts an der Sicherheit siehe § 108 Bem. 2, 5.

Das Pfandrecht erlischt, wenn das Gebot, für welches Sicherheit geleistet wurde, erlischt (§ 72) oder wenn der Zuschlag auf das Gebot nicht erteilt bezw. rechtskräftig aufgehoben wird. In diesen Fällen ist die Sicherheit ohne weiteres vom Notar zurückzugeben (Becher Mat. VI S. 26).

Die Rechte der Beteiligten gegen den Bürgen können (wie bisher) nur im Wege der Klage (§ 765 BGB.) geltend gemacht werden (anders Art. 10 preuß. AG., Jäckel S. 663); die Klage setzt voraus, daß dem Kläger eine Forderung gegen den Ersteher übertragen ist (vgl. § 401 BGB., Fischer-Schäfer S. 622, Becher Mat. VI S. 31). Für die dem Ersteher zur Last fallenden Besitzveränderungsgebühren (§ 58) haftet der Bürge nicht.

Die Wirkungen einer vereinbarten Sicherheitsleistung (vgl. Bem. 2c) richten sich nach dem Willen der Beteiligten.

§ 70.

Das Gericht hat über die Sicherheitsleistung sofort zu entscheiden.

Erklärt das Gericht die Sicherheit für erforderlich, so ist sie sofort zu leisten. Unterbleibt die Leistung, so ist das Gebot zurückzuweisen.

Wird das Gebot ohne Sicherheitsleistung zugelassen und von dem Betheiligten, welcher die Sicherheit verlangt hat, nicht sofort Widerspruch erhoben, so gilt das Verlangen als zurückgenommen.

E. I §§ 90, 95; M. 198, 207; D. 53; KBer. —.

Verfahren gegenüber einem Kautionsbegehren.

1. Über das **bisherige Recht** vgl. Art. 74 Abs. 1 und 3 BayGO. (Ortenau-Henle S. 278, 281).

2. Entscheidung über die Sicherheit. Verlangt ein Beteiligter nach Abgabe eines Gebots Sicherheitsleistung, so hat der Versteigerungsbeamte sich sofort darüber schlüssig zu machen, ob dieses Verlangen gerechtfertigt ist (insbesondere ob der Beteiligte legitimiert, ob sein Verlangen rechtzeitig gestellt, ob der Bieter zur Sicherheitsleistung verpflichtet ist, §§ 67, 68), sowie in welcher Höhe Sicherheit geleistet werden muß und ob die angebotene Sicherheit genügend ist. Wird die Sicherheit sofort in genügender Höhe geleistet, so wird das Gebot einfach zugelassen. Wird die Sicherheit für erforderlich erklärt und nicht oder nicht rechtzeitig (ohne Verzug) oder in ungenügender Weise geleistet (die Tauglichkeit des Bürgen nicht sofort nachgewiesen), so ist weiterhin das Gebot beschlußmäßig zurückzuweisen.

Im Falle der Zurückweisung gilt das Gebot als unwirksam, das frühere Gebot nicht als erloschen (vgl. § 72 Bem. 2a). Die Entscheidung ist zu verkünden und in das Terminsprotokoll aufzunehmen (§§ 78, 80).

3. Widerspruch gegen die Entscheidung. Wird die Sicherheit nicht für erforderlich oder die geleistete Sicherheit für genügend erklärt, so gilt das Verlangen nach Sicherheit oder nach einer anderen (höheren) Sicherheit als zurückgenommen und das frühere Gebot erlischt, wenn der Beteiligte nicht sofort, d. h. sobald er zu

Wort kommt, gegen die Entscheidung Widerspruch erhebt. Wurde ein Gebot zugelassen, ohne daß die Kautionsfrage berührt wurde (z. B. weil der Notar das Verlangen einer Sicherheit überhört hatte), so ist gegen die Zulassung des Gebots Widerspruch zu erheben.

Wenn ein Gebot wegen erforderlicher, aber nicht geleisteter Sicherheit zurückgewiesen wird und der Bieter nicht sofort hiergegen Widerspruch erhebt, so erlischt das Gebot (§ 72). Es lebt durch nachträgliche Sicherheitsleistung nicht wieder auf (Wolff Bem. 3 zu § 70).

Infolge des Widerspruchs bleibt die Frage der Zulässigkeit des Gebots, sowie der Fortdauer der Wirksamkeit des früheren Gebots, auch für den Nichtwidersprechenden, in der Schwebe. Sie erledigt sich von selbst durch widerspruchslose Zulassung eines Mehrgebots (§ 72). Bleibt das beanstandete Gebot das Meistgebot, so ist die Kautionsfrage bei der Erteilung oder Versagung des Zuschlags endgültig zu entscheiden, wobei der Notar an den früheren Beschluß nicht gebunden ist (§ 79).

Auch die erhobenen Widersprüche sind zu protokollieren (§§ 78, 80).

4. Beschwerde. Die Zulassung oder Zurückweisung eines Gebots ist der selbständigen Anfechtung nicht fähig (§ 95). Wird aber der Zuschlag, trotzdem Widerspruch erhoben war, in unzulässiger Weise erteilt oder versagt, so ist (nach Anrufung des Vollstreckungsgerichts) sofortige Beschwerde zulässig. (§§ 81, 84, 95, 100; § 13 EG., Art. 25 BayAG. z. ZVG.) Sie steht — die Erhebung rechtzeitigen Widerspruchs vorausgesetzt[1]) — im Falle der Versagung dem zurückgewiesenen Bieter, wie jedem Beteiligten, im Falle der Erteilung ohne Sicherheit dem Beteiligten, welcher Sicherheit verlangt hat, zu. Der Anfechtungsgrund muß aus dem Protokoll ersichtlich sein (§ 80).

§ 71.

Ein unwirksames Gebot ist zurückzuweisen.

Ist die Wirksamkeit eines Gebots von der Vertretungsmacht desjenigen, welcher das Gebot für den Bieter abgegeben hat, oder von der Zustimmung eines Anderen oder einer Behörde abhängig, so erfolgt die Zurückweisung, sofern nicht die Vertretungsmacht oder die Zustimmung bei dem Gericht offenkundig ist oder durch eine öffentlich beglaubigte Urkunde sofort nachgewiesen wird.

E. I § 89; M. 194—196; D. 53; KBer. —.

Unwirksamkeit der Gebote.

1. Abweichend vom **bisherigen Recht** (Art. 74, 76 BaySO.) schreibt § 71 allgemein die Zurückweisung eines unwirksamen Gebots vor und erklärt als un-

[1]) Die Erhebung des Widerspruchs im Falle der Zurückweisung eines Gebots ist gemäß § 72 Abs. 2 nur Voraussetzung der Gebundenheit des Zurückgewiesenen an sein Gebot, nicht der Legitimation zur Beschwerde. Es kann daher ein Beteiligter den Zuschlag wegen Zurückweisung des Gebots auch auf Grund eines von einem andern erhobenen (nicht zurückgenommenen) Widerspruchs anfechten. § 100 Abs. 2 steht nicht entgegen. Denn der Beteiligte wahrt eigenes Recht, indem er behauptet, das zurückgewiesene Gebot sei das richtige Meistgebot (a. M. Jäckel S. 262, 368, 369; vgl. Wolff Bem. 1 und 4 zu § 70).

Anders im Falle der Zurückweisung eines Kautionsverlangens (Mot. S. 207).

wirksam auch das für einen anderen abgegebene Gebot, wenn die Vertretungsmacht nicht sofort erwiesen wird; das bayer. Recht erklärte in letzterem Fall den Meistbietenden als solidarischen Bürgen bezw. Ansteigerer.

2. Unwirksamkeit des Gebots. Als unwirksam gilt namentlich:

a) das Gebot eines Geschäftsunfähigen (§ 104 ff. BGB.);

b) ein nicht ernstliches oder sofort widerrufenes oder unter anderen als den Versteigerungsbedingungen abgegebenes, irrtümliches Gebot (§ 119 BGB.)[1];

c) ein Gebot des Versteigerungsbeamten (nicht seiner bei der Versteigerung zugezogenen Gehilfen, da diese in Bayern nicht Protokollführer sind; §§ 41, 49 ZPO., Art. 25 Abs. 4 BayAG. z. ZVG., Jäckel S. 267);

d) schriftliche, nicht im Versteigerungstermin abgegebene Gebote (Jäckel S. 261, Reinhard I S. 374; a. M. Wolff § 66 Bem. 8);

e) Gebote, für welche die erforderliche Sicherheit nicht geleistet wurde (vergl. §§ 70, 72, Abs. 2), oder welche das geringste Gebot nicht erreichen (§ 44).

Verträge über Nichtbieten bei der Versteigerung machen ein dagegen verstoßendes Gebot nicht unwirksam (Jäckel S. 304, Fischer-Schäfer S. 310, Ortenau-Henle S. 297). Sie können jedoch unsittlich sein und Schadensersatzansprüche begründen (RG. Bd. 58 S. 393, 400 ff.).

3. Bedingt unwirksam sind:

a) Gebote eines nur beschränkt Geschäftsfähigen (§§ 106, 114, 1906 BGB.). — Ehefrauen sind in der Geschäftsfähigkeit nicht beschränkt; doch wird wegen § 739 ZPO. beim gesetzlichen Güterstande die Zuziehung des Ehemannes ratsam sein, damit der Zuschlagsbeschluß in das eingebrachte Gut vollstreckbar ist;

b) Gebote für einen anderen (nicht in eigenem Namen § 81 Abs. 3), z. B. eines Bevollmächtigten, Vormundes; dieser und die Mutter, welcher ein Beistand bestellt ist, bedürfen der Genehmigung des Vormundschaftsgerichtes (§§ 1643, 1690, 1821, 1915 BGB.). Der Inhaber der elterlichen Gewalt (auch die nicht verbeistandete Mutter) bedarf an sich zum Bieten für das Kind keiner Genehmigung (Jäckel S. 267), wohl aber wegen §§ 1643 Abs. 1, 1822 Ziff. 10 BGB., 53 ZVG., sobald im Mindestgebote berücksichtigte Hypotheken zu übernehmen sind (obstr. Erk. n. F. Bd. III S. 646). Der Konkursverwalter bedarf nicht des Nachweises der Zustimmung der Gläubigerversammlung bezw. des Gläubigerausschusses (§§ 134, 136 KO.).

c) Gebote von geistlichen Gesellschaften und ausländischen juristischen Personen, welche religiöse oder wohltätige Zwecke oder Zwecke des Unterrichts und der Erziehung verfolgen;[2]) der Hypothekenbanken (§§ 3, 4, 5 Abs. 3 Reichsges. v. 13. VII. 1899, Jäckel S. 266); der Innungen und Handwerkskammern (§§ 86, 89 b, 103 n GewO.); der Berufsgenossenschaften bezw. Versicherungsanstalten der Unfall- bezw. Invalidenversicherungsgesetze (vgl. § 110 Gewerbe-, § 118 land- und forstw., § 39 Bau-Unfallvers.Ges., § 164 Inval.Vers.Ges.; Fischer-Schäfer S. 308); der Versicherungsaktiengesellschaften und Versicherungsvereine auf Gegenseitigkeit (§ 54 Reichsges.

---

[1]) Über Anfechtung des Zuschlags bezw. der eigenen Willenserklärung wegen Mißverständnis der Versteigerungsbedingungen (keine Klage), siehe Rechtspr. d. OLG. 1902 S. 157, 1903 S. 436; Seuff. Arch. Bd. 56 S. 337, Recht 1903 S. 108, JurW. 1903 S. 250; RG. Bd. 54 S. 308. — Ist der Zuschlag rechtskräftig geworden, so steht dem Ersteher keine Klage oder Einrede gegen die zum Zuge gekommenen Berechtigten zu; nur die außerordentliche Beschwerde wäre möglich, wenn die Voraussetzungen der Nichtigkeits- oder Restitutionsklage gegeben wären (ZBlFG. III S. 146).

[2]) Erstere bedürfen der landesherrlichen Genehmigung, wenn das Objekt über 10000 Mk. wert ist, letztere ohne Rücksicht auf den Wert (Art. 86 EG., 8—10 BayAG. z. BGB.; Ortenau-Henle S. 279, Henle-Schneider S. 25).

vom 12. V. 1901, Jäckel S. 267). Nicht unwirksam sind Gebote der Beamten des äußeren Dienstes (§ 21 der IX. Beil. z. VerfUrkunde, Ortenau-Henle S. 279).

Diese Gebote sind nur dann wirksam, wenn die Vertretungsmacht oder Zustimmung (Genehmigung) amtsbekannt oder sofort durch öffentlich beglaubigte Urkunde (§ 129 BGB.; Prozeßvollmacht nach § 81 ZPO. auch mit öffentlicher Beglaubigung ungenügend) nachgewiesen wird. Eine nachträgliche Beschaffung, auch wenn sie noch vor der Entscheidung über den Zuschlag oder in der Beschwerdeinstanz (§ 100) erfolgt, ist unwirksam (eine Zuschlagserteilung unter Vorbehalt der Beischaffung ungültig). Der Bieter kann jedoch von § 81 Abs. 2 und 3 Gebrauch machen, indem er zunächst für sich bietet (Jäckel S. 270, Fischer-Schäfer S. 309).

d) Als unwirksam wird auch das gemeinschaftliche Gebot mehrerer zu erachten sein, wenn es keinen Aufschluß über das Gemeinschaftsverhältnis gibt oder eine andere als die Gesamthaftung der Bieter aufstellt (Gruchot Bd. 48 S. 93; Jäckel S. 266, 296).

4. Die **Zurückweisung** hat sofort und nicht erst bei der Entscheidung über den Zuschlag zu geschehen. Ob ein wirksames Gebot vorliegt, hat allein der Versteigerungsbeamte (Vollstreckungs- bezw. Beschwerdegericht) zu entscheiden und kann nicht im Prozeßweg ausgetragen werden (Rechtspr. d. OLG. 1903 S. 436). Ein irrigerweise zugelassenes Gebot wird aber durch die Zulassung noch nicht wirksam; ihm ist nach § 79 der Zuschlag zu versagen (ZBlFG. III S. 45, 210).

Über **Widerspruch und Beschwerde** siehe § 70 Bem. 3 und 4 und § 72 Abs. 2.

§ 72.

Ein Gebot erlischt, wenn ein Uebergebot zugelassen wird und ein Betheiligter der Zulassung nicht sofort widerspricht. Das Uebergebot gilt als zugelassen, wenn es nicht sofort zurückgewiesen wird.

Ein Gebot erlischt auch dann, wenn es zurückgewiesen wird und der Bieter oder ein Betheiligter der Zurückweisung nicht sofort widerspricht.

Das Gleiche gilt, wenn das Verfahren einstweilen eingestellt oder der Termin aufgehoben wird.

E. I § 98; M. 209—211; D. 53; KBer. —.

Dauer der Gebundenheit des Bieters.

1. Bisheriges Recht. Eine Bestimmung hierüber enthält die BayGO. in Art. 75 nur gegenüber einem abgegebenen und angenommenen (nicht zurückgewiesenen) Mehrgebot. Infolgedessen konnte es bei Zuschlagsanfechtung nur zur Aufhebung, nicht zur Erteilung des Zuschlags an das Vorgebot kommen. Als selbstverständlich galt daneben das Erlöschen eines Gebots infolge Aufhebung des Termins und des Verfahrens; vgl. Ortenau-Henle S. 281.

2. Erlöschen eines (an sich wirksamen) Gebots. Das Gesetz geht von dem Gedanken aus, daß ein wirksames Gebot für den Bieter bindend ist, sobald es abgegeben wurde, und bestimmt in § 72 unabhängig von §§ 145 ff., 156 BGB., wie lange diese Gebundenheit dauern soll. Die Vorschrift will einerseits den Interessen der Beteiligten gerecht werden, denen daran gelegen ist, daß der Bieter solange gebunden bleibt, bis feststeht, daß der Zuschlag einem anderen zu erteilen ist, andererseits den Bieter nicht länger als nötig in Ungewißheit darüber lassen, wie lange er an sein Gebot gebunden ist (Mot.).

Als Erlöschungsgründe für ein abgegebenes Gebot sind nur anerkannt:

a) Die Zulassung eines Übergebots, falls derselben nicht sofort widersprochen wird. Die Abgabe eines Übergebots allein hat diese Wirkung zwar noch nicht; sie tritt aber ein, wenn das Übergebot nicht sofort zurückgewiesen wird. Der Notar hat sich daher über jedes Gebot sofort schlüssig zu machen, ob es zugelassen werden kann oder nicht. Die Zulassung kann auch stillschweigend geschehen; der Ausruf des Gebots oder dessen Aufnahme in das Protokoll wird als Zulassung anzusehen sein (Reinhard I S. 378). Wird es zugelassen, so erlischt das frühere Gebot, auch wenn das zugelassene unwirksam (§ 71) ist und ihm daher nicht der Zuschlag erteilt werden kann (Jäckel S. 265, vgl. § 71 Bem. 4).

Eine Ausnahme gilt für das zugelassene Übergebot, für welches Sicherheit verlangt wird. In diesem Fall erlischt das frühere Gebot erst, wenn die Sicherheit geleistet wird (§ 70 Abs. 2).

Wird der Zulassung des Übergebots seitens eines Beteiligten (nicht des früheren Bieters als solchen, wohl aber eines Mieters oder Pächters, Wolff Bem. 2b) sofort, d. h. sobald es möglich ist, widersprochen, so bleibt der frühere Bieter gebunden, bis entweder das Übergebot zurückgewiesen (eventuell bei Entscheidung über den Zuschlag) oder ein weiteres Übergebot zugelassen ist.

Ein Übergebot liegt nicht vor, wenn ein höheres Gebot bei einer anderen Versteigerungsart gelegt wurde; daher erlöschen die Einzelgebote noch nicht durch Zulassung eines Gesamtgebots (Reinhard I S. 379; Recht 1902 S. 486).

Über den Fall des Doppelausgebots siehe § 59 Bem. 3.

b) Die Zurückweisung eines Gebots bringt dieses zum Erlöschen, falls nicht Widerspruch erhoben wird, ohne Rücksicht darauf, ob es wirksam war oder nicht. Der frühere Bieter bleibt gebunden, sowohl wenn das Übergebot zurückgewiesen als auch wenn der Zurückweisung widersprochen wird. Die Entscheidung bringt — abgesehen von einem weiteren Übergebot — im Falle des Widerspruchs (zu welchem auch der Bieter des Übergebots berechtigt ist) ebenfalls erst die Zuschlagserteilung, bei welcher der Notar an die frühere Zurückweisung nicht gebunden ist (§ 79).

c) Die Einstellung oder Aufhebung des Verfahrens oder des Termins hat das Erlöschen der Gebote zur Folge, auch wenn dieselbe unbegründet war und im Beschwerdewege beseitigt wird. War dagegen gemäß § 33 nur der Zuschlag versagt worden, so erlischt das Gebot erst mit der Rechtskraft des Versagungsbeschlusses (§ 86). Die bloße Verlegung des Termins hat keinen Einfluß auf die Gebote (Jäckel S. 265).

3. **Beschwerde** (nach Anrufung der Entscheidung des Vollstreckungsgerichts, § 13 EG. z. ZVG.) ist möglich gegen Erteilung des Zuschlags, wenn dieselbe trotz (begründeten) Widerspruchs gegen die Zulassung des Übergebots erfolgte, oder gegen die Versagung des Zuschlags, wenn ein Gebot (unbegründeterweise) zurückgewiesen wurde, obwohl der Zurückweisung widersprochen worden war (§§ 80, 81, 84, 100). Keine Beschwerde ist gegeben, wenn nur gegen die Zurückweisung eines Gebots, nicht aber gegen die Zulassung eines Übergebots, welchem der Zuschlag erteilt wird, Widerspruch eingelegt wurde (Rechtspr. V S. 336). Zulassung und Zurückweisung sind nicht als solche anfechtbar (§ 95). Der Widerspruch muß zu Protokoll festgestellt sein (§§ 78, 80). Vgl. im übrigen § 70.

§ 73.

Zwischen der Aufforderung zur Abgabe von Geboten und dem Zeitpunkt, in welchem bezüglich sämmtlicher zu versteigernder Grundstücke die Versteigerung geschlossen wird, muß mindestens eine Stunde liegen. Die Versteigerung muß so lange fortgesetzt werden, bis der Aufforderung des Gerichts ungeachtet ein Gebot nicht mehr abgegeben wird.

Das Gericht hat das letzte Gebot und den Schluß der Versteigerung zu verkünden. Die Verkündung des letzten Gebots soll mittels dreimaligen Aufrufs erfolgen.

E. I § 100; M. 211, 212. D. 53; KBer. 38.

Dauer und Schluß der Versteigerung.

1. Das bisherige Recht (Art. 69, 76 BayZO., Art. 24 Nov.) unterschied nicht zwischen dem eigentlichen Versteigerungsgeschäft und einem, die Entscheidung über den Zuschlag betreffenden Abschnitt des Verfahrens; es kannte nur einen Terminsschluß, der aber den Zuschlag mit umfaßte. Die Frist, welche bis zum Zuschlag abgelaufen sein mußte, betrug $1^1/_2$ Stunden vom Beginne des Termins an, nämlich eine Stunde bis zur Aufforderung zur Abgabe von Geboten und eine halbe Stunde von da an bis zum Zuschlag. Auch mußte mit dem Zuschlage noch eine Minute nach dem dritten Aufruf des Meistgebots zugewartet werden.

2. Mindestdauer des Versteigerungsgeschäftes. Um einer übereilten Erledigung des Verfahrens vorzubeugen, ist für den 2. Abschnitt desselben (das mit der Aufforderung zur Abgabe von Geboten beginnende Versteigerungsgeschäft) eine Minimaldauer von 1 Stunde vorgeschrieben. Die Dauer einer etwaigen Unterbrechung des Termins darf in diese Frist nicht eingerechnet werden; der Notar muß während einer vollen Stunde Gelegenheit zur Abgabe von Geboten geben (Wolff Bem. 1). Außerdem ist wesentlich die Aufforderung zur Abgabe weiterer Gebote, bevor der Schluß der Versteigerung verkündet wird (Protokollierung §§ 78, 80). Nichtbeachtung ist unheilbar und begründet die Versagung bezw. Aufhebung des Zuschlags (§§ 80, 83 Ziff. 7, 84, 95, 100; ZBlFG. IV S. 357).

Abs. 2 enthält dagegen nur Ordnungsvorschriften. Muß der Zuschlag dem Meistgebote versagt, kann er aber (weil der Zulassung desselben widersprochen wurde) dem vorhergehenden Gebot erteilt werden, so hindert der Umstand nicht, daß nur das Meistgebot dreimal ausgerufen wurde (Reinhard I S. 413).

Bei der Versteigerung mehrerer Grundstücke im nämlichen Termine braucht der Zeitraum von einer Stunde nicht für die Versteigerung jedes einzelnen Grundstücks eingehalten zu werden; es genügt, wenn seit der allgemeinen Aufforderung zur Abgabe von Geboten bis zu dem Zeitpunkt, in welchem die Versteigerung bezüglich eines der Grundstücke geschlossen wird, eine Stunde abgelaufen ist. Ist dies geschehen, so kann bezüglich des einen Grundstücks die Versteigerung geschlossen, hinsichtlich anderer fortgesetzt werden (Reinhard I S. 383, Jäckel S. 238, 239, 271; bestr.)

Dies gilt jedoch nicht im Fall eines Doppelausgebots des § 63; bei welchem der Schluß der Versteigerung nur einheitlich angeordnet werden darf, so daß ein Einzelgebot noch gelegt werden kann, wenn auch schon zur Vornahme des Gesamt- oder Gruppenausgebots geschritten worden war (vgl. § 63 Bem. 3).

3. Schluß des Versteigerungsgeschäftes. Durch den dreimaligen Aufruf des letzten Gebotes, das vor der Aufforderung zur Abgabe weiterer Gebote gelegt worden war, werden die Beteiligten auf den unmittelbar bevorstehenden Schluß der Versteigerung hingewiesen (Jäckel S. 271). Werden nach Aufruf des letzten Gebots weitere Gebote gelegt, so ist das Bietungsgeschäft fortzusetzen. Mit der Verkündung des Schlusses der Versteigerung (Protokollierung §§ 78, 80) sind weitere Gebote ausgeschlossen. — Rechtsfolgen: §§ 33, 56.

Eine Wiederaufnahme des Versteigerungsgeschäftes nach dem Schlusse desselben ist — abgesehen von § 64 Abs. 2 und § 85 Abs. 1 — jedenfalls nur mit Zustimmung der Beteiligten [1]) und des Meistbietenden zulässig.

§ 74.

Nach dem Schlusse der Versteigerung sind die anwesenden Betheiligten über den Zuschlag zu hören.

E. I § 102 Abs. 1; M. 213, 214. D. 54; KBer. —.

Verhandlung über den Zuschlag.

1. In der BayGO. war eine solche Bestimmung nicht enthalten. Sie hat auch nur die Bedeutung einer **Ordnungsvorschrift**, deren Nichtbeachtung ohne Einfluß auf das Verfahren ist. Ebensowenig ist damit eine Verpflichtung der Beteiligten, sich über den Zuschlag zu erklären, statuiert, da die Prüfung der Zulässigkeit des Zuschlags Offizialpflicht des Versteigerungsbeamten ist. Daher ist in einer Nichtäußerung allein noch keine Zustimmung zum Zuschlag zu erblicken.

Andrerseits dient sie aber vor allem dazu, durch eine möglichst allseitige Darlegung der Gründe für und gegen die Erteilung des Zuschlags die Beschlußfassung zu erleichtern, etwaige Verfahrensmängel durch Einholung der Genehmigung der Beteiligten (§ 84) zu beseitigen und so die Anfechtung des Zuschlags in vielen Fällen hintanzuhalten.

Dagegen ist eine nachträgliche Geltendmachung von Rechten (Anmeldung, Verlangen oder Nachbringung von Sicherheiten, Widerspruch gegen Gebote, Nachgebote, Genehmigung von Geboten) durch § 73 ausgeschlossen (Ausnahme §§ 37 Ziff. 5, 33); Reinhard S. 387, 388, Niedner S. 116, Jäckel S. 272.

2. Mit dem Gehör der Beteiligten (auch der Bieter, deren Gebot noch wirksam ist, der Mieter und Pächter) über den Zuschlag **schließt die Verhandlung**. Anträge nach § 64 Abs. 2, § 85 sind daher spätestens gelegentlich dieser Verhandlungen über den Zuschlag zu stellen (Reinhard S. 388). Sie und die darauf folgende Verkündung der Zuschlagsentscheidung (§ 87) bilden den 3. Abschnitt des Versteigerungstermins.

§ 75.

Zahlt nach dem Beginne der Versteigerung der Schuldner oder ein Dritter, der berechtigt ist, den Gläubiger zu befriedigen, den zur Befriedigung und zur Deckung der Kosten erforderlichen Betrag an das Gericht, so wird das Verfahren einstweilen eingestellt.

E. I § 103; M. 214; D. 54; KBer. —.

Zahlung im Versteigerungstermine.

1. Bisheriges Recht. Gemäß § 775 Ziff. 4, 5 ZPO. war auch bisher seitens des Notars die Versteigerungsverhandlung zu sistieren und das Verfahren vom Vollstreckungsgericht einzustellen, wenn seitens des Schuldners die Befriedigung des Gläubigers oder die Einzahlung des von diesem beanspruchten Betrages bei der Post nachgewiesen wurde. Außerdem wurde in der Praxis, wie der Gerichtsvollzieher nach

---

[1]) Es wäre die Zustimmung sämtlicher Beteiligten (nicht nur der anwesenden) erforderlich (Wolff Bem. 3, Jäckel S. 271; a. M. Reinhard I S. 385).

§ 754 ZPO., auch vielfach der Versteigerungsbeamte selbst als zur Empfangnahme der Zahlung ermächtigt und auf Grund derselben zur Sistierung berechtigt angesehen. Nunmehr gewährt § 75 ausdrücklich die Möglichkeit, die Zwangsversteigerung auch noch nach dem Schlusse der Versteigerungsverhandlung durch Zahlung an den Versteigerungsbeamten abzuwenden.

2. Zahlung der Schuld. Sie hat an den Notar zu erfolgen, da dieser gemäß § 13 EG., Art. 25 BayAG. z. ZVG. auch über die Einstellung während des Versteigerungsverfahrens entscheidet. Derselbe braucht sie aber erst nach Beginn des Versteigerungstermins (nach Aufruf der Sache, § 66, Jäckel S. 275) anzunehmen, während sie vorher an den Gläubiger zu geschehen hat. Die Zahlung an den Notar ist bis zur Verkündung des Zuschlags zulässig.

Der Notar ist aber nur verpflichtet, eine Summe anzunehmen, welche die gesamte Schuld, wegen deren die Vollstreckung betrieben wird, einschließlich der Zinsen und Kosten des Gläubigers, des Gerichtes und des Notars, deckt. Zinsen, um derentwillen die Vollstreckung nicht betrieben wird, brauchen nicht bezahlt zu werden. Im Falle der Betreibung durch mehrere Gläubiger findet § 75 nur Anwendung, wenn das Guthaben der sämtlichen Gläubiger bezahlt wird. Wird nur der eine befriedigt, so äußert dies überhaupt keinen Einfluß auf das Verfahren (also besonders nicht auf das Mindestgebot), weil die Wirkung der Zahlung nach § 75 nur eine vorläufige, keine Befriedigung ist (Rechtspr. d. OLG. II S. 511).

Auch die vom Beschlagnahmegläubiger bestrittenen Kosten zur Erhaltung oder notwendigen Verbesserung des Grundstücks müssen gedeckt sein (Rechtspr. d. OLG. IV S. 160). Zinsen und Kosten sind event. vom Notar zu berechnen, erstere bis zur wahrscheinlichen Ablieferung an den Gläubiger (Fischer-Schäfer S. 317).

Es ist Barzahlung erforderlich, Hingabe an Erfüllungsstatt (§ 364 BGB.) ungenügend. Auch Befriedigung durch Aufrechnung steht der Zahlung nicht gleich (anders § 268 Abs. 2 BGB.); erstere ist im Wege der Einwendung (§§ 767, 769 ZPO.) geltend zu machen. Wohl aber genügt einer der im § 775 ZPO. bezeichneten Nachweise zur Herbeiführung der einstweiligen Einstellung auch durch den Notar (Becher Mat. VI S. 25, 26).

3. Zahlungsberechtigt ist außer dem Schuldner und dem in seinem Auftrage Handelnden nach §§ 268, 1150 BGB. jeder, der Gefahr läuft, durch die Versteigerung ein (dingliches) Recht am Grundstücke (bezw. mithaftenden Gegenständen) oder den Besitz zu verlieren; also die dem Betreibenden nachstehenden Real- (nicht Personal-) Gläubiger, auch der neueingetretene Eigentümer (§ 26), Mieter und Pächter, soweit ihre Rechte nicht etwa infolge der Versteigerungsbedingungen tatsächlich bestehen bleiben, endlich Dritte, welche ein der Versteigerung entgegenstehendes Recht angemeldet und glaubhaft gemacht haben (Jäckel S. 276). Das Ablösungsrecht des § 75 steht nicht jedem Dritten (§ 267 BGB.) zu; dieser kann nur direkt an den Gläubiger zahlen (Jäckel S. 275, Reinhard I S. 390, abw. Wolff § 75 Bem. 2).

4. Wirkung. Die Zahlung an den Notar hat nur die einstweilige Einstellung des Verfahrens (§§ 31, 32) zur Folge, welche, falls die Zahlung erst nach dem Schlusse der Versteigerung geschieht, mittelst Versagung des Zuschlags (vgl. § 33 Bem. 2) auszusprechen ist. Sie befreit den Schuldner nicht (§§ 362, 185 Abs. 2 BGB.), solange nicht das Geld seitens des Notars an den Gläubiger abgeliefert oder gemäß §§ 372, 378 BGB. hinterlegt ist. Dem Gläubiger steht ein Anspruch auf Auszahlung zu, dem Schuldner ein Anspruch auf Rückzahlung nur für den Fall, daß ersterer nicht besteht (Fischer-Schäfer S. 316).

Die Ablieferung (auch der Kosten an das Gericht) ist Pflicht des Notars und erfolgt auf Gefahr und Kosten des Zahlenden. [1])

Die Herbeiführung der Aufhebung des Verfahrens auf Grund der schließlichen Befriedigung ist Sache des Schuldners (§§ 767, 769 ZPO.); sie erfolgt aber nach Ablauf von 6 Monaten von Amts wegen (§ 31 Abs. 2) durch das Gericht (§ 13 EG. und Art. 25 BayAG. z. ZVG.), wenn die Fortsetzung des Verfahrens nicht beantragt wurde.

Über das Rechtsverhältnis des zahlenden Dritten zum Gläubiger und zum Schuldner siehe § 268 Abs. 3 BGB. Der Rechtsübergang kann nicht zum Nachteile des betreibenden Teils geltend gemacht, von diesem also insbesondere nicht Zurücknahme des Versteigerungsantrags verlangt werden, wenn das Verfahren auch noch von einem anderen Gläubiger, dessen Forderung schlechteren Rang genießt, betrieben wird (Rechtspr. d. OLG. VIII S. 429).

5. Anfechtung. Gegenüber der Einstellung seitens des Notars kann die Entscheidung des Gerichts angerufen werden (§ 13 EG., Art. 25 BayAG. z. ZVG.); die Entscheidung des letzteren ist mit sofortiger Beschwerde anfechtbar (§ 95); ebenso im Falle der Erteilung des Zuschlags trotz Zahlung (z. B. bei irriger Annahme ungenügender Zahlung) und gegenüber der Versagung wegen der Zahlung (§§ 80, 83 Ziff. 6, 97, 100).

§ 76.

Wird bei der Versteigerung mehrerer Grundstücke auf eines oder einige so viel geboten, daß der Anspruch des Gläubigers gedeckt ist, so wird das Verfahren in Ansehung der übrigen Grundstücke einstweilen eingestellt; die Einstellung unterbleibt, wenn sie dem berechtigten Interesse des Gläubigers widerspricht.

Ist die einstweilige Einstellung erfolgt, so kann der Gläubiger die Fortsetzung des Verfahrens verlangen, wenn er ein berechtigtes Interesse daran hat, insbesondere wenn er im Vertheilungstermine nicht befriedigt worden ist. Beantragt der Gläubiger die Fortsetzung nicht vor dem Ablaufe von drei Monaten nach dem Vertheilungstermine, so gilt der Versteigerungsantrag als zurückgenommen.

E. I § 104; M. 215, 216, 223, 224; D. 54; KBer. —.

Deckung des Gläubigers durch Versteigerung.

1. Bisheriges Recht. Art. 5 BaySO. hatte den Grundsatz des § 803 (708) ZPO., daß die Zwangsvollstreckung nicht weiter ausgedehnt werden dürfe, als zur Befriedigung des Gläubigers und zur Deckung der Kosten der Vollstreckung erforderlich sei (vgl. § 1230 BGB.), auch auf die Immobiliarvollstreckung ausgedehnt; seine praktische Bedeutung war aber gering, da vor allem wegen der Belastung ein Erfolg für den Gläubiger nicht im voraus berechnet werden konnte (Ortenau-Henle S. 51). § 76 beschränkt sich daher auf eine Anlehnung an § 818 (719) ZPO. im Falle der Versteigerung mehrerer Grundstücke.

2. Einstellung wegen Deckung des Gläubigers durch Einzelgebote. Voraussetzung ist:

---

[1]) Eine ausdrückliche Bestimmung fehlt; es wird § 117 Abs. 2 (mit Art. 32 BayAG. z. ZVG.) analog angewendet werden dürfen (Riedner S. 119, Jäckel S. 276).

a) Versteigerung mehrerer Grundstücke (sei es einzeln oder in Verbindung mit einem Gesamtausgebot) im nämlichen Verfahren.

b) Deckung der Ansprüche der betreibenden Gläubiger, wie sich dieselben unter Berechnung etwaiger Zinsen (bis zum mutmaßlichen Verteilungstermin)[1]) und Kosten (§ 12, 109) gestalten, infolge der Versteigerung eines oder mehrerer Grundstücke. Außer den sich hiernach berechnenden Ansprüchen der betreibenden Gläubiger muß nicht nur der bar zu zahlende Teil des Mindestgebots (§ 49), sondern auch der Anspruch der den betreibenden Gläubigern im Range gleichstehenden Beteiligten durch das Meistgebot gedeckt sein.

Ist wegen einer dem betreibenden Teile vorgehenden Korrealhypothek ein doppeltes Ausgebot nach § 64 erfolgt, so kann das Verfahren nach § 76 erst eingestellt werden, wenn feststeht, ob der Zuschlag nach § 64 Abs. 1 oder 2 zu erteilen ist. Im ersteren Fall ist das Verfahren, sobald sich die Deckung des Betreibenden bei einem oder mehreren Grundstücken ergibt, hinsichtlich der anderen einzustellen; die Gesamthypothek bleibt dann auf den nicht versteigerten ganz bestehen (§ 64 Bem. 4). Im Falle des Zuschlags nach § 64 Abs. 2 aber ist erforderlich, daß die ganze Gesamthypothek und die übrigen dem Betreibenden vorgehenden Zwischenberechtigten bare Deckung gefunden haben, bevor Einstellung bezüglich der anderen Grundstücke erfolgen kann (§ 64 Bem. 5; Jäckel S. 280, Recht 1902 S. 486).

c) Nichtgefährdung der Interessen d. h. der Befriedigung der betreibenden Gläubiger. Unter berechtigtem Interesse ist ein verständiges, durch die Sachlage gerechtfertigtes Interesse gemeint (Rechtspr. d. OLG. V S. 200). Hierüber entscheidet der Notar nach pflichtgemäßem Ermessen.

Die Einstellung hat z. B. zu unterbleiben, wenn nach der Lage der Sache die Anfechtung des Zuschlags und infolgedessen die Verzögerung der Befriedigung zu erwarten ist; wenn ein Dritter der Versteigerung einzelner Grundstücke widersprochen hat; oder wenn dem betreibenden Korrealgläubiger auf einzelnen Grundstücken noch Hypotheken im Range nach seiner Gesamthypothek zustehen. Der Umstand, daß dem Gläubiger eine Gesamthypothek zusteht, rechtfertigt allein nicht die Versteigerung aller Grundstücke (Jäckel S. 279, Reinhard I S. 395, v. d. Pfordten S. 217).

d) Eines Antrags bedarf es nicht. Doch kann die Einstellung nicht gegen den Willen des Schuldners erfolgen, der wegen seiner persönlichen Haftung ein Interesse an der Fortsetzung haben kann (Jäckel S. 281).

3. Zeitpunkt der Einstellung. Sie kann erfolgen, sobald die Deckung infolge des oder der gelegten Meistgebote erreicht ist, kann aber auch erst nach Schluß der Versteigerung sämtlicher Grundstücke durch Versagung des Zuschlags (§ 33) hinsichtlich derjenigen Grundstücke, deren Erlöse nicht mehr zur Deckung der betreibenden Gläubiger nötig sind, geschehen (Jäckel S. 281, 282). Letzterenfalls ist der Zuschlag bei demjenigen Grundstück zu erteilen, bei welchem zuerst die Deckung des Gläubigers eintrat (Fischer-Schäfer S. 320; a. M. Jäckel S. 282, der zunächst das Interesse des Schuldners entscheiden lassen will).

4. Wirkung der Einstellung. Erfolgte dieselbe mittelst Versagung des Zuschlags (§ 33), so erlöschen die Gebote erst mit Rechtskraft des Beschlusses; andernfalls sofort (§ 72

[1]) Bei Zugrundelegung dieses Zeitpunkts braucht auf die Möglichkeit einer Verzögerung der Befriedigung infolge Anfechtung des Zuschlags keine Rücksicht genommen zu werden (Jäckel S. 278).

Abs. 3), so daß auch in der Beschwerdeinstanz nur der Einstellungsbeschluß aufgehoben, nicht aber der Zuschlag erteilt werden kann; die Beschlagnahme selbst dauert fort, bis das Verfahren aufgehoben wird (Abs. 2; Jäckel S. 282).

5. Zustellung des Einstellungsbeschlusses ist nur erforderlich, wenn er nicht mittelst Versagung des Zuschlags ergeht (siehe §§ 32, 33, 87).

6. Anfechtung. Gegenüber dem Einstellungsbeschluß steht dem betreibenden Gläubiger, sowie dem Bieter, der ein eigenes Recht auf den Zuschlag hat (§ 97), so daß § 100 Abs. 2 nicht zutrifft (Fischer-Schäfer S. 321, v. d. Pfordten S. 218 gegen Jäckel S. 282, Reinhard I S. 397), das Recht zu, die Entscheidung des Gerichtes binnen 2 Wochen nachzusuchen, und hiergegen sofortige Beschwerde einzulegen (§ 95, § 13 EG., Art. 25 BayAG. z. ZVG.); ebenso, wenn die Einstellung durch Versagung des Zuschlags (§ 33) ausgesprochen wurde (§§ 83 Ziff. 6, 97, 100); auch der Schuldner (und der neu eingetretene Eigentümer), sowie die Beteiligten sind beschwerdeberechtigt, wenn entgegen § 76 Abs. 1 der Zuschlag erteilt oder ohne Antrag des Gläubigers das Verfahren fortgesetzt worden war (§§ 83 Ziff. 6 mit 84, Jäckel a. a O.).

7. Die Fortsetzung des Verfahrens kann der betreibende Gläubiger trotz der Rechtskraft des Einstellungsbeschlusses innerhalb 3 Monate (anders § 31 Abs. 2) verlangen, wenn er ein berechtigtes Interesse hieran darlegt, z. B. wenn er im Verteilungstermine nicht oder nicht vollständig befriedigt wurde oder wenn der Zuschlag angefochten wurde. Die Fortsetzung ist beim Notar zu beantragen (Art. 25 BayAG., Becher Mat. VI S. 25). Nach Ablauf der Frist ist das Verfahren (durch das Gericht, Art. 25 BayAG.) aufzuheben (§§ 29, 32) und das Grundbuchamt um Löschung des Versteigerungsvermerks zu ersuchen (§ 34). Gegen die Anordnung der Fortsetzung steht dem Schuldner, gegen die Ablehnung derselben dem betreibenden Gläubiger das Rechtsmittel des § 13 Abs. 2 EG. z. ZVG. und sodann die Beschwerde des § 95 zu.

§ 77.

Ist ein Gebot nicht abgegeben oder sind sämmtliche Gebote erloschen, so wird das Verfahren einstweilen eingestellt.

Bleibt die Versteigerung in einem zweiten Termine gleichfalls ergebnißlos, so wird das Verfahren aufgehoben. Liegen die Voraussetzungen für die Anordnung der Zwangsverwaltung vor, so kann auf Antrag des Gläubigers das Gericht anordnen, daß das Verfahren als Zwangsverwaltung fortgesetzt wird. In einem solchen Falle bleiben die Wirkungen der für die Zwangsversteigerung erfolgten Beschlagnahme bestehen; die Vorschrift des § 155 Abs. 1 findet jedoch auf die Kosten der Zwangsversteigerung keine Anwendung.

E. I § 105; M. 216, 217; D. 54; KBer. —.

Ergebnislosigkeit der Versteigerung.

1. Bisheriges Recht. Art. 70—72 BaySO. erklären die Beschlagnahmeanträge für zurückgenommen, wenn nicht binnen 3 Monaten seit dem ergebnislosen 1. Termin ein neuer beantragt wurde, oder wenn auch der 2. Termin zu keinem Ergebnis führte. — Die Fortsetzung des Verfahrens als Zwangsverwaltung war der BaySO. unbekannt.

2. Einstellung wegen **Ergebnislosigkeit des Termins.** Vorausgesetzt ist, daß entweder ein Gebot überhaupt nicht gelegt oder die gelegten Gebote sämtlich erloschen sind. Andere Gründe der Aufhebung des Termins (z. B. Stundung des Gläubigers, Nichteinhaltung wesentlicher Verfahrensvorschriften) fallen nicht unter § 77; es kann also im zweiten Termine Stundung erfolgen, wenn eine solche noch nicht vorausgegangen war (vgl. Jäckel S. 284). Wurde ein Gebot abgegeben, aber widerspruchslos zurückgewiesen, so erlischt es (§ 72 Abs. 2) und es ist ebenso zu verfahren, wie wenn überhaupt keines abgegeben worden wäre. Wurde aber ein Gebot zugelassen und nicht mehr überboten, und stellt sich hierauf seine Unwirksamkeit heraus, so liegt zwar auch Ergebnislosigkeit des Termins, aber nicht der Fall des § 77 vor (es ist also nicht bloß noch ein Termin zulässig); der Versteigerungsbeamte hat vielmehr nun die Einstellung durch Versagung des Zuschlags auszusprechen, zu welchem Zwecke die Versteigerung formell zu schließen ist (§ 73). In den Fällen des § 77 Abs. 1 wird nur die einstweilige Einstellung beschlossen; aber auch sie ist erst nach Ablauf einer Stunde, von der Aufforderung zur Abgabe von Geboten an gerechnet, zulässig (§ 73 Abs. 1). Der Einstellungsbeschluß ist nach § 32 (durch den Notar) zuzustellen (Jäckel S. 284, Reinhard I S. 399).

3. Über die **Fortsetzung** des einstweilen eingestellten Versteigerungsverfahrens siehe § 31, Art. 25 BayAG. z. ZVG.

4. Die **Aufhebung** des Verfahrens (durch das Gericht, § 13 EG., Art. 25 BayAG. z. ZVG.) erfolgt, wenn die Frist des § 31 Abs. 2 abgelaufen ist oder auch der zweite Termin mangels eines zulässigen Gebotes ergebnislos verläuft. Zu diesem Zwecke sind die Akten an das Gericht abzugeben; ein Einstellungsbeschluß wird im Falle des § 77 Abs. 2 nicht erlassen. Der Aufhebungsbeschluß ist nach § 32 zuzustellen, der Versteigerungsvermerk nach § 34 zu löschen. Der Gläubiger ist in diesem Fall auf neuerlichen Versteigerungsantrag angewiesen.

5. Über **Anfechtung** der Einstellung bezw. Fortsetzung und Aufhebung siehe §§ 95 und 97, § 13 Abs. 2 EG. z. ZVG. (vgl. § 76 Bem. 6, 7).

6. **Die Überleitung des Verfahrens in die Zwangsverwaltung** ist nur nach vorausgegangenem zweiten Termine zulässig und nur, wenn die Voraussetzungen der §§ 146, 147 hierfür gegeben sind. Hat ein Eigentumswechsel stattgefunden (§ 23), so ist ein Vollstreckungstitel gegen den neuen Eigentümer nicht erforderlich (Fischer-Schäfer S. 323, v. d. Pfordten S. 220, Jäckel S. 285; a. M. Reinhard I S. 401).

Die Anordnung erfolgt durch das Gericht (§ 13 EG., Art. 25 BayAG. z. ZVG.) auf den im Versteigerungstermin oder bei Gericht zu stellenden Antrag des Gläubigers, welcher bis zur Zustellung des Aufhebungsbeschlusses zulässig ist (§ 577 Abs. 3 ZPO., Fischer-Schäfer S. 323). Der Schuldner bleibt infolgedessen in der Verfügung über das Grundstück beschränkt. Die Anordnung ist Ermessenssache (anders § 146) und kann bei Aussichtslosigkeit für den Gläubiger abgelehnt werden (bestr.). Der Beschluß, betr. die Überleitung des Verfahrens, ist dem Gläubiger und Schuldner zuzustellen (§§ 3 ff.) und unterliegt der sofortigen Beschwerde (§§ 95, 146); ebenso die Abweisung des Antrags, die mit der Aufhebung des Verfahrens zu verbinden ist (Fischer-Schäfer S. 323).

Im Falle der Anordnung ist ein Verwalter zu bestellen und in den Besitz des Grundstücks zu setzen (§ 150). Die Anordnung der Fortsetzung des Verfahrens als Zwangsverwaltung ist in das Grundbuch einzutragen (es genügt wegen § 77 Abs. 2 Satz 3 nicht die Eintragung des Verwaltungsvermerks, Jäckel S. 286); der Versteigerungsvermerk bleibt, weil fortwirkend, bestehen[1]); § 19 Abs. 2 ist von neuem zu beobachten. Die Beteiligten sind zu benachrichtigen (§ 146 Abs. 2).

---

[1]) Trotzdem wird wohl zweckmäßig ein neuer Akt zu bilden sein.

Haben mehrere die Versteigerung betrieben, so wird das Verfahren nur für diejenigen fortgesetzt, welche dies beantragt haben; der spätere Beitritt zum Verwaltungsverfahren unterliegt den gewöhnlichen Regeln (§§ 27, 146, 151).

Der Eintritt der Wirkungen des Beschlusses, soweit sie nach § 148 über diejenigen der Versteigerungsbeschlagnahme hinausgehen (z. B. hinsichtlich Miet- und Pachtzinsforderungen), bestimmt sich nach § 22 (Zustellung, Eintragung) oder § 151 (Besitzergreifung durch den Verwalter).

Die Kosten des ergebnislosen Versteigerungsverfahrens fallen nicht unter § 155 Abs. 1; der Gläubiger kann sie nur an der seinem Hauptanspruche gebührenden Rangstelle liquidieren (Jäckel S. 286).

§ 78.

Vorgänge in dem Termine, die für die Entscheidung über den Zuschlag oder für das Recht eines Betheiligten in Betracht kommen, sind durch das Protokoll festzustellen; bleibt streitig, ob oder für welches Gebot der Zuschlag zu ertheilen ist, so ist das Sachverhältniß mit den gestellten Anträgen in das Protokoll aufzunehmen.

E. I § 106; M. 217; D. 54; KrBer. —.

Terminsprotokoll.

1. Bisheriges Recht. Form des Protokolls. Während Art. 78 BayGO. und Art. 25 Nov. hierzu den Inhalt des Versteigerungsprotokolls durch Aufzählung einzelner Punkte festlegen und im übrigen die Vorschriften über die Aufnahme von Notariatsurkunden für maßgebend erklären, beschränkt sich § 78 (ausgehend von dem Gedanken, daß das ZVG. einen Bestandteil der ZPO. bildet) auf die durch die besondere Natur des Versteigerungsverfahrens gebotenen Abweichungen von den allgemeinen Vorschriften der §§ 159—164 ZPO. über das Sitzungsprotokoll (Mot.). In formeller Beziehung sind die letzteren, ergänzt durch § 78, auch für das Versteigerungsprotokoll des bayer. Notars maßgebend, nicht das GFG. (da dieses sich in seinem 10. Abschnitt nur mit der Beurkundung von Rechtsgeschäften befaßt, als welche die Zwangsversteigerungen nicht aufgefaßt werden können, Schultze-Görlitz GFG. S. 356, Schneider S. 244, 275, Dorner S. 551, 596) und ebensowenig das BayNotGes. vom 9. VI. 1899 (da dieses die Vorschriften des ZVG. und der ZPO. unberührt ließ, Art. 24 NotGes., § 227 NotGeschO., Becher Mat. VIII S. 40). Denn durch § 13 EG. z. ZVG. ist der Landesgesetzgebung nur gestattet, abweichend vom Reichsgesetze vorzuschreiben, in welchem Umfange, nicht in welcher Form die Amtshandlungen des Vollstreckungsgerichtes von einer anderen Behörde wahrzunehmen sind. Für diese Behörde sollten dieselben Vorschriften, wie für das Vollstreckungsgericht, maßgebend sein (Mot. S. 374). Speziell wurde von der Übernahme der in Art. 78 Ziff. 6 BayGO. enthaltenen Vorschrift der Unterzeichnung des Protokolls durch den Meistbietenden aus praktischen Rücksichten abgesehen (Mot. S. 219).

In Ermanglung besonderer reichsrechtlicher Bestimmungen verbleibt es daher in Ansehung des Protokolls bei denen der ZPO., auch hinsichtlich des Abschlusses[1])

---

[1]) Es könnten Zweifel darüber auftauchen, ob nicht die Vorschriften des BayNotGes. über die Errichtung notarieller Urkunden wenigstens als Sollvorschriften Anwendung zu finden haben. Die Erklärung, welche im Ausschusse der K. d. Abg. auf eine zu Art. 32 Not.-GesEntw. (Art. 31 Ges.) gestellte Frage seitens des Regierungsvertreters abgegeben wurde, „daß auch für die in Art. 2 NotGes. genannten Urkunden die allgemeinen Vorschriften der

desselben (Unterzeichnung durch den Notar ohne Siegel und ohne Unterschrift der Mitwirkenden, auch nicht des Erstehers, Meistbietenden, Dritten des § 61, Bürgen; vgl. dagegen Art. 78 BayGO. mit Art. 26, 36 NotGes. und §§ 160, 161, 171, 227 NotGeschO.). Daß der Notar keinen Protokollführer zuziehen kann, vermag hieran nichts zu ändern; ebensowenig der Umstand, daß diesem dergestalt zustande gekommenen Protokoll die volle Beweiskraft des § 80 innewohnen soll.

2. Inhalt des Protokolls. Anzugeben sind: Ort, Zeit und Zweck der Verhandlung; Name des Notars; Bezeichnung der Sache (vgl. §§ 36, 37 Ges.); Namen der bei Aufruf erschienenen Beteiligten, gesetzlichen Vertreter, Bevollmächtigten und Beistände; der Verlauf der Vorverhandlung im Anschlusse an § 66 (besonders die Feststellung des geringsten Gebots und der Versteigerungsbedingungen) und unter Angabe der Zeit, in welcher zur Abgabe von Geboten aufgefordert wurde; der Verlauf des Versteigerungsgeschäftes (§§ 67 ff.: Bezeichnung der ausschlaggebenden Gebote, die Verhandlungen über Sicherheitsleistung, Zustimmung, Widersprüche, Schluß der Versteigerung unter Zeitangabe und Feststellung der letzten Aufforderung zur Abgabe von Geboten, des dreimaligen Aufrufs des letzten Gebots und der Verkündung des Schlusses); Gehör der Beteiligten, deren Erklärungen und Anträge (§ 74); Verkündung der Entscheidung über den Zuschlag oder des hierfür bestimmten Termins; Feststellung der Verlesung und Genehmigung des Protokolls (§ 66 mit § 162 ZPO.); Unterschrift des Notars.

Abweichend von der ZPO. ist in § 78 vorgeschrieben die Feststellung aller derjenigen Vorgänge, die für die Entscheidung über den Zuschlag oder für das Recht eines Beteiligten in Betracht kommen, ohne Beschränkung auf diejenigen, welche der Notar für erheblich hält (Recht auf Protokollierung), da nicht das mündliche Vorbringen der Beteiligten, sondern nur das protokollarisch festgestellte Sachverhältnis die Grundlage der Entscheidung über den Zuschlag bildet (§ 80; Mot. S. 218).[2])

Der Aufnahme eines ausdrücklichen Räumungsbefehls in das Protokoll bedarf es im Hinblick auf § 93 nicht mehr.

3. Beweiskraft des Protokolls. Das Versteigerungsprotokoll erbringt vollen Beweis nicht nur für die Beobachtung der für den Termin vorgeschriebenen Förmlichkeiten (§ 164 ZPO.), sondern auch für den tatsächlichen Verlauf der Verhandlung, soweit die protokollierten Vorgänge für den Zuschlag von Bedeutung sind (§ 80).

VI. Entscheidung über den Zuschlag.

§ 79.

Bei der Beschlußfassung über den Zuschlag ist das Gericht an eine Entscheidung, die es vorher getroffen hat, nicht gebunden.

E. I § 120 Abs. 1; M. 235—238; D. —; KBer. —.

Art. 26, 27, 37 des Entwurfs (Art. 25, 26, 36 NotGes.) anwendbar seien, daß überhaupt diese Bestimmungen das Minimum der Form für jede Notariatsurkunde enthielten" (Becher Mat. VIII S. 180, 181), möchte hierzu Veranlassung geben. Diese Erklärung kann sich aber, da das GVG. in Verbindung mit der ZPO. besondere Vorschriften über die Form der Protokolle (auch des Notars, soweit er richterliche Funktionen erfüllt) enthält und abweichende landesrechtliche nicht zuläßt, nicht auf das bei Zwangsversteigerungen vom Notar aufzunehmende Protokoll beziehen.

[2]) Praktisch wertvoll ist die Konstatierung, welche von den anwesenden Beteiligten ausdrücklich mit dem Zuschlag einverstanden waren (Jäckel S. 273, 289).

Bedeutung der Vorentscheidungen des Notars.

1. Bisheriges Recht. Allgemeines. Die Vorschrift erschien mit Rücksicht auf §§ 793, 577 Abs. 3 ZPO., welche die „Entscheidungen" des Vollstreckungsgerichts der Abänderung durch dieses selbst entrückt haben, erforderlich. In der BaySO. war eine derartige Bestimmung entbehrlich. Die Entscheidungen des Versteigerungsbeamten unterlagen zwar in Ansehung der Versteigerungsbedingungen und Versteigerungsarten, sowie aller sonstigen für den Zuschlag bedeutungsvollen Maßnahmen der Anfechtung und Abänderung durch das Vollstreckungsgericht (Art. 60 Abs. 2, 82 Abs. 3 SO.), aber der Rechtskraft war nur die Zuschlagsentscheidung fähig; im übrigen war der BaySO. der Gedanke der Unabänderlichkeit der Entschließungen des Versteigerungsbeamten fremd. Diese sind zwar auch im neuen Rechte keine Vollstreckungsbeschlüsse im Sinne der ZPO. (§ 13 Abs. 2 EG., Art. 25 BayAG. z. ZVG.); es finden aber auf sie die Vorschriften der ZPO. über die sofortige Beschwerde und die §§ 96 bis 104 Ges. entsprechende Anwendung d. h. sie sind für den Notar selbst bindend, *soweit sie, vom Vollstreckungsgericht erlassen*, nur mit sofortiger Beschwerde anfechtbar bezw. abzuändern wären (Jäckel S. 647, Fischer-Schäfer S. 607; abw. BayZfR. 1905 S. 209). Deshalb findet auf sie auch § 79 Anwendung.

2. Vorentscheidungen. Die Entscheidung über den *Zuschlag* hat sich auf einer Prüfung des *gesamten* Verfahrens aufzubauen; der Notar ist *hierbei* an frühere, von *ihm* erlassene Entscheidungen in der Sache nicht gebunden, selbst wenn sie unangefochten geblieben sind. Dies gilt sowohl, wenn es sich um Erteilung, als wenn es sich um Versagung des Zuschlags handelt. Der Notar kann z. B. den Zuschlag versagen, weil er die Fortsetzung des Verfahrens zu Unrecht beschlossen hatte, obwohl dieser Beschluß unangefochten blieb, oder den Zuschlag erteilen, obwohl derselbe Tatbestand vorliegt, welcher früher zu einer Versagung geführt hatte (Jäckel S. 290). Ferner darf der Zuschlag auf ein Gebot erteilt werden, welches vorher zurückgewiesen worden war (wenn es nur durch Widerspruch gegen die Zurückweisung aufrecht erhalten blieb), und es kann der Zuschlag wegen (nach Anordnung der Versteigerung) eingetretener Unzulässigkeit des Verfahrens versagt werden, wenn sie erst später erkannt wurde (Jäckel S. 290, Reinhard I S. 408).

Bis zur Beschlußfassung über den Zuschlag ist der Notar jedoch an diejenigen seiner Entschließungen gebunden, welche, wenn sie vom Vollstreckungsgericht erlassen wären, nur mit sofortiger Beschwerde angefochten, daher auch von diesem nicht abgeändert werden könnten (§ 577 Abs. 3 ZPO., § 96 Ges.), also besonders an die Entscheidung über einstweilige Einstellung und Fortsetzung des Verfahrens, sowie über den Zuschlag. Ist z. B. nach Zuschlagsversagung das Verfahren fortgesetzt worden (§ 86), so ist diese Entscheidung, soweit sie nicht nach § 13 Abs. 2 EG. geändert wurde, bis zur neuen Zuschlagsentscheidung bindend (siehe oben).

3. Entscheidungen des Beschwerdegerichts sind dagegen für den Notar in allen Fällen bindend; ihnen stehen die Entscheidungen des *Vollstreckungs*gerichts, welche gemäß § 13 Abs. 2 EG. z. ZVG. oder §§ 766, 769 Abs. 2 ZPO. ergangen sind oder die in § 95 bezeichneten Gegenstände betreffen, durchaus gleich. An sie ist der Notar nicht bloß im Laufe des Verfahrens, sondern auch bei Zuschlagsentscheidung gebunden. Natürlich ist die Entscheidung des Gerichts nur hinsichtlich derjenigen Frage maßgebend, welche seiner Beurteilung unterlag und von ihm entschieden wurde (so daß der Notar die Entscheidung des Gerichts, die nur Formalien geprüft hatte, aus materiellen Gründen unberücksichtigt lassen kann, Wolff Bem. 3 zu § 79, Jäckel S. 291).

Von **Amts wegen** kann das Gericht in Ansehung der dem Notar nach § 13 EG., Art. 25 BayAG. z. ZVG. zugeteilten Tätigkeit keine Weisungen erteilen (Ortenau-Henle S. 17, 18).

Das Vollstreckungs- und Beschwerdegericht ist an seine **eigene** frühere Entscheidung ebenfalls nicht gebunden, wenn es über den Zuschlag zu befinden hat (Abweichung von § 577 Abs. 3 ZPO.).

§ 80.

Vorgänge in dem Versteigerungstermine, die nicht aus dem Protokoll ersichtlich sind, werden bei der Entscheidung über den Zuschlag nicht berücksichtigt.

E. I § 106 Abs. 2; M. 218, 219; D. —; KBer. —.

Grundlage der Zuschlagsentscheidung.

1. Bisheriges Recht. Die BaySO. hatte eine derartige Beweiskraft dem Versteigerungsprotokolle nicht beigelegt. Die Einrede, daß das Protokoll einen Vorgang unrichtig wiedergegeben habe (daß z. B. nach dem letzten Gebote noch ein weiteres, vom Notar unberücksichtigt gelassenes Gebot abgegeben worden sei) war nicht, wie durch § 80, ausgeschlossen, vielmehr Gegenbeweis (z. B. durch Zeugen) zugelassen. Vgl. die Bem. 1 zu § 78.

2. Beweiskraft des Versteigerungsprotokolls. Die Bedeutung des § 80 ist eine doppelte.

a) Vorgänge, die zwar im Termine geschehen, aber **nicht protokolliert** wurden, können nicht zur Grundlage der Entscheidung über den Zuschlag (des Notars, wie Gerichts) gemacht werden; das der Zuschlagsentscheidung zu Grunde zu legende Material, soweit es aus dem Termine geschöpft wird, ist also auf den Inhalt des Protokolls beschränkt (keine Entscheidung auf Grund mündlicher Verhandlung!).

Es kann daher z. B. der Zuschlag nicht einem tatsächlich gelegten, aber nicht protokollierten Meistgebot erteilt, er kann nicht dem Meistgebot versagt werden, weil Sicherheit hierfür verlangt und nicht geleistet wurde, wenn die beiden letzteren Tatsachen nicht protokollarisch festgelegt sind.

b) Vorgänge im Termin, die **protokolliert** sind, können nur so, wie sie im Protokoll festgestellt wurden, bei der Zuschlagsentscheidung berücksichtigt werden; der Nachweis, daß sie unrichtig oder unvollständig wiedergegeben sind, könnte nicht zu dem Resultate führen, daß nunmehr auch das Protokollierte insoweit als unmaßgeblich zu betrachten ist. Denn damit wäre dem nicht protokollierten Vorgang gleichfalls eine „Berücksichtigung" zu teil geworden (so gem. M. gegen Fischer-Schäfer S. 327; vgl. Rechtspr. d. OLG. IV S. 159, V S. 212; ZBlFG. III S. 38).

In beiden Beziehungen ist nur der Nachweis der **Fälschung** zulässig, also nicht bloß (wie im § 164 ZPO.) hinsichtlich der für die Verhandlung vorgeschriebenen Förmlichkeiten, sondern auch bezüglich aller für den Zuschlag maßgeblichen tatsächlichen Ereignisse während des Termins.

3. Beschränkung der Beweiskraft des Protokolls. Während § 78 vorschreibt, daß alle für den **Zuschlag** oder **das Recht eines Beteiligten** bedeutungsvollen Vorgänge des Termins im Protokolle festzustellen sind, und § 79, daß die Entscheidung über den Zuschlag den **gesamten** Verlauf des Versteigerungsverfahrens zu berücksichtigen hat, legt § 80 dem Protokolle doch nur **hinsichtlich der für den Zuschlag erheblichen Terminsvorgänge** (z. B. Feststellung des Mindestgebots und der Versteigerungsbedingungen, Sicherheitsleistung, Zulassung oder Zurückweisnug eines Gebots) volle, nur durch den Nachweis der Fälschung zu beseitigende, Beweiskraft bei.

Hieraus folgt einmal, daß für andere Zwecke als für die Entscheidung über den Zuschlag — z. B. zur Erhaltung eines bestimmten Ranges bei der Verteilung (§§ 37 Ziff. 4, 110), nicht aber zwecks Berücksichtigung im Mindestgebote, soweit rechtzeitige Anmeldung im Termin behauptet wird — auch andere Beweismittel zugelassen sind, sodann, daß Vorgänge außerhalb des Termins für den Zuschlagsbeschluß entscheidend sein können, auch wenn sie nicht aus dem Protokoll ersichtlich sind, z. B. eine die Geschäftsunfähigkeit eines Bieters beweisende Tatsache oder eine vorherige, im Termin unerwähnt gebliebene Anmeldung eines im geringsten Gebote zu berücksichtigenden Rechtes (Reinhard I S. 409, Jäckel S. 292).

4. **Unvollständigkeit** des Protokolls kann die Schadensersatzpflicht des Notars begründen (§ 839 BGB.). Mündliche Erläuterungen (z. B. zu den aufgestellten Versteigerungsbedingungen), Zusätze oder Abänderungen des einmal abgeschlossenen Protokolls sind unbeachtlich (Seuff. Arch. Bd. 56 S. 338, Gruchot Bd. 48 S. 380, Recht 1902 S. 48; Fischer-Schäfer S. 327, v. d. Pfordten S. 227).

§ 81.

Der Zuschlag ist dem Meistbietenden zu ertheilen.

Hat der Meistbietende das Recht aus dem Meistgebot an einen Anderen abgetreten und dieser die Verpflichtung aus dem Meistgebot übernommen, so ist, wenn die Erklärungen im Versteigerungstermin abgegeben oder nachträglich durch öffentlich beglaubigte Urkunden nachgewiesen werden, der Zuschlag nicht dem Meistbietenden, sondern dem Anderen zu ertheilen.

Erklärt der Meistbietende im Termin oder nachträglich in einer öffentlich beglaubigten Urkunde, daß er für einen Anderen geboten habe, so ist diesem der Zuschlag zu ertheilen, wenn die Vertretungsmacht des Meistbietenden oder die Zustimmung des Anderen entweder bei dem Gericht offenkundig ist oder durch eine öffentlich beglaubigte Urkunde nachgewiesen wird.

Wird der Zuschlag ertheilt, so haften der Meistbietende und der Ersteher als Gesammtschuldner.

E. I §§ 113, Abs. 1, 123; M. 225—227, 240—243; D. 54; KBer. —.

Zuschlag an den Meistbietenden; an andere als den Meistbietenden.

1. **Bisheriges Recht.** Auch die BayGO. (Art. 76) knüpfte den Zuschlag an das Meistgebot. Sie gewährte jedoch dem Meistbietenden kein Recht auf den Zuschlag (vgl. Ortenau-Henle S. 282 Note 3); der nicht beteiligte Bieter konnte daher weder den, einem andern erteilten Zuschlag anfechten, noch den Zuschlag erlangen, wenn dieser überhaupt versagt wurde (vgl. auch § 83 Bem. 1). Sie unterschied des weiteren nicht zwischen der Abtretung der Rechte und Pflichten aus dem Meistgebot und zwischen der nachträglichen Benennung eines Dritten als Erstehers. Beides konnte aber nur im Versteigerungstermine geschehen, da in demselben gleichzeitig der Zuschlag zu verkünden war. Eine Nachholung der Vollmacht bezw. der Zustimmung ist nunmehr zwar möglich, wenn der Bieter zunächst in eigenem Namen gehandelt hat, aber nicht mehr nach dem Zuschlag. Eine einschneidende Abweichung besteht endlich darin, daß der Meistbietende neben dem Dritten — ausgenommen den Fall des § 71 Abs. 2 — nun-

mehr immer als Gesamtschuldner haftet, während dies bisher dann nicht der Fall war, wenn für den Dritten Sicherheit nicht verlangt oder sofort geleistet worden war.

2. Recht auf den Zuschlag. Entgegen § 156 BGB. gewährt § 81 dem Meistbietenden ein Recht auf den Zuschlag. Es entsteht mit Abgabe des Gebotes und bedeutet nicht etwa bloß eine prozessuale Befugnis, wie das Recht, Sicherheitsleistung verlangen oder Beschwerde einlegen zu dürfen, wenngleich es lediglich im Wege der Beschwerde (§§ 97 Abs. 1, 100) verfolgbar, nicht wie ein obligatorischer Anspruch (auf Eigentumsübertragung) im Klageweg realisierbar ist, da weder Gläubiger, noch Schuldner, noch der Versteigerungsbeamte in ein Vertragsverhältnis zu dem Bieter eintreten (Fischer-Schäfer S. 28 ff., 329, Jäckel S. 295, 296). Trotzdem ist es ein Recht mit selbständigem Vermögenswert, übertragbar (Abs. 2) und pfändbar.[1])

Voraussetzung des Rechtes auf Erteilung des Zuschlags ist, daß der Bieter das höchste, d. h. den Beteiligten günstigste Gebot gelegt hat, daß dieses wirksam und nicht durch widerspruchslose Zulassung eines Übergebots oder widerspruchslose Zurückweisung erloschen ist, endlich daß keine Zuschlagsversagungsgründe (§ 83) vorliegen. Zu letzteren gehört insbesondere auch die Zurücknahme des Versteigerungsantrags oder die Bewilligung der Einstellung des Verfahrens vor Zuschlagserteilung.[2])

Das Recht aus dem Meistgebot erlischt nicht durch Verlust der Geschäftsfähigkeit oder Tod des Meistbietenden; letzterenfalls ist der Zuschlag den „Erben" (auch wenn diese unbekannt) zu erteilen (Reinhard I S. 413, Fischer-Schäfer S. 328; siehe § 1960 BGB.)

Auch jeder Beteiligte (Schuldner, Mieter, Pächter) hat ein Recht darauf, daß der Zuschlag dem Meistbietenden, nicht einem anderen erteilt wird (§§ 97 Abs. 1, 100). Soll daher der Zuschlag einem anderen Gebote erteilt werden, so müssen nicht nur sämtliche Beteiligte (einschließlich des Schuldners), sondern auch der Meistbietende zustimmen. Zwischen zwei gleichzeitig abgegebenen Höchstgeboten entscheidet das Los (Jäckel S. 274, Reinhard I S. 412; vgl. § 659 BGB. und Ortenau-Henle S. 283). Ein Recht, zu verlangen, daß der Zuschlag überhaupt erteilt wird, falls ein zulässiges Gebot vorliegt, hat dagegen außer dem Meistbietenden nur der betreibende Teil (vgl. Einleitung V 2).

3. Übertragung der Rechte und Übernahme der Pflichten aus dem Meistgebot kann nur bis zur Verkündung des Zuschlags erklärt werden, also auch nach dem Versteigerungstermine, wenn der Zuschlag in einem späteren Termine verkündigt wird (nicht in der Beschwerdeinstanz, siehe § 100). Die Vereinbarung ist in das Protokoll aufzunehmen oder nachträglich durch öffentlich beglaubigte (§ 129 BGB.) Urkunden nachzuweisen.

Nach der Verkündung des Zuschlags kann eine Abtretung der Rechte aus dem Meistgebote im Wege des § 81 Abs. 2 nicht mehr erfolgen; in diesem Falle hat der Meistbietende bereits gemäß §§ 89, 90 Eigentum erworben, das nur gemäß §§ 873, 925 BGB. durch Auflassung und Eintragung nach Berichtigung des Grundbuchs (§ 130) übertragen werden kann.

---

[1]) Pfändung und Überweisung nicht nach § 848, sondern § 857 Abs. 2, 5 ZPO. Die anzuordnende Veräußerung müßte unter der Auflage erfolgen, daß der Erwerber des Rechtes die Verpflichtung aus dem Meistgebot übernimmt (§ 81 Abs. 2; Fischer-Schäfer S. 329, Gaupp-Stein zu § 857).

[2]) Der betreibende Teil kann auch nach Schluß der Versteigerung (§§ 73 Abs. 2, 74) vor Erteilung des Zuschlags die Einstellung des Verfahrens im Wege des § 33 herbeiführen, indem er neuerlichen Versteigerungstermin verlangt (vgl. auch § 85, Rechtspr. d. OLG. II S. 81). Betreiben mehrere das Verfahren, so müssen jenem Verlangen sämtliche zustimmen, auch wenn es von dem Bestberechtigten ausging.

Der Zuschlag ist im Falle des § 81 Abs. 2 dem Zessionar zu erteilen. Nicht erst durch den Zuschlag tritt der Zessionar den Beteiligten gegenüber in die Rechte und Pflichten des Meistbietenden ein, auch nicht schon durch den an sich formlosen Vertrag mit dem Zedenten, der nur für das Rechtsverhältnis zwischen ihm und dem Zessionar, nicht für dasjenige der Beteiligten mit dem Zedenten und Zessionar bestimmend ist, sondern vielmehr durch die Abgabe der diesbezüglichen Erklärungen im Termin (§ 80) oder durch nachträgliche Einreichung derselben. Mit der letzteren tritt der Zessionar den Beteiligten ebenso gegenüber, wie der Bieter mit Abgabe seines Gebots. Die Geltendmachung ihrer Verpflichtungen ist aber an den Zuschlag als derjenigen Voraussetzung gebunden, unter welcher sie eingegangen wurden (Jäckel S. 297).

Nicht das Recht aus dem Zuschlage, sondern aus dem Meistgebote wird abgetreten, daher auch der Zuschlag nicht Voraussetzung der Pflicht des Dritten, sondern Folge seiner Verpflichtungserklärung ist (Abs. 2). Bei mehrfacher Zession ist der Zuschlag dem letzten Zessionar, dessen Verpflichtungserklärung vor der Zuschlagserteilung beim Versteigerungsbeamten eingereicht wird, zu erteilen, bei Rückzession dem vorhergehenden Zedenten. Gleichzeitig sind aber alle, welche die Verpflichtung aus dem Meistgebote dem Notar gegenüber übernommen hatten, als solidarische Mitschuldner zu betrachten und zu erklären (§ 82); vgl. Jäckel S. 297, Wolff Bem. 4, bestr.; siehe auch Ortenau-Henle S. 284.

Die Erteilung des Zuschlags an den Zessionar setzt voraus, daß dieser ohne Einschränkung (auch wenn er nur einen ideellen Teil des Grundstücks erwerben will)[3]) den Beteiligten gegenüber in die gesamten Verpflichtungen aus dem Zuschlag eintritt und gleich dem Bieter selbst rechtswirksam eintreten kann (vgl. § 71 Bem. 2, 3).

Durch den Zuschlag an den Zessionar wird der Zedent den Beteiligten gegenüber zwar seiner Rechte aus dem Meistgebote verlustig, nicht aber seiner Pflichten ledig, weshalb er im Zuschlagsbeschlusse für mithaftend zu erklären ist (§ 82). Mit der Zuschlagserteilung an den Dritten ist auch die Haftung des Meistbietenden[4]) begründet, auch wenn der Beschluß hierüber schweigt (vgl. § 82 Bem. 3 c). Da der Zedent weiter haftet, braucht der Zessionar keine Sicherheit zu leisten. Beide sind daher im weiteren Verfahren zuzuziehen (§§ 82, 88, 97, 103, 105, 116, 132, auch 144).

Sie sind beide beschwerdeberechtigt, wenn die Abtretung nicht oder zu Unrecht berücksichtigt wurde (§§ 97, 100), aber auch die übrigen Beteiligten; denn auch sie haben ein Recht auf Beobachtung des § 81.

4. Das Bieten für einen anderen kann im Wege des § 71 Abs. 2 oder des § 81 Abs. 3 erfolgen. Ersterenfalls, wo der Dritte sofort als Bieter zu benennen (und das Gebot zurückzuweisen ist, wenn die Vertretungsmacht bezw. die Genehmigung nicht gerichtskundig ist oder sofort nachgewiesen wird), ist nur der Dritte als Ersteher zu betrachten und haftbar; letzterenfalls, wo der Meistbietende im eigenen Namen handelt und erst nachträglich den Dritten benennt (was er auch tun kann, wenn sein Gebot für den anderen nach § 71 Abs. 2 zurückgewiesen wurde), sind beide als Gesamtschuldner zu behandeln, wenn dem Dritten der Zuschlag erteilt wird (Jäckel S. 298).

---

[3]) Das Gesamtschuldverhältnis besteht auch, wenn der Benannte nur einen ideellen Teil des Grundstücks erwerben soll und will; eine Beschränkung seiner Haftung auf einen entsprechenden Teil des Gebots stünde der Zuschlagserteilung an ihn entgegen (Jäckel S. 296).

[4]) Für die Staats- und Notariatsgebühren haftet der Meistbietende als veranlassender Teil (vgl. Pfaff-Reisenegger Bem. zu Art. 10 und 189 GebGes.).

Der Nachweis der Vertretungsmacht bezw. Zustimmung ist im Falle des § 81 Abs. 3 vor der Verkündung des Zuschlags entweder zu Protokoll (§ 80) oder nach § 129 BGB. zu erbringen (die Nachholung ist weder dem Beschwerde- noch dem Vollstreckungsgerichte gegenüber mehr zulässig, siehe § 100; geeignetenfalls ist deshalb von Anberaumung eines besonderen Verkündungstermins Gebrauch zu machen, § 87).

Voraussetzung ist auch hier, daß der Dritte fähig ist, das Grundstück zu erwerben. Sicherheit braucht er wegen § 81 Abs. 4 nicht zu leisten. Beide sind im weiteren Verfahren zuzuziehen und beschwerdeberechtigt (siehe Bem. 3).

§ 82.

In dem Beschlusse, durch welchen der Zuschlag ertheilt wird, sind das Grundstück, der Ersteher, das Gebot und die Versteigerungsbedingungen zu bezeichnen; auch ist im Falle des § 61 der Dritte, welcher die Verpflichtung des Erstehers übernommen hat, unter Angabe seiner Schuld für zahlungspflichtig und im Falle des § 81 Abs. 4 der Meistbietende für mithaftend zu erklären.

E. I § 124; M. 238, 242, 243; D. 56; KBer. —.

Inhalt des Zuschlagsbeschlusses.

1. Nach bisherigem Recht (Art. 78 BayS O.) war der den Zuschlag erteilende Ausspruch des Versteigerungsbeamten im Versteigerungsprotokolle selbst enthalten, welches gleichzeitig der Anforderung des § 82 entsprach. Nunmehr wird schon wegen § 88 die Entscheidung (der „Zuschlagsbeschluß"), deren Inhalt § 82 regelt, äußerlich von dem Protokolle zu trennen sein.

2. Rechtliche Natur des Zuschlagsbeschlusses. Der „Beschluß" (vgl. § 79 Bem. 1) ist „bestimmend einerseits für die Änderungen, welche durch den Zuschlag an den Rechten der Beteiligten entstehen, andrerseits für die rechtliche Stellung des Erstehers, den Rechtserwerb und die Verbindlichkeiten desselben" (Mot.). Er hat also nicht die Bedeutung der Annahme einer in dem Meistgebote liegenden Kaufofferte, sondern die eines richterlichen, für die Art und den Umfang der Rechtsfolgen des Zuschlags unmittelbar maßgebenden Ausspruchs, also nicht bloß ein Akt der rechtsverwaltenden Tätigkeit (vgl. Seuff. Arch. Bd. 25 S. 360), sondern auch der Rechtsprechung (Fischer-Schäfer S. 28 ff., Reinhard I S. 217—219, Dernburg 3. Aufl. III S. 735, Turnau-Förster II S. 575).

Die äußere Form der Zuschlagsentscheidung ist diejenige des Beschlusses im Sinne des § 793 ZPO., da dieser nicht auf Grund mündlichen Parteivorbringens, sondern des protokollarisch festgestellten Sachverhalts (§§ 79, 80) ergeht, auch wenn die Beteiligten im Sinne des § 74 hierüber vernommen wurden (Mot. 238, 239). Aus dem gleichen Grund ist es auch zulässig, daß die Zuschlagsentscheidung von einem andern (zuständigen) Notar (Verweser) gefällt wird, als von demjenigen, der die Versteigerung geleitet hat, selbst wenn die Versteigerung nicht dem Notariat als solchem übertragen wurde; denn gemäß Art. 6 NotGes. sind die „Notariate" als staatliche Behörden zur Wahrnehmung der dem Notar im Sinne des Art. 25 Abs. 1 BayAG. z. ZVG. übertragenen Versteigerungsgeschäfte berufen und die Funktion des Versteigerungsbeamten, wie das Notariatsamt selbst nicht mehr eine persönliche Befugnis des einzelnen Notars, sondern ein von der Person des Inhabers unabhängiges Amt (Becher Mat. VIII S. 109).

3. Inhalt. Der Beschluß, durch welchen der Zuschlag erteilt wird, hat zu bezeichnen:

a) Das Grundstück in einer, jeden Zweifel über die Identität ausschließenden Weise, in der Regel nach Inhalt des Grundbuchs, bei Versteigerung ideeller Anteile unter Angabe des Bruchteils. Zubehör und sonstige mitversteigerte Gegenstände (Forderungen) brauchen, soweit sich hierauf die Versteigerung kraft Gesetzes bezieht und nicht besondere Versteigerungsbedingungen (§§ 59, 65) eine ausdrückliche Hervorhebung verlangen (siehe d), nicht erwähnt zu werden (Jäckel S. 299);

b) den Ersteher nach Namen, Stand und Wohnort; bei mehreren das Gemeinschaftsverhältnis;

c) das Meistgebot, d. h. Angabe des bar zu zahlenden Teils;

d) die Versteigerungsbedingungen, hier vor allem die bestehen bleibenden Rechte (§§ 49, 52), darunter nicht bloß, wie bisher, die dinglichen Lasten, sondern auch die Kapitalsbeträge der Hypotheken, Grund- und Rentenschulden (vgl. Bem. 1 zu § 44). „Soweit besondere Bedingungen (§§ 59 ff.) nicht aufgestellt sind, genügt es, zum Ausdruck zu bringen, daß der Zuschlag unter den gesetzlichen Bedingungen erfolgt. Schweigt der Beschluß über die Bedingungen gänzlich, so sind lediglich die gesetzlichen maßgebend" (Mot.); das Versteigerungsprotokoll darf zur Auslegung nur soweit herangezogen werden, als der Beschluß es tut (Jäckel S. 300, bestr.; a. M. besonders Rechtspr. d. OLG. IX S. 376, Recht 1905 S. 112).

e) im Falle des § 61 die Erklärung des Dritten als zahlungspflichtig (wobei auch der von ihm im Verteilungstermine zu leistende Betrag anzugeben ist) und im Falle des § 81 die Erklärung des Meistbietenden als mithaftend. Letzterer haftet zwar auch ohne diese Erklärung (§ 81 Abs. 4); aber die Vollstreckung gegen ihn ist ohne dieselbe unzulässig (§ 132, Jäckel S. 301; bestr.). Im Falle des § 61 ist dagegen auch die Haftung des Dritten von dieser ausdrücklichen Erklärung abhängig (§ 134).

Eine Erklärung des Bürgen als mithaftend ist in Art. 31 BayAG. z. ZVG. nicht vorgeschrieben (anders z. B. Art. 10 PrAG.); der Beschluß ist daher auch nicht gegen den Bürgen nach § 132 vollstreckbar, weshalb die Haftung des Bürgen im Klageweg geltend zu machen ist (vgl. Becher Mat. VI S. 31 und § 132 Bem. 2).

Nicht in den Beschluß brauchen die gesetzlichen Folgen des Zuschlags, z. B. die Verpflichtung des Erstehers zur Kostentragung (§§ 58, 109), zur Verzinsung des Bargebots (§ 49), zur eventuellen Erhöhung der Barzahlung (§§ 50, 51) aufgenommen zu werden, soweit die Versteigerungsbedingungen keine Abweichung hiervon enthalten (Jäckel S. 301); auch eine Angabe der Gründe der Zuschlagsentscheidung ist nicht vorgeschrieben, in Fällen, wo Anfechtung zu erwarten, aber zweckmäßig (vgl. § 86).

Eine Abänderung des Beschlusses ist (abgesehen von der Berichtigung offensichtlicher Fehler, § 319 Abs. 1 ZPO., Fischer-Schäfer S. 334) nach der Verkündung nur im Beschwerdeweg möglich (§ 577 Abs. 3 ZPO., § 13 Abs. 2 EG., Art. 25 BayAG.z.ZVG.).

Über die Grundlagen des Zuschlagsbeschlusses siehe §§ 79, 80.

4. Über **Verkündung** des Beschlusses siehe § 87; **Zustellung** § 88; **Erinnerung bezw. Beschwerde** § 96 ff.

§ 83.

Der Zuschlag ist zu versagen:

1. wenn die Vorschrift des § 43 Abs. 2 oder eine der Vorschriften über die Feststellung des geringsten Gebots oder der Versteigerungsbedingungen verletzt ist;

2. wenn bei der Versteigerung mehrerer Grundstücke das Einzelausgebot oder das Gesammtausgebot den Vorschriften des § 63 Abs. 1, Abs. 2 Satz 1, Abs. 5 zuwider unterblieben ist;
3. wenn in den Fällen des § 64 Abs. 2 Satz 1, Abs. 3 die Hypothek, Grundschuld oder Rentenschuld oder das Recht eines gleich- oder nachstehenden Betheiligten, der dem Gläubiger vorgeht, durch das Gesammtergebniß der Einzelausgebote nicht gedeckt werden;
4. wenn die nach der Aufforderung zur Abgabe von Geboten erfolgte Anmeldung oder Glaubhaftmachung eines Rechtes ohne Beachtung der Vorschrift des § 66 Abs. 2 zurückgewiesen ist;
5. wenn der Zwangsversteigerung oder der Fortsetzung des Verfahrens das Recht eines Betheiligten entgegensteht;
6. wenn die Zwangsversteigerung oder die Fortsetzung des Verfahrens aus einem sonstigen Grunde unzulässig ist;
7. wenn eine der Vorschriften des § 43 Abs. 1 oder des § 73 Abs. 1 verletzt ist.

E. I §§ 114, 118; M. 225, 227 ff. D. 56; KBer. 39.

Versagung des Zuschlags.

1. Bisheriges Recht. Die BayGO. (Art. 82 mit Art. 26 Nov.) bezeichnete die Gründe, aus welchen die Aufhebung des Zuschlags verlangt werden konnte, davon ausgehend, daß, wenn ein solcher Grund vor Erteilung des Zuschlags bekannt geworden ist, dessen Versagung von Amts wegen[1]) zu erfolgen habe (vgl. Ortenau-Henle S. 251). § 83 normiert umgekehrt die Gründe, welche die Versagung des Zuschlags zur Folge haben müssen und, falls es trotz eines solchen zur Erteilung des Zuschlags kam, dessen Aufhebung notwendig machen. Inhaltlich decken sich im wesentlichen die in Art. 82 BayGO. und Nov. 26 bezeichneten Aufhebungsgründe mit den Versagungsgründen des § 83. Vgl. auch Vorbem. zu § 84.

2. Ist das Verfahren einmal bis zum Schlusse der Versteigerung gediehen, so kann der Termin nur durch eine Zuschlagsentscheidung seine Erledigung finden (§ 33). Dieselbe muß auf Erteilung des Zuschlags lauten, wenn nicht ein in §§ 83 bis 85 bezeichnetes Hindernis im Wege steht.

Die **Gründe**, welche **zu einer Versagung** (bezw. zur Aufhebung des Zuschlags durch Vollstreckungs- oder Beschwerdegericht) führen, sind in §§ 83 und 85 **erschöpfend** aufgeführt; als weiterer selbstverständlicher Versagungsgrund ergibt sich noch aus § 100 das Nichtvorhandensein eines wirksamen Meistgebots (§ 81). Andere Verfahrensmängel (z. B. Nichtbeobachtung der Sollvorschriften der §§ 73 Abs. 2, 74) sind ohne Einfluß auf den Zuschlag (vgl. Jäckel S. 304).

Die Abhaltung eines Beteiligten vom Erscheinen im Termin durch Naturereignisse oder andere unabwendbare Zufälle (vgl. Art. 83 BayGO.) ist als Ver-

---

[1]) Dem bisherigen Rechte war also die Versagung des Zuschlags als Abschluß der Versteigerung fremd. Sie erfolgte entweder in Form der Zurückweisung der Gebote oder der Terminsaufhebung. In beiden Fällen war eine Anfechtung dieser Entschließung des Notars mit der Wirkung, daß das Vollstreckungsgericht in der Sache selbst zu entscheiden hatte, unzulässig. Es gab nur einen Antrag auf Aufhebung des Zuschlags (unter Anordnung neuerlicher Versteigerung), keinen Antrag auf Erteilung desselben (Art. 82, 85 BayGO., Ortenau-Henle S. 281, 282; 301, 309², 311).

sagungsgrund nicht anerkannt; ebensowenig als Beschwerdegrund (§ 100). Auf Grund der §§ 233, 237 ZPO. kann zwar Wiedereinsetzung in den vorigen Stand gegen Ablauf der Beschwerdefrist gewährt, aber die Beschwerde selbst auf die Verhinderung nicht mehr gestützt werden.

Die Zuschlagsversagungsgründe sind zwar sämtlich **von Amts wegen zu berücksichtigen**, ohne daß es einer Rüge bedarf; sie sind aber zum größeren Teil durch Genehmigung des durch den Mangel betroffenen Beteiligten heilbar bezw. unschädlich, wenn derselbe durch den Zuschlag nicht beeinträchtigt wird (§ 84).

Ergibt sich schon **vor Schluß der Versteigerung**, daß der Zuschlag nicht erteilt werden kann, so ist der Termin aufzuheben und von Amts wegen das Verfahren zu wiederholen (falls die Fortsetzung der Vollstreckung zulässig ist); nach Zuschlagsversagung ist die Fortsetzung Sache des betreibenden Teils (§ 86).

3. Die Versagungsgründe des § 83:

a) Ziff. 1. Ein Verstoß gegen § 43 Abs. 2 liegt auch dann vor, wenn die Zustellung des Vollstreckungsbeschlusses bezw. der Terminsbestimmung unterlassen oder mangelhaft ist (vgl. z. B. § 4 Satz 2); ebenso wenn der Beschluß oder die zugestellte Terminsbestimmung (§ 37) in einem wesentlichen Punkte unvollständig ist (Reinhard I S. 425).

Über die Verletzung der Vorschriften über Feststellung des Mindestgebots siehe Bem. zu §§ 44—49, über die (gesetzlichen oder abgeänderten) Versteigerungsbedingungen siehe Bem. zu §§ 49—58 bezw. 59 - 66. — Unter Ziff. 1 fällt auch die Anfechtung wegen Irrtums über das Meistgebot (vgl. § 71 Fußnote 1).

b) Ziff. 2. Verletzung der Vorschriften über das Einzel- und Gesamtausgebot bei der Versteigerung mehrerer Grundstücke, siehe Bem. zu § 63 Abs. 1, Abs. 2 Satz 1, Abs. 5.

c) Ziff. 3. Verletzung des Deckungsprinzips, wenn der Korrealgläubiger von der Befugnis des § 64 Abs. 2 Gebrauch macht und durch das Gesamtergebnis der Einzelgebote die Gesamthypothek (grund- oder -rentenschuld) oder die dem betreibenden Gläubiger vorgehenden Rechte nicht gedeckt werden (vgl. § 64 Bem. 5 b). Führt die Beschwerde (Erinnerung) zur Aufhebung des Zuschlags bezüglich eines der mit der Gesamthypothek belasteten Grundstücke, so ist auch der Zuschlag bezüglich der anderen aufzuheben, falls einer der hier dem betreibenden Teile vorgehenden Gläubiger nicht gedeckt würde; wurde der Zuschlag bei einem der Grundstücke zu Unrecht versagt und deshalb auch bei den übrigen, so muß das Vollstreckungs- bezw. Beschwerdegericht, wenn es der Anfechtung stattgibt, auch den Zuschlag bezüglich der übrigen erteilen (§ 101). Voraussetzung ist Versteigerung der mehreren Grundstücke im nämlichen Verfahren; gleichgültig ist, ob ein oder mehrere Zuschlagsentscheidungen ergangen sind (Jäckel S. 370, Reinhard I S. 485, v. d. Pfordten S. 239, 298).

d) Ziff. 4. Zurückweisung der Anmeldung oder Glaubhaftmachung eines Rechtes, obwohl der Hinweis auf die bevorstehende Ausschließung weiterer Anmeldungen unterlassen wurde (vgl. § 37 Ziff. 4). Die Unterlassung des Hinweises allein ist kein Versagungsgrund; ein solcher liegt auch nicht vor, wenn trotz des Hinweises noch eine Anmeldung bezw. Glaubhaftmachung angenommen wurde (Jäckel S. 308); anders, wenn dadurch eine Änderung des Mindestgebots oder der Versteigerungsbedingungen veranlaßt wurde (§ 83 Ziff. 1; Fischer-Schäfer S. 340, bestr.).

e) Ziff. 5. Entgegenstehende Rechte eines bestimmten Beteiligten, z. B. solche, die sich aus dem Grundbuch ergeben und (soweit sie vor Eintragung des Versteigerungsvermerks entstanden waren) nach § 28 von Amts wegen zu berücksichtigen gewesen wären; ferner Rechte, auf Grund deren nach § 37 Ziff. 5 die Aufhebung oder einstweilige Einstellung des Verfahrens herbeigeführt wurde (§§ 771—776 ZPO.).

f) Ziff. 6. Unzulässigkeit der Zwangsversteigerung oder der Fortsetzung des Verfahrens wegens eines Mangels der allgemeinen (materiellen oder formellen) Voraussetzungen der Zwangsvollstreckung oder speziell der Versteigerung des Grundstücks; z. B. Mangel der Zuständigkeit des Gerichts oder Notars, eines Vollstreckungstitels, eines Antrags zur Fortsetzung, § 31; eingetretene Zahlung und Deckung des Gläubigers in den Fällen der §§ 75, 76; ein Veräußerungsverbot der in §§ 134—136 BGB. bezeichneten Art (Fischer-Schäfer S. 340; wegen § 772 ZPO. teilw. abw. Reinhard I S. 427, Jäckel S. 309). Unheilbar: § 84.

g) Ziff. 7. Nichteinhaltung der Versteigerungsfrist (§ 43 Abs. 1). Sie liegt auch dann vor, wenn der Inhalt der Terminsbestimmung selbst oder ihre Veröffentlichung wesentliche Vorschriften verletzt (§§ 37, 39; nicht §§ 38, 40, Art. 26 BayAG. z. ZVG.). — Über Verletzung des § 43 Abs. 2 siehe a.

Nichteinhaltung der einstündigen Frist zwischen der Aufforderung zur Abgabe von Geboten und dem Schlusse der Versteigerung, sowie Unterlassung der Feststellung, daß der Aufforderung des Versteigerungsbeamten ungeachtet ein Gebot nicht mehr abgegeben wurde (§ 73 Abs. 1). Beides muß sich aus dem Terminsprotokoll ergeben (§§ 78, 80). — Unheilbarer Mangel: § 84.

§ 84.

Die im § 83 Nr. 1 bis 5 bezeichneten Versagungsgründe stehen der Ertheilung des Zuschlags nicht entgegen, wenn das Recht des Betheiligten durch den Zuschlag nicht beeinträchtigt wird oder wenn der Betheiligte das Verfahren genehmigt.

Die Genehmigung ist durch eine öffentlich beglaubigte Urkunde nachzuweisen.

E. I §§ 115, 116 Abs. 1, 130; M. 230—232, 250; D. 56; KBer. —.

Heilbare Verfahrensmängel.

1. Bisheriges Recht. Die Geltendmachung der prozessualen Aufhebungs-(Versagungs-)gründe war, soweit Gläubigerrechte in Betracht kamen, nach Art. 82, 84 BaySO. allgemein davon abhängig, daß eine Beeinträchtigung durch den Zuschlag stattgefunden hatte; der Beeinträchtigte konnte daher immer auf die Rüge des Mangels verzichten. Eine weitere Voraussetzung für die Aufhebung des Zuschlags war auch, daß der Beteiligte wenigstens eine Woche vor dem Versteigerungstermine, wenn er dazu imstande war, Abhilfe beim Vollstreckungsgerichte beantragt hatte.

2. Beschränkung der Versagung des Zuschlags. Während die in § 83 Ziff. 6 und 7 genannten Verfahrensmängel ohne weiteres zur Versagung bezw. Aufhebung des Zuschlags führen müssen,[1]) ist dies bei den in § 83 Ziff. 1—5 aufgeführten Mängeln dann nicht der Fall, wenn entweder das Recht des von dem Mangel betroffenen Beteiligten (§ 9) durch den Zuschlag überhaupt nicht beinträchtigt wird oder der Beeinträchtigte das Verfahren genehmigt. Dagegen ist nicht erforderlich, daß der Mangel von einem Beteiligten gerügt wurde (Fischer-Schäfer S. 337).

---

[1]) Wird trotzdem der Zuschlag erteilt und Beschwerde nicht erhoben, so wird auch dieser Zuschlagsbeschluß rechtskräftig. Das gilt selbst dann, wenn der Zuschlag einem unwirksamen Gebot erteilt worden ist.

a) Beeinträchtigung. Der Zuschlag ist zu versagen, falls nicht feststeht, daß eine Beeinträchtigung ausgeschlossen ist (anders § 85, vgl. § 59 Bem. 2). Eine solche ist gegeben für denjenigen, dessen Recht nach dem Meistgebote ganz oder teilweise ausfällt; ferner für den, dessen Ansprüche zwar durch das Meistgebot gedeckt werden, der aber auf Barzahlung angewiesen ist, während er das Bestehenbleiben seines Rechtes verlangen könnte, oder umgekehrt; endlich für den Schuldner, wenn die Möglichkeit besteht, daß er bei richtigem Verfahren entweder sein Grundstück mangels zulässigen Gebots überhaupt nicht verloren hätte oder daß ein besseres Ergebnis erzielt worden wäre (Jäckel S. 310). Der Schuldner erscheint aber nicht benachteiligt, wenn der Verstoß ausschließlich das Recht eines anderen betraf (vgl. § 100 Abs. 2). Ebensowenig liegt eine Benachteiligung vor, wenn eine Zustellung gemäß § 43 Abs. 2 unrichtig ausgeführt wurde, aber nachgewiesen ist, daß der betr. Beteiligte das zuzustellende Schriftstück rechtzeitig erhalten hat (v. d. Pfordten S. 238).

Hängt die Prüfung der Frage, ob eine Beeinträchtigung vorliegt, davon ab, ob das Meistgebot für den Beteiligten ausreicht, so ist dies nach den für § 67 Abs. 1 geltenden Grundsätzen zu berechnen.

Durch Sicherheitsleistung für den Fall der Beeinträchtigung kann die Versagung des Zuschlags nicht abgewendet werden (Jäckel S. 311); natürlich kann aber der Beteiligte die Sicherheit annehmen und das Verfahren genehmigen (v. d. Pfordten S. 243).

b) Genehmigung des Verfahrens. Sie enthält einen Verzicht auf die Geltendmachung eines prozessualen Mangels seitens des dadurch Benachteiligten und kann auch eine stillschweigende sein. Inwieweit aus konkludenten Handlungen eine solche zu folgern ist, ist Tatfrage.[2]) Soweit die Genehmigung nicht zum Versteigerungsprotokolle (gelegentlich der Verhandlung nach § 74 oder in einem späteren, vom Notar hierzu vor der Entscheidung über den Zuschlag anberaumten Termin) festgestellt ist, kann sie nur ausdrücklich und in öffentlich beglaubigter Form (§ 129 BGB., vgl. § 149 DA. f. GBA.) bezw. in öffentlicher Urkunde (§ 415 ZPO., vgl. § 148 DA. f. GBA.) geschehen und muß dem Notar gegenüber erklärt werden. Sie kann von der Partei oder ihrem Prozeßbevollmächtigten (§ 54, 81 ZPO.) ausgehen, der Vormund bedarf also keiner Genehmigung des Vormundschaftsgerichts (Jäckel S. 311, 312, Fischer-Schäfer S. 341, 342).

Die einmal erteilte Genehmigung kann nicht zurückgenommen werden.

3. Gegenüber den Mängeln der Ziff. 6, 7 des § 83 ist selbst eine **Genehmigung sämtlicher** Beteiligten **unbehelflich** (ebenso wie bei einer Verletzung des § 81).

§ 85.

Der Zuschlag ist zu versagen, wenn vor dem Schlusse der Verhandlung ein Betheiligter, dessen Recht durch den Zuschlag beeinträchtigt werden würde, die Bestimmung eines neuen Versteigerungstermins beantragt und sich zugleich zum Ersatze des durch die Versagung des Zuschlags entstehenden Schadens

---

[2]) Die Unterlassung eines Widerspruchs trotz entsprechender Frage an den Beteiligten enthält nicht schlechthin eine Genehmigung. Auch kann ein Beteiligter, der nicht rechtzeitig geladen, jedoch erschienen war und am Versteigerungsgeschäfte teilgenommen hatte, den Mangel geltend machen, z. B. weil ihm die Zeit zur Vorbereitung, Herbeischaffung von Geldmitteln, gefehlt habe. Ebensowenig liegt im Verzicht auf die Rüge eines Mangels die Genehmigung anderer Mängel (Jäckel S. 311, Reinhard I S. 429, Wolff § 84 Bem. 6; Recht 1905 S. 65.

verpflichtet, auch auf Verlangen eines anderen Betheiligten Sicherheit leistet. Die Vorschriften des § 67 Abs. 3 Satz 1 und des § 69 finden entsprechende Anwendung. Die Sicherheit ist in Höhe des im Vertheilungstermine durch Zahlung zu berichtigenden Theiles des bisherigen Meistgebots zu leisten.

Die neue Terminsbestimmung ist auch dem Meistbietenden zuzustellen.

Für die weitere Versteigerung gilt das bisherige Meistgebot mit Zinsen von dem durch Zahlung zu berichtigenden Theile des Meistgebots unter Hinzurechnung derjenigen Mehrkosten, welche aus dem Versteigerungserlöse zu entnehmen sind, als ein von dem Betheiligten abgegebenes Gebot.

In dem fortgesetzten Verfahren findet die Vorschrift des Abs. 1 keine Anwendung.

E. § 119; M. 234, 235; D. 56; KBer. —.

Versagung des Zuschlags ohne Verfahrensmangel.

1. **Allgemeines.** Die Vorschrift war der BayGO. unbekannt. Sie gewährt auch dem nicht betreibenden Beteiligten, der durch das Ergebnis der Versteigerung einen Ausfall erleiden würde, die Möglichkeit, die Herbeiführung eines besseren Ergebnisses in einem neuen Termine versuchen zu lassen. Dies könnte außerdem nur im Wege des § 59 durch Aufstellung einer entsprechenden besonderen Versteigerungsbedingung erreicht werden, da sonst das Recht des Meistbietenden aus dem Zuschlag entgegen steht (vgl. § 81 Bem. 2, Jäckel S. 313).

2. **Voraussetzung** der Versagung des Zuschlags ist hier:

a) ein zulässiges Gebot, dem der Zuschlag nicht aus einem der Gründe der §§ 81, 83 versagt werden müßte. § 85 ist also nur subsidiär anwendbar.

b) der Antrag eines durch die Höhe des Meistgebots beeinträchtigten Beteiligten — betreibenden Gläubigers [1]), der ihm Gleich- oder Nachstehenden, Schuldners bezw. neu eingetretenen Eigentümers [2]); nicht: Mieters und Pächters. Die Beeinträchtigung darf nicht bloß möglich, sondern muß außer Zweifel sein (anders § 84; so Jäckel S. 314, bestr.) Der Antrag ist nur bis zum Schlusse der Verhandlung im Versteigerungstermine (§ 74 Bem. 2) zulässig, auch in einem, nach erfolgter Einstellung fortgesetzten Verfahren, nicht aber in dem auf Grund des § 85 neuerdings anberaumten Versteigerungstermin (Abs. 4). Der Antrag steht der Abgabe eines Gebotes gleich (Abs. 3); es gelten daher für ihn ebenfalls die Erfordernisse des § 71 (er kann nur mündlich gestellt, nicht zurückgenommen werden, Vollmacht ist in öffentlich beglaubigter Form beizubringen, der Vormund bedarf der Genehmigung des Vormundschaftsgerichts; Fischer-Schäfer S. 343).

c) Gleichzeitige (vor Schluß der Verhandlung — § 74 Bem. 2 und 3 — erfolgte) Verpflichtung zum Schadensersatz (Protokollierung: §§ 78, 80). Zu ersetzen ist der Schaden, der dadurch entsteht, daß infolge neuer Anmeldungen, Anwachsens der Zinsen und Kosten einzelne Ansprüche einen Ausfall erleiden, sei es daß in dem neuen Termin überhaupt kein höheres Gebot erzielt wird, sei es daß im

---

[1]) Wenn dieser z. B. schon einmal die Einstellung des Verfahrens bewilligt hatte und einen Ausfall erleidet (§ 30 Abs. 1; Jäckel a. a. O.).

[2]) Der Schuldner kann auch benachteiligt sein, obwohl ein Überschuß erzielt wurde, wenn der wahre Wert des Grundstücks nicht erreicht wurde (Jäckel a. a. O.); nicht aber schon deshalb, weil er das Grundstück verliert, oder seine persönliche Haftung bestehen bleibt (bestr.).

neuen Termine der Zuschlag aus irgend welchem Grunde versagt werden muß, oder daß es zu einem neuen Termin überhaupt nicht kommt, z. B. weil der Versteigerungsantrag zurückgenommen wurde oder das Grundstück unterging.

Ersterenfalls (wenn der Zuschlag im neuen Termin erfolgt) haftet der Antragsteller den geschädigten Beteiligten; letzterenfalls nur dem betreibenden Gläubiger, falls er durch das Meistgebot des ersten Termins etwas erhalten hätte (die übrigen haben kein Recht auf Befriedigung in dem von einem anderen betriebenen Verfahren); Reinhard I S. 432, Jäckel S. 316, Einleitung V, 2.

Dafür, daß der Meistbietende des zweiten Termins seinen Verpflichtungen nachkommt, haftet dagegen Antragsteller nicht; denn dagegen können sich die Beteiligten selbst schützen (Fischer-Schäfer S. 344).

Der Klage auf Schadensersatz kann mit dem Einwande begegnet werden, daß der Zuschlag schon aus anderen Gründen hätte versagt werden sollen (Reinhard I S. 433, Jäckel a. a. O.). Der Anspruch auf Schadensersatz ist im Prozeßwege geltend zu machen (nicht auf dem Wege des § 132 Abs. 2). Soweit Schadensersatz geleistet wird, hat der Antragsteller Anspruch auf Abtretung der Rechte gegen den Schuldner (§ 255 BGB., Reinhard I S. 432).

d) **Sicherheitsleistung** auf Verlangen eines durch das Meistgebot wenigstens teilweise gedeckten Beteiligten (einschließlich des Schuldners). Sie kann ebenfalls bis zum Schlusse der Verhandlung verlangt und muß vor der Entscheidung über den Zuschlag geleistet werden (Reinhard I S. 433). Die Art der Sicherheit bestimmt § 69 mit § 10 Ziff. 1 EG. und Art. 30 BayAG. z. ZVG., die Höhe § 85 Abs. 1 Satz 3; über Befreiung von der Pflicht zur Sicherheitsleistung siehe § 67 Abs. 3 Satz 1 mit § 10 Ziff. 2 EG. und Art. 31 BayAG. z. ZVG. — Pfandrecht an der Sicherheit, siehe § 233 BGB.

3. **Entscheidung** über den Antrag. Sind die Voraussetzungen des § 85 gegeben (insbesondere genügende Sicherheit geleistet), so erfolgt die Versagung des Zuschlags unter gleichzeitiger oder späterer Anberaumung eines neuen Termins; andernfalls ist der Zuschlag endgültig zu versagen (wenn andere Versagungsgründe vorliegen) oder zu erteilen unter Abweisung des Antrags. Verkündung: §§ 87, 88; Beschwerde: §§ 96, 97, 100 bezw. § 13 Abs. 2 EG., Art. 25 BayAG. z. ZVG.; sie steht auch dem Meistbietenden zu (§ 97).

4. **Wirkung** der Versagung (vgl. § 86):

a) Hinsichtlich des Verfahrens wirkt die rechtskräftige Versagung wie eine einstweilige Einstellung, hat also insbesondere das Erlöschen des Meistgebots zur Folge (§ 86). Der neue Termin ist aber keine Fortsetzung des alten, daher nach §§ 36—43 zu bestimmen, zu veröffentlichen und zuzustellen (auch dem Meistbietenden, obwohl dieser nicht mehr beteiligt ist; Abs. 2 ist nur Ordnungsvorschrift, weshalb der frühere Meistbietende als solcher wegen Nichtzustellung nicht den neuerlichen Zuschlag anfechten kann; abw. Wolff § 85 Bem. 6). Es erfolgt eine neuerliche Feststellung des Mindestgebots und der Versteigerungsbedingungen [3]), unter der Maßgabe, daß nur höhere Gebote als dasjenige, welches nach Abs. 3 als bereits abgegeben gilt, zulässig sind. Dieses Gebot setzt sich zusammen aus dem Meistgebote, den 4 % Zinsen vom ersten bis zum zweiten Termin, und den neuerlichen Kosten des Verfahrens; die für das Meistgebot etwa bedungenen Zahlungsfristen können dem Antragsteller nicht zugute kommen

[3]) Die früheren Anmeldungen sind, auch wenn sie für den ersten Termin zu spät erfolgten, zu berücksichtigen (denn es handelt sich nicht um ein neues Verfahren); neue Anmeldungen können nachgebracht werden (Jäckel S. 318).

(ebenso v. d. Pfordten S. 248). Hat eine Änderung der Versteigerungsbedingungen oder des Mindestgebots (insbesondere infolge Beitritts eines besser berechtigten Gläubigers) stattgefunden, so kann das fingierte Gebot nicht als zulässiges betrachtet und daher, wenn kein weiteres Gebot erfolgt, der Zuschlag nicht dem Antragsteller erteilt, sondern muß versagt werden (Reinhard I S. 435, 436; teilw. abw. v. d. Pfordten S. 249).

b) Der Antragsteller ist, von der Verkündung der Zuschlagsversagung an, an seinen Antrag gebunden und von der Rechtskraft des Beschlusses an in die Stelle des Meistbietenden getreten, während nun dessen Gebot erlischt (§ 86). Der Eintritt des Antragstellers in das Meistgebot vollzieht sich mit diesem Zeitpunkt auch dann, wenn der Zuschlag aus anderen Gründen als nach § 85 hätte versagt werden müssen (anders Schadensersatzpflicht, oben Bem. 2c). Auch ein besonderer Ausspruch hierwegen ist nicht erforderlich. Ihm wird, falls nicht andere Gründe entgegenstehen (siehe oben a am Ende) und kein höheres Gebot im neuen Termine gelegt wird, der Zuschlag auch erteilt, wenn er nicht anwesend ist (Jäckel S. 318).

Muß im zweiten Termine der Zuschlag versagt werden und wird nunmehr das Verfahren auf Antrag des betreibenden Gläubigers fortgesetzt (§ 77 Abs. 2 Satz 1 trifft hier nicht zu, da der erste Termin nicht ergebnislos verlaufen war), so dauert auch für diese Fortsetzung des Verfahrens die Verpflichtung des Antragstellers fort (Jäckel S. 319, Reinhard I S. 436).

Wird der Antragsteller Ersteher, so kann von ihm nach §§ 67—70 abermals Kaution verlangt werden, da die nach Abs. 1 geleistete Sicherheit zur Deckung der Schadensersatzansprüche der Beteiligten dient. Wenn der Antragsteller im neuen Termine die für sein (als abgegeben fingiertes) Gebot verlangte Sicherheit nicht leistet, ist es gemäß §§ 70, 71 als unwirksam zu behandeln und deshalb, falls keine weiteren gültigen Gebote abgegeben werden, der Zuschlag wiederum, und zwar endgültig zu versagen. Die Beteiligten haben diesfalls ihre Rechte an der früheren (im ersten Termine nach § 85 Abs. 1 geleisteten) Sicherheit geltend zu machen. Diese wird nicht schon dadurch frei, daß das Verfahren aufgehoben oder einstweilen eingestellt wird, sondern erst, wenn feststeht, daß keine Schadensersatzansprüche erhoben werden; im Zweifel ist von § 109 ZPO. Gebrauch zu machen (Jäckel S. 318, 319, Fischer-Schäfer S. 345, 346; abw. Reinhard I S. 437, Wolff § 85 Bem. 13).

c) Die Versagung des Zuschlags nach § 85 kann nur einmal erfolgen (Abs. 4).

5. Die Entscheidung des Notars über den Antrag auf Bestimmung des neuen Versteigerungstermins unterliegt einer besonderen **Gebühr** gemäß Art. 12 BayGebGes.; siehe auch Art. 18 daselbst.

§ 86.

Die rechtskräftige Versagung des Zuschlags wirkt, wenn die Fortsetzung des Verfahrens zulässig ist, wie eine einstweilige Einstellung, anderenfalls wie die Aufhebung des Verfahrens.

E. I § 145; M. 272, 273; D. —; KBer. —.

Wirkung der Versagung des Zuschlags.

1. Eine diesbezügliche Vorschrift war dem **bisherigen bayer. Recht** unbekannt; vgl. § 83 Fußnote 1.

2. Die Wirkung des Versagungsbeschlusses (vgl. § 85 Bem. 4, § 72 Abs. 3) ist je nach dem Grunde der Versagung (der sich aus dem Beschlusse ergeben soll) verschieden. Eine definitive **Erledigung** des Verfahrens tritt mit der Rechtskraft des Beschlusses (§§ 87, 88, 98; § 13 EG., Art. 25 BayAG. z. ZVG.) ein, wenn die Fortsetzung des Verfahrens unzulässig ist (z. B. weil nach dem Schlusse der Versteigerung der Versteigerungsantrag zurückgenommen wurde, überhaupt die allgemeinen Voraussetzungen für die Vollstreckung nicht mehr vorhanden sind). Die Akten sind an das Gericht abzugeben, welches die Löschung des Versteigerungsvermerks verfügt (§ 34).

Die Entscheidung über den Zuschlag steht, auch wenn sie wegen eines Aufhebungsgrundes (§ 83 Ziff. 5, 6) zur Versagung führt, zunächst dem Notar zu (§ 13 EG., Art. 25 BayAG. z. ZVG.), vgl. § 33 Bem. 3. Nach Aktenrückgabe hat aber das Vollstreckungsgericht darüber zu entscheiden, ob der dem Beschlusse zu Grunde liegende Tatbestand eine Fortsetzung des Verfahrens unmöglich macht, und es hat ohne Beschlußfassung die Akten an den Notar zurückzuleiten, wenn es eine Fortsetzung abweichend von der Anschauung des Notars für zulässig hält. Der neuerlichen Terminsbestimmung, welche der Notar hierauf vorzunehmen hat, kann sich der Schuldner im Wege der Erinnerung (§ 13 Abs. 2 EG.) und Beschwerde widersetzen (Reinhard II S. 367, 368, BayNotZ. 1902 S. 50; bestr., vgl. Jäckel S. 646, BayZfR. 1905 S. 211).

Wird nach Rechtskraft des Versagungsbeschlusses die Löschung des Versteigerungsvermerks verfügt, so muß dem betreibenden Teile mittelst Zustellung die Möglichkeit gegeben werden, die Anschauung des Gerichtes, daß der Versagungsgrund der Fortsetzung des Verfahrens entgegensteht, durch Beschwerde (§ 95) zu bekämpfen (Reinhard I S. 438, Jäckel S. 321; bestr., vgl. v. d. Pfordten S. 352, 353).

Ob der Versagungsbeschluß einen Versagungsgrund mit Recht oder Unrecht als gegeben ansieht, kann nur im Weg der Erinnerungen (§ 13 Abs. 2 EG.) bezw. der Beschwerde nachgeprüft werden. An den als vorliegend angenommenen Tatbestand ist bei Rechtskraft des Versagungsbeschlusses der Notar dergestalt gebunden, daß er auf einen Fortsetzungsantrag hin seine Entscheidung nicht mehr ändern kann, außer bei neuerlicher Zuschlagsentscheidung (§ 79, Jäckel S. 319, 320).

3. Steht der Versagungsgrund einer **Fortsetzung** nicht entgegen (z. B. bei Verletzung von Verfahrensvorschriften § 83 Ziff. 1—4, 7, oder bei Bewilligung der Einstellung nach dem Schlusse der Versteigerung), so wirkt der Beschluß vom Zeitpunkte seiner Rechtskraft an, wie eine einstweilige Einstellung (§§ 31, 72 Abs. 3), so daß die Fortsetzung, abgesehen von den Fällen des § 85 und § 769 Abs. 2 ZPO., nur auf Antrag stattfindet.[1]) Sie wird durch eine gegen den Versagungsbeschluß eingelegte Erinnerung bezw. Beschwerde nicht aufgehalten, kann jedoch nach § 572 Abs. 2, 3 ZPO. ausgesetzt werden (Jäckel S. 320).

Wird die Fortsetzung nicht rechtzeitig beantragt, so sind die Akten behufs Aufhebung des Verfahrens an das Gericht zurückzugeben (§ 31 Abs. 2). Über Beschwerde gegen die Aufhebung siehe § 95.

---

[1]) Der Fortsetzungsantrag ist gemäß § 31 Abs. 2 binnen 6 Monaten nach Wiederaufhebung der prozeßrichterlichen Einstellung bezw. nach Eintritt der Rechtskraft des Versagungsbeschlusses zulässig; eine Abweichung besteht nur nach § 76 Abs. 2 Satz 2, wenn das Verfahren nach § 76 Abs. 1 hätte eingestellt werden sollen, aber bis zum Schlusse der Versteigerung (welche nun nach §§ 33, 83 Ziff. 6 zur Zuschlagsversagung führen mußte) weiter geführt worden ist (Reinhard I S. 439; a. M. Jäckel S. 320).

Im Falle des § 769 Abs. 2 ZPO. ist die Vollstreckung nach fruchtlosem Ablauf der dort bezeichneten Frist ohne weiteres von Amts wegen (ohne daß ein neuerlicher Antrag des Gläubigers abzuwarten wäre) fortzusetzen (Falkenau 2. Aufl. S. 346).

§ 87.

Der Beschluß, durch welchen der Zuschlag ertheilt oder versagt wird, ist in dem Versteigerungstermin oder in einem sofort zu bestimmenden Termine zu verkünden.

Der Verkündungstermin soll nicht über eine Woche hinaus bestimmt werden. Die Bestimmung des Termins ist zu verkünden und durch Anheftung an die Gerichtstafel bekannt zu machen.

Sind nachträglich Thatsachen oder Beweismittel vorgebracht, so sollen in dem Verkündungstermine die anwesenden Betheiligten hierüber gehört werden.

E. I § 121; M. 238–240; D. —; KBer. —.

Verkündung der Zuschlagsentscheidung.

1. Dem **bayer. Recht** (Art. 78 Ziff. 6 SO.) war die Anberaumung eines besonderen Verkündungstermins unbekannt.

2. **Verkündung.** Die Entscheidung über den Zuschlag (Beschluß, § 82), mit welchem das Versteigerungsverfahren abschließt (§ 74), ist zu verkünden und die Tatsache der Verkündung samt Entscheidung in das Versteigerungs- bezw. in das besondere Terminsprotokoll aufzunehmen. Wird ein besonderer Verkündungstermin anberaumt (was im Ermessen des Notars liegt), so ist dieser sofort im Versteigerungstermine zu bestimmen und zu verkünden, sowie durch Anheftung an die Gerichtstafel, um welche der Gerichtsschreiber zu ersuchen ist, bekannt zu machen (vgl. § 40). Eine Ladung erfolgt nicht, ebensowenig eine Ausschreibung. Die Vorschrift des Abs. 2 hat nur instruktionelle Bedeutung, ihre Einhaltung ist also ohne Einfluß auf die Gültigkeit des Verfahrens.

Die Verkündung kann durch einen anderen Notar (Verweser) vorgenommen werden (vgl. § 82 Bem. 2, Jäckel S. 322).

3. **Bis zur Verkündung** können auch in dem hierfür besonders anberaumten Termine **neue Tatsachen oder Beweismittel** vorgebracht werden, welche für die Entscheidung über den Zuschlag von Einfluß sein können, vgl. § 74 (z. B. Zurücknahme des Versteigerungsantrags, Nachweis der Aufhebung oder Einstellung des Verfahrens nach § 37 Ziff. 5, der Abtretung der Rechte aus dem Meistgebote nach § 81 Abs. 2, 3, der Genehmigung des Verfahrens nach § 84 Abs. 2), soweit sie nicht gesetzlich innerhalb eines früheren Abschnittes des Verfahrens vorgebracht werden müssen (z. B. Verlangen der Sicherheit nach § 67, Leistung derselben nach § 70, Widerspruch gegen Zulassung oder Zurückweisung eines Gebots nach § 72). Protokollierung: §§ 78, 80.

Infolge dieser neuerlichen Verhandlung kann nochmalige Verschiebung des Verkündungstermins nötig werden (Jäckel a. a. O.).

§ 88.

Der Beschluß, durch welchen der Zuschlag ertheilt wird, ist den Betheiligten, soweit sie weder im Versteigerungstermine noch im Verkündungstermin erschienen sind, und dem Ersteher sowie im Falle des § 61 dem für zahlungspflichtig erklärten Dritten und im Falle des § 81 Abs. 4 dem Meistbietenden zuzustellen. Als Betheiligte gelten auch diejenigen, welche das angemeldete Recht noch glaubhaft zu machen haben.

E. I § 125; M. 243–245; D. —; KBer. —.

Zustellung des Zuschlagsbeschlusses.

1. Eine Zustellung des den Zuschlag enthaltenden Ausspruchs des Versteigerungsbeamten fand nach **bisherigem Rechte** (Art. 78 Ziff. 6 BayZO.) nicht statt.

2. Bedeutung und Notwendigkeit der Zustellung. Die materielle Wirksamkeit des Zuschlagsbeschlusses tritt schon mit der Verkündung ein (§ 89, Ausnahme: § 104). Die Zustellung hat nur Bedeutung für den Beginn der Beschwerde-(Erinnerungs-)frist. Aber auch die Beschwerdefrist beginnt für diejenigen, welchen der Beschluß nach § 88 nicht zugestellt zu werden braucht, mit der Verkündung.

a) Zuzustellen ist nur der Zuschlags-, nicht der Versagungsbeschluß. Die Frist zur Einlegung der Erinnerung bezw. Beschwerde gegen den Versagungsbeschluß läuft also immer von der Verkündung an.

b) Aber auch der Beschluß, durch welchen der Zuschlag erteilt wird, ist nicht allen Beteiligten zuzustellen, vielmehr nur

α) dem Ersteher, dem zahlungspflichtigen Dritten (§§ 61, 82) und dem neben dem Ersteher haftenden Meistbietenden (§ 81 Abs. 4, § 82) — diesen Personen, ohne Rücksicht auf ihre Anwesenheit;

β) denjenigen übrigen Beteiligten (einschließlich des Schuldners, sowie des Berechtigten, der sein Recht noch glaubhaft zu machen hat, § 88 Satz 2), die weder im Versteigerungs- noch im Verkündungstermin anwesend waren[1]).

Die Anwesenheit wird durch das Protokoll bewiesen (§ 78 Ges. mit §§ 159, 164 ZPO.) Anwesend ist auch, wer sich während der Verhandlungen entfernt hat (Rechtspr. d. OLG. IV S. 375).

Verzicht auf Zustellung, so daß die Beschwerdefrist von der Verkündung an läuft, ist zulässig (Reinhard I S. 443, Jäckel S. 323, 324; bestr.).

3. Die **Zustellung erfolgt** nach §§ 3—7. Sie ist als zum Versteigerungsgeschäft und darum zu den Obliegenheiten des Versteigerungsbeamten gehörig zu erachten (Art. 25 BayAG. z. ZVG.). Zuzustellen ist der ganze Beschluß, weshalb dieser zweckmäßig vom Terminsprotokolle zu trennen ist. Nach Einlauf der Zustellungsnachweise erfolgt die Rückgabe der Akten an das Gericht (§ 227 NotGeschO. vgl. Bem. zu § 105 Ges.).

§ 89.

Der Zuschlag wird mit der Verkündung wirksam.

E. I § 142 Abs. 1; M. 268, 269; D. —; KBer. —.

Beginn der Wirksamkeit des Zuschlags.

1. Bisheriges Recht. Auch Art. 55 Ziff. 2 BayZO. knüpfte die Wirksamkeit des Zuschlags nicht an dessen Rechtskraft, sondern übertrug Eigentum, Gefahr und Nutzungen auf den Ersteher unmittelbar mit der Zuschlags-Verkündung, allerdings unter der Resolutivbedingung der Erfüllung der Strichsverbindlichkeiten bzw. der Nichtanfechtung des Zuschlags (Ortenau-Henle S. 149, 152). Dieser Grundsatz war aber nicht in allen seinen Konsequenzen durchgeführt (vgl. Ortenau-Henle S. 151, 292).

2. Die **Wirksamkeit des Zuschlagsbeschlusses** tritt (im Gegensatze zum Versagungsbeschluß, § 86) unmittelbar mit der Verkündung im Versteigerungstermin oder

---

[1]) Der Bieter, dessen Gebot nicht erloschen ist (§ 72), zählt nicht zu den Beteiligten (§§ 91, 97 Abs. 1; a. M. Jäckel S. 323). Zustellung an ihn ist durch § 88 nicht vorgeschrieben; ihm gegenüber läuft die Beschwerdefrist von der Verkündung an (§ 98, so auch Jäckel S. 323, 362).

in dem zur Verkündung bestimmten besonderen Termin ein, also unabhängig von der Rechtskraft (Bem. 3) oder der Zahlung des Strichschillings.

Ist die Verkündung unterblieben, so kann auch die Zustellung den Beschluß nicht wirksam machen; es ist vielmehr die Verkündung in einem besonders anzuberaumenden Termine, durch den Notar nachzuholen (Wolff Bem. 3, Fischer-Schäfer S. 350; bestr.).

Wird der Zuschlag aber erst vom Vollstreckungs- oder Beschwerdegericht erteilt, so wird er erst mit der Zustellung an den Ersteher wirksam (vergl. §§ 98 Bem. 2b und 104 Ges., § 13 Abs. 2 EG. z. ZVG.).

Mit der Wirksamkeit des Zuschlags gehen Eigentum (§ 90), Gefahr, Nutzungen und Lasten (§ 56) auf den Ersteher über; er tritt in die Miet- und Pachtverhältnisse ein (§§ 57, 59) und kann sich sofort in den Besitz des Grundstücks setzen (§ 93)[1]); es erlöschen die Rechte, welche nicht bestehen bleiben (§ 91); das Bargebot ist zu verzinsen, (§ 49 Abs. 2), die Haftung für bestehen bleibende Hypotheken rc. zu übernehmen (§ 53).

Die Eintragung des Erstehers in das Grundbuch ist jedoch von der Rechtskraft des Zuschlags und der Ausführung des Teilungsplans[2]) abhängig (§ 130), ebenso die Eintragung der (vom Zuschlag an zulässigen) rechtlichen Verfügungen des Erstehers über das Grundstück (§ 130 Abs. 3). Die Vollstreckung aus dem Zuschlagsbeschlusse gegen den Ersteher usw. ist erst nach Ausführung des Plans zulässig (§§ 132, 133).

3. Bedeutung der Aufhebung des Zuschlags. Der Eintritt der Wirksamkeit des Zuschlags ist nicht (wie bisher, Art. 55 Ziff. 2 BaySO.) auflösend bedingt dadurch, daß eine Aufhebung im Beschwerdewege nicht erfolgt oder der Strichschilling bezahlt wird (Mot. S. 260), wenngleich der Vollzug des Zuschlagsbeschlusses im Wege des § 572 ZPO. ausgesetzt werden kann. Die Nichtaufhebung des Zuschlags ist nur die gesetzliche Voraussetzung der Wirksamkeit desselben (vgl. § 90 Bem. 6); wird daher der aufgehobene Zuschlag von der Beschwerdeinstanz wieder hergestellt, so tritt seine Wirksamkeit ex tunc wieder ein (Reinhard II S. 445, Jäckel S. 328).

§ 90.

Durch den Zuschlag wird der Ersteher Eigenthümer des Grundstücks, sofern nicht im Beschwerdewege der Beschluß rechtskräftig aufgehoben wird.

Mit dem Grundstück erwirbt er zugleich die Gegenstände, auf welche sich die Versteigerung erstreckt hat.

E. I § 148 Abs. 1 und 3; M. 258—261; D. 55; KBer. 40.

Eigentumserwerb des Erstehers.

1. Bisheriges Recht. Vgl. § 89 Bem. 1 — Nach bayer. Recht war der Ersteher Rechtsnachfolger des Schuldners (Ortenau-Henle S. 149; obstr. Erk. n. F. I S. 22).

2. Materiell-rechtliche Natur des Zuschlags. Der Zuschlag in der Mobiliarzwangsversteigerung ist die Feststellung der Perfektion eines Kaufvertrags; der Eigentumserwerb vollzieht sich dort erst mit der Übergabe. Der Zuschlag des ZVG.

---

[1]) Woran ihn nur eine etwaige gerichtliche Verwaltung hindert (§ 94).

[2]) Nach Art. 94, 122 BaySO. war die Besitztitelberichtigung (vom Falle des Art. 29 Nov. abgesehen) schon nach Ausweisung des Strichschillings zulässig, und dann nur von der Rechtskraft des Zuschlags abhängig (Ortenau-Henle S. 331, 335, 424). Nunmehr kann sie schon wegen §§ 50, 51 auch bei Hinterlegung des Bargebots nicht vor dem Teilungstermine (bezw. vor Nachweisung der Einigung nach § 143 oder Ablauf der Frist des § 144) erfolgen.

ist ein Richterspruch (der Versteigerungsbeamte übt in Ansehung des Zuschlags richterliche Funktionen aus, Art. 25 BayAG. z. ZVG.), welcher auf Grund der Versteigerungsbedingungen und nur nach Maßgabe des Zuschlagsbeschlusses ohne Rücksicht auf den Parteiwillen unmittelbar das Eigentum überträgt.[1]) Der Ersteher ist nicht Rechtsnachfolger des Schuldners; daher sind ihm gegenüber Einreden aus der Person des Schuldners ausgeschlossen. Er tritt weder zu den Realgläubigern noch zum Schuldner noch zum Vollstreckungsgericht (§ 49) in ein Vertragsverhältnis (Rechtspr. d. OLG. IX S. 380).

3. **Der Eigentumserwerb** vollzieht sich mit dem Zuschlage (§§ 89, 104) für den Ersteher ohne Rücksicht auf die Rechtsstellung des Schuldners zum Grundstücke, also auch wenn dieser nicht Eigentümer war, indem alle entgegenstehenden Rechte im Wege des § 37 Ziff. 5 beseitigt werden (§ 91 Abs. 1). Ein Eigentumsvorbehalt des Dritten ist, selbst wenn er im Zuschlagsbeschluß enthalten wäre, bedeutungslos (Recht 1903 S. 22). Der Eigentumserwerb wird auch durch den bösen Glauben des Erstehers (vgl. § 892 BGB.) nicht ausgeschlossen, da es auf die Kenntnis desselben von dem Eigentume des Schuldners an dem versteigerten Grundstücke und den mitversteigerten Gegenständen nicht ankommt (JW. 1903 S. 406, RG. Bd. 45 S. 284, ZBlFG. V S. 139, Jäckel S. 327). Dies gilt auch, wenn der Schuldner selbst Ersteher ist.[2]) Eine Gewährleistung wegen Mängel findet nicht statt (§ 56).

Dieser Eigentumserwerb beseitigt aber die Rechte Dritter nur dann, wenn die Aufforderung nach § 37 Ziff. 5 erfolgt ist und der Zuschlagsbeschluß hinsichtlich des Grundstücks mit der Aufforderung übereinstimmt. Der Eigentumserwerb vollzieht sich endlich unabhängig von der Eintragung in das Grundbuch (anders § 873 BGB.) und von der Berichtigung des Strichschillings (vgl. § 89); bei den mitversteigerten Sachen und Forderungen ist weder Übergabe noch Zession erforderlich.

4. Für den **Umfang** des Eigentumserwerbs ist zunächst der Inhalt des Zuschlagsbeschlusses maßgebend; dies gilt aber nur dem Schuldner gegenüber.

Im Verhältnis zu Dritten ist zu unterscheiden:

a) Gehörte das Grundstück nicht dem Schuldner, so verliert der Dritte sein Eigentum nur, wenn er auf diesen Verlust gemäß § 37 Ziff. 5 aufmerksam gemacht war (was nicht der Fall ist, wenn das Grundstück in der Terminsbestimmung unrichtig oder für den Dritten nicht erkennbar oder, obwohl es ein selbständiges Grundbuchblatt hatte, überhaupt nicht bezeichnet war; Jäckel S. 327, Wolff § 90 Bem. 2, Recht VIII S. 317). Demgemäß können auch die im Zuschlagsbeschluß enthaltenen Angaben über Größe, Lage, Kulturart und Grenzen des Grundstücks, selbst wenn sie mit dem Grundbuch und Katasterplänen übereinstimmen, die Rechte Dritter nicht beeinträchtigen, wenn jene Angaben tatsächlich unrichtig sind (so Jäckel S. 330, Dernburg 3. Aufl. III

---

[1]) Ebenso Jäckel S. 297, 326, Reinhard I S. 447, Fischer-Schäfer S. 28 ff.; a. M. Günther S. 104, Wolff § 90 Bem. 1, welche an der Verkaufstheorie festhalten und den Willen des Subhastaten als zwangsweise ersetzt gelten lassen wollen. — Dagegen Mot. S. 259: „Der Erwerb des Erstehers kann nicht auf eine rechtsgeschäftliche Übertragung zurückgeführt werden; denn der Ersteher erwirbt das Eigentum, nicht weil es ihm von den Beteiligten, dem Gläubiger oder dem Schuldner übertragen, sondern weil ihm das Grundstück vom Vollstreckungsgericht zugeschlagen wird. Der Zuschlag ist nach dem Entwurf nicht das Zeichen der Vollendung eines Vertrags, auch nicht die Form eines solchen, sondern ein Richterspruch —." Daß die Gebührenbewertung das Versteigerungsprotokoll einem Kaufvertrage gleich behandelt, darf nicht irreführen (Art. 10, 146 BayGebGes.).

[2]) Jäckel S. 328; Mot. 260. — Der Schuldner erlangt in diesem Fall durch den Zuschlag die durch die Beschlagnahme beschränkte Dispositionsbefugnis wieder.

S. 768, Achilles-Strecker S. 152, Turnau-Förster II S. 573, bestr.; vgl. Gruchot Bd. 45 S. 765, Bd. 48 S. 38).

b) Für den Umfang des Erwerbs des Eigentums an den mitversteigerten beweglichen Sachen und des Erwerbs mitversteigerter Forderungen sind die §§ 55, 59, 65 maßgebend. Der Ersteher erwirbt hiernach in der Regel (von §§ 59, 65 abgesehen) unmittelbar mit dem Zuschlag alle in diesem Zeitpunkte von der Beschlagnahme ergriffenen Sachen und Forderungen, mit Ausnahme der im Wege des § 37 Ziff. 5 von der Versteigerung ausgenommenen oder von Dritten gutgläubig erworbenen Gegenstände, die Zubehörstücke nach Maßgabe des § 55 Abs. 2. Zu den mitversteigerten Forderungen gehören insbesondere auch regelmäßig die Ansprüche des Subhastaten auf Versicherungsgelder, soweit sie von der Beschlagnahme erfaßt sind (ZBlFG. V S. 139).

Eine Modifikation tritt ein, wenn der Umfang des Erwerbs des Erstehers gemäß § 59 festgesetzt und diese abgeänderte Versteigerungsbedingung in den Zuschlagsbeschluß aufgenommen wurde, wobei jedoch zu beachten ist, daß der Erwerb von Bestandteilen des Grundstücks auch nicht durch eine besondere Versteigerungsbedingung ausgeschlossen werden kann (JW. 1902 S. 229, Gruchot Bd. 46 S. 859, ZBlFG. III S. 149; vgl. § 82 Bem. 3d, Jäckel S. 331—333).

5. Der Verlust des Eigentums des bisherigen Eigentümers wird dadurch ausgeglichen, daß dieser das Eigentum — unbeschadet der Rechte der Beteiligten — an dem an das Gericht (§ 107 Abs. 2) bezahlten Erlös bezw. den Anspruch auf Bezahlung desselben erlangt (Surrogationsprinzip). Der bisherige Eigentümer kann das Grundstück nicht mehr vindizieren (vgl. obstr. Erk. n. F. I S. 22).

6. Wirkung der Aufhebung des Zuschlags (vergl. § 89 Bem. 3). Mit der rechtskräftigen Aufhebung des Zuschlags verliert dieser ex tunc seine Wirksamkeit. Das Eigentum fällt an den früheren Eigentümer; Nutzungen, die der Ersteher in der Zwischenzeit gezogen hat, sind von ihm zu erstatten (dem Schuldner, wenn der Versteigerungsantrag zurückgenommen, das Verfahren aufgehoben oder alle Gläubiger aus dem Grundstücke befriedigt werden; dem anderen Ersteher, wenn diesem der Zuschlag erteilt wird; den Gläubigern, wenn diese bei der Fortsetzung des Verfahrens einen Ausfall erleiden; Jäckel S. 328), Aufwendungen ihm zu vergüten[3]). Die nach § 91 erlöschenden Rechte gelten als nicht erloschen.

Auch die rechtlichen Verfügungen des Erstehers hinsichtlich des Versteigerungsgegenstandes (Kündigungen an Mieter, Pächter, Veräußerung, Verpfändung) werden ex tunc hinfällig; aus der Aufhebung des Zuschlags ergibt sich, daß er zu den vorgenommenen Verfügungen nicht berechtigt war; für den Rechtserwerb an beweglichen Sachen haben aber die Vorschriften zu Gunsten derer, welche Rechte von einem Nichtberechtigten ableiten (§§ 932 ff., 1207 BGB.) Anwendung zu finden (Jäckel S. 328).

Einen Schutz der Beteiligten gegen die Verfügungen des Erstehers bis zur Erfüllung seiner Verbindlichkeiten bietet § 94.

§ 91.

Durch den Zuschlag erlöschen unter der im § 90 Abs. 1 bestimmten Voraussetzung die Rechte, welche nicht nach den Versteigerungsbedingungen bestehen bleiben sollen.

Ein Recht an dem Grundstücke bleibt jedoch bestehen, wenn dies zwischen dem Berechtigten und dem Ersteher vereinbart ist, und die Erklärungen ent-

[3]) Über Rückvergütung der Gebühren des Versteigerungsprotokolles siehe Art. 10 Abs. 3 BayGebG.

weder im Vertheilungstermin abgegeben oder, bevor das Grundbuchamt um Berichtigung des Grundbuchs ersucht ist, durch eine öffentlich beglaubigte Urkunde nachgewiesen werden.

Im Falle des Abs. 2 vermindert sich der durch Zahlung zu berichtigende Theil des Meistgebots um den Betrag, welcher sonst dem Berechtigten gebühren würde. Im Uebrigen wirkt die Vereinbarung wie die Befriedigung des Berechtigten aus dem Grundstücke.

E. I §§ 148 Abs. 2, 3, 139; M. 260, 262, 263; D. 56; KBer. —.

Einfluß des Zuschlags auf die Rechte am Grundstück.

1. Über das bisherige Recht vergl. Art. 94 Ziff. 1, 55 Ziff. 1 BaySO.; ihr war der in § 91 Abs. 1 ausgesprochene Grundsatz fremd; sie ließ vielmehr prinzipiell alle Rechte (abgesehen von den Hypotheken) bestehen und erweiterte die Wirkung des Zuschlags nur nach Maßgabe des Art. 57 SO. (vgl. obstr. Erk. n. F. I S. 22). Auch der in § 91 Abs. 2 und 3 zum Ausdruck gekommene Gedanke, daß die beteiligten Gläubiger und der Ersteher ihr Verhältnis zu einander unabhängig von den Versteigerungsbedingungen regeln und statt Barzahlung Bestehenbleiben eines Rechtes am Grundstücke vereinbaren dürfen (ebenso wie umgekehrt), weicht insofern von Art. 55 Ziff. 1 BaySO. (und § 144 Ges.) ab, als hier vermieden wird, auch die obligatorische Seite dieser Vereinbarungen zu berühren.

2. Erlöschen der Rechte. In welchem Umfange die Rechte erlöschen, entscheiden die in dem Zuschlagsbeschluß enthaltenen gesetzlichen oder nach § 59 vereinbarten Versteigerungsbedingungen (vgl. § 82 Bem. 3d und § 9 EG. mit Art. 27 BayAG. z. ZVG.). In Ergänzung des § 52 und in Abweichung von § 1181 BGB. schreibt § 91 Abs. 1 vor, daß dieses Erlöschen schon im Zeitpunkte des Zuschlags (Verkündung §§ 89, 90 bezw. Zustellung § 104) eintritt, vorausgesetzt, daß der Zuschlag nicht im Beschwerdewege aufgehoben wird. Erfolgt letzteres, so gelten die Rechte als niemals erloschen; wird der Zuschlag im Beschwerdewege wieder hergestellt, so gelten die Rechte als mit der ersten Zuschlagsentscheidung erloschen (Jäckel S. 334).

Nach Maßgabe des § 91 Abs. 1 erlöschen sowohl die Rechte des Eigentümers und der beteiligten Gläubiger — einschließlich des Erstehers [1]) —, wie auch dritter Personen; an die Stelle des erloschenen Rechtes tritt der Anspruch auf Befriedigung aus dem Erlöse in dem Range, welchen das Recht selbst eingenommen hatte (§ 92).

Das Erlöschen beschränkt sich jedoch auf das dingliche Recht (§ 10 Ziff. 4) am Grundstücke (sowie an den mitversteigerten Gegenständen, § 1120 BGB.) [2]), sowie auf das Recht auf Befriedigung aus diesen Objekten (§ 10 Ziff. 1—3, 5); es erstreckt sich also z. B. nicht auf Miet- und Pachtrechte oder auf die Rechte an den nicht versteigerten Gegenständen (RG. Bd. 55, S. 414; dagegen Gruchot Bd. 48 S. 470, da die Möglichkeit eines selbständigen hypothekarischen Pfandrechtes an Mobilien nicht anzunehmen, daher die Sonderversteigerung nicht auf Grund der gelöschten Hypothek, sondern nur kraft der Beschlagnahme zu Gunsten des betreibenden Teils zu-

---

[1]) Die Entstehung einer Eigentümergrundschuld nach §§ 889, 1177 BGB. ist hier ebenso ausgeschlossen, wie durch § 1181 BGB. (vgl. Endemann S. 475). Anders bei der im Mindestgebot enthaltenen Hypothek, wenn der Hypothekgläubiger Ersteher wird, oder wenn dieser von § 91 Abs. 2 Gebrauch macht (vgl. oben Bem. 3).

[2]) Sind Versicherungsgelder auf den Ersteher übergegangen, so ist auch deren Haftung für den Realgläubiger erloschen (Recht VIII S. 485, ZBlFG. V S. 139).

lässig sei; siehe auch § 65 Bem. 2). Über das Erlöschen der mit dem dinglichen Recht etwa verbundenen persönlichen Forderung siehe § 52 Bem. 5.

Die Löschung der erloschenen dinglichen Rechte erfolgt nach § 130.

Über Vollstreckbarkeit des Zuschlagsbeschlusses siehe §§ 132, 133.

3. Vertragsmäßige Ausschließung des Erlöschens kann durch Vereinbarung zwischen dem Berechtigten und dem Ersteher über das Liegenbleiben des (dinglichen) Rechtes erfolgen. Die obligatorischen Beziehungen zwischen beiden brauchen in derselben nicht geregelt zu sein. Soweit die obligatorische Seite einer solchen Vereinbarung für das Verfahren von Bedeutung ist, zieht aus ihr das Gesetz selbst in Abs. 3 die Konsequenzen (Jäckel S. 334, 335, Reinhard I S. 452).

Die Vereinbarung kann nur Rechte am Grundstücke betreffen (auch solche, die nicht auf Geldzahlung gerichtet sind, wie Dienstbarkeiten, Naturalausträge; und gleichgültig, ob sie eingetragen oder nur durch Vormerkung oder Widerspruch geschützt sind), nicht die Ansprüche auf Befriedigung aus dem Grundstück (§ 10 Ziff. 1—3, 5, Jäckel S. 335); ferner nur die nach den Versteigerungsbedingungen erlöschenden Rechte, aber auch, wenn sie durch das Meistgebot nicht gedeckt sind (v. d. Pfordten S. 266, Jäckel S. 338, ZBlFG. IV S. 617; anders Art. 55 Ziff. 1 und 96 BayGO.). Etwaige vereinbarte Abänderungen hinsichtlich der kraft Versteigerungsbedingung bestehen bleibenden Rechte sind dem Grundbuchamte, nicht dem Vollstreckungsgerichte vorzulegen. Auch eine dem Recht anhaftende Bedingung oder ein Widerspruch hindert eine Vereinbarung des Bestehenbleibens (neben der Sicherungshypothek des Eventualberechtigten nach §§ 123, 124, 128) nicht; in diesem Falle ist die Sicherungshypothek unter entsprechender Bedingung einzutragen und wieder zu löschen, wenn sich der Rechtsbestand des bestehen gelassenen Rechtes herausstellt, bezw. der Widerspruch nicht rechtzeitig durch Klage verfolgt wird (Jäckel S. 336, Reinhard I S. 453, 455).

Die Vereinbarung muß zwischen dem Ersteher und dem aus dem Grundbuch ersichtlichen (§ 1154 Abs. 3 BGB.) oder sich durch Vorlage des Briefs und event. der Abtretungserklärung oder des Pfändungs- und Überweisungsbeschlusses (§§ 1117, 1160, 1192, 1199 BGB.) legitimierenden Berechtigten getroffen worden sein; die Nachweise müssen öffentlich beglaubigt sein; öffentliche Urkunden (auch Versteigerungsprotokoll)[3]) genügen. Handelt es sich um die Hypothek des Erstehers, die als Grundschuld bestehen bleiben soll (vgl. Fußnote 1), so genügt seine Erklärung allein (Jäckel a. a. O.).

Der Abschluß der Vereinbarung ist auch vor dem Zuschlag (unter der Bedingung, daß der Mitkontrahent Ersteher wird) zulässig; der Nachweis ist bis zu dem nach § 130 erfolgenden Ersuchen dem Vollstreckungsgerichte zu liefern, widrigenfalls das betr. Recht gelöscht und, falls nicht Zahlung erfolgt ist, nach §§ 118, 128 verfahren wird.

4. Wirkung der Vereinbarung. Das Recht selbst gilt als durch den Zuschlag nicht erloschen, das alte Pfandrecht gilt mit dinglicher Wirkung gegen jedermann weiter (Mot. 262, Recht 1904 S. 170), und behält seinen bisherigen Rang. Die Forderung des bisherigen Eigentümers gegen den Ersteher (bezw. gegen den nach § 61 für zahlungspflichtig erklärten Dritten oder den Meistbietenden des § 81) auf Barzahlung (vgl. § 90 Bem. 5) mindert sich aber um den Betrag, welcher bei der Verteilung des Erlöses auf das Recht entfallen wäre. In Ansehung dieses Betrages werden allen Beteiligten gegenüber — mit Ausnahme des Berechtigten — die Wirkungen, welche die Zahlung gehabt haben würde, auf die Vereinbarung übertragen: Der persönliche Schuldner und seine Mitverpflichteten (Bürgen) werden insoweit von ihrer

[3]) Gebühr für notarielle Beurkundung: obstr. Erk. n. F. IV S. 898.

Verbindlichkeit gegenüber dem Berechtigten befreit, wenn sie nicht gleichfalls der Vereinbarung sich anschließen[4]), auf mithaftenden nicht versteigerten Grundstücken (Anteilen) erlischt das Recht (§ 1181 Abs. 2 BGB.), soweit es nicht auf den bisherigen Eigentümer des versteigerten Grundstücks als Ersatzberechtigten übergeht (§ 1182 BGB.). Die Löschung des Rechtes auf den mithaftenden, nicht versteigerten Grundstücken ist jedoch nicht Sache des Vollstreckungsgerichtes; Jäckel S. 339, Reinhard I S. 456; Ortenau-Henle S. 369. (Auch im Falle der Anteilsversteigerung sind die auf mehreren Anteilen ruhenden sogenannten Totalhypotheken als Gesamthypotheken zu behandeln; RG. Bd. 20 S. 270, Gruchot Bd. 45 S. 463, Oberneck 3. Aufl. S. 872 f.).

Dagegen legt das Gesetz der Vereinbarung des Abs. 2, 3 an sich nicht die Wirkung der Schuldübernahme bei (vgl. § 53 Bem. 1); ob der Ersteher in das persönliche Schuldverhältnis eintritt oder nur dinglich weiter haftet (so daß die Hypothek zur Grundschuld würde), oder ob er ein neues Schuldverhältnis mit dem Berechtigten eingeht, wird vom Gerichte nicht geprüft (anders § 144, siehe oben Bem. 1; vgl. Recht 1901 S. 202, 258, 280; 1904 S. 170, 212; JW. 1903 S. 336; Rechtspr. d. OLG. IX S. 140 ff.).

5. Auf das **Rangverhältnis** zwischen den bestehen gelassenen und den übrigen Rechten hat die Vereinbarung keinen Einfluß; zahlt der Ersteher daher eine, dem vereinbarungsgemäß bestehen bleibenden Rechte vorausgehende Post nicht, so erhält die Sicherungshypothek hierfür Vorrang vor jenem Recht (§ 879 Abs. 3 BGB., siehe auch §§ 46, 62, 70 GBO.; Jäckel S. 339, 340, Fischer-Schäfer S. 358).

§ 92.

Erlischt durch den Zuschlag ein Recht, das nicht auf Zahlung eines Kapitals gerichtet ist, so tritt an die Stelle des Rechtes der Anspruch auf Ersatz des Werthes aus dem Versteigerungserlöse.

Der Ersatz für einen Nießbrauch, für eine beschränkte persönliche Dienstbarkeit sowie für eine Reallast von unbestimmter Dauer ist durch Zahlung einer Geldrente zu leisten, die dem Jahreswerthe des Rechtes gleichkommt. Der Betrag ist für drei Monate vorauszuzahlen. Der Anspruch auf eine fällig gewordene Zahlung verbleibt dem Berechtigten auch dann, wenn das Recht auf die Rente vor dem Ablaufe der drei Monate erlischt.

Bei ablösbaren Rechten bestimmt sich der Betrag der Ersatzleistung durch die Ablösungssumme.

E. I § 140; M. 263–266; D. 56; KBer. —.

Wertsersatz für erlöschende Rechte.

1. Ebensowenig wie im **bisherigen Recht** ist auch im ZVG. das Surrogationsprinzip d. h. der Grundsatz, daß der Versteigerungserlös an Stelle des Versteigerungsgegenstandes tritt (§ 90 Bem. 5), förmlich zum Ausdruck gekommen. Da sich seine Anwendung aus anderen Vorschriften (§§ 10, 37 Ziff. 5, 109, 118) von selbst ergibt, war eine besondere Bestimmung nur hinsichtlich der nicht auf Zahlung eines Kapitals gerichteten Rechte erforderlich.

---

[4]) Etwaige Regreßansprüche des bisherigen Eigentümers gegen den Schuldner und andere Mitverpflichtete wegen der Befriedigung aus dem Grundstücke bleiben unberührt (Jäckel S. 337, 338).

Die Berücksichtigung der letzteren war in der BayGO. verschieden geregelt. Hypothekarisch sicher gestellte Leibrenten, Pfründereichnisse und ähnliche Ansprüche auf wiederkehrende Leistungen waren, soweit sie nicht in Geld entrichtet werden mußten, zu schätzen und, wenn sie auf bestimmte Zeitdauer berechnet waren, durch diejenige Summe zu ersetzen, welche den Gesamtwert der künftigen Leistungen darstellte (Art. 113, Ortenau-Henle S. 175); wenn aber ihre Dauer unbestimmt war, durch ein Kapital abzulösen, aus dessen Zinsen die Leistungen gewährt werden konnten. Beide Summen waren sicher zu stellen (Art. 115, 116 mit 111 Abs. 2, 112; Ortenau-Henle S. 402). Dingliche Lasten (Reallasten, Dienstbarkeiten) dagegen — zu welchen auch Austragsreichnisse gehören konnten, Ortenau-Henle S. 211, 212 — gingen in der Regel ohne Anrechnung am Strichschilling auf den Ansteigerer über, blieben also bestehen, ohne Rücksicht darauf, ob sie dem betreibenden Teil vorgingen oder nicht (Art. 55 Ziff. 2, 57 GO., 15, 16 Nov.); wurden sie aber ausnahmsweise zum Erlöschen gebracht (mittelst Doppelausgebots), so war keine Ablösung aus der Masse zu gewähren, wenn nicht die Belastung gerade zur Sicherung einer persönlichen Forderung diente; der Berechtigte war vielmehr auf etwaige Bereicherungsansprüche beschränkt (Ortenau-Henle S. 219, 222, 223, 390). Vorkaufsberechtigte endlich hatten gar nichts aus dem Bargebote zu beanspruchen (Ortenau-Henle S. 119, 287, 347).

2. Wertsersatz (Abs. 1). Für alle durch den Zuschlag erlöschenden (aber durch das Meistgebot gedeckten) Rechte, die nicht auf Zahlung eines Kapitals gerichtet sind, aber gemäß § 10 Ziff. 4 auf Befriedigung aus dem Grundstück Anspruch haben, wird, soweit es sich nicht um die in Abs. 2 genannten Rechte handelt, im Range des Rechtes, eine einmalige Abfindungssumme aus dem Stricherlös bezahlt, die dem Werte des Rechtes entspricht.

Unter Abs. 1 fallen Erbbaurechte (§§ 1012 ff. BGB.); Grunddienstbarkeiten (§§ 1018 ff. BGB.); Reallasten von bestimmter Dauer (§§ 1105 ff. BGB.); dingliche Vorkaufsrechte, wenn sie nicht auf den Fall des Verkaufs durch den Besteller beschränkt sind (§ 1097 Satz 2 BGB.)[1]; die der Zwangsversteigerung entgegenstehenden Rechte (besonders Eigentum) Dritter (§§ 37 Ziff. 5 Ges., 771 ZPO.)[2]; die Rentenschulden (§§ 1199 ff. BGB.); endlich die durch Art. 113 EG. z. BGB. aufrecht erhaltenen, landesgesetzlich geregelten ablösbaren Rechte (vgl. § 3 EG. z. ZVG.).

Ist für das Recht ein Höchstbetrag des Wertsersatzes bezw. die Ablösungssumme im Grundbuch nicht eingetragen (vgl. §§ 882, 1199 Abs. 2 BGB., Art. I Ziff. 1 der HypGesNov. vom 20. XII. 1903), so ist der Wert nach §§ 37 Ziff. 4 bezw. 114 anzumelden, widrigenfalls das Recht ganz unberücksichtigt bleibt. Es findet keine gerichtliche Abschätzung statt (diejenige nach § 51 Abs. 2 hat nur Bedeutung für die Feststellung des Mindestgebots). Die endgültige Wertfestsetzung erfolgt bei Widerspruch durch den Prozeßrichter (§ 115; Fischer-Schäfer S. 361, Reinhard I S. 458, Jäckel S. 344). Soweit der Höchstbetrag nicht liquidiert bezw. nicht zu-

[1]) Gehen solche dem betreibenden Gläubiger vor, so bleiben auch sie bestehen und wirken für die Zukunft gegen den Ersteher. Die übrigen Vorkaufsrechte werden nach §§ 512, 1098 BGB. infolge der Versteigerung gegenstandslos, sind also ohne Wertsersatz zu löschen (Jäckel S. 342, Fischer-Schäfer S. 247, 361, 362, Planck § 1098 BGB. Bem. 2i).

[2]) Der Eigentümer, welcher nicht Schuldner war, kann sein Recht nach der Versteigerung ebenfalls nur in Ansehung des Erlöses verfolgen, welchen er denen entreißen kann, welche seinem Rechte nachstehen (z. B. einem persönlichen Beschlagnahmegläubiger). Nach Auszahlung des Strichschillings an die Berechtigten hat er einen Bereicherungsanspruch (§§ 812 ff. BGB.), soweit er deren Befriedigung auf Grund ihres besseren dinglichen Rechtes nicht gleichfalls dulden muß. Sind bewegliche Sachen Dritter versteigert worden, so können diese nur denjenigen Betrag herausfordern, um welche sich der Stricherlös der übrigen Objekte gerade mit Rücksicht auf die mitversteigerte Sache des Dritten erhöht hat (Jäckel S. 341, Fischer-Schäfer S. 359).

erkannt wird, kommen die im Range nachfolgenden Berechtigten zum Zuge; ein Übergang des Anspruchs auf den Eigentümer, wie bei der Hypothek nach § 1168 BGB., ist ausgeschlossen (v. d. Pfordten S. 271, JW. 1903 S. 116).

3. Rentenleistung (Abs. 2). Für Nießbrauchsrechte (§§ 1030 ff. BGB.), beschränkte persönliche Dienstbarkeiten (§§ 1090 ff. BGB., besonders Wohnungs- und Gebrauchsrechte) und Reallasten von unbestimmter Dauer (§§ 1105 ff. BGB., besonders Altenteils- und Austragsrechte; vgl. Art. 32—48, 85 BayAG. z. BGB., Art. 48, 116—118 ÜB.) wird eine Rente in Höhe des Jahreswerts des Rechtes geleistet, welche vierteljährig vorauszahlbar ist (§ 760 Abs. 2 BGB.). Die in den Verteilungsplan im Range des Rechtes einzustellende Summe ergibt § 121.

Die einmal fällig gewordene Quartalsrente gebührt dem Berechtigten bezw. seinen Erben auch dann, wenn das Recht auf die Rente vor Ablauf des betr. Quartals erlischt. Reicht der Stricherlös nicht zur Deckung des ganzen nach § 121 ermittelten Kapitalbetrags aus, so ist eine verhältnismäßige Reduktion des Kapitals wie der Jahresleistung nur erforderlich, wenn gleichberechtigte Gläubiger vorhanden sind. Außerdem bekommt der Berechtigte die volle Jahresleistung, auch wenn dadurch das Kapital aufgezehrt wird und den Nachstehenden entgeht. (Jäckel S. 439, Reinhard I S. 461, II S. 85; vgl. Art. 115 Abs. 2 BaySO.).

Der Jahreswert des Rechtes ist anzumelden; die Anmeldung kann aber noch im Verteilungstermine (§ 114) erfolgen, da das Recht selbst, wenn es aus dem Grundbuch ersichtlich ist, von § 37 Ziff. 4 nicht betroffen wird; ist ein Höchstbetrag eingetragen, so ist mangels Anmeldung dieser zu Grunde zu legen und hieraus die Zinsen als Rente zu gewähren (Fischer-Schäfer S. 361, Jäckel S. 391, 411; abw. Reinhard I S. 460, II S. 43).

2. Die **Anwendbarkeit** der Vorschrift des § 92 setzt natürlich voraus, daß das Recht nicht kraft der Versteigerungsbedingungen oder gemäß § 9 EG., Art. 27 BayAG. z. ZVG. (Auszugsrechte, Grundgefälle, Grunddienstbarkeiten) bestehen bleibt, sowie daß es gerade durch den Zuschlag (nicht z. B. durch den Tod des Berechtigten) erlischt.

§ 93.

Aus dem Beschlusse, durch welchen der Zuschlag ertheilt wird, findet gegen den Besitzer des Grundstücks oder einer mitversteigerten Sache die Zwangsvollstreckung auf Räumung und Herausgabe statt. Die Zwangsvollstreckung soll nicht erfolgen, wenn der Besitzer auf Grund eines Rechtes besitzt, das durch den Zuschlag nicht erloschen ist. Erfolgt gleichwohl die Zwangsvollstreckung, so kann der Besitzer nach Maßgabe des § 771 der Civilprozeßordnung Widerspruch erheben.

Zum Ersatze von Verwendungen, die vor dem Zuschlage gemacht sind, ist der Ersteher nicht verpflichtet.

E. I § 143; M. 269—271; D. 55; KBer. —.

Zwangsvollstreckung auf Räumung und Herausgabe der Versteigerungsobjekte.

1. Bisheriges Recht. Nach Art. 78 Ziff. 8 BaySO. wurde im Anschluß an den Zuschlag ein sog. Räumungsbefehl in das Versteigerungsprotokoll aufgenommen, der aber nach Art. 79 l. c. erst nach Eintritt der Rechtskraft des Zuschlags vollstreckbar war. Für die Zwischenzeit hatte das Vollstreckungsgericht auf Antrag des Ansteigerers Sicherungsmaßregeln zu erlassen (Ortenau-Henle S. 292).

2. Die Zwangsvollstreckung gegen den Besitzer aus dem Zuschlagsbeschluß, welcher nach § 90 Eigentum und Recht zum Besitze gewährt, ist sofort mit dessen Erlassung (§§ 89, 104 Ges., 794 Ziff. 3 ZPO.) zulässig (vorbehaltlich § 94 Ges. und § 572 ZPO.). Der Beschluß ist daher auf Antrag des Erstehers mit der Vollstreckungsklausel zu versehen, zuzustellen und nach §§ 883 ff. ZPO. (GVollzGeschA. vom 28. IV. 1900, JMBl. S. 730) zu vollstrecken. Die Vollstreckungsklausel erteilt der Gerichtsschreiber, bezw. (solange die Akten nicht an das Gericht zurückgegeben sind) der Notar (§§ 724, 725, 797 ZPO., Art. 24, 45 BayNotGes., § 52 GeschA. f. GSchr., JMBl. 1902 S. 48; an der Zuständigkeit der Notare zur Erteilung dieser Vollstreckungsklausel wollte durch Art. 25 BayAG. z. ZVG. nichts geändert werden, vgl. Becher Mat. VI S. 24).

Die Vollstreckung kann sich gegen jeden Besitzer (Subhastaten, während des Verfahrens eingetretenen Eigentümer oder Dritte) richten. Der Besitzer muß gleichfalls im Beschlusse oder in einer nach §§ 727, 730, 731 ZPO. zu erwirkenden weiteren Vollstreckungsklausel namentlich bezeichnet sein (§ 750 ZPO.; Reinhard I S. 463, 464, Jäckel S. 348; a. M. Wolff § 93 Bem. 4). Die Erteilung der weiteren Vollstreckungsklausel kann gemäß § 730 ZPO. auch dann angeordnet worden, wenn § 325 Abs. 1 ZPO. nicht vorliegt; es genügt der Nachweis nach § 727 ZPO. daß der Dritte mitversteigerte Sachen im Besitze hat (Reinhard I S. 464, Jäckel S. 349; § 48 GeschA. f. GSchr.).

Sie „soll" aber nicht gegen den Dritten erfolgen, der auf Grund eines durch den Zuschlag nicht erloschenen Rechtes besitzt, z. B. Mieter, Pächter. Denn Miet- oder Pachtrechte erlöschen nicht durch den Zuschlag selbst (vgl. § 91 Bem. 2); noch weniger natürlich die durch die Versteigerungsbedingungen oder kraft Gesetzes aufrecht erhaltenen Rechte (z. B. Leibgeding nach § 9 EG., Art. 27 BayAG. z. ZVG.). Solchen Besitzern gegenüber ist die Erteilung einer Vollstreckungsklausel abzulehnen. Ist sie gleichwohl erteilt worden, so muß der Berechtigte von den Rechtsbehelfen der §§ 732, 768, 797; ZPO. Gebrauch machen. Gegen die Vollstreckung selbst ist diesfalls nur Widerspruchsklage zulässig (§§ 769, 771 ZPO., Reinhard I S. 464, 465).

Die Vollstreckung geht auf Räumung und Herausgabe des Grundstücks, der mitversteigerten Sachen und — wenn auch eine Forderung Gegenstand der Versteigerung war — der hierauf bezüglichen Urkunden (z. B. Versicherungspolizen; siehe § 836 Abs. 3 ZPO., §§ 402, 444 BGB.). Einer Pfändung und Ueberweisung des Anspruchs auf Herausgabe oder der Forderung bedarf es nicht mehr (RG. Bd. 41 S. 203, Jäckel S. 349). Die mitversteigerten Sachen brauchen, soweit sie Zubehör (§§ 97, 98 BGB.) sind, nicht ausdrücklich im Beschlusse oder in der Klausel genannt zu sein (wohl aber etwaige Urkunden oder wenn einzelne Sachen nicht dem Besitzer des Grundstücks genommen werden sollen, Jäckel S. 349).

Die Kosten der Zwangsvollstreckung sind nicht aus der Masse zu entnehmen (§ 109 Ges., § 788 ZPO.).

3. Klage auf Herausgabe. Soweit der Ersteher mittelst des Zuschlagsbeschlusses nicht vorgehen will oder kann, (wenn er z. B. die Vollstreckungsklausel gegen den Dritten nicht erlangt oder die Wegnahme einer Sache seitens des Gerichtsvollziehers mit Erfolg — § 766 ZPO. — verweigert wird), ist er auf die Eigentumsklage (§§ 55, 90) angewiesen.

4. Ersatz für Verwendungen vor dem Zuschlage braucht der Ersteher auch dann nicht zu leisten, wenn sie zwischen der Versteigerung und dem Zuschlag (z. B.

wenn dieser erst vom Beschwerdegericht erteilt wird) gemacht worden sind. Auch ein Zurückbehaltungsrecht kann hierwegen ihm gegenüber nicht geltend gemacht werden, (anders §§ 999, 1000 BGB.). Vergl. auch § 10 Ziff. 1, 109. — Verwendungen nach dem Zuschlage sind nach §§ 994 ff. BGB. zu ersetzen; das Zurückbehaltungsrecht hierwegen kann gegenüber der Vollstreckung aus dem Zuschlagsbeschlusse nach §§ 767, 769 ZPO. geltend gemacht werden (Jäckel S. 350).

§ 94.

Auf Antrag eines Betheiligten, der Befriedigung aus dem Baargebote zu erwarten hat, ist das Grundstück für Rechnung des Erstehers in gerichtliche Verwaltung zu nehmen, solange nicht die Zahlung oder Hinterlegung erfolgt ist. Der Antrag kann schon im Versteigerungstermine gestellt werden.

Auf die Bestellung des Verwalters sowie auf dessen Rechte und Pflichten finden die Vorschriften über die Zwangsverwaltung entsprechende Anwendung.

E. I § 144; M. 271, 272; D. 55; KBer. —.

Verwaltung nach dem Zuschlag.

1. Sicherungsmaßregeln zu Gunsten der Berechtigten gegenüber dem säumigen Ersteher, welche auf Antrag das Gericht anzuordnen hatte (Art. 15 SO.) waren im allgemeinen auch **dem bisherigen bayer. Rechte** bekannt (Ortenau-Henle S. 151). Eine Verwaltung des Strichobjekts auf Rechnung des Erstehers fand aber nicht statt.

2. Zweck der Vorschrift. Sie dient dem Schutze der Beteiligten gegen tatsächliche Verfügungen über das Grundstück und die mitversteigerten Gegenstände, zu denen der Ersteher vom Zuschlag an berechtigt ist (§ 90).

3. Voraussetzung der Verwaltung. Sie ist nur zulässig, solange der Ersteher das Bargebot nicht bezahlt oder gemäß § 49 Abs. 3 hinterlegt hat, und erfordert einen Antrag eines Beteiligten, welcher wenigstens teilweise Befriedigung aus dem Bargebote zu erwarten hat (auch des Schuldners, wenn ein Übererlös erzielt wurde, nicht der ausgefallenen oder im Mindestgebote berücksichtigten Beteiligten, soweit sie Barzahlung nicht beanspruchen können).

Der Antrag kann einseitig zurückgenommen werden. Der Ersteher vermag die Anordnung der Verwaltung dadurch abzuwenden, daß er entweder den Antragsteller bezahlt oder wenigstens soviel sofort hinterlegt, als zur Befriedigung desselben und der ihm vorgehenden und gleichstehenden Berechtigten notwendig ist (Reinhard I S. 469, Jäckel S. 352; teilw. a. M. Wolff § 94 Bem. 6). Ob der Antragsteller bare Befriedigung zu erwarten hat, ergibt der Verteilungsplan; wird der Antrag früher gestellt, so ist eine summarische Berechnung, wie nach § 67 Abs. 1, wobei das grundbuchmäßige Rangverhältnis zu Grunde zu legen ist, erforderlich.

Den Antrag kann auch ein Beteiligter stellen, gegen dessen Anspruch vom Ersteher im Verteilungstermine Widerspruch erhoben wurde. Auch steht eine etwaige Pfändung des Anspruchs dem Antrage nicht entgegen; denn der Beteiligte „sichert" dadurch nur seinen Anspruch und „verfügt" nicht darüber (Rechtspr. der OLG. II S. 238).

Soweit Zahlungsfristen für eine Forderung bewilligt sind (§§ 60, 61), entfällt das Antragsrecht (Reinhard I S. 468, nun auch Jäckel S. 352).

Der Antrag kann schon im Versteigerungstermine (auch schriftlich), also vor dem Zuschlag, gestellt werden; das Antragsrecht endigt mit dem Zeitpunkt, in welchem nach § 118 Abs. 1, 2 die Übertragung der Forderung gegen den Ersteher die Bedeutung der Befriedigung aus dem Grundstück erlangt, also in der Regel nach Ablauf von 3 Monaten von der Wirksamkeit der Übertragung an (Reinhard a. a. O.).

4. Anordnung und Aufhebung der Verwaltung. Erstere erfolgt mit Beschluß des Gerichtes (nicht Notars, Becher Mat. VI S. 25), welcher dem Antragsteller und dem Ersteher (bei Ablehnung nur dem Antragsteller) nach §§ 3 ff. zuzustellen ist[1]). Beschwerdeberechtigt ist bei Anordnung der Ersteher, wenn er zuvor (falls rechtliches Gehör nicht vorausgegangen) Einwendungen nach § 766 ZPO. erhoben hatte, im Falle der Ablehnung der Antragsteller (§ 793 ZPO., Fischer-Schäfer S. 367). Der die Verwaltung anordnende Beschluß ist gegen den Ersteher[2]) vollstreckbar (§§ 883, 885 ZPO.; Besitzeinweisung: GVollzGeschA. vom 28. IV. 1900, JMBl. S. 730). Eine Eintragung in das Grundbuch erfolgt nicht.

Die Aufhebung erfolgt, wenn die Voraussetzungen des § 94 (Antrag, Zahlungssaumsal, Zuschlag) wegfallen oder die Mittel zur Fortführung der Verwaltung nicht vorhanden sind. Der Antragsteller ist beschwerdeberechtigt.

5. Natur der Verwaltung. Sie ist keine Vollstreckungs-, sondern Sicherungsmaßregel; die Vorschriften des 3. Titels finden daher nur hinsichtlich der Bestellung des Verwalters, seiner Rechte und Pflichten (§§ 150—154) Anwendung. Sie hat nur die Aufrechterhaltung des bestehenden Zustandes zum Zwecke und erfolgt auf Rechnung des Erstehers, welcher die Ausgaben (darunter auch das Verwalterhonorar) zu decken und die Einnahmeüberschüsse (falls nicht der Zuschlag aufgehoben wird) zu beanspruchen hat. (Bestand bis zum Zuschlag eine Zwangsverwaltung nach §§ 146 ff., so ist dieselbe mit dem Zuschlag abzuschließen; denn die Erträgnisse der Verwaltung nach § 94 gehören nicht zur Subhastationsmasse, Jäckel S. 353, Wolff Bem. 8).

Der Verwalter ist zur Beobachtung der im Verkehr üblichen Sorgfalt und zur Rechnungsstellung verbunden (dem Antragsteller und Ersteher, bezw. dessen etwaigen Pfändungsgläubigern; im Falle der Zuschlagsaufhebung dem Subhastaten); er untersteht der Aufsicht des Gerichts.

Dem Ersteher selbst ist für die Dauer der Anordnung die Verwaltung und Benutzung des Grundstücks entzogen; er ist daher insbesondere nicht zur Einhebung der Miet- und Pachtzinse befugt (Reinhard I S. 470, 471).

6. Gerichtsgebühren werden für die Anordnung einer Verwaltung nach § 94 nicht erhoben; sie wird durch die Gebühr des Art. 9 GebGes. mit vergütet. — Die Gebühr des **Rechtsanwalts** für den Antrag bestimmt sich nach Art. 17 Abs. 1 und 3, Art. 27, 28 BayRAGebO. vom 26. III. 02 und kann nur dann besonders liquidiert werden, wenn der Rechtsanwalt den Antragsteller im Verfahren nicht vertreten hat.

VII. Beschwerde.

§ 95.

Gegen eine Entscheidung, die vor der Beschlußfassung über den Zuschlag erfolgt, kann die Beschwerde nur eingelegt werden, soweit die Entscheidung

---

[1]) Erfordert die Verwaltung Barausgaben, die nicht aus den Einnahmen gedeckt werden können, so ist der Antragsteller zur Vorschußleistung verbunden, von welcher die Anordnung bezw. Fortführung der Verwaltung abhängig gemacht werden kann; vgl. § 161 Abs. 3, Reinhard I S. 471. Die ungedeckten Auslagen kann der Antragsteller gemäß § 10 Abs. 2, wie andere, ihm nach dem Zuschlag erwachsene Kosten der Befriedigung aus dem Grundstücke liquidieren, da Schuldner derselben dem Gläubiger gegenüber der Subhastat, nicht der Ersteher ist (ebenso v. d. Pfordten S. 284, a. M. Fischer-Schäfer S. 368).

[2]) Gegen Dritte auf Grund vollstreckbarer (ev. zweiter) Ausfertigung des Zuschlagsbeschlusses, die dem Verwalter zu erteilen ist; vgl. § 93, Reinhard I S. 470.

die Anordnung, Aufhebung, einstweilige Einstellung oder Fortsetzung des Verfahrens betrifft.

E. I § 120 Abs. 2; M. 235—238; D. 56; KBer. —.

Anfechtung der Entscheidungen vor dem Zuschlag.

1. Nach bisherigem bayer. Recht waren mit sofortiger Beschwerde (event. nach vorheriger Erinnerung gemäß § 766 ZPO.) alle Entscheidungen des Vollstreckungsgerichts anfechtbar, nicht nur diejenigen, durch welche die Beschlagnahme angeordnet und aufgehoben oder über die Rechtsgültigkeit des Zuschlags befunden wurde. Hinsichtlich der Anfechtung der Zuschlagsentscheidung galten jedoch besondere Bestimmungen, Art. 82—85 SO., 26, 27 Nov. hierzu.

Die Maßnahmen des Versteigerungsbeamten waren dagegen nur in beschränktem Maße der Anfechtung unterworfen, nämlich nur seine Entscheidung über die aufzustellenden Versteigerungsbedingungen und über den Zuschlag (Art. 60, 82 SO., Ortenau-Henle S. 114).

2. Beschränkung der Anfechtung der Entscheidungen im Versteigerungsverfahren. Gegenüber der Regelung des Beschwerderechts der ZPO. waren Beschränkungen nicht nur mit Rücksicht auf den größeren Kreis der Beteiligten (§ 97), sondern auch im Interesse der Raschheit des Verfahrens nötig (§§ 95, 100).

§ 95 gestattet in Abweichung von § 793 ZPO. bis zum Zuschlag die Beschwerde nur mehr gegen die dort bezeichneten Entscheidungen des Vollstreckungsgerichts.

Da § 95 aber keine Anwendung findet auf die Entscheidungen des Versteigerungsbeamten, so ist deren Abänderung unbeschränkt (also nicht nur, wenn es sich um Feststellung der Versteigerungsbedingungen handelt, sondern z. B. auch bei bloß prozeßleitenden Verfügungen, wie Terminsanberaumung) durch Herbeiführung der Entscheidung des Vollstreckungsgerichtes zulässig (§ 13 Abs. 2 EG. z. ZVG., Jäckel S. 647). Diese letztere ist dann gemäß § 95 unanfechtbar, soweit sie nicht Einstellung und Fortsetzung des Verfahrens, sowie den Zuschlag betrifft (worüber nach Art. 25 BayAG. z. ZVG. während des eigentlichen Versteigerungsverfahrens, d. h. von der Terminsbestimmung des § 36 an, der Notar befindet, wenn es sich nicht um Einstellung oder Fortsetzung des Verfahrens aus zivilprozessualen Gründen handelt).

Zu beachten ist, daß die nach § 13 Abs. 2 EG. z. ZVG. zulässige Anrufung des Vollstreckungsgerichts gemäß dem dort für anwendbar erklärten § 96 nur binnen 2 Wochen zulässig ist und keine aufschiebende Wirkung hat, so daß das Versteigerungsgeschäft keinen Aufenthalt dadurch erleidet (§ 572 ZPO.; vgl. auch BayZfR. 1905 S. 209 ff.).

Soweit nach § 95 die Beschwerde ausgeschlossen ist, können die Entscheidungen des Vollstreckungsgerichts nur gleichzeitig mit der Anfechtung der Zuschlagsentscheidung angegriffen werden, vorausgesetzt, daß ein Beschwerdegrund nach § 100 vorliegt.

Über die Bedeutung der vor dem Zuschlag ergangenen Beschlüsse für die Entscheidung über den Zuschlag siehe § 79.

3. Verfahren. Auf die gemäß § 95 zulässige Beschwerde, welche nach § 793 ZPO. immer die sofortige[1]) ist, finden die Bestimmungen der ZPO. Anwendung. Dies gilt insbesondere hinsichtlich der Zuständigkeit (§ 568 ZPO. mit §§ 71, 123 Ziff. 4 GVG.), der Einlegung (auch vor Zustellung der beschwerenden Entscheidung

---

[1]) Auch in den besonderen Fällen der §§ 172—184 Ges., in welchen es sich nicht um eine eigentliche Zwangsvollstreckung handelt (Jäckel S. 358).

zulässig: obstr. Erk. n. F. II S. 37) und des Inhalts der Beschwerde (§§ 569, 570, 577 Abs. 2 ZPO.), der Wirkung der Einlegung (§ 572), der fakultativen mündlichen Verhandlung (§ 573), der Beschwerdefrist und der Unabänderlichkeit der angefochtenen Entscheidung für das Untergericht (§§ 574, 577 Abs. 2, 3), der Kosten (§ 97 ZPO.). Vgl. Jäckel S. 354—356.

Das gleiche gilt aber auch für das bei Erhebung der Erinnerungen nach § 13 Abs. 2 EG. z. ZVG. zu beobachtende Verfahren, wenn gegen die Entscheidung des Notars, falls sie vom Vollstreckungsgericht erlassen wäre, nur sofortige Beschwerde statthaft wäre. Trotzdem gilt aber die Erinnerung nach § 13 Abs. 2 EG. nicht als Beschwerde, diese findet vielmehr erst gegen die auf die Erinnerung hin zu erlassende Entscheidung des Vollstreckungsgerichts statt (soweit dieses nicht nach § 95 endgültig entscheidet, Bem. 2).

4. Über die **Anfechtung der Zuschlagsentscheidung** siehe §§ 96 ff.

5. Die **Entscheidungen nach dem Zuschlag** sind gemäß § 793 ZPO. unbeschränkt anfechtbar (auch der Verteilungsplan, siehe § 113).

6. An der Bestimmung des § 766 ZPO., nach welcher der Schuldner gegen die, ohne seine vorherige Anhörung eingeleitete oder fortgesetzte Vollstreckungsmaßregel nicht mit sofortiger Beschwerde, sondern zunächst nur mit **Einwendungen** vorgehen kann, ist durch § 95 nichts geändert. Ebensowenig ist dadurch eine Beschwerde gegen solche **Entscheidungen** des Vollstreckungsgerichts ausgeschlossen, **welche nicht mit der Zuschlagsentscheidung zusammenhängen** (z. B. das Verwalterhonorar betreffen). Schäfer S. 370; vgl. § 15 Bem. 5.

7. **Anwaltsgebühr** für Beschwerdeeinlegung und Tätigkeit in der Beschwerdeinstanz: Art. 1 Ziff. 1. Art. 5, 8, 17, 18, 25, 27 und 28 Abs. 1 u. 4 VO. vom 26. III. 1902 (GVBl. S. 133, JMBl. S. 427).

§ 96.

Auf die Beschwerde gegen die Entscheidung über den Zuschlag finden die Vorschriften der Civilprozeßordnung über die sofortige Beschwerde nur insoweit Anwendung, als nicht in den §§ 97 bis 104 ein Anderes vorgeschrieben ist.

E. I § 127; M. 247; D. 56; KBer. —.

Beschwerde gegen die Zuschlagsentscheidung.

1. Vgl. § 95 Bem. 1 und 2. — Die §§ 96 ff. enthalten eine **weitere Beschränkung** der Beschwerde im Versteigerungsverfahren, indem sie die Zulässigkeit einer solchen gegenüber der Zuschlagsentscheidung an besondere Voraussetzungen knüpfen (vgl. Art. 82—85 BayGO.).

2. Die Vorschriften der §§ 96—104 sind entsprechend anzuwenden auf das Verfahren vor dem Vollstreckungsgerichte, wenn dieses über einen Antrag auf Änderung der Zuschlagsentscheidung **des Versteigerungsbeamten** zu befinden hat (§ 13 Abs. 2 EG. z. ZVG.).

§ 97.

Die Beschwerde steht im Falle der Ertheilung des Zuschlags jedem Betheiligten sowie dem Ersteher und dem für zahlungspflichtig erklärten Dritten, im Falle der Versagung dem Gläubiger zu, in beiden Fällen auch dem Bieter, dessen Gebot nicht erloschen ist, sowie demjenigen, welcher nach § 81 an die Stelle des Bieters treten soll.

Im Falle des § 9 Nr. 2 genügt es, wenn die Anmeldung und Glaubhaftmachung des Rechtes bei dem Beschwerdegericht erfolgt.

E. I § 128; M. 247, 248; D. 56; KBer. —.

Beschwerdeberechtigte.

1. Gegenüber dem **bisherigen Recht** (Art. 84 BayGO.) ist der Kreis der zur Beschwerde gegen die Entscheidung über den Zuschlag legitimierten Personen erweitert, insbesondere ausgedehnt auf den Ersteher als solchen und den Bieter, der zu Unrecht den Zuschlag nicht erhalten hat; auch ist das Beschwerderecht der Beteiligten nicht mehr allgemein von einer Beeinträchtigung durch den Zuschlag abhängig (siehe § 100).

2. Beschwerdeberechtigt sind nur die in § 97 Aufgeführten; andere selbst dann nicht, wenn sie in ihren Rechten durch den Zuschlag verletzt sind.

a) Im Falle der Erteilung des Zuschlags: Jeder Beteiligte (§ 9), auch Gläubiger und Schuldner; der Ersteher und der Dritte der §§ 61, 82; der Bieter, dessen Gebot nicht erloschen ist (§ 72) und der Dritte des § 81 Abs. 2, 3 (denn auch die beiden letzteren haben ein Recht auf Erteilung des Zuschlags, § 81 Abs. 1).

Die Legitimation zur Beschwerde kann im Falle des § 9 Ziff. 2 auch nachträglich durch Anmeldung und Glaubhaftmachung gegenüber dem Vollstreckungs- oder Beschwerdegericht geschaffen werden (§ 97 Abs. 2). Die Nichtberücksichtigung des Rechtes selbst aber, welche infolge unterlassener rechtzeitiger Anmeldung oder Glaubhaftmachung eintrat, ist kein Beschwerdegrund nach § 100; dieser muß vielmehr ohne Rücksicht auf das Recht vorhanden sein (Jäckel S. 360, Reinhard I S. 476).

b) Im Falle der Versagung des Zuschlags: die betreibenden Gläubiger[1], der Bieter, dessen Gebot nicht erloschen ist (§ 72) und der Dritte des § 81 Abs. 2, 3.

Nicht beschwerdeberechtigt ist der Bürge des § 10 Ziff. 2 EG., Art. 31 BayAG. z. ZVG. Über die Tragweite seiner Verpflichtung entscheidet der Prozeßrichter (§ 82 Bem. 3, Jäckel S. 361).

Wer nach § 97 nicht beschwerdeberechtigt, ist auch der Zuschlagsentscheidung des Versteigerungsbeamten gegenüber nach § 13 Abs. 2 EG. z. ZVG. nicht anfechtungsberechtigt (vgl. § 96 Bem. 2).

3. Über Legitimation zur **weiteren** Beschwerde siehe §§ 99, 102.

4. Außer der Legitimation zur Beschwerde ist das Vorhandensein eines **Beschwerdegrundes** erforderlich, siehe § 100.

§ 98.

Die Frist für die Beschwerde gegen einen Beschluß des Vollstreckungsgerichts, durch welchen der Zuschlag versagt wird, beginnt mit der Verkündung des Beschlusses. Das Gleiche gilt im Falle der Ertheilung des Zuschlags für die Betheiligten, welche im Versteigerungstermin oder im Verkündungstermin erschienen waren.

E. I § 136 Abs. 1; M. 257; D. 56, 57; KBer. —.

---

[1] Der etwa nach dem Versteigerungstermin erfolgte (an sich bis zur Rechtskraft der Zuschlagsentscheidung mögliche) Beitritt eines Gläubigers kann keine Legitimation zur Beschwerde begründen, da dieser ebensowenig, wie ein Gläubiger, welcher Sistierung bewilligt hat, Anspruch auf Befriedigung in dem von einem Anderen betriebenen Verfahren erheben kann (ebenso Reinhard I S. 477; bestr.).

Beschwerdefrist.

1. Bisheriges Recht. Nach Art. 82 BayGO. war der Lauf der Anfechtungs-(Beschwerde-)Frist an den Zuschlag (Verkündung) geknüpft; eine Zustellung fand nicht statt. Die Frist lief sogar auch demjenigen Beteiligten gegenüber, dem die Terminsbestimmung nicht zugestellt worden war.

2. Beginn der Beschwerdefrist.

a) Die zweiwöchentliche Frist des § 577 ZPO. zur Erhebung des Antrags auf Abänderung der Entscheidung des Notars über den Zuschlag (§ 13 Abs. 2 EG.) [1]) beginnt [2]) im Falle der Versagung des Zuschlags immer mit der Verkündung (§ 87) des Beschlusses; dies gilt insbesondere für den Antrag des Bieters, dessen Gebot nicht erloschen ist, auch wenn der Zuschlag nur ihm versagt und einem andern erteilt wurde (§ 97 Abs. 1, Jäckel S. 362); im Falle der Erteilung teils mit der Verkündung, teils mit der Zustellung (§ 88), letzteres nämlich für die im Versteigerungs- oder Verkündungstermine nicht erschienenen Beteiligten (einschließlich des Schuldners), für den Ersteher, den Dritten des §§ 61, 82 und den Meistbietenden des § 81 Abs. 2, 3.

b) Die Frist zur Einlegung der Beschwerde gegen die Entscheidung des Vollstreckungsgerichts auf den Antrag ad a beginnt immer mit der Zustellung. Da § 98 nur die auf Grund des Versteigerungs- bezw. Verkündungstermins (§ 87) ergangene Entscheidung zur Voraussetzung hat, kann hier nicht § 98, sondern nur § 103 Ges. bezw § 577 Abs. 2 ZPO. mit § 96 Ges. „entsprechend" angewendet werden, und zwar auch wenn die Entscheidung des Vollstreckungsgerichts auf Grund mündlicher Verhandlung ergeht (vgl. § 99). Beschwerde vor Zustellung ist zulässig (Obstr. Erk. n. F. II S. 37).

3. § 98 bezieht sich nicht auf die Fälle der im Zwangsversteigerungsverfahren gleichfalls zulässigen **außerordentlichen Beschwerde** der §§ 577 Abs. 2, 579 ff. ZPO. und die **weitere** Beschwerde (§ 103). Über **Wiedereinsetzung** in den vorigen Stand gegen Fristversäumung siehe §§ 233 ff. ZPO.

4. Wurde **Zustellung an einen Beteiligten versäumt**, so kann dieser auch nach Grundbuchberichtigung noch den Zuschlag anfechten, so daß der Ersteher, sowie derjenige, der von ihm das Grundstück in Kenntnis der Nichtzustellung erworben hat (§ 892 BGB.), das Grundstück wieder verliert (Jäckel S. 363, Fischer-Schäfer S. 373; a. M. Reinhard I S. 479).

§ 99.

Erachtet das Beschwerdegericht eine Gegenerklärung für erforderlich, so hat es zu bestimmen, wer als Gegner des Beschwerdeführers zuzuziehen ist.

Mehrere Beschwerden sind mit einander zu verbinden.

E. I § 129; M. 249, 250; D. 56; KBer. —.

Gegner des Beschwerdeführers; Verbindung mehrerer Beschwerden.

1. Die **BayGO.** enthielt keine besonderen Vorschriften über das Verfahren vor dem Beschwerdegerichte.

---

[1]) „Die Anrufung des Vollstreckungsgerichts ist zwar, wie die sofortige Beschwerde, nur binnen 2wöchentlicher Frist zulässig, gilt aber in sonstiger Beziehung nicht als Beschwerde im Sinne der ZPO." (Denkschrift z. EG. S. 70). Die erste mit „Beschwerde" anfechtbare Entscheidung ist diejenige des Gerichts.

[2]) Über die Fristberechnung siehe § 222 ZPO., §§ 187, 188 BGB.

2. Die Zuziehung eines Gegners ist **fakultativ,**[1]) ebenso wie die mündliche Verhandlung (§ 573 Abs. 1, 2 ZPO.). Eine Gegenerklärung wird meist entbehrlich sein, wenn die Beschwerde auf Vorgänge im Versteigerungstermine sich stützt, die aus dem Protokoll ersichtlich sein müssen (§ 80; Wolff § 99 Bem. 1, Reinhard I S. 481). Auch die Bestimmung, **wer als Gegner zuzuziehen ist,** liegt im Ermessen des Beschwerdegerichtes; sie kann von ihm jederzeit wieder geändert werden. Wie niemand ein Recht auf Zuziehung als Gegner hat, so hat auch niemand die Pflicht, sich als solcher zur Sache zu äußern. Aus seinem Schweigen können daher keinerlei Folgerungen bezüglich der Richtigkeit der Behauptungen des Beschwerdeführers gezogen, durch seine Erklärungen nicht die Rechte der übrigen Beteiligten beeinflußt werden (Reinhard I S. 482).

Durch § 99 wird also der Kreis der beschwerdeberechtigten Personen (§§ 97, 102) nicht erweitert (Jäckel S. 364; Rechtspr. d. OLG. IX S. 143).

Auch die Vorschrift des Abs. 2 hat nur instruktionelle Bedeutung; ihre Verletzung bildet gleichfalls keinen Grund zur weiteren Beschwerde.

Die Verbindung der Beschwerden setzt voraus, daß mehrere in dem Zeitpunkte der Beschlußfassung des Beschwerdegerichts vorliegen. Beim Vorhandensein einer oder mehrerer Beschwerden kann die Einlegung noch anderer nicht abgewartet werden (Fischer-Schäfer S. 374, v. d. Pfordten S. 293, a. M. Reinhard I S. 483).

3. Was hier vom Verfahren vor dem Beschwerdegerichte gesagt ist, gilt auch für dasjenige des **Vollstreckungsgerichts** im Falle des § 13 Abs. 2 EG. z. ZVG., obwohl dieses nicht über eine „Beschwerde" zu entscheiden hat, letztere vielmehr erst gegen seine Entscheidung zulässig ist.

§ 100.

Die Beschwerde kann nur darauf gestützt werden, daß eine der Vorschriften der §§ 81, 83 bis 85 verletzt oder daß der Zuschlag unter anderen als den der Versteigerung zu Grunde gelegten Bedingungen ertheilt ist.

Auf einen Grund, der nur das Recht eines Anderen betrifft, kann weder die Beschwerde noch ein Antrag auf deren Zurückweisung gestützt werden.

Die im § 83 Nr. 6, 7 bezeichneten Versagungsgründe hat das Beschwerdegericht von Amtswegen zu berücksichtigen.

E. I § 130 Abs. 2; M. 250, 251; D. 56, 57; KBer. 41.

Beschwerdegründe.

1. Bisheriges Recht. Schon die BayGO. (Art. 82 mit Nov. 26) beschränkte die Anfechtung des Zuschlags durch Aufzählung der einzelnen Anfechtungsgründe und durch eine dem § 100 Abs. 2 ähnliche Bestimmung (Art. 84 Abs. 2). Dagegen ist die Unterstellung eines Verzichtes des Beschwerdeführers auf die Geltendmachung eines Anfechtungsgrundes, welcher wenigstens eine Woche vor dem Versteigerungstermine zur Kenntnis des Vollstreckungsgerichts hätte gebracht werden können (Art. 82 Abs. 3 SO.), nicht in das Reichsgesetz übergegangen.

---

[1]) Als Gegner werden hauptsächlich diejenigen anzusehen sein, die durch eine Abänderung der Entscheidung des Notars bzw. Vollstreckungsgerichtes benachteiligt würden. Dies sind im Falle der Anfechtung des Versagungsbeschlusses nicht ohne weiteres alle Beteiligten (ebenso Reinhard I S. 481; a. M. Jäckel S. 364).

2. Weitere Beschränkung der Beschwerde gegen die Zuschlagsentscheidung. Ist schon durch § 97 der Kreis der beschwerdeberechtigten Personen begrenzt, so beschränkt § 100 die Möglichkeit der Anfechtung der Entscheidung über den Zuschlag noch weiter

a) durch eine ausschließliche Bezeichnung derjenigen Tatsachen, auf welche die Beschwerde gestützt werden kann (Abs. 1). — Eine Verletzung des § 81 liegt z. B. vor, wenn der Zuschlag nicht demjenigen Gebot erteilt wurde, welchem er allein nach den gesetzlichen Vorschriften hätte erteilt werden sollen; oder wenn das Meistgebot unwirksam war (§ 71) und der Zuschlag überhaupt hätte versagt werden müssen. § 83 ist verletzt, wenn der Zuschlag entgegen den dort gegebenen Vorschriften versagt oder erteilt worden ist. Ein Verstoß gegen § 84 kann vorliegen, wenn z. B. irrtümlich angenommen wurde, daß das Recht des Beschwerdeführers durch Erteilung des Zuschlags trotz Vorhandenseins eines Versagungsgrundes nach § 83 Ziff. 1—5 nicht beeinträchtigt werde; gegen § 85, wenn dessen Voraussetzungen nicht gegeben waren und trotzdem der Zuschlag versagt, oder wenn zu Unrecht dem Antrag auf Anberaumung eines neuen Versteigerungstermins keine Folge gegeben wurde; gegen § 100 Abs. 1 Satz 2, wenn z. B. der Zuschlagsbeschluß nicht die nach § 59 etwa vereinbarten oder zu Unrecht andere als die gesetzlichen Versteigerungsbedingungen wiedergibt (vgl. § 83 Bem. 3 d).

Auch in den Fällen, wo die Voraussetzungen der Restitutions- und Nichtigkeitsklage (§§ 577 Abs. 2 Satz 3, 579 ff. ZPO.) gegeben sind, muß ein Beschwerdegrund nach § 100 Abs. 1 vorliegen, wenn eine Abänderung der Entscheidung über den Zuschlag erfolgen soll (Reinhard I S. 486, Fischer-Schäfer S. 376).

b) durch das Erfordernis eines rechtlichen eigenen Interesses des Beschwerdeführers an der Abänderung der Zuschlagsentscheidung (Abs. 2). Wenn auch eine die Beschwerde begründende Verletzung formaler Vorschriften vorliegt, so ist die Beschwerde doch zurückzuweisen, wenn die Entscheidung den Beschwerdeführer überhaupt nicht beeinträchtigt, weil z. B. sein Recht bestehen bleibt und er auf Zahlung keinen Anspruch hat, oder wenn der Verstoß nur das Recht eines anderen als des Beschwerdeführers betrifft (vgl. § 70 Note 1) oder wenn es für ihn, der als Gläubiger den Zuschlag einem anderen Gebote zuwenden will, das ihm keine anderen Vorteile bietet als das angefochtene, gleichgültig sein kann, ob der Beschwerde stattgegeben würde oder nicht.[1])

Die Beschränkung des Abs. 2 gilt auch für den Gegner des Beschwerdeführers, welcher der Beschwerde nicht um eines, dem Rechte eines anderen entnommenen Grundes willen entgegentreten kann (vgl. Reinhard I S. 487, Wolff § 100 Bem. 4). Hieraus darf jedoch nicht geschlossen werden, daß das Beschwerdegericht die Beschwerde nicht abweisen dürfte, wenn es aus anderen Gründen als der Versteigerungsbeamte bezw. das Untergericht dessen Entscheidung billigen müßte (Wolff Bem. 5, Jäckel S. 369); nur darf die Erstentscheidung nicht aufgehoben werden, wenn zwar nicht der Beschwerdeführer, aber ein anderer in seinen Rechten verletzt ist — ausgenommen die Fälle des § 100 Abs. 3.

Eine Ausnahme bildet Abs. 3. Hier wird die Verletzung eines eigenen Rechtes des Beschwerdeführers nicht gefordert, sodaß bei Verletzung des § 83 Ziff. 6, 7 der Beschwerde immer stattgegeben werden muß, wenn sie im übrigen formell zu-

---

[1]) Insoweit entspricht Abs. 2 der Vorschrift des Art. 84 Abs. 1 BayGO., der eine „Beeinträchtigung" der Rechte des Beschwerdeführers verlangt.

lässig ist; es kann hier die Zuschlagsversagung überhaupt die Folge sein, auch wenn nur der Zuschlag für einen anderen angestrebt wurde (v. d. Pfordten S. 297, 298).

c) Daß die Beschwerde sich nicht auf Vorgänge im Versteigerungstermine stützen kann, welche aus dem Protokolle nicht ersichtlich sind, ergibt sich aus § 80 (Abweichung von § 570 ZPO.). Eine nachträgliche Beibringung der in §§ 71 Abs. 2, 81 Abs. 2, 3 genannten urkundlichen Erklärungen ist unstatthaft, und zwar ohne Unterschied, ob der Zuschlag wegen des Mangels derselben versagt bezw. einem andern erteilt oder trotz des Mangels erteilt worden ist (Reinhard I S. 484, v. d. Pfordten S. 295; bestr.)[2].

3. In gleicher Weise wie die Beschwerde ist auch der vom Vollstreckungsgerichte zu verbescheidende Antrag auf **Änderung der Zuschlagsentscheidung des Versteigerungsbeamten** (§ 13 Abs. 2 EG.) beschränkt.

§ 101.

Wird die Beschwerde für begründet erachtet, so hat das Beschwerdegericht unter Aufhebung des angefochtenen Beschlusses in der Sache selbst zu entscheiden.

Wird ein Beschluß, durch welchen der Zuschlag ertheilt ist, aufgehoben, auf weitere Beschwerde aber für begründet erachtet, so ist unter Aufhebung des Beschlusses des Beschwerdegerichts die gegen die Ertheilung des Zuschlags erhobene Beschwerde zurückzuweisen.

E. I § 132; M. 252, 253; D. 57; KBer. —.

Entscheidung des Beschwerdegerichts.

1. **Bisheriges Recht.** Eine entsprechende Vorschrift war in der BaySO. unnötig, weil sich das Vollstreckungs- und Beschwerdegericht nur mit der Aufhebung, nicht mit der Erteilung des Zuschlags zu beschäftigen hatte; vgl. § 83 Bem. 1 und § 99 Bem. 1.

2. **Inhalt der Entscheidung** auf die Beschwerde. Im Interesse der Beschleunigung des Verfahrens hat das Beschwerdegericht — ebenso das Vollstreckungsgericht im Falle des § 13 Abs. 2 EG. —, wenn die Beschwerde gegen die Zuschlagsentscheidung für begründet erachtet wird, auch ohne förmlichen Antrag (Rechtspr. d. OLG. II S. 509) nicht nur den Zuschlag aufzuheben, sondern, soferne dies möglich und nicht das Verfahren zu wiederholen[1]) ist (vgl. Art. 25 Abs. 3 BayAG.), auch zu erteilen, sei es einer anderen Person oder unter anderen Bedingungen (Abweichung von § 575 ZPO.).

Ist die Beschwerde unzulässig (§§ 97, 98, 100 Abs. 1), so ist eine sachliche Würdigung zu unterlassen (§ 574 ZPO.).

Über Aussetzung des Vollzugs der angegriffenen Zuschlagsentscheidung siehe § 130 Ges. und § 572 ZPO., sowie § 105 Bem. 3.

---

[2]) Jäckel S. 367, Fischer-Schäfer S. 375 halten im Hinblick auf Entw. I § 131 Abs. 2 die Nachholung für zulässig, wenn der Zuschlag trotz fehlenden oder mangelhaften Nachweises erteilt worden war.

[1]) Z. B. wegen eines Verstoßes gegen § 43 Abs. 1 oder 2; oder weil zwar die Aufhebung des Zuschlags mit Recht gefordert wird, die Erteilung desselben aber, wie beantragt, wegen eines von Amts wegen zu berücksichtigenden Mangels nicht ausgesprochen werden kann; oder weil die Gebote gemäß § 72 Abs. 3 erloschen sind.

Abs. 2 will klarstellen, daß die Wirkungen des Zuschlags (§ 90) schon mit der Verkündung des ersten Beschlusses, welcher den Zuschlag erteilt hat, eingetreten waren (gleichgültig, ob der Zuschlag zuerst vom Notar oder vom Vollstreckungsgericht erteilt wurde), weshalb es nicht einer neuerlichen Zuschlagserteilung bedarf.

3. Rückgewähr des Geleisteten. Das auf Grund eines aufgehobenen Zuschlagsbeschlusses bereits vom Ersteher an das Gericht Gezahlte ist ersterem von Amts wegen zurückzuerstatten. Um die vom Gericht (oder vom Ersteher im Falle des § 144 direkt) an die Berechtigten abgeführten Beträge zurückzuerhalten, ist der Ersteher auf den Prozeßweg zu verweisen. Über Aussetzung der Verteilung, insbesondere der Auszahlung siehe § 572 ZPO. und §§ 108 Abs. 2, 116 (Reinhard I S. 490, Jäckel S. 373, 374).

4. Kostenpflicht: § 97 Abs. 1 ZPO.; **Gerichtsgebühren** in der Beschwerdeinstanz (neben den Zuschlagskosten): § 45 GKG. mit Art. 7 BayGebGes.

§ 102.

Hat das Beschwerdegericht den Beschluß, durch welchen der Zuschlag ertheilt war, nach der Vertheilung des Versteigerungserlöses aufgehoben, so steht die weitere Beschwerde auch denjenigen zu, welchen der Erlös zugetheilt ist.

E. I § 134; M. 254, 255; D. 57; KBer. —.

Weitere Beschwerdeberechtigte.

1. Eine solche Vorschrift ist der **BayZO.** unbekannt, obwohl das Verteilungsgeschäft auch schon vor Eintritt der Rechtskraft des Zuschlags in Angriff genommen werden konnte (irrig Mot. 277; vgl. Ortenau-Henle S. 339, 340).

2. Erweiterung des Kreises der Beschwerdeberechtigten. Neben den in § 97 genannten Personen gewährt das Gesetz aus Billigkeitsrücksichten (siehe § 101 Bem. 3) auch denjenigen ein Recht zur *weiteren* Beschwerde, welche auf Grund eines erteilten (später wieder aufgehobenen) Zuschlags bereits aus dem Erlöse etwas (gleichgültig ob durch Barzahlung, Hinterlegung oder Übertragung, §§ 117, 118; auch 143, 144) erhalten hatten; dieses kann, da die Verteilung des Erlöses nicht von der Rechtskraft des Zuschlags abhängig ist, auch bei eingelegter Beschwerde vorkommen (§ 105 Ges., § 572 ZPO.). Auch diejenigen, deren Rechte infolge Vereinbarung mit dem Ersteher (§ 91 Abs. 2, 3; nicht infolge besonderer Versteigerungsbedingungen oder Aufnahme in das Mindestgebot) bestehen blieben, sind beschwerdeberechtigt (Jäckel S. 373).

§ 102 gilt auch, wenn der Zuschlag vom Beschwerdegericht einem anderen Bieter erteilt, nicht aber wenn er nur abgeändert wird (Wolff Bem. 4).

3. Unter **Zuteilung** des Erlöses im Sinne des § 102 ist nicht, wie sonst (§§ 109 ff., 119, 123), die Einstellung eines Anspruchs in den Teilungsplan zu verstehen, sondern die wirkliche Zuweisung eines Strichschillingteils an die Berechtigten bei *Ausführung* des Plans. Denn § 102 will einen Schutz gegen die Notwendigkeit der Rückerstattung des Empfangenen gewähren (Wolff Bem. 2, Fischer-Schäfer S. 381; bestr.). Weder ein etwaiger Widerspruch gegen die Einstellung in den Teilungsplan, noch die Aussetzung der Ausführung des Plans (§ 116) hindert die Beschwerde. Im Falle des § 144, wo eine gerichtliche Verteilung unterbleibt, ist die Zuteilung erst nach Ablauf der zweiwöchentlichen Erinnerungsfrist als geschehen anzusehen.

§ 103.

Der Beschluß des Beschwerdegerichts ist, wenn der angefochtene Beschluß aufgehoben oder abgeändert wird, allen Betheiligten und demjenigen Bieter, welchem der Zuschlag verweigert oder ertheilt wird, sowie im Falle des § 61 dem für zahlungspflichtig erklärten Dritten und in den Fällen des § 81 Abs. 2, 3 dem Meistbietenden zuzustellen. Wird die Beschwerde zurückgewiesen, so erfolgt die Zustellung des Beschlusses nur an den Beschwerdeführer und den zugezogenen Gegner.

E. I § 135; M. 255, 256; D. 57; KBer. —.

Zustellung des Beschlusses des Beschwerdegerichts.

1. Art. 85 Abs. 1 **BayGO.** enthielt eine entsprechende Bestimmung für die Zustellung der Entscheidung des Vollstreckungsgerichts.

2. Die **Zustellung** hat stets, ohne Rücksicht darauf, ob eine mündliche Verhandlung stattfand oder nicht, und ob der Zuschlag erteilt oder versagt oder abgeändert wurde, zu erfolgen (Abweichung von § 88 Ges., § 329 Abs. 3 ZPO.). Sie ist deshalb vorgeschrieben, weil die bezeichneten Beteiligten nicht nur ein Beschwerderecht nach §§ 97, 102, sondern überhaupt ein Interesse an der durch die Entscheidung veränderten Rechtslage haben können.

Die Zustellung geschieht von Amts wegen nach §§ 3 ff. durch das Beschwerdegericht. Verzicht auf dieselbe ist außer im Falle des § 104 zuläſsig (Reinhard I S. 493).

Mit der Zustellung beginnt die zweiwöchentliche Notfrist zur Einlegung der weiteren Beschwerde, bezw., da § 103 auch für Entscheidungen des Vollstreckungsgerichts auf die Anträge nach § 13 Abs. 2 EG. gilt, zur Einlegung der Beschwerde hiergegen (vgl. § 98 Bem. 2b).

§ 104.

Der Beschluß, durch welchen das Beschwerdegericht den Zuschlag ertheilt, wird erst mit der Zustellung an den Ersteher wirksam.

E. I § 142 Abs. 1; M. 268, 269; D. 57; KBer. —.

Wirksamkeit des Zuschlags der Beschwerdeinstanz.

1. Über das **bisherige Recht** vgl. § 101 Bem. 1.

2. Die **Wirksamkeit des nicht vom Notar erteilten Zuschlags** tritt im Gegensatze zu § 89 immer, also auch im Falle der Verkündung des Beschlusses des Beschwerdegerichts, mit der Zustellung an den Ersteher ein.

Dies gilt auch von dem Zuschlagsbeschluß des **Vollstreckungsgerichts,** welcher nach § 13 Abs. 2 EG. z. ZVG. erfolgt. Verzicht des Erstehers auf Zustellung ist unbeachtlich, weil sie Wirkungen für alle Beteiligten erzeugt (v. d. Pfordten S. 303). War der Zuschlag schon vom Notar erteilt gewesen, so verbleibt es gemäß § 101 Abs. 2 im Falle der Bestätigung des Zuschlags bei der Regel des § 89.

Wird der Zuschlagsbeschluß der Vorinstanzen vom Beschwerdegericht nur abgeändert, so gilt derselbe hinsichtlich des nicht geänderten Teils bereits nach § 89 mit der Verkündung durch den Notar, bezw. mit der Zustellung durch das Vollstreckungsgericht (vergl. § 89 mit § 98), hinsichtlich des abgeänderten Teils aber mit der Zustellung durch das Beschwerdegericht als wirksam geworden (Jäckel S. 376).

3. Wirkungen. Mit der Wirksamkeit des Zuschlagsbeschlusses beginnt die Verzinsungspflicht für das Bargebot (§ 49) und vollzieht sich der Übergang des Eigentums, der Gefahr, Nutzungen und Lasten (§§ 53, 56, 90, 91).

VIII. Verteilung des Erlöses.

§ 105.

Nach der Ertheilung des Zuschlags hat das Gericht einen Termin zur Vertheilung des Versteigerungserlöses zu bestimmen.

Die Terminsbestimmung ist den Betheiligten und dem Ersteher sowie im Falle des § 61 dem für zahlungspflichtig erklärten Dritten und in den Fällen des § 81 Abs. 2, 3 dem Meistbietenden zuzustellen. Als Betheiligte gelten auch diejenigen, welche das angemeldete Recht noch glaubhaft zu machen haben.

Die Terminsbestimmung soll an die Gerichtstafel angeheftet werden.

Ist die Terminsbestimmung dem Ersteher und im Falle des § 61 auch dem für zahlungspflichtig erklärten Dritten sowie in den Fällen des § 81 Abs. 2, 3 auch dem Meistbietenden nicht zwei Wochen vor dem Termine zugestellt, so ist der Termin aufzuheben und von neuem zu bestimmen, sofern nicht das Verfahren genehmigt wird.

E. I § 147; M. 273, 276 ff.; D. 57; KBer. —.

Bestimmung des Verteilungstermins.

1. Auch nach **bisherigem Recht** (Art. 95, 97 BaySO.) war die Bestimmung des Verteilungstermins nicht von der Rechtskraft des Zuschlags abhängig (Ortenau-Henle S. 339, 340). Der Termin sollte in der Regel nicht über 6 Wochen hinaus angesetzt werden. Er muß nunmehr noch früher bestimmt werden, da er die Fälligkeit der Schuld des Erstehers herbeizuführen hat (§ 49). Die Anheftung der Terminsbestimmung an die Gerichtstafel war nicht vorgeschrieben; für die Ansetzung eines neuen Termins traf Art. 100 SO. abweichend von § 105 Abs. 4 Vorsorge; mit der Terminsbestimmung war die nun nach § 106 fakultative Aufforderung zur Forderungsanmeldung und eine Ladung unter Androhung von Rechtsnachteilen (vgl. § 115 Ges. mit § 877 ZPO.) verbunden.

2. Unterlassung der Terminsbestimmung. Wenn auch die Verteilung des Stricherlöses, welche gemäß Art. 25 BayAG. z. ZVG. Sache des Vollstreckungsgerichts ist, gleichfalls von dem Grundsatze des Offizialbetriebs beherrscht wird, so braucht das Gericht doch nicht sofort nach Erteilung des Zuschlags und dem Einlauf der Notariatsakten den Verteilungstermin anzuberaumen. Es soll vielmehr, wenn sich nicht von vornherein (z. B. wegen bestrittener Hypothekenverhältnisse) die Notwendigkeit gerichtlicher Verteilung ergibt, dem Ersteher die Möglichkeit gewähren, den Strichschilling außergerichtlich auszuweisen und so überflüssige Kosten zu ersparen (§§ 143, 144).[1] Während der Zwischenzeit können sich die Beteiligten durch Antrag nach § 94 schützen.

---

[1]) Dies ergibt sich aus der Konzession, welche das Gesetz dem bisherigen Landesrecht durch Einfügung der §§ 143, 144 Ges. gemacht hat. Den Ersteher auf die Vereinfachung des Verfahrens hinzuweisen und ihm eine angemessene Frist zur außergerichtlichen Einigung

3. Einleitung des gerichtlichen Verteilungsverfahrens[2]). Erklärt ein Beteiligter, daß er auf gerichtlicher Verteilung des Erlöses besteht (§ 144), oder verzögert der Ersteher die außergerichtliche Regelung, oder ist von vornherein keine Aussicht auf eine solche[3]), so beraumt das Gericht den Verteilungstermin an[4]). Es braucht nicht die Rechtskraft des Zuschlags abgewartet zu werden; es darf dies aber geschehen, wenn die Anfechtung des Zuschlags erfolgt ist. Andrerseits kann im Falle der Einlegung der Beschwerde gegen den Zuschlag der angesetzte Verteilungstermin sowohl vom Vollstreckungs-, wie Beschwerdegericht (auch gegen den Willen der Beteiligten) aufgehoben werden (§ 572 Abs. 2, 3 ZPO., siehe auch § 108 Abs. 2, 116). Die Grundbuchberichtigung (§ 130) darf dagegen nicht vor Rechtskraft des Zuschlags erfolgen.

4. Terminsfrist. Eine solche ist nicht vorgeschrieben. Sie ist jedoch so zu bemessen, daß der Zahlungspflichtige von der Zustellung bis zum Termine wenigstens 2 Wochen Zeit zur Bereitstellung der Zahlungsmittel hat (Abs. 4). Nichteinhaltung dieser Frist berechtigt den Zahlungspflichtigen zur Einwendung nach § 766 ZPO. und sodann zur sofortigen Beschwerde (§ 793 ZPO.), hat aber die Unwirksamkeit einer erfolgten Zahlung oder nach § 118 erfolgten Übertragung nicht zur Folge (Jäckel S. 379). Letztere ist vom Beschwerdegericht aufzuheben und eventuell vom Vollstreckungsgericht im neuen Termine zu wiederholen. Auch gegen Verzögerung des Termins ist Einwendung (§ 766 ZPO.) und sofortige Beschwerde statthaft.

Die Nichteinhaltung der Frist des Abs. 4 kann ausdrücklich oder stillschweigend genehmigt werden. Wird ein neuer Termin bestimmt, so ist auch die 2wöchentliche Frist von neuem einzuhalten (Reinhard II S. 6; bestr.).

5. Zweck des Termins ist Entgegennahme der Zahlung des Erstehers, die Aufstellung und Verhandlung über den Teilungsplan und die Verteilung des Erlöses (§§ 107ff.).

6. Zustellung und Bekanntmachung. Erstere erfolgt nach §§ 3 ff. an die nach §§ 9, 10 Beteiligten, den Ersteher, den nach § 61 für zahlungspflichtig erklärten Dritten und den Meistbietenden des § 81 Abs. 2, 3. Zustellung hat auch an denjenigen zu erfolgen, der ein angemeldetes Recht noch glaubhaft zu machen hat oder ein solches erst nach der Terminsbestimmung anmeldet (Jäckel S. 380; bestr.). Verzicht auf Zustellung ist zulässig (Reinhard II S. 5). Unterlassung der Zustellung kann eine Schadensersatzpflicht des Vollstreckungsrichters oder Gerichtsschreibers begründen, insbesondere im Falle des Abs. 4 (vgl. § 3 Bem. 2). Nicht ordnungsmäßige Zustellung an einen Beteiligten, der diesen Mangel nicht genehmigt, muß daher ebenfalls zur

---

mit den Beteiligten zu gewähren, bevor das gerichtliche Verteilungsverfahren in Angriff genommen wird, hat sich in der Praxis durchaus bewährt. Vergl. Ortenau-Henle S. 341; Art. 9 Abs. 1 Ziff. 2 BayGebGes.

[2]) Ein gerichtliches Verteilungsverfahren nach den Vorschriften des ZVG. findet auch außerhalb der Zwangsvollstreckung im Falle der Zwangsenteignung statt, in welchem die Entschädigungssumme an die Stelle des enteigneten Grundstücks tritt (Art. 52—54, 109 EG., Art. 1, 166 Ziff. V—XI BayAG. z. BGB., Art. 16—26 BayAG. z. ZPO. in d. F. der Bek. vom 26. VI 1899).

[3]) Es steht auch nichts im Wege, das Verfahren nach §§ 143, 144 durchzuführen, obwohl aus der Masse zu befriedigende Forderungen bestritten sind, z. B. wenn sich die Beteiligten einigen, daß der bestrittene Betrag hinterlegt, der Streit außerhalb des Verteilungsverfahrens ausgetragen und im übrigen die Berichtigung des Grundbuchs bewilligt wird.

[4]) Die Vollstreckungsakten sind zu diesem Zweck vom Notar sofort nach Zustellung des Zuschlagsbeschlusses an das Gericht abzugeben; der Versteigerungsbeamte kann dies nicht unter Hinweis auf Art. 288 des BayGeb.Ges. verweigern, bis die Kosten des Versteigerungsprotokolls bezahlt sind (vergl. § 58 Bem. 4 und § 105 Bem. 1 oben).

Terminsaufhebung führen (Fischer-Schäfer S. 385, v. d. Pfordten S. 308). Die Anheftung der Terminsbestimmung an die Gerichtstafel ist instruktionell vorgeschrieben. Sie soll auch bei den beteiligten Gerichten des § 2 Abs. 2 Satz 2 geschehen. Eine Ladung unter Androhung von Rechtsnachteilen erfolgt nicht, ebensowenig eine Veröffentlichung.

7. Über Gebühren des **Gerichts** im Verteilungsverfahren siehe Art. 9, 13, 20, 297 BayGebGes.; des **Rechtsanwalts**: Art. 17, 18, 25, 27, 28 Abs. 1 und 4 mit Art. 5 VO. vom 26. III. 02. (GVBl. S. 133, JMBl. S. 427).

§ 106.

Zur Vorbereitung des Vertheilungsverfahrens kann das Gericht in der Terminsbestimmung die Betheiligten auffordern, binnen zwei Wochen eine Berechnung ihrer Ansprüche einzureichen. In diesem Falle hat das Gericht nach dem Ablaufe der Frist den Theilungsplan anzufertigen und ihn spätestens drei Tage vor dem Termin auf der Gerichtsschreiberei zur Einsicht der Betheiligten niederzulegen.

E. I; M. 288, 290; D. 58; KBer. 42.

Vorbereitung des Verteilungstermins.

1. Über das bisherige Recht vgl. Art. 97, 104 BaySO. Hier war die Aufforderung zur Anmeldung obligatorisch, ihre Nichtbeachtung mit Rechtsnachteilen verbunden.

2. Bedeutung der Vorschrift. Sie entspricht dem § 62 und ist nur fakultativ, ihre unrichtige Handhabung ohne Einfluß auf das Verfahren; es besteht keine Pflicht zur Anmeldung, wie nach § 37 Ziff. 4. Das dort geschaffene Präjudiz kann nicht durch Anmeldung nach § 106 nachträglich beseitigt werden.

Die Anmeldung hat nur die Bedeutung eines Widerspruchs gegen den Plan, wenn der Anspruch nicht, wie angemeldet, in den Plan eingesetzt wurde (§ 115 Abs. 2). Die Aufforderung ist in die Terminsbestimmung aufzunehmen.

3. Die Anfertigung des Plans im Falle des § 106 ist bedingt durch die Befolgung der Aufforderung und kann unterbleiben, wenn die Anmeldungen unzureichend sind[1]). Immer jedoch bleibt der vor dem Termin angefertigte Plan ein Entwurf, welcher der Abänderung unterliegt (§ 113; Jäckel S. 382). Ist eine Abänderung im Termine nicht vorzunehmen, so ist es zulässig, ihn einfach zu einem Bestandteil des Terminsprotokolls zu machen (anscheinend a. M. v. d. Pfordten S. 333).

Von dem Entwurfe sind auf Antrag Abschriften zu erteilen (§ 299 ZPO.). Über die Niederlegung auf der Gerichtsschreiberei siehe Geschäftsanweisung vom 30. Dez. 1901 (JMBl. 1902 S. 19ff.).

§ 107.

In dem Vertheilungstermin ist festzustellen, wieviel die zu vertheilende Masse beträgt. Zu der Masse gehört auch der Erlös aus denjenigen Gegen-

---

[1]) Infolge des weitgehenden Präjudizes des § 37 Ziff. 4 (§ 110) werden die Anmeldungen schon beim Versteigerungsbeamten zahlreicher als bisher einlaufen, so daß sich der Plan häufig, auch ohne daß von § 106 Gebrauch gemacht wird, vor dem Termin entwerfen lassen wird.

ständen, welche im Falle des § 65 besonders versteigert oder anderweit verwerthet sind.

Die von dem Ersteher im Termine zu leistende Zahlung erfolgt an das Gericht.

Ein Geldbetrag, der zur Sicherheit für das Gebot des Erstehers hinterlegt ist, gilt als gezahlt.

E. I §§ 148, 188; M. 278, 279, 321. D. 58; KBer. —.

Feststellung und Zahlung der Teilungsmasse.

1. Über das **bisherige Recht** vgl. Art. 117 Abs. 1 BayGO. — Der Vorschrift des Abs. 3 entsprechend waren auch nach dem Rechte der BayGO. Bar-Kautionen als Teilzahlungen des Strichschillings zu betrachten.

2. Gegenstand[1]) **der Verteilung** sind

a) das Bargebot des § 49 Abs. 1 zuzüglich 4% Zinsen von dem Tage der Wirksamkeit des Zuschlags an (§§ 89, 101 Abs. 2, 104) bis zum Tage des Verteilungstermins (diesen nicht mitgerechnet, § 49 Bem. 3). Die Verpflichtung des Erstehers zur Zinszahlung hört mit der Hinterlegung des Bargebots nach § 49 Abs. 3 auf; von da an wachsen der Masse nur die Depositalzinsen zu. Ist vom Ersteher (oder dem Dritten des § 61, vgl. § 134) ein Geldbetrag nur zur Sicherheit hinterlegt worden (§ 69), im Verteilungstermin aber der entsprechende Betrag nicht bezahlt, so daß gemäß § 107 Abs. 3 vom Verteilungstermin an die Sicherheit als Zahlung gilt, so sind zur Masse auch hieraus 4% Zinsen zu addieren, also vom Ersteher außer den 2% Depositalzinsen noch weitere 2% zu zahlen. Bis zur Wirksamkeit des Zuschlags aber gebühren an sich die Depositalzinsen aus der Sicherheit dem Ersteher, sie sind aber ihm nicht hinauszugeben, sondern ebenfalls als Teil des bezahlten Strichschillings zu behandeln (Jäckel S. 383, Reinhard II S. 11, v. d. Pfordten S. 310). Eine in Wertpapieren geleistete Sicherheit (§ 108) fällt nicht unter § 107 Abs. 3. Über Höhe der Depositalzinsen vgl. Hinterlegungsordnung §§ 8, 47 (JMBl. 1899 S. 1060 ff.), Bek. der K. Bank vom 11. V. 1887 (JMBl. S. 124) und 15. II. 1905 (JMBl. S. 577).

Das Bargebot mindert sich, wenn das Bestehenbleiben eines Rechtes nach § 91 Abs. 2, 3 zwischen dem Ersteher und dem Berechtigten vereinbart wurde, um den auf letzteren treffenden Betrag. Im Falle des § 61 kann sich endlich das Bargebot um den dem „Dritten" gestatteten Abzug mindern.

Soweit das Bargebot von dem Ersteher im Verteilungstermine nicht bezahlt, bezw. als bezahlt oder hinterlegt nicht nachgewiesen wird, bildet die zu übertragende Forderung (des Subhastaten) gegen den Ersteher oder den Dritten des § 61 den Gegenstand der Verteilung.

b) der Erlös aus einer besonderen Versteigerung oder Verwertung nach § 65 (dessen Verteilung nicht nach §§ 872 ff. ZPO. erfolgt).

---

[1]) Die Teilungsmasse deckt sich nicht mit dem Meistgebote, aus welchem gemäß Art. 9 BayGebGes. die Gerichtsgebühren, gemäß Art. 18 RAGebO. gewisse Anwaltsgebühren zu berechnen sind. Zum Meistgebot in diesem Sinne gehören das Bargebot samt Zinsen, die bestehen bleibenden Rechte des Mindestgebots (nicht diejenigen nach § 52 Abs. 2 Ges., § 9 EG., Art. 27 BayAG. z. ZVG., wenn sie nicht in das Mindestgebot eingestellt waren), auch die nicht auf Geldleistung gerichteten Ansprüche und die gemäß § 91 Abs. 2 bestehen bleibenden Rechte, endlich die Sondererlöse des § 107 (Pfaff-Reisenegger Art. 10 Bem. 3, Wochinger BayGebGes. Art. 10 Bem. 5, 6).

c) Versicherungsgelder, welche nicht nach §§ 21, 55 mitversteigert und so nicht dem Ersteher zugeschlagen, sondern auf Grund einer besonderen Versteigerungsbedingung von der Mitversteigerung ausgenommen wurden[2]).

d) der Betrag der Mehrzahlung im Falle der §§ 50, 51. Da dieser aber in der Regel nicht im Verteilungstermine bezahlt wird (§ 50 Abs. 1 Satz 2), so ist nur die Forderung (des Subhastaten) hierauf gegen den Ersteher zu verteilen bezw. zu übertragen (§ 125).

3. **Nicht zur Teilungsmasse gehört** ein Schadensersatzanspruch und eine etwaige Sicherheit für diesen nach § 85; ferner Einkünfte, welche in der Zwangsverwaltung unverteilt blieben[3]); endlich die bestehen bleibenden Rechte, wenngleich sie mit Rücksicht auf die Möglichkeit eines Widerspruchs und der dadurch eventuell notwendig werdenden Mehrzahlung des Erstehers (siehe 3d) in den Plan aufgenommen werden müssen (§ 113 Abs. 2).

4. Die **Zahlung an das Gericht** erfolgt im Verteilungstermin oder durch Hinterlegung gemäß § 49 Abs. 3, soferne nicht abweichende Versteigerungsbedingungen aufgestellt wurden. Das Gericht ist aber nicht Gläubiger des Erstehers, dieser auch nicht Schuldner der Gläubiger, solange diesen nicht die Forderung des Subhastaten gegen den Ersteher übertragen wurde (§ 118); der Anspruch auf Bezahlung des Strichschillings gegenüber dem Ersteher steht dem Subhastaten zu. Dieser erlangt das (mit dem Pfandrechte der Beteiligten belastete) Eigentum an den bezahlten Geldstücken, bezw. eine Forderung auf Zahlung der Geldsumme gegenüber der Hinterlegungsstelle. Auch steht das Gericht nicht in einem privatrechtlichen Schuldverhältnis zu den Beteiligten.

Das Vollstreckungsgericht ist also nicht Drittschuldner, wenn es sich um Pfändung des Anspruchs des Subhastaten auf den Überschuß aus dem Strichschilling und seines Anspruches aus einer Eigentümerhypothek oder eines Beteiligten auf einen Teil des Erlöses handelt. Was die ersten beiden betrifft, so ist zu beachten, daß zwar dem Subhastaten der Anspruch auf Zahlung des Strichschillings gegen den Ersteher zusteht, daß dieser aber nicht an ihn, sondern an das Gericht behufs Verteilung unter die Beteiligten zu zahlen verpflichtet ist, und daß dem Subhastaten eine Forderung auf Zahlung an ihn selbst erst zusteht, wenn ihm ein Teil des Strichschillings (als Überschuß oder für seine Eigentümerhypothek) im Verteilungsverfahren zugewiesen (übertragen) wurde. Bis zur Verteilung sind daher die Ansprüche des Subhastaten gemäß § 857 CPO. zu pfänden. Für die Pfändung der Ansprüche der übrigen Beteiligten auf die Masse gelten dagegen die §§ 829 ff. ZPO.; als Drittschuldner erscheint bis zur Übertragung im Verteilungstermine der Subhastat, nachher der Ersteher. Vgl. Jäckel S. 385, Reinhard II S. 13, 14; RG. Bd. 5 S. 310, Bd. 40 S. 395, Bd. 43 S. 427, Bd. 55 S. 378, Bd. 56 S. 13, 184; Seuff. Arch. Bd. 59 S. 120; JW. 1899 No. 59.

Über Pfändung der Eigentümerhypothek bzw. des Berichtigungsanspruchs des Eigentümers vgl. auch Bem. 3 zu § 50 und Recht 1905 S. 72.

Die Auszahlung (§ 117) an die Beteiligten erfolgt entweder im Termine oder durch Ausstellung von Erhebungsanweisungen an die Hinterlegungsstelle; letzteres

---

[2]) Ist das schädigende Ereignis erst nach dem Zuschlag eingetreten oder die Versteigerung in Unkenntnis desselben erfolgt, so gebührt dem Ersteher die Versicherungssumme, wie er auch den Schaden zu tragen hat (§ 90; RG. Bd. 24 S. 317; Bd. 27 S. 219; Bd. 43 S. 299; Wolff § 107 Bem. 2, Jäckel S. 383).

[3]) Sie fallen dem Schuldner, bezw. denen zu, welche diesen Anspruch besonders gepfändet haben (Jäckel S. 384, Reinhard II S. 12).

auch, wenn ein Termin nicht abgehalten wurde (§ 143). Teilzahlungen werden zunächst auf die Verzugszinsen aus dem Bargebote verrechnet (§ 367 Abs. 1 BGB.); Zahlung und Auszahlung unterbleiben, soweit der Ersteher selbst mit einer Forderung zum Zuge gekommen ist (Reinhard II S. 13, v. d. Pfordten S. 313).

5. Die Verhandlung im Verteilungstermin ist in einem **Protokoll** niederzulegen (§§ 159 ff. ZPO.). Der Richter entfaltet in Ansehung der Verteilung eine hauptsächlich beurkundende und verwaltende Tätigkeit (Mot.); dieselbe ist mit Beschwerde bezw. Widerspruch anfechtbar und selbst, soweit sie unangefochten bleibt, für die Beteiligten nur innerhalb des Verteilungsverfahrens maßgebend (vgl. § 113 Bem. 2).

§ 108.

Soweit das Baargebot nicht berichtigt wird, hat das Gericht, wenn Werthpapiere zur Sicherheit für das Gebot des Erstehers hinterlegt sind, die Veräußerung der Papiere nach Maßgabe der Vorschriften über die Zwangsvollstreckung anzuordnen. Der Erlös ist nach Anordnung des Gerichts auszuzahlen oder zu hinterlegen.

Ist der Beschluß, durch welchen der Zuschlag ertheilt wird, noch nicht rechtskräftig, so soll auf Antrag desjenigen, welcher die Sicherheit geleistet hat, die Veräußerung bis zur Rechtskraft ausgesetzt werden.

E. I § 149; M. 279, 280; D. 58; KBer. 43.

Verwertung hinterlegter Wertpapiere.

1. Eine solche Bestimmung war der **BayGO.** fremd; die Verwertung der nicht in Bargeld bestehenden Kaution erfolgte außerhalb des Verteilungsverfahrens auf Grund vollstreckbarer Erhebungsanweisung; vgl. Ortenau-Henle S. 409.

2. Veräußerung von Wertpapieren. Sie erfolgt, wenn und soweit das Bargebot, d. h. der im Termine zu zahlende Teil des Strichschillings, nicht berichtigt wird. Sind Zahlungsfristen bewilligt, so darf die Kaution nur zur Deckung des im Termine bar zu zahlenden (nicht des befristeten) Teils des Meistgebots (§ 60 Satz 1) veräußert werden. Dagegen fällt die nach § 61 von dem Dritten geleistete Sicherheit unter § 108, da sie dazu bestimmt ist, die Zahlung seitens des Dritten im Termine zu gewährleisten (vgl. § 134); die nach § 85 zu leistende Sicherheit dient nicht der Erfüllung des Bargebots und kann daher nicht nach § 108 vom Gerichte versilbert werden (§ 107 Bem. 3, Jäckel S. 386, 387). Ein Antrag ist nicht erforderlich. Wem das Eigentum an den Wertpapieren zustand, ist für § 108 gleichgültig. Die Veräußerung darf nur bis zur Deckung des noch unbezahlten Teils des Strichschillings, für welchen die Sicherheit bestimmt war (§ 69 Bem. 4) erfolgen (§ 818 ZPO.). Ein Mehrerlös ist dem Eigentümer der Wertpapiere zurückzugeben (Reinhard II S. 16, Fischer-Schäfer S. 390).

Die Verwertung selbst erfolgt auf Anordnung des Vollstreckungsgerichts durch den Gerichtsvollzieher (§§ 819, 821—823 ZPO.).

3. Zahlung mit dem Erlös der Kaution erfolgt — vorausgesetzt, daß der Ausführung des Plans nichts im Wege steht — im Termine, soweit derselbe zur Stelle geschafft ist, an die zunächst zum Zuge kommenden, durch den bar vorhandenen Strichschilling nicht gedeckten Beteiligten (§ 117) nach Abzug der Kosten des Verfahrens (§ 109). Andernfalls wird der Plan zunächst nach § 118 durch Übertragung (Überweisung) der Forderung des Subhastaten gegen den Ersteher auf die Berechtigten ausgeführt, und der

Erlös nachträglich (ohne neuen Termin), sobald er in die Hände des Gerichts gelangt, verteilt oder der Gerichtsvollzieher mit Auszahlung nach Maßgabe des Plans und der ihm zu erteilenden Anweisungen beauftragt (Jäckel S. 388). Gleichzeitig ist dann im Plan zu vermerken, um welchen Betrag die Forderung sich dadurch gemindert hat.[1])

Steht der Auszahlung ein Hindernis im Wege (z. B. Widerspruch gegen die betr. Forderung oder §§ 116, 120, 124, 126), so ist der betr. Betrag zu hinterlegen, in welchem Falle die Übertragung der Forderung gegen den Ersteher unterbleibt; denn insoweit ist das Bargebot berichtigt (§ 118).

4. **Die Aussetzung der Veräußerung** ist nur instruktionell vorgeschrieben. Der Antragsteller hat nötigenfalls den Nichteintritt der Rechtskraft glaubhaft zu machen. Wird der Zuschlag rechtskräftig, so ist die Veräußerung und Verteilung nachträglich vorzunehmen (vgl. § 116, Jäckel S. 388, Wolff Bem. 4 zu § 108).

5. Die Realisierung der durch Stellung eines **Bürgen** (Art. 31 BayAG. z. ZVG.) geleisteten Sicherheit ist Prozeßsache; die Verwertung einer anderen, nicht unter § 108 fallenden Sicherheit erfolgt gleichfalls außerhalb des Verteilungsverfahrens nach Maßgabe der §§ 1228ff., 1233, 1293 BGB.

§ 109.

Aus dem Versteigerungserlöse sind die Kosten des Verfahrens vorweg zu entnehmen, mit Ausnahme der durch die Anordnung des Verfahrens oder den Beitritt eines Gläubigers, durch den Zuschlag oder durch nachträgliche Vertheilungsverhandlungen entstehenden Kosten.

Der Ueberschuß wird auf die Rechte, welche durch Zahlung zu decken sind, vertheilt.

E. I § 151; M. 282, 283; D. —; KBer. —.

Verteilung der Masse. Vorrecht der Kosten.

1. **Bisheriges Recht.** Nach Art. 107 BaySO. waren auch die durch unbegründete Einwendungen des Schuldners gegen das Verfahren erwachsenen, sowie die von einem Gläubiger aufgewendeten, der Masse zugute gekommenen Kosten von der Masse vorwegzunehmen; vgl. § 10 Ziff. 1, § 93 Abs. 2.

2. **Vorrecht der Staatskasse.** Diese gehört bezüglich der Kosten des Zwangsversteigerungs-Verfahrens erster Instanz, welche gemäß § 788 ZPO. dem Schuldner zur Last fallen, nicht zu den beteiligten Gläubigern; sie wird vor denselben befriedigt. Zu diesen Kosten gehören die Gebühren des Gerichts (Art. 8, 9, 13, 297 BayGebGes.) und des Notars (nach Art. 52 Abs. 1, nicht Abs. 2 der NotGebO.), sowie deren Auslagen (Schreibgebühren, Porti, Gerichtsvollzieher-, Reise- und Insertionskosten, Sachverständigengebühren), endlich auch die Kosten der Hinterlegung des Strichschillings (nicht der Sicherheit), einschließlich der Hinterlegungsgebühr des Notars. Über Gebühren des Notars siehe Bem. 4 zu § 13 EG. z. ZVG.

Mangels barer Masse haftet für alle diese Kosten der betreibende Gläubiger, mehrere nach Art. 16, 19 Abs. 2 BayGebGes.; überdies ist diesfalls die Forderung der Staatskasse (und des Notars) wegen der Kosten durch Übertragung und Eintragung einer Sicherungshypothek (§§ 118 128, 130) sicherzustellen (Fischer-Schäfer S. 392).

---

[1]) Würde der Erlös (z. B. wenn die Veräußerung im Wege der Beschwerde inhibiert worden wäre) erst nach Eintragung der Sicherungshypothek für die übertragene Forderung (§ 128) zur Verteilung gelangen, so wäre es Sache der Beteiligten die Löschung der Hypothek herbeizuführen (ebenso v. d. Pfordten S. 317).

Nicht bevorrechtigt sind:

a) die Kosten der Anordnung des Verfahrens und des Beitritts, welche dem betr. Gläubiger zur Last fallen und als Kosten der Rechtsverfolgung (§ 10 Abs. 2) nur im Range des diesem zustehenden Hauptanspruchs liquidiert werden können; ein für das eigentliche Verfahren von ihm gemäß Art. 16 BayGebGes. (§ 81 RGKG.) geleisteter Vorschuß würde jedoch unmittelbar hinter der Staatskasse rangieren (Jäckel S. 389, Wolff Bem. 1 zu § 109).

b) Beschwerde- und sonstige, einem bestimmten Beteiligten zur Last fallende Kosten;

c) die Kosten des Zuschlags, nämlich des Versteigerungsprotokolles d. i. Staats- und gemeindliche Besitzveränderungsgebühr auf Grund Art. 10, 146 BayGebGes., ferner Ges. vom 18. VI. 1898 (GVBl. S. 292) und vom 9. VII. 1904 (GVBl. S. 235) sowie Honorar des Notars auf Grund Art. 52 Abs. 2 mit Art. 23 NotGebO. (vgl. § 58 Bem. 2).

d) die Kosten einer nachträglichen Verteilung, welche aus der betr. Spezialmasse zu entnehmen sind (Jäckel S. 389).

3. Die übrige Teilungsmasse dient zur Befriedigung der nicht bestehen bleibenden und nicht durch Zahlung zu deckenden Rechte (§ 49) nach Maßgabe der §§ 10 bis 12, 110. Ist der Beteiligte durch Rechte Dritter (Nießbrauch, Pfandrecht u. dergl.) in der Verfügung über sein Recht beschränkt, so erfolgt zwar die Zuteilung (Übertragung) an ihn, die Auszahlung aber unter Berücksichtigung der §§ 1073—1079, 1281—1285 BGB. (Jäckel S. 390, Reinhard II S. 22, Wolff. Bem. 4 zu § 109). Über die Eintragung der Rechte Dritter siehe § 128 Abs. 1 Satz 2.

§ 110.

Rechte, die ungeachtet der im § 37 Nr. 4 bestimmten Aufforderung nicht rechtzeitig angemeldet oder glaubhaft gemacht worden sind, stehen bei der Vertheilung den übrigen Rechten nach.

E. I § 152; M. 283, 284; D. —; KBer. —.

Zurücksetzung verspäteter Anmeldungen.

1. Bisheriges Recht. Nach Art. 33 Nov. z. BaySO. war die Folge der Nichtanmeldung bezw. Nichtglaubhaftmachung nur die Zurücksetzung hinter die im Mindestgebote zu berücksichtigenden Ansprüche.

2. Bedeutung der Vorschrift. Sie enthält die Ausführung des in § 37 Ziff. 4 angedrohten Rechtsnachteils; der Rangverlust ist endgültig (vgl. § 37 Bem. 2d). Unter mehreren verspätet angemeldeten Rechten entscheidet wieder das Rangverhältnis nach §§ 10—12.

§ 110 gilt besonders auch für die Nebenansprüche (auch Kosten), deren Höhe nicht aus dem Grundbuch ersichtlich ist, auch wenn sie erst nach dem Versteigerungstermine erwachsen (Fischer-Schäfer S. 394), nicht aber für die in § 37 Ziff. 5 bezeichnenden Rechte, welche ihrem Range gemäß am Erlös auch bei Nichtanmeldung jederzeit geltend gemacht werden können (Jäckel S. 391).

3. Voraussetzung der Zurücksetzung ist die Androhung nach § 37 Ziff. 4 und die Unterlassung der Anmeldung bezw. Glaubhaftmachung. Ist jene Androhung unterblieben und der Zuschlag nicht wegen § 83 Ziff. 1 angefochten worden, so können die Anmeldungen noch im Verteilungstermine nachgeholt werden und müssen dann nach dem Range der Ansprüche, also eventuell vor demjenigen des betreibenden Gläubigers, berücksichtigt werden.

Ebenso sind auch die kraft Gesetzes (ohne Anmeldung) oder infolge ihrer ordnungsmäßigen Anmeldung in das Mindestgebot aufzunehmenden Rechte an der ihnen gebührenden Rangstelle in den Plan einzustellen, auch wenn sie der Notar unberücksichtigt gelassen hat (vergl. § 45 Ges. und Art. 34 Nov. z. BayGO.); sie sind aber, weil durch den Zuschlag erloschen, bar zu zahlen (nötigenfalls sogar aus dem barzuzahlenden Teil des Mindestgebots und vor den im Mindestgebote bereits berücksichtigten, aber im Range nachstehenden Ansprüchen), auch wenn sie bei richtigem Verfahren bestehen geblieben wären (Jäckel S. 391, Reinhard I S. 236, II S. 23). Ist auch im Verteilungstermine das Versehen des Notars nicht berichtigt worden, so ist der Berechtigte auf die Bereicherungsklage angewiesen (ebenso v. d. Pfordten S. 321).

§ 111.

Ein betagter Anspruch gilt als fällig. Ist der Anspruch unverzinslich, so gebührt dem Berechtigten nur die Summe, welche mit Hinzurechnung der gesetzlichen Zinsen für die Zeit von der Zahlung bis zur Fälligkeit dem Betrage des Anspruchs gleichkommt; solange die Zeit der Fälligkeit ungewiß ist, gilt der Anspruch als aufschiebend bedingt.

E. I § 154; M. 285; D. —; KBer. --.

Behandlung betagter Ansprüche.

1. Bisheriges Recht. Die Vorschrift entspricht bis auf den Schlußsatz dem Art. 113 BayGO.; bei unbestimmtem Verfalltage war jedoch ein Schätzungswert in Ansatz zu bringen, eine Bestimmung, die wegen ihres unsicheren Ergebnisses nicht in das Gesetz überging.

2. Anwendbarkeit. Die Vorschrift bezieht sich

a) nur auf Hypotheken und Grundschulden, nicht auf die Rechte, welche gemäß § 92 sich in den Anspruch auf Zahlung des Wertes oder einer Geldrente verwandeln (siehe § 121);

b) nur auf die, aus dem Bargebote zu befriedigenden Hypotheken und Grundschulden, nicht auf die bestehen bleibenden, auch nicht auf die durchgefallenen, wohl aber auf die nach § 91 Abs. 2, 3 übernommenen Rechte. Sind diese z. B. unverzinslich und betagt, so ist, um den Betrag des § 91 Abs. 3 Satz 1 zu finden, eine Berechnung der Zwischenzinsen vorzunehmen (Wolff § 111 Bem. 2);

c) nur auf den dinglichen, nicht persönlichen Anspruch. Die Fälligkeit gilt nur als eingetreten, soweit es sich um Befriedigung aus dem Versteigerungsobjekte handelt. Hinsichtlich der persönlichen Haftung des Schuldners, Mithaftung Dritter oder anderer Grundstücke ist die Frage der Fälligkeit nach dem ursprünglichen Schuldverhältnisse zu beurteilen (Jäckel S. 392; Ortenau-Henle S. 162, 309).

3. Zwischenzinsen sind nach der sogenannten Hoffmann'schen Methode (vgl. §§ 1133, 1217 BGB., § 65 KO.)[1]) in Abzug zu bringen bei betagten **unverzins-**

---

[1]) Nach der Formel: $x = \frac{100 \times k}{100 + (p \times z)}$, wobei k = Kapital, p = Zinsfuß, z = Anzahl der Jahre vom Verteilungs- bis zum Fälligkeitstermine, x = gegenwärtiger Wert des Kapitals ist. Angenommen, der Verteilungstermin findet am 1. Oktober 1910 statt, ein unverzinsliches Kapital von 1000 Mk. ist am 1. Juli 1912, also nach $1\frac{3}{4}$ Jahren zahlbar, so ist beim gesetzlichen Zinsfuß von 4 % (§ 246 BGB.) ein Betrag von $x = \frac{100 \times 1000}{100 + \left(4 \times \frac{7}{4}\right)} =$ 934 Mk. 58 Pf. in den Plan einzusetzen. Für die Berechnung nach Tagen kann die bei

lichen Ansprüchen, die vertragsmäßig noch nicht fällig wären, deren Fälligkeitstermin aber sowohl gewiß als bestimmt (dies certus, an et quando) ist. Dies gilt auch von dem, erst nach Kündigung fälligen unverzinslichen Anspruch, in welchem Falle die Zwischenzinsen für die Zeit vom Verteilungstermine bis zu dem Tag, für welchen der Gläubiger kündigen hätte können, zu berechnen sind (Wolff Bem. 3, Fischer-Schäfer S. 396, v. d. Pfordten S. 322).

Ist der Fälligkeitstermin ungewiß (z. B. fällig mit dem 21. Lebensjahr) oder unbestimmt (z. B. fällig mit dem Tode) oder beides (z. B. fällig mit der Verehelichung), so ist der unverzinsliche Anspruch teils bedingt, teils wird er nach § 111 als bedingt behandelt; er wird daher gemäß § 119 nach seinem vollen Nominalbetrag in den Plan eingestellt und nach § 120 entweder hinterlegt oder bedingt übertragen.

4. Behandlung betagter **verzinslicher** Ansprüche. Sie werden, auch wenn sie nicht fällig sind (weil z. B. noch nicht gekündigt ist), gleichfalls als mit dem Verteilungstermine fällig behandelt, also ihrem vollen Betrage nach mit den vertragsmäßigen Zinsen bis zum Termin in den Plan eingesetzt und ausbezahlt, bezw. durch unbedingte Forderungsübertragung gedeckt (§ 111 Satz 1). Hieran ändert auch nichts die Unbestimmtheit des Zeitpunkts der Fälligkeit (dies incertus, quando, z. B. fällig mit dem Tode); denn der Schlußsatz des § 111 bezieht sich nur auf die unverzinslichen Ansprüche; ist dagegen die Fälligkeit ungewiß (dies incertus, an, z. B. fällig mit der Verehelichung), so ist der Anspruch bedingt und wird zwar mit dem vollen Betrag in den Plan eingesetzt, aber sodann nach §§ 119, 120 behandelt (Jäckel S. 393, Reinhard II S. 25).

§ 112.

Ist bei der Versteigerung mehrerer Grundstücke der Zuschlag auf Grund eines Gesammtausgebots ertheilt und wird eine Vertheilung des Erlöses auf die einzelnen Grundstücke nothwendig, so wird aus dem Erlöse zunächst der Betrag entnommen, welcher zur Deckung der Kosten sowie zur Befriedigung derjenigen bei der Feststellung des geringsten Gebots berücksichtigten und durch Zahlung zu deckenden Rechte erforderlich ist, für welche die Grundstücke ungetheilt haften.

Der Ueberschuß wird auf die einzelnen Grundstücke nach dem Verhältnisse des Werthes der Grundstücke vertheilt. Dem Ueberschusse wird der Betrag der Rechte, welche nach § 91 nicht erlöschen, hinzugerechnet. Auf den einem Grundstücke zufallenden Antheil am Erlöse wird der Betrag der Rechte, welche an diesem Grundstücke bestehen bleiben, angerechnet. Besteht ein solches Recht an mehreren der versteigerten Grundstücke, so ist bei jedem von ihnen nur ein dem Verhältnisse des Werthes der Grundstücke entsprechender Theilbetrag in Anrechnung zu bringen.

Reinhard II S. 26 angegebene Formel $x = \frac{90 \times k}{90 + \frac{n}{100}}$, wobei n die Anzahl der Tage vom Verteilungs- bis zum Fälligkeitstermine bedeutet, benützt werden. (Der Tag des Verteilungstermins wird nicht mitgerechnet, § 187 BGB.; das Jahr zu 360 Tagen gezählt, Cosack Bürg. Recht I S. 251; vgl. auch Recht 1904 S. 161).

Reicht der nach Abs. 2 auf das einzelne Grundstück entfallende Antheil am Erlöse nicht zur Befriedigung derjenigen Ansprüche aus, welche nach Maßgabe des geringsten Gebots durch Zahlung zu berichtigen sind oder welche durch das bei dem Einzelausgebote für das Grundstück erzielte Meistgebot gedeckt werden, so erhöht sich der Antheil um den Fehlbetrag.

E. I § 150; M. 280, 281; D. 59; KBer. 44.

Verteilung eines Gesamterlöses.

1. Bisheriges Recht. Die Vorschrift weicht insoferne von Art. 105 BayEO. und Art. 45 Ziff. 10 Nov. hierzu ab, als nicht der Gesamterlös auf die einzelnen Grundstücke verteilt wird, sondern nur der nach Abzug gewisser Ansprüche verbleibende Überschuß; ferner dadurch, daß die bestehen bleibenden Korrealhypotheken nicht zu gleichen Teilen auf die mehreren Grundstücke ausgeschlagen werden, sondern nach dem Verhältnisse der Werte der Grundstücke. Dagegen ist die Rücksichtnahme auf einen beim Einzelgebot erzielten Erlös im Prinzip auch schon in der BayEO. anerkannt, wenn auch in anderer Weise durchgeführt.

2. Anwendung des § 112. Die Bildung von Spezialmassen im Falle des Gesamtausgebots (§ 63) ist insbesondere erforderlich, wenn Gesamtbelastungen, die möglicherweise zum Zuge gelangen, vorliegen, und die Korrealgläubiger ihr Recht nicht nach § 1132 Abs. 1 Satz 2 BGB.[1]) verteilt haben (§ 122); wenn die Grundstücke oder ideellen Grundstücksanteile (Jäckel S. 401) verschiedenen Eigentümern gehört hatten oder verschieden belastet sind; wenn der Erlös eines der mehreren Grundstücke von einem Dritten in Anspruch genommen wird, weil die Geltendmachung nach § 37 Ziff. 5 unterblieben ist (Jäckel S. 400).

3. Bildung der Spezialmassen. Hierzu ist eine dreifache rechnerische Tätigkeit notwendig:

a) Abzug der Kosten und der im Mindestgebote zu berücksichtigenden, bar zu befriedigenden Gesamtbelastungen (§§ 49, 109). Sie werden entsprechend der Gesamthaftung der Grundstücke aus dem noch unverteilten (baren) Gesamterlös gedeckt.

An der Rangordnung der §§ 10—12 wird hierdurch nichts geändert: Hat der Ersteher nicht das ganze Bargebot berichtigt und reicht die Barzahlung nicht zur Deckung aller im Mindestgebote stehenden Ansprüche aus, so sind trotz des § 112 zunächst die etwa den Gesamtbelastungen vorgehenden, bar zu zahlenden Einzelansprüche zu befriedigen und zwar nach dem Werte der einzelnen Grundstücke.

Sind z. B. im Mindestgebote bar zu decken 100 Mk. Kosten, 20 Mk. bei Grundstück A und 30 Mk. bei B, beide im Range des § 10 Ziff. 2, hierauf 40 Mk. einer Gesamtbelastung nach § 10 Ziff. 4 und sind von dem Bargebote zu 400 Mk. nur 130 Mk. gezahlt, so sind zwar zur Ermittlung der Einzelmassen 100 + 40 vorwegzunehmen, aber von den bar bezahlten 130 sind zunächst zu berichtigen: 100 Mk. Kosten und (bei einem Wertsverhältnis von 1 : 2) die Ansprüche aus § 10 Ziff. 2 mit 10 bei A und 20 bei B, während der Rest dieser Ansprüche, sowie die Gesamtbelastung durch Forderungsübertragung zu decken sind (Wolff Bem. 2 zu § 112, Jäckel S. 396).

---

[1]) Für die Teilung der Gesamthypotheken während der Übergangszeit sind die Vorschriften der Art. 5—7 des Ges. vom 18. VI. 1898, betr. die Grundbuchanlegung r. d. Rh. maßgebend; für das pfälz. Recht vgl. Schneider, LR. i. d. Pf. S. 60.

b) Verteilung des hiernach verbleibenden Restes des Gesamterlöses auf die einzelnen Grundstücke nach deren Wertsverhältnis. Sie geschieht in der Weise, daß dem nach Abs. 1 verbleibenden Überschusse die sämtlichen, auf Grund der Versteigerungsbedingungen (§§ 52, 59) bestehen bleibenden Rechte (Kapital, Ablösungssumme, Wertsbetrag) zuerst hinzugerechnet werden (Gesamtbelastungen mit dem einmaligen Betrag), und daß dann von den sich ergebenden Einzelmassen die an dem betreffenden einzelnen Grundstück bestehen bleibenden Rechte wieder abgezogen werden (Gesamtbelastungen unter Teilung nach dem Wertsverhältnis). Die Werte sind (vorbehaltlich Einigung der Beteiligten, einschließlich des Schuldners) ohne Rücksicht auf die Belastungen zu ermitteln (anders § 64) und zwar durch das Vollstreckungsgericht nach den auf Grund § 11 EG. und Art. 29 BayAG. z. ZVG. aufgestellten Grundsätzen; in der Regel wird es bei der vom Notar nach § 64 vorgenommenen Ermittlung verbleiben (Wolff Bem. 4). Die Wertsfeststellung ist keine endgültige; sie kann im Wege des Widerspruchs gegen den Teilungsplan angefochten und im Prozesse geändert werden (Jäckel S. 400).

Beispiel: 2 Grundstücke, welche im nämlichen Verfahren auf Betreiben eines Gläubigers E versteigert wurden, sind belastet mit:

I	II
100 Mk. des A	500 Mk. des B
150 Mk. des C	—
270 Mk. korrealiter des D	
50 Mk. des E	250 Mk. des E.

Wert der Grundstücke 300 bezw. 900 Mk. Gerichtskosten 80 Mk., Kosten des Versteigerungsbeamten 24 Mk., rückständige Zinsen des D 16 Mk.

Meistgebot bei der Gesamtversteigerung: 400 Mk.
(unter Bestehenbleiben von
von 100 + 150 + 500 + 270 = 1020 Mk.)
Abzug nach Abs. 1: 80 + 24 + 16 = 120 Mk.

Überschuß nach Abs. 2, Satz 2: **280** Mk. + 1020 Mk. = 1300 Mk.
Spezialmassen nach Abs. 2 Satz 1 (Verhältnis 1 : 3): I = 325 Mk.
II = 975 Mk.

und nach Anrechnung der bestehen bleibenden Rechte gemäß Abs. 2 Satz 3 und 4:

$$I = 325 - (\underset{A}{100} + \underset{C}{150} + \underset{1/4\,D}{67{,}50}) = 7{,}50 \text{ Mk.}$$
$$II = 975 - (\underset{B}{500} + \underset{3/4\,D}{202{,}50}) = 272{,}50 \text{ Mk.}$$

280.— Mk.

Aus den Spezialmassen zu 7 Mk. 50 Pfg. bezw. 272 Mk. 50 Pfg. ist E zu befriedigen.

Ob zu den nach § 91 nicht erlöschenden, also nach Abs. 2 Satz 2 dem Überschusse zuzuzählenden Ansprüchen nicht bloß diejenigen zu rechnen sind, welche nach den Versteigerungsbedingungen bestehen bleiben (§ 91 Abs. 1), sondern auch diejenigen, welche auch auf Grund Vereinbarung zwischen Ersteher und Berechtigten nicht erlöschen sollen (§ 91 Abs. 2), ist zweifelhaft (Jäckel S. 397, Reinhard II S. 32, Fischer-Schäfer S. 399, v. d. Pfordten S. 330).

Da aber in der Regel derjenige Betrag, welcher nach § 91 Abs. 3 infolge der Vereinbarung vom Ersteher weniger bar zu zahlen ist, vor der Verteilung noch nicht feststeht, ist es einfacher, bei der nach § 112 Abs. 2 vorzunehmenden Berechnung jene Vereinbarung ganz außer Betracht zu lassen. Zu beachten ist dann nur, daß die ausgerechneten Spezialmassen nicht ganz bar zu zahlen sind, daß vielmehr der nach § 91 Abs. 3 dem Berechtigten gebührende Betrag von der Barzahlung ausgenommen ist.

Würde im vorigen Beispiele E mit dem Ersteher eine solche Vereinbarung getroffen haben, so hätte dieser bei I die Summe von 7 Mk. 50 Pfg., bei II die Summe von 250 Mk. weniger bar zu zahlen, also insgesamt nur 120 Mk. (Kosten und Zinsen des D) und den Betrag von 22 Mk. 50 Pfg. (welcher auf den Schuldner II träfe).

c) Ergänzung der Spezialmassen in den Fällen des Abs. 3. Durch die Verteilung nach Abs. 1 und 2 dürfen die im Mindestgebote (sei es beim Einzel- oder Gesamtausgebot) gedeckten Rechte keine Beeinträchtigung erfahren. Abs. 3 hat zunächst nur diejenigen Fälle im Auge, in welchen die bar zu zahlenden Ansprüche des Mindestgebots aus den Spezialmassen keine volle Befriedigung finden; es ist aber auch möglich, daß die eine oder andere der gebildeten Spezialmassen nicht einmal zur Deckung der auf dem betreffenden Grundstücke bestehen bleibenden Rechte ausreicht. In diesen Fällen sind die übrigen Spezialmassen nach Verhältnis ihrer Höhe (nicht nach dem Werte der Grundstücke) zur Deckung heranzuziehen (Jäckel S. 399, 400, Fischer-Schäfer S. 401, abweichend Wolff Bem. 2, Reinhard II S. 34).

Beispiel:

α) Angenommen, die Grundstücke I und II im Werte von 1 : 3 sind belastet mit

I	II
400 Mk. des A	1000 Mk. des B.

Für A sind 16 Mk. Zinsen rückständig; betreibender Teil ist ein Kurrentgläubiger. Kosten 40 Mk.; Mindestgebot für I: 10 Mk. (Kostenquote) + 16 Mk. = 26 Mk., für II: 30 Mk. (Kostenquote); ebenso bares Meistgebot bei der Einzelversteigerung und Mindestgebot bei der Gesamtversteigerung. Gesamterlös jedoch: 240 Mk.

Abzug	: 40 Mk.	
Überschuß	: 200 Mk. + 1400 =	1600 Mk.
Spezialmassen :	I =	400 Mk.
	II =	1200 Mk.

Bei I wird zwar das bestehen bleibende Kapital des A zu 400 Mk. gedeckt, nicht aber die in das Mindestgebot fallenden, bar zu zahlenden Zinsen zu 16 Mk. Um diesen Betrag mindert sich die Spezialmasse II.

β) Angenommen, der Erlös beim Einzelausgebote betrug im Beispiel zu Bem. 3 b für Grundstück I um 40 Mk. mehr als das Mindestgebot hierfür (20 Mk. + 6 Mk. dh. Kostenanteil + 16 Mk. dh. Zinsen des D), also 82 Mk., statt 42 Mk.; das Mindestgebot bei der Gesamtversteigerung also 160 Mk., statt 120 Mk.; das Meistgebot bei der letzteren aber wieder 400 Mk. und die Spezialmassen 7 Mk. 50 Pfg. bezw. 272 Mk. 50 Pfg., so ist mit Spezialmasse I derjenige Betrag nicht erreicht, um welchen das Meistgebot bei der Einzelversteigerung von I das Mindestgebot überstiegen hatte, nämlich 82 — 42 = 40 Mk. Mit diesem Betrage wäre E bei I noch zum Zuge gekommen, wenn dem Einzelgebote der Zuschlag erteilt worden wäre; er darf nicht durch das gemäß § 63 Abs. 4 erfolgte Gesamtausgebot und daher auch nicht durch die Verteilung nach § 112 benachteiligt werden, weshalb der Spezialmasse I aus II ein Betrag von 40 — 7,50 = 32,50 Mk. hinzuzufügen ist, so daß sich als Massen ergeben: I 40 Mk., II 240 Mk. = **280** Mk.

γ) Angenommen, in dem zu Bem. 3 b gegebenen Beispiel betrage die Hypothek des C 230 Mk. statt 150 Mk., der Überschuß nach § 112 Abs. 2 Satz 2 also 280 + (bestehen bleibende Rechte =) 1100 Mk. = 1380 Mk., die Spezialmassen nach Abs. 2 Satz 1 demnach 345 bezw. 1035 Mk., so reicht die erstere nicht zur Deckung der bestehenbleibenden Mk. 100 + 230 + 67,50 = 397,50 aus, vielmehr sind hierzu die fehlenden Mk. 52,50 von Masse II zu 1035 Mk. zu entnehmen; es verbleiben also als bare Massen zur Befriedigung des **E** bei I : 0, bei II : **280.** Oder:

Angenommen, 3 Grundstücke im Werte von 1 : 3 : 6 seien im Mindestgebote belastet, wie folgt: I mit 100 des A und 400 des B, II mit 500 des C, III mit 600 des D, außerdem alle drei mit der Korrealhypothek 1000 des E. Der Überschuß aus § 112 Abs. 1 betrage **1400**, so daß zu verteilen sind: 1400 + (100 + 400 + 500 + 600 + 1000) = 4000. Als Spezialmassen ergeben sich hieraus

I : 400	II : 1200	III : 2400, und nach Anrechnung der stehen bleibenden Rechte:
— 100	— 500	— 600
400	300 (3/10 E)	600 (6/10 E)
100 (1/10 E)		
— 200	+ 400	+ 1200

Da die Spezialmasse I die bestehen bleibenden Rechte des Grundstücks I nicht deckt, haben hierzu die Spezialmassen II und III im Verhältnis ihrer Größe, nämlich (400 : 1200 =) 1 : 3, also mit 50 bezw. 150 beizutragen, so daß verbleiben als bare Massen: I : 0, II : 350, III : 1050, Sa. **1400.**

§ 113.

In dem Vertheilungstermine wird nach Anhörung der anwesenden Betheiligten von dem Gerichte, nöthigenfalls mit Hülfe eines Rechnungsverständigen, der Theilungsplan aufgestellt.

In dem Plane sind auch die nach § 91 nicht erlöschenden Rechte anzugeben.

E. I § 155; M. 286, 287; D. 58; KBer. —.

Aufstellung des Teilungsplans.

1. Auch nach **bisherigem Recht** (Art. 97 Abs. 2, 99, 100 BayGO.) war der Teilungsplan, obwohl vor dem Termine gefertigt, nichts weiter als ein Entwurf, der der Abänderung im Termin unterlag. Eine Beschwerde wegen formeller Unrichtigkeit des Plans war nicht zulässig (vgl. Ortenau-Henle S. 356, 357).

2. Natur des Teilungsplans. Er trifft keine materielle Entscheidung, stellt aber immerhin eine Entscheidung innerhalb des Zwangsvollstreckungsverfahrens dar, die auf ihre Gesetzmäßigkeit hin durch sofortige Beschwerde der Nachprüfung unterworfen werden kann.[1]) Seine materielle Unrichtigkeit kann nur im Wege des Widerspruchs und der Klage angefochten werden (Jäckel S. 404). Aber auch die Unterlassung des Widerspruchs hindert die Geltendmachung besserer Rechte außerhalb des Verteilungsverfahrens nicht (RG. Bd. 58 S. 156, Recht 1905 S. 138, Jäckel S. 401, 402; vgl. auch Ortenau-Henle S. 349, 410, obstr. Erk. n. F. IV S. 205).

3. Aufstellung des Plans erfolgt nicht, wie im Mobiliarzwangsvollstreckungsverfahren (§§ 872 ff. ZPO.) vor, sondern in dem Termin (vgl. jedoch § 106). Mit Schluß des Termins sind Änderungen desselben auf Grund neuer Anmeldungen oder Widersprüche für das Verfahren ausgeschlossen (§ 114, Jäckel S. 403).

Bei Aufstellung des Plans werden die Beteiligten mit ihren Einwendungen und etwaigen Vereinbarungen gehört; inwieweit letztere zulässig, und wessen Zustimmung hierzu erforderlich ist, ist nach dem einzelnen Fall zu beurteilen.

Der Teilungsplan bildet einen Teil des Terminsprotokolls[2]). Die Kosten eines Rechnungsverständigen gehören zu den Verfahrenskosten des § 109.

4. Inhalt. Der Plan hat nicht nur die Höhe der verfügbaren Masse (Bargebot, Zinsen, Erlös aus abgesonderter Versteigerung § 107), ferner die hieraus bar zu befriedigenden Ansprüche und deren Rangfolge (§ 114), sondern auch die bestehen bleibenden Rechte (§ 91) anzugeben, da auch sie bestritten werden können und ihr Wegfall eine Erhöhung des Bargebots nötig macht (§§ 50, 51); eine richterliche Übernahmeerklärung (Art. 35 Nov. z. BayGO.) ist jedoch nicht erforderlich, da der Eintritt des Erstehers in die dingliche oder persönliche Haftung nicht hiervon abhängig ist (vgl. § 53 Bem. 1). Endlich ist anzugeben, ob ein Anspruch zum Zuge kommt und wie seine Befriedigung erfolgen soll (Barzahlung, Übertragung, Vereinbarung nach § 91 Abs. 2); dies ist die sog. Zuteilung der Masse auf die Ansprüche (Jäckel S. 405).

5. Für die dem Gesetz entsprechende Aufstellung des Plans **haftet** der Richter, ev. auch der Rechnungsverständige nach § 839 BGB. (Jäckel S. 404, Reinhard II S. 40).

§ 114.

In den Theilungsplan sind Ansprüche, soweit ihr Betrag oder ihr Höchstbetrag zur Zeit der Eintragung des Versteigerungsvermerkes aus dem Grundbuch ersichtlich war, nach dem Inhalte des Buches, im Uebrigen nur dann aufzunehmen, wenn sie spätestens in dem Termin angemeldet sind. Die Ansprüche des Gläubigers gelten als angemeldet, soweit sie sich aus dem Versteigerungsantrag ergeben.

Laufende Beträge wiederkehrender Leistungen, die nach dem Inhalte des Grundbuchs zu entrichten sind, brauchen nicht angemeldet zu werden.

E. I § 156; M. 287, 288; D. —; KBer. —.

In den Plan aufzunehmende Ansprüche.

1. Auch die **BayGO.** unterschied zwischen den von Amts wegen und den auf Anmeldung in den Plan aufzunehmenden Forderungen (Art. 97, 98). Unter gewissen

[1]) Z. B. wenn die Rangordnung des § 10 nicht beachtet oder eine Forderung zu Unrecht nach § 14 behandelt wurde (vgl. RG. Bd. 45 S. 392) oder eine Forderung formell zu Unrecht eingestellt oder weggelassen ist.

[2]) Formale Vorschriften über den Abschluß des Plans (Art. 120 BayGO.) sind als entbehrlich erachtet worden, da sich solcher zugleich aus dem Protokollsabschluß ergibt (Mot. 290).

Voraussetzungen waren auch Anmeldungen, die nach Ablauf der Anmeldefrist bis zum Abschlusse des Plans eingingen, zu berücksichtigen (Art. 99, 100).

2. Schuldenmasse. Wie die Feststellung der Aktivmasse nach § 107, so ist auch die Feststellung der Passiva, d. h. der aus dem Grundstücke, bezw. dem Versteigerungserlöse zu befriedigenden Ansprüche (§§ 10, 37 Ziff. 5) und der Rangordnung derselben (§§ 10—13) Zweck des Verteilungstermins. Sie erfolgt entweder auf Grund der Eintragungen im Grundbuch oder der Anmeldungen.

a) Von Amts wegen sind in den Plan aufzunehmen (außer den vorweg zu nehmenden Kosten, § 109) die zur Zeit der Eintragung des Versteigerungsvermerks aus dem Grundbuch (nicht -abschrift) ersichtlichen Geldbeträge oder Höchstbeträge. Maßgebend ist die Eintragung im Grundbuch, doch darf sich der Vollstreckungsrichter auf die Richtigkeit der ihm nach § 19 Abs. 2 mitgeteilten Abschrift verlassen; bei Unrichtigkeit der letzteren ist außer Schadensersatz- und Bereicherungsklage, auch sofortige Beschwerde gegen den Plan zulässig (Jäckel S. 406). Eine Bezugnahme auf die Eintragungsbewilligung, bezw. Satzung ist bei Hypotheken, Grund- und Rentenschulden nur in dem in § 1115 BGB. bezeichneten Umfange zu berücksichtigen (vgl. §§ 874, 877 BGB., § 50 GBO., § 254 DA. f. GBÄ.).

Auch vorgemerkte oder durch Widerspruch gesicherte Beträge sind aufzunehmen (§§ 119, 120, 125, vgl. § 14); nach Eintragung wieder gelöschte (nicht durch Widerspruch oder neuerliche Anmeldung aufrecht erhaltene) Beträge sind unberücksichtigt zu lassen, wenn die Löschung zur Kenntnis des Vollstreckungsgerichts gelangt ist (Jäckel S. 406); auf den Löschungsgrund kommt es nicht an.

Nur der eingetragene Geldbetrag ist maßgebend; dies gilt auch für Sicherungshypotheken. Bei den Maximalhypotheken (vgl. § 50 Bem. 3) und im Falle des § 882 BGB. ist ausschlaggebend der Höchstbetrag (Rechtspr. d. OLG. IX S. 382, Recht 1905 S. 112; ein besonderer Nachweis der Berechtigung ist zur Aufnahme in den Plan nicht erforderlich), im Falle des § 1199 BGB. die Ablösungssumme (vgl. § 92), nicht der zum Zwecke der Feststellung des Mindestgebots ermittelte Wert (§ 51 Abs. 2); bei Pfandbriefdarlehen der Nominalbetrag (Jäckel S. 407, Ortenau-Henle S. 167, 203). Ist ein geringerer als der eingetragene Betrag angemeldet, so ist die Anmeldung maßgebend, soweit nicht die Restforderung dem Eigentümer oder einem Ersatzberechtigten zusteht (vgl. § 50 Bem. 3, § 51).

Mit den Kapitalsbeträgen sind auch die laufenden wiederkehrenden Leistungen, falls solche eingetragen, zu berücksichtigen (vgl. § 13); bestehen sie nicht in Geld, so bedürfen sie der Anmeldung des Geldbetrags; die Schätzung nach § 46 ist hier ebenfalls nicht maßgebend (Jäckel S. 409, Fischer-Schäfer S. 405; bestr.).

Von bestehen bleibenden Rechten sind Zinsen nur bis zum Zuschlag (§ 56), bei freiwillig liegen gelassenen (§ 91 Abs. 2) und erlöschenden Rechten bis zum Verteilungstermine (ausschließlich) zu berechnen (Reinhard II S. 44).

b) Nur auf Anmeldung werden in den Plan eingestellt: die nicht eingetragenen oder zur Zeit der Eintragung des Versteigerungsvermerks aus dem Grundbuch nicht ersichtlichen Ansprüche (z. B. nach § 10 Ziff. 1—3, nicht eingetragene gesetzliche oder Verzugs-Zinsen, Kosten) und die Rückstände wiederkehrender Leistungen; ebenso ein nicht eingetragener Geldbetrag (besonders bei den nicht auf Geldleistung gerichteten, durch den Zuschlag erlöschenden Rechten, vergl. §§ 46, 92, 121); endlich die Ansprüche aus § 37 Ziff. 5.

Die Anmeldung hat (schriftlich oder mündlich) spätestens im Termine vor Ausführung des Plans, und zwar nach Betrag, Grund und Rang des Anspruchs zu erfolgen. Ob Glaubhaftmachung auf Verlangen des Gerichts oder eines

Beteiligten, wie im Falle des § 9 Ziff. 2, erforderlich ist, kann zweifelhaft sein. Die überwiegende Meinung bejaht diese Frage, da sonst die eingetragenen Realberechtigten zum Widerspruch genötigt wären, wenn ein Anspruch aus § 37 Ziff. 5 (auf welchen § 110 keine Anwendung findet) im Range vor ihnen geltend gemacht würde (Fischer-Schäfer S. 406, Jäckel S. 412).

Die beim Versteigerungsbeamten gemachten Anmeldungen bedürfen nicht der Wiederholung. Die erst nach dem, in § 37 Ziff. 4 bezeichneten Zeitpunkt angemeldeten Ansprüche rangieren an letzter Stelle, unter sich in dem ihnen nach §§ 10ff. gebührenden Rang. Als angemeldet gilt auch der Anspruch des betreibenden Teils, soweit ersterer aus dem Versteigerungsantrag ersichtlich ist. Nachträgliche Mitteilungen des Grundbuchamtes ersetzen die Anmeldung nicht.

Persönliche, nicht unter § 10 bezw. § 37 Ziff. 5 fallende Ansprüche eignen sich niemals zur Aufnahme in den Plan und begründen nicht die Zulassung zum Verfahren (§ 9) und zum Widerspruch (Jäckel S. 405, 412; vgl. Art. 104 Abs. 2 BayHO.).

Nach Ausführung des Plans im Termin (vgl. § 116) angemeldete Ansprüche können, wie nicht angemeldete, nur außerhalb des Verfahrens im Klagewege gegen den zuletzt zum Zuge gekommenen Beteiligten verfolgt werden (§§ 812ff. BGB.); vgl. jedoch §§ 37 Ziff. 4 und 110, Jäckel S. 402, 411.

§ 115.

Ueber den Theilungsplan wird sofort verhandelt. Auf die Verhandlung sowie auf die Erledigung erhobener Widersprüche und die Ausführung des Planes finden die §§ 876 bis 882 der Civilprozeßordnung entsprechende Anwendung.

Ist ein vor dem Termin angemeldeter Anspruch nicht nach dem Antrag in den Plan aufgenommen, so gilt die Anmeldung als Widerspruch gegen den Plan.

Der Widerspruch des Schuldners gegen einen vollstreckbaren Anspruch wird nach den §§ 767, 769, 770 der Civilprozeßordnung erledigt.

Soweit der Schuldner durch Sicherheitsleistung oder Hinterlegung die Befriedigung eines solchen Anspruchs abwenden darf, unterbleibt die Ausführung des Planes, wenn die Sicherheit geleistet oder die Hinterlegung erfolgt ist.

E. I § 157; M. 288, 289; D. 58; KBer. —.

Verhandlung über den Plan; Widerspruch.

1. Die Vorschriften über die Verhandlung im Verteilungstermine weisen keine prinzipielle Verschiedenheit gegenüber Art. 117 **BayHO.** auf. Während hier jedoch nur ein im Termin erhobener Widerspruch als wirksam erklärt war — vgl. Ortenau-Henle S. 410 — ist dieser in § 115 Abs. 2 abweichend geregelt.

2. Verhandlung über den Teilungsplan. Da dessen Aufstellung nach § 113 schon unter Anhörung der Beteiligten erfolgt, so ist unter der Verhandlung im Sinne des § 115 die Erörterung der förmlichen Widersprüche gegen den (festgestellten) Plan zu verstehen. Im Fall eines Widerspruchs sind zunächst die hieran Beteiligten d. h. diejenigen, deren Rechte beeinträchtigt würden, falls der Widerspruch berechtigt erschiene, zur Erklärung über denselben aufzufordern. Wird eine Erklärung über den Widerspruch nicht abgegeben, so gilt derselbe nicht als begründet anerkannt, in welchem Falle der Widersprechende Klage zu erheben hat. Mangels Widerspruches wird sofort zur Planausführung (§§ 117, 118) geschritten, vorbehaltlich § 116.

Wird aber der erhobene Widerspruch von dem dadurch betroffenen Beteiligten anerkannt (ganz oder teilweise), oder eine anderweitige Einigung erzielt, so ist der Plan entsprechend zu berichtigen und, insoweit als dadurch der Widerspruch erledigt erscheint, zur Ausführung zu bringen (§ 876 ZPO.). Die Erledigung des Widerspruchs (durch Zurücknahme oder Einigung) erfolgt häufig nach dem Verteilungstermin, ohne daß es zu einer Entscheidung des Prozeßrichters kommt; ob sich der Richter hierbei mit privatschriftlichen Erklärungen begnügen kann oder öffentliche Beglaubigung fordern soll, ist seinem Ermessen überlassen (§ 84 Abs. 2 ist nicht anwendbar, abw. v. d. Pfordten S. 340; vgl. § 416 ZPO.).

3. Widerspruch. Er ist nur zu beachten, wenn er von einem Beteiligten (§ 9, auch Pfandgläubiger desselben) erhoben wird, der ein rechtliches Interesse an der Änderung des Plans hat (also nicht Mieter und Pächter), und wenn er erkennen läßt, in welcher Weise eine solche Änderung verlangt wird. Ein Widerspruch gegen den Plan „überhaupt" bleibt unberücksichtigt. Er muß sich gegen einen bestimmten Anspruch, Vor- oder Realrecht wenden.[1])

Der Ersteher oder der Dritte des § 82, welcher nicht gleichzeitig Gläubiger ist, hat kein Interesse an der Art der Verteilung.[2])

Der Widerspruch des Schuldners gegen einen nicht vollstreckbaren Anspruch (auch gegen eine Hypothek, die kraft Vereinbarung mit dem Ersteher bestehen bleibt; Rechtspr. d. OLG. VI S. 98, Recht 1903 S. 160) wird ebenso behandelt, wie der eines anderen Beteiligten (§ 124); sein Widerspruch gegen einen (wenn auch nur vorläufig) vollstreckbaren Anspruch (z. B. des betreibenden Gläubigers) wird jedoch nur beachtet, wenn er gemäß §§ 767 ff. ZPO. Klage beim Prozeßgericht erhoben und die einstweilige Einstellung der Vollstreckung bezüglich dieses Anspruchs nach §§ 769 Abs. 1 719 l. c. erwirkt hat, oder wenn er solche nach § 769 Abs. 2 l. c. vom Vollstreckungsgericht erwirken kann. Ist dem Schuldner im Vollstreckungstitel nachgelassen, die Vollstreckung durch Sicherheitsleistung oder Hinterlegung abzuwenden und Sicherheitsleistung oder Hinterlegung nachgewiesen, so ist sein Widerspruch, wie jeder andere zu beachten (Abs. 4). Das gleiche gilt, wenn er nur den Rang des vollstreckbaren Anspruchs bestreitet (Reinhard II S. 51) oder wenn er selbst ein dingliches Recht (Eigentümergrundschuld) geltend machen will (Wolff Bem. 1c).

Widerspruchsberechtigt ist auch der Forderungspfändungsgläubiger, welchem der Anspruch des Schuldners auf den Übererlös zur Einziehung überwiesen ist (Ortenau-Henle S. 119, ZBlFG. IV S. 628, Seuff. Arch. Bd. 59 S. 120, vgl. § 108 Bem. 4) oder ein Rechtsnachfolger des Schuldners (Zessionar), beide aber nur soweit es der Schuldner ist; ist der Schuldner im Konkurs, so ist insoweit auch der Konkursverwalter widerspruchsberechtigt.

Der im Laufe des Verfahrens eingetretene neue Eigentümer ist widerspruchsberechtigt, wenn er beteiligt ist (§ 9 Ziff. 2); richtet sich der Vollstreckungstitel auch

---

[1]) Jäckel S. 416, 417; Reinhard II S. 49. — Über Bestreitung der Zugehörigkeit eines Gegenstandes zur Teilungsmasse siehe JW. 1902 S. 401. — Über Bestreitung der Legitimation eines vorgehenden Gläubigers vgl. RG. Bd. 15 S. 221, JW. 1903 S. 113

[2]) Ebenso Reinhard II S. 50, Jäckel S. 413; a. M. Wolff § 117 Note 1, da er dem Ersteher das Recht einräumt, mit einer ihm gegen einen Beteiligten zustehenden Forderung zu kompensieren. Vergl. § 117 Bem. 4.

gegen ihn, so ist sein Widerspruch wie der des Schuldners zu behandeln (Reinhard II S. 51, 52; Jäckel S. 415).

Die Erhebung des Widerspruchs ist an keine Form gebunden und bis zur Planausführung möglich. Die Erhebung kann auch, wie in der Mobiliarverteilung nach § 877 Abs. 1 ZPO., vor dem Termin erfolgen (Reinhard II S. 49, nun auch Jäckel S. 417).

Als Widerspruch gilt auch die Anmeldung (auch wenn von § 106 kein Gebrauch gemacht wurde), falls der Anspruch nicht, wie angemeldet, in den Plan aufgenommen wurde[8]). Auch wenn bereits Klage über das Recht anhängig ist, muß förmlicher Widerspruch erfolgen, wenn die Planausführung beeinflußt werden soll. Über Widerspruch gegen das eigene Liquidat siehe Rechtspr. d. OLG. 1903 S. 441.

4. Wirkung des Widerspruchs. Er hat entweder die Berichtigung des Plans, wenn der Widerspruch von den hieran Beteiligten als begründet anerkannt wird, bezw. eine anderweitige Einigung derselben zustande kommt (§ 876 ZPO.), oder die Aussetzung seiner Ausführung zur Folge, soweit er von dem Widerspruch betroffen wird; letzteres besonders, wenn nicht alle am Widerspruche Beteiligten anwesend sind. Der streitige Teil des Bargebots wird hinterlegt, soweit er gezahlt ist; im übrigen erfolgt bedingte Übertragung der Forderung gegen den Ersteher auf den Berechtigten und Widersprechenden, auch bei Widerspruch gegen bestehen bleibende Rechte (§§ 120, 124 Abs. 2, 125), und bedingte Eintragung in das Grundbuch (§ 128).

Die Eventualzuteilung ist nach § 124 Abs. 1 im Plane festzustellen.

Über den Widerspruch selbst entscheidet das Prozeßgericht. Der Widersprechende (Anmeldende im Falle des Abs. 2) hat die Klageerhebung binnen einem Monat nachzuweisen. Für die Berechnung der Frist gelten die §§ 187 Abs. 1, 188 BGB.; sie kann durch Vereinbarung der Parteien verlängert oder verkürzt werden, ihr Lauf wird durch die Gerichtsferien nicht gehemmt (§§ 222—224 ZPO., § 204 GVG.). Über die Frist zur Klageerhebung im Falle des § 135 siehe §§ 137 Abs. 2, 139 Abs. 2. Die Klage ist gegen diejenigen Beteiligten zu richten, welche ein Interesse an der Aufrechterhaltung des Plans haben; die Parteien können aber auch vereinbaren, daß der Prozeß in der umgekehrten Parteirolle geführt werden soll (RG. Bd. 15 S. 221, Bd. 18 S. 294, Bd. 52 S. 336; Jäckel S. 419, Fischer-Schäfer S. 411). Im Verteilungsverfahren ist eine solche Vereinbarung nur dann zu beachten, wenn sie innerhalb Monatsfrist nachgewiesen wird (Reinhard II S. 55). Der Nachweis der Klageerhebung ist durch Vorlage des Originals der Klage mit Zustellungsurkunden zu erbringen. Der Klageantrag muß sich mit dem Widerspruch decken; soweit dies nicht der Fall ist, gilt der Widerspruch mit Fristablauf als für das Verteilungsverfahren erledigt und zurückgenommen, weshalb insoweit die endgültige Planausführung zu erfolgen hat. Soweit aber der rechtzeitige Nachweis der Klageerhebung geliefert ist, bleibt das weitere Verfahren einfach ausgesetzt.

Wird die Frist für den Nachweis der Klageerhebung versäumt, so wird der hinterlegte Betrag an den Erstberechtigten ausbezahlt bezw. im Falle der Nichtzahlung, da die Forderungsübertragung nunmehr unbedingt geworden ist, die Eintragung im

---

[8]) Die Anmeldung muß also erkennen lassen, daß für den Anspruch unter allen Umständen Befriedigung aus dem Erlöse verlangt wird; sie ist nicht als Widerspruch aufzufassen, wenn nur für den Fall angemeldet wird, daß der Erlös auch ausreicht (Reinhard II S. 51). Betrifft die Anmeldung einen Anspruch, der überhaupt im Verfahren nicht geltend gemacht werden kann (§ 114 Bem. 2b), so kann ihr auch der Charakter eines Widerspruchs nicht zukommen; der Berechtigte ist diesfalls auf Beschwerde beschränkt, wenn er seine Zurückweisung für unzulässig hält (vgl. oben Bem. 5).

Grundbuch nach § 128 auf den unbedingt Berechtigten berichtigt; die endgültige Planausführung kann diesfalls auch durch Beschwerde nicht aufgehalten werden (Rechtspr. d. OLG. VIII S. 9). Ebenso ist zu verfahren, wenn sich der Widerspruch durch Urteil, Vergleich, Zurücknahme erledigt, in welchem Falle die Parteien entsprechenden Nachweis beim Vollstreckungsgerichte zwecks weiterer Planausführung zu erbringen haben.

Das Prozeßgericht kann, wenn es den Widerspruch für begründet erklärt, entweder den streitigen Betrag selbst verteilen oder eine neue Verteilung anordnen. In dem neuen Verteilungsplan hat lediglich der bestrittene Betrag (Forderung) die Teilungsmasse zu bilden; zuzuziehen sind nur die Prozeßparteien (auch der Ersteher bezw. Zahlungspflichtige, wenn der Betrag nicht hinterlegt ist; Reinhard II S. 58), nicht etwaige Zwischenberechtigte, die sich dem Widerspruche nicht angeschlossen oder keine Klage erhoben (nachgewiesen) haben. Letzteren kommt der durchgesetzte Widerspruch nicht zugute (Jäckel S. 422).

Vgl. im übrigen §§ 876—882 ZPO.

5. Sofortige **Beschwerde** ist nicht nur bei formell unrichtiger Aufstellung des Plans (z. B. auf Grund irriger Anwendung des § 110), sondern auch gegenüber den, auf Grund der Verhandlung über den Plan ergehenden Verfügungen zulässig (z. B. wenn behauptet wird, ein Vorbringen sei zu Unrecht als Widerspruch behandelt oder ein Widerspruch unzulässigerweise unberücksichtigt geblieben und infolgedessen die Ausführung des Plans zu Unrecht unterlassen oder angeordnet worden; vgl. §§ 116 und 113).

6. **Unterlassung** des Widerspruchs schließt die Bereicherungsklage gegen denjenigen, welcher bei Widerspruch aus der Masse nichts erhalten hätte, nicht aus; vorausgesetzt ist hierbei jedoch, daß der Widerspruchsberechtigte sein Recht, soweit erforderlich, gemäß § 37 Ziff. 4 angemeldet hatte und nicht mit der anderweitigen Verteilung einverstanden war (vgl. § 110, § 114 Bem. 2 b; Jäckel S. 402, RG. Bd. 58 S. 156). Die Genehmigung des Plans steht nicht entgegen, wenn sie in Unkenntnis des eigenen besseren Rechtes geschah (Recht VIII S. 454).

§ 116.

Die Ausführung des Theilungsplans soll bis zur Rechtskraft des Zuschlags ausgesetzt werden, wenn der Ersteher oder im Falle des § 61 der für zahlungspflichtig erklärte Dritte sowie in den Fällen des § 81 Abs. 2, 3 der Meistbietende die Aussetzung beantragt.

E. I § 147 Abs. 5; M. 277; D. —; KBer. —.

Aussetzung der Planausführung.

1. Für das **bisherige Recht** erübrigte eine solche Vorschrift, weil die Frist zur Anfechtung des Zuschlags mit dessen Verkündung begann und wegen der Fristen für den Verteilungstermin eine Verteilung vor Rechtskraft des Zuschlags nicht vorkommen konnte; anders nach §§ 88, 98, 104 Ges.

2. **Aussetzung.** Während das Gericht von Amts wegen nicht nur die Verteilung des Erlöses aufschieben, sondern auch den Verteilungstermin selbst aufheben kann, wenn Einlegung der Beschwerde (Erinnerung nach § 13 EG.) gegen den Zuschlag erfolgt ist (vgl. Bem. 3 zu § 105 und § 572 Abs. 2 ZPO.), haben die in § 116 Genannten (nicht die übrigen Beteiligten) ein Recht auf Aussetzung der Ausführung des Plans (d. h. der sich sofort an die Verhandlung über den Plan — unbeschadet

etwaigen Widerspruchs — anschließenden Auszahlung oder Forderungsübertragung, §§ 117, 118) bis zur Rechtskraft des Zuschlags.

Voraussetzung ist, daß gegen den Zuschlag Beschwerde (Erinnerung nach § 13 EG.) erhoben oder noch zulässig ist, was nötigenfalls der Antragsteller darzutun hat (z. B. wenn die Zustellung an eine falsche Adresse gelangt ist); Jäckel S. 425.

Der Verteilungstermin selbst wird nicht ausgesetzt; die Frist zur Erhebung der Widerspruchsklage wird in Lauf gesetzt (Jäckel S. 424).

3. Beschwerde. Die Nichtbeachtung eines Antrags nach § 116 hat keinen Einfluß auf die Gültigkeit des Verfahrens, begründet aber für die Berechtigten ein Beschwerderecht, ebenso wie umgekehrt für jeden Beteiligten die unbegründete Anwendung des § 116. Die Beschwerdeinstanz kann zwar eine Auszahlung nicht rückgängig machen, wohl aber eine Forderungsübertragung wieder aufheben (Reinhard II S. 59); ausgezahlte Beträge kann der Ersteher zurückfordern, wenn der Zuschlag aufgehoben wird.

4. Die **Ausführung** des Plans erfolgt im Falle des § 116 nach Rechtskraft des Zuschlags in einem neuerlich anzuberaumenden Termin, in welchem die bis dahin erlaufenen Zinsen den Aktiven wie Passiven des Plans hinzugerechnet werden. Erstere erhöhen sich, falls der Stricherlös schon vorher hinterlegt wurde, nur um die Depositalzinsen, so daß der zuletzt zum Zuge Kommende den Ausfall zu tragen hat. Weitere Verhandlungen finden im neuen Termine nicht statt, insbesondere können keine Anmeldungen mehr entgegengenommen werden, ein Widerspruch wäre nur gegen die Planergänzung möglich (Jäckel S. 424, Reinhard II S. 60; bestr.).

5. Über **Aussetzung** der Verwertung der Sicherheit und der Grundbuchberichtigung siehe §§ 108 Abs. 2, 130.

§ 117.

Soweit der Versteigerungserlös in Geld vorhanden ist, wird der Theilungsplan durch Zahlung an die Berechtigten ausgeführt.

Die Auszahlung an einen im Termine nicht erschienenen Berechtigten ist von Amtswegen anzuordnen. Die Art der Auszahlung bestimmt sich nach den Landesgesetzen. Kann die Auszahlung nicht erfolgen, so ist der Betrag für den Berechtigten zu hinterlegen.

Im Falle der Hinterlegung des Erlöses kann statt der Zahlung eine Anweisung auf den hinterlegten Betrag ertheilt werden.

E. I § 158; M. 290, 291; D. 58; KBer. —.

Ausführung des Plans durch Auszahlung.

1. Über das **bisherige Recht** vgl. Art. 121 Abs. 1 und 4 BayHO.

2. Auszahlung des Erlöses. Steht der Ausführung des Plans ein Hindernis (§§ 115, 116) nicht mehr im Wege[1]), so geschieht sie teils mittelst Auszahlung (Hinterlegung), teils mittelst Übertragung, je nachdem das Bargebot im Termine bezahlt wurde oder nicht (§§ 117, 118). Ist der Berechtigte (zum Geldempfang Ermächtigte) im Termin erschienen und über seine Person kein Zweifel, so erhält er Zahlung durch das Gericht, außerdem auf Anordnung des Gerichtes durch den Gerichtsschreiber

---

[1]) Die Ausführung eines unwidersprochen gebliebenen Plans kann nicht durch Beschwerde aufgehalten werden; Rechtspr. d. OLG. VIII S. 9. Vollstreckungs- wie Beschwerdegericht können aber die Aussetzung der Ausführung anordnen, § 572 Abs. 2 ZPO.

(Art. 32 BayAG. z. ZVG.; DA. f. GSchr. vom 30. XII. 1901, JMBl. 1902 S. 49 ff.). In gleicher Weise geschieht die Ausantwortung (Übersendung) der Anweisung an die Hinterlegungsstelle, falls der Ersteher schon vor dem Termine das Bargebot erlegt hat (§ 49 Abs. 3).

Bei Zahlung an einen Bevollmächtigten ist die Geldempfangsvollmacht zu prüfen.[2]) Ist der Berechtigte in der Verfügung über den Anspruch beschränkt (z. B. durch Pfandrecht oder Nießbrauch), so kann Zahlung in der Regel nur an ihn und den Dritten gemeinsam, an einen nur mit Zustimmung des anderen erfolgen (vgl. §§ 1073—1079, 1281—1285 BGB.). Ist die Forderung gepfändet und zur Einziehung überwiesen, so kann, da das Gericht nicht Drittschuldner ist (Seuff. Arch. Bd. 59 S. 120), sondern der Subhastat, nicht ohne dessen Wissen Auszahlung erfolgen (§ 836 Abs. 2 ZPO.; Reinhard II S. 62, 63; Rechtspr. d. OLG. VIII S. 209). Dagegen ist zur Auszahlung des auf eine Sicherungshypothek entfallenen Betrags Nachweis der Forderung nicht notwendig (Jäckel S. 407, 408).

3. Hinterlegung. Kann die Auszahlung überhaupt nicht erfolgen (z. B. wegen Widerspruchs gegen den Plan, wenn die Legitimation des Empfängers bestritten ist usw., vgl. §§ 120, 124, 126), so ist der Betrag für den Berechtigten und bezw. die Eventualberechtigten zu hinterlegen, bezw. er bleibt hinterlegt. Die seinerzeitige Auszahlung ist bei der Hinterlegungsstelle zu beantragen (vgl. §§ 23 ff., 34, 46 ff. Hinterlegungsordnung vom 18. XII. 1899); Reinhard II S. 64, abw. Jäckel S. 427.

4. Aufrechnung. Soweit der Ersteher selbst eine zum Zuge kommende Forderung gegenüber dem Subhastaten hat und diese nicht mit dem Recht eines Dritten belastet ist, kann er die Aufrechnung erklären und dadurch entsprechend seine Zahlungspflicht mindern. Er kann gemäß § 91 Abs. 2 auch das Bestehenbleiben seines dinglichen Rechtes (als Grundschuld, § 1177 BGB.) beantragen. Dagegen kann der Ersteher nicht gegenüber einem anderen Beteiligten, der sein Schuldner ist, kompensieren; denn ersterer schuldet den Stricherlös nicht den Beteiligten, sondern dem Subhastaten, wenigstens solange die Forderung noch nicht übertragen ist; Jäckel S. 414, 426, 429.

5. Wirkung der Planausführung. Der Ersteher (Zahlungspflichtige) wird, soweit es nicht schon infolge der Hinterlegung des Bargebots nach § 49 Abs. 3 geschehen ist, durch die Zahlung an das Gericht bezw. Aufrechnungserklärung befreit. Der Berechtigte dagegen erlangt seinerseits die Befriedigung aus dem Grundstück erst durch Zahlung seitens des Gerichtes oder durch Ausantwortung der Erhebungsanweisung im Termin, im Falle der Übersendung des Geldes oder der Erhebungsanweisung durch den Gerichtsschreiber mit der Übergabe an die Postanstalt (Art. 32 BayAG. z. ZVG., Becher Mat. VI S. 31, Ortenau-Henle S. 424), im Falle des § 117 Abs. 2 Satz 3 mit der Hinterlegung für den Berechtigten (Jäckel S. 427).

§ 118.

Soweit das Baargebot nicht berichtigt wird, ist der Theilungsplan dadurch auszuführen, daß die Forderung gegen den Ersteher auf die Berechtigten

[2]) Die Prozeßvollmacht als solche legitimiert nicht zum Empfang der Hauptsache (§ 81 ZPO.). Über die Berechtigung des Vormunds zum Geldempfang siehe §§ 1812, 1813, 1852, 1903, 1904, 1915 BGB.; Vater und Mutter als gesetzliche Vertreter ihrer minderjährigen Kinder haben nachzuweisen, daß sie in der Vermögensverwaltung nicht beschränkt sind (§§ 1638, 1687, 1690 BGB.; Jäckel S. 426, Reinhard II S. 62). Bei privatschriftlichen Vollmachten kann öffentliche Beglaubigung verlangt werden (§§ 416, 437 ZPO., Fischer-Schäfer S. 416).

übertragen wird; die Uebertragung erfolgt durch Anordnung des Gerichts. Das Gleiche gilt, soweit Zahlungsfristen festgesetzt worden sind.

Die Uebertragung wirkt wie die Befriedigung aus dem Grundstücke. Diese Wirkung tritt jedoch im Falle des Abs. 1 Satz 1 nicht ein, wenn vor dem Ablaufe von drei Monaten der Berechtigte dem Gerichte gegenüber den Verzicht auf die Rechte aus der Uebertragung erklärt oder die Zwangsversteigerung beantragt. Wird der Antrag auf Zwangsversteigerung zurückgenommen oder das Verfahren nach § 31 Abs. 2 aufgehoben, so gilt er als nicht gestellt. Im Falle des Verzichts soll das Gericht die Erklärung dem Ersteher sowie demjenigen mittheilen, auf welchen die Forderung in Folge des Verzichts übergeht.

E. I § 159; M. 291—294; D. 58; KBer. —.

Planausführung durch Forderungsübertragung.

1. Bisheriges Recht. Soweit der Ersteher den Strichschilling nicht bezahlt hatte, wurden nach Art. 121 BaySO. den Gläubigern, wenn nicht vor Abschluß des Plans noch Wiederversteigerung beantragt worden war, vollstreckbare Erhebungsanweisungen auf den ihnen zukommenden planmäßigen Betrag ausgehändigt. Diese Überlassung eines entsprechenden Teils der Forderung des Subhastaten aus dem Meistgebot an die Beteiligten nennt das Gesetz im Anschluß an die Ausdrucksweise des BGB. (§§ 398 ff.) „Übertragung". Hinsichtlich der Wirkung derselben enthielt die BaySO. keine Vorschrift, weshalb sie nicht wie eine Befriedigung aus dem Grundstück angesehen wurde (vgl. Ortenau-Henle S. 423). § 118 legt der Übertragung der Forderung dagegen unter gewissen Voraussetzungen (Abs. 2) die Wirkung der Zahlung bei.

2. Ausführung des Plans durch Übertragung. Soweit[1]) Barzahlung (bezw. Hinterlegung §§ 49, 50, 51) seitens des Erstehers oder zahlungspflichtigen Dritten (§§ 61, 82) im Termine nicht erfolgt oder (§ 60) nicht zu erfolgen braucht, wird dem Berechtigten hinsichtlich des auf ihn treffenden planmäßigen Betrags samt 4 % Zinsen vom Verteilungstermin (einschließlich) an[2]) die Forderung des Subhastaten (bisherigen Eigentümers) gegen den Ersteher oder Dritten (vgl. § 134) übertragen (auch der Staatskasse hinsichtlich der Kosten des Verfahrens und dem Subhastaten selbst hinsichtlich der hyperocha, Fischer-Schäfer S. 417, Jäckel S. 462). Die Übertragung vollzieht sich in der Regel durch richterliche Anordnung und Verkündung im Termin, außerhalb desselben (z. B. im Falle des Abs. 2 Satz 4 oder § 137) durch Zustellung (an den Ersteher und den Berechtigten; Reinhard II S. 67, Jäckel S. 429, 430). Die Übertragung hat auch ein etwaiges Recht Dritter an dem zu deckenden Anspruch zu berücksichtigen (vgl. § 117 Bem. 2). Eine Übertragung findet nicht statt im Falle der §§ 143, 144, auch nicht, soweit der Ersteher selbst einen Anspruch auf Befriedigung aus dem Grundstücke hat (vgl. § 117 Bem. 4, aber auch § 128 Bem. 2); sie ist bedingt in den Fällen der §§ 120, 123—126.

[1]) Aus dem baren Erlös werden zunächst die besser Berechtigten ihrem Range nach befriedigt.

[2]) Wer nicht aus der Hauptsache, sondern aus den Verzugszinsen des Bargebots zu decken ist, erhält natürlich nur eine unverzinsliche Forderung auf Zahlung dieser Zinsen übertragen; so z. B. wenn das Bargebot im Verteilungstermine bezahlt, die bis dahin angefallenen Zinsen aber nicht entrichtet wurden (§ 289 BGB., Fischer-Schäfer S. 418).

3. Wirkung der Übertragung. Erst durch die Übertragung tritt der Berechtigte in ein Gläubigerverhältnis zum Ersteher (Zahlungspflichtigen). Im Falle der Wiederversteigerung haftet er ihm deshalb aus dem Gebote für den Mindererlös (§ 133). Andrerseits erlischt die bisherige Forderung des Berechtigten gegen den Subhastaten mit allen Nebenrechten (Bürgschaft, Pfandrecht, vgl. §§ 1181, 1182 BGB.), während nach §§ 52, 91 Abs. 1 nur der dingliche Anspruch des Berechtigten erloschen war. Dieser gilt nunmehr als aus dem Grundstücke befriedigt (siehe jedoch Bem. 4). Damit aber die dem Berechtigten eingeräumte Forderung gegen den Ersteher nicht der dinglichen Sicherheit entbehre, wird sie mit eine Sicherungshypothek im entsprechenden Rang ausgestattet (§§ 128, 130).

4. Eintritt der Befriedigung. Die Übertragung bewirkt jedoch die Befriedigung aus dem Grundstücke ohne weiteres nur hinsichtlich desjenigen Betrages, für welchen nach § 60 Zahlungsfristen bewilligt sind (Abs. 1 Satz 2); bezüglich des gemäß §§ 50, 51 nachzuzahlenden Betrags tritt diese Wirkung überhaupt nicht ein (§ 125 Abs. 3); im übrigen hängt der Eintritt dieser Wirkung davon ab, daß nicht rechtzeitig auf die Rechte aus der Übertragung verzichtet oder Zwangsversteigerung nach §§ 132, 133 beantragt wurde (Abs. 2).

Bis zum Ablaufe der 3 Monate besteht das ursprüngliche Schuldverhältnis zwischen dem Berechtigten und dem Subhastaten und die Mithaftung von Bürgen, Pfändern und weiteren Grundstücken fort[3]); es bleibt auch weiter bestehen, wenn der Berechtigte vor Ablauf jener Frist auf die Rechte aus der Übertragung verzichtet oder Zwangsversteigerung gegen den Ersteher beantragt (und nicht zurückgenommen bezw. über 6 Monate sistiert) hat.

5. Verzicht. Derselbe ist dem Vollstreckungsgerichte gegenüber zu erklären (formlos; Jäckel S. 431, abw. Fischer-Schäfer S. 419). Ist der Berechtigte infolge Zession, Verpfändung oder Pfändung nicht befugt, über die Rechte aus der Übertragung zu verfügen, so bedarf es der Zustimmung dieser Mitberechtigten. Infolge des Verzichts verliert der Berechtigte seine Gläubigerrechte gegenüber dem Ersteher, insbesondere die Befugnis, gegen ihn die Zwangsversteigerung nach §§ 132, 133 zu betreiben (vgl. Bem. 4). Diese Rechte gehen vielmehr auf den im Range nachfolgenden Beteiligten, der einen Ausfall erlitten hat, eventuell auf den Subhastaten (dem dann seine ursprüngliche Forderung gegen den Ersteher verbleibt) über. Einer neuerlichen Übertragung der durch den Verzicht frei gewordenen Forderung gegen den Ersteher bedarf es nicht (Jäckel S. 432; abw. Reinhard II S. 71); die Herbeiführung der Umschreibung der nach § 128 eingetragenen Sicherungshypothek auf den Nächstberechtigten ist Sache der Beteiligten.

Der nächste Berechtigte erhält aber infolge des Überganges der Forderung auf ihn nicht den Rang des Verzichtenden.

> Beispiel: Dem A, B und C werden Forderungen gegen den Ersteher übertragen und Sicherungshypotheken eingetragen; D fällt aus. Wenn B nun verzichtet, rückt D, auf welchen die Forderung kraft Gesetzes übergeht, nicht an seine Stelle, sondern C hat Anspruch auf den Vorrang vor D. Dementsprechend ist das Grundbuch zu berichtigen.

Von dem bei Gericht einlaufenden Verzicht soll dieses dem Ersteher und dem Nächst-Berechtigten Mitteilung machen; auch dem sonst Interessierten (dem C im vorigen Beispiel) wird Mitteilung zu machen sein (Jäckel a. a. O.). Für den Nächst-

[3]) Solange ist die Übertragung nur eine Befriedigung zahlungshalber (Reinhard II S. 69, Jäckel S. 431).

Berechtigten läuft dann vom Empfang der Mitteilung an wieder die 3monatliche Frist, innerhalb welcher er seinerseits den Eintritt der Befriedigung aus dem Grundstück auszuschließen vermag.

6. Zwangsversteigerungsantrag. Mittelst desselben macht der Berechtigte die ihm aus der Übertragung zukommenden Rechte gegen den Ersteher geltend; er hört also nicht, wie im Falle des Verzichts auf, Gläubiger des Erstehers zu sein. Außerdem aber schützt er sich auch gegen die Fiktion der Befriedigung aus dem Grundstück; er erhält sich also das ursprüngliche Schuldverhältnis samt dessen Nebenrechten. Besondere Voraussetzung ist, daß der Antrag nicht wieder zurückgenommen und das Verfahren nicht nach § 31 Abs. 2 aufgehoben wird, da sonst die Befriedigung aus dem Grundstück als eingetreten gilt.

Diese Wirkungen hat aber nur der Antrag auf Versteigerung des Grundstücks (§§ 132, 133), nicht etwa sonstige, in das übrige Vermögen des Erstehers nach § 132 betriebene Vollstreckungen.

7. Die **3 monatliche Frist** (Berechnung: § 187 Abs. 1 BGB.), innerhalb welcher der Verzicht erklärt oder Versteigerung beantragt sein muß, läuft von der Verkündung der Übertragung im Verteilungstermine, bezw. von der Zustellung (Bem. 2) oder der Mitteilung (Bem. 5) an den Berechtigten an, im Falle der bedingten Übertragung (§§ 119, 120, 123, 124, 126) mit Zustellung des Beschlusses des Vollstreckungsgerichts, durch welchen nach Beseitigung der Ungewißheit (z. B. infolge rechtskräftiger Entscheidung über den Widerspruch) die definitive Planausführung angeordnet wird (Jäckel S. 433, Wolff Bem. 8).

8. Gegen die Übertragung, wie gegen die Ablehnung derselben ist sofortige **Beschwerde** zulässig (§ 793 ZPO.).

9. Über **bedingte** Übertragung siehe §§ 119—121, 123—126.

§ 119.

Wird auf einen bedingten Anspruch ein Betrag zugetheilt, so ist durch den Theilungsplan festzustellen, wie der Betrag anderweit vertheilt werden soll, wenn der Anspruch wegfällt.

E. I § 160; M. 294; D. 58; KBer. —.

Planaufstellung bei bedingten Ansprüchen.

1. Bisheriges Recht. Bei bedingten Ansprüchen wurde auch bisher schon (vgl. Ortenau-Henle S. 397) im Plane festgestellt, welche Gläubiger für den Fall des Eintritts bezw. Ausfalls der Bedingung bezugsberechtigt sind.

2. § 119 behandelt die **Aufstellung**, § 120 die **Ausführung** des Plans bei bedingten Ansprüchen. Sie werden nach § 114, wie unbedingte, in den Plan eingestellt und der Berechtigte, wie der Eventualberechtigte hierfür bestimmt. Letzterer ist meist der nächste Berechtigte, der zuerst einen Ausfall erleidet, bei bedingten Hypothek-Forderungen der Eigentümer oder Ersatzberechtigte (Fischer-Schäfer S. 421). Unter Umständen (z. B. bei unverzinslichen Ansprüchen) ist auch die Möglichkeit zu berücksichtigen, daß durch Anwachsen des nach § 120 hinterlegten Betrags weitere Beteiligte Eventualberechtigte werden.

Gleichgültig ist für die Anwendung der §§ 119, 120, ob nur die Forderung (wie bei Kautionshypotheken) oder die dingliche Sicherung (wie bei Vormerkung oder Widerspruch) bedingt ist (Jäckel S. 434; vgl. Bem. 3 zu § 50 und § 14). §§ 119,

120 gelten aber nur für den Fall, daß der Anspruch bar zu bezahlen ist; für die bestehenbleibenden bedingten Ansprüche sind §§ 50, 51, 125 maßgebend.

Über weitere Fälle der Eventualverteilung siehe §§ 121, 123—126.

§ 120.

Ist der Anspruch aufschiebend bedingt, so ist der Betrag für die Berechtigten zu hinterlegen. Soweit der Betrag nicht gezahlt ist, wird die Forderung gegen den Ersteher auf die Berechtigten übertragen. Die Hinterlegung sowie die Uebertragung erfolgt für jeden unter der entsprechenden Bedingung.

Während der Schwebezeit gelten für die Anlegung des hinterlegten Geldes, für die Kündigung und Einziehung der übertragenen Forderung sowie für die Anlegung des eingezogenen Geldes die Vorschriften der §§ 1077 bis 1079 des Bürgerlichen Gesetzbuchs; die Art der Anlegung bestimmt derjenige, welchem der Betrag gebührt, wenn die Bedingung ausfällt.

E. I §§ 161, 162; M 294, 295. D. 58. KBer. —.

Planausführung bei bedingten Ansprüchen.

1. Nach Art. 111, 112 **BayZO.** wurde der auf einen bedingten Anspruch entfallende Betrag gegen Sicherheitsleistung ausbezahlt, und zwar bei auflösender Bedingung an den Berechtigten, bei aufschiebender an den Eventualberechtigten; wurde die Sicherheit nicht geleistet, so erfolgte mangels Einigung der Beteiligten Hinterlegung des Betrags; die Zinsen hatte bei auflösender Bedingung der Erstberechtigte, bei aufschiebender der Eventualberechtigte zu beanspruchen. Vgl. § 119.

2. Ausführung bei aufschiebender Bedingung. Sie geschieht, falls das Bargebot bezahlt bezw. hinterlegt ist, dadurch, daß der nach § 119 zugeteilte Betrag hinterlegt wird bezw. bleibt[1]), für den einen unter der Bedingung des Eintritts, für den andern unter der Bedingung des Nichteintritts des entscheidenden Ereignisses. Mit der Hinterlegung gilt der Anspruch als aus dem Grundstücke befriedigt.

Die verzinsliche Anlegung des hinterlegten Betrags und die Verfügung hierüber ist der Einigung der Beteiligten (des bedingt und eventuell Berechtigten) überlassen; mangels solcher sind die §§ 1077—1079 BGB. maßgebend, modifiziert durch Abs. 2 Satz 2.

Wem die Zinsen während der Zwischenzeit gebühren, bestimmt sich nach dem, dem Anspruch zu Grunde liegenden Vertrag; mangels einer solchen Bestimmung stehen sie dem Eventualberechtigten zu, d. h. demjenigen, welchem die Hauptsache zufallen würde, wenn die Bedingung nicht eintritt.[2]) Daß die Hauptsache ganz zum Zuge gekommen ist, ist nicht Voraussetzung seines Zinsgenußrechtes (a. M. Wolff Bem. 1, v. d. Pfordten S. 362).

Wird der zur Befriedigung des bedingten Anspruchs dienende Teil des Bargebots nicht bezahlt, so wird der Plan durch Übertragung (mit Sicherungshypothek) ausgeführt, bei welcher entsprechend wie bei der Hinterlegung verfahren wird. Für Einziehung und verzinsliche Anlegung gelten die §§ 1077—1079 BGB.

[1]) Es ist aber nicht ausgeschlossen, daß der Berechtigte unter Zustimmung des Eventualberechtigten das Bestehenbleiben des Rechtes mit dem Ersteher vereinbart (Jäckel S. 436).

[2]) Hierüber ist zweckmäßig in der Hinterlegungsanordnung und im Plane Bestimmung zu treffen (Jäckel S. 436, Reinhard II S. 77). Tritt die Bedingung ein, so hat der Eventualberechtigte unter Umständen die Zinsen zurückzuzahlen (§ 159 BGB.).

Ist die Ungewißheit beseitigt, so steht fest, ob die Forderung gegen den Ersteher bezw. der Anspruch auf den angelegten Betrag dem Erst- oder Eventualberechtigten zusteht; auf Grund des entsprechenden Nachweises kann er die Forderung allein einziehen und die Grundbuchsberichtigung beim Grundbuchamte herbeiführen (Fischer-Schäfer S. 422).

3. Ausführung bei auflösender Bedingung. Entgegen § 119 trifft § 120 für die auflösende Bedingung keine Bestinmung. Es erfolgt daher Zahlung bezw. Übertragung mit Eintragung der Sicherungshypothek, wie wenn der Anspruch unbedingt wäre, also nur an den Erstberechtigten (Fischer-Schäfer S. 422, Reinhard II S. 80, teilweise abw. Jäckel S. 437). Gegen die Gefahr, die dem Eventualberechtigten dadurch droht, daß der Berechtigte über Betrag oder Forderung verfügt und im Falle des Eintritts der auflösenden Bedingung nicht zur Rückgewähr des Empfangenen imstande ist, kann sich ersterer, soweit vertragsmäßig nicht ein Anspruch auf Sicherheitsleistung besteht, nur außerhalb des Verfahrens im Wege des Arrestes und der einstweiligen Verfügung schützen (Jäckel S. 437, Reinhard II S. 79, 80).

§ 121.

In den Fällen des § 92 Abs. 2 ist für den Ersatzanspruch in den Theilungsplan ein Betrag aufzunehmen, welcher der Summe aller künftigen Leistungen gleichkommt, den fünfundzwanzigfachen Betrag einer Jahresleistung jedoch nicht übersteigt; zugleich ist zu bestimmen, daß aus den Zinsen und dem Betrage selbst die einzelnen Leistungen zur Zeit der Fälligkeit zu entnehmen sind.

Die Vorschriften der §§ 119, 120 finden entsprechende Anwendung; die Art der Anlegung des Geldes bestimmt der zunächst Berechtigte.

E. I § 163; M. 296, 297; D. 58; KBer. —.

Planaufstellung und -Ausführung bei Rentenansprüchen.

1. Über das **bisherige Recht** vergl. Art. 115, 116 BayGO. und Bem. 1 zu § 92. Die in § 121 Abs. 2 vorgesehene Eventualverteilung kannte auch Art. 115 GO., abweichend von der Regelung der bedingten Ansprüche, wie sie in Art. 111, 112 l. c. getroffen war.

2. Das zur Leistung der Geldrenten des § 92 Abs. 2 erforderliche, in den Plan einzustellende **Deckungskapital** beziffert, wenn die Bezugsdauer bekannt ist, die Summe der Jahreswerte der einzelnen Leistungen (= Summe der Jahresrenten), in maximo den 25 fachen Betrag derselben (ohne Einrechnung von Zinsen, Reinhard II S. 82); wenn aber die Dauer des Rechtes ungewiß ist (z. B. bei Auszugsrechten auf Lebenszeit), die Summe der der wahrscheinlichen Dauer entsprechenden Jahresleistungen, in maximo ebenfalls den 25 fachen Betrag derselben. Wurde z. B. für das Wohnungsrecht einer 20 jährigen Person, welches bis zum 30. Lebensjahr derselben zu gewähren war, ein Jahreswert von 60 Mk. angemeldet, so beträgt das in den Plan einzustellende Deckungskapital 60 × 10 = 600 Mk. (die inzwischen etwa erwachsenden Zinsen bleiben bei Feststellung des Kapitals unberücksichtigt, Reinhard a. a. O.).

Hängt das Bezugsrecht von der Lebenszeit einer Person ab, so darf eine von den Versicherungsanstalten benützte Durchschnittsberechnung[1]) zu Grunde gelegt werden (Wolff Bem. 1 zu § 121, Jäckel S. 438; bestr.), im Streitfall ist aber der

[1]) Vgl. die zu Ortenau-Henle S. 177, 560 ff. mitgeteilte JMBek. vom 6. XII. 1886 (JMBl. S. 279).

von dem Berechtigten angemeldete Gesamtbetrag (bezw. ein etwa eingetragener Höchstbetrag) in den Plan einzusetzen und die Entscheidung auf Widerspruch dem Prozeßrichter zu überlassen.

Im Plan ist aber nicht nur die Rente und das Deckungskapital, sondern auch die Person des Eventualberechtigten zu bestimmen, an welchen der Rest des Deckungskapitals fällt, wenn das Bezugsrecht aufhört, bevor jenes aufgezehrt ist; zugleich ist zu bestimmen, daß die Rente (§ 92 Abs. 2 Satz 2) aus Kapital und Zinsen zu entnehmen ist (anders Art. 115 BayZO.).

3. Die **Ausführung** des Plans hinsichtlich des Deckungskapitals (Abs. 2) erfolgt bei Zahlung des Bargebots (§ 117) durch Hinterlegung auf den Namen des Renten- und Eventualberechtigten mit der Maßgabe, daß der Berechtigte die Rente vierteljährig voraus erheben darf [1]) und der Rest nach Wegfall des Rechtes dem Eventualberechtigten gehören soll. Zur anderweitigen verzinslichen Anlegung des hinterlegten Betrags, Kündigung usw. haben beide gemeinschaftlich mitzuwirken, §§ 1077—1079 BGB.; die Art der Anlegung bestimmt aber hier der Erstberechtigte (anders § 120).

Entsprechendes gilt für die Übertragung der Forderung gegen den Ersteher, falls dieser das Bargebot nicht bezahlt hat (§ 118), sowie für die Eintragung der Sicherungshypothek; beide müssen die Person des Renten- und Eventualberechtigten und die entsprechenden Bedingungen enthalten. Zur Beitreibung der einzelnen Renten vom Ersteher bedarf der Rentenberechtigte auch hier nicht der Zustimmung des Eventualberechtigten (Reinhard II S. 84). Ist das Rentenrecht erloschen, so vollzieht sich die Einziehung des Restkapitals durch den Eventualberechtigten, sowie die Umschreibung der Sicherungshypothek auf ihn außerhalb des Verfahrens (vgl. § 120 Bem. 2).

§ 122.

Sind mehrere für den Anspruch eines Betheiligten haftende Grundstücke in demselben Verfahren versteigert worden, so ist, unbeschadet der Vorschrift des § 1132 Abs. 1 Satz 2 des Bürgerlichen Gesetzbuchs, bei jedem einzelnen Grundstücke nur ein nach dem Verhältnisse der Erlöse zu bestimmender Betrag in den Theilungsplan aufzunehmen. Der Erlös wird unter Abzug des Betrags der Ansprüche berechnet, welche dem Anspruche des Betheiligten vorgehen.

Unterbleibt die Zahlung eines auf den Anspruch des Betheiligten zugetheilten Betrags, so ist der Anspruch bei jedem Grundstück in Höhe dieses Betrags in den Plan aufzunehmen.

E. I § 164; M. 297—300; D. —; KBer. —.

Verteilung von Gesamtbelastungen.

1. Bisheriges Recht. Allgemeines. Der § 122 verhält sich zu § 112, wie Art. 106 zu Art. 105 Abs. 2 BayZO. In § 112 handelt es sich um die Verteilung des Gesamterlöses mehrerer Grundstücke auf die einzelnen derselben, also um die Ermittlung der jedem Grundstück entsprechenden Einzelmassen, da solche nicht wie bei der Einzelversteigerung ohne weiteres bekannt sind; in § 122 aber um die Verteilung eines Gesamtrechtes auf die den einzelnen verhafteten Grundstücken entsprechenden Einzelerlöse oder die nach § 112 ermittelten Einzelmassen.

---

[1]) Die Rente wird aus dem Kapital bezahlt, soweit hierzu die Zinsen nicht reichen. — Über den Fall, daß das Kapital nicht ganz aus der Masse gedeckt werden kann, siehe § 92 Bem. 3.

Die Bestimmung des § 122 ist von der entsprechenden des Art. 106 BaySO. völlig verschieden. Hier wurde die Korrealhypothek auf die Einzelmassen gleichheitlich verteilt und eine unzureichende Einzelmasse aus den übrigen gleichmäßig ergänzt. § 122 berücksichtigt dagegen von vornherein den etwaigen ungleichmäßigen Wert der Grundstücke und damit der Erlöse und schreibt vor, daß das Gesamtrecht nur nach dem Verhältnis dieser Erlöse zu teilen ist. Denn da Grundstücke nicht wie Personen behandelt werden können, kann auch der für das Gesamtschuldverhältnis geltende Grundsatz des § 426 BGB. (gleichheitliche Haftung der Gesamtschuldner untereinander) nicht analog angewendet werden; Grundstücke sind vielmehr nach ihren Kräften zur Befriedigung der Gesamtschuld heranzuziehen (Mot. S. 300).

2. Voraussetzung der Verteilung der Korrealschuld nach § 122 ist einmal, daß die mehreren, rechtlich selbständigen, mithaftenden Grundstücke oder einzelne von ihnen in dem nämlichen Verfahren versteigert wurden (§ 18); sodann, daß entweder bloß Einzelversteigerungen stattgefunden hatten oder daß sich eine Teilung des Gesamtgebots als nötig erwies (§ 112 Bem. 2), daß also z. B. das Gesamtrecht sich nicht ohne Beeinträchtigung der übrigen Beteiligten aus dem Gesamterlös befriedigen läßt; des weiteren, daß es sich um eine bar zu zahlende Gesamtschuld handelt (die Verteilung der bestehen bleibenden, sei es im Mindestgebot enthaltenen oder nach § 59 aufrecht erhaltenen, Korrealschuld erfolgt, soweit nötig, nach § 112); ferner, daß der Erlös bezahlt wurde, also keine Übertragung notwendig ist (Abs. 2, Bem. 4); endlich, daß der Korrealgläubiger nicht selbst eine andere Verteilung nach § 1132 Abs. 1 Satz 2 BGB. getroffen hat.

Dieses Verteilungsrecht steht auch den nicht dinglich Berechtigten des § 10 Ziff. 1—3, 5 zu (Wolff Bem. 2); es kann ohne Rücksicht auf nachstehende Gläubiger ausgeübt werden (nur chikanöse Ausübung ist ausgeschlossen, RG. Bd. 36 S. 313, Jäckel S. 442), auch noch im Verteilungstermine (durch mündliche oder schriftliche Erklärung), und ohne daß der Berechtigte selbst die Zwangsvollstreckung betreibt; § 91 Abs. 1 steht nicht entgegen, da das am Grundstück erloschene Recht sich am Erlös fortsetzt (obstr. Erk. n. F. IV S. 506; vgl. Art. 5, 7 BayGes. betr. die Anlegung des Grundbuchs r. d. Rh. vom 18. VI. 1898).

3. Die verhältnismäßige **Verteilung** der Korrealschuld erfolgt von Amts wegen in der Weise, daß von den Einzelerlösen der Grundstücke bezw. den nach § 112 ermittelten baren Einzelmassen zunächst die dem Korrealgläubiger vorgehenden (bar zu zahlenden) Ansprüche (Kosten verhältnismäßig) abgezogen werden und die Korrealschuld nach Verhältnis der für sie verbleibenden Reste verteilt wird.

Beispiel: Zwei Grundstücke sind, wie folgt, belastet:

I	II
1000 Mk. für A	500 Mk. für B
600 Mk. korr. für C	
5000 Mk. für D	800 Mk. für E

C betreibt das Verfahren; Kosten bei I und Zinsen für A 75 Mk., Kosten bei II und Zinsen für B 55 Mk.; Barerlös I 2575 Mk., Barerlös II 555 Mk. Für C verbleiben bei I 2500 Mk., bei II 500 Mk., so daß er, dem Verhältnis dieser Erlösreste entsprechend, aus I mit 500 Mk., aus II mit 100 Mk. befriedigt wird; die Reste entfallen auf D und E.

4. Verteilung im Falle der Nichtzahlung (vgl. Bem. 2).

a) Insoweit aus einer Einzelmasse der auf den Korrealgläubiger treffende Betrag nicht bar bezahlt (bezw. hinterlegt) wird, haben die übrigen Einzelmassen hierfür im Verhältnis der aus ihnen für den Korrealgläubiger verfügbaren Beträge aufzukommen.

Hat in obigem Beispiel der Ersteher von I außer Zinsen und Kosten nur 100 Mk. bar bezahlt (statt 2575 Mk.), aber der Ersteher von II die vollen 555 Mk., so ist C mit 500 Mk. aus II zu befriedigen (obwohl auf II nur 100 Mk. verteilt waren; auf die nachfolgenden Gläubiger bei II wird keine Rücksicht genommen, da sie es sich auch gefallen lassen müssen, wenn C selbst auf II 500 Mk. verteilt hätte; sie können auch nicht den säumigen Ersteher von I auf Ersatz der ihnen entgangenen 400 Mk. belangen; Fischer-Schäfer S. 426). Wären für die 600 des C drei reine Massen von 2500 bei I, 250 bei II und 250 bei einem Grundstück III zur Verfügung, bei I aber nur 100 Mk. bar bezahlt, so wären die restigen 500 Mk. für C im Verhältnis von 1 : 1 bei II und III zu decken.

b) Wird das Bargebot bei keinem der Grundstücke bezahlt oder reichen die Barzahlungen zusammen nicht zur Deckung des Korrealgläubigers aus, so ist der ungedeckte, eventuell also der ganze Betrag der Korrealhypothek bei jedem Grundstück in den Plan aufzunehmen (Abs. 2) und sodann nach §§ 118, 123, 128 zu verfahren, d. h. die Forderung gegen den Ersteher in Höhe des ganzen ungedeckten Betrages der Korrealhypothek auf den Korrealgläubiger und gemäß § 123 eventualiter auf die Nächstberechtigten zu übertragen und dementsprechende Sicherungshypotheken auf den einzelnen Grundstücken einzutragen. Diese Sicherungshypotheken sind zwar keine Korrealhypotheken im Sinne des § 1132 BGB. (da sie nicht für die ursprüngliche einheitliche Forderung, sondern für die übertragenen Forderungen eingetragen werden), aber sie sind auch keine voneinander unabhängige Einzelhypotheken, da der Gläubiger derselben nicht die Summe der Einzelbeträge fordern kann; die übertragene Forderung gegen den Ersteher ist vielmehr bei jedem Grundstück auflösend bedingt dadurch, daß der frühere Korrealgläubiger nicht aus einem der anderen Grundstücke (durch Zahlung oder Zwangsvollstreckung) befriedigt wird (Reinhard II S. 91, 118, Wenz-Wagner S. 158, Jäckel S. 444; vgl. Fischer-Schäfer S. 425, 426; bestr.).

Wurden in obigem Beispiel bei I nur 100 Mk. (außer Zinsen und Kosten) bar bezahlt, bei II aber gar nichts, so sind bei I und II je 500 Mk. für C einzusetzen und diese bei I dem C unter der Bedingung, daß nicht die Forderung aus dem anderen Grundstücke befriedigt würde, dem D aber unter der entgegengesetzten Bedingung zu übertragen, ebenso aber mit den 500 Mk. bei II für C und E zu verfahren. Bei Eintragung der beiden Sicherungshypotheken ist zu vermerken, daß sie an Stelle der ursprünglichen Gesamthypothek zu 600 Mk. getreten sind.

c) Der aus der Einzelmasse für die Korrealschuld verfügbare Betrag bildet die Maximalsumme, bis zu welcher auf dem einzelnen Grundstück eine Übertragung stattfinden kann (Jäckel S. 445).

Hat im Beispiel zu Bem. 3 weder bei I noch bei II eine Barzahlung (abgesehen von Zinsen und Kosten) stattgefunden, so wären nach der Regel zu b bei jedem Grundstück für C 600 Mk. einzustellen; das ist aber nur bei I möglich, weil der Ersteher von II nur für 500 Mk. haftet; C erhält daher eine Sicherungshypothek von 600 Mk bei I, von 500 Mk. bei II (unter der zu b erwähnten Bedingung).

d) Nach Übertragung der auf den einzelnen Grundstücken dem früheren Korrealgläubiger verbliebenen Forderungen ist es diesem überlassen, gegen welchen Ersteher oder bei welchem Grundstück er die Forderung beitreiben will; soweit Zahlung nach der Übertragung erfolgt, wird dieselbe auf die einzelnen Grundstücke (Erlöse) ebenso verrechnet, wie wenn sie im Termine erfolgt wäre (Bem. 3 und 4 a), vorausgesetzt, daß der Korrealgläubiger nicht eine andere Verteilung vorgenommen hat (Wenz-Wagner S. 160, v. d. Pfordten S. 371).

§ 123.

Soweit auf einen Anspruch, für den auch ein anderes Grundstück haftet, der zugetheilte Betrag nicht gezahlt wird, ist durch den Theilungsplan festzustellen, wie der Betrag anderweit vertheilt werden soll, wenn das Recht auf Befriedigung aus dem zugetheilten Betrage nach Maßgabe der besonderen Vorschriften über die Gesammthypothek erlischt.

Die Zutheilung ist dadurch auszuführen, daß die Forderung gegen den Ersteher unter der entsprechenden Bedingung übertragen wird.

E. I § 165; M. 301; D. 58; KBer. —.

Eventualübertragung bei Korrealansprüchen.

1. Die Vorschrift ist durch die besonderen Bestimmungen des BGB. über das Erlöschen der Gesamthypothek und die der **BaySO.** unbekannte Übertragung der Forderung gegen den Ersteher veranlaßt.

2. Anwendbarkeit der Vorschrift. Sie setzt voraus, daß der auf einen Korrealgläubiger zugeteilte Betrag ganz oder teilweise nicht im Verteilungstermine bezahlt wird (§ 118 Bem. 2). Wird der Korrealgläubiger bei einem Grundstück befriedigt, so erlischt entweder das Recht auf den übrigen oder es entsteht eine Hypothek für den ersatzberechtigten Eigentümer (§§ 1181, 1182 BGB.). Gleichgültig ist, ob das mithaftende Grundstück mitversteigert wurde (§ 122 Abs. 2) oder nicht; es ist also nach § 123 zu verfahren, wenn getrennte oder gemeinsame Versteigerung der Grundstücke erfolgte, sowie, wenn nur eines oder einzelne der Verbandgrundstücke versteigert worden sind (Jäckel S. 447).

3. Die **Eventualübertragung** hat, wie bei bedingten Ansprüchen, die Möglichkeit zu berücksichtigen, daß das Gesamtrecht nicht vom Ersteher befriedigt wird, sondern wegfällt, weil es aus einem mithaftenden Grundstück Befriedigung findet. Diese Möglichkeit besteht auch in den Fällen des § 122 Abs. 2 (vgl. Bem. 4 b, c daselbst), wo von einem eigentlichen Gesamtrechtsverhältnis infolge der Zerteilung in einzelne Forderungen nicht mehr gesprochen werden kann.

Sie erfolgt in der Weise, daß die Forderung gegen den Ersteher dem Korrealgläubiger (bezw. dem früheren Korrealgläubiger) in Höhe des auf die Gesamthypothek entfallenden Betrags und sodann unter der Bedingung, daß und soweit der Anspruch desselben nach Maßgabe der besonderen Vorschriften über die Gesamthypothek erlischt, dem Nächstberechtigten (leer Ausgegangenen) zugeteilt wird. Vgl. auch das Beispiel zu § 122 Bem. 4 b.

Die Ausführung der Eventualverteilung geschieht dann durch entsprechende Übertragung der Forderung gegen den oder die Ersteher auf den Korrealgläubiger und gleichzeitig bedingungsweise auf die Eventualberechtigten, sowie durch Eintragung der entsprechenden Sicherungshypotheken für beide (§ 128).

Die später etwa erforderliche Grundbuchberichtigung (Eintragung des Alleinberechtigten) ist beim Grundbuchamte von dem Berechtigten selbst herbeizuführen (Jäckel S. 448).

4. **Natur** der Eventualverteilung. Sie bedeutet für das Recht des Korrealgläubigers gegenüber dem Ersteher die Beifügung einer auflösenden Bedingung. Deshalb erfolgt für ihn (wie im Falle des § 120 Bem. 3) die Ausführung des Plans durch unbedingte Übertragung. Er ist allein zur Einziehung der Forderung gegen den Ersteher berechtigt, solange nicht das suspensiv bedingte Recht des Eventualberechtigten wirksam geworden ist. Mit dem Eintritte dieser Bedingung wird letzterer allein verfügungsberechtigt (Reinhard II S. 95).

5. Über die **Fälle des Erlöschens** der Gesamthypothek siehe § 50 Bem. 3c. — Zu beachten ist, daß die Befriedigung aus dem versteigerten Grundstück (und damit die Unwirksamkeit der Eventualübertragung) bei Übertragung der Forderung gegen den Ersteher auch nach § 118 Abs. 2 eintreten kann (Jäckel S. 447).

§ 124.

Im Falle eines Widerspruchs gegen den Theilungsplan ist durch den Plan festzustellen, wie der streitige Betrag vertheilt werden soll, wenn der Widerspruch für begründet erklärt wird.

Die Vorschriften des § 120 finden entsprechende Anwendung; die Art der Anlegung bestimmt derjenige, welcher den Anspruch geltend macht.

Das Gleiche gilt, soweit nach § 115 Abs. 4 die Ausführung des Planes unterbleibt.

E. I § 167; M. 301, 302; D. 58; KBer. —.

Eventualverteilung bei Widerspruch gegen den Plan.

1. **Bisheriges Recht.** Im Falle des Widerspruchs gegen den Plan waren nach Art. 117 BaySO. der Widersprechende und diejenigen Beteiligten, welche den Widerspruch als begründet nicht anerkannt hatten, lediglich im Plane vorzumerken, und insoweit unterblieb die Ausführung des Plans; doch konnte das Gericht nach Art. 119 SO. die Auszahlung des bestrittenen Betrags gegen Sicherheitsleistung anordnen. Im übrigen wurden bestrittene Ansprüche nicht wie bedingte behandelt. Es unterblieb daher eine Eventualverteilung.

2. **Eventualverteilung.** Sie soll möglichst einem durch die Entscheidung über den Widerspruch nach § 880 ZPO. notwendig werdenden neuerlichen Verteilungsverfahren vorbeugen[1]), indem der bestrittene Betrag schon im Verteilungstermine für den Fall, daß sich der Widerspruch als begründet erweist, einem Eventualberechtigten zugeteilt wird. Als solche kommen nur diejenigen in Betracht, welche dem Plane widersprochen haben; dies gilt auch vom Schuldner selbst (ebenso Pfändungsgläubigern). Wird der Widerspruch für begründet erklärt, so haben diejenigen, welche nicht widersprochen haben, auf den frei werdenden Betrag keinen Anspruch, es müßte denn sein, daß der Schuldner zu ihren Gunsten Widerspruch erhoben hat (Jäckel S. 448; vgl. Ortenau-Henle S. 411, 412 und § 115 Bem. 4).

3. Die **Ausführung** des Plans erfolgt, wie bei § 120, durch Hinterlegung bezw. bedingte Übertragung auf den Erst- und Eventualberechtigten samt entsprechender Sicherungshypothek. Ersterer, gegen dessen Anspruch sich der Widerspruch richtet, bestimmt die Art der Anlegung. Zinsen während der Schwebezeit sind mangels Einigung zu admassieren (Reinhard II S. 97).

---

[1]) Was aber z. B. nicht möglich ist, wenn auch die Eventualverteilung angefochten wird (Wolff § 115 Note 1e, Reinhard II S. 57, 96, Jäckel S. 422).

Der Widerspruch hindert nunmehr weder die Ausführung des Plans noch die Besitztitelberichtigung. Es ist Sache des Widersprechenden, eine Vormerkung gemäß §§ 883, 885 BGB. herbeizuführen, wenn ihm die Eintragung der Sicherungshypothek des § 130 nicht genügt.

Die endgültige Ausführung des Plans durch Auszahlung des hinterlegten Betrags oder unbedingte Übertragung, nötigenfalls auch die Berichtigung des Grundbuchs (§§ 128, 130) erfolgt hier nach Erledigung des Widerspruchs durch das Vollstreckungsgericht, also nicht durch die Beteiligten selbst (anders § 120; vgl. § 115 Ges. mit § 882 ZPO., Jäckel S. 449). Ein neuer Verteilungstermin ist hierzu nur dann nötig, wenn das Prozeßgericht eine neue Verteilung angeordnet hat. Der Erledigung des Widerspruchs durch prozeßrichterliche Entscheidung steht die Einigung, Zurücknahme des Widerspruchs, Ablauf der Klagefrist gleich.

4. Abs. 3 betrifft den Fall, wo der Widerspruch des Schuldners nach § 115 auch gegenüber einer vollstreckungsreifen Forderung zu berücksichtigen ist. Eventualberechtigt ist hier der Schuldner (falls nicht auch Pfändungen und andere Verfügungsbeschränkungen hinsichtlich des schuldnerischen Anspruchs zu berücksichtigen sind). Gleiches gilt, wenn die Vollstreckung eines Anspruches gegen den Schuldner nach §§ 769, 770 ZPO. eingestellt ist (Fischer-Schäfer S. 429).

§ 125.

Hat der Ersteher außer dem durch Zahlung zu berichtigenden Theile des Meistgebots einen weiteren Betrag nach den §§ 50, 51 zu zahlen, so ist durch den Theilungsplan festzustellen, wem dieser Betrag zugetheilt werden soll. Die Zutheilung ist dadurch auszuführen, daß die Forderung gegen den Ersteher übertragen wird.

Ist ungewiß oder streitig, ob der weitere Betrag zu zahlen ist, so erfolgt die Zutheilung und Uebertragung unter der entsprechenden Bedingung. Die §§ 878 bis 882 der Civilprozeßordnung finden keine Anwendung.

Die Uebertragung hat nicht die Wirkung der Befriedigung aus dem Grundstücke.

E. I § 168; M. 302—304; D. 59, 60; KBer. —.

Eventualverteilung bei Erhöhung des Bargebots.

1. Nach bisherigem Recht (Art. 7 Abs. 2, 35, 36, Nov. z. BayGO.) war, falls eine im Mindestgebote berücksichtigte Forderung wegfiel, eine andere ersatzweise zur Übernahme zu bestimmen. Nunmehr ist der Ersatz durch Barzahlung neben dem Bargebote zu leisten. Mit der Verteilung dieser Ersatzsumme beschäftigt sich § 125.

2. Verteilung im Falle der §§ 50, 51. Hat der Ersteher die für den Wegfall eines im Mindestgebote berücksichtigten Rechtes bestimmte Mehrzahlung im Verteilungstermine geleistet (was zulässig ist, Reinhard II S. 101), so wird sie, wie die übrigen Barbeträge (§ 107) verteilt und ausbezahlt. Ist die Ersatzsumme nicht schon bei Feststellung des Mindestgebots bestimmt worden, so hat dies nun nachträglich zu geschehen. Die Beteiligten können gegen die Feststellung der Höhe derselben Widerspruch erheben (Jäckel S. 451, 190).

Wegen § 50 Abs. 1 Satz 2 wird aber die Ersatzsumme in der Regel nicht im Termin bezahlt werden, so daß dem hieraus zu befriedigenden, nächsten (sonst leer ausgehenden) Gläubiger und zuletzt dem Schuldner die Forderung des Subhastaten gegen den Ersteher mit dem ihr nach § 50 Abs. 1 Satz 2 anhaftenden Zins- und Zahlungsbestimmungen zu übertragen ist.

a) Wenn das Nichtbestehen des berücksichtigten Rechts zweifellos feststeht (z. B. durch die Sterbeurkunde über das Ableben des Auszugsberechtigten nachgewiesen ist), so daß dieses gemäß § 130 gelöscht werden kann, so ist die Ersatzsumme nicht nur dem nächsten (sonst leer ausgehenden) Gläubiger zuzuteilen, sondern die Forderung gegen den Ersteher in dieser Höhe auch unbedingt zu übertragen (Abs. 1) und nach § 128 zu verfahren[1]). Die einzutragende Sicherungshypothek erhält natürlich den Rang des Eventualberechtigten, also die letzte Stelle (Jäckel S. 451).

b) Wenn das Nichtbestehen des Rechtes nicht so zweifellos nachgewiesen ist, daß seine Löschung vom Vollstreckungsgerichte veranlaßt werden kann, insbesondere, wenn es bestritten wird (der betreffende Berechtigte nicht erschienen ist), so hat die Zuteilung, Übertragung und Eintragung der Sicherungshypothek (§ 128) nur unter der Bedingung zu erfolgen, daß das im Mindestgebote berücksichtigte, also bestehen bleibende, Recht zur Zeit des Zuschlags nicht bestanden hat, bezw. daß es nach Maßgabe der besonderen Vorschriften über das Erlöschen der Gesamthypothek am versteigerten Grundstück erlischt bezw. erloschen ist, daß die auflösende Bedingung eintritt bezw. eingetreten ist, daß die aufschiebende Bedingung ausfällt bezw. ausgefallen ist (Reinhard II S. 104, Jäckel S. 452). Die endgültige Herbeiführung der Löschung des Rechtes oder der bedingten Sicherungshypothek ist dann Sache der Beteiligten (§§ 894 ff. BGB., 22 GBO.; Jäckel S. 453, 454).

In der Regel wird eine solche Eventualzuteilung durch einen Widerspruch gegen den Plan (d. h. gegen das im Mindestgebote stehende Recht) veranlaßt werden. Sie hat in diesem Falle, wie in demjenigen des § 124 an den Widersprechenden als solchen, nicht an den zunächst Berechtigten, sonst leer ausgehenden Beteiligten zu erfolgen (Jäckel S. 452, Fischer-Schäfer S. 431; bestr., vgl. Recht 1902 S. 357).

c) Wird das Nichtbestehen des Rechtes, obwohl bereits zur Zeit des Zuschlags gegeben, erst nach Ausführung des Plans bekannt und erwiesen, so ist der Eventualberechtigte auf den Bereicherungsanspruch gegen den Ersteher beschränkt; eine nachträgliche Zuteilung in einem wieder aufzunehmenden Verfahren ist ausgeschlossen (Jäckel S. 454, 455, Fischer-Schäfer S. 432; bestr.).

3. Die Übertragung im Falle der §§ 50, 51 hat weder die **Wirkung** der Befriedigung des Beteiligten aus dem Grundstück (Abs. 3), noch der Vollstreckbarkeit der Forderung auf Zahlung der Ersatzsumme (§§ 132 Abs. 1 Satz 2). Sie gewährt nur die Legitimation zur Geltendmachung der Forderung des Subhastaten gegen den Ersteher, wie die Überweisung auf Grund der Pfändung (§ 836 ZPO.); mit der Geltendmachung kann aber der Eventualberechtigte erst durchdringen, wenn das eingetragene Recht beseitigt ist (Jäckel S. 453, ZBlFG. IV S. 467).

§ 126.

Ist für einen zugetheilten Betrag die Person des Berechtigten unbekannt, insbesondere bei einer Hypothek, Grundschuld oder Rentenschuld der Brief

---

[1]) Erhebt sich über die Person oder den Anspruch des Eventualberechtigten Streit, so ist dieser Widerspruch natürlich nach der Regel des § 124 zu erledigen (Fischer-Schäfer S. 432). Ohne solchen Widerspruch genügt es aber, als Eventualberechtigte nur die zunächst aus dem frei werdenden Betrage zu befriedigenden, nicht auch alle ausgefallenen Gläubiger einschließlich des Schuldners zu bezeichnen (a. M. Schöbel, prakt. Fragen S. 18).

nicht vorgelegt, so ist durch den Theilungsplan festzustellen, wie der Betrag vertheilt werden soll, wenn der Berechtigte nicht ermittelt wird.

Der Betrag ist für den unbekannten Berechtigten zu hinterlegen. Soweit der Betrag nicht gezahlt wird, ist die Forderung gegen den Ersteher auf den Berechtigten zu übertragen.

E. I § 181; M. 315, 316; D. 60; KBer. —.

Verteilung und Planausführung bei Ungewißheit über die Person eines Berechtigten.

1. Die **BayHO.** enthielt in Art. 121 Abs. 4 lediglich eine Regelung des Falles, in welchem der Aufenthalt eines Gläubigers unbekannt war.

2. Die **Eventualverteilung** eines bar zu zahlenden Betrags wird auch notwendig **bei Ungewißheit des Berechtigten.** Der auf ihn entfallende Betrag wird im Teilungsplan auf seinen Anspruch unbedingt, zugleich aber dem nächstberechtigten (leer ausgehenden) Beteiligten (ev. dem Schuldner) unter der Bedingung zugeteilt, daß der Erstberechtigte nicht ermittelt wird.

Die Ausführung des Plans geschieht aber durch Hinterlegung bezw. unbedingte Übertragung der Forderung gegen den Ersteher auf den noch unbekannten Berechtigten und Eintragung einer unbedingten Sicherungshypothek für ihn (nicht auch für den Eventualberechtigten).

Ergibt sich die Ungewißheit erst nach dem Termine, so ist eine Nachtragsverteilung in einem neuen Termin erforderlich, zu welchem außer dem Eventualberechtigten auch der Ersteher und Schuldner zuzuziehen sind (Reinhard II S. 109, Jäckel S. 456, 457).

3. Die **Person** des Berechtigten ist auch **unbekannt,** wenn derselbe gestorben[1]) und seine Erben nicht ermittelt sind, ferner wenn bei Briefhypotheken (-grund- und -rentenschulden) der Brief nebst Abtretungserklärungen[2]) nicht vorgelegt wird (§§ 1144, 1154, 1155; 1160, 1192, 1199 BGB.). Der Vorlage des Briefes bedarf es nicht, wenn nur Nebenleistungen (nicht Annuitäten) aus der Hypothek usw. zur Auszahlung gelangen (§§ 1159, 1160 Abs. 3 BGB.). Die Vorlage des Ausschlußurteils ersetzt diejenige des Briefes (§ 1018 Abs. 1 ZPO.). Bei Buchhypotheken gilt der letzte im Grundbuch eingetragene Gläubiger als der Berechtigte (§§ 891, 1138, 1154 Abs. 3 BGB. mit § 114 Ges.).

§ 126 findet dagegen keine Anwendung, wenn nur der Aufenthalt oder der gesetzliche Vertreter des Berechtigten unbekannt (vgl. §§ 1912, 1913, 1813, 1915 BGB.) oder die Identität eines Erschienenen mit ihm zweifelhaft ist (§ 117 Abs. 2 Satz 3). Jäckel S. 456.

4. Die **endgültige Ausführung** des Plans erfolgt nach §§ 135 ff., 137, 141.

§ 127.

Wird der Brief über eine in Folge der Versteigerung erloschene Hypothek, Grundschuld oder Rentenschuld vorgelegt, so hat das Gericht ihn unbrauchbar zu machen. Ist das Recht nur zum Theil erloschen, so ist dies auf

---

[1]) Eine erteilte Vollmacht erlischt im Zweifel nicht mit dem Tode des Vollmachtgebers (§§ 168, 672 mit 133 BGB.; Fischer-Schäfer S. 433).

[2]) Die Vorlage der in § 1155 BGB. bezeichneten Urkunden ist zwar nicht ausdrücklich vorgeschrieben, aber nicht zu entbehren (Fischer-Schäfer S. 433, v. d. Pfordten S. 380).

dem Briefe zu vermerken. Wird der Brief nicht vorgelegt, so kann das Gericht ihn von dem Berechtigten einfordern.

Im Falle der Vorlegung eines vollstreckbaren Titels über einen Anspruch, auf welchen ein Betrag zugetheilt wird, hat das Gericht auf dem Titel zu vermerken, in welchem Umfange der Betrag durch Zahlung, Hinterlegung oder Uebertragung gedeckt worden ist.

Der Wortlaut der Vermerke ist durch das Protokoll festzustellen.

E. I § 169; M. 304, 305; D. —; KBer. —.

Behandlung vorgelegter Urkunden.

1. Hinsichtlich der vorgelegten Urkunden enthielt Art. 121 Abs. 5 **BayGO.** mit Art. 36 Nov. hierzu teilweise entsprechende Bestimmungen.

2. Hypotheken-, Grund- und Rentenschuldbriefe sind unbrauchbar zu machen, wenn das dingliche Recht durch den Zuschlag (§ 91) erlöschen (kraft gesetzlicher oder nach § 59 vereinbarten Versteigerungsbedingungen nicht in das Mindestgebot aufgenommen und auch nicht nach § 91 Abs. 2 durch Vereinbarung mit dem Ersteher aufrecht erhalten) ist. Sie sind dagegen nur mit einem entsprechenden Vermerke zu versehen, wenn das dingliche Recht nur zum Teil erloschen ist, z. B. wenn es nur teilweise im geringsten Gebote berücksichtigt wurde oder nach § 91 Abs. 2 teilweise bestehen bleiben soll; aber auch, wenn der Brief eine Gesamthypothek (§ 59 Abs. 1 GBO.) oder nach § 66 GBO. mehrere Hypotheken betrifft.

Außer der Angabe des teilweisen Erlöschens bedarf es keines Vermerks über etwaige Zahlung, Übertragung oder Vereinbarung nach § 91 Abs. 2, § 144 Abs. 1 (Jäckel S. 458; anders Art. 121 Abs. 5 BayGO.).

Die Unbrauchbarmachung geschieht in der Regel durch Vernichtung des Briefes (vgl. § 500 DA. f. GBA.), bei dem nach § 59 Abs. 2 GBO. (§ 488 Abs. 2 DA. f. GBA.) erteilten Gesamthypothekenbrief nach vorheriger Abtrennung des über die erloschene Hypothek am versteigerten Grundstücke bestehenden Briefes (vgl. Jäckel S. 459, Fischer-Schäfer S. 436).

Unbrauchbar zu machen, bezw. mit dem Vermerke zu versehen ist nur die Urkunde über das dingliche Recht, nicht über die persönliche Forderung (Jäckel S. 458, Reinhard II S. 112).

3. Eine **vollstreckbare Urkunde** darf in keinem Falle unbrauchbar gemacht, sondern soll mit einem Vermerke über Zahlung, Hinterlegung oder Übertragung versehen werden (vgl. § 757 Abs. 1 ZPO.). Ist der Brief mit dem Vollstreckungstitel verbunden, so ist ersterer unbrauchbar zu machen, letzterer mit dem Vermerke zu versehen. — Der Wortlaut des Vermerks ist im Terminsprotokolle, bei nachträglicher Vorlage der Urkunde zu den Akten festzustellen.

Wie vollstreckbare Urkunden sind auch die Hypothekenurkunden alten Rechtes zu behandeln (Art. 192 EG. z. BGB.; vgl. Einleitung II).

4. Die **Rückgabe** der unbrauchbar gemachten Urkunden ist reichsgesetzlich nicht vorgeschrieben; an ihre Stelle tritt wohl die gänzliche Vernichtung (Bem. 2); die Rückgabe der Vollstreckungstitel erfolgt in der Regel an diejenigen, die sie vorgelegt haben; eine vollstreckbare Urkunde ist aber im Falle der vollständigen Zahlung dem Schuldner auszuhändigen (§ 757 ZPO.). Die **Vorlage** des Briefes kann das Gericht verlangen; mit Rücksicht darauf aber, daß es diesem Verlangen durch keinerlei Zwangsmittel Nachdruck verleihen kann, wird es sich mit einer diesbezüglichen Aufforderung begnügen; ein gutgläubiger Erwerb der erloschenen Briefhypothek ist durch den Versteigerungsvermerk ausgeschlossen (Jäckel S. 459, Reinhard II S. 113, Wolff Bem. 8). Die Vorlage kann auch verlangt werden, wenn für die Zwecke der Mahnung und Kündigung der Hypothek (§ 1160 BGB.) auf Vorlage des Briefes und der sonstigen zur Legitimation des Gläubigers erforderlichen Urkunden mit dinglicher Wirksamkeit verzichtet wurde (vgl. ZBlFG. V S. 12 ff.).

§ 128.

Soweit für einen Anspruch die Forderung gegen den Ersteher übertragen wird, ist für die Forderung eine Sicherungshypothek an dem Grundstücke mit dem Range des Anspruchs einzutragen. War das Recht, aus welchem der Anspruch herrührt, nach dem Inhalte des Grundbuchs mit dem Rechte eines Dritten belastet, so wird dieses Recht als Recht an der Forderung miteingetragen.

Soweit die Forderung gegen den Ersteher unvertheilt bleibt, wird eine Sicherungshypothek für denjenigen eingetragen, welcher zur Zeit des Zuschlags Eigenthümer des Grundstücks war.

Mit der Eintragung entsteht die Hypothek. Vereinigt sich die Hypothek mit dem Eigenthum in einer Person, so kann sie nicht zum Nachtheil eines Rechtes, das bestehen geblieben ist, oder einer nach Abs. 1, 2 eingetragenen Sicherungshypothek geltend gemacht werden.

Wird das Grundstück von neuem versteigert, so ist der zur Deckung der Hypothek erforderliche Betrag baar zu berichtigen.

E. I § 170; M. 305—307; D. 60; KBer. 45.

Sicherungshypothek für die Forderung gegen den Ersteher.

1. Die Eintragung von Hypotheken für nicht bezahlte Strichschillingsbeträge von Amts wegen war dem **bisherigen bayerischen Rechte** unbekannt. Nach Art. 94 Abs. 2 BaySO. konnten allerdings, wenn Zahlungsfristen über 3 Monate bewilligt waren, Hypothekbestellungen hierfür erfolgen; die Hypotheken des § 128 sind dagegen eine Art von Zwangshypotheken[1]), welche an die Stelle des mit dem Zuschlag erloschenen Rechtes am Grundstücke oder des Rechtes auf Befriedigung aus demselben treten. Nach Art. 121 BaySO. mußte auch der Realgläubiger sich als Ersatz für sein, durch die Versteigerung untergegangenes dingliches Recht mit einer gegen den säumigen Ersteher vollstreckbaren Erhebungsanweisung (die allerdings vor Löschung der Hypothek und Besitztitelberichtigung honoriert sein mußte) begnügen, wenn er es unterlassen hatte, rechtzeitig die Wiederversteigerung gegen den Schuldner zu beantragen. Die Nov. (Art. 36) kannte dagegen bereits die Hypothekvormerkung von Amts wegen, aber nur in Ansehung der ersatzweise, für einen im Mindestgebote weggefallenen Anspruch zur Übernahme bestimmten Forderung (vgl. Ortenau-Henle S. 425, 562).

2. Sicherungshypothek. Soweit die Ausführung des Plans mangels Barmasse durch Übertragung (§§ 118, 120—126) eines entsprechenden Teils der Forderung des Subhastaten gegen den Ersteher auf einen Gläubiger (Anspruch) erfolgt, wird er durch eine, im Range seines Anspruchs an Stelle des zu

[1]) Die Vorschriften des § 866 Abs. 3, § 867 ZPO. über die Beschränkung der Zwangshypotheken finden keine Anwendung.

löschenden dinglichen Rechtes neu einzutragende Hypothek am Versteigerungsobjekt sichergestellt. Hat der Ersteher selbst ein zum Zuge gekommenes Recht, das mit demjenigen eines Dritten belastet ist und wird dieser nicht weggefertigt, so muß auch für die Forderung des Erstehers gegen sich selbst unter Berücksichtigung des Rechtes des Dritten Sicherungshypothek errichtet werden (Fischer-Schäfer S. 439). Das gleiche gilt bezüglich des Überschusses zu Gunsten des letzten Eigentümers (Abs. 2). Auch wegen der nicht bezahlten Gerichtskosten (§ 109) und der in das Mindestgebot fallenden Nebenleistungen (Zinsen, Kosten) ist Sicherungshypothek einzutragen.

Die Sicherungshypothek entsteht mit der nach § 130 von Amts wegen zu veranlassenden Eintragung. Ihr Umfang bestimmt sich nach § 1184 BGB. durch die ihr zu Grunde liegende Forderung, vorausgesetzt, daß sie als Sicherungshypothek im Grundbuch bezeichnet ist; die Übertragung bezeichnet also nur den Höchstbetrag, zu welchem noch die vom Verteilungstermine (einschließlich) laufenden 4% Zinsen kommen und für welchen das Grundstück fernerhin haftet.

Ist die Übertragung nur bedingt erfolgt (§§ 119—121, 123—125), so ist auch der Hypothek die entsprechende Bedingung hinzuzufügen.

Wenn bei Versteigerung eines Bruchteils der Miteigentümer Ersteher wird, kann die Sicherungshypothek nach § 1114 BGB. nur auf dem nunmehr dem Ersteher gehörigen Anteil eingetragen werden (Rechtspr. d. OLG. VI S. 438, ZBlFG. III S. 76, V S. 303; teilw. abw. v. d. Pfordten S. 398 und BayNotZ. 1904 S. 220).

Wurde die Übertragung an Stelle eines Korrealanspruchs notwendig (vgl. Bem. 4 b zu § 122), so entstehen keine Korrealhypotheken, weil die Sicherungshypothek nicht die Forderung gegen den Subhastaten, sondern gegen den Ersteher zu sichern hat.

Über Sicherungshypotheken im Fall außergerichtlicher Verteilung siehe §§ 143, 144.

3. Rangverhältnis. Die Sicherungshypotheken sind zwar an nächst offener Stelle einzutragen, erhalten aber den nach dem Teilungsplan[2]) ihnen zuerkannten Rang; diesen hat der Vollstreckungsrichter zu bezeichnen (§ 39 GBO., §§ 129, 139, 281 ff. DA. f. GBÄ.), wobei zu beachten ist, daß Gerichtskosten, Liedlohnforderungen und dergl. Rang vor den bestehen bleibenden Rechten erhalten (siehe jedoch Bem. 5 und § 129); Reinhard II S. 117.

4. Belastungen (z. B. Nießbrauch, Pfandrecht) an grundbuchmäßigen Rechten sind, falls sie sich aus dem Grundbuch ergeben, wieder miteinzutragen (vgl. oben Bem. 2). Das Recht des Dritten an der Hypothek usw. geht kraft Gesetzes in das Recht an der Sicherungshypothek über (Rechtspr. d. OLG. X S. 128).

5. Besonderheiten der Sicherungshypothek des § 128.

a) Im Falle der Vereinigung derselben mit dem Eigentum (§§ 889, 1143, 1153, 1163, 1168, 1170, 1171, 1177 BGB., Eigentümergrundschuld) kann sie nicht zum Nachteil eines bestehen bleibenden Rechtes oder einer anderen Sicherungshypothek des § 128 geltend gemacht werden. Es ändert sich also das Rangverhältnis dergestalt, daß der Ersteher, welchem eine Sicherungshypothek des § 128 zufällt, und derjenige, welcher sie von ihm erwirbt[3]), Befriedigung aus derselben erst

---

[2]) Für die bestehen bleibenden Rechte ist das im Grundbuch eingetragene Rangverhältnis maßgebend; im übrigen entscheiden aber nicht die §§ 10—12, 110, sondern lediglich der Plan, soweit er unwidersprochen geblieben ist.

[3]) Voraussetzung ist im Falle der Singularsuccession jedoch, daß die Eintragung der Sicherungshypothek im Grundbuch den Vermerk „auf Grund des Zwangsversteigerungsverfahrens" (§ 130 Abs. 1 Satz 2) enthält, da ein gutgläubiger Singularsuccessor des Erstehers an die Beschränkung des § 128 Abs. 3 sonst nicht gebunden wäre (Wolff Bem. 5; Jäckel S. 466, 467).

hinter den bestehen bleibenden Rechten und den übrigen Sicherungshypotheken beanspruchen kann. Hierdurch ist verhindert, daß der Ersteher einen Vorteil aus seiner eigenen Zahlungssaumsal ziehen kann. Gleiches gilt auch in den übrigen Fällen der Vereinigung, z. B. wenn der Hypothekgläubiger Eigentümer wird (Fischer-Schäfer S. 441).

Diese Beschränkung bleibt auch bestehen, wenn die Sicherungshypothek nach §§ 1186, 1198 BGB. in eine gewöhnliche Hypothek bezw. Grundschuld umgewandelt wurde. Belastungen der Sicherungshypothek zu Gunsten Dritter (Bem. 4) werden von der Beschränkung mitbetroffen, soferne sie nicht schon vor der Vereinigung bestanden hatten (Wolff Bem. 5, Jäckel S. 464).

b) Im Falle abermaliger Versteigerung ist die durch die Sicherungshypothek gedeckte Forderung auch dann durch Barzahlung zu befriedigen, wenn sie in das Mindestgebot fällt (Vereinbarung nach § 59 jedoch nicht ausgeschlossen). Daß die Sicherungshypothek in eine andere umgewandelt wurde (Bem. 5a) macht keinen Unterschied (ebenso v. d. Pfordten S. 390 gegen Fischer-Schäfer S. 442). Hierdurch soll eine dauernde Belastung des Grundstücks mit der Sicherungshypothek hintangehalten werden.

c) Der Anspruch aus der Sicherungshypothek ist auf Grund Zuschlagsbeschlusses vollstreckbar (§§ 132, 133); auch hierzu ist Voraussetzung, daß die Sicherungshypothek auf Grund Versteigerungsverfahrens eingetragen ist.

d) Siehe im übrigen § 129.

§ 129.

Die Sicherungshypothek für die im § 10 Nr. 1 bis 3 bezeichneten Ansprüche, für die im § 10 Nr. 4 bezeichneten Ansprüche auf wiederkehrende Leistungen und für die im § 10 Abs. 2 bezeichneten Kosten kann nicht zum Nachtheile der Rechte, welche bestehen geblieben sind, und der übrigen nach § 128 Abs. 1, 2 eingetragenen Sicherungshypotheken geltend gemacht werden, es sei denn, daß vor dem Ablaufe von sechs Monaten nach der Eintragung derjenige, welchem die Hypothek zusteht, die Zwangsversteigerung des Grundstücks beantragt. Wird der Antrag auf Zwangsversteigerung zurückgenommen oder das Verfahren nach § 31 Abs. 2 aufgehoben, so gilt er als nicht gestellt.

E. I § 170 Abs. 3; M. 306; D. 60; KBer. —.

Sicherungshypothek für bevorrechtigte und Nebenansprüche.

1. Der hier zum Ausdruck gekommene Gedanke lag auch dem Art. 37 Nov. z. **BaySO.** zu Grunde, hatte hier aber im wesentlichen nur die Bedeutung, daß die Nichtzahlung der betreffenden Ansprüche die Besitztitelberichtigung nicht hinderte, wenn nicht rechtzeitig ihretwegen Wiederversteigerung beantragt wurde. Die Bestimmung, daß diese Ansprüche nicht zum Nachteile der im Mindestgebot enthaltenen Forderungen geltend gemacht werden durften, konnte praktisch deshalb nur geringen Wert erlangen, weil für erstere Hypotheken regelmäßig nicht von Amts wegen eingetragen wurden. (Vgl. Bem. 1 zu § 128; Ortenau-Henle S. 427 ff.).

2. Rangverlust gewisser Sicherungshypotheken. Außer den in § 128 Abs. 3 und 4 bezeichneten Besonderheiten ist zur Vermeidung einer dauernden Belastung des Grundstücks mit den nur zur vorübergehenden Sicherung gewährten Hypotheken und zum Schutze der übrigen Rechte weiter bestimmt, daß die Sicherungshypotheken für Ansprüche der Ziff. 1—3 des § 10, für wiederkehrende Leistungen (besonders Zinsen) und Kosten nach Ablauf von 6 Monaten nach der Eintragung, falls nicht auf Grund dieses Anspruchs die Zwangsversteigerung des Grundstücks (gegen den Ersteher) beantragt wurde, im Range hinter die bestehen bleibenden Rechte und die übrigen Sicherungshypotheken des § 128 Abs. 1 und 2 zurücktreten sollen.

Der Rang geht auch verloren, wenn der Zwangsversteigerungsantrag zurückgenommen und nicht vor Ablauf der 6 Monate erneuert wird oder wenn im Falle bewilligter Einstellung die Fortsetzung des Verfahrens nicht rechtzeitig beantragt wird (§ 31 Abs. 2). Versäumt der Inhaber eines im § 129 bezeichneten Anspruchs die Frist, so steht er auch demjenigen nach, der wegen eines solchen Anspruchs seinerseits rechtzeitig die (Wieder-) Versteigerung beantragt hat (Wolff Bem. 3).

3. Bei **Eintragung** der unter § 129 fallenden Sicherungshypotheken wird zweckmäßig nicht nur der Entstehungsgrund derselben (vgl. § 128 Fußnote 3), sondern auch die Art des Anspruchs (Zinsen, Liedlohn, Ersatzsumme nach §§ 50, 51 u. dgl.) bezeichnet; vorgeschrieben ist aber nur das erstere (Reinhard II S. 122).

§ 130.

Ist der Theilungsplan ausgeführt und der Zuschlag rechtskräftig, so ist das Grundbuchamt zu ersuchen, den Ersteher als Eigenthümer einzutragen, den Versteigerungsvermerk sowie die durch den Zuschlag erloschenen Rechte zu löschen und die Eintragung der Sicherungshypotheken für die Forderung gegen den Ersteher zu bewirken. Bei der Eintragung der Hypotheken soll im Grundbuch ersichtlich gemacht werden, daß sie auf Grund eines Zwangsversteigerungsverfahrens erfolgt ist.

Ergiebt sich, daß ein bei der Feststellung des geringsten Gebots berücksichtigtes Recht nicht zur Entstehung gelangt oder daß es erloschen ist, so ist das Ersuchen auch auf die Löschung dieses Rechtes zu richten.

Hat der Ersteher, bevor er als Eigenthümer eingetragen worden ist, die Eintragung eines Rechtes an dem versteigerten Grundstücke bewilligt, so darf die Eintragung nicht vor der Erledigung des im Abs. 1 bezeichneten Ersuchens erfolgen.

E. I § 172; M. 308—310; D. 60; KBer. 46.

Grundbuchberichtigung.

1. Auch nach **bisherigem bayer. Recht** war die Berichtigung des Besitztitels auf den Ansteigerer, die Löschung der Beschlagnahmen und der durch die Versteigerung erloschenen, nicht zur Übernahme bestimmten oder übernommenen Hypotheken nicht Partei-, sondern Offizialsache. Hypothekeintragungen für nicht bezahlte Strichschillingsteile wurden dagegen in der Regel nicht vom Vollstreckungsgerichte veranlaßt. Nur im Falle der sog. Ersatzübernahme des Art. 36 Nov. z. BayHO. erfolgte von Amts wegen die Vormerkung derjenigen Hypothek, welche an die Stelle einer in das Mindestgebot aufgenommenen, bedingten oder bestrittenen Hypothek zur Übernahme bestimmt worden war (Ortenau-Henle S. 425, 562, 563). Die Besitztitelberichtigung war von der Rechtskraft des Zuschlags und der Erfüllung der Strichsverbindlichkeiten (Einlösung der Erhebungsanweisungen) seitens des Ansteigerers abhängig, konnte aber schon vor Ausführung der Verteilung erfolgen (Art. 94, 122, 123 BayGO.).

2. Amtspflicht des Vollstreckungsgerichts. Die Herbeiführung der Richtigstellung des durch den Zuschlag unrichtig gewordenen Grundbuchs ist Offizialsache des Gerichts. Nur nach der Eintragung des Erstehers können die Beteiligten oder Dritte etwa weiterhin erforderliche Berichtigungen unmittelbar beim Grundbuchamte bewerkstelligen; die Berichtigung des § 130 kann dagegen nicht etwa im Wege des § 14 GBO. geschehen. Ein Dritter (Nichtbeteiligter), welcher aus einem Vollstreckungstitel gegen den Ersteher in das Grundstück vorgehen will, muß daher die Tätigkeit des Vollstreckungsgerichts nach § 130 abwarten, und der Grundbuchrichter hat einen Antrag nach § 14 GBO. (etwa auf Grund des vom Dritten erholten Zuschlagsbeschlusses) abzulehnen, da der Ersteher nur gleichzeitig mit der übrigen Grundbuchberichtigung eingetragen werden kann (anders Art. 21 Abs. 3 BayGO.).

Andrerseits erstreckt sich die Amtspflicht des Vollstreckungsgerichts auch nach der Eintragung des Erstehers auf solche Berichtigungen, welche durch Erledigung von Widersprüchen oder nachträgliche Ermittlung eines unbekannten Berechtigten oder dessen Ausschließung (§§ 115, 137, 141) erforderlich werden. In sonstigen Fällen der Eventualverteilung haben nach Eintragung des Erstehers die Beteiligten selbst die Berichtigung des Grundbuchs beim Grundbuchamte herbeizuführen (vgl. § 123 Bem. 3, § 125 Bem. 2; Jäckel S. 471, Reinhard II S. 124).

3. Voraussetzung des Ersuchens um Berichtigung ist (vollständige) Ausführung des Plans (der Verteilung) durch Auszahlung (Hinterlegung) oder Übertragung (bedingte oder unbedingte), vgl. §§ 117, 118, 119—126; sowie Rechtskraft des Zuschlagsbeschlusses. Zur Feststellung der letzteren ist zu prüfen, ob für sämtliche beschwerdeberechtigte Beteiligte die Beschwerdefrist abgelaufen, bezw. eine eingelegte Beschwerde erledigt ist (§§ 87, 88, 98 Ges., 706 ZPO.).

Für den Fall der außergerichtlichen Verteilung des Erlöses siehe §§ 143, 144.

Vor Ausführung des Plans bezw. Ablauf der Frist des § 144 und Zuschlagsrechtskraft ist die Berichtigung auch dann nicht mehr zulässig, wenn der ganze (bar zu zahlende) Strichschilling nach § 49 Abs. 3 erlegt ist (§ 130 und arg. § 125); wohl aber ist Ausführung der Verteilung vor Zuschlagsrechtskraft statthaft (§ 116) und ebenso Besitztitelberichtigung bei Nichtzahlung des Erlöses.

4. Form und Inhalt des Ersuchens. Das Ersuchen muß die vom Grundbuchamte verlangte Tätigkeit im einzelnen bezeichnen; es muß, wie bisher, im Vollstreckungsakt auch dann vollständig niedergelegt sein, wenn der Vollstreckungsrichter zugleich Grundbuchbeamter ist (Jäckel S. 471). Letzterenfalls ist unmittelbar nach Unterzeichnung des Ersuchens der Eingang beim Grundbuchamte zu vermerken (ebenso v. d. Pfordten S. 391).

Unzulässig ist eine Bezugnahme auf den Vollstreckungsakt; Grundlage der grundbuchrichterlichen Tätigkeit ist nur das Ersuchen (nicht das Versteigerungsprotokoll, der Zuschlagsbeschluß oder der Teilungsplan). Das Ersuchen ist in einem eigenen Schreiben, das zu den Grundbuchanlagen genommen wird, niederzulegen und muß hinsichtlich der Bezeichnung des Grundstücks mit dem Grundbuchblatt übereinstimmen (§§ 28, 39 GBO., §§ 129, 137, 139, 294 ff. DA. f. GBÄ.).

Nachzusuchen ist:

a) die Eintragung des Erstehers als Eigentümers (auch wenn der bisherige Eigentümer Ersteher ist, vgl. § 37 Ziff. 5, Jäckel S. 471, Reinhard II S. 127). Sie ist Voraussetzung für die Eintragung der Sicherungshypotheken der

§§ 128, 129 und für den Vollzug der vom Ersteher bewilligten Eintragungen (Abs. 3); sie erfolgt auch, wenn neuerliche Versteigerung beantragt und sofortige Neueintragung des Versteigerungsvermerks notwendig ist. Bei mehreren Erstehern ist das Gemeinschaftsverhältnis anzugeben (Rechtspr. d. OLG. IV S. 191, obstr. Erk. n. F. III S. 687, §§ 269—273, 344 ff., DA. f. GBA.); bei allgemeiner Gütergemeinschaft bedarf es zur Miteintragung der Ehefrau deren Eintragungsbewilligung (v. d. Pfordten S. 394, ZBlFG. I S. 455; § 22 Abs. 2 GBO., § 264 Abs. 2 DA. f. GBA.); auch Mitteilung und Eintragung des Datums des Zuschlags ist für Dritte von Bedeutung (Rechtspr. d. OLG. VI S. 438, Jäckel a. a. O., §§ 353 ff., 355 DA. f. GBA.). In der Regel ist die Angabe des Namens des Erstehers erforderlich (§§ 262, 273 DA. f. GBA.; vgl. ZBlFG. V S. 81, 456); die Zweigniederlassung einer Firma kann nicht als Eigentümerin eingetragen werden (vgl. ZBlFG. V S. 183).

b) die Löschung des Versteigerungs- (und Zwangsverwaltungs-) Vermerks, auch wenn dieser nach § 133 gegen den Ersteher neuerlich einzutragen ist; auch der Konkursvermerk ist von Amts wegen zu löschen, wenn dies nicht nach § 114 KO. geschehen ist (Fischer-Schäfer S. 445).

c) die Löschung aller durch den Zuschlag erloschener Rechte; also der nicht im Mindestgebote berücksichtigten, der zwar dort berücksichtigten, aber nachgewiesenermaßen erloschenen (§§ 50, 51), der nicht auf Grund Vereinbarung nach § 59 oder nach § 52 Abs. 2 Ges., § 9 EG., Art. 27 BayAG. z. ZVG. bestehen bleibenden, endlich der nicht nach § 91 Abs. 2 aufrecht erhaltenen Rechte.

Auch die nach Eintragung des Versteigerungsvermerks und nach dem Zuschlag eingetragenen Rechte sind zu löschen, wobei es gleichgültig ist, ob der Ersteher der Subhastat[1]) oder ein Dritter, ob er Hypothekgläubiger ist oder nicht (vgl. § 91 Bem. 2, 3).

Sie einzeln zu bezeichnen, ist unnötig, wenn nur aus dem Ersuchen klar hervorgeht, welche Rechte bestehen bleiben und daß alle übrigen zu löschen sind (Reinhard II S. 127, nun auch Jäckel S. 472). Der Ersteher braucht die Löschung nicht selbst herbeizuführen; es ist nicht seine Schuld, daß infolge der gesetzlichen Vorschriften über das Verfahren der Zuschlagsbeschluß nicht sofort im Grundbuche vollzogen werden konnte; die nach Eintragung des Versteigerungsvermerks eingetragenen Berechtigten können sich nicht auf § 892 BGB. berufen (vgl. § 9 Abs. 2, Jäckel a. a. O., Fischer-Schäfer S. 445, v. d. Pfordten S. 395).

Die Löschung eines im Mindestgebote berücksichtigten, aber nicht entstandenen oder wieder erloschenen Rechtes (§§ 50, 51, 130 Abs. 2)[2]) kann, weil das Erlöschen hier nicht auf dem Zuschlag beruht, nur nachgesucht werden, wenn die hiezu erforderlichen Urkunden (z. B. Löschungsbewilligung, Zustimmung des Eigentümers, Sterbeurkunde), insbesondere der Brief bei Briefhypotheken (-grund- und -rentenschulden) dem Vollstreckungsgerichte vorliegen; letzterer ist dem Grundbuchamte zu übersenden (§ 42 GBO.; § 131 Ges. betrifft nur die durch den Zuschlag erloschenen Rechte; vgl. Jäckel S. 476). Ist die Nichtexistenz des Rechtes nicht liquid gestellt, so

---

[1]) Auch der Subhastat als Ersteher hat Anspruch auf ein reines Grundbuchblatt; denn auch für ihn gilt der § 91 Abs. 1 (Jäckel S. 471, a. M. Wolff Bem. 7).

[2]) Sie ist deshalb vorgeschrieben, weil der Ersteher das Recht hat, die dafür eintretende Mehrzahlung im Verteilungstermine zu entrichten, oder weil an Stelle des zu löschenden Rechtes bei Nichtzahlung des Mehrbetrages eine Sicherungshypothek im Range des Nächstberechtigten tritt (vgl. § 125 Bem. 2a).

ist die Herbeiführung der Löschung und der Eintragung eines Widerspruchs nach § 899 BGB. Sache des Erstehers; die Sicherungshypothek des § 125 Abs. 2 besteht dann neben jenem Rechte (Jäckel a. a. O.).

Das Ersuchen um Löschung kann sich nur auf das versteigerte Grundstück beziehen; das gilt besonders von Gesamthypotheken, bei welchen nur die Löschung des Verbandallegats bei dem nichtversteigerten Grundstücke nach § 49 Abs. 2 GBO. erfolgt, während sonstige Änderungen daselbst wegen § 1182 BGB. von den Beteiligten herbeizuführen sind (Recht 1902 S. 206, Rechtspr. d. OLG. IV S. 376, Jäckel S. 472, vgl. Ortenau-Henle S. 369; siehe auch § 122 Bem. 4b).

Ein Löschungsgrund ist nicht anzugeben; denn dies ist immer der Zuschlag (außer bei den etwa trotz Berücksichtigung im Mindestgebote zu löschenden Rechten, s. o.), auch wenn das Recht ganz oder teilweise durchgefallen ist (vgl. auch § 164 BayHypGes.).

Über die Eintragung des Löschungsvermerks siehe §§ 404, 453 ff. DA. f. GBÄ.

d) die Eintragung der Sicherungshypotheken für die übertragenen Forderungen der Beteiligten gegen den Ersteher; hierbei ist anzugeben das Rangverhältnis zu den bestehen bleibenden Rechten (wozu Vorlage des Briefes abw. von §§ 42, 43 GBO. nicht erforderlich ist, § 131), bei mehreren Berechtigten das Gemeinschaftsverhältnis, die etwaigen, der Übertragung anhaftenden Bedingungen und Eventualberechtigten (§§ 119—126), insbesondere die etwaige Mithaftung anderer Grundstücke (§ 122 Bem. 4 b), die Bezeichnung als Sicherungshypothek (§ 1184 Abs. 2 BGB.) und der Vermerk, daß sie auf Grund eines Zwangsversteigerungsverfahrens eingetragen wurden (vgl. § 128 Bem. 5a, § 132 Bem. 3, § 129 Bem. 3, § 431 DA. f. GBÄ.; Jäckel S. 473, 474). Sind Sicherungshypotheken für mehrere Beteiligte einzutragen, so soll dies nicht unter einer Nummer geschehen (§§ 404 Abs. 3, 431 DA. f. GBÄ.).

5. Eine **Berichtigung und Ergänzung des Ersuchens** ist nach dessen Vollzug nur unter Wahrung der Rechte Dritter zulässig; steht ein solches im Wege, weil z. B. ein durch § 892 BGB. geschützter Erwerb stattgefunden hat oder stattgefunden haben kann, so ist statt der Richtigstellung ein Widerspruch gemäß § 899 BGB. einzutragen (Recht 1903 S. 150, 160; Rechtspr. d. OLG. VI S. 99, 437; vgl. Bem. 7).

6. **Tätigkeit des Grundbuchamtes.** Dieses hat gegenüber dem Ersuchen des Vollstreckungsgerichtes nur ein formelles, kein sachliches Prüfungsrecht (§§ 39, 48 GBO., § 139 DA. f. GBÄ.), d. h. es kann den Vollzug nicht ablehnen, wenn ihm der Inhalt des Grundbuchs nicht entgegensteht und sich das Ersuchen mit dem versteigerten Objekte befaßt; es hat dagegen nicht zu prüfen, ob es materiell richtig, z. B. der Zuschlag rechtskräftig, das zu löschende Recht erloschen, zu löschende Rechte mit Unrecht aufrecht erhalten sind. Dies gilt natürlich auch von einem etwaigen, an sich zulässigen Nachtrag zum Ersuchen (Recht 1905 S. 66, ZBlFG. V S. 349). Hierdurch ist selbstverständlich nicht ausgeschlossen, daß der Vollstreckungsrichter auf offensichtliche Irrtümer aufmerksam gemacht und das Ersuchen zur Aufklärung zurückgeleitet wird.

Die Eintragung von Sicherungshypotheken hat immer (auch wenn das Ersuchen dies nicht verlangt) unter Bezugnahme auf das Zwangsversteigerungsverfahren, die Eintragung des Erstehers unter Angabe des Erwerbsgrundes zu erfolgen (§ 130 Abs. 1 Satz 2, vgl. §§ 128, 129 ZVG. und §§ 343 ff., 353 ff. DA. f. GBÄ.). Von der Eintragung sind die Beteiligten durch das Grundbuchamt zu benachrichtigen (§ 55 GBO., §§ 56 ff. DA. f. GBÄ.). Die Herbeiführung der Berichtigung des Grundsteuerkatasters ist nunmehr Sache des Grundbuchamtes (§ 193 Abs. 1 Ziff. 1, §§ 578, 579 DA. f. GBÄ., vgl. Art. 94 BayGO.).

Die Erledigung des Ersuchens kann nicht teilweise erfolgen und teilweise ausgesetzt oder abgelehnt werden (Fischer-Schäfer S. 448). Da der Grundbuchbeamte gemäß Art. 289 BayGebGes. vom 11. XI. 1899 für die Zahlung der Besitzveränderungsgebühren haftet, wenn er ohne Nachweis der Zahlung die Berichtigung des Besitztitels vornimmt, so ist er insolange zur Ablehnung des ganzen Ersuchens befugt (§ 139 Abs. 1 DA. f. GBA.). Zur Prüfung dieses Punktes ist ihm daher das Versteigerungsprotokoll bezw. der Zuschlagsbeschluß mit Zahlungsnachweis durch das Vollstreckungsgericht zu übermitteln, da dessen, nach Art. 261 l. c. (a. F.) bestandene Haftung beseitigt ist (vgl. § 58 Bem. 3).

7. Rechtsbehelfe gegen die Verfügungen des Vollstreckungs- und Grundbuchrichters gelegentlich des Ersuchens. Die ersteren sind mit Erinnerungen (§ 766 ZPO.) und sodann mit sofortiger Beschwerde anfechtbar (§ 793 ZPO.). Hierdurch kann aber nur eine unterbliebene Eintragung oder Löschung nachgeholt oder eine versehentliche Löschung wieder beseitigt werden, vorausgesetzt daß nicht inzwischen ein nach § 892 BGB. geschützter gutgläubiger Erwerb stattgefunden hat oder doch (bei Briefhypotheken) möglich gewesen ist, in welchem Falle nur die Eintragung eines Widerspruches nach § 899 BGB. angeordnet werden könnte. Die auf Grund des Ersuchens vorgenommene Eintragung eines Rechtes kann aber niemals ohne Zustimmung des Berechtigten beseitigt werden, wenn sie nicht inhaltlich unzulässig war (§§ 54 Abs. 1 Satz 2, 71 Abs. 2 GBO.; ZBlFG. III S. 695, Rechtspr. d. OLG. VI S. 99, Fischer-Schäfer S. 443, Jäckel S. 470, v. d. Pfordten S. 393, 394).

Gegen die Ablehnung des Vollzugs des Ersuchens steht auch dem Vollstreckungsgerichte (neben den betroffenen Beteiligten und Ersteher) die Beschwerde der §§ 71 ff. GBO. zu; im Falle des Vollzugs aber kann nur gegen die Entscheidung des Vollstreckungsgerichts (nach vorherigen Einwendungen) Beschwerde eingelegt werden (Rechtspr. d. OLG. III S. 340, VI S. 437, Jäckel S. 469; vgl. auch Ortenau-Henle S. 102).

8. Eintragungen auf Grund Bewilligung des Erstehers dürfen, obwohl der Ersteher zur Auflassung und Belastung des Grundstücks vom Zuschlag an berechtigt ist (§ 90), vor Erledigung des Ersuchens nach § 130 nicht durch das Grundbuchamt vorgenommen werden (Abs. 3). Die Sicherungshypotheken des § 130 müssen also stets Rang vor neu bewilligten Rechten erhalten, da sie ja den Rang derjenigen Rechte behalten, an deren Stelle sie getreten sind (vgl. obstr. Erk. n. F. IV S. 599, 608). Bei verfrühten[3]) Eintragungsanträgen hat das Grundbuchamt nach § 18 GBO. zu verfahren; verfrühte Eintragungen würden von dem Löschungsersuchen des Vollstreckungsgerichts betroffen; das Grundbuchamt ist nicht verpflichtet, die verfrüht einlaufenden Urkunden aufzubewahren (Rechtspr. VIII S. 10, IX S. 143 und 382; a. M. Recht 1905 S. 66, 67).

Das Vollstreckungsgericht selbst ist zur Entgegennahme von Eintrag-

---

[3]) Ein gleichzeitig mit dem Ersuchen des Vollstreckungsgerichts eingehender Eintragungsantrag ist als unmittelbar nachfolgend zu behandeln; es findet also § 46 Abs. 1 Satz 2 GBO. keine Anwendung; dagegen ist im Falle des § 46 Abs. 2 GBO. zu vermerken, daß die als später eingegangen zu behandelnde Eintragung der andern im Range nachgeht. Denn die erstere hat den vorherigen Vollzug des vollstreckungsrichterlichen Ersuchens zur Voraussetzung. Ist das Rangverhältnis unrichtig beurkundet, so greifen §§ 879, 892, 899 BGB. ein (vgl. auch v. d. Pfordten S. 401). Das Gesagte gilt auch von Anträgen auf Eintragung von Zwangsverfügungen (Zwangs- und Arresthypotheken, Veräußerungs- und Belastungsbeschränkungen, Jäckel S. 477, 478).

ungsbewilligungen nicht zuständig[4]); es braucht sich auch nicht darauf einzulassen, solche Urkunden bis zur Besitztitelberichtigung (zwecks gleichzeitigen Vollzugs) aufzubewahren; soweit sie (wie z. B. im Falle des § 91 Abs. 2) mit dem Verfahren zusammenhängen und nicht in beglaubigter Abschrift zum Vollstreckungsakt eingereicht werden, sind sie an das Grundbuchamt zu leiten, ohne ein Ersuchen daran zu knüpfen, da solche Eintragungen von den Beteiligten zu beantragen sind (Fischer-Schäfer S. 449, Reinhard II S. 130, abw. Jäckel S. 477).

Die Beschränkung des § 130 Abs. 3 bezieht sich nicht auf Rechtsänderungen, die vor der Grundbuchberichtigung ohne Mitwirkung des Erstehers sich vollziehen (Löschung, Abtretung, Pfändung, Rangverschiebung u. dgl.); v. d. Pfordten S. 400.

9. Die **Kosten** der Löschung der durch den Zuschlag erloschenen Rechte gehören zu den Kosten des Verfahrens (§ 109 Abs. 1); diejenigen der Besitztitelberichtigung (Art. 116 BayGebGes.) fallen dem Ersteher zur Last. Für die Löschungen und Eintragungen von Sicherungshypotheken werden Gebühren nicht erhoben, wohl aber Auslagen (Art. 20 BayGebGes.).

§ 131.

In den Fällen des § 130 Abs. 1 ist zur Löschung einer Hypothek, einer Grundschuld oder einer Rentenschuld, im Falle des § 128 zur Eintragung des Vorranges einer Sicherungshypothek die Vorlegung des über das Recht ertheilten Briefes nicht erforderlich.

E. I § 174 Abs. 2; M. 310, 311; D. 60; KBer. —.

Weder das Vollstreckungsgericht noch der Grundbuchbeamte können die Eintragung der nach § 130 Abs. 1 vorgeschriebenen Löschungen von der **Vorlage der Hypotheken-, Grundschuld- und Rentenbriefe** abhängig machen, da hierdurch das Verfahren verzögert würde; dasselbe gilt von der Eintragung des Rangverhältnisses bei solchen Briefhypotheken usw. gegenüber den Sicherungshypotheken (Ausnahme von §§ 42, 43, 44, 62, 70 GBO.; vgl. § 157 Abs. 1, 2, § 492 DA. f. GBA.). Für Sicherungshypotheken ist die Erteilung eines Briefes ausgeschlossen (§ 1185 Abs. 1 BGB.).

Die Ausnahme des § 131 bezieht sich jedoch nicht auf die Löschung der aus einem anderen Grund als infolge des Zuschlags erloschenen Rechte (§ 130 Abs. 2, vergl. Bem. 4 c hierzu); einem etwaigen Ersuchen um Löschung dieser Rechte müssen also die erforderlichen Briefe beigefügt werden (Reinhard II S. 132).

§ 132.

Nach der Ausführung des Theilungsplans ist die Forderung gegen den Ersteher und im Falle des § 81 Abs. 4 auch gegen den für mithaftend erklärten Meistbietenden, der Anspruch aus der Sicherungshypothek gegen den Ersteher und jeden späteren Eigenthümer vollstreckbar. Diese Vorschrift findet keine Anwendung, soweit der Ersteher einen weiteren Betrag nach den §§ 50, 51 zu zahlen hat.

---

[4]) Entspricht freilich die vom Vollstreckungsgerichte beurkundete Eintragungsbewilligung den Formvorschriften der §§ 167 ff. GFG., 29 GBO., so ist dieselbe gültig (Fischer-Schäfer a. a. O.).

Die Zwangsvollstreckung erfolgt auf Grund einer vollstreckbaren Ausfertigung des Beschlusses, durch welchen der Zuschlag ertheilt ist. In der Vollstreckungsklausel ist der Berechtigte sowie der Betrag der Forderung anzugeben; der Zustellung einer Urkunde über die Uebertragung der Forderung bedarf es nicht.

E. I § 178; M. 312—314; D. 59; KBer. —.

Zwangsvollstreckung gegen den Ersteher im allgemeinen.

1. Bisheriges Recht. Allgemeines. Die §§ 132—134 regeln die zwangsweise Beitreibung des unbezahlten Strichschillings in teilweiser Abweichung von Art. 121 Abs. 3, 87 ff. BayGO. Das bisherige Recht gestattete nicht bloß die Zwangsvollstreckung aus den für die unbezahlten Strichschillingsbeträge erteilten Erhebungsanweisungen in das Vermögen des Ansteigerers und in das ersteigerte Grundstück (letzteres auf Grund Berichtigung oder Vormerkung des Besitztitels, Art. 94, 21 Abs. 3 SO.), sondern auch (allerdings nur bis zum „Abschluß des Teilungsplans") die nochmalige Versteigerung des Grundstücks in der Richtung gegen den Subhastaten.

Letztere hat das Gesetz, ausgehend von dem Gedanken, daß der Ersteher das Grundstück mit dem Zuschlag ohne Rücksicht auf die Zahlung oder Nichtzahlung des Strichschillings definitiv und bedingungslos zu Eigentum erwirbt, gänzlich beseitigt; die Wiederversteigerung findet nunmehr nur gegen den Ersteher und auf Grund des ausgeführten Teilungsplans, also nicht zur Beitreibung einer Forderung gegen den Subhastaten, sondern gegen den Ersteher statt.[1]) Die Geltendmachung der auf Grund der Versteigerungsbedingungen bestehen bleibenden Rechte dagegen fällt unter die allgemeinen Regeln. Sie ist auch zeitlich nicht von einem bestimmten Abschnitt des Verteilungsverfahrens abhängig (vgl. § 53 Bem. 1).

2. Arten der Zwangsvollstreckung. Auf Grund des vollstreckbaren Zuschlagsbeschlusses kann sowohl die dem Beteiligten übertragene, persönliche Forderung des Subhastaten gegen den Ersteher, bezw. den Meistbietenden des § 81 Abs. 4,[2]) auf Zahlung des entsprechenden Teils des Strichschillings als auch der dingliche Anspruch des Beteiligten aus der eingetragenen Sicherungshypothek verfolgt werden. (Für den Fall des § 61 vgl. § 134). Ersterenfalls kann das gesamte Vermögen, einschließlich des Grundstücks, des Erstehers bezw. Meistbietenden und ihrer Universalrechtsnachfolger, letzterenfalls nur das Grundstück und die der Sicherungshypothek haftenden Gegenstände, ohne Rücksicht auf den Eigentümer, in Anspruch genommen werden.

3. Voraussetzung der persönlichen wie dinglichen Vollstreckbarkeit ist die Ausführung des Teilungsplans durch Übertragung (an die Gläubiger bezw. bezgl. eines etwaigen Überschusses an den Subhastaten). Abweichendes gilt für das außergerichtliche Verteilungsverfahren (§§ 143, 144). Weiter ist für die Geltendmachung des dinglichen Vollstreckungsanspruchs vorausgesetzt die Eintragung der durch Vollstreckungsgericht erwirkten und auf Grund des Versteigerungsverfahrens vorgetragenen Sicherungshypothek, welche nach § 130 von dem Eintritte der Rechtskraft

---

[1]) Für den Fall der Unterlassung des gerichtl. Verteilungsverfahrens siehe §§ 143, 144.

[2]) Gegen Bürgen des Art. 31 BayAG. z. ZVG. kann aus dem Zuschlagsbeschlusse nicht mit Zwangsvollstreckung vorgegangen werden; ihm gegenüber ist Klage notwendig. Die gegenteilige, in der Geschäftsanweisung vom 30. Dez. 1901 § 50 (JMBl. 1902 S. 47) zum Ausdruck gekommene Meinung ist m. E. durch Art. 31 BayAG. nicht begründet (vgl. § 82 Bem. 3).

des Zuschlagsbeschlusses abhängig ist. Der persönliche Anspruch ist, falls die Ausführung des Plans nicht nach § 116 ausgesetzt ist, schon vor dem Eintritte der Rechtskraft vollstreckbar. Wird im Falle solcher Vollstreckung der Zuschlag später aufgehoben, so ist das Geleistete dem Ersteher zurückzugewähren.[8])

Im Falle der Bewilligung von Zahlungsfristen (§ 60) ist der Beginn der Vollstreckung vom Ablaufe der Fristen abhängig (§ 751 ZPO., Reinhard II S. 134).

In formeller Beziehung setzt die Zwangsvollstreckung die Zustellung des Zuschlagsbeschlusses und der nach § 132 Abs. 2 erteilten Vollstreckungsklausel, im Falle der Rechtsnachfolge auch der Urkunden, auf Grund deren die Vollstreckungsklausel erteilt wurde, voraus (§§ 727, 750 ZPO.; Wolff, Bem. 5, Jäckel S. 481; Fischer-Schäfer S. 455 halten §§ 799, 800 ZPO. für anwendbar). Eine Ausnahme gilt nur für die von dem Beteiligten, welchem eine Forderung gegen den Ersteher übertragen wurde, gegen diesen selbst betriebene Zwangsvollstreckung in das Grundstück (§ 133). Der Zustellung einer Urkunde über die (nach § 118 erfolgte) Übertragung der Forderung bedarf es auch im Falle der Rechtsnachfolge nicht. Im übrigen vollzieht sich die Zwangsvollstreckung aus dem Zuschlagsbeschluß, von § 133 abgesehen, nach den gewöhnlichen Regeln.

4. Vollstreckungstitel ist die Ausfertigung des Zuschlagsbeschlusses, welche vom Gerichtsschreiber mit der Vollstreckungsklausel (§ 725 ZPO., GSchrGeschA. vom 30. Dezember 1901 §§ 49, 52) zu versehen ist. Liegt auf Seiten des Gläubigers oder Schuldners eine Rechtsnachfolge vor, so kann die Vollstreckungsklausel nur auf Grund richterlicher Anordnung erteilt werden (§§ 727, 730 ZPO.). Eine Ausnahme bildet nur die Übertragung der Forderung des Subhastaten an den Beteiligten, da diese Rechtsnachfolge bereits auf richterlicher Anordnung beruht (§ 118; Jäckel S. 480, Reinhard II S. 137; vgl. GSchrGeschA. a. a. O.). Der Singularsuccessor hinsichtlich des Grundstücks des Erstehers haftet nur mit diesem und den von der Hypothek erfaßten Gegenständen, was zweckmäßig in der Klausel erwähnt wird (Kretzschmar S. 222, Jäckel S. 481).

In der Vollstreckungsklausel ist weiterhin der Berechtigte und der Betrag der übertragenen Forderung, im Falle der Rechtsnachfolge auch die sie begründenden Urkunden und die Anordnung des Gerichts zu erwähnen; dagegen bedarf es der Ausfertigung der im Verteilungsprotokoll enthaltenen Übertragung nicht.

5. Dem Zuschlagsbeschluß kommt trotz seiner Vollstreckbarkeit **keine materielle Rechtskraft** zu, vermöge deren es den Parteien verwehrt wäre, über den übertragenen Anspruch nochmalige richterliche Entscheidung zu verlangen (Rechtspr. d. OLG. II S. 332). Über **Einwendungen** gegen die Zwangsvollstreckung, die den Anspruch betreffen, siehe §§ 767, 769, 797 ZPO.; Einwendungen gegen die Klausel sind nach § 732 ZPO. beim Subhastationsgerichte zu erheben (Fischer-Schäfer S. 452, Jäckel S. 481).

6. Ausgeschlossen ist die Zwangsvollstreckung aus dem Zuschlagsbeschlusse hinsichtlich des nach §§ 50, 51 mehr zu zahlenden Betrags, einmal weil meist die Übertragung der Forderung nach § 125 eine bedingte sein wird, sodann weil der Ersteher

---

[8]) Ob der Gläubiger dem Ersteher auch den durch die Vollstreckung erlittenen Schaden zu ersetzen hat, bemißt sich nach § 823 BGB. (§ 717 Abs. 2 ZPO. ist nicht anwendbar, Gaupp-Stein Bem. V, Petersen-Anger Bem. 1, Wolff Note 2; a. M. Reinhard II S. 135). Wolff a. a. O. weist mit Recht darauf hin, daß ein Schadensersatzanspruch möglicherweise durch das konkurrierende Verschulden des Erstehers (Nichtzahlung) ausgeschlossen wird (§§ 254, 846 BGB.). — Der Schadensersatzanspruch kann nur im Prozeßwege verfolgt werden (Jäckel S. 479).

nicht durch den (von ihm vielleicht nicht vorausgesehenen) Wegfall eines im Mindestgebote berücksichtigten Rechtes der Gefahr alsbaldiger Zwangsvollstreckung ausgesetzt werden soll. Die Geltendmachung des nach § 125 übertragenen Anspruchs hat im Prozeßwege zu erfolgen (Jäckel S. 480).

§ 133.

Die Zwangsvollstreckung in das Grundstück ist gegen den Ersteher ohne Zustellung des vollstreckbaren Titels oder der nach § 132 ertheilten Vollstreckungsklausel zulässig; sie kann erfolgen, auch wenn der Ersteher noch nicht als Eigenthümer eingetragen ist. Der Vorlegung des im § 17 Abs. 2 bezeichneten Zeugnisses bedarf es nicht, solange das Grundbuchamt noch nicht um die Eintragung ersucht ist.

E. I § 179; M. 314; D. 59; KBer. —.

Die Zwangsvollstreckung in das versteigerte Grundstück.

1. Allgemeines. Vgl. § 132 Bem. 1. — § 133 findet keine Anwendung auf die von einem Dritten (Nichtbeteiligten) gegen den Ersteher zu betreibende Zwangsvollstreckung.

2. Die **Zwangsvollstreckung in das Grundstück** der §§ 132, 133 (Wiederversteigerung und Zwangsverwaltung), mag sie auf Grund des persönlichen oder dinglichen Anspruchs aus dem Bargebot erfolgen (§ 132 Bem. 2 und 3), ist ein neues selbständiges Verfahren gegen den Ersteher oder seine Nachfolger im Eigentume des Grundstücks (§ 17); nicht, wie die Wiederversteigerung der Art. 87 ff. BaySO., eine Fortsetzung des Verfahrens gegen den Subhastaten (daher neue Aktenbildung!).

Die Anordnung der Wiederversteigerung (Zwangsverwaltung) setzt einen Antrag voraus, welchem die vollstreckbare Ausfertigung des Zuschlagsbeschlusses, in der Regel auch ein Zeugnis des Grundbuchamtes und der Nachweis der erfolgten Zustellung des Vollstreckungstitels (Ausnahme siehe Bem. 4) beigefügt sein muß. Die Vollmacht im Verfahren gegen den Subhastaten genügt nicht in dem Verfahren gegen den Ersteher (Wolff Bem. 1). Eine zeitliche Grenze für die Zulässigkeit des Antrags besteht nicht mehr (anders Art. 87 BaySO.).

Antragsberechtigt sind diejenigen bei der ersten Versteigerung Beteiligten, welchen eine Forderung gegen den Ersteher übertragen wurde, also auch der Subhastat wegen eines etwaigen Überschusses, sowie ihre Rechtsnachfolger; ferner die Staatskasse wegen der Kosten; diejenigen, welche eine Forderung nur unter den Zahlungsfristen des § 60 übertragen erhielten (§ 118 Bem. 2, § 132 Bem. 3, Reinhard II S. 139); sowie diejenigen, welchen nur die Forderung gegen den Dritten des § 61 übertragen wurde, wenn hierwegen auf dem versteigerten Grundstück eine Sicherungshypothek eingetragen ist (§ 134). — Beteiligte, deren Rechte bestehen blieben (auch nach § 91 Abs. 2), können wegen der nach dem Verteilungstermine fällig werdenden Forderungen hieraus nur auf Grund besonderen Vollstreckungstitels die Versteigerung beantragen (Jäckel S. 482; Fischer-Schäfer S. 457). Ausgeschlossen ist die Zwangsvollstreckung aus dem Zuschlagsbeschlusse ferner für die nach §§ 50, 51 zu zahlende Erhöhung des Bargebots (§ 132 Abs. 1 Satz 2); auch hierzu bedarf es eines anderen Vollstreckungstitels (Fischer-Schäfer a. a. O.).

Beitrittsberechtigt sind auch solche, welche einen anderen Vollstreckungstitel gegen den Ersteher haben; diese aber erst, wenn der Ersteher im Grundbuch als Eigentümer eingetragen ist (Reinhard II S. 139).

Vollstreckungsschuldner ist der Ersteher oder der spätere Eigentümer des Grundstücks. Ihm gebührt der etwaige Mehrerlös bei der Wiederversteigerung; ersterer haftet auch persönlich auf Grund seines Gebotes und der Übertragung für den Mindererlös; der ursprüngliche Subhastat ist aus dem Verfahren ausgeschieden (Jäckel S. 482). Auf Grund des Antrags ergeht ein neuer Versteigerungsbeschluß, es erfolgt die Eintragung eines neuen Versteigerungsvermerks (auch wenn der alte noch nicht gelöscht und der Ersteher noch nicht eingetragen ist, arg. § 22, vgl. unten Bem. 4) und die Mitteilung einer neuen beglaubigten Abschrift des Grundbuchblatts (ein Eigentumswechsel der §§ 23, 26 kann erst nach der Besitztitelberichtigung in Frage kommen, § 130 Abs. 3).

Auch das Verfahren vor dem Versteigerungsbeamten ist ein selbstständiges; über das Mindestgebot siehe §§ 128 Abs. 4, 129. Für das Rangverhältnis ist vor Grundbuchberichtigung des § 130 der Teilungsplan maßgebend; die nach Eintragung des neuen Versteigerungsvermerks nach § 130 zur Eintragung gelangenden Sicherungshypotheken sind daher nicht als dem, die Wiederversteigerung betreibenden Teil gegenüber unwirksam (§ 23) zu behandeln; vielmehr ist die Sachlage so anzusehen, als ob der neue Versteigerungsvermerk erst unmittelbar nach dem Ersuchen des § 130 vollzogen worden wäre (Fischer-Schäfer S. 456, 457; v. d. Pfordten S. 408). Als Beteiligte scheiden diejenigen aus, deren Rechte durch den Zuschlag erloschen und nach § 130 gelöscht sind, soweit sie nicht eine Sicherungshypothek erlangt haben; das gleiche gilt vom Subhastaten[1]). Endlich sind auch die Kosten des Wiederversteigerungsverfahrens selbständige (Jäckel S. 484); die rückständigen Kosten des alten Verfahrens behalten den ihnen auf Grund ihrer Sicherungshypothek zukommenden Rang (§§ 118, 128 Abs. 4).

3. Besondere Wirkungen der Wiederversteigerung ergeben sich aus §§ 118 Abs. 2, 128 Abs. 4, 129.

4. Die **Zwangsvollstreckung in das Grundstück ist gegenüber dem Ersteher erleichtert** dadurch, daß die Zustellung (nicht bloß die vorgängige) des Zuschlagsbeschlusses und der Vollstreckungsklausel denjenigen erlassen ist, welchen die Forderung gegen den Ersteher übertragen wurde[2]). Diese bedürfen auch nicht der Vorlage des Zeugnisses des Grundbuchamtes nach § 17 Abs. 2, solange das Ersuchen nach § 130 nicht ergangen ist. Endlich können sie den Wiederversteigerungsantrag auch stellen, wenn der Ersteher noch nicht im Grundbuch als Eigentümer eingetragen ist (vgl. Bem. 6).

Diese Erleichterungen gelten auch gegenüber dem Universalsuccessor des Erstehers; sie kommen in Wegfall, sobald ein Singularsuccessor des Erstehers im Grundbuch als Eigentümer eingetragen ist.

5. Die **Aufhebung des Zuschlags** (welche auch nach Ausführung der Verteilung und nach Besitztitelberichtigung möglich ist, vgl. § 90) hat die Aufhebung eines vor Eintritt der Rechtskraft desselben angeordneten Wiederversteigerungsverfahrens zur Folge (§§ 775, 776 ZPO.; Wolff Bem. 1, Fischer-Schäfer S. 457).

---

[1]) Diese sind aber, soweit sie Anspruch auf eine Sicherungshypothek hätten, ohne Anmeldung als Beteiligte zu erachten, auch wenn die Berichtigung des Grundbuchs nach § 130 noch nicht beantragt ist (Reinhard II S. 139). Im übrigen bedarf es neuerlicher Anmeldung, Zustellung, Bestellung von Zustellungsvertretern (Jäckel S. 484).

[2]) Also nicht denjenigen, deren Rechte bestehen blieben (siehe oben Bem. 2); aber auch nicht dem Dritten des § 61 für seine Forderung gegen den Ersteher (welche mit der Eintragung der Sicherungshypothek gegen diesen vollstreckbar ist), da § 133 nicht im Falle des § 134 Satz 2, 3 für anwendbar erklärt ist; ebensowenig den Rechtsnachfolgern des Gläubigers.

6. Die Nichtzahlung der Besitzveränderungsgebühren seitens des Erstehers ist auf das Verfahren ohne Einfluß und hindert nur die Eintragung des Erstehers als Eigentümers (Art. 289 BayGebGes.). Diese Gebühren können gegen den Ersteher nicht auf Grund Zuschlagsbeschlusses (anders Gerichts- und Notarskosten für das Verfahren) beigetrieben werden.

§ 134.

Im Falle des § 61 tritt für das Vertheilungsverfahren an die Stelle der Forderung gegen den Ersteher die Forderung gegen den für zahlungspflichtig erklärten Dritten. Wird von dem Dritten die ihm obliegende Zahlung im Vertheilungstermine bewirkt, so ist für seine Forderung gegen den Ersteher eine Sicherungshypothek an dem versteigerten Grundstück einzutragen. Auf die Hypothek finden die Vorschriften des § 128 Abs. 3 Satz 1, des § 130 Abs. 1 und des § 132 entsprechende Anwendung.

E. I § 180; M. 314, 315; D. 59; KBer. 47.

Behandlung der Forderung gegen den zahlungspflichtigen Dritten und dessen Forderung gegen den Ersteher.

1. Vergl. §§ 60, 61 Bem. 1.

2. Verteilungsverfahren im Falle des § 61. Soweit bei einem Ausgebote mit und ohne Zahlungsfristen ein Dritter sich nach § 61 zur Zahlung im Verteilungstermin an Stelle des Erstehers verpflichtet hatte und demgemäß bei der Erteilung des Zuschlags für zahlungspflichtig erklärt worden war, *bildet* nicht die Forderung des Subhastaten gegen den Ersteher, sondern seine *Forderung gegen den Dritten* den *Versteigerungserlös* und den Gegenstand der Verteilung.

Das vom Dritten auf Grund seiner Verpflichtung im Verteilungstermine *Bezahlte* wird nach § 117 ebenso, wie das vom Ersteher Geleistete ausbezahlt bezw. hinterlegt. Dasselbe gilt von der seitens des Dritten geleisteten Sicherheit (§ 108). Soweit auf diese Weise der *Barerlös nicht beschafft* ist, erfolgt *Übertragung auf die Beteiligten* gemäß §§ 118—126 und zwar *gegen den Dritten*, soweit seine Verpflichtung geht, gegen den *Ersteher* bezüglich des nicht von dem Dritten zu leistenden Betrags (wobei jedoch zu beachten ist, daß der Dritte, falls er nicht Zahlung unter einem Abzug zu leisten versprochen und seine Zahlungspflicht nicht auf den das Mindestgebot übersteigenden Teil des Bargebots beschränkt hat, für die *ganze* sonst dem Ersteher obliegende Zahlungsverpflichtung aufzukommen hat).

Beispiel: Der bar zu zahlende Teil des Mindestgebots betrug 500 Mk. (nämlich 200 Mk. Kosten und 300 Mk. Zinsen der stehen bleibenden Post X); das Meistgebot des A betrug 2500 Mk., welchem für 2000 Mk. nach § 60 eine 6 monatliche Zahlungsfrist bewilligt wurde. Gemäß § 61 verspricht B hinsichtlich des befristeten Bargebots Zahlung im Verteilungstermine, macht aber einen Abzug von 200 Mk. Da ohne Zahlungsfristen zusammen nur 2200 Mk. geboten werden und B 1000 Mk. Sicherheit leistet, erhält A den Zuschlag und wird B bezüglich 1800 Mk. für zahlungspflichtig erklärt. Im Verteilungstermine zahlt weder A noch B, so daß die versilberte Kaution zu etwa 1010 Mk. an den betreibenden Teil[1]) ausbezahlt wird und sodann über-

[1]) Der Barerlös der Sicherheit kommt hier nicht, wie sonst, zunächst den Forderungen besseren Rangs zugute, weil von A nicht Sicherheit verlangt wurde, die des B aber nur zur Deckung des das Mindestgebot übersteigenden und von ihm zu zahlenden Teils des Bargebots dient.

tragen werden: 200 Mk. der Staatskasse, 300 Mk. dem X gegen Ersteher A, dagegen 790 Mk. dem betreibenden Teil gegen den Dritten B. Die Forderung gegen den Ersteher zu 1800 Mk. + 200 Mk. steht dem Dritten zu.

Die Wirkungen der Übertragung gegen den Dritten sind dieselben, wie diejenigen der Übertragung gegen den Ersteher. Insbesondere gelten also die Beteiligten durch die ihnen übertragene Forderung gegen den Dritten nach Maßgabe des § 118 Abs. 2 als aus dem Grundstück befriedigt.[2])

3. Sicherungshypothek

a) der Gläubiger. Für die gegen den Dritten übertragene Forderung ist eine Sicherungshypothek auf dem versteigerten und dem Ersteher zugeschlagenen Grundstück einzutragen (bestr.). Daß dieser Hypothek nicht eine Forderung gegen den Ersteher zu Grunde liegt, hängt eben mit § 134 Satz 1 zusammen.[3])

b) des Dritten. Soweit der Dritte für zahlungspflichtig erklärt wurde, steht ihm die Forderung gegen den Ersteher zu (§ 61 Abs. 3 Satz 2). Zum Schutze derselben wird aber eine Sicherungshypothek auf dem Versteigerungsobjekte nur eingetragen, wenn der Dritte im Verteilungstermine seiner Zahlungsverbindlichkeit (vollständig) nachgekommen ist (da sonst doppelte Sicherungshypotheken entstünden). Erfüllt er diese Pflicht nur teilweise oder nicht rechtzeitig, so hat er auf die Sicherungshypothek keinen Anspruch.

Für die Entstehung und Eintragung der Sicherungshypotheken gelten die §§ 128 Abs. 3 Satz 1 und 130 Abs. 1; die Anwendbarkeit der übrigen Bestimmungen der §§ 128, 130 über die Sicherungshypothek ist ausgeschlossen. Bei der Sicherungshypothek des Dritten sind die Zahlungsfristen mit einzutragen; ferner ist ersichtlich zu machen, daß die Eintragung auf Grund eines Zwangsversteigerungsverfahrens erfolgt (Wolff Bem. 3, Jäckel S. 488).

4. Zwangsvollstreckung:

a) Der Berechtigten gegen den Dritten und den Ersteher. Nach Ausführung des Teilungsplans (Übertragung der Forderung gegen den säumigen Dritten) kann auf Grund des Zuschlagsbeschlusses (§ 132 Abs. 2, GSchrGeschA. vom 30. XII. 01 § 51) die Zwangsvollstreckung zu Gunsten des persönlichen Anspruchs in das gesamte Vermögen des Dritten und seiner Universalrechtsnachfolger, nach Eintragung der Sicherungshypothek der Berechtigten aber auch zu Gunsten des dinglichen Anspruchs in das Grundstück des Erstehers und der späteren Eigentümer desselben betrieben werden. Die Geltendmachung des dinglichen Anspruchs ist also von der Besitztitelberichtigung (§ 130) abhängig. Dagegen bedarf es für die Gläubiger in der Richtung gegen den Ersteher als Eigentümer nicht der Zustellung des Vollstreckungstitels (§ 133 mit § 134 Satz 1).

Wenn man annimmt, daß der Dritte nach § 61 Sicherheit in voller Höhe zu leisten hat, so entfällt natürlich insoweit auch die Notwendigkeit der Zwangsvollstreckung zu Gunsten der Berechtigten.

---

[2]) Ein Verzicht auf die Rechte aus der Übertragung gegen den Dritten ist auch diesem mitzuteilen (Jäckel S. 486, Reinhard II S. 142).

[3]) Die Gläubiger würden, wie Jäckel a. a. O. betont, ihre Hypothek verlieren, ohne dafür den vom Gesetz mittelst der Sicherungshypothek geschaffenen dinglichen Ersatz zu erlangen. Die Sicherheit des Dritten nach § 61 bietet diesen Ersatz nicht, wie Wolff Note 1 meint, da sie nicht in voller Höhe seiner Verpflichtung zu leisten ist. Ist sie aber in voller Höhe geleistet worden, so entfällt wegen § 107 Abs. 3, § 108 überhaupt die Notwendigkeit einer Sicherungshypothek der Gläubiger (vgl. § 61 Bem. 4; Jäckel S. 486, 487, Fischer-Schäfer S. 459).

b) Des Dritten gegen den Ersteher. Eine Übertragung der Forderung gegen den Ersteher auf den Dritten findet nicht statt; sie geht auf ihn mit dem Zuschlag nach § 61 Abs. 3, also kraft Gesetzes, über. Eine Zwangsvollstreckung auf Grund des Zuschlagsbeschlusses ist aber nur in das Grundstück des Erstehers und späteren Eigentümers aus der Sicherungshypothek zulässig,[4]) während die persönliche Forderung des Dritten gegen den Ersteher im Prozeßwege zu verfolgen ist[5]).

Die Forderung des Dritten kann selbstverständlich erst nach Ablauf der dem Ersteher gewährten Zahlungsfristen geltend gemacht werden (§ 751 ZPO., Jäckel S. 488).

§ 135.

Ist für einen zugetheilten Betrag die Person des Berechtigten unbekannt, so hat das Vollstreckungsgericht zur Ermittelung des Berechtigten einen Vertreter zu bestellen. Die Vorschriften des § 7 Abs. 2 finden entsprechende Anwendung. Die Auslagen und Gebühren des Vertreters sind aus dem zugetheilten Betrage vorweg zu entnehmen.

E. I § 182; M. 315, 316; D. 60, 61; KBer. —.

Ermittlung eines unbekannten Berechtigten.

1. Bisheriges Recht. Die BayGO. entbehrte besonderer Vorschriften über den Abschluß des Verfahrens im Falle der Ungewißheit eines Berechtigten; diesfalls war der auf diesen entfallende Betrag zu hinterlegen (vgl. Art. 121 Abs. 4 GO.). Das neue Recht bedurfte einer besonderen Regelung dieses Falles besonders mit Rücksicht auf das Institut der Übertragung der Forderung gegen den Ersteher und die damit zusammenhängende Möglichkeit der Besitztitelberichtigung trotz Nichtzahlung des Strichschillings.

2. Vertretung eines unbekannten Berechtigten. Die Ausführung des Teilungsplans bezüglich des einem unbekannten Berechtigten zugeteilten Betrages nach § 126 Abs. 2 ist nur eine vorläufige. Zur Ermöglichung der definitiven Ausführung (Auszahlung bezw. definitive Übertragung an den Ermittelten oder den Eventualberechtigten) ist zunächst von Amts wegen ein Vertreter für den Unbekannten zu bestellen (als welcher auch der Zustellungsvertreter des § 7 ernannt werden kann) und sodann nach §§ 137 ff. zu verfahren.

Nicht erforderlich ist die Bestellung, wenn ein allgemeiner Vertreter, z. B. Nachlaßpfleger (vgl. §§ 1912, 1913, 1960, 1971, 1975, 1984 BGB.) vorhanden ist. Im Falle des Widerspruchs gegen das bestehen bleibende Recht eines Unbekannten (§§ 50, 51, 125) finden die §§ 135 ff. gleichfalls keine Anwendung; der Streit um dieses Recht, bezw. um die an seine Stelle getretene Ersatzsumme vollzieht sich außerhalb

[4]) § 133 ist hierbei nicht für anwendbar erklärt, weshalb besonders Zustellung des Vollstreckungstitels notwendig ist (anders Bem. 4 a).

[5]) Denn § 132 ist nur auf die „Hypothek" des Dritten anwendbar. Während der Entwurf I die Vollstreckbarkeit der Forderung des Dritten gegen den Ersteher ablehnte, wollte die Reichstagskommission nur die Sicherstellung seiner Forderung einführen. Wenn sie überdies diese Sicherstellung durch Hypothek ausdrücklich von der vollständigen Erfüllung der Zahlungspflicht des Dritten im Termin abhängig machte, so ist nicht anzunehmen, daß die Vollstreckung der persönlichen Forderung des Dritten gegen den Ersteher ohne Rücksicht auf Zahlung oder Nichtzahlung seitens des Dritten zugelassen werden wollte. (So Reinhard I S. 329, II S. 144, Fischer-Schäfer S. 287, 459; nun auch Jäckel S. 487; a. M. Wolff § 134 Bem. 3).

des Verfahrens (bestritten; ebenso, ob der Eventualberechtigte das entgegenstehende Recht im Wege der §§ 984 Abs. 2, 988 ZPO., oder des § 1913 BGB. beseitigen kann, vgl. Jäckel S. 489, Wolff Bem. 1 § 135, Fischer-Schäfer S. 462, v. d. Pfordten S. 413).

3. **Rechtsstellung des Vertreters.** Er ist nur zur Ermittlung und Benachrichtigung des unbekannten Berechtigten befugt und verpflichtet. Im Falle der Nichtvorlage des Hypotheken- (Grundschuld-, Rentenschuld-)Briefes hat er sich um Beischaffung desselben zu kümmern. Im weiteren Verfahren ist er zwar zuzuziehen (§§ 139, 140 Abs. 4, 141), aber nicht berechtigt, Gelder in Empfang zu nehmen oder die Kraftloserklärung von Urkunden oder die Ausschließung des Unbekannten zu beantragen (Jäckel S. 490, Fischer-Schäfer S. 462; abw. Denkschr. 61).

Der Vertreter steht unter der Aufsicht des Vollstreckungsgerichts.

Seine Gebühren und Auslagen, welche glaubhaft zu machen und vom Vollstreckungsgerichte festzusetzen sind, werden aus dem zugeteilten Betrage vorweg genommen, also im Falle der Hinterlegung an ihn ausgezahlt, im Falle der Übertragung aber auf ihn im Vorrange vor dem Reste übertragen. Ein besonderer Termin ist hierzu nicht erforderlich. Festsetzungs- und Übertragungsbeschluß sind dem Vertreter und Vertretenen (nötigenfalls im Wege der öffentlichen Zustellung), der Übertragungsbeschluß auch dem Ersteher zuzustellen. Es findet hiergegen sofortige Beschwerde statt, die, wenn der Unbekannte mit seinem Rechte ausgeschlossen ist, auch dem Eventualberechtigten zusteht (vgl. Jäckel S. 491, Fischer-Schäfer S. 463).

Auf Grund der Übertragung auf den Vertreter ist die Umschreibung der Sicherungshypothek zu dem ihm überwiesenen Betrage im Vorrange vor dem Reste herbeizuführen.

Er kann den festgesetzten Betrag gegen den Vertretenen auf Grund des Kostenfestsetzungsbeschlusses (§ 7 Abs. 2), gegen den Ersteher und seine Universalrechtsnachfolger nach der Übertragung und gegen Ersteher und späteren Eigentümer nach der Umschreibung der Sicherungshypothek durch Vollstreckung in das Grundstück selbst auf Grund des Zuschlagsbeschlusses (§§ 132, 133) beitreiben (Jäckel S. 490, 491; Reinhard II S. 146, 147).

4. Die Vertretung **endigt**, wenn der Vertretene nicht ermittelt wurde, nicht schon infolge der einem Eventualberechtigten erteilten Ermächtigung nach § 138; die Ermittlungstätigkeit ist vielmehr bis zur Erlassung des Ausschlußurteils fortzusetzen (Jäckel S. 496). Verbleibt nach Deckung des Anspruchs des Eventualberechtigten, der das Aufgebot betrieben hat, noch ein Überschuß, so ist sogar die Fortsetzung der Ermittlungen nach Erlassung des Ausschlußurteils zweckmäßig (vgl. § 141 Bem. 2).

§ 136.

Ist der Nachweis des Berechtigten von der Beibringung des Briefes über eine Hypothek, Grundschuld oder Rentenschuld abhängig, so kann der Brief im Wege des Aufgebotsverfahrens auch dann für kraftlos erklärt werden, wenn das Recht bereits gelöscht ist.

E. I § 183 Abs. 1 Satz 2; M. 317; D. 61; KBer. —.

1. **Vgl.** § 135 Bem. 1.

2. Zur Herbeiführung der **Kraftloserklärung von Hypotheken-** (Grundschuld-, Rentenschuld-) **Briefen** (§§ 1162, 1192, 1200 BGB.) ist der nach §§ 126, 135 bestellte Vertreter nicht legitimiert. Dies ist Sache des Gläubigers selbst, der den Brief

nicht vorzulegen vermochte. Der Antrag ist an das Prozeßgericht zu stellen; für das Verfahren sind die §§ 1003 ff. ZPO. mit Art. 30, 31 BayAG. z. ZPO., nicht §§ 138 ff. ZVG. (mit Art. 33 BayAG. z. ZVG.) maßgebend (Becher Mat. VI S. 31, 32; 88, 145, 146). § 136 bestimmt nur, daß dem Aufgebote des Gläubigers und der Kraftloserklärung des Briefes der Umstand nicht entgegenstehen soll, daß das Recht im Grundbuch nach §§ 91, 130, 131 bereits gelöscht ist. Daher bleibt auch die in § 1005 Abs. 2 ZPO. statuierte ausschließliche Zuständigkeit des Gerichts der belegenen Sache bestehen (Fischer-Schäfer S. 464).

Das Ausschlußurteil ersetzt die Vorlage des Briefes (§ 1018 Abs. 1 ZPO.). Die weitere Ausführung des Plans erfolgt entweder nach § 137 oder 139.

Neben dem vom Gläubiger betriebenen Aufgebotsverfahren kann das vom Eventualberechtigten nach §§ 138, 140 eingeleitete einhergehen (Wolff Bem. 2, Fischer-Schäfer S. 468; bestr.).

§ 137.

Wird der Berechtigte nachträglich ermittelt, so ist der Theilungsplan weiter auszuführen.

Liegt ein Widerspruch gegen den Anspruch vor, so ist derjenige, welcher den Widerspruch erhoben hat, von der Ermittelung des Berechtigten zu benachrichtigen. Die im § 878 der Civilprozeßordnung bestimmte Frist zur Erhebung der Klage beginnt mit der Zustellung der Benachrichtigung.

E. I § 183 Abs. 1 Satz 1, Abs. 2; M. 317; D. 60, 61; KBer. —.

Planausführung im Falle der Ermittlung des Berechtigten.

1. Vgl. § 135 Bem. 1.

2. Ermittlung vor Erteilung der Ermächtigung nach § 138. Ob der Berechtigte ermittelt ist, sei es, daß er sich selbst als solcher ausweist oder daß seine Legitimation von dem nach § 135 bestellten Vertreter geführt wird, entscheidet das Vollstreckungsgericht, nötigenfalls nach Anhörung der Beteiligten (des Berechtigten, Vertreters, Eventualberechtigten und Schuldners; vgl. § 139). In der Regel wird sich an die Entscheidung sofort die weitere Planausführung reihen; in zweifelhaften Fällen, besonders bei Ablehnung der weiteren Planausführung, ist Beschluß erforderlich. Gegen die Entscheidung steht dem Schuldner und dem Eventualberechtigten, wenn die Legitimation nicht als erbracht angesehen wird, auch dem angeblich Ermittelten (nicht dem Vertreter, Wolff Bem. 2, a. M. Jäckel S. 493) die sofortige Beschwerde offen (§ 793 ZPO.). Es kann aber auch jeder die Berechtigung im Klagewege feststellen lassen, wenn ihr die Anerkennung seitens der übrigen Beteiligten versagt wird (Jäckel a. a. O.).

3. Weitere Ausführung des Plans. Sie erfolgt, wenn ein begründeter Zweifel an der Legitimation des Ermittelten nicht mehr möglich ist, durch Auszahlung (Anweisung, § 117) bezw. durch definitive (unbedingte) Übertragung der Forderung gegen den Ersteher und dementsprechende Umschreibung der Sicherungshypothek (§§ 118, 128, 130) auf den Namen des ermittelten Berechtigten. Der Eventualberechtigte scheidet aus. Hierbei sind die Gerichtskosten und Ansprüche des Vertreters und deren Vorrang zu berücksichtigen (§§ 109, 135). Die hierwegen ergehenden Beschlüsse sind den Beteiligten (Bem. 2) von Amts wegen zuzustellen. Erfolgt die Planausführung ohne Beschluß, so ist wenigstens der Eventualberechtigte hiervon zu benachrichtigen (Jäckel S. 494).

Die Anberaumung eines Termins zur weiteren Ausführung und die Zustellung der Terminsbestimmung an die Beteiligten (Bem. 2) ist nicht vorgeschrieben, aber auch nicht ausgeschlossen, wenn eine Verhandlung mit ihnen sich als notwendig erweist (siehe § 139).

4. Falls **Widerspruch** gegen den Anspruch des unbekannten Berechtigten erhoben war (§ 115), kann die weitere Ausführung des Plans nicht schon nach Ermittlung desselben, sondern erst nach Erledigung des Widerspruchs erfolgen. Da die Widerspruchsklage erst nach Ermittlung des bisher Unbekannten erhoben werden kann, ist nach Abs. 2 der Widersprechende von der Ermittlung zu benachrichtigen (vgl. § 139 Abs. 2; im Falle der Abhaltung eines Termins enthält die Zustellung der Terminsbestimmung noch nicht jene Benachrichtigung). Wird innerhalb eines Monats von der Benachrichtigung an die Erhebung der Klage nachgewiesen, so bleibt die weitere Ausführung des Plans ausgesetzt, andernfalls gilt der Widerspruch für das Verteilungsverfahren als erledigt und wird nach § 137 Abs. 1 verfahren (Jäckel S. 494, Fischer-Schäfer S. 464, 465).

§ 138.

Wird der Berechtigte nicht vor dem Ablaufe von drei Monaten seit dem Vertheilungstermin ermittelt, so hat auf Antrag das Gericht den Betheiligten, welchem der Betrag anderweit zugetheilt ist, zu ermächtigen, das Aufgebotsverfahren zum Zwecke der Ausschließung des unbekannten Berechtigten von der Befriedigung aus dem zugetheilten Betrage zu beantragen.

Wird nach der Ertheilung der Ermächtigung der Berechtigte ermittelt, so hat das Gericht den Ermächtigten hiervon zu benachrichtigen. Mit der Benachrichtigung erlischt die Ermächtigung.

E. I §§ 184, 185 Abs. 2; M. 317–319; D. 60, 61; KBer. —.

Ermächtigung zum Aufgebot; Ermittlung des Berechtigten nach der Ermächtigung.

1. Vgl. § 135 Bem. 1.

2. Zulässigkeit des Aufgebots bei Nichtermittlung des Berechtigten. Im Interesse des Eventualberechtigten des § 126 ist die Ausschließung des unbekannten Berechtigten im Wege des öffentlichen Aufgebots erleichtert. Voraussetzung ist die Ermächtigung des Eventualberechtigten hierzu seitens des Vollstreckungsgerichts, welche nur auf Antrag und nicht vor Ablauf von 3 Monaten seit dem Verteilungstermine erteilt werden darf. Antragsberechtigt ist nur der Eventualberechtigte, nicht der dem Unbekannten nach § 135 bestellte Vertreter. Wird der Antrag nicht gestellt, so verbleibt es bei der Hinterlegung bezw. bedingten Übertragung und Sicherungshypothek (vgl. § 142). Jäckel S. 495.

3. Die **Ermächtigung** erfolgt durch Beschluß, welcher dem Antragsteller, dem Vertreter des § 135 und etwaigen anderen Prätendenten zuzustellen ist (§ 329 Abs. 3 ZPO., §§ 4 ff. Ges.); den letzteren (nicht dem Vertreter) steht im Falle der Erteilung, dem ersteren im Falle der Abweisung des Antrags die sofortige Beschwerde zu (§ 793 ZPO.). Die Ermächtigung kann nicht deshalb versagt werden, weil die Ermittlung des Unbekannten noch mit Wahrscheinlichkeit zu erwarten ist; insbesondere auch dann nicht, wenn der unbekannte Berechtigte bloß die Kraftloserklärung des Briefes nach § 136 herbeizuführen hat und dies bei Fristablauf noch nicht geschehen ist (Fischer-

Schäfer S. 468; bestr.). Die Ermächtigung legitimiert den Eventualberechtigten zur Beantragung des Aufgebots (§ 140).

4. Von **mehreren Eventualberechtigten** ist jeder für sich antragsberechtigt; die Ermächtigung ist jedem einzelnen zu erteilen, und zwar hinsichtlich des ganzen Betrages der Forderung des Unbekannten. Die Ausschließung wirkt aber nur für denjenigen, der sie betrieben hat, und nur soweit er Befriedigung aus der Eventualzuteilung beanspruchen kann. Mehrere Anträge sind tunlichst in einem und demselben Aufgebotsverfahren zu erledigen (Jäckel S. 496, Reinhard II S. 156, 157; teilw. abw. Wolff Bem. 4).

5. Für die Erteilung der Ermächtigung ist keine besondere **Gerichtsgebühr** zu erheben (§ 44 GKG.); sie wird vielmehr durch die allgemeine Verfahrensgebühr (Art. 9 BayGebGes.) mit vergütet. Ebenso wird die Tätigkeit des Rechtsanwalts zur Erlangung der Ermächtigung durch die Gebühr für das Aufgebotsverfahren (§ 40 RRAGO.) entschädigt.

6. Ermittlung des Berechtigten nach Erteilung der Ermächtigung. Mit der Erteilung der Ermächtigung des § 137 hört die Ermittlungstätigkeit des Vertreters nicht auf. Der Unbekannte kann sich auch selbst legitimieren, insbesondere wenn er Urteil über die Kraftloserklärung des Briefes (§ 136) inzwischen erwirkt hat. Infolge der Ermittlung wird die Ermächtigung gegenstandslos; hiervon ist, nötigenfalls in Form eines Beschlusses, welcher die Ermittlung als erfolgt erklärt, der Eventualberechtigte unter Mitteilung der Person des Ermittelten zu benachrichtigen (§§ 4 ff.). Ersterem steht gegen den Beschluß die sofortige Beschwerde zu (Jäckel a. a. O.).

Mit der Benachrichtigung *erlischt die Ermächtigung*; ein etwa schon eingeleitetes, noch nicht bis zur Erlassung des Ausschlußurteils gediehenes Aufgebotsverfahren (§ 140) ist einzustellen. Zur weiteren Ausführung des Plans auf Grund der Ermittlung *kann*, falls erforderlich, ein Termin anberaumt werden (§ 139, vgl. § 137 Bem. 3, 4).

§ 139.

Das Gericht kann im Falle der nachträglichen Ermittelung des Berechtigten zur weiteren Ausführung des Theilungsplans einen Termin bestimmen. Die Terminsbestimmung ist dem Berechtigten und dessen Vertreter, dem Betheiligten, welchem der Betrag anderweit zugetheilt ist, und demjenigen zuzustellen, welcher zur Zeit des Zuschlags Eigenthümer des Grundstücks war.

Liegt ein Widerspruch gegen den Anspruch vor, so erfolgt die Zustellung der Terminsbestimmung auch an denjenigen, welcher den Widerspruch erhoben hat. Die im § 878 der Civilprozeßordnung bestimmte Frist zur Erhebung der Klage beginnt mit dem Termine.

E. I § 185 Abs. 1, 3; M. 318, 319; D. —; KBer. —.

Weitere Planausführung bei Ermittlung des Berechtigten nach erteilter Ermächtigung.

1. Vgl. § 135 Bem. 1.

2. Die **weitere Ausführung des Plans** im Falle der Ermittlung des Berechtigten **nach Erteilung der Ermächtigung** unterscheidet sich von derjenigen des § 137 nur dadurch, daß sie in der Regel einen besonderen Termin notwendig macht (z. B. wegen Bestreitung der vom Eventualberechtigten nach § 140 Abs. 6 liquidierten Kosten oder weil die Forderung in der Person des Ermittelten nicht anerkannt wird). Ob ein solcher Termin anzuberaumen ist, entscheidet das Vollstreckungsgericht nach freiem Ermessen (Jäckel S. 497). Verfährt es nach § 137, so steht den Beteiligten die sofortige Beschwerde gegen die hiernach ergehenden Beschlüsse offen (§ 793 ZPO.).

3. **Zweck des Termins** ist die weitere Ausführung des Teilungsplans, wozu eine nochmalige Prüfung der Legitimation des Ermittelten vorgenommen werden kann (wenn auch diese nicht durch Erhebung eines Widerspruchs im Termine, sondern nur durch sofortige Beschwerde nach § 793 ZPO. gegen den die Ermittlung feststellenden Beschluß angefochten werden kann, Reinhard II S. 158; a. M. Jäckel S. 497), sowie die Feststellung der Kosten des Vertreters und des Eventualberechtigten (§§ 135 Satz 3, 140 Abs. 6).

Widersprüche, die bereits im früheren Termin erhoben werden konnten, können nicht nachgeholt werden (Wolff Bem. 1, v. d. Pfordten S. 419 gegen Jäckel S. 498, Reinhard S. 159, 160; siehe auch Bem. 4).

Die Ausführung erfolgt im übrigen nach §§ 117 ff., 109, 135; 130, 137 Abs. 1.

4. **Zustellung** der Terminsbestimmung erfolgt an den Ermittelten, dessen Vertreter (§ 135), die Eventualberechtigten (auch an diejenigen, welche die Ermächtigung nicht nachgesucht haben), den letzten Eigentümer und diejenigen, welche im ersten Termine Widerspruch erhoben hatten (§ 115). War die Eventualzuteilung mangelhaft, so sind auch die ausgefallenen Gläubiger nochmals zuzuziehen (Jäckel S. 498), in welchem Falle zweifellos neue Widersprüche zugelassen werden müssen (a. M. Fischer-Schäfer S. 467). Vgl. im übrigen § 105. Die Frist zur Klageerhebung (§ 878 ZPO.) beginnt auch für diejenigen, welche im ersten Termine Widerspruch erhoben hatten, mit dem neuen Termin, nicht mit der Zustellung der Terminsbestimmung, auch wenn in derselben die Person des Ermittelten ihnen zur Kenntnis kommt (anders in dem Falle, wo die Planausführung ohne Termin, wie nach § 137 Abs. 2, erfolgt). Vgl. Jäckel a. a. O.

5. **Gebühren** für den weiteren Verteilungstermin, des Gerichts: Art. 13 BayGebGes., des Rechtsanwalts: Art. 5, 17, 18, 25, 28 RAGO. vom 26. III. 1902. (Der Rechtsanwalt, welcher einen Beteiligten schon im ersten Verteilungstermine vertreten hatte, erhält keine besondere Gebühr für den weiteren Termin.)

§ 140.

Für das Aufgebotsverfahren ist das Vollstreckungsgericht zuständig.

Der Antragsteller hat zur Begründung des Antrags die ihm bekannten Rechtsnachfolger desjenigen anzugeben, welcher als letzter Berechtigter ermittelt ist.

In dem Aufgebot ist der unbekannte Berechtigte aufzufordern, sein Recht spätestens im Aufgebotstermin anzumelden, widrigenfalls seine Ausschließung von der Befriedigung aus dem zugetheilten Betrag erfolgen werde.

Das Aufgebot ist demjenigen, welcher als letzter Berechtigter ermittelt ist, den angezeigten Rechtsnachfolgern sowie dem Vertreter des unbekannten Berechtigten zuzustellen.

Eine im Vollstreckungsverfahren erfolgte Anmeldung gilt auch für das Aufgebotsverfahren.

Der Antragsteller kann die Erstattung der Kosten des Verfahrens aus dem zugetheilten Betrage verlangen.

E. I § 186; M. 319, 320; D. 60, 61; KBer. —.

Aufgebotsverfahren.

1. Vgl. § 135 Bem. 1.

2. Das Aufgebotsverfahren vollzieht sich, soweit nicht § 140 (mit § 12 EG. und Art. 33 BayAG. z. ZVG.) Abweichungen bestimmen, nach den **Vorschriften der §§ 946 ff. ZPO.** Die sonstigen im ZVG. enthaltenen Vorschriften über das Verfahren des Vollstreckungsgerichts (z. B. über die Zustellungen §§ 4 ff.) finden keine Anwendung; ebensowenig die Vorschriften der ZPO. über die Zwangsvollstreckung (z. B. § 793). Das Vollstreckungsgericht ist hier Prozeßgericht.[1])

Zweck des Verfahrens ist die Ermittlung oder Ausschließung des unbekannten Berechtigten von der Befriedigung aus dem diesem im Plane zugeteilten Betrag.

Voraussetzung der Erlassung des öffentlichen Aufgebots ist außer der Ermächtigung des § 138 ein weiterer Antrag (§ 947 ZPO.). In demselben sind, soweit bekannt, die Rechtsnachfolger des letztbekannten Berechtigten anzugeben.

Die Entscheidung über den Antrag erfolgt im Falle der Abweisung durch Beschluß, welcher nach § 329 Abs. 3 ZPO. zuzustellen ist; gegen den abweisenden Bescheid steht dem Antragsteller einfache Beschwerde zu (§ 567 ff. ZPO.); ist der Antrag begründet, so wird das Aufgebot (§ 947 ZPO.) angeordnet. In das Aufgebot ist insbesondere die Aufforderung nach Abs. 3 aufzunehmen.

Das Aufgebot ist zuzustellen (Abs. 4) und durch Anheftung an die Gerichtstafel und einmalige Einrückung in das Amtsblatt des Gerichtes bekannt zu machen (§ 12 EG. und Art. 33 BayAG. z. ZVG.) Die Aufgebotsfrist ist die sechswöchentliche des § 950 ZPO. und beginnt mit der Einrückung in das Amtsblatt (Art. 33 BayAG.).

Im Aufgebotstermin ist auf Antrag (eventuell nach Beweiserhebung) das Ausschlußurteil zu erlassen (§ 952 ZPO.) oder der Antrag mit Beschluß abzuweisen. Gegen die Abweisung und die dem Ausschlußurteile beigefügten Beschränkungen und Vorbehalte findet sofortige Beschwerde statt (§ 952 Abs. 4 ZPO.). Das Urteil selbst kann nur im Wege der Klage angefochten werden (§§ 957, 958 ZPO.). Eine Zustellung findet nicht statt. Die Beschwerdefrist beginnt mit der Verkündung (§ 577 Abs. 2 ZPO.). Das Urteil kann öffentlich bekannt gemacht werden (§ 956 ZPO.). Die Anmeldungen, welche nicht vom Vertreter des § 135 ausgehen können, nur bis zur Erlassung des Urteils zulässig sind (§ 951 ZPO.) und als welche auch die im Vollstreckungsverfahren erfolgten berücksichtigt werden müssen (Abs. 5), können zur Abweisung des Antrags, zur Beschränkung des Ausschlußurteils oder zur Aussetzung des Aufgebotsverfahrens[2]) führen (§§ 952, 953 ZPO.). Soweit Rechte nicht vorbehalten wurden, ist durch das Ausschlußurteil das alleinige Recht des Eventualberechtigten festgestellt. Vgl. Reinhard II S. 164, 165; Jäckel S. 501.

3. Die **Kosten des Aufgebotsverfahrens** hat der Antragsteller zu tragen; er kann jedoch deren Erstattung aus dem zugeteilten (aufgebotenen) Betrage verlangen (Abs. 6), und zwar ohne Rücksicht darauf, ob ihm dieser infolge des Aufgebots zufällt

[1]) Für das Aufgebotsverfahren ist ein besonderer Akt zu bilden (§§ 75, 88 GSchrGeschA., JMBl. 1902 S. 59, 74). Mehrere Aufgebote sind zweckmäßig zu verbinden (§ 959 ZPO.)

[2]) Z. B. wenn der Erstberechtigte das Aufgebot nach § 136 betreibt (Fischer-Schäfer S. 468, 469).

oder nicht. Sein Erstattungsanspruch geht jedoch den Kosten der nachträglichen Verteilung (§ 109, Art. 13 BayGebGes.) und des Vertreters (§ 135 Satz 3) im Range nach (Reinhard II S. 164, Riedner S. 214).

4. Die **weitere Ausführung des Plans** erfolgt entweder nach § 139 oder § 141, je nachdem es zur Erlassung eines Ausschlußurteils gekommen ist oder nicht.

5. Gebühren im Aufgebotsverfahren, des Gerichts: § 44 GKG., des Rechtsanwalts: § 40 RRAGO.

§ 141.

Nach der Erlassung des Ausschlußurtheils hat das Gericht einen Termin zur weiteren Ausführung des Theilungsplans zu bestimmen. Die Terminsbestimmung ist dem Antragsteller und den Personen, welchen Rechte in dem Urtheile vorbehalten sind, dem Vertreter des unbekannten Berechtigten sowie demjenigen zuzustellen, welcher zur Zeit des Zuschlags Eigenthümer des Grundstücks war.

E. I 187; M. 320, 221; D. –; KBer. —.

Planausführung auf Grund Ausschlußurteils.

1. Vgl. § 135 Bem. 1.

2. Die weitere Ausführung des Plans hinsichtlich des aufgebotenen Betrags kann nach Erlassung des Ausschlußurteils **nur auf Grund eines neuen Termins** erfolgen. Die Anberaumung und Durchführung des letzteren erfolgt ohne Rücksicht auf die Möglichkeit der Anfechtung des Urteils nach § 957 ZPO. Die Planausführung könnte (von einem Widerspruch abgesehen) nur durch einstweilige Verfügung des Prozeßgerichts gehemmt werden. Wird das Urteil aber noch vor dem Termin aufgehoben, so ist dieser abzusetzen (Jäckel S 502).

Zustellung der Terminsbestimmung (nach §§ 4 ff.) erfolgt nur an die in § 141 bezeichneten Personen, insbesondere nicht an denjenigen, der nur im allgemeinen Verteilungstermin gegen die Forderung des Unbekannten Widerspruch erhoben hatte; denn diese Forderung ist durch das Urteil ausgeschlossen. — § 105 Abs. 4 kommt nicht mehr zur Anwendung.

3. Zum Zweck der Verteilung des aufgebotenen Betrags ist unter Umständen ein **weiterer Teilungsplan** (Ergänzung) im Termin anzufertigen. In denselben sind nämlich die Kosten der nachträglichen Verteilung (§§ 109, 139), die Ansprüche des Vertreters (§ 135 Satz 3), und des Antragstellers (auch, wegen § 104 Abs. 6, dessen Aufgebotskosten), nicht aber die vorbehaltenen Rechte einzustellen, wobei die bisher bedingte Zuteilung an den oder die Eventualberechtigten (soweit sie Aufgebot bewirkt haben) nun zu einer unbedingten wird (Fischer-Schäfer S. 472). Bleibt nach Deckung dieser Ansprüche noch ein Überschuß aus dem aufgebotenen Betrag, so bleibt dessen Schicksal in der Schwebe, bis sich weitere Eventualberechtigte (zuletzt der Eigentümer zur Zeit des Zuschlags) im Wege des Aufgebots desselben bemächtigen oder der Unbekannte ermittelt wird (vgl. § 138 Bem. 4, § 135 Bem. 3).

Über die Planergänzung wird gemäß § 115 verhandelt. Als Widerspruch (§ 124) ist auch der im Ausschlußurteil gemachte Vorbehalt anzusehen (§ 953 ZPO., § 115 Abs. 2 Ges.), wobei jedoch zu beachten ist, daß der Vorbehaltsberechtigte auf Verlangen gemäß § 9 Ziff. 2 sein Recht glaubhaft zu machen hat, widrigenfalls der Vorbehalt bei Planausführung unberücksichtigt bleibt (Mot. S. 321, Fischer-

Schäfer S. 472, Jäckel S. 503, vgl. § 114 Bem. 2b; bestr.). Im übrigen ist aber die Erhebung eines Widerspruches nur möglich, soweit dieser nicht schon im allgemeinen Verteilungstermin hätte erhoben werden können und sollen (vgl. § 139 Bem. 3). Rechtzeitige Klage (§ 878 ZPO.) hat speziell derjenige zu erheben, dessen Rechte vorbehalten wurden und im Termine nicht anerkannt werden. Unterläßt er dies, so erhält den Betrag bezw. die Forderung endgültig der Eventualberechtigte (Antragsteller), welchem der zugeteilte Betrag nur außerhalb des Verteilungsverfahrens, im Wege der Bereicherungsklage, entrissen werden könnte (vgl. § 115 Bem. 6).

4. Auf Grund der Verhandlung wird der **Plan ausgeführt** durch Auszahlung bezw. durch definitive Übertragung (§§ 117 ff.) und Umschreibung der Sicherungshypotheken (§§ 128, 130), um welche das Grundbuchamt zu ersuchen ist. Die definitive Ausführung des Plans ist auch hier, wie in § 126, soweit ein Betrag auf eine Briefhypothek (-grund-, -rentenschuld) zugeteilt wird, von Vorlage des Briefes und der in § 1155 BGB. bezeichneten Urkunden (von §§ 1159, 1160 Abs. 3 BGB. abgesehen) abhängig. Im Falle neuerlichen Widerspruchs (Bem. 3) ist weitere Eventualverteilung mit bedingter Hinterlegung bezw. Übertragung und bedingter Umschreibung der Sicherungshypotheken (§§ 124, 120) erforderlich (Jäckel S. 502, 503).

§ 142.

In den Fällen des § 117 Abs. 2 und der §§ 120, 121, 124, 126 erlöschen die Rechte auf den hinterlegten Betrag mit dem Ablaufe von dreißig Jahren, wenn nicht der Empfangsberechtigte sich vorher bei der Hinterlegungsstelle meldet; derjenige, welcher zur Zeit des Zuschlags Eigenthümer des Grundstücks war, ist zur Erhebung berechtigt. Die dreißigjährige Frist beginnt mit der Hinterlegung, in den Fällen der § 120, 121 mit dem Eintritte der Bedingung, unter welcher die Hinterlegung erfolgt ist.

E. I —; M. —; D. 61; KBer. —.

Erlöschen der Rechte auf hinterlegte Beträge.

1. Vgl. § 135 Bem. 1.

2. Die Vorschrift des § 142 ist im Anschluß an §§ 382, 1171 Abs. 3, 1269 BGB. aufgestellt worden. **Der nicht erhobene Betrag fällt** nach Ablauf von 30 Jahren nicht dem Ersteher, sondern demjenigen zu, welcher zur Zeit des Zuschlags **Eigentümer** des Grundstücks war; er wird also behandelt wie ein Überschuß aus dem Stricherlöse.

Die Frist (§§ 187, 188 BGB.) ist keine Notfrist, Wiedereinsetzung in den vorigen Stand gegen Ablauf derselben nicht zulässig (Jäckel S. 504). Die Frist beginnt in der Regel mit der Hinterlegung, in den Fällen der §§ 120, 121 mit dem Zeitpunkt, in welchem das Bezugsrecht unbedingt wird (Wolff Bem. 2, Fischer-Schäfer S. 473, 474).

Die Empfangsberechtigung ist von der Hinterlegungsstelle auf Grund der die Hinterlegung anordnenden Verfügung des Vollstreckungsgerichts zu prüfen; hierzu gehört, abgesehen von der Legitimation (§ 117 Abs. 2), z. B. der Nachweis, daß die Bedingung eingetreten oder ausgefallen ist (§ 120), daß das Bezugsrecht fortdauert (§ 121), daß der Empfänger Eigentümer zur Zeit des Zuschlags war und die Frist des § 142 abgelaufen ist.

In den Fällen der §§ 124, 126 (Hinterlegung wegen Widerspruchs und Unbekanntseins des Berechtigten) ist die Feststellung des Empfangsberechtigten Sache des Vollstreckungsgerichts (Jäckel S. 505).

Über das Verfahren der Hinterlegungsstelle bei der Herausgabe siehe Hinterlegungsordnung (JMBl. 1899 S. 1057 ff.) §§ 23, 25, 27 bezw. 49, 50 mit Art. 145 EG. z. BGB. und § 2 EG. z. ZVG.

3. Nach Ablauf von 31 Jahren erlischt auch der Anspruch des Subhastaten auf Herausgabe und verfällt der hinterlegte Betrag dem **Fiskus** bezw. der K. Bank; über Beginn dieser Frist, insbesondere in den Fällen der §§ 120, 121 siehe Hinterlegungsordnung §§ 34, 37 bezw. 52.

4. Die **Verjährung der Forderung** gegen den Ersteher (wenn dieser nicht gezahlt bezw. hinterlegt hat) bestimmt sich nach §§ 218 ff., 223 BGB., das **Aufgebot der Sicherungshypothek** nach §§ 1170, 1171, 1188 BGB., §§ 982—987 ZPO.

§ 143.

Die Vertheilung des Versteigerungserlöses durch das Gericht findet nicht statt, wenn dem Gerichte durch öffentliche oder öffentlich beglaubigte Urkunden nachgewiesen wird, daß sich die Betheiligten über die Vertheilung des Erlöses geeinigt haben.

E. I —; M. —; D. 61; KBer. 48.

Außergerichtliche Einigung über die Verteilung.

1. Bisheriges Recht. Die in §§ 143, 144 zugelassene Umgangnahme vom gerichtlichen Verteilungsverfahren, welche der I. Entwurf nicht kannte (Mot. 274, 275), ist dem bayrischen und mecklenburgischen Rechte nachgebildet. Zweck der §§ 143, 144 ist Beschleunigung des Verfahrens, Kostenersparung und Geschäftsvereinfachung. — Das in § 143 geregelte Verfahren unterscheidet sich von demjenigen des Art. 95 BayHO. dadurch, daß hier das Gericht die Verteilung nach Maßgabe der Übereinkunft vorzunehmen hatte (Ortenau-Henle S. 342), während nach § 143 das Gericht mit der Ausführung der Einigung nichts zu tun hat.

2. Die Anwendung des § 143 setzt die **Einigung** der Beteiligten über die Verteilung des Erlöses und ihren Nachweis voraus (Art. 95 BayHO. kannte noch einen weiteren Fall, in welchem von gerichtlicher Verteilung abzusehen war). Die Einigung muß den ganzen Erlös (einschließlich desjenigen nach § 65) umfassen, wie sich auch die gerichtliche Verteilung nur mit dem ganzen Strichschilling befassen kann (Jäckel S. 509). Eine Einigung über die Verteilung eines Teils des Erlöses könnte nur bei der gerichtlichen Verteilung berücksichtigt werden.

Gleichgültig ist aber, wie der Erlös verteilt wird; es können z. B. auch Nichtbeteiligte dabei berücksichtigt sein. Dagegen muß die Art und Weise der Verteilung dem Vollstreckungsgerichte mitgeteilt werden, da der Ersteher vom Gericht verlangen kann, daß ihm dieses eröffnet, wie er zu zahlen hat, und damit, wenn er nicht zahlt, vollstreckbare Ausfertigungen des Zuschlagsbeschlusses nach Maßgabe des Übereinkommens erteilt werden können. Erklären sich freilich alle Beteiligte als befriedigt, so braucht sich auch das Gericht um den Inhalt der Einigung nicht weiter zu kümmern (Jäckel S. 509). Der Nachweis ist in öffentlicher oder öffentlich beglaubigter Urkunde zu liefern; von wem, ist gleichgültig.[1])

---

[1]) Leidet der Nachweis an einem Mangel, so kann das Gericht eine Frist zur Beseitigung desselben setzen, bevor es das gerichtliche Verteilungsverfahren in die Wege leitet, vorausgesetzt, daß durch die Verzögerung niemand geschädigt wird.

3. Die Zahlungspflicht des Erstehers nach Zeit und Ort ist für den Fall des § 143 nicht bestimmt [2]). Ohne seine Zustimmung können jedoch die Beteiligten Zahlung nicht vor Ablauf der in § 105 Abs. 4 bezeichneten Frist (von dem Zeitpunkt an gerechnet, in welchem ihm das Übereinkommen mitgeteilt wurde) verlangen, also auch nicht eher mit Zwangsvollstreckung gemäß §§ 132, 133 vorgehen (Reinhard II S. 176).

4. Die Einigung muß von **sämtlichen Beteiligten** (§ 9) ausgehen, also insbesondere auch von denen, die einen Ausfall erleiden, und vom Schuldner, bezw. neu eingetretenen Eigentümer; auch die bis zur Vorlage der Übereinkunft eingegangenen Anmeldungen sind zu berücksichtigen (§§ 145, 105 Abs. 2 Satz 2, Jäckel S. 508). Nicht erforderlich ist die Zuziehung des Erstehers, zahlungspflichtigen Dritten nach § 61, Meistbietenden nach § 81, Mieters und Pächters, desjenigen, dessen Recht bestehen bleibt, falls er nichts aus dem Bargebote zu fordern hat (anders teilweise Art. 32 Nov. z. BayGO.); ebensowenig des etwaigen Mitverpflichteten eines Gläubigers (z. B. Bürgen), wohl aber des Mitberechtigten (z. B. Pfändungsgläubigers). Beteiligt ist auch die Gerichtskasse (Fiskus) [3]); bestritten ist, ob nicht der Nachweis der Zahlung der Kosten genügt.

Damit geprüft werden kann, ob eine gültige Einigung zustandegekommen, müssen die zur Legitimation dienenden Urkunden, z. B. Vollmachten, Erbscheine, Hypothekenbriefe samt den in § 1155 BGB. bezeichneten Urkunden (bei Briefhypotheken), in öffentlicher oder öffentlich beglaubigter Form beigefügt sein (Jäckel S. 509).

5. Verfahren. Auch in den Fällen der §§ 143, 144 vollzieht sich die Erledigung der Zwangsvollstreckung nicht ohne Mitwirkung des Gerichts. Das Verfahren ist jedoch wesentlich abgekürzt.

Es unterbleibt bei Vorlage des Nachweises der Einigung die Anberaumung eines Verteilungstermins; der anberaumte wird unter Einstellung des gerichtlichen Verteilungsverfahrens abgesetzt (was den Beteiligten durch Zustellung bekannt zu geben ist). Denn da der Termin nur zur gerichtlichen Verteilung bestimmt ist, entfällt er, wenn diese selbst unnötig wird (vgl. Art. 9 BayGebGes., Jäckel S. 510; bestr.). Weiter unterbleibt eine gerichtliche Übertragung der Forderung gegen den Ersteher auf diejenigen Beteiligten, welche er nicht nach Maßgabe der Übereinkunft bezahlt hat (§ 118); an die Stelle der Übertragung tritt die gemeinsame Aufteilung der Forderung gegen den Ersteher, durch welche die Beteiligten Gläubigerrechte diesem gegenüber erlangen. Ferner unterbleibt die Sicherstellung durch, von Amts wegen nach §§ 128, 130 zu veranlassende Eintragung von Sicherungshypotheken für die vertragsmäßig überwiesenen Forderungsbeträge (Recht 1902 S. 527); dagegen ist für den zahlenden Dritten nach §§ 61, 134 von Amts wegen die Eintragung einer Sicherungshypothek zu veranlassen, da ihm die Forderung gegen den Ersteher nicht übertragen zu werden braucht, sondern im Falle des § 61 Abs. 3 kraft Gesetzes zusteht. Voraussetzung der Eintragung dieser Sicherungshypothek ist natürlich, daß sich die Beteiligten in dem Übereinkommen als durch den Dritten vollständig befriedigt erklären (Reinhard II S. 174).

Endlich bedarf es auch einer Beschlußfassung oder Einvernahme der Beteiligten nicht (abgesehen von dem Falle, daß eine Aufhebung des Verteilungstermins erforderlich ist). Denn sämtliche Beteiligte, die zu hören wären, müssen bereits zum

---

[2]) Der Ersteher hat kein Recht auf einen gerichtlichen Verteilungstermin (§ 49 Abs. 1; Jäckel S. 508). Will er nicht nach Maßgabe der Einigung zahlen, so muß er hinterlegen (§ 49 Abs. 3).

[3]) Auch wegen der Kosten des Verfahrens, welche beim Versteigerungsbeamten erwachsen sind, nicht aber wegen der Besitzveränderungsgebühren (vgl. Bem. zu §§ 58, 109).

Übereinkommen zugezogen sein.[4]) Auch mit der **Auszahlung** des etwa hinterlegten Strichschillings oder einer Sicherheit an die Gläubiger hat das Vollstreckungsgericht nichts zu tun (anders Art. 95 BayGO.: vgl. unten c).

Die **Tätigkeit** des letzteren beschränkt sich daher im Fall des § 143 auf:

a) die Prüfung der vorgelegten Einigung, sowie eventuell deren Mitteilung an den Ersteher oder zahlungspflichtigen Dritten;

b) die Veranlassung der Berichtigung des Grundbuchs (falls die Einigung in Ordnung ist)[5]), der Löschung der nicht bestehen bleibenden Rechte und der allenfallsigen Eintragung einer Sicherungshypothek für den Dritten, der seiner Zahlungspflicht nachgekommen ist;

c) die Rückgabe der Bietungskaution; soll dieselbe als Zahlungsmittel verwendet werden, so ist die Auszahlung bei der Hinterlegungsstelle seitens der Beteiligten nachzusuchen (da §§ 107, 108 nicht für anwendbar erklärt sind); gibt der Hinterleger seine Zustimmung zur Auszahlung nicht, so ist die Befriedigung aus der Sicherheit nach §§ 1228 ff., 1273 ff. BGB. zu betreiben (Fischer-Schäfer S. 479);

d) die Unbrauchbarmachung, Ergänzung, Rückgabe der Urkunden (§ 127).

6. Die Beteiligten haben ein **Recht auf die Unterlassung** des gerichtlichen Verteilungsverfahrens. Sie können wegen der Verringerung der Gerichtskosten, welche die Masse schmälern, wegen der baldigen Besitzumschreibung oder des Vollzugs ihrer Vereinbarungen ein großes Interesse an der Beachtung des § 143 haben. Gegen die Einleitung des gerichtl. Verteilungsverfahrens ist daher auf Grund des § 143 Erinnerung nach § 766 ZPO. und sodann sofortige Beschwerde (§ 793 ZPO.) möglich.

7. Gemäß § 145 ist die den Beteiligten auf Grund des Übereinkommens gegen den Ersteher (bezw. Meistbietenden des § 81 und zahlungspflichtigen Dritten der §§ 61, 134) verbliebene Forderung vollstreckbar. Die **Zwangsvollstreckung** nach §§ 132, 133 erfolgt auch hier auf Grund vollstreckbarer Ausfertigung des Zuschlagsbeschlusses. Zum Zweck der Erteilung der Vollstreckungsklausel muß das Übereinkommen vorgelegt werden, da die Höhe der Forderung des einzelnen Beteiligten in derselben festzustellen ist.

Da keine Sicherungshypothek nach § 128 eingetragen wird, kann aus dem Zuschlagsbeschlusse nur der **persönliche** Anspruch verfolgt werden, also in das Grundstück nur, solange der Ersteher oder sein Universalrechtsnachfolger Eigentümer ist (ebenso Jäckel S. 517). Anders ist natürlich die Rechtslage des Dritten nach § 61, welcher eine Sicherungshypothek von Amts wegen erhält.

Der auf Grund Zuschlagsbeschlusses gemäß §§ 866, 867 ZPO. durch die Berechtigten selbst erwirkten Zwangs-Sicherungshypothek kommt die Vollstreckbarkeit aus § 132 **nicht** zu.

8. **Gebühren** des Gerichts: Art. 9 Abs. 1 Ziff. 2 BayGebGes.; des Rechtsanwalts: Art. 5, 17 Abs. 4, Art. 18, 25, 28 VO. vom 26. III. 1902 (GVBl. S. 133, JMBl. S. 441).

---

[4]) Die Bezugnahme Reinhards (II S. 174) auf Art. 95 BayGO. ist nicht stichhaltig. Die „erforderlichen Anordnungen" des Art. 95 waren keine derartigen Beschlüsse. — Dagegen ergeht selbstverständlich (gleichzeitig mit der Bestimmung des Verteilungstermins) abweisender Beschluß, wenn keine genügende Einigung nachgewiesen ist.

[5]) Voraussetzung der Grundbuchberichtigung ist außerdem Zahlung der Besitzveränderungsgebühren (Art. 289 BayGebGes.), sowie Rechtskraft des Zuschlags. Über den Inhalt des Ersuchens an das Grundbuchamt siehe § 130.

§ 144.

Weist der Ersteher oder im Falle des § 61 der für zahlungspflichtig erklärte Dritte dem Gerichte durch öffentliche oder öffentlich beglaubigte Urkunden nach, daß er diejenigen Berechtigten, deren Ansprüche durch das Gebot gedeckt sind, befriedigt hat oder daß er von ihnen als alleiniger Schuldner angenommen ist, so sind auf Anordnung des Gerichts die Urkunden nebst der Erklärung des Erstehers oder des Dritten zur Einsicht der Betheiligten auf der Gerichtsschreiberei niederzulegen. Die Betheiligten sind von der Niederlegung zu benachrichtigen und aufzufordern, Erinnerungen binnen zwei Wochen geltend zu machen.

Werden Erinnerungen nicht innerhalb der zweiwöchigen Frist erhoben, so beschränkt sich das Vertheilungsverfahren auf die Vertheilung des Erlöses aus denjenigen Gegenständen, welche im Falle des § 65 besonders versteigert oder anderweit verwerthet worden sind.

§ 145.

Die Vorschriften des § 105 Abs. 2 Satz 2 und der §§ 127, 130 bis 134 finden in den Fällen der §§ 143, 144 entsprechende Anwendung.

E. I —; M. —; D. 61; KBer. 48.

Außergerichtliche Befriedigung.

1. Bisheriges Recht. Allgemeines. Vgl. § 143 Bem. 1. — Da der Ersteher bezw. Zahlungspflichtige eine (stillschweigende) Einigung der zum Zuge gekommenen Beteiligten naturgemäß leichter erzielt, als ein Übereinkommen aller, so ist die Anwendung des § 144 eine weitaus häufigere als diejenige des § 143 (welche ohne Zuziehung des Erstehers überhaupt kaum vorkommen wird). Bei Anwendung des § 144 ist aber zu beachten, daß jede Erinnerung gegen den Versuch des Erstehers, die gerichtliche Verteilung zu umgehen, für hinreichend erklärt ist, die außergerichtliche Verteilung umzustoßen und das regelmäßige gerichtliche Verteilungsverfahren herbeizuführen [1]).

2. Voraussetzung des Verfahrens nach § 144 ist ein bestimmter, durch öffentliche oder öffentlich beglaubigte Urkunden zu liefernder Nachweis. Ein förmlicher Antrag (Art. 96 BayGO.) ist nicht erforderlich.

a) Der Nachweis kann die **Befriedigung** durch Zahlung [2]), Aufrechnung, Konfusion, Verzicht gegenüber dem Ersteher (Dritten) oder Hinterlegung gemäß § 378

[1]) Der Chikane des exsequierten Schuldners, der nichts mehr zu verlieren hat, oder des ausgefallenen Gläubigers, ist damit allerdings ein freies Feld geöffnet. § 226 BGB. kann dem, der offensichtlich unbegründete Erinnerungen nach § 144 erhebt, nicht entgegen gehalten werden, da es sich nicht um privates, sondern um Prozeßrecht handelt. Durch Hinterlegung des vom Gegner bestrittenen oder in Anspruch genommenen Strichschillingsteils kann zwar der Ersteher (Dritte) seiner Zahlungspflicht genügen (insbesondere auch in den Fällen der §§ 120, 121, 126) und so die Voraussetzungen des § 144 schaffen, nicht aber die Erinnerungen und damit die gerichtliche Verteilung abwenden (vgl. Fischer-Schäfer S. 480 und oben Bem. 9 zu §§ 144, 145).

[2]) Quittungen müssen nunmehr öffentlich beglaubigt sein, soweit sie nicht (wie behördliche Erklärungen) zu den öffentlichen Urkunden zählen (vgl. §§ 415 ff., 435 ZPO.). Über Erklärungen der BayHyp.- u. W.-Bank siehe RegBl. 1835 S. 585 ff. Postaufgabescheine sind keine Quittungen. Die Kosten der Quittung und die notwendigen Auslagen hierfür hat der Grundstückseigentümer zu tragen (§ 10 Abs. 2, § 12; Rechtspr. 1903 S. 271).

BGB. (z. B. wegen Widerspruchs, Unbekanntseins des Hypothekinhabers, § 372 BGB.) enthalten; er braucht die Art der Befriedigung nicht anzugeben, wenn nur feststeht, daß sie durch den Ersteher (Dritten) oder auf seine Rechnung erfolgt ist (Jäckel S. 512; Fischer-Schäfer S. 480).

b) Der Nachweis der Befreiung des Subhastaten von seiner Schuld kann aber auch durch Vorlage einer (öffentlichen oder öffentlich beglaubigten) Urkunde über **Annahme** des Erstehers (Dritten) **als Alleinschuldners** geführt werden. Es muß jeder Zweifel ausgeschlossen sein, daß nicht eine kumulative Schuldübernahme (§§ 328, 329 BGB.) gewollt war; die Erklärung des Gläubigers, daß er den Ersteher (Dritten) als „persönlichen" Schuldner annehme, wäre daher ungenügend. — Dagegen braucht in der Urkunde keine Erklärung über die Entlassung etwaiger Mitverpflichteten (Bürgen) des Subhastaten oder die Bewilligung der Löschung der (Korreal-)Hypothek auf den mitbelasteten Grundstücken enthalten zu sein. Beides kann der Subhastat verlangen, wenn der Gläubiger den Ersteher als Alleinschuldner annimmt, aber nur außerhalb des Verfahrens (§ 418 BGB.); er kann dies innerhalb des Verfahrens auch nicht durch die an sich zulässigen Erinnerungen des § 144 und darauffolgenden Widerspruch des § 115 erzwingen (siehe unten). — Notarielle Beurkundung der Schuldübernahme ist nicht erforderlich (obstr. Erk. n. F. I S. 125 und III S. 793; Gebühr: Pfaff-Reisenegger Art. 145 GebGes.).

Durch die Schuldübernahme *tritt der Ersteher* (*Dritte*) *in die Verbindlichkeit des Schuldners ein* (§ 414 BGB.)[3]). Sie muß, wenn sie im Verfahren berücksichtigt werden soll, eine durch das Versteigerungsergebnis *gedeckte* Verbindlichkeit des Schuldners betreffen. Dem Nichtkontrahenten gegenüber kann sich der Ersteher (zahlungspflichtige Dritte) auf die Zahlung an einen anderen bezw. auf die Übernahme als Alleinschuldner seitens eines anderen erst berufen, wenn keine Erinnerungen erhoben werden (vgl. Bem. 7).

Die Übernahme des Erstehers als Alleinschuldners ist andrerseits ohne Rücksicht auf die etwaigen Mitverpflichteten oder mithaftenden Objekte hinsichtlich des *ganzen*, durch das Versteigerungsergebnis gedeckten Betrags zulässig.

> *Beispiel*: Auf den beiden Hälfteanteilen des M und N lastet eine vom Rechtsvorgänger bestellte Hypothek des A, welcher Beschlagnahme gegen M erwirkt; der Anteil M wird von N eingesteigert; N kann von A hinsichtlich der ganzen (zum Zuge gekommenen) Hypothek als Alleinschuldner übernommen werden, obwohl er möglicherweise schon vorher Solidarschuldner des ganzen Betrags gemeinsam mit M war. Gemäß § 1182 BGB. erwirbt aber M die beim Anteil M ganz gedeckte Hypothek des A auf dem Anteil N in Höhe seines Ersatzanspruches an N (ein Vorgang, der nur im Verfahren M außer Betracht bleibt, vgl. § 91 Bem. 4).

Daß gelegentlich der Schuldnerannahme auch das *Bestehenbleiben des dinglichen Rechtes* (vergl. § 91 Abs. 2) vereinbart wird, ist nicht erforderlich; dieses ist jedoch vom Vollstreckungsrichter nur dann zur Löschung zu bringen, wenn die Bewilligung hierzu ausdrücklich erklärt ist (Jäckel S. 513). Zweifel hierüber lassen sich durch Anfrage bei den Beteiligten oder durch die Benachrichtigung nach § 144 beheben. — Zur Eintragung etwaiger, auf Grund der Schuldnerannahme neu bestellter oder abgeänderter Rechte hat der Vollstreckungsrichter jedoch nicht mitzuwirken (§ 130 Abs. 3).

---

[3]) Der Ersteher vereinbart nicht eine neue (Darlehens-)Schuld (Jäckel im Recht 1901 S. 280; vgl. Ortenau-Henle S. 344; obstr. Erk. n. F. III S. 793).

c) Hinsichtlich der **nach den Versteigerungsbedingungen bestehen bleibenden Hauptrechte** braucht eine Übernahme des Erstehers als Allein-Schuldners nicht nachgewiesen zu werden; denn hierwegen erfolgt eine Schuldübernahme nur nach Maßgabe des § 53 (vgl. nachstehende Bem. 3).

3. Zu den **Berechtigten**, deren Erklärungen nachzuweisen sind, gehören nur diejenigen, welche nach dem Ergebnisse der Versteigerung aus dem Bargebot (§ 49) Befriedigung zu beanspruchen haben, also nicht: Mieter und Pächter, diejenigen, deren Rechte bestehen bleiben (falls nicht Nebenleistungen zu decken sind), sowie die mit ihren Ansprüchen Ausgefallenen. Auch angemeldete und zum Zuge gelangte Ansprüche, die noch glaubhaft zu machen sind, müssen berücksichtigt werden. Die Berechtigten haben sich als solche zu legitimieren (§ 143 Bem. 4).

Was die Staatskasse anlangt, so ist zwar wegen der Kosten des Verfahrens eine Schuldnerannahme zulässig und genügend, nicht aber wegen der Besitzveränderungsgebühren. Letztere müssen bezahlt oder hinterlegt sein (Art. 289 BayGebGes.), bevor die Grundbuchberichtigung (§ 130) veranlaßt werden kann. Das Verfahren nach § 144 selbst ist aber hiervon nicht beeinflußt.

4. Verfahren. Wie in § 143 entfällt der Verteilungstermin. Bevor ein solcher anberaumt wird, kann der Richter nach Eingang der Notariatsakten dem Ersteher (Dritten) Gelegenheit und angemessene Frist geben, um die Nachweise nach § 144 zu erbringen. Er kann aber auch nach Ermessen alsbald zur Terminsanberaumung schreiten.

Wird nun der Nachweis geliefert, daß der Strichschilling ausgewiesen ist, d. h., sind von den nach Aktenlage zum Zuge gekommenen Berechtigten (Bem. 3) Befriedigungs- oder Übernahmeerklärungen vorgelegt, so wird zunächst von Anberaumung des Verteilungstermins abgesehen (bezw. der angesetzte Termin unter Aussetzung des gerichtlichen Verteilungsverfahrens aufgehoben), die Niederlegung des Nachweises samt Beilagen auf der Gerichtsschreiberei (GeschA. f. GSchr. vom 30. XII. 01, JMBl. 1902 S. 19 ff.) angeordnet und die Beteiligten (§ 9) unter Aufforderung zur rechtzeitigen Geltendmachung ihrer Erinnerungen verständigt.[4]) Zustellung (§§ 3 ff.) hat vor allem auch an die ausgefallenen Beteiligten (auch Schuldner, ferner diejenigen, deren Rechte bestehen bleiben, nicht Mieter und Pächter) zu erfolgen. Glaubhaftmachung ist nicht erforderlich (§§ 105 Abs. 2 Satz 2, 145).

Der Nachweis des § 144 kann bis zum Schlusse des Verteilungstermins gestellt werden. Rechtskraft des Zuschlags ist nicht Voraussetzung.

Das weitere Verfahren ist verschieden, je nachdem Erinnerungen auf Grund der Aufforderung erhoben werden oder nicht.

5. Die Erinnerungsfrist (vgl. §§ 187, 188 BGB.; 222, 223 ZPO.) berechnet sich für jeden Beteiligten von der an ihn erfolgten Zustellung an; mit dem Ablaufe derselben verliert er lediglich die prozessuale Befugnis, die gerichtliche Verteilung

---

[4]) Warum das Gesetz von der in Art. 96 BaySO. vorgeschriebenen Anordnung der abschriftlichen Mitteilung des Nachweises abgewichen ist, ist nicht ersichtlich. Da dieser Nachweis eine rechnerische Zusammenstellung der aus dem Stricherlöse befriedigten Forderungen enthalten muß, und Erinnerungen hiergegen sich häufiger einstellen werden, wenn diese Zusammenstellung nur auf der Gerichtsschreiberei aufliegt, als wenn sie den Beteiligten auch mitgeteilt wird, so wird zweckmäßig der Ersteher die abschriftlichen Mitteilungen besonders beantragen. Ebenso empfiehlt es sich, wie bisher, den Beteiligten den Inhalt des Ersuchens an das Grundbuchamt bekannt zu geben, damit sie über den künftigen Stand des Grundbuchs unterrichtet sind und gegen Veränderungen rechtzeitig remonstrieren können. Die Schreibgebühren für diese Mitteilungen hat der Ersteher als veranlassender Teil zu tragen.

sowie eine von derjenigen des Erstehers (Dritten) abweichende Verteilung verlangen zu können; ein Anerkenntnis dieser selbst oder der hierbei berücksichtigten Forderungen ist nicht die Folge unterlassener rechtzeitiger Erinnerung (siehe auch Bem. 7). Ob das gerichtliche Verteilungsverfahren unterbleibt, steht jedoch erst nach Ablauf der von der letzten Zustellung an sich berechnenden Frist fest.

Eine verspätete Erinnerung ist zurück-, der Einwendende auf den Prozeßweg zu verweisen (Reinhard II S. 180). Wird gegen den abweisenden Beschluß sofortige Beschwerde (§ 793 ZPO.) eingelegt, so kann die Grundbuchberichtigung ausgesetzt werden, wenn sie noch nicht veranlaßt ist (§ 572 Abs. 2 ZPO.). Wiedereinsetzung in den vorigen Stand gegen Fristversäumung findet nicht statt, da es sich nicht um eine Notfrist handelt (§§ 223, 233 ZPO.; vgl. auch unten Bem. 9).

6. **Verzicht** auf Zustellung, auf Abgabe einer Erinnerung und auf Einhaltung der Erinnerungsfrist ist zulässig. Es wird jedoch verlangt werden müssen, daß derselbe in öffentlicher oder öffentlich begl. Urkunde niederzulegen ist (vgl. Bem. 3 zu § 3; Fischer-Schäfer S. 481).

7. Die innerhalb der Frist erhobene **Erinnerung** braucht sich nicht gegen bestimmte Forderungen zu richten; es genügt, wenn gerichtliche Verteilung verlangt wird. Eine Begründung dieses Verlangens ist nicht erforderlich. Das Gericht hat (abgesehen von der Fristeinhaltung) lediglich zu prüfen, ob der Einwendende zu den Beteiligten gehört. Ist dies nicht der Fall (z. B. das eingetragene Recht auf Verfügung des Prozeßgerichts gelöscht worden), so sind die Erinnerungen beschlußmäßig zurückzuweisen. Die Erinnerungen werden in der Regel dem Ersteher (Dritten) bekannt zu geben sein, um ihm Gelegenheit zu bieten, sie außergerichtlich zu beseitigen. Ist dies unmöglich oder aussichtslos, so wird Verteilungstermin anberaumt. Die Terminsbestimmung erfolgt in Form eines Beschlusses, gegen welchen dem Ersteher (Dritten) Erinnerungen nach § 766 ZPO. und sodann die sofortige Beschwerde offen stehen (§ 793 ZPO., Reinhard II S. 180).

Das gerichtliche Verteilungsverfahren unterliegt durchaus den Regeln der §§ 105 ff.; der Teilungsplan ist unabhängig von der außergerichtlichen Verteilung aufzustellen und auszuführen [5]). Hierbei kann ein Gläubiger als zum Zuge gekommen erachtet werden, der bei der außergerichtlichen Teilung leer ausgegangen ist und umgekehrt. Das Recht des Widerspruchs gegen den Plan steht auch demjenigen zu, welcher keine Erinnerungen erhoben hat. Soweit gerichtliche und außergerichtliche Verteilung sich decken, ist auch bei der ersteren die nachgewiesene Befriedigung oder Annahme des Erstehers als Alleinschuldners, falls sie unwidersprochen bleibt, zu respektieren (Reinhard II S. 181, Jäckel S. 516). Während der Ersteher (Dritte § 61) durch außergerichtliche Zahlung (Verteilung) mit dem Ablaufe der Erinnerungsfrist den Gläubigern (richtiger dem Subhastaten) gegenüber liberiert wird, so daß, wer nichts erhalten hat, sich nur an den Subhastaten und an den etwa zu Unrecht Bereicherten halten kann, ist dies im gerichtlichen Verteilungsverfahren nur der Fall, wenn seine Zahlung (Verteilung) auch dem anerkannten (oder rechtskräftig festgestellten) Plan entspricht. Er trägt also, wie bisher, bei außergerichtlicher Verteilung die Gefahr der Doppelzahlung und kann sich den in den Plan eingestellten Berechtigten gegenüber nicht darauf berufen, daß er bereits einem Anderen gezahlt habe. Das diesem zu Unrecht Geleistete zurückzufordern, ist hier Sache des Erstehers (Dritten); Jäckel S. 515.

---

[5]) Die durch die Aufforderung nach § 144 erwachsenen besonderen Kosten (Schreibgebühren, Porti) sind in diesem Falle vom Ersteher (Dritten) als dem veranlassenden Teil, nicht von der Masse zu tragen.

Wird gegen einen bereits befriedigten Anspruch im Termine Widerspruch erhoben und der Widersprechende nicht vom Ersteher befriedigt, so ist ersterem die Forderung gegen den Ersteher nach §§ 118, 124 bedingt zu übertragen und hierfür Sicherungshypothek nach § 128 zu erwirken. Die Widerspruchsklage ist auch hier gegen den (befriedigten) Erstberechtigten zu erheben (so Wolff Bem. 4a, Niedner S. 220 gegen Fischer-Schäfer S. 482, Jäckel S. 514, v. d. Pfordten S. 437). Denn der Befriedigte scheidet nicht aus dem Verteilungsverfahren als Beteiligter aus, ihm ist die Terminsbestimmung des § 105 zuzustellen, er ist in den Teilungsplan einzusetzen (nicht der Ersteher) und kann nicht als nicht mehr vorhanden betrachtet werden. Es ist sein Interesse, um welches es sich im Widerspruchsprozesse handelt; denn wenn er unterliegt, ist er der Rückforderung des Erstehers ausgesetzt. Dieser ist ja auch meist gar nicht in der Lage, den Beweis für das Recht des Erstberechtigten zu liefern, zumal, wenn dieser infolge seiner Befriedigung sich nichts um den Prozeß zu kümmern bräuchte. Erkennt er den Widerspruch an oder unterliegt er im Prozesse, so erhält der Widersprechende eine unbedingte Sicherungshypothek; die Forderung auf Rückzahlung gegen den Erstberechtigten verbleibt dem Ersteher. Unterliegt der Widersprechende, so wird seine bedingte Sicherungshypothek gelöscht.

8. **Zurücknahme** der Erinnerungen ist zulässig. Erfolgt dieselbe erst, nachdem auf Grund der Erinnerung das gerichtliche Verteilungsverfahren eingeleitet (das ausgesetzte wieder aufgenommen) war (§ 105), so sind die Voraussetzungen des § 144 als wieder hergestellt zu erachten.

Einer neuerlichen Benachrichtigung der Beteiligten unter wiederholter Wahrung der zweiwöchentlichen Erinnerungsfrist bedarf es aber nur dann, wenn zur Zeit der Anberaumung des Verteilungstermins die erstmals in Lauf gesetzte Erinnerungsfrist noch nicht abgelaufen war. War diese Frist schon damals (für alle Beteiligten, die keine Erinnerungen erhoben hatten) verstrichen, so genügt es, wenn die Beteiligten von der Zurücknahme der Erinnerungen und der definitiven Unterlassung der gerichtlichen Verteilung (also von dem Wegfall des Termins) in Kenntnis gesetzt werden.

9. Sind keine Erinnerungen erhoben (die erhobenen zurückgenommen, als unzulässig oder verspätet rechtskräftig zurückgewiesen) worden und ist der Zuschlag rechtskräftig, so erfolgt die **Grundbuchberichtigung**[6]), die Löschung der nach der Verteilung des Erstehers ausgefallenen oder zur Löschung bewilligten Rechte (vgl. Bem. 2b) und des Versteigerungsvermerks, die Rückgabe der Kaution (soweit sie nicht den Gläubigern überwiesen ist) und der Urkunden (soweit sie nicht unbrauchbar zu machen sind)[7]), endlich, wenn der Dritte des § 61 den Nachweis nach § 144 erbracht hat, die gleichzeitige Veranlassung der Eintragung einer Sicherungshypothek für seine Forderung gegen den Ersteher (Reinhard II S. 182, Jäckel S. 516).

Die Auszahlung eines nach §§ 372, 378 BGB. (z. B., weil ein Anspruch mit Widerspruch belastet war) hinterlegten Strichschillingsteils ist nicht Sache des Vollstreckungsgerichts. Die §§ 135 ff. sind in § 145 nicht allegiert; die vom Ersteher auf das Depot verwiesenen Gläubiger werden zwecks Anwendung der §§ 135 ff. Erinnerungen zu erheben haben (vgl. Fußnote 1).

Eine Wiederaufnahme des Verfahrens nach Fristablauf ist selbst dann ausgeschlossen, wenn einem Beteiligten zu Unrecht keine Benachrichtigung zuging, nicht

---

[6]) Nachweis der Zahlung der Besitzveränderungsgebühren ist dem Ersuchen an das Grundbuchamt (siehe § 130) beizufügen.

[7]) Vgl. §§ 127, 145. Quittungen, Schuldnerannahmeerklärungen u. dgl. sind dem Ersteher zurückzugeben. — Die Vermerke nach § 127 sind zu den Akten festzustellen (Jäckel a. a. O.).

nur wenn der vom Ersteher geführte Nachweis unrichtig war und der Berechtigte trotz Zustellung keine Erinnerung erhob (vgl. v. d. Pfordten S. 437). In beiden Fällen ist der Geschädigte auf den Prozeßweg (Bereicherungsklage) verwiesen; ersterenfalls kann aber auch eine Schadensersatzpflicht des Vollstreckungsrichters oder Gerichtsschreibers (vgl. § 3 Bem. 2) begründet sein.

10. Der **Sondererlös nach § 65** ist stets gerichtlich zu verteilen, so daß also zwei verschiedene Verteilungsverfahren nebeneinander durchzuführen sind. Dagegen wird sich häufig hinsichtlich des Verwaltungserträgnisses die außergerichtliche Teilung nach § 160 mit derjenigen nach § 144 verbinden lassen (vgl. Mot. S. 335), da auch im Falle der Erhebung von Erinnerungen eine Trennung dieser Massen bezw. eine gesonderte Behandlung derselben ohne weiteres möglich ist. Vgl. über die auch bisher getrennte Behandlung dieser Massen obstr. Erk. n. F. II S. 355.

11. Ein **Recht auf das Verfahren nach § 144** hat nur der Ersteher und der Dritte des § 61 (vgl. § 143 Bem. 6).

12. Über **Zwangsvollstreckung** aus dem Zuschlagsbeschlusse (§ 145) vgl. § 143 Bem. 7. Ob bei Annahme des Erstehers als Alleinschuldners die Forderung gegen ihn sofort vollstreckbar ist, muß nach dem in der Erklärung niedergelegten Parteiwillen beurteilt werden; im Zweifel ist der Ersteher auf die Einwendungen nach § 767 ZPO. zu verweisen (Reinhard II S. 182; Jäckel S. 517).

13. Über die **Gebühren** bei außergerichtlicher Verteilung siehe § 143 Bem. 8.

Dritter Titel.

Zwangsverwaltung.

§ 146.

Auf die Anordnung der Zwangsverwaltung finden die Vorschriften über die Anordnung der Zwangsversteigerung entsprechende Anwendung, soweit sich nicht aus den §§ 147 bis 151 ein Anderes ergiebt.

Von der Anordnung sind nach dem Eingange der im § 19 Abs. 2 bezeichneten Mittheilungen des Grundbuchamts die Betheiligten zu benachrichtigen.

E. I § 189; M. 321—323; D. 61; KBer. 49.

Allgemeines. Anordnung der Zwangsverwaltung.

1. Das reichsgesetzliche Verfahren bei der Zwangsverwaltung ist gegenüber dem **bisherigen bayerischen Recht** vielfach vereinfacht; so kommt z. B. der Vollzugstermin der Art. 132 ff. BayHO., der die umständliche Einleitung des Verfahrens darstellte, ganz in Wegfall, der Teilungsplan wird abweichend von Art. 146 l. c. für die ganze Dauer der Verwaltung aufgestellt, sogar eine Umgangnahme vom Verteilungstermine vorgesehen (§ 160). Die Zwangsverwaltungen werden nunmehr, da die Versteigerungsbeschlagnahme nicht mehr (wie nach Art. 8 BayHO.) die Erträgnisse ergreift, regelmäßig neben dem Versteigerungsverfahren einhergehen.[1])

---

[1]) Unrichtig ist die Bemerkung der Mot. S. 84, daß die Zwangsverwaltung des bayerischen Rechts als selbständige Vollstreckungsmaßregel nur bei Unzulässigkeit der Zwangsversteigerung eingeleitet werden konnte.

2. Begriff, Zweck der Zwangsverwaltung. Sie ist diejenige Art der Zwangsvollstreckung in das unbewegliche Vermögen, welche die Befriedigung des betreibenden Gläubigers mittelst zwangsweiser Bewirtschaftung (nicht Veräußerung) eines Immobile bezweckt. Dieser Zweck wird entweder unmittelbar durch Vereinnahmung (Verwertung) der Erträgnisse oder mittelbar durch Instandhaltung des Objekts bis zur Ermöglichung der Fruchtziehung und der unmittelbaren Befriedigung des Gläubigers zu erreichen gesucht. [2])

Da das Grundstück selbst nicht in Geld umgesetzt wird, daher alle vorhandenen Rechte daran unberührt bleiben (gegen § 91), braucht der (reine, nach Abzug der Kosten verbleibende) Nutzungswert des Grundstücks nur zur Deckung der laufenden wiederkehrenden Leistungen der dinglich Berechtigten (einschließlich des betreibenden Teils) verwendet zu werden; der sich hiernach ergebende Überschuß dient zur Deckung des Kapitals und der Rückstände des betreibenden Gläubigers, und was hierauf noch aus den Erträgnissen übrig bleibt, gebührt dem Schuldner, ohne daß auf Rückstände der nicht betreibenden Gläubiger Rücksicht zu nehmen ist (§ 155; Abweichung: Art. 35 BayAG. z. ZVG.).

Die im Reichsgesetze geordnete Zwangsverwaltung ist nicht mit derjenigen der §§ 857 Abs. 4, 938 Abs. 2 ZPO. zu verwechseln, die sich lediglich nach den durch den Vollstreckungsrichter angeordneten (jeweils verschiedenen) Maßnahmen vollzieht (Verteilung nach § 872 ZPO.); vgl. Peiser S. 51, Recht 1903 S. 204, ZBlFG. IV S. 358, 402. — Auch die nach § 94 anzuordnende Verwaltung ist eine ganz andere als diejenige nach § 146 ff.

3. Gegenstand der Zwangsverwaltung sind Grundstücke und grundstücksgleiche Berechtigungen (§§ 864 Abs. 1, 870 Abs. 1 ZPO.), nicht Schiffe (§ 870 Abs. 2 ZPO.); auch Grundstücksbruchteile (vgl. Bem. 4 a. E.) in den Fällen des § 864 Abs. 2 l. c., in welchen der Verwalter die dem Schuldner zustehenden Mitverwaltungsrechte in Ansehung des Anteils und der hierauf treffenden Erträgnisse nach Maßgabe der unter den Teilhabern bestehenden Vereinbarungen, mangels solcher gemäß § 743 ff. BGB. ausübt (Jäckel S. 519).

4. Zulässigkeit. Die Zwangsverwaltung ist vielfach auch da zulässig, wo eine Veräußerung verboten ist, so in den Fällen der §§ 772, 773 ZPO.; bei Lehen, Familienfideikommissen und Erbgütern ist die Zulässigkeit der Zwangsverwaltung eine ausgedehntere als die der Zwangsversteigerung Art. 34—36 BayAG. z. ZVG., vgl. Ortenau-Henle S. 44ff.).

Der an einem Grundstücke bestehende Nießbrauch (oder andere dingliche Nutzungsrechte, wie Erbbaurecht) steht nur der Zwangsverwaltung zu Gunsten eines demselben im Range nachstehenden dinglichen (oder eines persönlichen) Anspruchs entgegen (Ausnahme beim Nießbrauch an einem Vermögen, §§ 737, 738 ZPO., 1086 BGB). Zu Gunsten eines dem Nießbrauch vorgehenden dinglichen Rechtes ist dagegen die Zwangsverwaltung ohne weiteres zulässig; nur bedarf es zu ihrer Durchführung, wenn der Nießbraucher im Besitze des Grundstücks sich befindet, auch eines Vollstreckungstitels gegen den Nießbraucher auf Duldung der Zwangsvollstreckung. Dasselbe gilt, wenn am Grundstück ein Altenteil- oder Wohnungsrecht bezw. eine beschränkte persönliche Dienstbarkeit besteht, mit welcher der Besitz verbunden ist (Jäckel S. 520, 521, Fischer-Schäfer S. 54, 55, 488).

[2]) KBer. 49, Reinhard II S. 185. — Im zweiten Falle ist die Zwangsverwaltung mehr Prohibitiv- als Befriedigungsmittel und entspricht den Sicherungsmaßregeln der Art. 46, 47 BaySO. (vgl. Art. 127 daselbst). Dagegen bedarf es da, wo überhaupt keine Nutzungen erwartet werden, keiner Zwangsverwaltung, da § 25 ausreicht.

Das elterliche Nutznießungsrecht gehört nicht zu den dinglichen Rechten und bildet kein Hindernis für die Vollstreckung in das Grundstück des Kindes (§ 746 ZPO., Jäckel a. a. O.).

Unzulässig ist die Zwangsverwaltung in den Anteil an einem zu einem Gesamthandsverhältnis (vgl. Einleitung III, 2) gehörigen Grundstück (§§ 859, 860 ZPO.). Sie ist endlich unzulässig zur Arrestvollziehung, § 932 ZPO. (Rechtspr. d. OLG. I S. 374).

5. Über das Verhältnis zur Zwangsversteigerung: Vorbem. zu § 1; zur Mobiliarvollstreckung: Einleitung IV.

6. Die Anordnung der Zwangsverwaltung ist wie diejenige der Zwangsversteigerung vom Nachweis der allgemeinen Voraussetzungen der Zwangsvollstreckung abhängig; vgl. §§ 15 ff. Genügend ist insbesondere auch ein Vollstreckungstitel auf Grund einer persönlichen Forderung.

Der Schuldner muß, von §§ 133, 147 abgesehen, als Eigentümer im Grundbuch eingetragen oder dessen Erbe sein (§ 17). Die Anordnung ist in das Grundbuch einzutragen[3]) und zuzustellen (§§ 19, 22).

Die Mitteilungen des Grundbuchamtes nach § 19 Abs. 2 haben auch bei bereits anhängigem Versteigerungsverfahren zu erfolgen und umgekehrt. Über Umfang und Wirkung der Verwaltungsbeschlagnahme siehe §§ 20—24, 148, 149, 152 Abs. 2; Wirksamkeit: § 22 mit § 151; Sicherungsmaßregeln: §§ 25, 149 Abs. 2; Eigentumswechsel nach der Verwaltungsbeschlagnahme: §§ 23 Abs. 2, 26; Beitritt: §§ 27, 151 Abs. 2.

Außer der Zustellung (§§ 3 ff.) des Anordnungsbeschlusses an Gläubiger und Schuldner ist in § 146 Abs. 2 die Benachrichtigung der übrigen Beteiligten (auch der Mieter und Pächter im Falle des § 9, im Falle des § 147 auch des Eigentümers) vorgeschrieben[4]).

Die Anordnung kann nicht mehr mit Rücksicht auf die Kosten abgelehnt werden (Art. 127 BayGO.). Die Benennung einer tauglichen Person als Verwalter ist nicht mehr erforderlich (Art. 129 BayGO.).

7. Gebühren des Gerichts: Art. 11 BayGebGes.; sie werden, wenn das Verfahren ein Jahr (ab Anordnung) oder weniger als ein Jahr dauert, nach dem Werte (§§ 9 GKG., 4 ZPO.) der Beschlagnahmeforderungen, bei längerer Dauer nach dem Betrage berechnet, welcher in jedem Verwaltungsjahre nach § 155 Abs. 2 verteilt wird (vgl. Pfaff-Reisenegger Bem. zu Art. 11 GebGes.); Vorschuß: Art. 16 GebGes.; Haftung: Art. 19 GebGes.

Gebühren des Rechtsanwalts: Art. 5, 19—21, 25, 28 VO. vom 26. III. 1902 (GVBl. S. 133, Motive im JMBl. S. 441 ff.).

§ 147.

Wegen des Anspruchs aus einem eingetragenen Rechte findet die Zwangsverwaltung auch dann statt, wenn die Voraussetzungen des § 17 Abs. 1 nicht vorliegen, der Schuldner aber das Grundstück im Eigenbesitze hat.

---

[3]) Auch bei Familienfideikommissen, Becher Mat. VI S. 146 zu Art. 34 Abs. 1 Satz 2 BayAG. z. ZVG.

[4]) Über Mitteilung an andere Behörden siehe Art. 34 Abs. 2, 43 Abs. 2 BayAG. z. ZVG.; eine Benachrichtigung der Steuer- und Gemeindebehörden erfolgt ohne Anmeldung nicht mehr (vgl. § 9 Bem. 1 und Fußnote 1 und § 156 Abs. 1).

Der Besitz ist durch Urkunden glaubhaft zu machen, sofern er nicht bei dem Gericht offenkundig ist.

E. I § 190; M. 323, 324; D. 61; KBer. –.

Zwangsverwaltung gegen den Eigenbesitzer.

1. Nach **bisherigem bayer. Recht** (Art. 125 SO.) konnte die Zwangsverwaltung gegen den nicht eingetragenen Eigentümer nur auf dem Wege der Vormerkung des Eigentums — vom pfälzischen Recht abgesehen — durchgeführt werden (Ortenau-Henle S. 434).

2. Zulässigkeit. Die Zwangsverwaltung ist in Abweichung von § 17 auch zulässig, wenn der Schuldner nicht als Eigentümer im Grundbuch eingetragen oder nicht Erbe des Eingetragenen ist, wenn er nur das Grundstück im (mittelbaren oder unmittelbaren) Eigenbesitze (§ 872 BGB.; z. B. Käufer, dem das Grundstück übergeben, aber noch nicht aufgelassen ist) hat, falls der Gläubiger einen Anspruch aus einem auf dem Grundstück eingetragenen[1]) Rechte (Reallast, Hypothek, Grund-, Rentenschuld) verfolgt. Denn kraft seines dinglichen Rechtes kann er Befriedigung auch aus den Erträgnissen des Grundstücks fordern (§§ 1147, 1120, 1123 ff. BGB.), soweit nicht etwa das eingetragene Recht des Besitzers besseren Rang genießt (vgl. Fischer-Schäfer S. 488, 489, 495).

Die Anordnung setzt weiter voraus:

a) einen Vollstreckungstitel gegen den Eigenbesitzer (Verurteilung zur Duldung der Zwangsverwaltung);

b) die Glaubhaftmachung des Eigenbesitzes durch (öffentliche oder private) Urkunden, falls derselbe nicht gerichtsbekannt (polizeiliche, gemeindliche Bescheinigung, Bestätigung Dritter).

Die Eintragung des Versteigerungsvermerks in das Grundbuch erfolgt ohne Rücksicht auf den eingetragenen Eigentümer. Zustellung an diesen ist nicht vorgeschrieben (§ 146 Bem. 6).

3. Geltendmachung **entgegenstehender Rechte.** Die Durchführung der Zwangsverwaltung (Besitzentsetzung § 150 Abs. 2) ist nur möglich, wenn der Vollstreckungs-Schuldner Besitzer ist. Der besitzende Nichtschuldner kann die Räumung des Grundstücks verweigern — in welchem Falle das Gericht die Verwaltung als zur Zeit unausführbar unter Anwendung des § 28 aufheben und den Gläubiger auf die Beschaffung eines vollstreckbaren Titels gegen den Besitzer verweisen muß[2]) — oder, wenn er den Besitz freiwillig aufgegeben hat, die Aufhebung der Zwangsverwaltung im Wege des § 771 ZPO. (einstw. Einstellung: §§ 769, 770 ZPO.) erzwingen (keine Klage wegen Besitzentziehung nach §§ 858, 861, 862 BGB. gegen den Verwalter, Gruchot Bd. 33 S. 1109, Jäckel S. 525, 526).

Der Eigentümer selbst kann der gegen den Eigenbesitzer betriebenen Verwaltung in der Regel nicht widersprechen (§ 1147 BGB.), es müßte denn sein, daß er das eingetragene Recht zu bekämpfen vermöchte; letzterenfalls ist auch er auf die Widerspruchsklage des § 771 ZPO. angewiesen (Reinhard II S. 192).

---

[1]) Vormerkung nach § 883 BGB. genügt nicht, wohl aber Sicherungshypothek (Peiser S. 47, Reinhard II S. 190).

[2]) So Jäckel S. 525, Reinhard II S. 189; a. M. ZBlFG. IV S. 630. — Auf die Mitteilung des Grundbuchamtes, daß der Schuldner nicht als Eigentümer eingetragen ist, wäre daher die Verwaltung nur dann aufzuheben, wenn der Gläubiger nur eine persönliche Forderung hat. Im übrigen ist abzuwarten, ob Schuldner sich der Besitzentziehung widersetzt, was er auch im Wege des § 766 ZPO. tun kann.

Auch das Recht des Nießbrauchers kann der Einleitung oder Durchführung der Zwangsverwaltung nach § 147 entgegenstehen (vgl. § 146 Bem. 4); nicht aber der Umstand, daß das Grundstück einem Mieter oder Pächter überlassen ist; denn diesfalls genügt für die Zwecke der Zwangsverwaltung der mittelbare Besitz des Verwalters (§ 152 Abs. 2 Ges., § 868 BGB.). Zur Besitzentsetzung des Mieters und Pächters auf Grund Anfechtung des Miet- oder Pachtvertrags ist allerdings wieder ein gegen diesen gerichteter Vollstreckungstitel erforderlich. Sie ist deshalb Sache des Gläubigers, nicht Verwalters (anders bei Räumung auf Grund Miet- oder Pachtvertrags; abw. Dernburg 3. Aufl. III S. 777).

Ebensowenig können die Besitzdiener des § 855 BGB. die Besitzentsetzung hindern (Jäckel S. 532, Fischer-Schäfer S. 495).

Hat der Gläubiger nur einen vollstreckbaren Anspruch gegen unmittelbare Besitzer (Mieter, Pächter, Nießbraucher, § 868 BGB.), nicht aber gegen den Eigentümer (bezw. Eigenbesitzer), so kann er nicht Zwangsverwaltung in das Grundstück (da dieses nicht zu deren Vermögen gehört), sondern nur Vollstreckung in deren Recht am Grundstück nach § 857 ZPO. betreiben (Jäckel S. 526, Fischer-Schäfer S. 489, Peiser S. 48).

§ 148.

Die Beschlagnahme des Grundstücks umfaßt auch die im § 21 Abs. 1, 2 bezeichneten Gegenstände. Die Vorschrift des § 23 Abs. 1 Satz 2 findet keine Anwendung.

Durch die Beschlagnahme wird dem Schuldner die Verwaltung und Benutzung des Grundstücks entzogen.

E. I § 192 Abs. 1–3; M. 324, 325; D. 62; KBer. —.

Umfang und Wirkung der Verwaltungsbeschlagnahme.

1. Nach **bisherigem bayerischen Recht** (Art. 8 SO., § 33 HypGes.; Ortenau-Henle S. 437) waren die Erträgnisse des Grundstücks nur soweit Gegenstand der Verwaltung, als sie nach der Beschlagnahme anfielen (obstr. Erk. n. F. II S. 354, Bl. f. RA. Bd. 67 S. 292, BayZfR. 1905 S. 161). Es gehörten also die im Zeitpunkte der Beschlagnahmeeintragung (Art. 7, 8, 33, 131 SO.) bereits gezogenen (abgeernteten), sowie die angefallenen, aber noch nicht gezogenen Früchte nicht mehr zur Immobiliarmasse. Des weitern ist der Umfang der letzteren gegenüber dem bisherigen Rechte verändert, insoferne als sie die Miet- und Pachtzinse nur mehr nach Maßgabe der §§ 1123, 1124 Abs. 2 BGB. (Art. 192 EG. hierzu) in sich begreift. Verschieden gegenüber dem bisherigen Recht ist auch der Einfluß der Beschlagnahme auf die Versicherungsforderungen (vgl. Einleitung IV).

2. Die Zwangsverwaltungsbeschlagnahme **umfaßt** (Peiser S. 73 ff., Reinhard II S. 194 ff.):

a) das Grundstück und seine Bestandteile (§§ 93 ff. BGB.), Bruchteile (ideelle Anteile, § 864 Abs. 2 ZPO.), die Berechtigungen der §§ 864, 870 ZPO.; nicht: Gegenstände, welche einem Dritten gehören (anders § 55 Abs. 2);

b) die vom Boden getrennten Erzeugnisse und getrennten Bestandteile, soweit sie nicht nach §§ 1121, 1122 BGB. von der Pfandhaftung frei geworden oder gemäß §§ 954—957 BGB. in das Eigentum eines andern als des Vollstreckungsschuldners (z. B. Nießbrauchers, Pächters) übergegangen sind, vorausgesetzt, daß das

Recht des anderen dem betreibenden Teile gegenüber nicht unwirksam ist (vgl. § 146 Bem. 4, § 152 Abs. 2, Fischer-Schäfer S. 495);

c) das Zubehör gemäß §§ 97, 98, 1120—1122 BGB.; § 20 Abs. 2 ZVG.[1]);

d) die Miet- und Pachtzinsforderungen, und zwar die fälligen, nicht eingezogenen nach Maßgabe des § 1123 Abs. 2 Satz 1, die vorauszahlbaren nach § 1123 Abs. 2 Satz 2 BGB., die im Zeitpunkte der Beschlagnahme laufenden, soweit sie auf die Zeit nach der Beschlagnahme bezw. nach Bestellung der Hypothek[2]) treffen, jedoch vorbehaltlich der Vorausverfügungen nach Maßgabe der §§ 1124, 1125 BGB.[3]). — Über den Zeitpunkt, in welchem die Beschlagnahme den Mieter und Pächter gegenüber wirksam wird, siehe § 151 Abs. 3 Ges.[4]).

Die auf die Zeit nach dem Eigentumserwerbe des Erstehers (§ 90) treffendem Miet- und Pachtzinsbeträge (§ 101 Ziff. 2 BGB.) gebühren dem Ersteher (§ 56).

e) die wiederkehrenden Leistungen aus einem, mit dem Eigentun am Grundstücke verbundenen Rechte (z. B. aus einer Reallast) nach § 1126 BGB. (nicht: Anspruch auf einmalige Kommunmauerentschädigung, Rechtspr. d. OLG. IX S. 139);

f) die Forderungen aus einer Versicherung, nach §§ 1127—1130 BGB., ohne die Beschränkung des § 21 Abs. 1 ZVG. Die Versicherungsgelder sind an den Verwalter zu zahlen und, soweit sie an Stelle von Erzeugnissen treten, zu verteilen, im übrigen zweckentsprechend zu verwenden (Peiser S. 82, Jäckel S. 526, 527, Fischer-Schäfer S. 496).

Eine Zwangsverwaltung unter Beschränkung auf einen Teil der Nutzungen ist ausgeschlossen (Peiser S. 85, Jäckel S. 528), dagegen eine Freigabe

---

[1]) Kein Unterschied, wenn Hypotheken vor Grundbuchanlegung begründet wurden (Art. 192 EG. z. BGB., Rechtspr. d. OLG. 1903 S. 273).

[2]) Die Miet- und Pachtzinsforderungen werden, soweit ein Hypothekgläubiger die Zwangsverwaltung betreibt, nicht erst von der Beschlagnahme an von der Hypothek erfaßt, sondern mit dem Augenblicke der hypothekarischen Belastung des Grundstücks oder der späteren Entstehung des Miet- und Pachtverhältnisses. Die Haftung erstreckt sich daher auf alle Zinsbeträge, welche für die Zeit nach der Bestellung der Hypothek (nicht auf alle zu dieser Zeit überhaupt ausstehenden Beträge) zu entrichten sind (§ 101 Ziff. 2 BGB., Planck § 1123 Bem. 2; a. M. Turnau-Förster I S. 598).

[3]) Der Vorausverfügung im Sinne des § 1124 Abs. 1, 2 BGB. (Einziehung, Aufrechnung gemäß § 389 BGB., Erlaß, Übertragung, Belastung u. dergl.) steht eine durch Zwangsvollstreckung (Pfändung) erwirkte gleich (vgl. § 57 Bem. 6). — § 1124 gilt aber nicht für die Übergangszeit, sondern Art. 8 BayGO. mit § 33 HypGes. in d. F. vom 20. XII. 03; der Art. 6 BayÜG. regelt nicht das Verhältnis zwischen Mieter und Hypothekgläubiger, sondern nur zwischen ersterem und dem Ersteher (Staudinger § 1124 Bem. 3, § 1 EG. z. ZVG., Art. 184, 189, 177 EG. z. BGB., Mot. hierzu S. 269 und zu Art. 6 BayÜG.; BayZfR. 1905 S. 162).

[4]) Ist vor der Beschlagnahme über Miet- und Pachtzinse oder wiederkehrende Leistungen über den in §§ 1124 Abs. 2, 1125, 1126 Satz 3 BGB. bezeichneten Zeitpunkt hinaus verfügt (durch Einziehung seitens des Subhastaten, Zessionars, Pfändungsgläubigers, oder durch Aufrechnung), so ist die Unwirksamkeit dem Drittschuldner gegenüber geltend zu machen (der möglicherweise doppelt zahlen muß); ist die Verfügung zwar nach der Beschlagnahme, aber bevor diese dem Drittschuldner gegenüber wirksam wurde (§§ 151 Abs. 3, 22 Abs. 2 ZVG.), geschehen und betrifft sie keine spätere Zeit, als in §§ 1124 Abs. 2, 1125, 1126 l. c. bezeichnet, so haftet nur der Dritte (Zessionar usw.) für Rückzahlung (Planck §§ 1124 Bem. 2, 3). — Zahlt der Mieter an den Verwalter ohne Kenntnis der Beschlagnahmeaufhebung, so ist diese Zahlung wirksam (Rechtspr. d. OLG. II S. 478). — Die Pfändung von Mietzinsforderungen kann der Hypothekgläubiger nicht durch Erwirkung einer einstweiligen Verfügung verhindern (Seuff. Arch. Bd. 56 S. 225).

einzelner von der Beschlagnahme erfaßter Gegenstände durch den betreibenden Teil zulässig (Fischer-Schäfer S. 497).

3. Der **Mobiliarvollstreckung** unterliegen demnach vor der Beschlagnahme: die vom Boden getrennten Bestandteile und Erzeugnisse, sowie das Zubehör, soweit sie nicht mehr von der Hypothek ergriffen werden (§§ 1120 ff. BGB., 865 ZPO.), die noch nicht getrennten Früchte nach Maßgabe des § 810 ZPO., die Miet- und Pachtzinse nach §§ 1123, 1124 Abs. 2 BGB., wiederkehrende Leistungen nach § 1126 Satz 3 BGB., Versicherungsforderungen[5]) für Gebäude nach §§ 1127 Abs. 2, 1128, für andere Gegenstände nach §§ 1127 Abs. 2, 1129 BGB.

Inwieweit der Mobiliarvollstreckung die besseren Rechte der Hypothekgläubiger oder des betreibenden Teils entgegenstehen und durch Widerspruchsklage nach § 771 ZPO. (Einstellung § 769) und Einwendung nach § 766 ZPO. verfolgt werden können, vgl. Einleitung IV.

4. Wirkungen der Zwangsverwaltungsbeschlagnahme. Sie enthält ein Veräußerungsverbot zu Gunsten des Beschlagnahmegläubigers (vorbehaltlich § 23 Abs. 2), hindert also im Gegensatze zum bisherigen bayer. Recht (Ortenau-Henle S. 80) die Einleitung einer Zwangs*versteigerung* für einen Anspruch, welcher demjenigen nachsteht, zu Gunsten dessen die Verwaltung betrieben wird (§ 772 ZPO.), entzieht dem Schuldner auch die tatsächliche Verfügungsgewalt (Verwaltung und Benützung, unmittelbaren Besitz) im vollsten Umfange[6]) — anders § 23 Abs. 1 Satz 2, § 24 —, läßt ihm nur die Wohnung (§ 149), begründet ein Recht auf Befriedigung aus dem Grundstücke (§ 10, Ziff. 5 Ges., §§ 13, 47 KO.), kein Pfandrecht.

Dem Schuldner gegenüber ist der Eintritt der Beschlagnahmewirkung nicht von seiner *Kenntnis* der Beschlagnahme oder der Besitzergreifung durch den Verwalter abhängig (Wolff Bem. 4). Nach Aufhebung der Beschlagnahme kann der Schuldner dem Hypothekgläubiger gegenüber wirksam über die Mietzinse verfügen, auch wenn die Aufhebung zu Unrecht erfolgt ist (ZBlFG. IV S. 90).

Über *gutgläubigen* Erwerb Dritter siehe § 23 Abs. 2.

§ 149.

Wohnt der Schuldner zur Zeit der Beschlagnahme auf dem Grundstücke, so sind ihm die für seinen Hausstand unentbehrlichen Räume zu belassen.

Gefährdet der Schuldner oder ein Mitglied seines Hausstandes das Grundstück oder die Verwaltung, so hat auf Antrag das Gericht dem Schuldner die Räumung des Grundstücks aufzugeben.

E. I § 194; M. 327; D. 62; KBer. —.

Wohnungsrecht des Schuldners; Räumung des Grundstücks.

1. Über das **bisherige Recht** vergl. Art. 131 BayGO.

2. Das **Wohnungsrecht** des Schuldners (und seiner Familie) setzt voraus, daß er zur Zeit der Beschlagnahme schon auf dem Grundstücke wohnte. Wer das Grundstück nach der Beschlagnahme erwirbt, kann also keine Wohnung unentgeltlich

---

[5]) Vgl. Planck § 1127 Bem. 3, § 1128 Bem. 3. — Art. 43 BayBrandversichGes. vom 3. IV. 1875 und 5. V. 1890 (Art. 164 BayAG. z. BGB.); Art. 10 des Hagelversich.Ges. v. 13. II. 1884; Art. 7 des Viehversich.Ges. v. 11. V. 1896; Art. 7 des Pferdeversich.Ges. v. 15. IV. 1900.

[6]) Er kann aber bis zur Besitzergreifung durch den Verwalter unaufschiebbare Verfügungen treffen (Jäckel S. 527, Reinhard II S. 199, Wolff § 148 Bem. 4).

eingeräumt erhalten, auch nicht, wenn er vorher schon (etwa als Mieter) darin wohnte; der Veräußerer wiederum hat dieses Recht nur, solange gegen ihn das Verfahren betrieben wird (Reinhard II S. 201, abw. Jäckel S. 529).

Das Recht beschränkt sich auf die unentbehrlichen (Wohn- und Neben-, nicht Geschäfts-) Räume. Über den Umfang entscheidet nötigenfalls das Vollstreckungsgericht (§ 766 ZPO.). Ausschlaggebend ist das **Bedürfnis** (Vermögenslage) des Schuldners, nicht der Verwaltung (unbeschadet der Vorschrift des § 149 Abs. 2). Gegen die Entscheidung ist sofortige Beschwerde (§ 793 ZPO.) des Schuldners und betreibenden Gläubigers (nicht des Verwalters, Jäckel S. 529, abw. Wolff Bem. 6) zulässig.

Dies gilt auch, wenn die **Entfernung** des Schuldners vom Grundstücke nötig wird (Abs. 2); eine Gefährdung liegt nur vor, wenn durch das „Verhalten" (nicht bloß vorübergehende Ungehörigkeit, Altmann Bem. 2) des Schuldners oder eines Mitglieds seines Hausstandes eine Beeinträchtigung der Verwaltung oder Wertsminderung zu befürchten ist. Der Antrag nach Abs. 2 des § 149 kann vom betreibenden Teil oder Verwalter gestellt werden; gegenüber der Entscheidung des Gerichts hat letzterer kein Beschwerderecht. Ihm obliegt die Ausführung des Räumungsauftrags (§ 794 Ziff. 3 ZPO.). Wird von Abs. 2 Gebrauch gemacht oder verläßt der Schuldner freiwillig das Grundstück, so steht ihm selbstverständlich kein Entschädigungsanspruch gegen die Masse zu (Jäckel S. 530).

Anderweitige Sicherungsmaßregeln zu treffen, gestattet § 25 mit § 146.

3. Der Schuldner hat kein Recht mehr auf **Unterhalt.** Der Verwalter kann sich aber seiner Dienste bedienen und ihn dafür entlohnen (vgl. § 150 Bem. 2). Die Pfändungsbeschränkungen des § 811 Ziff. 2 und 3 ZPO. greifen hier nicht Platz (Reinhard II S. 203, bestr.).

Wird Mobiliar als Zubehör von der Beschlagnahme ergriffen, so ist dem Schuldner das zur Ausstattung der Räume Unentbehrliche zu belassen (Jäckel S. 530, Fischer-Schäfer S. 499).

§ 150.

Der Verwalter wird von dem Gerichte bestellt.

Das Gericht hat dem Verwalter durch einen Gerichtsvollzieher oder durch einen sonstigen Beamten das Grundstück zu übergeben oder ihm die Ermächtigung zu ertheilen, sich selbst den Besitz zu verschaffen.

E. I §§ 193 Abs. 1, 196 Abs. 1; M. 325, 328; D. 62; KBer. —.

Aufstellung des Verwalters.

1. Bisheriges Recht. Die Ernennung des Verwalters, seine Besitzeinweisung und die Regelung seiner Geschäftsführung erfolgten nach Art. 132 ff. BaySO. in einem besonderen Termin. Wie weit das Gericht sich nunmehr eines solchen bedienen will, ist seinem Ermessen überlassen; es kann zur Erledigung der Verwaltungsangelegenheiten jederzeit die Beteiligten hören und hierzu einen Termin bestimmen. Vgl. § 153.

2. Die **Bestellung** des Verwalters ist Sache des Gerichts[1]). Dieses ist hierbei an die Vorschläge der Beteiligten nicht gebunden (ein in Art. 129 BaySO. geforderter Nachweis nicht mehr vorgeschrieben). Es kann durch Aufstellung eines

[1]) § 13 EG., Art. 25 BayAG. z. ZVG. — Mitteilung bei Fideikommissen und Bergwerken: Art. 34 Abs. 2, 43 Abs. 2 BayAG. z. ZVG. siehe Bem. hierzu.

untauglichen Verwalters schadensersatzpflichtig werden (§ 839 BGB.). Der Schuldner wird wohl niemals als geeignete Person in Betracht kommen; dagegen kann der Gläubiger nicht grundsätzlich von der Bestellung als Verwalter ausgeschlossen werden, zumal da manchmal eine geeignetere Persönlichkeit nicht zu finden sein wird; auch der Verwalter im Konkurse des Schuldners kann als Zwangsverwalter bestellt werden (Peiser S. 94, Jäckel S. 531).

Soweit sich der Verwalter der Dienste des Schuldners bedient, finden auf seine Haftung für das Verschulden des letzteren die §§ 278, 831 BGB. Anwendung (Fischer-Schäfer S. 500, 663).

Die Bestellung erfolgt nunmehr möglichst gleichzeitig mit der Beschlagnahmeordnung. Hiergegen: Erinnerungen und sodann sofortige Beschwerde (§§ 766, 793 ZPO.) seitens der Beteiligten, auch seitens des entlassenen Verwalters; im übrigen kein Recht auf Ernennung und keine Pflicht zur Übernahme der Verwaltung (Jäckel S. 531).

Der Verwalter erhält als **Bestallungsurkunde**[2]) eine Ausfertigung des Beschlusses, durch welchen er zum Verwalter bestellt wurde (§ 10 JMBek. vom 31. III 1905, JMBl. S. 591); eine Verpflichtung findet nicht statt, er erhält lediglich Anweisungen (§ 153).

3. Besitzeinweisung des Verwalters. Sie ist ebenfalls Amtspflicht des Gerichts[3]). Der Gerichtsvollzieher hat nach §§ 758 Abs. 3, 759—763 ZPO. zu verfahren, der Verwalter kann sich auf Grund der Ermächtigung (Beschluß) des Gerichtsvollziehers bedienen (§§ 885, 892 mit § 794 Ziff. 3 ZPO.; GVollzGeschA. vom 28. IV. 1900, JMBl. S. 730 ff.).

Über die Hindernisse der Besitzübergabe siehe § 147 Bem. 3.

Der Verwalter wird durch die Verschaffung der tatsächlichen Gewalt über das Grundstück unmittelbarer Besitzer (§ 854 BGB.), der Schuldner mittelbarer (§ 868 BGB.). Ist das Grundstück einem Mieter oder Pächter überlassen und richtet sich der Vollstreckungstitel nicht auch gegen sie, so erlangt der Verwalter nur mittelbaren Besitz. Der betreibende Teil erlangt keinen Besitz, also auch keinen Anspruch auf Besitzesschutz (Peiser S. 113, Jäckel S. 533).

Ist der Gegenstand der Beschlagnahme ein ideeller Anteil, so tritt der Verwalter in den Mitbesitz an Stelle des Schuldners ein (vgl. § 152 Bem. 4).

§ 151.

Die Beschlagnahme wird auch dadurch wirksam, daß der Verwalter nach § 150 den Besitz des Grundstücks erlangt.

Der Beschluß, durch welchen der Beitritt eines Gläubigers zugelassen wird, soll dem Verwalter zugestellt werden; die Beschlagnahme wird zu

---

[2]) Sie ist nur eine Bestätigung darüber, daß ein Verwalter aufgestellt wurde, keine Ermächtigung zur Vornahme von Rechtshandlungen; dem Dritten obliegt deshalb die Prüfung, ob der Verwalter zur Vornahme eines bestimmten Rechtsgeschäftes im Namen der Masse befugt, insbesondere, ob die Funktion des Verwalters nicht erloschen ist; die §§ 169, 172 Abs. 2 BGB. finden keine Anwendung (Fischer-Schäfer S. 500, Jäckel S. 532).

[3]) Es kann auch zweckmäßig sein, daß der Vollstreckungsrichter persönlich hierbei mitwirkt, z. B., wenn die zu erteilenden Anweisungen (§ 152) gleichzeitig oder möglichst rasch erfolgen sollen und nur an Ort und Stelle richtig erteilt werden können (vgl. Art. 132 Abs. 3 BayZO.). Der Richter kann zur Besitzeinweisung einen Gerichtsschreiber beiziehen (Gruchot Bd. 33 S. 1113, Jäckel S. 532, abw. Fischer-Schäfer S. 502).

Gunsten des Gläubigers auch mit dieser Zustellung wirksam, wenn der Verwalter sich bereits im Besitze des Grundstücks befindet.

Das Zahlungsverbot an den Drittschuldner ist auch auf Antrag des Verwalters zu erlassen.

E. I §§ 192, Abs. 4, 195; M. 325, 327, 328; D. 62; KBer. 50.

Wirksamkeit der Beschlagnahme.

1. Nach Art. 131 Abs. 1 **BaySO.** war die Wirksamkeit der Beschlagnahme an die Eintragung bezw. (Mietern und Pächtern gegenüber) an die Zustellung des Beschlagnahmebeschlusses (an Schuldner) geknüpft. Vgl. Ortenau-Henle S. 440, 441.

2. Nunmehr wird die Beschlagnahme **wirksam:**

a) mit Zustellung des Einleitungs- oder Beitrittsbeschlusses an Schuldner (Eigenbesitzer im Falle des § 147), § 22 Abs. 1 Satz 1, § 8;

b) mit Eingang des Ersuchens um Eintragung des Verwaltungsvermerks beim Grundbuchamte, falls Eintragung erfolgt, § 22 Abs. 1 Satz 2;

c) mit Erlangung des Besitzes durch den Verwalter (gemeint ist wohl hier nur der unmittelbare, nach außen erkennbare Besitz, Fischer-Schäfer S. 504);

d) für den beitretenden Gläubiger auch mit der Zustellung (§§ 3 ff.) des Beitrittsbeschlusses an den Verwalter, wenn dieser bereits im Besitze des Grundstücks ist (nicht nur mit Zustellung des Beitrittsbeschlusses an den Schuldner);

e) Drittschuldnern (auch Mietern, Pächtern) gegenüber lediglich mit deren Kenntnis vom Beschlagnahmeantrag oder mit Zustellung eines Zahlungsverbots bezw. einer Benachrichtigung hiervon (§ 22 Abs. 2, § 23 Abs. 2 Satz 1 mit § 151 Abs. 3).

In den zu a—c bezeichneten Fällen entscheidet diejenige Tatsache, welche die Beschlagnahme zuerst herbeigeführt hat.

Die Benachrichtigung nach § 845 ZPO. kann nur vom betreibenden Gläubiger ausgehen.

Ob die ordnungsmäßig zugestellte Benachrichtigung bezw. das zugestellte Zahlungsverbot auch wirklich zur Kenntnis des Drittschuldners gelangt ist, darauf kommt es nicht an (Jäckel S. 534; a. M. Recht VIII S. 501, vergl. auch § 148 Fußnote 3).

§ 152.

Der Verwalter hat das Recht und die Pflicht, alle Handlungen vorzunehmen, die erforderlich sind, um das Grundstück in seinem wirthschaftlichen Bestande zu erhalten und ordnungsmäßig zu benutzen; er hat die Ansprüche, auf welche sich die Beschlagnahme erstreckt, geltend zu machen und die für die Verwaltung entbehrlichen Nutzungen in Geld umzusetzen.

Ist das Grundstück vor der Beschlagnahme einem Mieter oder Pächter überlassen, so ist der Mieth- oder Pachtvertrag auch dem Verwalter gegenüber wirksam.

E. I §§ 193 Abs. 2 Satz 2, 197; M. 326, 329; D. 62; KBer. 51.

Rechte und Pflichten des Verwalters.

1. Bisheriges Recht. Allgemeines. Ebenso wie die BaySO. hat das ZVG. die rechtliche Stellung des Verwalters nur durch Umgrenzung seiner Rechte und

Pflichten bestimmt. Die Motive nennen ihn zwar einen Vertreter des Schuldners in der Verwaltung des Grundstücks. Indem aber das Gesetz ihm auch die Wahrung der Interessen der Gläubiger gegenüber dem Schuldner zur Aufgabe setzt, weist es ihm eine von dem Willen der Beteiligten unabhängige Stellung zu. Der Verwalter ist, ähnlich wie der Konkursverwalter, weder Beamter (im Verhältnis zum Staate), noch privatrechtlicher Stellvertreter (der Gläubiger oder des Schuldners), noch Rechtsnachfolger des letzteren. Er muß vielmehr als Beauftragter des Gerichtes (Vollstreckungsorgan) angesehen werden, welcher in der gesetzlich vorgeschriebenen Weise das von der Verwaltung ergriffene Vermögen des Schuldners auf dessen Rechnung[1]), aber in eigenem Namen und im Interesse der Beteiligten verwaltet und verwertet (Jäckel S. 535, Reinhard II S. 212, Fischer-Schäfer S. 485; RG. Bd. 24 S. 304, Seuff. Arch. Bd. 58 S. 427; vgl. auch Ortenau-Henle S. 450).

2. Verwaltung und Nutzung[2]). Aufgabe des Verwalters ist zunächst die Erhaltung der Substanz der Beschlagnahmeobjekte. Hierunter fällt die Überwachung, Instandhaltung, Abhaltung von Besitzstörungen, Versicherung, Wiederherstellung zerstörter oder beschädigter Gebäude (nicht: Neubauaufführung, wesentliche Veränderung; wohl aber Ausbau, der nur geringe und vorhandene Mittel erfordert), Geltendmachung unwirksamer Verfügungen des Schuldners oder Dritter (nicht Anfechtung).

Des weiteren ist Sache des Verwalters die Bewirtschaftung und Fruchtziehung. Hierher gehört die regelmäßige Bestellung der Felder, Einerntung der Früchte, deren Verwertung in den Grenzen einer ordnungsmäßigen Wirtschaft (§§ 1036 ff. BGB.), Beitreibung der von der Beschlagnahme ergriffenen Miet- und Pachtzinse, der wiederkehrenden Leistungen und Versicherungsgelder[3]), Geltendmachung unwirksamer Zahlungen an Dritte oder Schuldner, Zahlung der laufenden Löhne, Abgaben, Versicherungsprämien, Abschluß der erforderlichen Dienst-, Werk-, Miet-, Pacht-, Versicherungs-, Kaufverträge (hinsichtlich der Nutzungen). Er ist nicht verpflichtet, der Versteigerung entgegenstehende Rechte Dritter zu wahren (ZBlFG. IV S. 358).

Die Fortsetzung eines auf dem Grundstücke betriebenen Gewerbes (Gastwirtschaft, Hotels, Fabrik, Heilanstalt) ist regelmäßig nicht Sache des Verwalters, zumal wenn hierzu besondere persönliche (technische, kaufmännische) Kenntnisse erforderlich sind (Jäckel S. 540, v. d. Pfordten S. 459). An ihre Stelle tritt zweckmäßig die Verpachtung (vgl. des näheren ZfZP. Bd. 31 S. 315 ff., Bd. 33 S. 447 ff., Recht 1904 S. 67, 1905 S. 67).

Der Verwalter ist in dem einmal erlangten Besitz geschützt und berechtigt, soweit es die ordnungsmäßige Benutzung oder die Erhaltung des wirtschaftlichen Bestandes des Grundstücks erfordert, Besitzesstörungen hintanzuhalten und zu beseitigen (§§ 858 ff. BGB.), die Ansprüche aus den nachbarrechtlichen[4]) Beschränkungen des

---

[1]) Dritten gegenüber wird aus den Rechtsgeschäften des Verwalters allein die Masse (der Schuldner) berechtigt und verpflichtet, soweit ersterer nicht erkennbar seine Befugnisse überschritten hat (§§ 164, 166 BGB., Jäckel S. 537; vgl. auch § 150 Fußnote 2).

[2]) Peiser S. 123 ff. — Die Vorschriften über die Rechte und Pflichten des Nießbrauchers (§§ 1036 ff. BGB.) finden entsprechende Anwendung.

[3]) Dieselben gehören aber nicht zur Teilungsmasse in der Zwangsverwaltung, soweit sie nicht an die Stelle der Früchte getreten sind. Werden sie nicht zum Wiederaufbau verwendet, so sind sie verzinslich anzulegen und die Zinsen zu verteilen (Jäckel S. 541, Fischer-Schäfer S. 507, abw. Peiser S. 141).

[4]) Der Verwalter kann daher das Anbauen an einer auf dem Grundstücke stehenden Mauer verbieten, auch wenn der Schuldner sich vor der Beschlagnahme schon zur Gestat-

Eigentums (§§ 906 ff., 1004 BGB., Art. 124 EG., Art. 62—80 BayAG. z. BGB.) und der Beeinträchtigung einer Grunddienstbarkeit oder eines anderen mit dem Grundstückseigentum verbundenen Rechtes (§§ 96, 1027 BGB.) geltend zu machen (Fischer-Schäfer S. 511, Peiser S. 113).

Dagegen steht dem Verwalter die rechtliche Verfügung über das Grundstück (Veräußerung, Belastung) nicht zu.

3. Vertragserfüllung und Prozeßführung. Der Verwalter ist nicht Rechtsnachfolger des Subhastaten, auch nicht in Ansehung der Verwaltung (Rechtspr. d. OLG. IX S. 144); er tritt weder in die persönlichen Rechte noch Pflichten des Schuldners ein (Gruchot Bd. 45 S. 330). Der Verwalter kann also nicht auf Erfüllung der schuldnerischen Verträge, auch nicht auf Schadensersatz wegen Nichterfüllung verklagt werden.

Er kann und wird jedoch Verträge des Schuldners mit Zustimmung des andern Teils erfüllen, soweit dadurch dem Zwecke der Verwaltung gedient ist[5]). Dies gilt sowohl für Kauf- und Werkverträge, wie für Dienstverträge (vgl. Reinhard II S. 217, Jäckel S. 539, Peiser S. 132 ff., Recht 1903 S. 22; über Eideszuschiebung bezüglich Handlungen des Schuldners s. Seuff. Arch. Bd. 58, 337). Ebensowenig entstehen aus den Handlungen des Verwalters Rechte und Pflichten für den Ersteher (Fußnote 5), wohl aber für den Schuldner (Fußnote 1).

Abweichendes gilt nur für Miet- und Pachtverträge (§§ 152 Abs. 2, 57; Art. 28, 36 BayAG. z. ZVG., Art. 6 BayÜV.). War das Grundstück zur Zeit der Beschlagnahme dem Mieter (Pächter) noch nicht überlassen, so kann aber auch hier weder von diesem, noch vom Verwalter Erfüllung verlangt werden[6]). An die vom Verwalter ordnungsmäßig geschlossenen Miet- und Pachtverträge ist der Schuldner gebunden, ohne ein besonderes Kündigungsrecht (wie z. B. dem Nießbraucher gegenüber nach § 1056 Abs. 2 u. 3 BGB.) beanspruchen zu können (Fischer-Schäfer S. 509).

Trotz Einleitung der Zwangsverwaltung bleibt der Schuldner prozeßfähig. In Gegenständen der Verwaltung ist aber nur der Verwalter Partei (aktiv und passiv legitimiert), wenn er auch nicht mit seinem, sondern mit dem von ihm verwalteten Vermögen haftet; das Urteil in solchen Prozessen wirkt materiell für und gegen die Masse (Schuldner), ist aber nicht ohne weiteres für und gegen den Schuldner — bezw. für den bei der Verteilung auf die Forderung verwiesenen Gläubiger — vollstreckbar (Reinhard II S. 221, Peiser S. 174, Falkmann, Zwangsvollstreckung, 2. A. S. 175; a. M. Fischer-Schäfer S. 512, v. d. Pfordten S. 465, welche die §§ 727 ff., 325 ZPO. für anwendbar halten).

Einen bereits anhängigen Prozeß des Schuldners kann der Verwalter nur mit Zustimmung des Gegners übernehmen; außerdem kann er als Nebenintervenient beitreten, in welchem Falle § 69 ZPO. gilt. Das Verfahren vor dem Prozeßgerichte wird weder unterbrochen noch ausgesetzt. Macht der Gegner den infolge der Beschlagnahme eingetretenen Mangel der Sachlegitimation des Schuldners geltend (was nur

---

tung verpflichtet hatte, wenn dies nicht in dinglicher, dem betreibenden Teile gegenüber wirksamen Weise geschehen ist (§ 23). Anders in der Zwangsversteigerung (§§ 24, 25); dem Ersteher gegenüber würde hier aber § 91 (§ 59) eingreifen.

[5]) Um die Einreden aus der Person des Schuldners auszuschließen, wird der Verwalter zweckmäßig neue Verträge schließen. Unzulässig wäre z. B. der Eintritt in einen Vertrag, laut dessen der Schuldner für die Erfüllung durch seine Rechtsnachfolger haftet, da der Verwalter die Masse nicht insoweit verpflichten kann, es müßten denn alle Beteiligten zustimmen und der Eintritt des Rechtsnachfolgers (Erstehers) in den Vertrag durch besondere Vereinbarung (Versteigerungsbedingung, § 59) gesichert sein.

[6]) Bei Fideikommissen usw. siehe Art. 36 BayAG. z. ZVG., Becher Mat. VI S. 33, 89.

geschehen kann, wenn es sich um einen Gegenstand der Verwaltung handelt), so kann sich die Notwendigkeit der Änderung der Klagebitte — z. B. Zahlung an den Verwalter — ergeben (Reinhard II S. 222, Jäckel S. 542; teilw. a. M. Fischer-Schäfer a. a. O.).

Mit Aufhebung der Verwaltung hat die Funktion des Verwalters nicht ohne weiteres ihr Ende erreicht; er hat vielmehr die in Ansehung der Verwaltung schwebenden Geschäfte (z. B. Einziehung ausstehender Mietzinse, angefangene Prozesse) zu Ende zu führen. Die Mittel hierzu sind aus der Masse zurückzubehalten (JW. 1902 S. 318, RG. Bd. 53 S. 263; Rechtspr. d. OLG. V S. 336, IX S. 144; Recht 1902 S. 170, 215; 1903 S. 15, 177; ZBlFG. IV S. 90; Peiser S. 174). — Ergibt sich nach Verteilung der Masse eine vom Verwalter nicht gedeckte Ausgabe, so haftet hierwegen der ungerechtfertigt bereicherte, zuletzt zum Zuge gekommene Gläubiger (nicht Ersteher), eventuell der Schuldner; der Verwalter nur bei Vorsatz oder Fahrlässigkeit (Peiser S. 170).

4. War der Subhastat nur **Miteigentümer,** so erlangt der Verwalter Mitbesitz und Mitverwaltung. Die Regelung derselben unterliegt, soweit die Miteigentümer hierüber nichts vereinbart haben, den §§ 743 ff. BGB. (Jäckel S. 519). Über Verteilung der Nutzungen siehe § 155 Bem. 2b.

Zur Aufhebung der Gemeinschaft (§ 749 BGB.) ist der Verwalter nicht befugt; einer vom Schuldner beabsichtigten Aufhebung stünde der Verwaltungsvermerk entgegen (§ 772 ZPO.). Dagegen bleibt das Recht der übrigen Teilhaber, Aufhebung der Gemeinschaft zu verlangen, unberührt (Fischer-Schäfer S. 488).

§ 153.

Das Gericht hat den Verwalter nach Anhörung des Gläubigers und des Schuldners mit der erforderlichen Anweisung für die Verwaltung zu versehen, die dem Verwalter zu gewährende Vergütung festzusetzen und die Geschäftsführung zu beaufsichtigen; in geeigneten Fällen ist ein Sachverständiger zuzuziehen.

Das Gericht kann dem Verwalter die Leistung einer Sicherheit auferlegen, gegen ihn Ordnungsstrafen bis zu zweihundert Mark verhängen und ihn entlassen.

E. I §§ 196 Abs. 2, 198 Abs. 1; M. 328—330; D. 62; KBer. —.

Stellung des Verwalters gegenüber dem Vollstreckungsgerichte.

1. Über das **bisherige Recht** vgl. BaySO. Art. 134, 136, 139, 140 ff. — Das Gericht konnte vom Verwalter nicht von Amts wegen Sicherheit verlangen.

2. **Verhältnis des Verwalters zum Gericht.** Der Verwalter ist zwar ein dem Gericht untergeordnetes Organ zur Ausführung der Verwaltung, er wird jedoch innerhalb der ihm durch das Gesetz und die Aufträge des Gerichts gezogenen Grenzen selbständig und in eigener Verantwortlichkeit tätig. Die „Anweisung" des Gerichts wird sich daher in der Regel auf eine Belehrung des Verwalters über seine gesetzlichen Befugnisse und Pflichten beschränken können. Sind aber besondere, in die Ausführung der Verwaltung selbst eingreifende Weisungen notwendig (z. B. wegen Änderung der Bewirtschaftung, Fortsetzung wichtiger Verträge, Aufwendungen außerordentlicher Natur), so sind vorher Gläubiger und Schuldner zu hören[1]) — auch im Laufe des Verfahrens —, erforderlichenfalls Sachverständige zuzuziehen.

Der Verwalter ist an die Anweisung gebunden; doch kann er unter Umständen nicht bloß befugt, sondern auch verpflichtet sein, hiervon abzugehen; z. B. bei veränderter Sachlage, die dringende Stellungnahme erfordert, ohne daß vorher die Genehmigung des Gerichts bezw. die Aufhebung der Weisung herbeigeführt werden kann. Pflichtwidrige Verletzung der gerichtlichen Anweisung kann zu Ordnungsstrafen Veranlassung geben, auch die Schadensersatzpflicht nach § 154 begründen. Dritten Personen gegenüber sind die Rechtshandlungen des Verwalters, soweit sie innerhalb seiner Zuständigkeitsgrenzen liegen, auch dann rechtsgültig, wenn er eine spezielle Weisung des Gerichts nicht befolgt hat, es müßte denn der Dritte von derselben Kenntnis gehabt haben (Jäckel S. 544; vgl. § 152 Fußnote 1).

Weisungen der Beteiligten sind für den Verwalter unverbindlich; sie zu befolgen, ist seinem Ermessen überlassen. Die Beteiligten (nicht der Verwalter) können dagegen den Weg des § 766 ZPO. beschreiten.

Verschieden von der Anweisung des § 153 sind die Anordnungen der Justizverwaltung nach § 14 EG. z. ZVG., die auch den Richter binden (Fischer-Schäfer S. 513, 607). Derartige Anordnungen sind in Bayern nicht ergangen.

3. Aufsichtsrecht und -pflicht. Das Gericht hat nicht bloß die Gesetzmäßigkeit, sondern auch die Zweckmäßigkeit der Geschäftsführung des Verwalters zu kontrollieren. Zur Zweckmäßigkeit ist vor allem auch die Unterlassung jeglicher, nicht durch laufende Einnahmen gedeckter Ausgaben zu rechnen, weshalb der Verwalter strengstens anzuhalten ist, rechtzeitig die Notwendigkeit von Vorschüssen zu melden. Es wäre z. B. ganz unzulässig, weil dem Zweck und der Aufgabe der Verwaltung zuwiderlaufend, ein seiner Natur nach unrentables Grundstück (Bauplatz) erst während der Verwaltung zu einem nutzbringenden (Miethaus) umzugestalten oder ein heruntergekommenes Gut durch Anschaffung von Vieh und Getreide ohne Barmittel (gegen Kredit) überhaupt ertragsfähig zu machen (vgl. § 161 Abs. 3).

Das Gericht kann jederzeit Berichterstattung, Vorlage der Bücher, Ablieferung der Gelder, Richtigstellung der Rechnung u. dgl. fordern, nach Anhörung Ordnungsstrafen (bis zu 200 Mk., auch mehrmals)[2]) verhängen und den Verwalter entlassen. Nach Entlassung kann nicht mehr mit Ordnungsstrafen eingeschritten werden (Jäckel S. 551; vgl. aber § 154 Bem. 3).

Das Gericht bestimmt seine Vergütung (vgl. § 14 EG. z. ZVG., § 10 JMBek. vom 31. III 1905) und entscheidet über die Auflage einer Sicherheit, beides in der Regel beim Beginn der Verwaltung und nach Anhörung des Verwalters, Gläubigers und Schuldners (vgl. Art. 134 BayGO.). Für erstere haftet zunächst die Masse (§ 155), sodann der Antragsteller und Schuldner[3]). Gegen diesen ist der Festsetzungsbeschluß vollstreckbar (§ 794 Ziff. 3 ZPO.; abw. Fischer-Schäfer

---

[1]) Hierzu kann ein Termin (auch an Ort und Stelle) anberaumt werden (vgl. § 150 Fußnote 3). Gegen die Entscheidung des Gerichts ist Gegenvorstellung, soweit aber Gehör vorausgegangen, sofortige Beschwerde (nicht des Verwalters) zulässig (§§ 766, 793 ZPO.; Reinhard II S. 225, Jäckel S. 543).

[2]) Zur Verhütung von Pflichtwidrigkeiten und Erzwingung von Handlungen, wie zur Bestrafung (Reinhard II S. 229, Jäckel S. 544). Umwandlung in Haft unzulässig, Androhung und vorheriges Gehör nicht durchaus erforderlich.

[3]) Es ist Sache des Verwalters, bei Unzulänglichkeit der Masse Vorschußleistung herbeizuführen (§ 161 Abs. 3); die Staatskasse haftet nicht (Rechtspr. d. OLG. II S. 239). Der Antragsteller seinerseits kann die aufgewendeten Kosten gemäß § 788 ZPO. vom Schuldner ersetzt verlangen und gemäß § 10 Ziff. 1, bezw. § 10 Abs. 2 mit §§ 12, 155 Abs. 2 liquidieren.

S. 516). Gegen die Festsetzung der Vergütung steht allen Beteiligten (§ 154), wie dem Verwalter die sofortige Beschwerde zu.

Die Sicherheit, für deren Anordnung die Person des Verwalters, die Höhe der Einnahmen, die nunmehrige längere Dauer der Rechnungsperioden entscheidend sein können, haftet (§ 233 BGB.) den Beteiligten, nicht bloß dem Gläubiger und Schuldner (da sie nicht nur zur Sicherung der Rechnungslegung, sondern aller aus der Verwaltungstätigkeit sich ergebenden Ansprüche dient, § 154; Jäckel S. 545, Fischer-Schäfer S. 516; a. M. Peiser S. 166, Reinhard II S. 228). Die Sicherheit ist daher jeweils für eine bestimmte Verwaltung, nicht nur allgemein zu leisten (Peiser S. 168). Sie ist nach Beendigung der Verwaltung zurückzugeben. Die Beteiligten sind darüber zu hören; bei Versteigerung geschieht dies im Wege der §§ 105 bezw. 144, 160, im übrigen bei Abnahme der Schlußrechnung. Die Geltendmachung etwaiger Ansprüche auf die Sicherheit hat außerhalb des Verfahrens zu erfolgen.

Haftung des Gerichts für unterlassene Aufsicht: § 839 BGB.

4. Beschwerderecht des Verwalters. Gegen die ihn persönlich treffenden Entscheidungen des Gerichtes (die von Amts wegen zuzustellen sind) steht dem Verwalter die sofortige Beschwerde zu, so z. B. gegen die Festsetzung seiner Vergütung, Verhängung von Ordnungsstrafen, Entlassung, Nachforderung einer Sicherheit[4]), Zurückbehaltung derselben. Hinsichtlich der die Verwaltung betreffenden richterlichen Verfügungen steht dem Verwalter kein Beschwerderecht zu.

5. Der Verwalter kann seine Funktion nicht ohne Genehmigung des Gerichts niederlegen, aber jederzeit seine **Entlassung** nachsuchen; für einen durch unzeitigen Rücktritt entstandenen Schaden ist er verantwortlich (§§ 627, 671 BGB., § 154 Ges., Fischer-Schäfer S. 501).

§ 154.

Der Verwalter ist für die Erfüllung der ihm obliegenden Verpflichtungen allen Betheiligten gegenüber verantwortlich. Er hat dem Gläubiger und dem Schuldner jährlich und nach der Beendigung der Verwaltung Rechnung zu legen. Die Rechnung ist dem Gericht einzureichen und von diesem dem Gläubiger und dem Schuldner vorzulegen.

E. I § 199; M. 330, 331; D. 62; KBer. —.

Verantwortlichkeit des Verwalters. Rechnungslegung.

1. Über das bisherige Recht vgl. Art. 134 Ziff. 6, 142 Abs. 2, 156 Abs. 2 BayHO. — Eine ausdrückliche Vorschrift über die Haftung des Verwalters fehlte. An die Stelle der gerichtlich bestimmten Rechnungsperioden sind Verwaltungsjahre getreten.

2. Haftung. Der Verwalter ist nicht Beamter im Sinne des § 839 BGB. Den Umfang seiner persönlichen Haftung gegenüber den Beteiligten (§ 9, nicht Ersteher) bestimmen §§ 276, 278, 831 BGB., gegenüber Dritten §§ 823 ff. BGB.

Er steht zu den Beteiligten in einem vertragsähnlichen Verhältnis. Soweit er zur Erfüllung seiner Verwaltungsaufgaben sich anderer Personen bedienen darf (z. B. bei dringenden Geschäften, an deren Vornahme er verhindert ist), haftet

---

[4]) Der Verwalter hat kein Recht auf Zuteilung der Verwaltung oder auf Umgangnahme von einer Sicherheit (hierwegen also auch kein Beschwerderecht, a. M. Fischer-Schäfer S. 516), wohl aber auf Belassung in dem ihm einmal übertragenen Amt; er ist also auch durch nachträgliche Forderung einer Sicherheit beschwert.

er nach § 278, für das Dienstpersonal nach § 831 BGB. (Jäckel S. 548, Peiser S. 170, Recht 1901 S. 299 ff.).

Die Verantwortlichkeit des Verwalters kann nur im Prozesse geltend gemacht werden.

3. Rechnungslegung. Sie kann vom Gerichte jederzeit verlangt und erzwungen werden (§ 153) und geschieht im übrigen jährlich und nach Beendigung der Verwaltung. Andere Beteiligte als der Gläubiger und Schuldner haben, auch wenn sie Schadensersatzansprüche aus § 154 erheben, kein Recht auf Rechnungslegung (Fischer-Schäfer S. 518). Das Gericht hat in Erfüllung seiner Aufsichtspflicht (§ 153) die Rechnung in rechnerischer und sachlicher Beziehung [1]) zu prüfen (zu welchem Zweck es sich eines Sachverständigen bedienen kann), auf ihre Richtigstellung hinzuwirken und sie dem betreibenden Gläubiger und Schuldner vorzulegen (zur Einsicht auf der Gerichtsschreiberei niederzulegen), nötigenfalls unter Anberaumung eines Verhandlungstermins. Soweit das Gericht auf deren Erklärungen hin gegen die Rechnungslegung nicht einschreitet, bleibt ihnen Beschwerde und Rechtsweg offen [2]). Die Einreichung der Schlußrechnung kann gleichfalls durch Ordnungsstrafen erzwungen werden, da erstere noch zum Verfahren gehört, auch wenn dieses vorher aufgehoben sein sollte (Jäckel S. 550, abw. Fischer-Schäfer S. 519).

Einen Anspruch auf Entlastung hat der Verwalter nicht (Recht 1904 S. 356).

Verzicht auf Rechnungslegung ist zulässig.

Im Falle der Versteigerung des Verwaltungsgegenstandes ist die Rechnung für den Tag des Zuschlags zu stellen (§§ 56, 90).

§ 155.

Aus den Nutzungen des Grundstücks sind die Ausgaben der Verwaltung sowie die Kosten des Verfahrens mit Ausnahme derjenigen, welche durch die Anordnung des Verfahrens oder den Beitritt eines Gläubigers entstehen, vorweg zu bestreiten.

Die Ueberschüsse werden auf die im § 10 Nr. 1 bis 5 bezeichneten Ansprüche vertheilt, auf die Ansprüche der zweiten, dritten und vierten Klasse jedoch nur insoweit, als laufende Beträge wiederkehrender Leistungen zu berichtigen sind.

E. I § 200 Abs. 1, 2; M. 331—333; D. 62; KBer. 52.

Verteilung der Nutzungen.

1. Bisheriges Recht. Nach Art. 145, 150, 151 BayGO. wurden die Verwaltungserträgnisse im wesentlichen nach den nämlichen Grundsätzen verteilt, wie der Versteigerungserlös; insbesondere wurden aus jenen auch Rückstände, an wiederkehrenden Leistungen, wie an Kapitalien, und zwar beides im Range der betr. Rechte gedeckt. Bei Kapitalsforderungen war jedoch die Erwirkung der Beschlagnahme erforderlich (Ortenau-Henle S. 462). Die Vorschriften des ZVG. über die Verteilung der Verwal-

---

[1]) Vgl. §§ 259 ff., 1843 BGB. — Besonderer Beachtung bedürfen z. B. Differenzen zwischen den Soll- und Ist-Einnahmen und -Ausgaben.

[2]) Die Leistung des Offenbarungseides kann vom Vollstreckungsgerichte nicht erzwungen werden (§§ 259, 261 BGB., § 889 ZPO.; Jäckel S. 549, Reinhard II S. 233, Peiser S. 152; a. M. Wolff § 154 Bem. 4).

tungsüberschüsse weichen hauptsächlich insoferne von denen der SO. ab, als die Befriedigung wegen des Kapitals (des betreibenden Teils) in den Hintergrund tritt und im Interesse des Schuldners zunächst auf die Deckung aller laufenden Leistungen Bedacht genommen ist.

2. Verteilung der Verwaltungsmasse. Da die Zwangsverwaltung Befriedigung des betreibenden Gläubigers aus den Nutzungen bezweckt, wobei die Substanz des Objektes dem Schuldner möglichst erhalten bleiben soll, hat § 155 insofern eine von § 10 abweichende Verteilung vorgeschrieben, als den laufenden wiederkehrenden Leistungen (§ 13) ein Vorrang vor Rückständen und Kapitalsforderungen eingeräumt und diese beiden überhaupt nur gedeckt werden, wenn hierwegen Beschlagnahme erwirkt ist (wodurch sie immer in die 5. Klasse verwiesen sind), sowie insoferne als die Ansprüche der Ziff. 6—8 des § 10 überhaupt außer Betracht bleiben. Dies gilt auch, wenn gleichzeitig Versteigerung betrieben wird.

a) **Vorweg** zu decken sind

die Verwaltungsausgaben (Wirtschafts- und Prozeßkosten, Verwalterhonorar) und die Kosten des Verwaltungsverfahrens (gerichtliche Gebühren und Auslagen, BayGebGes. Art. 7, 11, 13), beide im Gleichrang.

Zu den Wirtschaftskosten gehören auch die auf die Zeit der Verwaltung treffenden Arbeitslöhne (welche im übrigen unter Ziff. 2 des § 10, § 155 Abs. 2 fallen), sowie die dem Verwalter gegebenen Vorschüsse, nicht aber die laufenden Beträge öffentlicher Lasten (Ziff. 3 des § 10 mit §§ 155 Abs. 2, 156 Abs. 1; Jäckel S. 554 ff., Reinhard II S. 237; abw. Fischer-Schäfer S. 520 hinsichtlich der vom Gläubiger gegebenen Vorschüsse).

Nicht unter a, sondern b 5 fallen die Kosten des betreibenden Teils für Anordnung oder Beitritt, ebenso die Kosten einer erfolglosen Versteigerung im Falle des § 77 Abs. 2, wohl aber ein Vorschuß des betreibenden Gläubigers für die Kosten des Verwaltungsverfahrens.

b) Aus dem hiernach verbleibenden **Überschuß** werden der Reihe nach gedeckt:

die Ansprüche aus § 10 Ziff. 1 (soweit sie nicht als Vorschüsse unter a) fallen);

sodann die laufenden (§ 13) Beträge aus § 10 Ziff. 2 für die Zeit vor der Verwaltung;

weiter die laufenden aus Ziff. 3 und 4; die laufenden (§ 13) wiederkehrenden[1]) Leistungen, auch aus Rechten, welche demjenigen des jeweiligen Beschlagnahmegläubigers nachgehen (einschließlich der Rechte des Eigentümers, §§ 1177, 1197 BGB.), nicht aber aus Rechten, die jenem gegenüber infolge der Beschlagnahme unwirksam sind (§ 10 Ziff. 6); bei Verwaltung ideeller Anteile kann der Gläubiger einer auf dem ganzen Objekte lastenden Hypothek seine ganzen Zinsen vom Verwalter verlangen (Henle Bem. 6);

endlich der Gesamtanspruch des Beschlagnahmegläubigers aus Ziff. 5 (soweit er nicht wegen laufender Leistungen an früherer Stelle ran-

[1]) Öffentliche Lasten, die nicht in wiederkehrenden Leistungen bestehen, sondern in einer einmaligen sich erschöpfen, sind als rückständig anzusehen, wenn sie vor der Beschlagnahme fällig wurden; solche werden also bei der Zwangsverwaltung nicht berücksichtigt, auch wenn sie innerhalb zweier Jahre vor der Beschlagnahme fällig geworden sind (anders in der Zwangsversteigerung nach § 10 Ziff. 3; siehe § 13 Bem. 3, Fischer-Schäfer S. 523, Jäckel S. 553).

giert, mag er in Kosten, rückständigen Nebenleistungen oder Kapitalien bestehen).

Über die Rangordnung der Ansprüche der Ziff. 4 und 5 unter sich, siehe § 11. Im Falle mehrfacher Beschlagnahme erlangt der zweite Beschlagnahmegläubiger (ebenso wie ein nachträglich eingetragener Hypothekgläubiger) auch keine laufenden wiederkehrenden Leistungen (wenn sie nicht unter Ziff. 2—4 fallen), bis nicht der erste Beschlagnahmegläubiger voll befriedigt ist. Der erste Beschlagnahmegläubiger geht mit seinem Kapitalsanspruch immer dem Hauptanspruch des zweiten (wenn auch dinglichen und besser berechtigten) Beschlagnahmegläubigers vor (anders bei der Zwangsversteigerung); siehe § 156 Bem. 3.

Gleichzeitig mit dem Anspruch auf laufende Leistungen sind gemäß § 12 Ziff. 1 auch die Kosten des § 10 Abs. 2, welche den Beteiligten für die Teilnahme am Verfahren erwachsen, zu befriedigen; diese Kosten berechnen sich für die nicht betreibenden Gläubiger natürlich nur aus den laufenden Leistungen, nicht aus dem Hauptanspruch (Fischer-Schäfer S. 522, vgl. Art. 20 BayRAGO. vom 26. III 1902).

Sind die Beschlagnahmeforderungen gedeckt, so ist das Verfahren aufzuheben (§ 161 Abs. 2), ein weiterer Überschuß also nicht nach § 10 Ziff. 6—8 zu verteilen, sondern (soweit nicht gepfändet[2]) oder übertragen) dem Schuldner auszuhändigen.

3. Abweichungen bei Fideikommissen und Bergwerken; siehe Art. 34 ff. BayAG. z. ZVG.[3]).

§ 156.

Die laufenden Beträge der öffentlichen Lasten sind von dem Verwalter ohne weiteres Verfahren zu berichtigen.

Ist zu erwarten, daß auch auf andere Ansprüche Zahlungen geleistet werden können, so wird nach dem Eingange der im § 19 Abs. 2 bezeichneten Mittheilungen des Grundbuchamts der Vertheilungstermin bestimmt. In dem Termine wird der Theilungsplan für die ganze Dauer des Verfahrens aufgestellt. Die Terminsbestimmung ist den Betheiligten sowie dem Verwalter zuzustellen. Die Vorschriften des § 105 Abs. 2 Satz 2, des § 113 Abs. 1 und der §§ 114, 115, 124, 126 finden entsprechende Anwendung.

E. I §§ 201, 202; M. 333—335; D. 63; KBer. —.

Verteilungsverfahren in der Zwangsverwaltung.

1. Bisheriges Recht. Allgemeines. Abs. 1 ist neu. — Der Verteilungstermin des Abs. 2 ist nicht mehr zur Rechnungsabhör bestimmt (Art. 146, 154 BayGO., § 154), da derselbe nicht erst nach Ablauf des Verwaltungsjahres abgehalten wird und auch dann, wenn noch keine Erträgnisse vorhanden sind. Der Termin, wie der

---

[2]) Drittschuldner ist der Verwalter bezw. die Hinterlegungsstelle; die Rangordnung dieser Pfandrechte richtet sich nach dem Zeitpunkte der Pfändung, denn mit der Aufhebung der Verwaltung ist auch eine Verteilung nach der in § 155 statuierten Rangordnung ausgeschlossen (Fischer-Schäfer S. 522, a. M. Jäckel S. 552, v. d. Pfordten S. 479).

[3]) Die Fideikommißgläubiger 2. Klasse erhalten für rückständige Leistungen und Kapitalien Befriedigung nicht an 5. Stelle, sondern im Rang ihrer Rechte, vorausgesetzt, daß sie Beschlagnahme hierwegen erwirkt hatten (Art. 35 BayAG. z. ZVG.). — Über Ansprüche der Bergleute usw., öffentliche Lasten des Bergwerks, Beiträge der Gewerken, vgl. Art. 38, 39 BayAG. z. ZVG.

Verteilungsplan ist nunmehr ein einmaliger, für die Zukunft berechneter. Der Plan wird nicht vom Richter und nicht im Termin ausgeführt.

2. Die laufenden Beträge der **öffentlichen Grundstückslasten** (welche nach § 155 Abs. 2, § 10 Ziff. 3 rangieren) hat der Verwalter, ohne den Verteilungstermin abzuwarten, nach Vorwegnahme der zur Bestreitung der Verwaltungsausgaben und Kosten (§ 155 Bem. 2a) nötigen Summe zu berichtigen, vorausgesetzt, daß die Erträgnisse voraussichtlich auch zur Deckung der den öffentlichen Lasten im Range vorgehenden Ansprüche (§ 155 Abs. 1, 2 § 10 Ziff. 1 und 2) ausreichen (Jäckel S. 557). Welche öffentliche Lasten aus dem Grundstücke zu entrichten sind, hat der Verwalter zu ermitteln, soweit sie nicht angemeldet sind (Gruchot Bd. 47 S. 376).

3. Die Befriedigung anderer Ansprüche (z. B. § 10 Ziff. 1) erfordert gerichtliche Verteilung (Ausnahme: § 160). Der Bestimmung des **Verteilungstermins** geht die Prüfung der Frage voraus, ob für solche Ansprüche überhaupt Masse vorhanden sein wird (Bericht des Verwalters). Daß der Beschlagnahmegläubiger Deckung findet, ist nicht erforderlich. — Ist eine Befriedigung irgend welcher Beteiligter überhaupt nicht zu erwarten, so unterbleibt der Termin; die Verwaltung selbst dauert fort (§ 161). Vor der Terminsanberaumung wird auch die Möglichkeit eines Verfahrens nach § 160 zu berücksichtigen sein. Eine bestimmte Frist für den Termin ist nicht vorgeschrieben.

Der Plan enthält nur die Feststellung der nach § 155 zu befriedigenden Forderungen der Beteiligten nach Rang, Höhe und Fälligkeit ohne Rücksicht auf gegenwärtige oder zukünftige Masse; es wird also so verfahren, als wenn diese für alle Ansprüche nach § 155 ausreichen würde. Naturalleistungen sind nicht in Geldwert umzuwandeln, sondern als solche vom Verwalter zu entrichten.

Im Falle des Beitritts eines weiteren Gläubigers ist der Plan zu ergänzen[1]). Hierbei ist zu beachten, daß unter den Beschlagnahmegläubigern nur die Priorität der Beschlagnahme entscheidet, nicht der Rang des dinglichen Rechtes; dem persönlichen Beschlagnahmegläubiger gehen also wohl die laufenden wiederkehrenden Leistungen für die dinglich Berechtigten, nicht aber der Kapitalsanspruch eines solchen, wenn dieser erst nach jenem Beschlagnahme erwirkt hat, vor. Denn in der 5. Klasse hat eben der dinglich Berechtigte als solcher kein Vorrecht (§ 10 Ziff. 5, § 11 Abs. 2, § 155 Abs. 2; Fischer-Schäfer S. 522, ebenso Mot. zu Art. 35 BayAG. z. ZVG., Becher Mat. VI S. 33; bestr., siehe Jäckel S. 561).

Eine Planänderung kann auch bei Wegfall eines Anspruchs (z. B. durch anderweitige Befriedigung) oder auf Grund Urteils im Widerspruchsprozesse notwendig werden (vgl. § 159).

Im übrigen siehe über Beteiligte §§ 9, 105 Abs. 2 Satz 2; Zustellung, auch an Verwalter, 3 ff., 19 Abs. 2, 156 Abs. 2; Planaufstellung 113 Abs. 1, 114, 124; Termin, Widerspruch und Eventualzuteilung[2]) 115, 124, 126; Hinterlegung 126; Ausführung 157 ff.; Planänderung 159.

Zu bemerken ist, daß auch Pfändungsgläubiger zu den Beteiligten zu zählen sind, wenn sie im Grundbuch eingetragen sind oder gemäß § 9 Abs. 2 ihr Recht ange-

---

[1]) Ohne Termin. Zustellung des Ergänzungsbeschlusses an Beitretenden, Schuldner, Verwalter und die etwa durch die Ergänzung betroffenen Beteiligten; hiergegen Erinnerung und sofortige Beschwerde wegen formaler Verstöße, im übrigen Widerspruchsklage, § 159; gegen Auszahlung einstw. Anordnung nach §§ 767, 769, 771 ZPO., bezw. einstw. Verfügung nach § 935 ZPO. (Jäckel S. 561, Reinhard II S. 251).

[2]) Die Vorlage des Briefes ist wegen §§ 1159, 1160 Abs. 3 BGB. regelmäßig nicht erforderlich (Wolff Bem. 3, Jäckel S. 559).

meldet haben (vgl. Art. 40, 147 Ziff. 4 BayGO.). Die Anmeldungen, welche zur Zwangsversteigerungssache erfolgt sind, müssen zur Zwangsverwaltung besonders betätigt werden (Gruchot Bd. 47 S. 377, Jäckel S. 559).

4. Bei gleichzeitig schwebender **Zwangsversteigerung** wird häufig (soweit keine Verzögerung damit verbunden ist) der Verteilungstermin in beiden Verfahren zusammengelegt[3]), auch mit dem Schlußrechnungstermine (§ 154) und dem Auszahlungstermin (§ 158) verbunden werden können. Im Termine wird dann zunächst der Plan über die Verwaltungsmasse festgestellt und (vom Verwalter) ausgeführt und das Ergebnis bei der Verteilung der Versteigerungsmasse berücksichtigt (Freund S. 211, Gruchot Bd. 47 S. 383, ZBlFG. V S. 519; vgl. § 161 Bem. 3).

§ 157.

Nach der Feststellung des Theilungsplans hat das Gericht die planmäßige Zahlung der Beträge an die Berechtigten anzuordnen; die Anordnung ist zu ergänzen, wenn nachträglich der Beitritt eines Gläubigers zugelassen wird. Die Auszahlungen erfolgen zur Zeit ihrer Fälligkeit durch den Verwalter, soweit die Bestände hinreichen.

Im Falle der Hinterlegung eines zugetheilten Betrags für den unbekannten Berechtigten ist nach den Vorschriften der §§ 135 bis 141 zu verfahren. Die Vorschriften des § 142 finden Anwendung.

E. I § 202; M. 334, 335; D. 63; KBer. 52.

Zahlung der laufenden Beträge wiederkehrender Leistungen.

1. Bisheriges Recht. Die Ausführung des Plans erfolgte nach Art. 155 BayGO. wie bei der Versteigerung durch gerichtliche Auszahlung der vom Verwalter hinterlegten Überschüsse oder durch Ausstellung von Erhebungsanweisungen auf den Verwalter oder Masseschuldner (Ortenau-Henle S. 467).

2. Ausführung des Plans durch **Zahlungsanordnung.** Da der Verteilungstermin nicht mehr am Ende einer Rechnungsperiode abgehalten, also regelmäßig noch keine Masse vorhanden sein wird, geschieht hier die Ausführung des Plans durch Anordnung künftiger Zahlung, während diese selbst dem Verwalter überlassen wird (Ausnahme § 158). Dieser hat mit Eintritt der Fälligkeit (auf welche die Zwangsverwaltung im Gegensatze zum Zuschlag keinen Einfluß hat) nach Maßgabe der vorhandenen Mittel die einzelnen Leistungen zu erfüllen.

Die Zahlungsanordnung hat anzugeben, an wen, wieviel, wann und in welcher Reihenfolge der Verwalter zu zahlen hat; ebenso, ob statt Zahlung (Naturalleistung) Hinterlegung (§§ 124, 126) erfolgen soll. Die Prüfung der Legitimation des

[3]) Dies läßt sich jedoch nicht immer ermöglichen, so z. B. nicht, wenn die Abwicklung der Verwaltungsgeschäfte noch längere Zeit in Anspruch nimmt. In solchen Fällen kann es vorkommen, daß bei vorangehender Verteilung in der Zwangsversteigerung der betreibende Teil (und die ihm vorgehenden Berechtigten) befriedigt werden, so daß die Verwaltung gemäß § 161 Abs. 2 aufzuheben und die Verwaltungsmasse nach Deckung der etwaigen, dem Anspruch des Betreibenden nachfolgenden laufenden Leistungen dem Schuldner auszuhändigen ist, obwohl noch Hauptansprüche in der Versteigerung ungedeckt blieben. Dieses Ergebnis kann nur durch Verzicht der vorgehenden Gläubiger auf Befriedigung ihrer laufenden wiederkehrenden Leistungen aus der Versteigerungsmasse bezw. durch Pfändung des Verwaltungsüberschusses hintangehalten werden (Recht 1902 S. 171 ff., ZBlFG. V S. 523 ff.).

Bezugsberechtigten (auf Grund Hypothekenbriefs, Vollstreckungstitels, Erbscheins, Vollmacht, Bestallung) ist Sache des Gerichts, die Prüfung der Identität des Empfängers Sache des Verwalters (Peiser S. 185). Der einmal Legitimierte ist so lange bezugsberechtigt, bis der Rechtsnachfolger sich gemeldet hat (§§ 1159, 1160 Abs. 3 BGB.). Bei aufschiebend bedingten Ansprüchen (§ 120) unterbleibt zweckmäßig die Anordnung überhaupt bis zum Eintritte der Bedingung (Reinhard II S. 249).

Gegen die Anordnung steht den Beteiligten (nicht Verwalter) Erinnerung und sodann sofortige Beschwerde zu (§§ 766, 793 ZPO.).

3. Die Notwendigkeit einer **Änderung** der Anordnung kann sich ergeben durch Beitritt (§ 156) anderer Gläubiger, Erledigung eines Widerspruchs gegen den Plan (§§ 156 Abs. 2, 159) Ermittlung des bisher unbekannten Berechtigten, Rechtsnachfolge, Wegfall eines Anspruchs, Eintritt des Zuschlags in der Zwangsversteigerung (ZBlFG. V S. 518, vgl. § 161 Bem. 3).

Von der Änderung sind die betroffenen Beteiligten durch Zustellung in Kenntnis zu setzen.

4. Die **Zahlung** nach Maßgabe der gerichtlichen Anordnung ist Sache des Verwalters (Mitwirkung des Gerichts nur im Falle des § 158); sie darf nur unter Berücksichtigung der jeweils bis zur Fälligkeit eines vorgehenden Anspruchs verfügbaren Mittel erfolgen; wenn also zur Wegfertigung eines vorgehenden Anspruchs bis zum Eintritte der Fälligkeit desselben Einnahmen nicht zu erwarten sind, so sind bis dahin die verfügbaren Mittel zurückzubehalten und nicht etwa für einen gerade fälligen nachgehenden Anspruch zu verwenden (Fischer-Schäfer S. 527, Gruchot Bd. 47 S. 376); anders, wenn bei Aufhebung der Verwaltung nachgehende Ansprüche fällig sind und aus den vorhandenen Mitteln bezahlt werden können, während vorgehende noch nicht fällig sind (ZBlFG. V S. 514).

Gegen Auszahlung oder Weigerung Erinnerung und sofortige Beschwerde[1]). Zahlungen an den betreibenden Gläubiger, über welche der Verwalter zu berichten hat, sind auf dem Vollstreckungstitel zu vermerken (§ 127 mit § 757 ZPO.)[2]).

Dem Verwalter obliegt auch die Erfüllung etwaiger Naturalansprüche nach dem Range dieser Rechte.

5. Über **Ermittlung des unbekannten** Berechtigten[3]) siehe §§ 135—142. Der Verwalter kann als Vertreter nach § 135 bestellt werden.

§ 158.

Zur Leistung von Zahlungen auf das Kapital einer Hypothek oder Grundschuld oder auf die Ablösungssumme einer Rentenschuld hat das Gericht einen Termin zu bestimmen. Die Terminsbestimmung ist von dem Verwalter zu beantragen.

Soweit der Berechtigte Befriedigung erlangt hat, ist das Grundbuchamt von dem Gericht um die Löschung des Rechtes zu ersuchen. Eine Aus-

---

[1]) Keine Klage (gegen den Verwalter), wie bei der Übertragung nach §§ 118, 132 (Reinhard II S. 250).

[2]) Daher Mitteilung an Verwalter, falls der Vollstreckungstitel nicht beim Akte sich befindet (Fischer-Schäfer S. 529, 530). Rechtsnachfolger des betreibenden Teils bedürfen der Rechtsnachfolgeklausel und deren Zustellung.

[3]) An Stelle des Eigentümers z. Z. des Zuschlags tritt da, wo keine Versteigerung stattgefunden hat, der letzte Eigentümer während der Verwaltung (Jäckel S. 562, Fischer-Schäfer S. 528).

fertigung des Protokolls ist beizufügen; die Vorlegung des über das Recht ertheilten Briefes ist zur Löschung nicht erforderlich.

Im Uebrigen finden die Vorschriften der §§ 117, 127 entsprechende Anwendung.

E. I § 203; M. 336; D. 63; KBer. —.

Zahlungen des Verwalters auf eingetragene Kapitalsansprüche.

1. Vgl. § 157 Bem. 1.

2. Ausführung des Plans durch **Zahlung unter Mitwirkung des Gerichts** findet nur statt (Ausnahme § 160), wenn aus den Erträgnissen auf ein eingetragenes Recht des betreibenden (dinglichen) Gläubigers eine Kapitalzahlung[1]) erfolgen kann (also nach Deckung der vorgehenden laufenden wiederkehrenden Ansprüche, § 155). Der Verwalter hat hierüber in seinem Antrage zu berichten, wobei Nachweis der Zahlung der vorgehenden Ansprüche zu erbringen ist (Reinhard II S. 254).

Zu dem hierauf anzuberaumenden Termine ist der Gläubiger und Verwalter zu laden. In demselben erfolgt lediglich die Zahlung durch den Verwalter an den empfangsberechtigten Gläubiger; bei dessen Abwesenheit zweckmäßig an das Gericht, welches sodann nach § 117 Abs. 2 verfährt. Ist die Person des Berechtigten unbekannt (§ 126), so erfolgt gleichfalls Hinterlegung (durch Gericht oder Verwalter). Zahlung vor dem Termine oder Übersendung an das Gericht bei Verhinderung des Verwalters ist aber nicht unzulässig[2]). Terminsprotokoll (§§ 159 ff. ZPO.), keine Verhandlung über den Plan.

3. Die **Befriedigung** tritt ein mit Aushändigung des Geldes an den Gläubiger im Termine, bei dessen Ausbleiben mit der Absendung an ihn oder der Hinterlegung. Geschieht sie vorher durch den Verwalter, so hat dieser Quittung in beglaubigter Form vorzulegen (Wolff §§ 117, 158 Bem. 2). Nach erfolgter Befriedigung hat das Gericht die **Grundbuchberichtigung** (ganze oder teilweise Löschung[3]) des Rechts) zu veranlassen. Abweichend von § 130 ist eine Protokollsausfertigung beizufügen, obwohl auch hier das Grundbuchamt kein sachliches Prüfungsrecht hat (Jäckel S. 563, Fischer-Schäfer S. 529). Wird der Brief samt den nach § 1155 BGB. erforderlichen Urkunden nicht vorgelegt, so erfolgt die Löschung auf Grund der Hinterlegung (§ 126 Abs. 2, §§ 135 ff.). Vermerk auf dem Vollstreckungstitel, Unbrauchbarmachung: §§ 127, 158 Abs. 3; im übrigen siehe §§ 39, 49, 55 GBO. (§§ 129, 139; 275—279; 56—62 DA. f. GBA.).

§ 159.

Jeder Betheiligte kann eine Aenderung des Theilungsplans im Wege der Klage erwirken, auch wenn er Widerspruch gegen den Plan nicht erhoben hat.

Eine planmäßig geleistete Zahlung kann auf Grund einer späteren Aenderung des Planes nicht zurückgefordert werden.

E. I § 202 Abs. 3; M. 335; D. 63; KBer. —.

---

[1]) Amortisationsbeträge fallen, obwohl Kapitalsteile, nicht hierunter, weil wiederkehrende Leistungen (§ 10 Ziff. 4, § 12; Wolff Bem. 1, Jäckel S. 563).

[2]) Das Gericht ist jedoch nicht verpflichtet, die Zahlung an den Gläubiger zu vermitteln; es kann das Erscheinen des Verwalters verlangen (Fischer-Schäfer S. 529).

[3]) Also keine Umwandlung in eine Eigentümergrundschuld (§§ 1147, 1181 BGB.). — Handelt es sich um eine Gesamthypothek, so bezieht sich das Ersuchen an das Grundbuchamt nur auf das beschlagnahmte, nicht auf die mithaftenden Grundstücke (vgl. § 130 Bem. 4 und §§ 1181 Abs. 2, 1182 BGB.).

Änderung des Verteilungsplans.

1. Die Vorschrift hat ihren **Grund** darin, daß der Plan (anders als nach BayGO.) meist künftige, nicht gegenwärtige Erträgnisse zum Gegenstande hat und nur ein einmaliger Verteilungstermin stattfindet.

2. Änderung des Plans im Klagewege ist nicht nur auf Grund des im Verteilungstermine (§ 156 Abs. 2, nicht in dem Termine des § 158) erhobenen Widerspruchs, sondern auch ohne solchen jederzeit zulässig, auch seitens eines Berechtigten, der erst nach dem Verteilungstermine Beteiligter wird (Fischer-Schäfer S. 530).

Aber nur der Widerspruch in Verbindung mit der Widerspruchsklage der §§ 878 ff. ZPO. hindert die Ausführung des Plans (§§ 115 Abs. 1, 124, 156 Abs. 2). Die Klage nach § 159 ist dagegen für das Verfahren bedeutungslos; sie unterliegt nicht den Vorschriften der §§ 878 ff. ZPO., kann also nur zur urteilsmäßigen Abänderung des Plans bezw. der Zahlungsanordnung führen, nicht zu einer Anordnung nach § 880 Satz 2 ZPO. Die Verteilung wird hier erst beeinflußt durch Vorlage des vollstreckbaren Urteils bezw. einer prozeßrichterlichen Verfügung, welche die weitere Auszahlung sistiert (einstw. Verfügung nach § 935 ZPO.; dem betreibenden Gläubiger gegenüber einstw. Anordnung nach §§ 767, 769, 771 l. c.).

3. Rückforderung einer planmäßigen Zahlung ist nur auf Grund besseren Rechtes möglich; die Tatsache der Planänderung allein begründet den Erstattungsanspruch nicht (Jäckel S. 564, 565).

4. Änderung des Plans auf dem **Beschwerdewege** wegen formeller Mängel ist durch § 159 nicht ausgeschlossen (Recht 1904 S. 226). Die Beschwerde hat regelmäßig keine aufschiebende Wirkung (§ 572 Abs. 1, 2 ZPO.).

§ 160.

Die Vorschriften der §§ 143 bis 145 über die außergerichtliche Vertheilung finden entsprechende Anwendung.

E. I —; M. —; D. —; KBer. —.

Außergerichtliche Verteilung der Erträgnisse.

1. Bisheriges Recht. Die erst in den Entwurf II des Ges. eingefügte Vorschrift hat kein Vorbild im Landesrecht. Die Art ihrer praktischen Anwendung ist sehr bestritten (vgl. Recht 1901 S. 133). Die BayGO. Art. 155 Abs. 1 kannte zwar eine Art „Einigung der Beteiligten"; sie war jedoch erst im Verteilungstermine zulässig. Das dem § 144 entsprechende Verfahren war unbekannt[1]).

2. Außergerichtliche Einigung (§ 143) wird um so seltener erfolgen, je größer die Zahl der Beteiligten ist. Die Einigung hinsichtlich der zu verteilenden Überschüsse ist in öffentlichen oder öffentlich beglaubigten Urkunden bei Gericht einzureichen. Ist sie in Ordnung, so erläßt das Gericht ihr entsprechende Zahlungsanordnung an den Verwalter. Es unterbleibt zwar der Verteilungstermin (§ 156 Abs. 2; Gerichtsgebühr: GebGes. Art. 11), nicht aber Termin und Verfahren nach § 158 (Jäckel S. 565).

3. Außergerichtliche Befriedigung (§ 144) wird nur in den Fällen vorkommen, wo die Verwaltung neben der Versteigerung betrieben wird (Jäckel S. 565, bestr.). Denn nur hier kann die Verwaltung in dem Zeitpunkte, wo das Gericht

---

[1]) Wenigstens im Zwangsverwaltungsverfahren. Die während des Versteigerungsverfahrens angefallenen Erträgnisse wurden in der Praxis vielfach gemeinschaftlich mit dem Strichschillinge verteilt (vgl. aber obstr. Erk. n. F. II S. 349 ff.).

nach § 156 Abs. 2 zur Terminsanberaumung schreiten müßte, schon beendigt sein und damit feststehen, ob und mit welchem Betrage die Beteiligten Ansprüche auf die Verwaltungsmasse haben. In allen anderen Fällen, wo dies im Zeitpunkte des § 156 Abs. 2 noch nicht feststeht, wird es niemand einfallen, einen Beteiligten zu befriedigen, der nach dem Ergebnisse der Verwaltung vielleicht niemals zum Zuge kommen wird (vgl. v. d. Pfordten S. 492).

Als Antragsteller kann sowohl der Ersteher als der Verwalter[2]) — dieser namens des Subhastaten — zugelassen werden (bestr.). Beide können ein Interesse an der schleunigen und billigeren Erledigung des Verfahrens haben, z. B. wenn sie Hypothek- oder Beschlagnahmegläubiger sind. Auf Grund der vorgelegten Quittungen oder sonstigen Nachweise nach § 144 verfährt das Gericht ebenso, wie bei der Versteigerung. Zu beachten ist jedoch, daß immer nur der Verwalter gegenüber den Beteiligten zahlungspflichtig ist und daß dieser nicht mehr an das Gericht zu zahlen hat (anders Art. 139 Abs. 2, 142 Abs. 1 BayGO.). Infolgedessen ist, wenn der Ersteher den Antrag nach §§ 144, 160 stellt, in die Aufforderung zweckmäßig der Hinweis aufzunehmen, daß die Zahlungsanordnung an den Verwalter dahin ergehen wird, daß dieser die Ertragsüberschüsse an den Ersteher abzuliefern hat.

In der Regel werden Antrag und Aufforderung die beiden (Versteigerungs- und Verwaltungs-) Massen betreffen; eine Erinnerung gegen die außergerichtliche Verteilung der einen Masse kann, muß aber nicht die gerichtliche Verteilung der beiden zur Folge haben, weil die Verteilung nach § 155 zum Teil eine andere ist als in der Versteigerung.

> Wenn z. B. eine Hypothek bestritten wird, die nur aus dem Stricherlöse Deckung fand, so ist nur die gerichtliche Verteilung dieser Masse notwendig.
>
> Anders wenn z. B. der 3. und 4. Hypothekgläubiger bei der Verwaltungsmasse mit ihren laufenden Zinsen ausfallen, aus dem Stricherlöse aber der 3. noch Deckung findet und nun der 4. die laufende Zinsenforderung des 2. bestreitet und behauptet, aus der Verwaltungsmasse werde noch der 3. gedeckt, so daß für ihn, den 4., aus dem Stricherlöse etwas abfalle.

Die Bildung einer gemeinschaftlichen Masse ist nicht mehr zulässig. Werden die Erinnerungen nicht auf die Verteilung der einen Masse beschränkt, sondern allgemein erhoben, so erübrigt nichts als die Einleitung der gerichtlichen Verteilung sowohl der Versteigerungs- wie der Verwaltungsmasse.

Werden keine Erinnerungen erhoben, so wird das Verfahren aufgehoben, vorausgesetzt, daß sämtliche Verwaltungsgeschäfte erledigt sind (§ 161).

Zweckmäßig wird die Schlußrechnung (§ 154) bei Stellung des Antrags nach § 144 eingereicht, bezw. eingefordert, in der Aufforderung gleichzeitig die dem Verwalter zu erteilende Entlastung, die Rückgabe einer etwaigen Sicherheit und die Aufhebung des Verfahrens angekündigt und nach Ablauf der 2wöchentlichen Frist antragsgemäß verfügt, ohne daß es einer nochmaligen Zustellung des Aufhebungsbeschlusses bedarf (Zahlungsanordnung, Grundbuchberichtigung, Unbrauchbarmachung der Urkunden, soweit veranlaßt).

---

[2]) Der Ersteher hat als solcher keinen Anspruch auf die Verwaltungserträgnisse; er kann aber die Ansprüche der Berechtigten auf die Masse gegen Zession derselben befriedigen und hiernach der Verwalter an ihn zahlen. Letzterer kann auch die Berechtigten direkt befriedigen. Immer aber trägt er die mit der vorherigen Zahlung verbundene Gefahr (§ 144 Bem. 7).

§ 161.

Die Aufhebung des Verfahrens erfolgt durch Beschluß des Gerichts.

Das Verfahren ist aufzuheben, wenn der Gläubiger befriedigt ist.

Das Gericht kann die Aufhebung anordnen, wenn die Fortsetzung des Verfahrens besondere Aufwendungen erfordert und der Gläubiger den nöthigen Geldbetrag nicht vorschießt.

Im Uebrigen finden auf die Aufhebung des Verfahrens die Vorschriften der §§ 28, 29, 32, 34 entsprechende Anwendung.

E. I § 205; M. 337; D. 63; KBer. 53.

Aufhebung und Einstellung der Zwangsverwaltung.

1. Über das **bisherige Recht** vgl. Art. 156 Abs. 1 BayZO. — Die Abnahme der Schlußrechnung war dem Schuldner überlassen.

2. Aufhebungsgründe:

a) Diejenigen des § 775 Ziff. 1—3 mit § 776 der ZPO., neben der durch das Vollstreckungsgericht selbst gemäß § 766 ZPO. wegen des Mangels der allgemeinen Voraussetzungen der Zwangsvollstreckung getroffenen Entscheidung;

b) die Befriedigung der sämtlichen betreibenden Gläubiger durch den Verwalter (oder in der Zwangsversteigerung durch den Ersteher, § 156 Bem. 4); der Verwalter hat die Befriedigung anzuzeigen (Fischer-Schäfer S. 533); soweit solche durch den Schuldner oder Dritte erfolgt und sich der Gläubiger nicht selbst für befriedigt erklärt, ist eine Aufhebung nur im Wege der §§ 767, 775, 776 mit 769, 770 ZPO. möglich;

c) Antragszurücknahme seitens der betreibenden Gläubiger (§§ 29, 161 Abs. 4);

d) Bekanntwerden entgegenstehender eingetragener Rechte oder der Besitz Dritter (§§ 28, 146, 147, 161 Abs. 4);

e) Mangelnder Vorschuß (§ 161 Abs. 3), von dessen Notwendigkeit der Verwalter Mitteilung[1]) machen soll und zu dessen Erlage angemessene Frist zu setzen ist (Fischer-Schäfer a. a. O.);

f) Untergang des Grundstücks (ob derjenige von Gebäuden eine Nutzbarmachung ausschließt, ist Tatfrage), Enteignung, Zusammenlegung (Art. 52, 53, 109, 113 EG., 139, 171 BayAG. zum BGB.);

g) Zuschlag in der Zwangsversteigerung (§§ 56, 90); die Verwaltung nach § 94 ändert nichts an der Notwendigkeit der Aufhebung der Verwaltung nach §§ 146 ff.; diese erfolgt auch im Falle des Zuschlags an den Schuldner (Rechtspr. d. OLG. V S. 336, Recht 1903 S. 22); wird der Zuschlag im Beschwerdeweg aufgehoben, so ist die Zwangsverwaltung, wenn sie noch nicht aufgehoben ist (was in der Regel nicht vor Zuschlagsrechtskraft und vor Abnahme der Schlußrechnung zu geschehen braucht), ohne weiteres fortzusetzen, außerdem auf Antrag neu einzuleiten.[2])

---

[1]) Die Einforderung eines Vorschusses ist als Mittel zur Herbeiführung einer glatten Abwicklung der Verwaltungsgeschäfte in allen Fällen zu empfehlen, in welchen aus dem Grundstück erst mit Hilfe von Aufwendungen ein Nutzeffekt erzielt werden soll (vgl. § 153).

[2]) Inzwischen erfolgte Rechtshandlungen des Erstehers werden mit der Aufhebung des Zuschlags hinfällig (vgl. § 89 Bem. 3, § 90 Bem. 6); vom Ersteher gezogene Früchte sind seitens des Verwalters zurückzufordern (Reinhard II S. 267, Fischer-Schäfer S. 534). Dagegen sind die vom Schuldner vor Wiedereinleitung der Zwangsverwaltung vorgenommenen Rechtshandlungen gültig.

3. Verfahren.

a) Die Aufhebung erfolgt durch Beschluß des Vollstreckungsgerichts (auch wenn sie durch den Prozeßrichter verfügt wurde, § 32; vgl. § 28 Bem. 6, § 30 Bem. 5). Derselbe ist dem Schuldner und betreibenden Teil nach §§ 3 ff., 32 zuzustellen; dem Verwalter und denjenigen, welchen ein Zahlungsverbot nach § 151 Abs. 3 zugestellt wurde, ist Mitteilung zu machen; auch die Beteiligten haben ein rechtliches Interesse hieran (Jäckel S. 569). Der Beschluß unterliegt der sofortigen Beschwerde des betreibenden Teils (§ 793 ZPO., vgl. § 28 Bem. 3, § 29 Bem. 4, § 30 Bem. 5); sie hat keine aufschiebende Wirkung (§ 572 ZPO.).

Mit der Aufhebung (unabhängig von Zustellung und Rechtskraft des Beschlusses selbst) erlöschen die Wirkungen der Beschlagnahme, auch wenn sie zu Unrecht erfolgt ist (die inzwischen etwa erfolgten Rechtshandlungen des Schuldners sind gültig, vgl. Fußnote 2); das Gericht hat gleichzeitig mit der Beschlußfassung die Löschung des Verwaltungsvermerks zu veranlassen (§ 34, Jäckel S. 570). Zahlungen der Drittschuldner an den Verwalter, welche in Unkenntnis der Beschlagnahmeaufhebung erfolgten, sind wirksam (§ 148 Fußnote 4).

Nach Mitteilung von der Aufhebung hat der Verwalter das Grundstück zu übergeben[3]) — an den Schuldner bezw. im Falle der Versteigerung an den Ersteher — und die vorhandenen Erträgnisse abzuliefern und zwar an die jeweils Berechtigten (wobei dem Schuldner gegenüber mit einer Vorausverfügung — auch Pfändung — nach § 1124, dem Ersteher gegenüber nach § 573 BGB. zu rechnen ist).

Zur Deckung der Verwaltungsausgaben und der Kosten des Verfahrens ist ein entsprechender Betrag zurückzubehalten, von den Naturalerträgnissen, wenn nötig, ein entsprechender Teil zu versilbern (Jäckel S. 569, teilw. bestr.). Eine Berichtigung der öffentlichen Lasten nach Aufhebung ist nicht mehr zulässig, da diese der Verteilung nach § 155 Abs. 2 gleichstünde (Recht 1902 S. 171, bestr.).

Endlich ist Schlußrechnung und Bestallung einzureichen (§ 154); nach Aufhebung der Verwaltung kann mit Ordnungsstrafen nicht mehr gegen den Verwalter vorgegangen werden, trotzdem kann im Interesse des Schuldners die Aufhebung nicht von der Einreichung der Schlußrechnung abhängig gemacht werden (Jäckel S. 569, Fischer-Schäfer S. 536; für den Fall des Zuschlags siehe Bem. 2 g).

b) Im Falle der Versteigerung sind die Überschüsse nach §§ 155, 156, 160 zu verteilen (und zwar ohne Rücksicht auf die Fälligkeitstermine, vielmehr unter Zugrundelegung des Zeitpunktes des Zuschlags als Endtermin, von welchem an der Ersteher für die laufenden Leistungen der bestehen bleibenden Rechte nach § 56 aufzukommen hat und mit welchem die nicht bestehen bleibenden Rechte gemäß §§ 92, 111, 121 als fällig geworden gelten; ZBlFG. V S. 517); bei dieser Verteilung ist auf eine in der Zwangsversteigerung erfolgte Zahlung (nicht Übertragung) Rücksicht zu nehmen (Mot. 335, ZBlFG. V S. 518, 519; vgl. § 156 Bem. 4).

An den Ersteher sind die Naturalbestände, soweit sie zur ordnungsmäßigen Fortführung der Wirtschaft nötig sind (§ 90 Abs. 2), ferner etwaige Miet- und Pachtvertragsurkunden auszuliefern. Der Verwalter hat auch, nachdem das Verfahren auf Grund Zuschlags aufgehoben ist, die noch nicht erledigten Verwaltungsgeschäfte, insbesondere die Prozesse, zu Ende zu führen (bestr.); hierwegen empfiehlt sich entsprechender Vorbehalt im Aufhebungsbeschluß (vgl. Rechtspr. d. OLG. V S. 336, Recht 1902 S. 170, 1903 S. 160, 177; RG. Bd. 53 S. 263, Jäckel S. 568, 570).

---

[3]) Annahmeverzug: BGB. § 303, unaufschiebbare Geschäfte § 672, Umfang der Herausgabe § 667, Zurückbehaltungsrecht §§ 273, 274.

4. Die einstweilige **Einstellung** des Verfahrens berührt nur die Befriedigung des betreibenden Teils, nicht die Beschlagnahme und deren Wirkungen. Die Verwaltung nimmt also ihren Fortgang, nur die Zahlung[4]) an den betreibenden Gläubiger unterbleibt (ob Zahlung der Hauptsache oder auch der laufenden Zinsen, hängt vom Einstellungsgrunde ab).

Auch hier ergeht ein besonderer Beschluß des Vollstreckungsgerichts (neben dem etwaigen prozeßrichterlichen), welcher die Einstellung anordnet und den Verwalter mit den nötigen Weisungen versieht. Er ist zuzustellen an Gläubiger, Schuldner, etwaigen Dritten, welcher die Einstellung veranlaßt hat, und Verwalter (§§ 32, 3 ff.) und unterliegt der sofortigen Beschwerde (§ 793 ZPO.).

§§ 30, 31 sind nicht anwendbar. Die Fortsetzung des Verfahrens erfordert, wenn die Einstellung nur auf bestimmte Zeit angeordnet wurde, weder einen Antrag des Gläubigers noch einen besonderen Beschluß (Fischer-Schäfer S. 536).

Einstellungsfälle: Antrag des Gläubigers, Anordnung des Prozeßgerichts (z. B. § 767 ff. ZPO.), des Vollstreckungsgerichts selbst (§ 28 Ges., §§ 766, 769 Abs. 2, 775 Ziff. 2, 4, 5, 776 ZPO.).

Zweiter Abschnitt.

Zwangsversteigerung von Schiffen im Wege der Zwangsvollstreckung.

§ 162.

Auf die Zwangsversteigerung eines im Schiffsregister eingetragenen Schiffes finden die Vorschriften des ersten Abschnitts entsprechende Anwendung, soweit sich nicht aus den §§ 163 bis 170 ein Anderes ergiebt.

E. I § 206, 207; M. 338; D. 64, 65; KBer. —.

Anwendung des Zwangsversteigerungsgesetzes.

1. Vorbemerkung. Für die Zwangsvollstreckung in eingetragene Binnenschiffe waren vor 1. Januar 1900 in Bayern die §§ 136, 138 des Reichsges. vom 15. Juni 1895, betr. die privatrechtlichen Verhältnisse der Binnenschiffahrt, maßgebend[1]). Die Vollstreckung in nicht eingetragene Schiffe erfolgt nach, wie vor, nach den Bestimmungen der ZPO.

Von der Behandlung der für Seeschiffe (d. h. die zum Erwerbe durch die Seefahrt bestimmten Fahrzeuge) geltenden materiellen Vorschriften der §§ 474, 482, 489, 510, 679, 696, 751 ff. HGB. wird im nachfolgenden abgesehen.

2. Als Gegenstand der §§ 162 ff. werden für Bayern wohl nur Binnenschiffe, und zwar die im Schiffsregister eingetragenen, in Betracht kommen, §§ 119, 128 des Binnenschiffahrtsges. vom 15. Juni 1895 i. d. F. vom 20. Mai 1898 (RGBl. S. 868, JMBl. 1899 S. 1000, 1009). Nicht eingetragene (wenn

---

[4]) Es erfolgt auch nicht Hinterlegung des auf ihn treffenden Betrags, falls diese nicht etwa durch das Prozeßgericht angeordnet ist.

[1]) RGBl. 1895 S. 301, GVBl. 1895 S. 421, JMBl. 1895 S. 297 ff. — § 1 EG. z. ZVG., Art. 1 EG. z. BGB., Art. 12 EG. z. HGB.

auch eintragungsfähige), im Bau begriffene und Anteile an Schiffen (Schiffsparte) unterliegen der Zwangsvollstreckung in das **beweglich**e Vermögen (§§ 808 ff., 857, 858, 864 Abs. 1 ZPO., Jäckel S. 572).

Als immobilisiert und daher von der Beschlagnahme und Versteigerung umfaßt gilt auch das Zubehör eingetragener Schiffe (§§ 97, 1265 BGB., 865 ZPO.), nicht aber Mietforderungen, Fracht und Versicherungsgelder[2]).

3. Die Vollstreckung ist bei eingetragenen Schiffen auf die **Versteigerung** beschränkt (§ 870 Abs. 2 ZPO.). Zwangsverwaltung und Sicherungshypothek sind ausgeschlossen, Arrest zulässig (§ 931 ZPO.). Befriedigung aus eingetragenen Schiffen im Wege des Privatverkaufs (§§ 1233 ff. BGB.) ist unmöglich, ein solcher wäre wirkungslos (ZBlFG. V S. 430).

4. Gebühren des Gerichts: Art. 21 BayGebGes.; des Rechtsanwalts: Art. 5, 17—21, 25, 28 BayRAGO. vom 26. III. 1902 (vgl. Mot. zu Art. 22, JMBl. 1902 S. 441 ff.).

§ 163.

Als Vollstreckungsgericht ist das Amtsgericht zuständig, in dessen Bezirke sich das Schiff befindet.

Für das Verfahren tritt an die Stelle des Grundbuchs das Schiffsregister.

Die Berufsgenossenschaft für die Unfallversicherung und die Versicherungsanstalt für die Invaliditäts- und Altersversicherung gelten als Betheiligte, auch wenn sie eine Forderung nicht angemeldet haben.

E. I §§ 208, 209, 213; M. 339, 342; D. 64; KBer. 54.

Zuständigkeit, Schiffsregister, Beteiligte.

1. Vgl. § 162 Bem. 1.

2. Zuständig ist ausschließlich dasjenige Amtsgericht, in dessen Bezirke das Schiff zur Zeit der Anordnung des Verfahrens (§ 15) sich befindet (vgl. § 165). Nicht entscheidend ist die Zeit der Antragstellung oder der Wirksamkeit der Beschlagnahme (§ 22; Mot.). Versteigerungsbeamter ist der Notar (§ 35 Ges., § 13 EG., Art. 25 BayAG. z. ZVG., NotGeschO. § 227). Unzuständigkeit hat Nichtigkeit des Verfahrens zur Folge.

3. Das **Schiffsregister** (§ 120 BinnenschiffGes.) vertritt für das Verfahren die Stelle des Grundbuchs, das Registergericht die Stelle des Grundbuchamtes (§ 110, 125 GFG., JMBl. 1899 S. 1000 ff.; vgl. §§ 19, 22, 23, 130, 169 Abs. 2 Ges.).

4. Beteiligte (§ 9) sind:

a) Gläubiger und Schuldner (§§ 164, 166); im Schiffsregister eingetragene Berechtigte (§ 9 Ziff. 1, besonders Eigentümer und — vertragsmäßigen — Schiffspfandgläubiger[1]), §§ 1259 ff. BGB.); die Berufsgenossenschaft und Versicherungsanstalt des § 163 Abs. 3 und § 102 Ziff. 6 BinnenschiffGes.

---

[2]) Fischer-Schäfer S. 127. — Die Fracht (d. h. das Frachtgeld, nicht Frachtgut) wird nur vom (gesetzlichen) Pfandrechte der Schiffsgläubiger erfaßt (§ 104 BinnenschiffGes.), nicht vom eingetragenen Pfandrechte (§ 1265 BGB.) und daher gemäß § 865 Abs. 1 ZPO. auch nicht von der Beschlagnahme. Die Anwendbarkeit des § 20 Abs. 2 ZVG. ist durch § 865 Abs. 1 ZPO. ausgeschlossen.

[1]) Auch das Pfandrecht an einer Schiffspart (§ 858 ZPO., § 1272 BGB.) gewährt die Stellung eines Beteiligten (a. M. Wolff Bem. 2 zu § 167).

b) Auf Anmeldung und event. Glaubhaftmachung hin (§ 9 Abs. 2): diejenigen, welche ein der Vollstreckung entgegenstehendes Recht haben; die nicht eingetragenen oder erst nach dem Versteigerungsvermerk eingetragenen (gesetzlichen) Pfandgläubiger (Schiffsgläubiger, §§ 102 ff. BinnenschiffGes.; Arrestpfandgläubiger, §§ 826 Abs. 2, 931 ZPO.); Mieter.

5. Rangordnung (abweichend von § 10) bei Versteigerung von Binnenschiffen: §§ 102, 104 Abs. 3, 105—109 Binnenschiff.Ges.; 1261 BGB. Hiernach rangieren in den ersten 6 Klassen die Schiffsgläubiger der Nr. 1—6 des § 102 l. c.; in der 7. Klasse die eingetragenen Pfandgläubiger, soweit sie nicht auf Grund früher entstandenen Pfandrechts Vorrang vor Klasse 4—6 genießen (§ 109 l. c.); in der 8. Klasse der betreibende Teil, soweit sein Anspruch nicht in eine frühere Klasse gehört (§ 10 Ziff. 4 – 8 ZVG.). Für mehrere Beschlagnahmegläubiger unter sich ist § 10 Ziff. 4, 5, § 11 maßgebend (Jäckel S. 584). Die Kosten des Verfahrens (§§ 109, 165) sind vorweg aus dem Erlöse zu decken.

§ 164.

Die Zwangsversteigerung darf, soweit sich nicht aus den Vorschriften des Handelsgesetzbuchs oder des Gesetzes, betreffend die privatrechtlichen Verhältnisse der Binnenschiffahrt, ein Anderes ergiebt, nur angeordnet werden, wenn der Schuldner das Schiff im Eigenbesitze hat. Die hiernach zur Begründung des Antrags auf Zwangsversteigerung erforderlichen Thatsachen sind durch Urkunden glaubhaft zu machen, soweit sie nicht bei dem Gericht offenkundig sind. Dem Antrag auf Zwangsversteigerung ist ein Zeugniß der Registerbehörde über die Eintragung des Schiffes in das Schiffsregister beizufügen.

E. I, §§ 211, 212; M. 340—342; D. 65; KBer. —.

Voraussetzung der Anordnung, Antragsbegründung.

1. Vgl. § 162 Bem. 2.

2. Abgesehen von den allgemeinen **Voraussetzungen** (Zuständigkeit, Geldanspruch, Vollstreckungstitel, Zustellung usw.) erfordert die Anordnung der Versteigerung auf seiten des Schuldners weder wahres noch eingetragenes Eigentum[1]), sondern **Eigenbesitz** (§ 872 BGB., vgl. § 147). Dieser ist, soweit nicht gerichtsbekannt, durch Urkunden glaubhaft zu machen (§§ 16, 17, 147); öffentliche oder öffentlich beglaubigte Urkunden sind nicht erforderlich. Ein Zeugnis der Registerbehörde über die Eintragung des Eigentümers (§ 17 Abs. 2) ist belanglos. Der Eigentümer (Schiffseigner bei Binnenschiffen) ist auf die Widerspruchsklage des § 771 ZPO. verwiesen (§ 37 Z. 5 ZVG.).

Die Eintragung des Schiffes selbst (§ 162) ist durch ein Zeugnis des Registergerichts[2]) nachzuweisen, soweit letzteres nicht das Vollstreckungsgericht ist (§ 17 Abs. 2). — Einfluß eines Eigentumswechsels nach der Beschlagnahme: § 26.

---

[1]) Weil sich der Eigentumsübergang bei Schiffen als beweglichen Sachen außerhalb des Schiffsregisters nach §§ 929 ff. BGB. (§ 474 HGB.) vollzieht, wird durch die Eintragung nicht die Vermutung wahren Eigentums begründet. Der Versteigerungsvermerk wird also auch eingetragen, wenn der Schuldner selbst im Register nicht eingetragen ist; § 28 ist insoweit nicht anwendbar (Jäckel S. 575, Reinhard II S. 278).

[2]) Z. B. Schiffsbrief, § 125 Abs. 3 BinnenschiffGes., JMBl. 1899 S. 1012.

3. Ausnahmsweise ist Eigenbesitz nicht erforderlich bei Vollstreckung zu Gunsten der Schiffsgläubiger gegen den sog. Ausrüster (§ 2 BinnenschiffGes.), gegen jeden Besitzer (§§ 102, 103 Abs. 2 l. c.) und gegen den Schiffer (Schiffsführer §§ 2, 3, 7 l. c.) im Falle des § 97 Abs. 2 l. c.; in diesen Fällen genügt Vollstreckungstitel gegen diese Personen. Auch die die Ausnahme begründenden Tatsachen sind urkundlich glaubhaft zu machen (Jäckel S. 575, 576).

§ 165.

Bei der Anordnung der Zwangsversteigerung hat das Gericht zugleich die Bewachung und Verwahrung des Schiffes anzuordnen. Die Beschlagnahme wird auch mit der Vollziehung dieser Anordnung wirksam.

E. I §§ 215, 216; M. 343—345; D. 64; KBer. —.

Sicherungsmaßregeln, Wirksamkeit der Beschlagnahme.

1. Vgl. § 162 Bem. 1.

2. Bewachung und Verwahrung des Schiffes sind immer und von Amts wegen durch das Vollstreckungsgericht anzuordnen (anders § 25); die Kosten hierfür gehören zu den Kosten des Verfahrens (§ 109); der Gläubiger ist vorschußpflichtig; wird der Vorschuß nicht geleistet, so ist (da hierdurch die Versteigerung unmöglich werden kann) das ganze Verfahren aufzuheben (§§ 25, 170 Abs. 2; Jäckel S. 576, bestr.). Über weitere, auf Antrag anzuordnende Sicherungsmaßregeln siehe § 25.

Die Sicherungsmaßregeln sind mit Erlassung des Zuschlags (§§ 89, 104) wieder aufzuheben, vorbehaltlich §§ 170 Abs. 1, 171 Abs. 3 (Fischer-Schäfer S. 547).

Dem auf dem Schiffe wohnenden Schuldner ist die Wohnung zu belassen (§§ 24, 25).

3. Die Beschlagnahme wird **wirksam** mit Vollzug der Verwahrung und Bewachung, mit Zustellung des Beschlagnahmebeschlusses an den Vollstreckungsschuldner (Eigenbesitzer, Schiffer usw., § 164 Bem. 3, § 22 Abs. 1 Satz 1) oder mit dem Eingange des Ersuchens um Eintragung des Versteigerungsvermerks bei dem Registergerichte (§§ 22 Abs. 1 Satz 2, 163 Abs. 2).

4. Wirkungen der Beschlagnahme im allgemeinen. Sie wirkt wie ein Veräußerungsverbot zu Gunsten des betreibenden Teils (§§ 20, 23) und ergreift das Schiff mit dem, dem Schiffseigentümer (Schiffseigner) gehörigen Zubehör (§§ 865 Abs. 1 ZPO., 1265, 97, 98 BGB., 103 BinnenschiffGes.); vgl. § 162. Umfang der Versteigerung: § 55.

5. Für die Anordnung der Bewachung und Verwahrung werden besondere **Gebühren** nicht erhoben (Art. 21 BayGebGes.)

§ 166.

Ist gegen den Schiffer auf Grund eines vollstreckbaren Titels, der auch gegenüber dem Rheder oder Schiffseigner wirksam ist, das Verfahren angeordnet, so wirkt die Beschlagnahme zugleich gegen den Rheder oder Schiffseigner.

Der Schiffer gilt in diesem Falle als Betheiligter nur so lange, als er das Schiff führt; ein neuer Schiffer gilt als Betheiligter, wenn er sich bei dem

Gerichte meldet und seine Angabe auf Verlangen des Gerichts oder eines Betheiligten glaubhaft macht.

E. I § 217; M. 341, 343—346; D. 64; KBer. —.

Beschlagnahme gegen den Schiffer.

1. **Vgl.** § 162 Bem. 1.

2. Die **Beschlagnahme gegen den Schiffer** (Schiffsführer §§ 2, 3, 7 BinnenschiffGes.) als solchen, welche in den Fällen der §§ 102, 103, 97 l. c. möglich ist (vgl. § 164 Bem. 3), **wirkt** infolge der aus §§ 15 ff. l. c. sich ergebenden Haftung des Schiffseigners (Eigentümers) für gewisse Rechtsgeschäfte des Schiffers **auch gegen den Schiffseigner** (Jäckel S. 578).

Der Schiffseigner ist *Beteiligter*, wenn sein Eigentum eingetragen oder angemeldet bezw. glaubhaft gemacht ist (§ 9). Diesfalls ist für die Wahrnehmung der Rechte des Schuldners lediglich sein Wille maßgebend (Mot.); der Schiffer ist Beteiligter neben ihm, so lange er das Schiff führt. Tritt *nach* der Beschlagnahme ein neuer Schiffer gemäß § 9 Abs. 2 in das Verfahren ein (Eigentumswechsel: § 26, hier bedeutungslos), so nimmt dieses ohne weiteres seinen Fortgang; es bedarf keiner neuen Vollstreckungsklausel (Jäckel S. 579).

Auf Grund des gegen den Schiffer gerichteten Vollstreckungstitels kann aber auch gegen den Schiffseigner selbst vorgegangen werden (§ 97 BinnenschiffGes.), wozu es nur einer weiteren Vollstreckungsklausel[1]) und deren Zustellung (§ 750 Abs. 2 ZPO.) bedarf.

Ein *nach* der Beschlagnahme gegen den Schiffer beantragtes Verfahren gegen den Schiffseigner oder umgekehrt ist als *Beitritt* zu behandeln (Fischer-Schäfer S. 548).

§ 167.

Die Bezeichnung des Schiffes in der Bestimmung des Versteigerungstermins soll nach dem Schiffsregister erfolgen.

Die Terminsbestimmung muß die Aufforderung an die Schiffsgläubiger und die sonstigen Berechtigten enthalten, ihre Rechte, soweit sie zur Zeit der Eintragung des Versteigerungsvermerkes aus dem Schiffsregister nicht ersichtlich waren, spätestens im Vertheilungstermin anzumelden, widrigenfalls die Rechte bei der Vertheilung des Versteigerungserlöses nicht berücksichtigt werden würden.

§ 168.

Befindet sich der Heimathshafen oder Heimathsort des Schiffes in dem Bezirk eines anderen Gerichts, so soll die Terminsbestimmung auch durch das für Bekanntmachungen dieses Gerichts bestimmte Blatt bekannt gemacht werden.

Die im § 39 Abs. 2 vorgesehene Anordnung ist unzulässig.

E. I §§ 219, 220; M. 346—348; D. —; KBer. —.

---

[1]) Die Vollstreckungsklausel ist gemäß § 726 ZPO. zu erteilen; ob auch §§ 727, 730 ZPO. anzuwenden sind, ist bestritten (Jäckel S. 579).

Terminsbestimmung und Bekanntmachung.

1. Vgl. § 162 Bem. 1.

2. Inhalt der Terminsbestimmung. § 167 modifiziert nur die § 37 Ziff. 4, § 38; im übrigen sind die §§ 35 ff. unverändert anzuwenden (§ 162; Jäckel S. 581, teilw. abw. Fischer-Schäfer S. 549). Die genaue Bezeichnung des Schiffes ist wesentlich (§ 37 Ziff. 1), die Bezeichnung nach dem Schiffsregister nur Ordnungsvorschrift.

Abs. 2 unterscheidet sich von § 37 Ziff. 4 hinsichtlich der Anmeldefrist (Ablauf des Verteilungstermins), durch den Wegfall der Glaubhaftmachung und die Folgen der Nichtanmeldung. Verletzung der (wesentlichen) Vorschrift des Abs. 2: §§ 83 Ziff. 7 mit 43 Abs. 1, 100 Abs. 3, 162.

Beteiligte: § 163 Bem. 4. — Zustellung und Fristen: §§ 41—43.

3. Die Terminsbestimmung ist im Amtsblatte des Vollstreckungsgerichts zu **veröffentlichen** (§ 39 Abs. 1); im Falle des § 168 Abs. 1 soll dies auch im Amtsblatte des Heimatsortes (§ 6 BinnenschiffGes.) geschehen. Anheftung: § 40 ZVG., § 7 EG., Art. 26 BayAG. z. ZVG.

Die Anwendung des § 39 Abs. 2 ist ausgeschlossen: Nichtbeachtung: §§ 83 Ziff. 7, 43 Abs. 1, 100 Abs. 3, 162.

§ 169.

Die Vorschriften über das geringste Gebot finden keine Anwendung. Das Meistgebot ist in seinem ganzen Betrage durch Zahlung zu berichtigen.

Soweit die Berichtigung nicht im Vertheilungstermine erfolgt, ist für die Forderung gegen den Ersteher ein Pfandrecht an dem Schiffe in das Schiffsregister einzutragen. Das Pfandrecht entsteht mit der Eintragung, auch wenn der Ersteher das Schiff inzwischen veräußert hat. Im Uebrigen finden die Vorschriften des Bürgerlichen Gesetzbuchs über das durch Rechtsgeschäft bestellte Pfandrecht an einem Schiffe Anwendung.

E. I §§ 221, 223 Abs. 1, 3; M. 348, 349; D. 65; KBer. 55.

Wegfall des geringsten Gebots, Berichtigung des Meistgebots.

1. Vgl. § 162 Bem. 1.

2. Gesetzliche Versteigerungsbedingung ist **Barzahlung** [1]) **des ganzen Meistgebots** im Verteilungstermin (Ausnahme: § 182 Abs. 3). Jeder Beteiligte hat hierauf ein Recht. Eine bestimmte Höhe des Gebots ist nicht Voraussetzung seiner Zulässigkeit. Abweichende Versteigerungsbedingungen können vereinbart werden (§§ 59 ff., 91); außerdem erlöschen alle (gesetzlichen, wie eingetragenen) Rechte am Schiff durch den Zuschlag und können, wenn jener rechtskräftig geworden ist, nur am Versteigerungserlöse geltend gemacht werden, vorbehaltlich der Bereicherungsklage außerhalb des Verfahrens (vgl. § 115). Über die Rangordnung der Rechte siehe § 163 Bem. 5.

3. Die **Pfandrechte** für die nicht bezahlten, gegen den Ersteher übertragenen Forderungen (§§ 118, 128) entstehen mit der Eintragung, auch wenn der Ersteher das Schiff vorher wieder veräußert hatte (§§ 929 ff. BGB.) und der Erwerber im guten Glauben war; Eintragungswilligung ist nicht erforderlich. Die Pfandrechte

[1]) Die Mehrzahl der in Betracht kommenden Gläubiger sind Schiffsgläubiger, deren Forderungen ihrer Natur nach Barzahlung erheischen; eine dauernde Belastung der Schiffe mit Pfandrechten aber erschien nicht wünschenswert (Mot., Denkschr. a. a. O.).

für die übertragenen Forderungen erhalten, wie in § 128, den Rang der ursprünglichen Ansprüche gegen den Schuldner (Reinhard II S. 292).

Nach der Eintragung stehen die Pfandrechte den vertragsmäßig bestellten[2]) gleich, so daß sie den inzwischen entstandenen und später entstehenden gesetzlichen Pfandrechten der Schiffsgläubiger nachstehen (§ 1261 BGB., § 109 BinnenschiffGes., Wolff Bem. 6)

4. Auf das **Versteigerungs- und Verteilungsverfahren**, die Ausführung des Plans, die Berichtigung des Schiffsregisters und die Wiederversteigerung finden die Vorschriften des 1. Abschnittes Anwendung, soweit sie nicht mit denjenigen über das geringste Gebot zusammenhängen (Reinhard II S. 291 ff., Jäckel S. 582).

§ 170.

An die Stelle der nach § 94 Abs. 1 zulässigen Verwaltung tritt die gerichtliche Bewachung und Verwahrung des versteigerten Schiffes.

Das Gericht hat die getroffenen Maßregeln aufzuheben, wenn der zu ihrer Fortsetzung erforderliche Geldbetrag nicht vorgeschossen wird.

E. I § 222; M. 348; D. —; KBer. —.

Sicherungsmaßregeln gegen den Ersteher.

1. **Vgl.** § 162 Bem. 1und 3.

2. Die **Bewachung und Verwahrung** des Schiffes nach dem Zuschlag ist dieselbe, wie im § 165, und erfolgt nur für Rechnung des Erstehers und gegen diesen unter den Voraussetzungen des § 94 Abs. 1. Vorschußpflichtig ist der Antragsteller. Von vorheriger Einzahlung des Vorschusses darf die Anordnung nicht abhängig gemacht werden (Jäckel S. 586).

Gegen die Anordnung oder Ablehnung ist sofortige Beschwerde nach § 793 ZPO. (seitens des Erstehers nach vorheriger Einwendung gemäß § 766 ZPO.) zulässig.

Bei ausländischen Schiffen: § 171 Abs. 3.

§ 171.

Auf die Zwangsversteigerung eines ausländischen Schiffes, das, wenn es ein deutsches Schiff wäre, in das Schiffsregister eingetragen werden müßte, finden die Vorschriften der §§ 162—167, 169, 170 insoweit Anwendung, als sie nicht die Eintragung in das Schiffsregister voraussetzen.

Die Terminsbestimmung soll, soweit es ohne erhebliche Verzögerung des Verfahrens thunlich ist, auch den aus den Schiffspapieren ersichtlichen Schiffsgläubigern und sonstigen Betheiligten zugestellt und, wenn das Schiff im Schiffsregister eines fremden Staates eingetragen ist, der Registerbehörde mitgetheilt werden.

Die Aufhebung der vom Gericht angeordneten Ueberwachung und Verwahrung des Schiffes sowie die Uebergabe an den Ersteher darf erst erfolgen, wenn die Berichtigung des Meistgebots oder die Einwilligung der Betheiligten nachgewiesen wird.

E. I —; M. —; D. 65; KBer. —.

---

[2]) Die Schiffshypothek ist ein Mobiliarpfandrecht, das mit der Forderung, für welche es bestellt ist, steht und fällt (§§ 1252, 1259 BGB., Gruchot Bd. 46 S. 336).

Versteigerung ausländischer Schiffe.

1. Vgl. § 162 Bem. 1.

2. Die Versteigerung eines **ausländischen**, im Inlande befindlichen Binnenschiffes findet nach § 171 nur statt, wenn es als deutsches Schiff unter §§ 119, 120 BinnenschiffGes. fallen würde; ist dies nicht der Fall, so ist nur Mobiliarvollstreckung zulässig. Ausländisch ist ein Binnenschiff, wenn sein Heimatsort außerhalb des deutschen Reiches liegt (nicht, wenn es einem Ausländer gehört, Fischer-Schäfer S. 556, Jäckel S. 587, bestr.). Da aber die §§ 162 ff. ein deutsches Schiffsregister voraussetzen, sind sie nur beschränkt anwendbar. Unanwendbar sind die §§ 163 Abs. 2, 164 Satz 3, 167 Abs. 1, 169 Abs. 2.

Der ausländischen Registerbehörde wird nur die Terminsbestimmung mitgeteilt, ohne daß ihr irgend ein Einfluß auf das Verfahren zugestanden wird. Als Beteiligte sind, soweit tunlich, alle Berechtigten zuzuziehen, die aus den Schiffspapieren, den Mitteilungen der ausländischen Registerbehörde, des Schuldners oder Dritter bekannt werden [1]). Sie sind aufzufordern, ihre Rechte anzumelden und glaubhaft zu machen.

Berichtigt der Ersteher das Meistgebot im Verteilungstermine nicht, so wird die Forderung gegen ihn auf die Berechtigten übertragen (§ 118) und vollstreckbar (§§ 132, 133); an Stelle der Eintragung [2]) des Pfandrechts hierfür (§ 169 Abs. 2) tritt aber die Maßregel des § 171 Abs. 3 auf Kosten des Erstehers. Dieselbe ist weder von einem Antrag, noch von Leistung eines Vorschusses abhängig. Für die Kosten der Maßregel haftet aber der betreibende Gläubiger als veranlassender Teil. Wohl aber wird ihre Aufhebung bezw. die Übergabe an den Ersteher auch bei vorliegender Einwilligung der Beteiligten von Zahlung der Kosten des Verfahrens abhängig gemacht werden können (Reinhard II S. 296). Gegen die Aufhebung der Maßregel ist sofortige Beschwerde zulässig (§ 793 ZPO.).

Dritter Abschnitt.

Zwangsversteigerung und Zwangsverwaltung in besonderen Fällen.

Vorbemerkung.

Die besonderen Fälle des 3. Abschnittes haben keine Zwangsvollstreckung (zwangsweise Beitreibung einer Geldforderung) zum Gegenstande; Versteigerung und Verwaltung vollziehen sich zwar in der Form des rechtlichen Zwanges, aber nicht auf Betreiben eines Gläubigers [1]). Die Bestimmungen des 1. und 2. Abschnittes sind

---

[1]) Um der Gefahr vorzubeugen, daß die Vollstreckung im Auslande nicht anerkannt wird (D. 65).

[2]) Diese ist, ebenso wie die Berichtigung des Registers, auch ausgeschlossen, wenn der Ersteher ein Inländer ist (Wolff. Bem. 2), es müßte denn sein, daß der Ersteher selbst die Eintragung des Schiffes bewirkt hat (Fischer-Schäfer S. 557).

[1]) Die Art. 34 ff. BayAG. z. ZVG. (Vollstreckung in Lehengüter usw.) gehören also nicht in diesen 3. Abschnitt, wohl aber ist das Verfahren der gerichtlichen Versteigerung von Bergwerken und unbeweglichen Kuxen der Art. 44 ff. BayAG. z. ZVV. dem 3. Abschnitte nachgebildet.

daher hier nur „entsprechend" anwendbar. Die §§ 172 ff. kommen auch zur Anwendung, wenn es sich nicht um Grundstücke, sondern um die Berechtigungen der §§ 864, 870 ZPO. oder um eingetragene Schiffe handelt.

I. Zwangsversteigerung und -Verwaltung auf Antrag des Konkursverwalters.

§ 172.

Wird die Zwangsversteigerung oder die Zwangsverwaltung von dem Konkursverwalter beantragt, so finden die Vorschriften des ersten und zweiten Abschnitts entsprechende Anwendung, soweit sich nicht aus den §§ 173, 174 ein Anderes ergiebt.

E. I § 226; M. 356, 357; D. 66; KBer. —.

1. **Bisheriges Recht.** Die nachfolgenden Bestimmungen über das Verfahren auf Betreiben des Konkursverwalters entsprechen im allgemeinen den Art. 171—173 BayGO. Neu ist § 174; auch wurde bisher der das Verfahren anordnende Beschluß nicht eingetragen.

2. Die §§ 172—174 dienen dem **Rechte des Konkursverwalters**, die Verwertung des zur Konkursmasse gehörigen unbeweglichen Vermögens (auch Grundstücksanteile) selbst in die Hand zu nehmen (§ 126 KO.). Er kann die Zwangsverwertung zwar den (vor Konkurseröffnung bereits vorhandenen) Beschlagnahmegläubigern (§ 23 Ges., § 13 KO.), den Absonderungsberechtigten und Massegläubigern (§§ 4, 14, 47 ff., 57 KO.) überlassen; er kann aber auch vom § 126 KO. Gebrauch machen, wenn diese die Verwertung nicht betreiben[2]).

Es geschieht dies mittelst Antrags auf Anordnung des Verfahrens (§§ 15, 146, 162) oder auf Zulassung seines Beitritts (§ 27).

Voraussetzungen: §§ 16, 17, 146, 164. Dagegen ist § 147 für den K.-Verwalter nicht anwendbar (Jäckel S. 590). Dem Antrage ist auch die Bestallung beizufügen. Vollstreckbare Ausfertigung des Konkurseröffnungsbeschlusses ist nicht erforderlich, weil keine Zwangsvollstreckung vorliegt (so Jäckel S. 590, Reinhard II S. 300; a. M. Jaeger KO. § 126 Bem. 3; vgl. RG. Bd. 58 S. 17 ff. über die Form der vom K.-Verwalter betriebenen Mobiliarvollstreckung). Der Nachweis, daß das Grundstück zur Konkursmasse gehört (insbesondere, wenn der Konkursvermerk infolge Freigabe gemäß § 114 KO. wieder gelöscht worden war) ist nicht erforderlich. Der Gemeinschuldner hat seinen Widerspruch im Prozeßwege (§ 771 ZPO.; § 37 Ziff. 5 Ges.) zu verfolgen (Fischer-Schäfer S. 559; a. M. Jäckel S. 590).

Mit dem Antrag erlangt der K.-Verwalter formell die Rechtsstellung eines betreibenden Gläubigers, ohne aufzuhören, die Rechte des Gemeinschuldners wahr-

---

[2]) Zu Gunsten eines Gläubigers ist die Durchführung der Immobiliarvollstreckung gegen den in Konkurs geratenen Schuldner nur möglich, wenn jener entweder Massegläubiger oder Absonderungsberechtigter ist; zu letzteren zählt gemäß §§ 13, 47 KO. mit § 10 Ziff. 5, 162 Ges. auch derjenige, zu Gunsten dessen zur Zeit der Konkurseröffnung (§ 108 KO.) bereits Beschlagnahme wirksam geworden war (§§ 22, 27, 151 Ges.; vgl. § 23 Bem. 4); ihr Recht dringt, vorbehaltlich der Anfechtung, allen Konkursgläubigern gegenüber durch (Jäger KO. § 14 Bem. 9), so daß der Konkursverwalter das Verfahren nicht unter Berufung auf sein eigenes Verwertungsrecht (§§ 117, 126 KO., § 172 Ges.) aufhalten kann.

zunehmen. Dieser gilt nicht als Beteiligter[3]); an seiner Stelle ist dem K.-Verwalter zuzustellen (§ 6 KO.). Dieser kann allein Widerspruch gegen den Plan erheben (Jäckel S. 591, Recht 1903 S. 22); Erlösüberschüsse (nach Deckung der Ansprüche der §§ 10, 155) fließen in die Konkursmasse.

Die Terminsbestimmung muß (wegen der Besonderheiten des Verfahrens, §§ 173, 174) erkennen lassen, daß die Versteigerung auf Betreiben des K.-Verwalters erfolgt (§ 37 Ziff. 3).

3. Im Verfahren nach §§ 172 ff. ist auch der **Beitritt** von Absonderungsberechtigten (und Massegläubigern) zugelassen. Hierzu ist aber immer ein Vollstreckungstitel[4]) erforderlich (anders Art. 169 BayGO.).

Umgekehrt kann auch der K.-Verwalter dem von einem Gläubiger betriebenen Verfahren (vgl. Fußnote 2) beitreten. Dementsprechend ist die etwa bereits erlassene Terminsbestimmung zu ergänzen (§ 37 Ziff. 3; siehe oben Bem. 2 a. E.). Auf Grund des Beitrittsbeschlusses kann aber die Versteigerung nur erfolgen, wenn die neuerliche Terminsbestimmung samt Beschluß rechtzeitig bewirkt und zugestellt wurde (§ 43 Abs. 1 und 2); ist dies nicht geschehen und kann auf Grund des ersten Beschlusses die Versteigerung durchgeführt werden, so bleibt der Beitritt außer Betracht, so daß insbesondere der Feststellung des Mindestgebots nur der erste Beschluß zu Grunde gelegt wird (vgl. Fischer-Schäfer S. 560, v. d. Pfordten S. 519).

4. Gibt der K.-Verwalter das Grundstück aus der Konkursmasse frei, so wird nicht nur sein Betreibungsrecht gegenstandslos, sondern er scheidet auch in dem von anderer Seite betriebenen Verfahren aus und an seine Stelle tritt der Gemeinschuldner, der das Verfahren, soweit es gediehen ist, gegen sich gelten lassen muß (§ 6 KO., Rechtspr. d. OLG. IV S. 166).

5. Die §§ 172—174 finden auch bei ideellen **Anteilen** Anwendung; der K.-Verwalter kann aber auch von §§ 180 ff. Gebrauch machen (Jäckel S. 590).

6. Gebühren des Gerichts: Art. 22, 297 BayGebGes.; des Rechtsanwalts: Art. 17, 18, 25 mit 5, 28 Abs. 4 VO. vom 26. III. 1902 (GVBl. S. 133, JMBl. S. 427, 411).

§ 173.

Der Beschluß, durch welchen das Verfahren angeordnet wird, gilt nicht als Beschlagnahme. Im Sinne der §§ 13, 55 ist jedoch die Zustellung des Beschlusses an den Konkursverwalter als Beschlagnahme anzusehen.

E. I § 227; M. 356, 357; D. 66; KBer. —.

Beschlagnahme.

1. Vgl. § 172 Bem. 1.

2. Wirkungen des Einleitungsbeschlusses.

a) Er enthält kein Veräußerungsverbot; dem Gemeinschuldner gegenüber liegt dieses schon im Konkurseröffnungsbeschlusse (§§ 6, 7 KO.); der K.-Verwalter aber ist nach wie vor zur Verfügung (Veräußerung) der Beschlagnahmeobjekte berechtigt, solange nicht ein (absonderungsberechtigter oder Masse-) Gläubiger Beschlagnahme erwirkt hat (§§ 6, 117 KO.; § 23 ZVG.)[1]). Der neue Erwerber kann der Fortsetzung des Verfahrens widersprechen (§ 771 ZPO., § 37 Ziff. 5).

---

[3]) Tritt er als Bieter auf, so kann auch der Konkursverwalter von ihm Sicherheit in Höhe des ganzen Bargebots nach § 68 Abs. 3 verlangen (Fischer-Schäfer S. 559, abw. Jäckel S. 591).

[4]) Der Vollstreckungstitel muß dem K.-Verwalter zugestellt sein; die Vollstreckungsklausel braucht aber auf ihn nicht umgestellt zu sein (vgl. Jäger KO. § 14 Bem. 10).

[1]) Der Realgläubiger ist auf Beschlagnahme und §§ 1134, 1135 BGB. beschränkt,

Solange keine Beschlagnahme vorliegt, ist auch eine Vollstreckung in die Beschlagnahmegegenstände (außer Zubehör) seitens der Nichtkonkursgläubiger möglich (§ 865 ZPO., § 14 KO.; Peiser S. 210). Da ferner die Anordnung der Zwangsversteigerung zu Gunsten eines (absonderungsberechtigten oder Masse-) Gläubigers noch nicht die Miet- und Pachtzinsen umfaßt (§ 21 Abs. 2, § 148 Abs. 1; anders Art. 8, 169, 171 BayGO.), so kann sowohl der K.-Verwalter bis zu der, zu Gunsten des ersteren erfolgten Anordnung einer Zwangsverwaltung über dieselben verfügen (§ 148), und zwar im Umfange des § 1124 Abs. 2 BGB., jedoch vorbehaltlich der auch außergerichtlich zulässigen Geltendmachung eines Absonderungsanspruches hierauf (RG. Bd. 42 S. 89, Jäckel S. 592), als auch seitens der Absonderungsberechtigten und Massegläubiger deren Pfändung erfolgen[2]) (§ 865 Abs. 2 Satz 2 ZPO., ebenso Fischer-Schäfer S. 562, abw. Rechtspr. d. OLG. VIII S. 207). Entsprechendes gilt für die Ansprüche auf wiederkehrende Leistungen nach § 1126 BGB.

b) Dagegen wirkt der Beschluß von der Zustellung[3]) an den Konkursverwalter an nach zwei Richtungen wie eine Beschlagnahme, nämlich in Ansehung der Abgrenzung der laufenden und rückständigen wiederkehrenden Leistungen (§ 13), und indem er bewirkt, daß nach § 55 als mitversteigert gilt, was die Beschlagnahme zu Gunsten eines Gläubigers ergriffen hätte und was nicht vom K.-Verwalter bis zum Zuschlage veräußert wurde. (Eine zwischen Versteigerung und Zuschlag von ihm vorgenommene Veräußerung mithaftender Gegenstände wäre zwar dem gutgläubigen Erwerber gegenüber wirksam, der K.-Verwalter aber dem Ersteher gegenüber schadensersatzpflichtig, Reinhard II S. 304).

3. Der Versteigerungs- (Verwaltungs-) Vermerk ist einzutragen. Dies ist von Bedeutung für den Kreis der Beteiligten (§ 9 Ziff. 1) und der anzumeldenden Rechte (§ 37 Ziff. 4); auch schützt die Eintragung den beitretenden Gläubiger (§ 27) gegen eine Verfügung über mithaftende Gegenstände (Veräußerung) seitens des K.-Verwalters (§ 23 Abs. 2 Satz 2, vgl. oben 2a, Reinhard II S. 304, Jäckel S. 593); denn es wird nicht eingetragen, daß das Verfahren vom K.-Verwalter betrieben wird.

§ 174.

Hat ein Gläubiger für seine Forderung gegen den Gemeinschuldner ein von dem Konkursverwalter anerkanntes Recht auf Befriedigung aus dem Grundstücke, so kann er bis zum Schlusse der Verhandlung im Versteigerungstermine verlangen, daß bei der Feststellung des geringsten Gebots nur die seinem Anspruche vorgehenden Rechte berücksichtigt werden; in diesem Falle ist das Grundstück auch mit der verlangten Abweichung auszubieten.

E. I § 228; M. 357–359; D. 67; KBer. —.

Geringstes Gebot.

1. Zweck der Vorschrift. § 174 dient vor allem zur Feststellung des Ausfalls eines Realgläubigers, dem der Gemeinschuldner zugleich persönlich haftet

---

der K.-Verwalter bis zur Beschlagnahme des Realgläubigers nicht an die Grenzen ordnungsmäßiger Wirtschaft gebunden (Jäckel S. 593, Recht VIII S. 607, IX S. 112).

[2]) Anders das Recht der Übergangszeit (Art. 8 BayGO., § 33 BayHypGes., § 15 EG. z. ZVG.; vgl. die Bem. zu letzterem).

[3]) Nur diese, nicht der Zeitpunkt des Eingangs des Ersuchens um Eintragung beim Grundbuchamte (Registergericht; §§ 22 Abs. 1, 163 Abs. 2), auch nicht die Besitznahme (§§ 151 Abs. 2, 165) ist maßgebend (Wolff § 173 Bem. 2).

(§§ 64, 153 KO.). Während zu diesem Zweck Art. 169 BayGO. eine Beschlagnahme auch für bedingte und betagte Forderungen (also auch ohne Vollstreckungstitel) ermöglichte, ist nunmehr der Realgläubiger entweder auf die Erlangung eines Vollstreckungstitels oder auf § 174 angewiesen; er kann, wenn ihm auf diese Weise die rechtzeitige Feststellung seines Ausfalls nicht gelingt, und er auf sein Absonderungsrecht nicht verzichtet, überhaupt keine Deckung aus der Konkursmasse erlangen (vgl. § 23 Bem. 4).

2. Abänderung des geringsten Gebots. Das vom K.-Verwalter allein betriebene Verfahren läßt alle Rechte am Grundstücke (Ausnahme bei Schiffen, § 169) unberührt; diese sind daher einschließlich der Kosten des Verfahrens sämtlich im Mindestgebote zu berücksichtigen. Da unter diesen Umständen die Versteigerung meist ergebnislos sein und nicht festgestellt würde, wie weit der Wert des Grundstücks den Realgläubiger befriedigt, ist dieser berechtigt, zu verlangen, daß ein Ausgebot auch noch in der Art erfolgt, daß nur die ihm vorgehenden Ansprüche (beim I. Hypothekgläubiger also nur die Kosten) in das Mindestgebot aufgenommen werden, auch wenn seine Forderung nicht fällig ist, hierfür kein Vollstreckungstitel vorhanden und er dem Verfahren nicht beigetreten ist.

Das Verlangen kann auch gestellt werden, wenn neben dem K.-Verwalter ein Gläubiger das Verfahren betreibt, welcher einen schlechteren Rang einnimmt, als der Gläubiger des § 174, vorausgesetzt, daß nach dem Beitritte des K.-Verwalters § 43 Abs. 2 beobachtet, d. h. allen dort genannten Beteiligten rechtzeitig die abgeänderte Terminsbestimmung zugestellt wurde (vgl. Reinhard II S. 309, Jäckel S. 596, oben § 172 Bem. 3); es kann nicht gestellt werden, wenn der K.-Verwalter im Zeitpunkte der Feststellung des Mindestgebots das Verfahren wieder sistiert.

Der Antragsteller verzichtet damit für seine Forderung auf Deckung durch das Mindestgebot, was ihm hier (im Gegensatze zum gewöhnlichen Verfahren, vgl. Einleitung V 2) ohne Rücksicht auf die späteren Gläubiger und den Gemeinschuldner gestattet ist.

Voraussetzung ist weiterhin, daß dem Realgläubiger der Gemeinschuldner zugleich persönlich haftet, sowie daß sein dingliches (§ 47 KO.) und persönliches Recht vom K.-Verwalter (nicht Gemeinschuldner) ganz oder teilweise (ausdrücklich oder stillschweigend) anerkannt wird; gleichgültig ist, ob dies im Prüfungstermin oder außerhalb desselben, z. B. im Versteigerungstermine, geschieht (Fischer-Schäfer S. 564).

Der Antrag ist bis zum Schlusse der Verhandlung im Versteigerungstermine (§ 74) zulässig; er wird gegenstandslos (und damit auch ein etwa bereits erfolgtes Doppelausgebot), wenn der K.-Verwalter den Versteigerungsantrag noch vor dem Zuschlage zurücknimmt (oder das Verfahren sistiert, §§ 29—31, 33).

Ist das dingliche Recht des Antragstellers mit dem Recht eines Dritten belastet, so ist dessen Zustimmung zum Antrag nach § 174 erforderlich; steht das Recht mehreren zu, so kann jeder den Antrag stellen (§§ 420, 428 BGB.), nicht aber der Miterbe vor der Auseinandersetzung (Wolff Bem. 3, Jäckel S. 596).

3. Doppelausgebot. Infolge eines nach § 174 gestellten Antrags ist das Grundstück mit allen dinglichen Rechten (wobei Abweichungen nach § 59 zulässig sind) und außerdem mit den dem Antragsteller (ev. dem bestberechtigten) vorgehenden Rechten auszubieten.

Bestritten ist, welchem Gebote der Zuschlag zu erteilen ist, ob dem höheren Gebote (wobei die bestehen bleibenden Rechte einzurechnen wären) oder schlechtweg dem auf Antrag des Gläubigers erzielten. Die Entscheidung der Frage hängt davon ab, ob der Zweck des § 174 auch als erreicht anzusehen ist, wenn auf das erstere

Ausgebot ein alle Rechte deckendes Gebot gelegt wurde, oder ob in diesem Falle noch nicht behauptet werden kann, daß der Antragsteller keinen Ausfall erlitten hat. Dieser steht aber erst fest, wenn das Absonderungsrecht keine oder nicht vollständige bare „Befriedigung" verschafft hat, also nicht schon, wenn es bestehen bleibt (§ 64 KO.). Es ist daher auf Antrag des Gläubigers des § 174 demjenigen zulässigen Gebote der Zuschlag zu erteilen, welches nach § 174 ergeht (vgl. Jäckel S. 597, Fischer-Schäfer S. 565; abw. Reinhard II S. 309, Wolff Bem. 6; vgl. § 176 Bem. 2.

4. Über **Sicherheitsleistung** siehe §§ 67ff. Der Antrag nach § 174 berechtigt nicht den Antragsteller, gemäß § 68 Abs. 3 Sicherheit wie ein betreibender Gläubiger zu verlangen; denn betreibender Teil ist der K.-Verwalter. Einem beitretenden Gläubiger gegenüber stehen jedoch Gebote des K.-Verwalters und des Gemeinschuldners im Sinne der §§ 67 Abs. 2, 68 Abs. 3 einander gleich.

II. Zwangsversteigerung eines Nachlaßgrundstücks.

§ 175.

Hat ein Nachlaßgläubiger für seine Forderung ein Recht auf Befriedigung aus einem zum Nachlasse gehörenden Grundstücke, so kann der Erbe nach der Annahme der Erbschaft die Zwangsversteigerung des Grundstücks beantragen. Zu dem Antrag ist auch jeder Andere berechtigt, welcher das Aufgebot der Nachlaßgläubiger beantragen kann.

Diese Vorschriften finden keine Anwendung, wenn der Erbe für die Nachlaßverbindlichkeiten unbeschränkt haftet oder wenn der Nachlaßgläubiger im Aufgebotsverfahren ausgeschlossen ist oder nach den §§ 1974, 1989 des Bürgerlichen Gesetzbuchs einem ausgeschlossenen Gläubiger gleichsteht.

E. I —; M. —; D. 67; KBer. —.

Zulässigkeit.

1. **Zweck der Vorschrift.** Die Nachlaßsubhastation (§§ 176—179) ermöglicht dem Erben die Feststellung des Umfangs seiner persönlichen Haftung für Nachlaßverbindlichkeiten, welche zugleich auf einem Nachlaßgrundstücke (grundstücksgleichen Berechtigung, Schiffe) lasten, durch Herbeiführung der Versteigerung. Das Verfahren ist dem preuß. Rechte nachgebildet. — Vgl. Vorbemerkung zum 3. Abschnitt.

2. **Voraussetzung** des Verfahrens nach §§ 175—179 ist beschränkte Haftung des oder der Erben für eine Nachlaßverbindlichkeit (§§ 1994, 2005, 2006 Abs. 3 BGB.; Beweislast: § 177 Ges.), Vorhandensein eines Rechtes des persönlichen Nachlaßgläubigers auf Befriedigung aus einem Nachlaßgrundstück (ideellen Anteil; vgl. § 10 Ziff. 2—4), Nichteröffnung des Konkurses (§ 178), Annahme der Erbschaft seitens des antragstellenden Erben — soweit nicht das Verfahren vom Nachlaßpfleger (-verwalter) betrieben wird —, im übrigen: §§ 15ff.

Die beschränkte Haftung liegt auch dann vor, wenn der Antragsteller nur einzelnen Nachlaßgläubigern unbeschränkt haftet (z. B. § 2006 Abs. 3 BGB.), dagegen nicht, wenn er allgemein unbeschränkt, nur einzelnen gegenüber beschränkt haftet (z. B. § 2063 Abs. 2 BGB.; vgl. Jäckel S. 601, Reinhard II S. 314, Wolff Bem. 3c).

Der Antrag ist auch zulässig, wenn einzelne Miterben unbeschränkt, der Antragsteller aber beschränkt haftet. Haften alle unbeschränkt, so kann der Antrag auch nicht von einem Testamentsvollstrecker oder Nachlaßpfleger gestellt werden (Jäckel S. 601).

Die persönliche Haftung des Erben (und damit die Voraussetzung des § 175) entfällt, wenn der dinglich berechtigte Nachlaßgläubiger mit seinem persönlichen Anspruche bereits im Aufgebotsverfahren ausgeschlossen ist oder doch als ausgeschlossen gilt (§§ 1970—1974, 1989, 1990 BGB., § 995 ZPO.).

3. Antragsberechtigt ist neben dem Erben (Miterben; auch Nacherben, Fischer-Schäfer S. 568) jeder, der das Aufgebot der Nachlaßgläubiger verlangen kann: Nachlaßpfleger (-verwalter), Testamentsvollstrecker (wenn ihnen die Verwaltung des Nachlaßgrundstückes zusteht, § 991 Abs. 2 und 3 ZPO.), Ehemann im Falle des § 999 ZPO. (wegen §§ 1411, 1459, 1549 BGB.), Erbschaftskäufer gemäß § 1000 ZPO. (wegen §§ 2382, 2383, 2385 BGB.). Nachweis der Antragsberechtigung: § 177 Ges.

4. Beitritt. Die Antragsberechtigten des § 175 können einem auf Betreiben eines Nachlaß-Gläubigers eingeleiteten Verfahren, umgekehrt ein Gläubiger dem Verfahren nach § 175 beitreten.

5. Gebühren des Gerichts: Art. 22 Ziff. 2, Art. 297 BayGebGes.; des Rechtsanwalts: Art. 17, 18, 25 mit 5, 28 Abs. 4 VO. vom 26. III. 1902 (GVBl. S. 133, JMBl. S. 427, 441).

§ 176.

Wird die Zwangsversteigerung nach § 175 beantragt, so finden die Vorschriften des ersten und zweiten Abschnitts sowie der §§ 173, 174 entsprechende Anwendung, soweit sich nicht aus den §§ 177, 178 ein Anderes ergiebt.

D. 67, 68.

Anwendung der Vorschriften über die Zwangsvollstreckung auf die Nachlaßsubhastation.

1. Vgl. § 175 Bem. 1.

2. Das **Verfahren** ist im wesentlichen der Versteigerung auf Antrag des Konkursverwalters (§§ 172—174) gleich. Der Antragsteller ist betreibender Teil und Schuldner[1]) in einer Person; der Versteigerungsvermerk ist einzutragen; der Beschluß, welcher das Verfahren anordnet, wirkt nicht als Veräußerungsverbot (§ 173)[2]), die Wirkungen des Beschlusses, wie der Eintragung des Versteigerungsvermerks sind vielmehr dieselben wie im Falle des § 173; die Erben, welche den Antrag nicht gestellt haben, sind Beteiligte (§ 9); die Terminsbestimmung (§ 37 Ziff. 3, 5) muß erkennen lassen, daß ein Verfahren nach § 175 vorliegt (zweckmäßig wird ausdrücklich auf die Folgen des § 174 wie § 179 hingewiesen, Jäckel S. 605, 610); das geringste Gebot wird zunächst unter Berücksichtigung aller Ansprüche, für welche ein Recht auf Befriedigung aus dem Grundstücke besteht (§ 9, § 10 Ziff. 2 ff.; Kosten: § 109), und sodann auf Verlangen (vgl. § 179) nach § 174 festgestellt.

Der Antrag nach § 174 setzt Anerkennung des persönlichen und dinglichen Rechtes des Gläubigers seitens des betreibenden Teils[3]) — Erben usw. — voraus; wird

---

[1]) Der Antragsteller hat daher Sicherheit für seine Gebote gleich dem Schuldner zu leisten (§ 67 Abs. 2 Satz 2, § 68 Abs. 3; vgl. § 174 Bem. 4).

[2]) Veräußert der Erbe das Grundstück, so ist das Verfahren aufzuheben (§ 28); veräußert er einzelne mithaftende Gegenstände, so werden diese nicht vom Zuschlag ergriffen (Jäckel S. 605; abw. Fischer-Schäfer S. 571).

[3]) Wenn mehrere das Verfahren nach § 175 betreiben, ist die Anerkennung seitens sämtlicher Betreibenden erforderlich (Wolff Bem. 3, Jäckel S. 606). Der Widerspruch der

das Verlangen nach § 174 nicht gestellt, so kann der Antragsteller des § 175 von § 179 Gebrauch machen, also die Befriedigung der betr. Beteiligten aus dem übrigen Nachlaß verweigern.

Beim Doppelausgebote wird der Zuschlag wieder dem auf Grund des § 174 erzielten Gebot erteilt, wobei es jedoch dem Antragsteller des § 174 freisteht, sich für das andere Gebot zu entscheiden, d. h. seinen Antrag vor dem Zuschlag wieder zurückzunehmen (vgl. § 174 Bem. 3). Wird das Verfahren zugleich von einem beigetretenen Gläubiger betrieben, so ist ein Doppelausgebot nur erforderlich, wenn seine Forderung schlechteren Rang einnimmt, als diejenige des Gläubigers nach § 174, wobei aber § 44 Abs. 2 beobachtet sein muß. Tritt der Antragsberechtigte des § 175 dem von einem Gläubiger betriebenen Verfahren bei, so ist § 43 Abs. 2 zu beachten, also besonders den Beteiligten rechtzeitig die abgeänderte Terminsbestimmung zuzustellen (vgl. oben und § 172 Bem. 3, Jäckel S. 607, 608).

3. Wegfall des Antragstellers. Tritt nach Einleitung des Verfahrens ein Wechsel in der Person des Antragstellers ein, so wird das Verfahren fortgesetzt, bis der nunmehr Berechtigte (neuer Nachlaßpfleger, Testamentsvollstrecker, Konkursverwalter, Erbe) den Antrag zurückzieht (Reinhard II S. 320, Fischer-Schäfer S. 571; a. M. Jäckel S. 604, 605).

§ 177.

Der Antragsteller hat die Tatsachen, welche sein Recht zur Stellung des Antrags begründen, durch Urkunden glaubhaft zu machen, soweit sie nicht bei dem Gericht offenkundig sind.

D. 67.

Begründung des Antrags.

1. Vgl. § 175 Bem. 1.

2. Der Antrag hat den Nachweis nach § 17 Abs. 2 (bei Schiffen § 164) zu enthalten. Die Notwendigkeit eines Vollstreckungstitels entfällt.

Dagegen ist weiterhin **glaubhaft zu machen:** die Eigenschaft des Antragstellers (als Erbe, Nachlaßpfleger usw. durch Erbschein, Testament, Bestallung; beim Ehemann durch Heiratsurkunde, Ehevertrag, Auszug aus dem Güterrechtsregister, wobei für die nach dem 1. I. 1900 geschlossenen Ehen die Vermutung des gesetzlichen Güterstandes gilt; im Falle des Erbschaftskaufs durch die im § 2371 BGB. bezeichnete Urkunde); Vorhandensein eines Nachlaßgläubigers, welchem neben dem Nachlaßgrundstücke der Erbe persönlich haftet (Bezugnahme auf das Grundbuch); Annahme der Erbschaft (falls nicht der Antrag vom Nachlaßpfleger gestellt wird) durch Erbschein, Glaubhaftmachung des Ablaufs der Ausschlagungsfrist (§§ 1942 ff. BGB.).

Als Glaubhaftmachungsmittel (§ 294 ZPO.) sind nur Urkunden (auch private) zugelassen (Jäckel S. 604, Reinhard II S. 318, 319).

3. Die **Ausschließungsgründe** des § 175 Abs. 2 sind, soweit sie nicht gerichtsbekannt, von den Beteiligten geltend zu machen und nachzuweisen (Erinnerung und sofortige Beschwerde, §§ 766, 793 ZPO.; Jäckel S. 601, 604).

Nichtbetreibenden ist belanglos; er würde sonst wegen § 179 den ganzen Zweck vereiteln, um dessentwillen der eine das Verfahren betreibt (Fischer-Schäfer S. 575, a. M. v. d. Pfordten S. 534).

§ 178.

Die Zwangsversteigerung soll nicht angeordnet werden, wenn die Eröffnung des Nachlaßkonkurses beantragt ist.

Durch die Eröffnung des Nachlaßkonkurses wird die Zwangsversteigerung nicht beendigt; für das weitere Verfahren gilt der Konkursverwalter als Antragsteller.

D. 68.

Einfluß des Nachlaßkonkurses.

1. Vgl. § 175 Bem. 1.

2. Die Eröffnung des **Konkurses** über den Nachlaß (§§ 214 ff. KO.) sichert die beschränkte Haftung des Erben (§ 1975 BGB.); dieser bedarf infolgedessen nicht mehr des Verfahrens nach §§ 175 ff.

Die bereits erfolgte Konkurseröffnung macht daher die Einleitung der Nachlaßsubhastation unzulässig (ein trotzdem eingeleitetes Verfahren ist gemäß § 28 wieder aufzuheben); der K.-Verwalter kann aber seinerseits von §§ 172—174 Gebrauch machen. Ist die Eröffnung des Konkurses beantragt, so ist die Entscheidung über die Einleitung der Nachlaßsubhastation aufzuschieben, bis feststeht, ob Konkurseröffnung erfolgt (Jäckel S. 609); wird der Konkurs erst nach Einleitung der Nachlaßsubhastation eröffnet, so wird das Verfahren für und gegen den Konkursverwalter im Wege der §§ 172—174 fortgesetzt. Er ist zur Ausübung der Rechte des bisherigen Antragstellers, insbesondere zur Zurücknahme des Antrags des Erben usw., befugt.

Wird das Konkursverfahren (infolge Schlußverteilung, Zwangsvergleich, mangels Masse) vor der Versteigerung wieder aufgehoben, so kann die Nachlaßsubhastation, weil zwecklos, nicht für den Erben usw. fortgesetzt, muß vielmehr ebenfalls aufgehoben, event. muß nach § 33 der Zuschlag versagt werden (§ 175 Abs. 2 Ges. mit §§ 1989, 1990 BGB.; Reinhard II S. 321, 322, Fischer-Schäfer S. 574).

Über den Einfluß der Konkurseröffnung auf die von einem Nachlaß-Gläubiger betriebene Zwangsvollstreckung siehe § 221 KO., § 784 ZPO.

3. Die Einleitung der **Nachlaßverwaltung** (§ 1975 BGB.) hindert die Nachlaßsubhastation, die der Erbe selbständig zu beantragen berechtigt ist, nicht (§ 175 Bem. 3, Fischer-Schäfer S. 573).

§ 179.

Ist ein Nachlaßgläubiger, der verlangen konnte, daß das geringste Gebot nach Maßgabe des § 174 ohne Berücksichtigung seines Anspruchs festgestellt werde, bei der Feststellung des geringsten Gebots berücksichtigt, so kann ihm die Befriedigung aus dem übrigen Nachlasse verweigert werden.

D. 68.

Beschränkung der Befriedigung des Nachlaßgläubigers.

1. Vgl. § 175 Bem. 1.

2. Zweck der Vorschrift. Der Realgläubiger ist nicht verpflichtet, in der Nachlaßsubhastation das geringste Gebot und damit seinen Ausfall gemäß §§ 174, 175 feststellen zu lassen. Wenn er dies unterläßt, so bleibt sein Recht bestehen; es wird dann aber so behandelt, als wenn es nicht ausgefallen, sondern durch das Grundstück voll gesichert wäre, und dem Realgläubiger der Zugriff auf die übrige Nachlaßmasse versagt. Die Vorschrift zwingt ihn also im Interesse des Erben, von §§ 174, 175 Gebrauch zu machen.

3. Die **Anwendbarkeit** des § 179 setzt voraus,

a) daß der Nachlaßgläubiger berechtigt und in der Lage war, das Verlangen nach § 174 zu stellen; dies ist nicht der Fall, wenn sein dingliches oder persönliches Recht von dem Antragsteller bestritten wurde (vgl. § 176 Fußnote 3), oder wenn die Terminsbestimmung (§ 37 Ziff. 3) nicht erkennen ließ, daß es sich um eine Nachlaßsubhastation handelte (Jäckel S. 609, 610, Fischer-Schäfer S. 575);

b) daß der Nachlaßgläubiger es unterlassen hatte, von § 174 Gebrauch zu machen;

c) daß sein Anspruch im geringsten Gebote berücksichtigt worden, also bestehen geblieben ist. Ob ein zulässiges Meistgebot erzielt wird oder das Verfahren infolge der Höhe des Mindestgebots ergebnislos bleibt, ist gleichgültig, wenn nur nicht der Zuschlag durch Zurücknahme des Subhastationsantrags verhindert wurde; es kommt hier nicht, wie bei der Konkurssubhastation (§§ 172—174), auf die tatsächlich erfolgte Feststellung des Ausfalls eines Realgläubigers an (Jäckel S. 610).

Im Falle des § 179 ist der Nachlaßgläubiger lediglich auf Befriedigung aus dem ihm haftenden Nachlaßgegenstande angewiesen, wenn der Erbe oder Erbenvertreter sich der Einrede aus § 179 bedient.

III. Zwangsversteigerung behufs Gemeinschaftsaufhebung.

§ 180.

Soll die Zwangsversteigerung zum Zwecke der Aufhebung einer Gemeinschaft erfolgen, so finden die Vorschriften des ersten und zweiten Abschnitts entsprechende Anwendung, soweit sich nicht aus den §§ 181 bis 184 ein Anderes ergiebt.

E. I § 229; M. 359—363; D. 68; KBer. 57.

Zulässigkeit. Verfahren.

1. Vgl. **Vorbemerkung** zum 3. Abschnitt. — Wegen Anwendung der §§ 180 ff. während der Übergangszeit vgl. §§ 173, 181 EG. z. BGB., Art. 41 (113 ff.) BayÜG.[1])

2. Die **Teilungssubhastation** der §§ 180 ff. ist die in § 753 BGB. vorgesehene Zwangsversteigerung. Ihr unterliegen Grundstücke, wie grundstücksgleiche Berechtigungen und eingetragene Schiffe. Sie setzt ideelle Anteile voraus, sei es an dem einzelnen Gegenstande (Miteigentume, § 1008 BGB.)[2]) oder an einem gemeinschaftlichen Vermögen (Gesellschaft § 731, Gütergemeinschaft § 1477, fortgesetzte Gütergemeinschaft § 1498, Errungenschaftsgemeinschaft § 1546, Erbengemeinschaft § 2042 BGB.; abw. Gruchot Bd. 47 S. 632). Wird die Gemeinschaft nicht hinreichend dargetan, so ist der Antrag abzuweisen (Recht 1903 S. 215).

---

[1]) Becher Mat. VII S. 44. — Hiernach ist auch die BayHO. nur soweit anwendbar, als dies mit dem Zwecke des Verfahrens sich vereinbaren läßt; mangels Beschlagnahme im technischen Sinne kann daher z. B. nicht von einem Vorzugsrecht nach Art. 9, 10 HO. oder von einer Immobilisierung der Erträgnisse nach Art. 8 l. c. die Rede sein.

[2]) Stockwerkseigentum: Art. 42 BayÜG. z. BGB. (Pfalz: Art. 20 LiegenschGes. vom 1. VII. 98).

Die Teilungssubhastation ist unzulässig bezw. nur beschränkt zulässig, wenn das Recht, die Aufhebung der Gemeinschaft zu verlangen, durch Vereinbarung ausgeschlossen oder von vorheriger Kündigung abhängig ist und kein wichtiger Grund vorliegt (§§ 749, 750 BGB.); wenn die Veräußerung nur unter den Teilhabern statthaft ist (§ 753 Abs. 1 Satz 2 BGB.; über Ausschluß von Geboten Dritter, welcher durch besondere Versteigerungsbedingungen festzusetzen und durch Zuschlagsanfechtung erzwingbar ist, vgl. RG. Bd. 52 S. 177, Fischer-Schäfer S. 579, 580, Jäckel S. 613); wenn die Auseinandersetzung unter den Miterben nicht erfolgen kann (§§ 2043 ff., 2204 BGB.); so lange das Gesellschaftsverhältnis oder die eheliche Gütergemeinschaft fortdauert (§§ 719, 730, 731; 1442, 1477; 1487, 1498; 1519, 1546; 1549 BGB.).

Ein dingliches Vorkaufsrecht (§§ 1094 ff. BGB.) wirkt, wenn es gemäß § 182 bestehen bleibt, auch gegen den Ersteher, hindert also die Teilungssubhastation nicht (§ 1098 BGB., Fischer-Schäfer S. 519).

An eine Vereinbarung der Teilhaber über den Ausschluß der Teilung ist der Konkursverwalter überhaupt nicht gebunden (§ 16 Abs. 2 KO.), der Sondernachfolger eines Teilhabers nur dann, wenn dieselbe als Belastung im Grundbuch eingetragen ist (§ 1010 BGB.), der Pfändungsgläubiger nur, wenn sein Schuldtitel bloß vorläufig vollstreckbar ist (§ 751 Satz 2 BGB.).

Über die Geltendmachung der Unzulässigkeit siehe § 181 Bem. 2.

Unzulässig ist die Zwangsverwaltung (§§ 146 ff.), vorbehaltlich § 25.

3. Entsprechende Anwendung des 1. u. 2. Abschnitts ist nur soweit möglich, als die dortigen Vorschriften nicht unmittelbar mit der zwangsweisen Beitreibung einer Forderung des Gläubigers (an welcher es hier fehlt) zusammenhängen. Es entfallen daher z. B. § 10 Ziff. 5, 6; §§ 20, 23; 44 Abs. 2; 75, 76. Die gewöhnlichen Wirkungen der Beschlagnahme treten also nicht ein, obwohl auf § 173 nicht verwiesen ist (vgl. Lorenz S. 38, v. d. Pfordten S. 541). Insbesondere sind die Teilhaber nach wie vor zur Veräußerung (vorbehaltlich § 26) und Belastung ihrer Anteile befugt (Reinhard II S. 327).

Der Antragsteller hat die Rolle des betreibenden Teils, die Miteigentümer die Rolle des Schuldners. Der Versteigerungsvermerk wird eingetragen; hiernach bestimmen sich die Beteiligten (§ 9). Die Terminsbestimmung muß zum Ausdruck bringen, daß die Versteigerung zum Zwecke der Aufhebung der Gemeinschaft erfolgt (§ 37 Z. 3; in § 37 Z. 4 sind die Worte „dem Anspruch des Gläubigers und“ zu streichen). Wegen § 182 Abs. 1 ist der Antragsteller gemäß § 41 Abs. 2 bekannt zu geben (Jäckel S. 611). Über Beitritt vgl. § 182 Bem. 4. Anzuwenden sind ferner insbesondere die Bestimmungen über die sofortige Beschwerde (§§ 95 ff.; Recht 1903 S. 215), Wiederversteigerung (§§ 132 ff.). Die Verteilung des Strichschillings unter die einzelnen Teilhaber ist in der Regel (wenn keine Einigung vorliegt) nicht Sache des Vollstreckungsgerichts, sondern event. im Prozesse auszutragen; (vgl. § 86 ff. GFG.). Soweit die Anteile am Erlöse nicht feststehen (z. B. bei Gemeinschaft zu gesamter Hand) oder bestritten sind, ist derselbe (von der etwaigen Befriedigung der Realgläubiger abgesehen) zu hinterlegen oder, wenn er nicht bezahlt ist, gemeinsam den Teilhabern die Forderung gegen den Ersteher zu übertragen und sicher zu stellen (Jäckel S. 614, Fischer-Schäfer S. 580, 581, Reinhard II S. 328). Zur Verfügung über die Forderung sind dann nur alle gemeinschaftlich berechtigt, ebenso zur Betreibung der Wiederversteigerung (Jäckel a. a. O. gegen Wolff Bem. 13).

Bestritten ist, ob die Sicherungshypothek, welche nur auf einen Anteil eingetragen werden sollte, im Falle des Erwerbs der Anteile durch einen Teilhaber wegen § 1114 BGB. auf dem nunmehrigen Anteil desselben (event. dem ganzen Grundstück) einzutragen ist (vgl. § 128 Bem. 2, BayNotZ. 1904 S. 220).

4. Verhältnis der Teilungssubhastation zu den übrigen Arten des Verfahrens. Solange ein Gläubiger die Vollstreckung in das ganze Grundstück betreibt, ist die Teilungssubhastation ausgeschlossen (§ 28); ist diese aber bereits anhängig, so genügt ihre Einstellung, sobald ein Gläubiger dem Verfahren beitritt; durch den Zuschlag in der Vollstreckungssubhastation findet dann auch die Teilungssubhastation ihre Erledigung, andernfalls kann diese nach § 31 Abs. 2 fortgesetzt werden (Reinhard II S. 343).

Vollstreckung in einen Anteil am Grundstücke kann dagegen neben der Teilungssubhastation (hinsichtlich des ganzen Grundstücks) einhergehen. Erstere hebt nicht die Gemeinschaft auf, sondern ändert nur die Teilhaber; §§ 749 ff. BGB. finden auf sie keine Anwendung[3])[4]).

Die Teilungssubhastation kann auch nach Einleitung der Nachlaßsubhastation (§§ 175 ff.) angeordnet werden und umgekehrt; ein Antrag nach § 174 (176) ist aber nur dann zulässig, wenn die Fristen des § 43 bei der durch den Beitritt veranlaßten Terminsbestimmung eingehalten worden sind (vgl. § 172 Bem. 3). Wird

---

[3]) In welcher Weise die Durchführung dieser beiden Arten der Versteigerung erfolgen soll, ist sehr zweifelhaft. Eine Verbindung derselben, und damit ein Doppelausgebot, ist unzulässig; denn es handelt sich um zwei verschiedene Objekte der Versteigerung (Anteil und ganzes Grundstück); § 18 ist nicht gegeben, ebensowenig § 27 (v. d. Pfordten S. 543, Jäckel S. 626; a. M. Reinhard II S. 344).

Im übrigen ist zu unterscheiden:

a) Der Antrag des Vollstreckungsgläubigers betrifft den Anteil des Antragstellers des § 180. Die Beschlagnahme zu Gunsten des ersteren hebt nicht das Recht des letzteren, die Aufhebung der Gemeinschaft zu verlangen, auf; denn damit verfügt der Teilhaber ebensowenig über den Anteil selbst, wie der Erbe, welcher die Nachlaßsubhastation innerhalb der Vollstreckungssubhastation verlangt (vgl. § 176 Bem. 2). Will der Gläubiger den Antrag seines Schuldners nach § 180 ff. verhindern, so muß er dessen Recht auf Aufhebung der Gemeinschaft pfänden und gemäß § 181 Abs. 2 ausüben; solange dies nicht geschehen ist, verliert der Teilhaber durch die Beschlagnahme seines Anteils nicht das Recht des § 180 (a. M. Fischer-Schäfer S. 582, v. d. Pfordten S. 543).

Erfolgt nun zuerst der Zuschlag in der Anteilsversteigerung (des Gläubigers), so hört damit der Schuldner auf, Miteigentümer zu sein und die Teilungssubhastation weiterführen zu können; das ist vielmehr Sache des Erstehers in der Anteilsversteigerung. Geht aber umgekehrt der Zuschlag in der Teilungssubhastation voraus, so ist der Erwerb des Erstehers in Ansehung des Anteils dem Vollstreckungsgläubiger gegenüber gemäß § 23 unwirksam; er riskiert die nochmalige Anteilsversteigerung (abw. anscheinend v. d. Pfordten S. 544).

b) Der Antrag des Vollstreckungsgläubigers betrifft den Anteil eines anderen als des Antragstellers des § 180. Geht hier die Anteilsversteigerung (des Gläubigers) voraus, so ist sie ohne Einfluß auf die Teilungssubhastation zu Gunsten des anderen Teilhabers; letztere wird gegen den Ersteher in der Anteilsversteigerung (der sein Eigentum gemäß § 9 Ziff. 2 anzumelden hat) fortgesetzt. Erfolgt aber zuerst die Teilungsversteigerung, so ist hier der Vollstreckungsgläubiger gemäß § 9 Ziff. 1, bezw. Ziff. 2 mit § 10 Ziff. 5 zuzuziehen; ist er dinglich Berechtigter, so bleibt sein Recht gemäß § 182 bestehen und kann gegen den Ersteher in der Teilungssubhastation in Ansehung des (früheren) Anteils weiter verfolgt werden; ist er aber nur persönlicher Gläubiger, so ist sein durch die Beschlagnahme begründetes Recht auf Befriedigung aus dem Anteil übergegangen in das Recht auf Befriedigung aus dem Anteilserlöse in der Teilungssubhastation (ebenso v. d. Pfordten a. a. O.).

[4]) Auch eine Verbindung der Abteilungssubhastation alten Rechtes (Art. 159 BayHO.) mit der Teilungssubhastation des neuen ist möglich (Art. 41 V.). Denn die Beschlagnahme in der ersteren ergreift nicht die Anteile der nicht schuldnerischen Miteigentümer; letztere können daher durch eine Anteilsbeschlagnahme auch im Falle des Art. 159 HO. nicht an der Ausübung ihres Rechtes auf Teilung gehindert werden (vgl. Ortenau-Henle S. 490, 491).

über das Vermögen des die Teilungssubhastation betreibenden Teilhabers der Konkurs eröffnet, so tritt der K.-Verwalter in dessen Rechte ein; gehört das ganze Grundstück zur Konkursmasse (Nachlaßkonkurs), so kann das Verfahren nur vom K.-Verwalter nach §§ 172 ff. fortgesetzt werden (Wolff Bem. 12 zu § 180, v. d. Pfordten S. 542).

5. Die **Kosten**, die den einzelnen Teilhabern durch Wahrnehmung ihrer Rechte erwachsen, fallen zwar nicht unter § 109, auch nicht unter § 10 Abs. 2, da eine beizutreibende Forderung nicht vorhanden ist, aber sie sind zu Gunsten aller Teilhaber aufgewendet (vom Beitritt abgesehen) und daher von allen nach Verhältnis der Anteile zu tragen (§ 753 Abs. 2 BGB., Fischer-Schäfer S. 581, Jäckel S. 615; KBer. 57).

6. Gebühren des Gerichts: Art. 22 Ziff. 3, Art. 297 BayGebGes.; sie sind, wenn es nicht zum Zuschlage kommt, nach dem Werte des ganzen Grundstücks (nicht demjenigen des Anteils des Antragstellers) und ohne Abzug der Lasten zu berechnen, da das Verfahren die Ausscheidung aller Anteilsrechte betrifft (vgl. Gaupp-Stein 5. Aufl. S. 30 IV); übt der Antragsteller nur das Recht des Eigentümers oder Erben aus (§ 181 Abs. 2), so ist in der Regel, wenn es nicht zum Zuschlage kommt, die beizutreibende Forderung der Bewertung zu Grunde zu legen (vgl. Art. 8, 9 BayGebGes.); ist der Ersteher ein bisheriger Teilhaber, so bleibt bei der Gebührenbewertung der auf seinen bisherigen Anteil treffende Teil des Meistgebots außer Betracht.

Gebühren des Rechtsanwalts: Art. 17, 18, 25 mit 5, 28 Abs. 4 VO. vom 26. III. 1902 (GVBl. S. 133, JMBl. S. 427, 441).

§ 181.

Ein vollstreckbarer Titel ist nicht erforderlich.

Die Zwangsversteigerung eines Grundstücks darf nur angeordnet werden, wenn der Antragsteller als Eigenthümer im Grundbuch eingetragen oder Erbe eines eingetragenen Eigenthümers ist oder wenn er das Recht des Eigenthümers oder des Erben auf Aufhebung der Gemeinschaft ausübt. Von dem Vormund eines Miteigenthümers kann der Antrag nur mit Genehmigung des Vormundschaftsgerichts gestellt werden.

Betrifft der Antrag ein Schiff, so ist durch Urkunden glaubhaft zu machen, daß das Eigenthum dem Antragsteller und denjenigen, gegen welche sich der Antrag richtet, gemeinschaftlich zusteht und daß einer von ihnen im Besitze des Schiffes ist.

Die Vorschrift des § 17 Abs. 3 findet auch auf die Erbfolge des Antragstellers Anwendung.

E. I § 230; M. 363; D. 68; KBer. —.

Voraussetzungen der Versteigerung.

1. Zur **Anordnung** der Teilungssubhastation bedarf es keines Vollstreckungstitels (der die Verpflichtung zur Duldung derselben ausspräche); erforderlich und genügend ist der Nachweis der in § 181 Abs. 2 mit § 17 bezeichneten Voraussetzungen; bei Schiffen genügt Glaubhaftmachung des Eigentums und Besitzes, ebenso bei Erbfolge[1]). Beides ist vom Antragsteller, sowohl was ihn als seinen Gegner betrifft,

---

[1]) Abs. 2 Satz 1, Abs. 2 und 3 des § 181 gelten nicht während der Übergangszeit: Art. 41 (113—115) BayÜB. z. BGB. (Henle-Schneider S. 460, 612)

durch Urkundenvorlage[2]) bezw. durch Bezugnahme auf das Grundbuch (§ 17) zu erbringen. Die Miteigentümer (Miterben) haben die Rolle des Schuldners.

Über Ausübung des Rechtes auf Teilung siehe §§ 751 BGB., 857 ZPO., 16 Abs. 2 KO., 146 ff. HGB. Der Gläubiger, welcher auf Grund eines nicht bloß vorläufig vollstreckbaren Titels das Anteilsrecht des Schuldners (am Gesellschaftsvermögen oder Nachlaß § 859, ehel. Gesamtgut § 860 ZPO.) oder den Anspruch auf Auseinandersetzung (bei einer Gemeinschaft nach Bruchteilen, welche selbst nur der Immobiliarvollstreckung nach § 864 Abs. 2 ZPO. unterliegen) gepfändet hat, bedarf nicht der Überweisung (§§ 751, 2044 BGB., Fischer-Schäfer S. 584, Jäckel S. 618). Über Ausübung des Rechts durch den Erbschaftskäufer vgl. Rechtspr. d. OLG. 1903 S. 400. — Vormundschaftsgerichtliche Genehmigung (auch für den Antrag des Pflegers, §§ 1821, 1915 BGB.) ist nur bei Grundstücken und nicht für den Inhaber der elterlichen Gewalt erfordert (§ 181 Abs. 2, vgl. Fischer-Schäfer S. 584). Über Mitwirkung des Nießbrauchers siehe § 1066 Abs. 2, 3 BGB.

2. Die Einwendungen der Teilhaber gegen die Anordnung, sei es daß sie die Unzulässigkeit der Teilung überhaupt (z. B. nach §§ 749 ff., 1010; 719, 730 ff.; 1442 ff., 1487, 1497; 1546; 2042 ff. BGB.) oder nur der zwangsweisen Teilung behaupten, sind nach § 37 Ziff. 5 mit § 771 ZPO. im Klageweg geltend zu machen; Erinnerung nach § 766 ZPO. ist nicht zulässig (Reinhard II S. 332, Fischer-Schäfer S. 577; bestr.). Einstweilige Einstellung: §§ 769, 770 ZPO.

Nur wenn sich das der Anordnung entgegenstehende Recht aus dem Grundbuch ergibt (z. B. gemäß § 1010 BGB. oder beim Gesellschaftsvermögen nach §§ 719, 731, ehel. Gesamtgut nach §§ 1442, 1519, 1546, 1549 BGB.), ist nach § 28 zu verfahren (Ausnahme: § 16 Abs. 2 KO., § 751 Satz 2 BGB., wonach die Eintragung nicht gegen den K.-Verwalter eines Teilhabers und den Pfändungsgläubiger wirkt).

Ist die Veräußerung gemäß § 753 Abs. 1 Satz 2 BGB. an einen Dritten unstatthaft, so kann diese Beschränkung (welche in die Versteigerungsbedingungen aufzunehmen ist) nicht gegen die Anordnung der Teilungssubhastation selbst, sondern erst im Falle des Zuschlags an einen anderen als die Teilhaber gemäß §§ 96, 100 geltend gemacht werden (Fischer-Schäfer S. 579).

§ 182.

Bei der Feststellung des geringsten Gebots sind die den Antheil des Antragstellers belastenden oder mitbelastenden Rechte an dem Grundstücke sowie alle Rechte zu berücksichtigen, die einem dieser Rechte vorgehen oder gleichstehen.

Ist hiernach bei einem Antheil ein größerer Betrag zu berücksichtigen als bei einem andern Antheile, so erhöht sich das geringste Gebot um den zur Ausgleichung unter den Miteigenthümern erforderlichen Betrag.

Auf die Versteigerung eines Schiffes finden die Vorschriften über das geringste Gebot entsprechende Anwendung.

E. I § 231; M. 363, 364; D. 68, 69; KBer. 56.

---

[2]) Z. B. Erbschein, Zeugnis des Registerrichters, Bestallung des K.-Verwalters, Pfändungsbeschluß mit Vollstreckungstitel und Zustellungsnachweisen; in den Fällen, wo laut Grundbuch das Grundstück zu einem Gesellschaftsvermögen oder zu einem ehelichen Gesamtgut gehört, genügt der Nachweis der Auflösung der Gesellschaft bezw. der Beendigung der Gemeinschaft, ohne daß dies im Grundbuche vorgetragen sein muß (Jäckel S. 616 gegen Fischer-Schäfer S. 583). — Absatz 3 und 4 des § 181 erfordern nur Glaubhaftmachung.

Geringstes Gebot.

1. § 182 Abs. 1 und 2 gelten auch für die **Übergangszeit** im diess. Bayern (Art. 40, 41, Pfalz: Art. 113—115 ÜB.; Art. 32 55 Abs. 2 SO., vgl. Henle-Schneider S. 460, 612).

2. Auch bei der Teilungssubhastation verlangt das Gesetz zum Schutze gewisser Rechte die Feststellung eines **geringsten Gebots**[1]). Hierfür ist außer dem Deckungsprinzipe maßgebend der Grundsatz, daß das Recht jedes Teilhabers auf Teilung nicht durch einseitige Rechtshandlungen des andern (z. B. Belastung seines Anteils) beeinträchtigt werden darf (§ 749 BGB.), ferner daß die auf die einzelnen Anteile treffenden Quoten des Mindestgebots (trotz etwaiger verschiedener Belastung) einander gleich sein müssen.

Das Mindestgebot[2]) in der Teilungssubhastation setzt sich zusammen aus:

a) den Ansprüchen aus Rechten, die den Anteil des Antragstellers belasten oder mitbelasten (aus letzteren auch, wenn sie nicht auf allen Anteilen ruhen; ebenso aus Rechten, die erst nach Eintragung des Versteigerungsvermerks vom Antragsteller bestellt worden waren, wenn sie eingetragen und angemeldet wurden); sowie aus den diesen Rechten vorgehenden oder gleichstehenden Ansprüchen. Zu diesen gehören besonders die Ansprüche des § 10 Ziff. 1—3, die Kosten des Verfahrens nach § 44 Abs. 1, 109, ferner diejenigen Sonderbelastungen des Anteils eines Nichtantragstellers, welche Vorrang vor oder Gleichrang mit den den Anteil des Antragstellers mitbelastenden Rechten genießen.

Ein Rangverhältnis zwischen Einzelbelastungen zweier Anteile kann ohne Gesamtbelastung nicht konstruiert werden; fehlt eine solche, so werden die Belastungen der Anteile der Nichtantragsteller überhaupt nicht berücksichtigt; sie sind der Gefahr des Ausfalls ausgesetzt und in letzterem Fall auf den Beitritt angewiesen. Die Reihenfolge der Eintragungen im Grundbuch kann kein Rangverhältnis unter den Anteilsbelastungen begründen (Reinhard II S. 336). Daß die einer Gesamtbelastung vor- oder gleichstehenden Einzelbelastungen berücksichtigt werden, ist nur die Folge der Berücksichtigung der (nach- oder gleichstehenden) Gesamtbelastung.

b) der Ausgleichungssumme des § 182 Abs. 2, welche erforderlich wird, wenn die nach a) ermittelten Belastungen der einzelnen Anteile nicht (verhältnismäßig) deren Größe entsprechen; zum Ausgleiche sind hier dem geringsten Gebote (a) „diejenigen Beträge hinzuzurechnen, um welche die Belastungen des am stärksten belasteten Anteils die Belastungen eines jeden der Anteile verhältnismäßig übersteigen" (Denkschr. S. 69).

Für die Beträge des § 182 Abs. 2 gilt als gesetzliche Versteigerungsbedingung die Barzahlung (vgl. §§ 49, 180; Reinhard a. a. O., Jäckel S. 626).

Das Mindestgebot ist nach den zur Zeit seiner Feststellung vorhandenen Belastungen zu berechnen (soweit sie von Amts wegen zu berücksichtigen oder angemeldet sind).

3. Beispiele: Auf den Anteilen des A und B an einem Grundstücke lasten folgende Hypotheken (und vorgehende Rechte):

---

[1]) Wird dies nicht erzielt, so ist § 77 anzuwenden.

[2]) Vgl. Recht 1901 S. 156 ff., 1902 S. 68 ff.; Freund „Zur Zw. zwecks Aufhebung der Gemeinschaft"; Gruchot Bd. 45 S. 333 und 577.

I. A 1/2	B 1/2	II. A 1/3	B 2/3
20 (§ 10 Ziff. 3)	—	—	50 (Hyp.)
80 (Hyp.)	—	100	—
200 corr.		150 corr.	
—	30	—	230 (Hyp. vom 1. I. 02)
		20 (Hyp. v. 1. X. 02)	—

A ist Antragsteller. Mindestgebot im Beispiele I: Kosten + 20 (bar) + 80 + 200 (bestehen bleibend nach Abs. 1) + **100** (bar nach Abs. 2) = 400 + Kosten. Wird um das bare Mindestgebot von: Kosten + 20 + 100 der Zuschlag erteilt, so bleiben die Hyp. 80 und 200 bestehen, während die nach Deckung der 20 des § 10 Ziff. 3 übrigen baren 100 auf die Hyp. 30, sowie auf B mit 70 entfallen.

Mindestgebot im Beispiele II: Kosten + 100 + 150 + 20 + 50 (bestehen bleibend nach Abs. 1) + **190** (bar nach Abs. 2) = Kosten + 510 (die nach Abs. 1 ermittelte Belastung, abgesehen von den Kosten, beträgt nämlich 320, wovon auf A 100 + 50 (= 1/3 von 150) + 20 = 170, auf B 50 + 100 (= 2/3 von 150) = 150 treffen, während auf B, dessen Anteil doppelt so groß ist als der des A, auch 2 × 170 = 340, also um **190** mehr als 150 treffen sollten). Im Falle des Zuschlags um das bare Mindestgebot von Kosten + 190 bleiben bestehen 100, 150, 20 und 50, während die restigen baren 190 auf die Hypothek zu 230 entfallen, deren Rest ausfällt.

Beispiel III:	A 1/8 (= 3/24)	B 5/12 (= 10/24)	C 1/4 (= 6/24)	D 5/24 (Antragsteller A)
	30 (Hyp.)	180	150	120
	—	96 corr.		—
	240 corr.			
	72	—	(60)	(90)

Hier enthält das Mindestgebot (abgesehen von Kosten und einschließlich der bestehen bleibenden Posten) zunächst nach § 182 Abs. 1: 30 + 180 + 150 + 120 + 96 + 240 + 72 = 888. Diese Belastung verteilt sich, dem Verhältnisse der Anteile entsprechend, wie folgt:

	A	B	C	D
	30	180	150	120
	—	60	36	—
		(96)		
	30	100	60	50
		(240)		
	72	—	—	—
Sa.	132 +	340 +	246 +	170 = 888,

während sie nach Verhältnis der Größe der Anteile (1/24 = 888 : 24 = 37) wie nachstehend verteilt sein sollte:

A 3/24 = 111 B = 370 C = 222 D = 185; Sa. = 888.

Verhältnismäßig zu hoch belastet ist also A um (132 — 111 =) 21 und C um 24 (oder 1/24 Anteil des A um 7, des C um 4), während die Belastung von B und D unter der verhältnismäßigen um 30 bezw. 15 zurückbleibt. Zur Ausgleichung ist daher noch erforderlich

bei B: 30 (nämlich 370 — 340) + (10 × 7) = 100,
„ C: 6 × (7 — 4) = 18,
„ D: 15 (nämlich 185 — 170) + (5 × 7) = 50
Sa. 168, demnach Mindestgebot: 168 + 888 = **1056.**

Oder (nach Freund):

132 (= verhältnismäßige Meistbelastung): 3 (= Zahl der Anteile des Meistbelasteten) × 24 (= Gesamtzahl der Anteile) = **1056.**

Bleibt nun dieses Mindestgebot auch Meistgebot, so ist dieses zu verteilen auf:

A	B	C	D
mit 132	440	264	220; Sa. 1056,
(d. h. 1056 : 24 × 3)	(d. h. 1056 : 24 × 10)		

so daß von der bar zu zahlenden Ausgleichungssumme zu 168 auf A nichts entfällt, während auf

B : 100 C : 18 D : 50,

weshalb die Hypotheken 60 und 90 auf C und D teilweise ausfallen.

4. Beitritt. Jeder Teilhaber kann dem von einem anderen betriebenen Verfahren beitreten, wie auch mehrere von Anfang an die Teilungssubhastation gemeinschaftlich betreiben können (unbeschadet der Vorschrift des § 44 Abs. 2).

Für die Bestimmung des Mindestgebots ist in diesem Falle davon auszugehen, daß jeder der Betreibenden verlangen kann, daß die zur Belastung seines Anteils in keiner Beziehung stehenden Sonderbelastungen des andern (im Beispiele zu Bem. 3, III also die Hypotheken 72, 60, 90) von der Berücksichtigung ausgeschlossen werden, so daß in das Mindestgebot aufzunehmen sind nur die die Anteile der betreibenden Teile belastenden Gesamt-, sowie die vor- und gleichstehenden Posten (Fischer-Schäfer S. 590, v. d. Pfordten S. 557, Recht 1902 S. 173; a. M. einerseits Reinhard II S. 342, andrerseits Jäckel S. 626, 627).

Im Beispiel zu Bem. 3, III wären also, wenn alle Teilhaber das Verfahren betreiben, folgende Belastungen als bestehen bleibend zu erklären:

Bei A	B	C	D	
60	340	246	170	, Sa. 816; $^1/_{24}$ Anteilsbelastung also = 34,

so daß die verhältnismäßige Belastung betragen würde:

A	B	C	D
102 (= 3 × 34)	340 (= 10 × 34)	204 (= 6 × 34)	170 (= 5 × 34).

Am meisten belastet erscheint hier Anteil C; Ausgleichungssumme = 168, so daß Mindestgebot: 816 + 168 oder (246 : 6) × 24 = 984.

Sind überhaupt auf den Anteilen der betreibenden Teile keine Gesamtbelastungen vorhanden, so sind demnach in das Mindestgebot gar keine Rechte aufzunehmen.

Über das Verhältnis der Teilungssubhastation zur Anteilssubhastation usw. siehe § 180 Bem. 4.

5. Schiffsversteigerung zwecks Gemeinschaftsaufhebung. Auch hier findet abweichend von § 169 Abs. 1 die Vorschrift des § 182 Anwendung.

§ 183.

Im Falle der Vermiethung oder Verpachtung des Grundstücks finden die Vorschriften des § 57 Satz 2, 3 keine Anwendung.

E. I —; II § 183; D. 68, 69; RVer. —.

Einfluß der Teilungssubhastation auf Miet- und Pachtverhältnisse.

1. § 183 gilt auch für die **Übergangszeit** im diess. Bayern (Art. 41 Abs. 1, 3 mit Art. 6 ÜV. z. BGB.; Pfalz: Art. 113—115 ÜV., Henle-Schneider Art. 113 Bem. 14). Ist das Grundstück schon vor dem 1. I. 1900 überlassen worden, so gilt Art. 24 BayAG. z. ZVG.

2. Der Ersteher hat (von einer Vereinbarung zwischen dem Mieter oder Pächter und den Beteiligten nach § 59 abgesehen) in die bestehenden **Miet- und Pachtverträge** einzutreten, ohne von dem besonderen Kündigungsrechte des § 57 Satz 2, 3 Gebrauch machen zu können. Anwendbar bleibt dagegen § 57 Satz 1, so daß auch § 573 Satz 2 BGB. bei der Teilungssubhastation nicht in Betracht kommt (Fischer-Schäfer S. 591). In Ansehung des Rechtes des Erstehers auf die Nutzungen (Miet- und Pachtzinse) verbleibt es gleichfalls bei §§ 56, 57 Satz 1 (vgl. § 56 Bem. 5, § 57 Bem. 4; Fischer-Schäfer a. a. O.).

3. § 183 findet natürlich **keine Anwendung**, wenn die Teilungssubhastation in eine Vollstreckungssubhastation übergegangen ist (vgl. § 180 Bem. 4).

§ 184.

Ein Miteigenthümer braucht für sein Gebot keine Sicherheit zu leisten, wenn ihm eine durch das Gebot ganz oder theilweise gedeckte Hypothek, Grundschuld oder Rentenschuld zusteht.

E. I § 233; M. 365; D. —; KBer. —.

Sicherheitsleistung des Miteigentümers.

1. Übergangszeit: Art. 41 Abs. 1 (Pfalz: Art. 113 Abs. 6) ÜV. z. BGB. — Nach Art. 55 Ziff. 4 BaySO. war die Befreiung von der Pflicht der Sicherheitsleistung nicht für das ganze Gebot gewährt.

2. Für **Gebote des Miteigentümers** enthält § 184 eine Ausnahme von §§ 67 Abs. 2 Satz 2 und 68 Abs. 3, da weder der Antragsteller wahrer Gläubiger, noch der andere Teilhaber wahrer Schuldner ist. Die Befreiung gilt auch für denjenigen Miteigentümer, welcher nur eine (ganz oder teilweise gedeckte) Hypothek ꝛc. auf seinem eigenen Anteil hat, sowie dann, wenn die Hypothek ꝛc. bestehen bleibt, ohne daß dem Miteigentümer ein Recht auf Barzahlung, wie z. B. nach § 12 Ziff. 1, 2, § 49 zusteht (Wolff Bem. 1, Fischer-Schäfer S. 592; a. M. Jäckel S. 629). Auch eine Sicherungshypothek oder eine Vormerkung zur Sicherung des Anspruchs auf Einräumung einer Hypothek genügt für § 184 (Jäckel S. 629).

Die Sicherheit kann durch Bürgschaftsstellung geleistet werden (Art. 31 BayAG. z. ZVG.).

Einführungsgesetz

zu dem

Gesetz über die Zwangsversteigerung und die Zwangsverwaltung.

Vom 24. März 1897.

(RGBl. 1898 S. 750 ff.)

Vorbemerkung.

Das Einführungsgesetz enthält die Bestimmung des Zeitpunktes, in welchem das ZVG. in Kraft treten soll (§ 1 Abs. 1), Vorbehalte für die Landesgesetzgebung (§§ 2, 3, 4 Abs. 1, §§ 5, 6, 10—13, 14), die Regelung des Verhältnisses der neuen Vorschriften zum bisherigen (Reichs- und Landes-) Recht (§ 1 Abs. 2, § 4 Abs. 2, § 7) und Übergangsvorschriften (§§ 8, 9, 15). Denkschr. S. 69.

§ 1.

Das Gesetz über die Zwangsversteigerung und die Zwangsverwaltung tritt, soweit es die Schiffe betrifft, gleichzeitig mit dem Bürgerlichen Gesetzbuch, im Uebrigen für jeden Grundbuchbezirk mit dem Zeitpunkt in Kraft, in welchem das Grundbuch als angelegt anzusehen ist.

Die Artikel 2 bis 5, 32, 55 des Einführungsgesetzes zum Bürgerlichen Gesetzbuche finden entsprechende Anwendung.

E. I § 234; M. 366; D. 69; KBer. —.

Inkrafttreten des Gesetzes.

1. Das Gesetz, welches ein fertiges Grundbuch und Schiffsregister voraussetzt, ist in Ansehung der Schiffe seit 1. I. 1900 (Art. 1 EG. z. BGB.) in Kraft; im übrigen (hinsichtlich der Grundstücke und der ihnen gleichgestellten Berechtigungen) wird der **Zeitpunkt des Inkrafttretens** in Bayern gemäß Art. 186 Abs. 1 EG. z. BGB., Allerh. VO. vom 23. VII. 1898 § 26 (GVBl. S. 493) bezw. 28. VIII. 1898 § 37 (Pfalz) durch das K. Staatsministerium der Justiz bestimmt. Dies ist bereits für den größten Teil der **Pfalz** geschehen (vgl. die Zusammenstellung im JMBl. 1902 S. 957 und später).

Diesseits des Rheins tritt das ZVG. laut JMBek. vom 6. März 1905 (JMBl. S. 562) am 1. Mai 1905 in Kraft in dem Bezirke des Oberlandesgerichts München und der Landgerichte Amberg, Regensburg, Weiden — einige wenige dort näher bezeichnete Grundstücke ausgenommen. Von diesen Ausnahmen abgesehen, ist die Einteilung der Gerichtsbezirke, nicht der Grundbuchbezirke, welche mit der Steuergemeinde (vgl. § 161 der DA. f. GBÄ., JMBl. 1905 S. 139) zusammenfallen, maßgebend, so daß das ZVG. für alle diejenigen Grundstücke gilt, welche in den vorbezeichneten Gerichtsbezirken liegen (Henle, Grundbuchanlegung 2. Aufl. S. 173, Henle-Schneider S. 407, Fischer-Schäfer S. 594).

In demjenigen Bezirke, für welchen das Grundbuch noch nicht als angelegt anzusehen ist, bleibt die BaySO. vom 23. Febr. 1879 u. 29. Mai 1886 (mit Art. 6, 40, 41, 113—115 ÜV. z. BGB., 52—55 BayAG., § 15 EG. z. ZVG.) in Kraft. Gleiches gilt für die gemäß Art. 186 Abs. 2 EG. z. BGB., §§ 26, 27 VO. vom 23. VII. 1898 (§§ 26, 36 pfälz. AnlO. vom 28. VIII. 1898) ausdrücklich von der Anlegung ausgenommenen Grundstücke, welche einen diesbezüglichen Vermerk im Grundbuchblatt erhalten (vgl. auch §§ 71, 72 JMBek. vom 1. X. 1898, JMBl. S. 507 und Nr. 311, 312 der JMBek. vom 14. IX. 1898, JMBl. S. 315).

Alle übrigen — insbesondere die gemäß § 90 GBO., VO. vom 1. VII. 1898 (JMBl. S. 255) vom Buchungszwang befreiten — Grundstücke unterliegen hinsichtlich der Immobiliarvollstreckung dem ZVG., soferne sie in einem Bezirke liegen, in welchem das Grundbuch für angelegt gilt (Planck zu Art. 186 Abs. 2 EG. z. BGB.). Diesfalls hat, wenn nötig[1]), der Gläubiger die Anlegung des Grundbuchblatts zu veranlassen (§§ 17, 146 ZVG.; §§ 14, 22, 91 GBO. mit §§ 2 ff. VO. vom 25. Febr. 1905, JMBl. S. 61; vgl. Achilles-Strecker S. 345, Fischer-Schäfer S. 594).

Von dem Zeitpunkte des Inkrafttretens des ZVG. für Grundstücke und selbständige Berechtigungen gelten die diesrh. Hypothekenbücher als Grundbücher im Sinne des BGB. (§ 24 VO. vom 23. VII. 1898; Henle, Grundbuchanlegung 2. A. S. 183).

2. Abs. 2 bringt im allgemeinen hinsichtlich des **Verhältnisses des ZVG. zum Reichs- und Landesrecht** zum Ausdruck, daß das Landesrecht insoweit außer Kraft tritt, als es nicht besonders aufrecht erhalten ist (§§ 2—14 EG., Art. 52, 53 BayAG. z. ZVG.), da das ZVG. seine Materie vollständig regeln wollte (Art. 55 EG. z. BGB.); daß umgekehrt bisherige reichsrechtliche Vorschriften in Kraft bleiben, soweit sie nicht durch das ZVG. aufgehoben sind (Art. 32 EG. z. BGB.); daß endlich die Landesgesetzgebung auf dem ihr vorbehaltenen Rechtsgebiet auch neue Vorschriften erlassen kann, soferne nicht (wie in § 7 EG. z. ZVG.) ausdrücklich bestimmt ist, daß nur die „bestehenden" Vorschriften unberührt bleiben (Art. 3 EG. z. BGB.). Denkschr. S. 69.

Im einzelnen siehe §§ 2—14 EG. z. ZVG.

Soweit in Reichs- oder Landesgesetzen auf Vorschriften verwiesen ist, welche durch das ZVG. oder das EG. aufgehoben sind, treten die entsprechenden Bestimmungen dieser Gesetze an die Stelle (Art. 4 EG. z. BGB.).

§ 2.

Soweit in dem Einführungsgesetze zum Bürgerlichen Gesetzbuche zu Gunsten der Landesgesetze Vorbehalte gemacht sind, gelten sie auch für die Vorschriften der Landesgesetze über die Zwangsversteigerung und die Zwangs-

[1]) Im Falle der Vereinigung und Zuschreibung (§ 5 GBO.) unterliegen die zugeschriebenen bezw. vereinigten Grundstücke dem Rechte des Hauptgrundstücks bezw. des Ganzen, soweit nicht eine Ausnahme nach §§ 26, 27 VO. vom 23. VII. 98 erfolgt ist (vgl. § 15 EG. Bem. 1).

verwaltung. Den Landesgesetzen stehen nach Maßgabe der Artikel 57, 58 des Einführungsgesetzes zum Bürgerlichen Gesetzbuche die Hausverfassungen gleich.

Es treten jedoch die landesgesetzlichen Vorschriften außer Kraft, nach welchen den landschaftlichen und ritterschaftlichen Kreditanstalten für den Anspruch auf ältere als zweijährige Rückstände wiederkehrender Leistungen ein Vorrecht vor den im § 10 Nr. 1 bis 6 des Gesetzes über die Zwangsversteigerung und die Zwangsverwaltung bezeichneten Ansprüchen beigelegt ist.

E. I §§ 235 Abs. 2, 243; M. 367, 374—376; D. 69; KBer. 59.

Allgemeine Vorbehalte für die Landesgesetzgebung.

1. § 2 gestattet die **landesrechtliche Regelung des Verfahrens der Zwangsversteigerung und- verwaltung** solcher Gegenstände des unbeweglichen Vermögens, deren privatrechtliche Verhältnisse überhaupt landesgesetzlich geregelt werden dürfen (Art. 57—59, 62—64, 67 EG. z. BGB.) Beim Mangel besonderer (bestehender oder nachträglich erlassener) landesrechtlicher Vorschriften gilt auch hinsichtlich dieser Gegenstände das Reichsrecht (§ 1 Abs. 2 EG. z. ZVG. mit Art. 4 EG. z. BGB.).

2. In **Bayern** vollzieht sich auf Grund dieses Vorbehalts die Immobiliarvollstreckung in Lehen, Familienfideikommisse und Erbgüter (Art. 34 bis 36 BayAG. z. ZVG.), Bergwerke und unbewegliche Kuxe (Art. 37—51 l. c.), auf welche im übrigen die Bestimmungen des ZVG. Anwendung finden, unbeschadet der Sondervorschriften des Lehen- und Fideikommißrechtes (IV. und VII. Beil. z. VU., Edikt vom 20. XII. 1811 mit Gesetz vom 11. IX. 1825; Lehenedikt vom 7. VII. 1808 und 15. VIII. 1828 bezw. Lehenablösungsgesetz vom 4. VI. 1848), sowie des Gesetzes über die landwirtschaftlichen Erbgüter vom 22. II. 1855 und des Berggesetzes vom 20. III. 1869 und 30. VI. 1900 [1]).

Die Art. 34—51 BayAG. z. ZVG. sind an die Stelle der diesbezüglichen Vorschriften der Art. 4, 174—181 BaySO. mit 38, 39 der Novelle getreten [2]). Das Nähere siehe im AG. z. ZVG.

3. Abs. 2 enthält eine Ausnahme von Art. 167 EG. z. BGB. und kommt für Bayern nicht in Betracht.

4. Auf Grund eines weiteren Vorbehalts in Art. 109 EG. z. BGB. ist in Bayern das Verteilungsverfahren hinsichtlich der nach dem **Zwangsenteignungsgesetze** vom 17. XI. 1837 zu leistenden Entschädigungssumme entsprechend dem Verteilungsverfahren hinsichtlich des Versteigerungserlöses und nach dem Vorbilde der für die reichsgesetzlichen Fälle der Enteignung maßgebenden Art. 52, 53 EG. z. BGB. geregelt (Art. 24 BayAG. z. ZPO. i. d. F. des Art. 166 Ziff. X des BayAG. z. BGB.).

Dieses gerichtliche Verteilungsverfahren findet nur auf Antrag des vor der Zwangsenteignung Eigentümer gewesenen und der übrigen Berechtigten, deren Rechte nach Art. XI des Zwangsenteignungs-Ges. auf die Entschädigungssumme übergegangen sind, statt und zwar vor demjenigen Amtsgerichte, welches im Falle der Zwangsversteigerung zuständig gewesen wäre. Das Gericht hat, wenn die in Art. XI l. c. be-

---

[1]) BayAG. z. BGB. Art. 1, 135 Abs. 2; 152, 157. Vgl. Becher LZR. Bd. I S. 922 bis 1034.

[2]) Becher Mat. VI S. 32—37, 88—95, 146—150. — Vgl. Ortenau-Henle zu oben bez. Artikeln.

zeichneten Voraussetzungen erfüllt sind, von Amts wegen das Grundbuchamt um die Mitteilungen nach § 19 Abs. 2 ZVG. zu ersuchen und sodann die Terminsbestimmung (§§ 105 ff. ZVG.) den zur Zeit der Erteilung der begl. Abschrift des Grundbuchblatts im Grundbuch eingetragenen oder durch Eintragung gesicherten Beteiligten, sowie den nach § 9 Ziff. 2 ZVG. zu berücksichtigenden und den in Art. XI, XV des Zwangsenteignungsges. i. d. F. des Art. 139 BayAG. z. BGB. genannten[3]) Beteiligten zuzustellen. Die infolge der Zwangsabtretung erfolgten Rechtsänderungen (Löschungen) bleiben außer Betracht. Als Beschlagnahme im Sinne des § 13 ZVG. gilt die Zwangsabtretung bezw. Besitzeinweisung (Art. 22 BayAG. z. ZPO.). Die Entschädigungssumme ist im Verteilungstermine, da sie in der Regel (insbesondere im Falle des Art. 22 BayAG. z. ZPO.) bei Gericht hinterlegt ist, durch Ausantwortung von Erhebungsanweisungen auf die Hinterlegungsstelle nach Maßgabe des Plans auszuteilen, soweit aber Widerspruch gegen den Plan erhoben ist, hinterlegt zu lassen. Eine Ausführung des Plans durch Forderungsübertragung kann nicht in Frage kommen[4]), da das Eigentum an den Abtretungsberechtigten erst mit Erlage der Entschädigungssumme übergeht und. erst mit diesem Zeitpunkte das Erlöschen der Rechte am Grundstücke bezw. der nach Art. XI Zwangsenteignungsgesetzes sich vollziehende Übergang auf die Entschädigungssumme eintritt. Die Herbeiführung der Grundbuchberichtigung ist Sache des Abtretungsberechtigten (vgl. Henle-Habel Bem. zu Art. 22, 24 BayAG. z. ZPO.; Becher LZR. I S. 605 ff.).

Über Gebühren des Gerichts: Art. 24 Abs. 3, 297 BayGebGes.; des Rechtsanwalts: Art. 17 Abs. 1 Ziff. 2, Art. 18 mit 5, 25, 28 Abs. 4 VO. vom 26. III. 1902 (vgl. Mot. im JMBl. 1902 S. 427 ff., 441 zu Art. 1 der VO.).

5. Analog dem Verteilungsverfahren nach dem Zwangsenteignungsgesetze vollzieht sich auch dasjenige nach Art. 134, 135, 151 (neu: 167, 168, 184) des **Berggesetzes** (Art. 157 Ziff. XIII – XV BayAG. z. BGB.), nach Art. 13 Abs. 3 des **Ehehaftenablösungsgesetzes** (Art. 153 Ziff. III BayAG. z. BGB.) und nach Art. 27 des BayAG. z. ZPO. (Art. 166 Ziff. XII BayAG. z. BGB.) im Falle der **Ablösung eines mit dem Eigentum verbundenen Rechtes.** Vgl. Art. 24 Abs. 4 BayGebGes.

§ 3.

Die im Artikel 113 des Einführungsgesetzes zum Bürgerlichen Gesetzbuche bezeichneten Vorschriften bleiben auch insoweit unberührt, als sie für den Anspruch des Entschädigungsberechtigten oder des Dritten, welcher die Entschädigung geleistet hat, ein Recht auf Befriedigung aus dem Grundstücke gewähren und den Rang dieses Rechtes bestimmen. Jedoch kann dem Anspruch auf Rückstände wiederkehrender Leistungen ein Vorrecht nur mit der im § 2 Abs. 2 bezeichneten Einschränkung beigelegt werden.

E. I § 237; M. 369; D. —; KBer. —.

---

[3]) Diese Berechtigten sind wohl den im Versteigerungsverfahren aufgetretenen Beteiligten gleich zu erachten und daher auch ohne nochmalige Anmeldung beim Gericht zuzuziehen.

[4]) Ebensowenig eine Sicherstellung durch Hypotheken oder eine Zwangsvollstreckung; die gegenteilige Ansicht bei Henle-Habel zu Art. 53 ä. F. des BayAG. z. ZPO. übersieht m. E., daß die Voraussetzung des Verteilungsverfahrens die Zahlung der Entschädigungssumme ist (vgl. Becher LZR. Bd. I S. 608).

Besondere agrarrechtliche Vorbehalte.

1. Art. 113 EG. z. BGB. hat verschiedene landesrechtliche Vorschriften auf dem Gebiete des Agrarrechts, insbesondere die Regelung der gutsherrlich-bäuerlichen Verhältnisse und der Ablösung, der Umwandlung oder Einschränkung von Dienstbarkeiten und Reallasten, aufrecht erhalten.

Im Anschlusse hieran gestattet § 3 EG. z. ZVG. dem Landesrechte, für die Ansprüche des infolge der Ablösung Ersatzberechtigten oder des Dritten (meist des Staats), welcher die Entschädigung für die Rechtsänderung an Stelle des Pflichtigen geleistet hat, ein **Recht auf vorzugsweise Befriedigung** aus dem entlasteten Grundstück im Falle der Zwangsvollstreckung zu gewähren und (auch abweichend von § 10 ZVG.) den **Rang** dieser Rechte zu bestimmen.

Dieses Vorrecht kann jedoch für rückständige wiederkehrende Leistungen nur nach Maßgabe des § 2 Abs. 2 EG. z. ZVG. zugebilligt werden, d. h. die älteren als zweijährigen Rückstände derselben können nur den Rang nach den in Ziff. 1—6 des § 10 ZVG. bezeichneten Ansprüchen eingeräumt erhalten.

2. Auf Grund dieses reichsrechtlichen Vorbehaltes genießen in **Bayern** ein derartiges Vorzugsrecht:

a) die Bodenzinskapitalien und Annuitäten nach Art. 29, 30 des Grundlasten-Ablösungsgesetzes vom 4. VI. 1848 und Art. 141, 177 BayAG. z. BGB.; sie behalten den Rang, welchen die Grundrenten bezw. Gefälle, an deren Stelle sie getreten sind, eingenommen haben, d. h. sie rangieren innerhalb des § 10 Ziff. 4 des ZVG. und werden, soweit sie der Staats- und der Grundrentenablösungskasse zustehen, von der Zwangsversteigerung nicht berührt[1] — vorbehaltlich § 9 Abs. 2 EG. z. ZVG. — (vgl. § 22 Ziff. 5 BayHypGes.; Art. 114 EG., Art. 128 BayAG. z. BGB., Art. 27 Abs. 2 BayAG. z. ZVG.), haben aber im übrigen, da sie zum Schutze der aus der Öffentlichkeit des Hypothekenbuches entstehenden Rechtsfolgen der der §§ 25, 26 BayHypGes. der Eintragung bedurften, Rang nach den gutgläubig erworbenen und vor ihnen eingetragenen Hypotheken (vgl. § 10 Bem. 4, § 11 Bem. 2b; Ortenau-Henle S. 213, 214, Henle-Schneider S. 225, Becher LZR.Bd. I S. 642 ff., Roth-Becher T. II Abt. 2 S. 140 ff., 162 ff.).

Zu beachten ist, daß die Rückstände sich nach § 13 Abs. 1 ZVG. berechnen (im Unterschiede zu Art. 108 Ziff. 1, Art. 151 Ziff. 1 BaySO.);

b) die Jahresabgaben und Ablösungsrenten, welche an die Stelle der Weiderechte getreten und deren Rang behalten; die Ablösungskapitalien, welche an die Stelle der Jahresabgaben getreten und gleichfalls deren Rang haben sollen, gemäß Art. 17—22, 42—45 des Weiderechtsgesetzes vom 28. V. 1852 und Art. 150, 177 BayAG. z. BGB. (Henle-Schneider S. 243; vgl. Becher LZR. Bd. I S. 622 ff., Roth-Becher T. 2 Abt. 2 S. 108 ff.); über die Notwendigkeit ihrer Eintragung gilt das zu a Bemerkte;

c) die Baupflicht-Reallasten nach Art. 8 Abs. 2, Art. 9 Abs. 3 des Zehntbaupflichtgesetzes vom 28. V. 1852 (mit Art. 151, 177 BayAG. z. BGB.), welche den ihnen nach Maßgabe der Eintragung zukommenden Rang behalten (Henle-Schneider S. 244; Becher LZR. Bd. I S. 652, Roth-Becher a. a. O. S. 192 ff.);

[1] Sie soll der Notar von Amts wegen ermitteln (§ 3 JMBek. vom 31. III. 1905, JMBl. S. 588).

d) die für die Ablösung des Ehehaftsverhältnisses geschuldeten Ablösungssummen nach Art. 12 des Ehehaftenablösungsgesetzes vom 23. II. 1868 (Art. 153, 177 BayAG. z. BGB.), welche den Rang der Reichnisse behalten, an deren Stelle sie treten (Henle-Schneider S. 249; vgl. Becher LZR. Bd. I S. 1087 ff.); im übrigen gilt das zu a Bemerkte;

e) die auf Grund des Grundentlastungsgesetzes vom 28. IV. 1872 geschuldeten Leistungen, welche den Rang der Grundabgaben genießen, an deren Stelle sie treten (Art. 163, 171 BayAG. z. BGB.; Henle-Schneider S. 289), vgl. Bem. a;

f) die als Reallast bestellten Kulturrenten und Ablösungssummen nach Art. 8 des Landeskulturrentengesetzes vom 21. IV. 1884 (Art. 170, 177 BayAG. z. BGB.); sie rangieren nach Maßgabe der Bestellung vor den Hypotheken, Grund- und Rentenschulden; die Teilrenten des Art. 9 des gen. Ges. sind öffentliche Lasten (§ 10 Ziff. 3 ZVG.; Henle-Schneider S. 352).

§ 4.

Durch Landesgesetz kann bestimmt werden, daß gewisse öffentliche Lasten anderen im Range vorgehen.

In denjenigen Bundesstaaten, in welchen die Besteuerung des inländischen Bieres der Landesgesetzgebung vorbehalten ist, bleiben auch die Vorschriften unberührt, nach welchen bei der Zwangsvollstreckung in ein der Brauerei dienendes Grundstück oder in ein mit diesem räumlich verbundenes Grundstück die zum Zwecke der Besteuerung des Bieres zu entrichtenden Abgaben den öffentlichen Lasten des Grundstücks gleichstehen.

E. I §§ 10 Abs. 2, 238; M. 96, 370; D. — KBer. —.

Vorbehalt hinsichtlich öffentlicher Lasten.

1. Der Begriff der öffentlichen Lasten bestimmt sich nach Landesrecht (vgl. Bem. 3 zu § 10 ZVG.); deshalb ermächtigt § 4 Abs. 1 EG. die Landesgesetzgebung, innerhalb des § 10 Ziff. 3 ZVG. eine **Rangordnung** unter den öffentlichen Lasten zu schaffen. Dies ist in Bayern nicht geschehen (Becher Mat. VI S. 23), weshalb jene Lasten unter sich (beim Mangel der Masse) nur nach dem Verhältnis ihrer Beträge Befriedigung finden.

2. Abs. 2 hält Art. 46 Nov. z. SO., dessen Inhalt in Art. 24 BayAG. z. ZVG. übergegangen ist, aufrecht. Hiernach steht aber nur der **Malzaufschlag** für das letzte Jahr vor der Beschlagnahme den öffentlichen Lasten gleich; ältere Rückstände haben diesen Charakter nicht, genießen daher überhaupt kein Vorrecht, weder nach Ziff. 3 noch 7 des § 10 ZVG. und müßten durch Hypothek oder Beschlagnahme (Ziff. 4, 5 des § 10 ZVG.) gesichert werden (Becher Mat. VI S. 23, 78, 79; vgl. Ortenau-Henle S. 385 Note 3).

Durch JMBek. vom 15. IX. 1888 war die Mitteilung der Beschlagnahme der zum Brauereibetriebe dienenden Grundstücke an das Hauptzollamt instruktionell vorgeschrieben. Dies gilt jetzt nur noch von der Terminsbestimmung, § 6 JMBek. vom 31. III. 1905 (JMBl. S. 589). Vgl. im übrigen § 10 Bem. 3d ZVG.

§ 5.

Durch Landesgesetz kann bestimmt werden, daß dem Antrag auf Zwangsversteigerung ein Auszug aus einem Steuerbuche beigefügt werden soll.

E. I § 29 Abs. 3; M. 128; D. —; KBer. —.

Steuerbuchsauszug.

In **Bayern** ist von dem Vorbehalte des § 5 kein Gebrauch gemacht, da dem Zwecke der Glaubhaftmachung des Eigentums des Schuldners nunmehr § 17 ZVG. dient (vgl. Art. 21 Abs. 1, 22, 26 Ziff. 4, Art. 27 Ziff. 3 BayGO., Becher Mat. VI S. 24). Die Erholung eines Auszugs aus dem Grundsteuerkataster (zwecks Orientierung der Beteiligten und Kauflustigen über Wert, Flächenumfang, Besteuerung, Lage, Kulturart u. dgl.) ist jedoch durch § 3 JMBek. vom 31. III. 1905 (JMBl. S. 588) dem Notar zur Pflicht gemacht. Die Unterlassung dieser Ordnungsvorschrift ist ohne Einfluß auf das Verfahren selbst.

Über Einsicht des Grundsteuerkatasters siehe Art. 134 BayAG. z. BGB., über dessen Einrichtung §§ 159 ff. DA. f. GBÄ., über die Kosten der Auszüge und Abschriften Art. 222 BayGebGes.

§ 6.

Durch die Landesjustizverwaltung kann angeordnet werden, daß die Bestimmung des Versteigerungstermins noch andere als die im § 38 des Gesetzes über die Zwangsversteigerung und die Zwangsverwaltung vorgeschriebenen Angaben über das Grundstück enthalten soll.

E. I § 45 Abs. 2; M. 152; D. —; KBer. —.

Weiterer Inhalt der Terminsbestimmung.

Eine diesbezügliche **Ordnungs-Vorschrift** enthält § 5 JMBek. v. 31. III. 1905 (JMBl. S. 589) hinsichtlich der Grundstücke (vgl. Bem. 2a zu §§ 37, 38 ZVG.), ferner Art. 42 BayAG. z. ZVG. für die Terminsbestimmung bei Zwangsvollstreckung in Bergwerke mit Rücksicht auf die Natur des Bergwerkseigentums (Becher Mat. VI S. 34, 92, 147; vgl. Art. 175 Abs. 1, 2 BayGO.). Nichteinhaltung dieser Bestimmungen ist ebenfalls ohne Einfluß auf das Verfahren selbst, solange die genaue Kennzeichnung der Versteigerunsobjekte dadurch nicht alteriert wird.

§ 7.

Unberührt bleiben die bestehenden landesgesetzlichen Vorschriften, nach welchen noch andere als die in den §§ 39, 40 des Gesetzes über die Zwangsversteigerung und die Zwangsverwaltung bezeichneten Veröffentlichungen der Terminsbestimmung zu erfolgen haben.

E. —; M. —; D. 70; KBer. —

Weitere Veröffentlichung der Terminsbestimmung.

Durch § 7 ist die Aufrechterhaltung der Vorschrift des Art. 64 Abs. 1 Ziff. 1 mit Art. 66 Abs. 2 BayGO. ermöglicht, wonach in allen Fällen die **Anheftung der Terminsbestimmung** des Versteigerungsbeamten an die Gemeindetafel vorgeschrieben ist, welche Vorschrift jedoch in Art. 26 und 55 BayAG. z. ZVG. insofern abgeändert wurde, als die Besonderheit für die Pfalz in Wegfall kam, die Anheftung an die Gemeindetafel auch durch andere Beamte als den Gerichtsvollzieher (Gemeindebeamte) zugelassen wurde, ihre Unterlassung („soll") nicht mehr die Versagung (bzw. Aufhebung) des Zuschlags nach sich zieht, für die Dauer der Anheftung (wenn es sich nicht um einen Fall des § 39 Abs. 2 ZVG. handelt) eine Zeit nicht mehr vorgeschrieben ist, endlich die Anheftung auch dann wiederholt werden soll, wenn der ursprüngliche Versteigerungstermin aufgehoben und ein neuer bestimmt wird (Becher Mat. VI S. 26, 80, 137—142, 152).

§ 40 Abs. 2 ZVG. ist durch Art. 26 AG. z. ZVG. nicht alteriert; es ist daher dem Ermessen des Notars überlassen, die Bekanntmachung dem gemeindlichen Gebrauch entsprechend auch noch durch die Schelle oder in anderer Weise vornehmen zu lassen.

§ 8.

Durch Landesgesetz kann für die Zwangsversteigerung bestimmt werden, daß die vor dem Inkrafttreten des Bürgerlichen Gesetzbuchs eingetragenen Hypotheken bei der Feststellung des geringsten Gebots und bei der Aufstellung des Theilungsplans nur auf Grund einer Anmeldung zu berücksichtigen sind.

In einem solchen Falle muß die im § 37 Nr. 4 des Gesetzes über die Zwangsversteigerung und die Zwangsverwaltung vorgeschriebene Aufforderung auf die Anmeldung der Ansprüche aus den bezeichneten Hypotheken ausgedehnt werden.

E. I § 239; M. 370; D. 71; KBer. 60.

Anmeldungszwang für Hypotheken.

In **Bayern,** welches von § 8 keinen Gebrauch gemacht hat, verbleibt es bei §§ 45, 114 des ZVG., wonach Hypotheken, welche zur Zeit der Eintragung des Versteigerungsvermerks aus dem Grundbuch ersichtlich sind, ohne Anmeldung berücksichtigt werden müssen (Becher Mat. VI S. 27).

§ 9.

Soweit ein nach Landesgesetz begründetes Recht an einem Grundstücke, das nicht in einer Hypothek besteht, zur Wirksamkeit gegen Dritte der Eintragung nicht bedarf oder soweit eine Dienstbarkeit oder eine Reallast als Leibgedinge, Leibzucht, Altentheil oder Auszug eingetragen ist, bleibt das Recht nach Maßgabe des Landesgesetzes von der Zwangsversteigerung unberührt, auch wenn es bei der Feststellung des geringsten Gebots nicht berücksichtigt ist.

Das Erlöschen eines solchen Rechtes ist auf Verlangen eines Betheiligten als Versteigerungsbedingung zu bestimmen, wenn durch das Fortbestehen ein dem Rechte vorgehendes oder gleichstehendes Recht des Betheiligten beeinträchtigt werden würde; die Zustimmung eines anderen Betheiligten ist nicht erforderlich.

E. I § 240; M. 371; D. 70; KBer. —.

Befreiung anderer Rechte vom Anmeldungszwang, insbesondere Altenteile.

1. Während § 8 der Landesgesetzgebung gestattet, die Rechtslage gewisser Hypothekgläubiger zu erschweren, ermöglicht § 9 eine erleichternde Vorschrift für bestimmte, nicht in Hypotheken bestehende Rechte.

In Bayern bleiben von der Versteigerung unberührt (vorbehaltlich § 9 Abs. 2):

a) Nach Art. 27 Abs. 1 BayAG. z. ZVG.[1]) die als Leibgedinge (Leibzucht, Altenteil, Auszug) bestellten Dienstbarkeiten und Reallasten, sofern sie eingetragen sind (Art 96 EG, 32 ff.; 41, 85 BayAG. z. BGB.; § 50 GBO.; hinsichtlich der Umwandlung der zur Zeit der Grundbuchanlegung als Hypotheken eingetragenen Leibgedingsrechte siehe Art. 48, 116—118 ÜB. z. BGB.). In welchem Zeitpunkte das Altenteilsrecht eingetragen sein muß, um ohne weiteres gegen den Ersteher zu wirken, ist nicht bestimmt. Man wird jedoch einem Altenteil, welches dem betreibenden Teile gegenüber unwirksam ist (§ 23 ZVG.), auch dem Ersteher gegenüber die Wirksamkeit versagen müssen (Jäckel S. 643, Reinhard II S. 363 Fischer-Schäfer S. 604)[2]).

b) Nach Art. 27 Abs. 2 BayAG. z. ZVG. auch ohne Eintragung: Die Grunddienstbarkeiten, die zu der Zeit bestehen, zu welcher das Grundbuch als angelegt anzusehen ist (§ 873 BGB., Art. 187, 191 EG. z. BGB. Art. 10, 44 ÜB.)[3]), sowie die Grundgefälle des Staats und der Ablösungskasse und die an deren Stelle getretenen Lasten (Art. 114 EG., 128 BayAG. z. BGB.; vgl. Bem. 2 zu § 3 EG. z. ZVG. und § 123 DA. f. GBA.).

Alle diese Rechte bleiben bestehen (fallen dem Ersteher neben seinem Gebote zur Last), auch wenn sie nicht angemeldet (nicht glaubhaft gemacht) und nicht im Mindestgebote berücksichtigt sind (vgl. § 52 Abs. 2 ZVG.). Gehen sie dem betreibenden Teile vor, so müssen sie, soweit bekannt, ohnedies in das Mindestgebot aufgenommen werden (§§ 44, 83 Ziff. 1 ZVG.), soweit sie angemeldet bezw. eingetragen sind; ihre Nichtaufnahme in das Mindestgebot ist aber nicht bedeutungslos, da zwar ihr Bestehenbleiben nicht von der Berücksichtigung im Mindestgebote abhängig ist, wohl aber die Nichtanwendbarkeit des § 9 Abs. 2 EG.; denn ein nach §§ 44, 45 ZVG. im Mindestgebote zu berücksichtigendes Recht von der in EG. § 9 Abs. 1 bezeichneten Art kann nicht im Wege des Abs. 2 beseitigt werden (Fischer-Schäfer S. 604, v. d. Pfordten S. 570). Stehen jene Rechte aber hinter dem Anspruche des betreibenden Teils, so muß sich der Ersteher ihr Bestehenbleiben auch dann gefallen lassen (ohne Anspruch auf Gewährleistung, § 56 ZVG.), wenn sie der Versteigerungsbeamte (aus Versehen) nicht als neben dem Mindestgebote zu berücksichtigen bezeichnet hat[4]); letzterenfalls finden auch §§ 50, 51 ZVG. keine Anwendung.

Damit der Ersteher jedoch möglichst vor unbekannten, nach dem Zuschlag erst bekannt werdenden Rechten am Grundstücke geschützt wird, soll der Notar auf deren Bekanntgabe hinwirken (§ 3 JMBek. vom 31. III. 1905, JMBl. S. 588).

2. Die Beseitigung dieser Rechte ist nur nach § 9 Absatz 2 EG. möglich durch Feststellung einer besonderen, das Erlöschen aussprechenden Versteigerungsbedingung; erfordert ist ein Antrag desjenigen Beteiligten, dessen Anspruch gleichen oder besseren Rang hat, wie ein Recht nach Abs. 1, und welcher einen Ausfall

---

[1]) Becher Mat. VI S. 28, 82, 142.

[2]) Die Ansicht Jäckels (a. a. O.), daß deshalb ein nach dem Versteigerungsvermerk eingetragenes Altenteilsrecht gemäß § 130 von Amts wegen zu löschen sei, dürfte zu allgemein sein; denn das Recht kann diesfalls dem beigetretenen Gläubiger (der allein das Verfahren fortgesetzt hat) gegenüber wirksam geworden sein, vorausgesetzt, daß das Altenteil auch gemäß § 9 Ziff. 2 ZVG. angemeldet und glaubhaft gemacht, den Beteiligten also die Möglichkeit zur Antragstellung nach § 9 Abs. 2 EG. gewährt war. In Zweifelsfällen wird daher die Herbeiführung der Löschung wohl dem Ersteher überlassen werden müssen.

[3]) Die in Art. 10 Abs. 2 ÜB. vorbehaltene K. Verordnung ist bis jetzt nicht erlassen, Eintragung daher zur Erhaltung für die dort bezeichneten Dienstbarkeiten nicht erforderlich, auf Antrag des Berechtigten oder Eigentümers des belasteten Grundstücks zulässig. Vgl. JMBek. vom 11. VII. 1901 § 4 (JMBl. S. 489, 492), DA. f. GBA. § 613, Henle-Schneider S. 406, 407; ferner zu Art. 44 ÜB. die JMBek. vom 2. VII. 99 (JMBl. S. 165).

[4]) Kein Grund zur Aufhebung des Zuschlags (Jäckel S. 642).

erleiden würde, falls jenes Recht bestehen bliebe. Wer im Mindestgebote berücksichtigt ist, erleidet keinen Ausfall, ist also nicht antragsberechtigt; ebensowenig der Schuldner (Fischer-Schäfer S. 604). Über Antragstellung siehe § 59 Bem. 2 d.

Der Antrag nach Abs. 2 des § 9 EG. ist nur dann zulässig, wenn feststeht, daß das Recht des Beteiligten nach Abs. 2 demjenigen nach Abs. 1 mindestens gleichsteht. Ist das Rangverhältnis nicht aus dem Grundbuch ersichtlich (z. B. gegenüber Grunddienstbarkeiten) oder sonst zweifelhaft, so ist der Antrag nach Abs. 2 abzulehnen, das Recht also als bestehen bleibend zu behandeln (was aber keiner besonderen Versteigerungsbedingung bedarf), und die Feststellung des Rangverhältnisses den Beteiligten zu überlassen (vgl. Bem. 2b zu § 11 ZVG., obstr. Erk. n. F. I S. 22 ff.).

Ergibt das Meistgebot mit dem Rechte nicht unzweifelhafte Deckung des Anspruchs des in Abs. 2 des § 9 EG. bezeichneten Beteiligten, dann ist auf seinen Antrag zu einem zweiten Ausgebot ohne das Recht zu schreiten (kein Doppelausgebot von vorneherein!) und der Zuschlag demjenigen Meistgebote zu erteilen, welches dem Antragsteller am günstigsten ist (bei gleichem Ausfall oder gleicher Deckung seines Anspruchs aber dem Gebot mit dem Rechte).

Wenn das Recht gemäß § 9 Abs. 2 EG. erlischt, so tritt an seine Stelle der Anspruch auf Ersatz des Wertes bezw. Höchstbetrags nach Maßgabe seines Ranges (§§ 92, 110, 114 ZVG.; der Wert bezw. Höchstbetrag muß, wenn nicht eingetragen, rechtzeitig angemeldet bezw. glaubhaft gemacht sein; von diesem Erfordernis macht § 9 EG. im Falle des Abs. 2 keine Ausnahme). Das beseitigte Recht kann dem Ersteher gegenüber auch nicht dadurch geltend gemacht werden, daß auf den Entstehungsgrund (z. B. Ersitzung) zurückgegangen wird (Rechtspr. d. OLG. VIII S. 8).

Verletzung des § 9 Abs. 2 (durch unrichtige oder unterlassene Anwendung) ist ein Grund zur Versagung bezw. Aufhebung des Zuschlags nach §§ 83 Ziff. 1, 100 ZVG. (vgl. Rechtspr. d. OLG. II S. 509). Die Beschwerde steht auch dem Dritten, welcher ein nach § 9 Abs. 1 EG. privilegiertes Recht beansprucht, zu; denn auch er ist Beteiligter (§ 9 ZVG.) oder kann es wenigstens durch Nachholung der Anmeldung und Glaubhaftmachung werden (§ 97 Bem. 2). Wird der Zuschlag rechtskräftig[5]) und hatte der Notar unrichtigerweise einem nach § 9 Abs. 2 EG. gestellten Antrag Folge gegeben, so kann das erloschene Recht dem Ersteher gegenüber (am Grundstück) nicht mehr geltend gemacht werden, denn es bleibt nur dann von der Versteigerung unberührt, wenn von § 9 Abs. 2 EG. nicht Gebrauch gemacht wird (§§ 52, 92 ZVG.; anders Art. 55, 57 BayGO., Ortenau-Henle S. 219; anscheinend auch für das neue Recht a. M. obstr. Erk. n. F. Bd. I S. 22 ff.).

§ 10.

Unberührt bleiben die landesgesetzlichen Vorschriften, nach welchen bei der Zwangsversteigerung

1. für Gebote kommunaler Körperschaften sowie gewisser Kreditanstalten und Sparkassen Sicherheitsleistung nicht verlangt werden kann;

---

[5]) Daß der gemäß § 9 Abs. 2 EG. um sein Recht gekommene Dritte nicht Gelegenheit zur Anfechtung des Zuschlags erhalten würde, könnte wegen § 88 mit § 9 ZVG. nur vorkommen, wenn es weder eingetragen noch angemeldet worden wäre. In diesem Falle wird aber wohl niemals das Rangverhältnis nach § 9 Abs. 2 EG. feststehen, also auch der dort bezeichnete Antrag nicht zugelassen werden dürfen; ist dies trotzdem geschehen, so muß der Notar, um sich vor Schadensersatzansprüchen zu sichern, dem Dritten die Zuschlagsentscheidung zustellen.

2. die Sicherheit auch durch Stellung eines Bürgen nach § 239 des Bürgerlichen Gesetzbuchs geleistet werden darf.

E. I § 90 Abs. 2, § 94 Abs. 2; M. 200, 206; D. —; KBer. —.

Sicherheitsleistung.

1. **Befreiung von der Pflicht der Sicherheitsleistung.** Ziff. 1 gestattet eine Ergänzung von § 67 Abs. 3, welche Bayern in Art. 30 AG. z. ZVG. getroffen hat[1]). Die Befreiung gilt auch im Falle des § 61 Abs. 1 Satz 2 (§ 61 Abs. 2 Satz 2).

2. Die **Sicherheitsleistung durch Bürgschaft** gestattet Art. 31 BayAG. z. ZVG. in Ergänzung des § 69 und in Aufrechterhaltung der Vorschrift des Art. 55 Ziff. 4 BayGO. Für Gebote des Schuldners und des neu eingetretenen Eigentümers ist die Bürgschaftsleistung nicht zugelassen; ebensowenig im Falle des § 61 (Becher Mat. VI S. 30, 84, 144).

Über den Umfang der Haftung des Bürgen siehe § 68 Bem. 2, im übrigen § 69 Bem. 2, 3.

§ 11.

Durch Landesgesetz kann für die Zwangsversteigerung, unbeschadet des § 112 Abs. 2 Satz 4 des Gesetzes über die Zwangsversteigerung und die Zwangsverwaltung, bestimmt werden, daß und nach welchen Grundsätzen der Werth des Grundstücks festgestellt werden soll.

E. I §§ 150, 241; M. 281, 372; D. —; KBer. —.

Feststellung des Wertes der Grundstücke.

§ 11 gestattet der Landesgesetzgebung, instruktionell vorzuschreiben, daß der Versteigerung von Grundstücken eine Schätzung des Wertes vorausgehen und nach welchen Grundsätzen die Wertsermittlung vorgenommen werden soll. **Bayern** hat in Art. 29 AG. z. ZVG. nur von dem letzteren Vorbehalte für die Fälle der §§ 64 u. 112 ZVG. Gebrauch gemacht[1]). In den Fällen der §§ 64, 112 (in welchen das ZVG. allein eine Wertsermittlung vorschreibt) bildet dieselbe lediglich einen Bestandteil des Versteigerungs- bezw. Verteilungsverfahrens; sie ist im Falle des § 64 Sache des Notars, im Falle des § 112 Sache des Vollstreckungsgerichts, welches jedoch in der Regel die erstere zu Grunde legen wird.

Gemäß § 8 JMBek. vom 31. März 1905 (JMBl. S. 590) sollen bei der Feststellung des Wertes die früheren Kaufpreise, die etwa vorhandenen Schätzungen aus jüngster Zeit und ähnliche Behelfe als Anhaltspunkte benützt, eventuell Gutachten von amtlich verpflichteten Schätzmännern (vgl. §§ 402 ff. ZPO., Art. 87, 88 BayAG. z. BGB., Henle-Schneider S. 147—150) eingeholt werden (letzteres besonders, wenn die Kosten hierfür vorgeschossen sind). Die Gebühren der Schätzmänner sind (soweit sie nicht von einem Beteiligten getragen werden) vor Feststellung des geringsten Gebots festzusetzen; sie fallen dann unter die Kosten des Verfahrens (§ 44 Abs. 1, § 109 ZVG.).

---

[1]) Becher Mat. IV S. 30. — „Gemeinde", dh. Orts-, Distrikts- und Kreisgemeinde. Unter öffentl. Sparkassen sind die von juristischen Personen des öffentlichen Rechtes (Gemeinden, Distrikten, Stiftungen) errichteten Sparkassen verstanden (vgl. Henle-Schneider zu Art. 109 BayAG. z. BGB.).

[1]) Becher Mat. VI S. 29, 144. — Jeder Beteiligte kann aber nach § 42 Abs. 2 Privatschätzungen einreichen und bekannt geben lassen.

§ 12.

Die Landesgesetze können für die Fälle, in welchen bei der Zwangsversteigerung oder der Zwangsverwaltung ein Aufgebotsverfahren erforderlich wird, die Art der Bekanntmachung des Aufgebots und die Aufgebotsfristen abweichend von den Vorschriften der §§ 948, 950 der Civilprozeßordnung bestimmen.

E. I § 186 Abs. 6, 202 Abs. 4; M. 320; D. —; KBer. —.

Aufgebotsverfahren.

1. Das Aufgebotsverfahren zur **Ausschließung unbekannter Berechtigter** (§§ 138, 140 ZVG.) ist durch Art. 33 BayAG. z. ZVG.[1]) in teilweiser Abweichung von §§ 948, 950 (956) ZPO. geregelt (vgl. § 1024 ZPO.).

Die öffentliche Bekanntmachung des Aufgebots erfolgt hiernach durch Anheftung an die Gerichtstafel und einmalige Einrückung in das Amtsblatt. Die Aufgebotsfrist beginnt mit der Einrückung in dieses Blatt.

2. Über das Aufgebot zur **Kraftloserklärung** von Hypotheken-, Grund- und Rentenschuldbriefen (§ 136 ZVG.) siehe §§ 1162 (1192, 1199) BGB., 1024 ZPO., Art. 166 Ziff. XIV BayAG. z. BGB. und Art. 30 BayAG. z. ZPO.

§ 13.

Durch Landesgesetz kann bestimmt werden, daß die in dem Gesetz über die Zwangsversteigerung und die Zwangsverwaltung dem Vollstreckungsgerichte zugewiesenen Amtshandlungen, soweit nicht über die Anordnung, Aufhebung oder Verbindung des Verfahrens oder über die Zulassung des Beitritts eines Gläubigers zu entscheiden ist, von einer anderen Behörde oder einem Beamten oder einem Notar ganz oder theilweise wahrzunehmen sind.

Wird die Aenderung einer Entscheidung der Behörde, des Beamten oder des Notars verlangt, so ist die Entscheidung des Vollstreckungsgerichts nachzusuchen; auf das Verfahren finden die Vorschriften der §§ 96 bis 104 des bezeichneten Gesetzes entsprechende Anwendung. Die Beschwerde findet gegen die Entscheidung des Vollstreckungsgerichts statt.

E. I § 242; M. 373, 374; D. 70; KBer. 61.

Übertragung der Amtshandlungen des Vollstreckungsgerichts an andere Behörden.

1. **Umfang des Vorbehalts.** Zu den Amtshandlungen, welche auf Grund des § 13 EG. einer anderen Behörde ꝛc. übertragen werden können, gehören nicht:

a) diejenigen, welche dem Vollstreckungsgerichte durch die ZPO. zugewiesen sind (§§ 766, 767—769 Abs. 2, 771 Abs. 3); dagegen werden von § 13 EG. überhaupt nicht berührt solche Maßnahmen, welche (wie z. B. die einstweilige Einstellung nach § 775 ZPO.) nicht ausschließlich dem Vollstreckungsgerichte, sondern jedem Vollstreckungsorgane (Gerichtsvollzieher; also auch dem Notar) obliegen.

b) diejenigen, welche Anordnung, Aufhebung, Verbindung des Verfahrens und Zulassung des Beitritts betreffen. Hierher zählen auch die Anordnungen und Entscheidungen[1]) nach §§ 25, 28, 32, 65 und 94.

---

[1]) Becher Mat. VI S. 31, 32; 88; 145, 146.

[1]) Becher Mat. VI S. 25; 79, 135.

2. Bayern hat in Art. 25 AG. z. ZVG. von diesem Vorbehalte wiederum nur in beschränktem Maße Gebrauch gemacht, indem es in Abweichung von § 35 ZVG. das eigentliche Versteigerungsverfahren (auch in den besonderen Fällen der §§ 172 ff. ZVG.) einschließlich der hierbei erforderlichen Zustellungen, also im bisherigen Umfange, den Notaren[2]) überträgt, während dem Vollstreckungsgerichte außer den ihm durch § 13 EG. vorbehaltenen Geschäften insbesondere die Verteilung und die Zwangsverwaltung verbleibt.

Sonach umfaßt die Aufgabe des Notars als Versteigerungsbeamten vor allem die Bestimmung des Versteigerungstermins, dessen Bekanntmachung und Zustellung[3]) (ZVG. §§ 36, 39—41, 43); die Entgegennahme von Schätzungen und die Ermittlung des Grundstückswertes (§§ 42 Abs. 2, 64); die Feststellung des Mindestgebots und der Versteigerungsbedingungen (§§ 45—48, 51 Abs. 2, 59—64), das Ausgebot mit der Entscheidung über Sicherheitsleistungen und unwirksame Gebote (§§ 61 Abs. 2, 66, 69 Abs. 2, 70 Abs. 1, 71, 73—74); die Ablieferung einer Zahlung nach § 75; die einstweilige Einstellung auf Grund der §§ 30, 32, 33, 75, 76, 77 Abs. 1 (neben derjenigen auf Grund des § 775 ZPO., welche dem Notar, wie dem Gerichtsvollzieher obliegt; vgl. oben Bem. 1); die Entscheidung über den Zuschlag (§§ 81—85, 87, 88)[4]), die Herstellung des Terminsprotokolls (§ 78).

Das Versteigerungsverfahren und damit die Tätigkeit des Notars beginnt mit der Bestimmung des Versteigerungstermins (§ 36 ZVG.) und „endigt mit der Erteilung des Zuschlags oder, falls ein wirksames Gebot nicht vorhanden ist, mit dem Zeitpunkte, von welchem an die Bestimmung eines zweiten Termines nicht mehr beantragt werden kann, oder mit der Ergebnislosigkeit des zweiten Termins (§§ 31, 77 ZVG.)“, Becher Mat. VI S. 25. Der Notar hat hierauf unverzüglich die Akten an das Vollstreckungsgericht zu leiten (die Einhebung der Gebühren gehört nicht mehr zum Versteigerungsverfahren, wohl aber die Zustellung der Zuschlagsentscheidung, § 88 Bem. 3).

Nach der Rückgabe der Akten erteilt der Gerichtsschreiber Ausfertigungen und Abschriften des Zuschlagsbeschlusses.

3. Verhältnis zwischen Notar und Gericht.

a) Innerhalb der dem Notar als Versteigerungsbeamten überwiesenen Zuständigkeit tritt derselbe an die Stelle des Vollstreckungsgerichts. Seine Tätigkeit ist zwar von der Übertragung der Versteigerung durch das Gericht abhängig[5]),

---

[2]) Als Versteigerungsbeamter gilt der jeweilige Inhaber des Notariats (NotGes. v. 9. VI. 1899 Art. 2, 6, 95). — Über die Verteilung der anfallenden Versteigerungen unter die Notare (das Gericht ist an Anträge der Beteiligten nicht gebunden) vgl. JMBek. v. 7. XI. 68, Ortenau-Henle S. 97. — Über den Umfang des Amtsbezirks des Notars siehe Art. 6 NotGes. — Über Registerführung und Aktenbehandlung siehe §§ 52, 53; 67, 68, 195 Not.-GeschO. (JMBl. 1899 S. 591 ff.).

[3]) Hier kommen nur die dem Gerichtsschreiber nach §§ 209 ff. ZPO. obliegenden Amtshandlungen in Frage; zu Zustellungen mittelst Ersuchschreibens (§§ 199—202 ZPO.) und öffentlichen Zustellungen (§ 204 ZPO., vgl. § 8 ZVG.) ist für den Notar kein Anlaß mehr gegeben (Becher Mat. VI S. 26).

[4]) Auch, wenn mit derselben sachlich die Aufhebung des Verfahrens ausgesprochen wird (vgl. § 86 und § 33 Bem. 3).

[5]) Er erwirbt mit der Übertragung kein Recht auf die Durchführung der Versteigerung; die Übertragung darf aber (im Interesse des Notars wie der Beteiligten) auch nicht beliebig rückgängig gemacht werden (vgl. Ortenau-Henle S. 311); es kann jedoch, abgesehen von Abs. 3 und 4 des Art. 25 BayAG., z. B. im Falle des § 18, sich die Notwendigkeit ergeben, statt zwei bereits ernannten einem einzigen Notar die Versteigerung zu übertragen. Das von einem nicht beauftragten Notar vorgenommene Verfahren ist nichtig (§ 83 Ziff. 6).

im übrigen aber eine selbständige, die durch keinerlei Aufträge des Gerichtes (abgesehen von Entscheidungen nach § 13 Abs. 2 EG. z. ZVG., §§ 766, 769 Abs. 2, 771 Abs. 3 ZPO.) begrenzt und nur in eigener Verantwortlichkeit ausgeübt werden kann (vgl. Ortenau-Henle S. 17, 114). Auch durch Art. 25 Abs. 4 Satz 2 BayAG. z. ZVG. sollte nicht ein Verhältnis der instanziellen Über- und Unterordnung geschaffen werden.

Obwohl Abs. 4 des Art. 25 BayAG. z. ZVG. dem Vollstreckungsgerichte die Entscheidung über Ausschließung und Ablehnung des Notars überträgt (Verfahren: §§ 41—48 ZPO.), sollte durch diese Bestimmung die Gleichberechtigung beider Organe nicht geändert werden. Dem entspricht auch die Nichtaufnahme einer dem Art. 85 Abs. 4 BaySO. nachgebildeten Vorschrift, da der Versteigerungsbeamte nicht dem Gerichtsvollzieher gleichsteht (vgl. Ortenau-Henle S. 98, 311); die Geltendmachung der Haftpflicht des Notars für schuldhafterweise verursachte Kosten kann also nur im Klageweg erfolgen. Im Verfahren werden sie nach §§ 44, 109 ZVG. behandelt, also vom Ersteher eingehoben und an der Masse abgerechnet.

Über die Gründe, aus welchen der Notar die Vornahme von Amtsgeschäften verweigern kann, siehe noch NotGes. vom 9. VI. 1899 Art. 15 ff.

b) Innerhalb des Versteigerungsverfahrens obliegen dem Notar auch die Funktionen des Gerichtsschreibers bei Ausführung der Zustellungen (§§ 3 ff. ZVG., § 1 JMBek. vom 31. III 1905, § 203 NotGeschO. vom 24. XII 1899), nicht aber diejenigen des Richters (§ 6 Abs. 1, § 7 Abs. 2 Satz 3 ZVG.).

c) Gegenüber allen Entscheidungen des Notars (als einer „Vorinstanz") ist die Anrufung des Vollstreckungsgerichts zulässig; ihre Zulässigkeit ist nicht beschränkt auf die Fälle der §§ 95, 96 ZVG., in welchen der Notar über einstweilige Einstellung, Fortsetzung des Verfahrens und Zuschlag entscheidet, vielmehr auch auf andere Entscheidungen, die vor der Beschlußfassung über den Zuschlag zu treffen sind (z. B. über die Versteigerungsbedingungen, Mindestgebot, Versteigerungsarten, Sicherheitsleistung) ausgedehnt. Eine Nachprüfung der Entscheidung des Notars durch das Gericht von Amts wegen (ohne daß eine Rüge nach § 13 Abs. 2 EG. vorliegt) ist ausgeschlossen.

Die Anrufung des Gerichts (Erinnerung) ist aber, da die Vorschriften der §§ 793, 577 ZPO. gemäß § 13 Abs. 2 EG. z. ZVG., § 96 ZVG. auf das Verfahren überhaupt (nicht bloß im Falle der Anfechtung der Zuschlagsentscheidung) [6]) entsprechend anzuwenden sind, nur binnen einer 2wöchentlichen Frist zulässig, welche mit der Verkündung (bezw. Zustellung) der Entscheidung beginnt und durch Einlegung der Erinnerung beim Notar, wie bei Gericht gewahrt wird (§ 577 ZPO.).

Sie hat keine aufschiebende Wirkung (§ 572 Abs. 2, 3 ZPO.); sie wird sich daher in den meisten Fällen gleichzeitig gegen die Entscheidung über den Zuschlag richten.

Der Versteigerungsbeamte ist zu einer Änderung seiner Entscheidung (abgesehen vom Falle des § 79 ZVG.) nicht befugt. Die im Laufe des Verfahrens häufigen Verfügungen (z. B. Terminsbestimmung) sind keine Entscheidungen, können also auf Antrag oder von Amts wegen jederzeit (z. B. um die Versagung des Zuschlags zu verhüten, § 43 ZVG.) auch vom Notar selbst abgeändert werden. — An die auf Erinnerungen hin ergangenen Entscheidungen der Gerichte ist der Notar selbstverständlich gebunden, und zwar auch im Falle des § 79 l. c.

---

[6]) Denkschrift a. a. O., ebenso Jäckel S. 647 und Fischer-Schäfer S. 607; a. M. Wolff Bem. 4, 6, sowie BayZfR. 1905 S. 209.

Ist die Frist zur Anfechtung einer Vorentscheidung versäumt, so kann immer noch die Entscheidung über den Zuschlag angefochten werden (allerdings beschränkt durch §§ 97 ff., besonders 100 l. c.); ist auch hiergegen nicht rechtzeitig Abhilfe bei Gericht nachgesucht, so geht die Zuschlagsentscheidung in Rechtskraft über.

Beschwerde findet erst gegen die auf die Erinnerung hin ergehende Entscheidung des Vollstreckungsgerichts statt; sie ist aber (im Gegensatze zu der Erinnerung) nur in den Fällen der §§ 95, 96 l. c. zulässig, so daß über eine nicht unter diese §§ fallende Entscheidung des Notars das Vollstreckungsgericht endgültig befindet [7]).

Die weitere Beschwerde ist auch dann formell statthaft, wenn die Entscheidung des Gerichts und des Notars sachlich übereinstimmen (da das über die Erinnerung entscheidende Vollstreckungsgericht nicht Beschwerdegericht im Sinne des § 568 Abs. 2 ZPO. ist).

Über Anfechtbarkeit der Entscheidungen des Notars vgl. noch die Bem. zu §§ 79 und 95.

4. Vgl. im übrigen **Notariats-Geschäftsordnung** v. 24. XII. 1899 (JMBl. S. 609 ff.) §§ 52 (Register), 223, 226, (Beurkundung), 227 (Aktenabgabe); ferner über Zustellungen, Erholung des Grundsteuerkatasterauszugs, Ermittlung der Brandversicherungssumme, der nicht eingetragenen Rechte am Grundstücke, den Inhalt und die Mitteilung der Terminsbestimmung, deren Bekanntmachung, die Feststellung des Grundstückswertes: JMBek. vom 31. III 1905 (JMBl. S. 587 ff.); **Notariats-Gebührenordnung** v. 28. XII. 1899 (JMBl. S. 761) Art. 52, 53 mit 12, 23 (Honorar und Gebühr), 66 (Schreibgebühr), 75 ff. (Auslagen), 97 ff. (Hinterlegungsgebühr), 105, 107 (Übergangsbest.); ferner VO. vom 25. XII. 1899, die Erhebung von Hinterlegungsgebühren betr. (GVBl. S. 1235).

§ 14.

Die Landesjustizverwaltung kann für die Geschäftsführung der Verwalter, welche bei der Zwangsverwaltung bestellt werden, und für die den Verwaltern zu gewährende Vergütung allgemeine Anordnungen treffen.

E. I § 198 Abs. 2; M. 330; D. —; KBer —.

Anordnungen der Justizverwaltung über die **Geschäftsführung der Verwalter**, welche die dem Richter nach § 153 ZVG. obliegenden Anweisungen umgrenzen, sind in Bayern nicht ergangen. Die **Vergütung** des Verwalters soll möglichst bei Beginn der Verwaltung und nach Anhörung des betreibenden Gläubigers, Schuldners und Verwalters festgesetzt werden (JMBek. vom 31. III. 1905 § 10, JMBl. S. 591).

§ 15.

Ein vor dem Inkrafttreten des Gesetzes über die Zwangsversteigerung und die Zwangsverwaltung beantragtes Verfahren ist nach den Landesgesetzen zu erledigen.

E. I § 244; M. 376, 377; D. 69; KBer. —.

---

[7]) Denkschrift a. a. O.; a. M. Wolff Bem. 5. Den Beteiligten ist lediglich derjenige Rechtsmittelzug eröffnet, der ihnen zustünde, wenn das Gericht (wie nach Reichsrecht) in I. Instanz mit der Sache befaßt gewesen wäre. § 13 Abs. 2 Satz 2 lautet nicht: „Gegen die Entscheidung des Gerichts findet Beschwerde statt", sondern „die Beschwerde (wie sie in §§ 95, 96 zugelassen) findet (erst) gegen die Entscheidung des Gerichts statt." Ebenso Fischer-Schäfer S. 607.

Anhängige Verfahren.

1. Form des Verfahrens. Die Durchführung eines Verfahrens, welches vor dem Zeitpunkt, in welchem das Grundbuch (sei es für den Bezirk, in dem das betr. Grundstück liegt, sei es für dieses allein) für angelegt erklärt ist (vgl. § 1 EG., Art. 53 BayAG. z. ZVG.), beantragt wurde, erfolgt nach bisherigem Rechte, d. h. nach den Bestimmungen der BaySO. und deren Novelle vom 23. II. 1879 u. 29. V. 1886 mit §§ 755—757 ZPO. ä. F., soweit sie nicht durch Art. 54, 55 BayAG. z. ZVG. und Art. 6, 40, 41 (113—115) ÜV. z. BGB. geändert sind.

Maßgebend ist der Tag des Einlaufs des Antrags (anders Art. 189 BaySO.), sodaß ein Antrag, der an dem in § 1 EG. bezeichneten Tag beim zuständigen Vollstreckungsgericht eingeht (zu Protokoll des Gerichtsschreibers erklärt wird), nach neuem Rechte zu verbescheiden ist.

Nach altem Rechte richtet sich also bei einem anhängigen Verfahren (auch wenn die Beschlußfassung nach dem Inkrafttreten des ZVG. erfolgt) die Zulässigkeit der Beschlagnahme, deren Vollzug und Eintragung, die Tätigkeit des Grundbuchamts und Notars, die Bestimmung des Versteigerungstermins, das Verfahren in demselben (insbesondere die Feststellung des Mindestgebots und der Versteigerungsbedingungen), die Erteilung und Anfechtung des Zuschlags, das Verteilungsverfahren, die Besitztitelberichtigung und Wiederversteigerung.

Ein nach dem Inkrafttreten des ZVG. eingehender Antrag eines weiteren Gläubigers in Ansehung des nämlichen Grundstücks, welches bereits Gegenstand eines Verfahrens nach altem Rechte ist, führt zur weiteren Beschlagnahme alten Rechtes; eine Verbindung von altem und neuem Verfahren ist unmöglich, Art. 44 Satz 2 BaySO. also unanwendbar, wenn der weitere Antrag andere Grundstücke betrifft, in Ansehung deren ein altes Verfahren noch nicht schwebt (vgl. Ortenau-Henle S. 542); auch das Vorhandensein einer Gesamtbelastung kann hieran nichts ändern.

Eine nach der BaySO. anhängige Zwangsverwaltung wird durch eine nach dem ZVG. beantragte Versteigerung nicht mehr weiter beeinflußt, als auch eine nach dem Reichsgesetz anhängige Zwangsverwaltung beeinflußt würde; beide laufen also nebeneinander, eine Einstellung der Zwangsverwaltung alten Rechtes infolge Einleitung der Zwangsversteigerung neuen Rechtes, wie sie nach Art. 20 Abs. 2 BaySO. erforderlich war, findet nicht statt (Becher Mat. VI S. 39, 40 u. Bem. zu §§ 1, 148 des ZVG.)

Über den Fall von Vereinigung und Zuschreibung von Grundstücken vgl. Bem. 1 zu § 1 EG.

2. Auch die materiellen **Wirkungen** eines im Sinne des § 15 EG. z. ZVG. anhängigen Verfahrens bestimmen sich nach altem Rechte (RG. Bd. 48 S. 38, Bd. 50 S. 74, Recht 1902 S. 215, Jäckel S. 648). Dies gilt z. B. hinsichtlich des Umfangs und der Wirkung der Beschlagnahme (Art. 7 ff. BaySO.), der Folgen nicht rechtzeitiger Anmeldung (Art. 20 Abs. 2 Nov.), der Rangordnung der Rechte (Art. 107, 108—110, 150—153 SO.).

Es bleiben aber nicht nur die Vorschriften des Prozeßrechts, sondern auch des materiellen Liegenschafts-Rechtes insoweit in Geltung, als dieses mit dem anhängigen Verfahren zusammenhängt (Planck Art. 192 EG. z. BGB. Bem. 11). Soweit es zur Durchführung des anhängigen Verfahrens erforderlich ist, muß daher die in Art. 184 ff. EG. z. BGB. geschehene Überleitung der Rechtsgebilde alten Rechtes in solche des BGB. als nicht erfolgt angesehen werden. Insbesondere ist hiernach der Inhalt der Hypothek und der Umfang der hypothekarischen

Haftung des Grundstücks und anderer Gegenstände nach bisherigem Hypothekrechte zu beurteilen (die vor Grundbuchanlegung durch gültige Mobiliarpfändung entstandenen Rechte bleiben unberührt, JW. 1900 S. 641, Planck Art. 192 EG. Bem. 8 b, Gaupp-Stein § 864 Bem. II); es kann im anhängigen Verfahren die Entstehung einer Eigentümerhypothek (-grundschuld) nicht geltend gemacht werden; die Vorschriften des BGB. über die Gesamthypothek müssen außer Anwendung bleiben (vgl. Planck a. a. O.).

Beispiel: Den Mietern des Anwesens A wurde am 30. IV. 1905 ein Beschluß über die Pfändung der Mietzinse zugestellt, während am gleichen Tage ein Versteigerungsantrag bei Gericht einging, der am 1. V. 05, dem Tage, an welchem für A das Grundbuch als angelegt erklärt wurde, zur Beschlagnahme führte, weil erst an diesem Tage das Ersuchen um Eintragung derselben beim Grundbuchamt einlief (oder Zustellung nach § 22 Abs. 1 Satz 1 ZVG. erfolgte). Obwohl nun am 1. V. 05 die Umwandlung der Hypotheken in solche neuen Rechtes sich vollzogen hat, findet nicht § 1124 Abs. 2 BGB., sondern Art. 8 BaySO. mit § 33 HypGes. auf die Mietzinspfändung Anwendung, so daß die auf die Zeit vom 1. V.—30. IX. 05 treffenden Mietzinse, soweit sie nach der Beschlagnahme vom 1. V. 05 fällig geworden waren, zur Subhastationsmasse zu ziehen sind. Vgl. BayZfR. 1905 S. 163, 164.

3. Gebühren im anhängigen Verfahren, des Gerichtes: Art. 7—24 des BayGebGes. vom 26. V. 1892 mit Art. 297 desselben in der Fassung vom 11. Novbr. 1899; des Rechtsanwalts: BayGebO. vom 25. Septbr. 1879 (GVBl. S. 1295) mit Art. 28 VO. vom 26. III. 1902 (GVBl. S. 133 ff., JMBl. S. 427 ff., 441 ff.). Über die Anwendung des § 23 RRAGO. vgl. obstr. Erk. n. F. Bd. II S. 899.

Ausführungsgesetz

zur

Grundbuchordnung und zu dem Gesetz über die Zwangsversteigerung und die Zwangsverwaltung.

Vom 9. Juni 1899.

(Beilage Nr. 28 z. GVBl. 1899 S. 125—136.)

(I. Ausführungsvorschriften zu der Grundbuchordnung Art. 1—22.)

II. Ausführungsvorschriften zu dem Gesetz über die Zwangsversteigerung und die Zwangsverwaltung.

Öffentliche Lasten.

Artikel 23.

Zu den öffentlichen Lasten des Grundstücks gehören bei einem landwirthschaftlichen Grundstücke die Beiträge, welche für die öffentliche Versicherung des zum Zubehöre gehörenden Viehes zu entrichten sind, bei einem mit Gebäuden versehenen Grundstücke die Kaminkehrerlöhne.

Artikel 24.

Bei der Zwangsvollstreckung in die dem Betriebe der Bierbrauerei dienenden Brauhäuser, Malzhäuser, Göhr- und Lagerkeller steht der Acrarial- und Lokalmalzaufschlag für das im letzten Jahre vor der Beschlagnahme steuerbar gewordene Malz (Art. 3 des Gesetzes über den Malzaufschlag) den öffentlichen Lasten dieser Grundstücke gleich.

Das Vorrecht erstreckt sich auf die Wohn-, Wirthschafts- und sonstigen Gebäude, die mit den dem Brauereibetriebe dienenden Grundstücken räumlich verbunden sind, und auf die dazu gehörenden Rechte.

Becher Mat. VI S. 22—24; 76—79; 132—135; 181 zu Entw. Art. 24 und 25.

Beteiligung am Verfahren: Seite 30, 33. — Recht auf Befriedigung aus dem Grundstücke, Rangordnung: 37, 38, 39, 42—45 und 319. — Mitteilung der Terminsbestimmung, Anmeldung: 86. — Ermittlung durch Notar und Verwalter: 86, 281. — Vieh als Zubehör: 58. — Wirksamkeit der Beschlagnahme in der Zwangsversteigerung: 60, 68; in der Zwangsverwaltung: 271.

Übertragung der Versteigerung auf die Notare.

Artikel 25.

Ordnet das Vollstreckungsgericht die Zwangsversteigerung an, so hat es zugleich die Ausführung der Versteigerung einem Notar als Versteigerungsbeamten zu übertragen.

Dem Versteigerungsbeamten obliegen die auf die Versteigerung bezüglichen Amtshandlungen von der Terminsbestimmung an mit Einschluß der Entscheidung über den Zuschlag; er entscheidet während der Dauer des auf die Versteigerung bezüglichen Verfahrens auch über die einstweilige Einstellung des Verfahrens und über die Fortsetzung des einstweilen eingestellten Verfahrens, soweit die Entscheidung in dem Gesetz über die Zwangsversteigerung und die Zwangsverwaltung dem Vollstreckungsgerichte zugewiesen ist. Bei den von Amtswegen erfolgenden Zustellungen obliegen dem Versteigerungsbeamten auch die Verrichtungen des Gerichtsschreibers.

Aendert das Vollstreckungsgericht die Entscheidung des Versteigerungsbeamten über den Zuschlag, so kann es die Ausführung der Versteigerung einem anderen Notar übertragen.

Auf die Ausschließung und die Ablehnung des Versteigerungsbeamten finden die für die Ausschließung und Ablehnung von Richtern geltenden Vorschriften entsprechende Anwendung. Die Entscheidung erfolgt durch das Vollstreckungsgericht.

Becher Mat. VI S. 24—26; 79, 80; 135—137; 181 zu Entw. Art. 26.

Aufgabe des Notars: **Seite** 19, 20, 78 ff., 195, 325 ff. — Rechtsstellung: 20, 56, 176, 326. — Behördencharakter: 163, 326. — Verhältnis zum Vollstreckungsgericht: 20, 326. — Terminsbestimmung, Versteigerungsgeschäft: 78 ff. — Zustellungen: 21 ff., 25; 75, 76; 86, 174, 327. — Behandlung von Sicherheiten: 143, 170. — Entgegennahme von Zahlungen: 151, 152. — Wertsschätzung: 108, 109. — Entscheidungen, Anfechtbarkeit: 19, 20; 25; 94; 99; 144, 145, 146; 154, 155; 158, 159; 164 ff.; 170; 186—194, 327, 328. — Zuschlagsbeschluß: 163, 170, 172, 176. — Erteilung der Vollstreckungsklausel: 183. — Einstellung und Fortsetzung: 71—77, 154, 155; 172. — Versteigerung von Schiffen: 289, 294, in besonderen Fällen: 296—313.

Veröffentlichung der Terminsbestimmung.

Artikel 26.

Die Terminsbestimmung soll auch außer dem Falle des § 39 Abs. 2 des Gesetzes über die Zwangsversteigerung und die Zwangsverwaltung in der Gemeinde, in deren Bezirke das Grundstück liegt, an der für amtliche Bekanntmachungen bestimmten Stelle angeheftet werden.

Becher Mat. VI S. 26, 27; 80—82; 137—142; 181 zu Entw. Art. 27.

Ausführung: **Seite** 84, 85, 320. — Mängel der Veröffentlichung: 167.

Rechte, welche der Eintragung nicht bedürfen. Leibgedingsrechte.

Artikel 27.

Ist eine Dienstbarkeit oder eine Reallast als Leibgedinge (Leibzucht, Altentheil, Auszug) eingetragen, so bleibt das Recht, unbeschadet der Vorschrift des § 9 Abs. 2 des Einführungsgesetzes zu dem Gesetz über die Zwangsversteigerung und die Zwangsverwaltung, von der Zwangsversteigerung unberührt, auch wenn es bei der Feststellung des geringsten Gebots nicht berücksichtigt ist.

Das Gleiche gilt für die Grundgefälle des Staates und der Ablösungskasse und die an deren Stelle getretenen Lasten sowie für diejenigen Grunddienstbarkeiten, welche zur Erhaltung der Wirksamkeit gegenüber dem öffentlichen Glauben des Grundbuchs der Eintragung nicht bedürfen.

Becher Mat. VI S. 28, 29; 82, 83; 142, 143; 181 zu Entw. Art. 28.

Beteiligung am Verfahren: **Seite** 33. — Recht auf Befriedigung aus dem Grundstück und Rangordnung: 39, 43—45. — Anmeldung: 81, des Wertsersatzes 90, 91, 108, 109; 181 ff., 321 ff. — Eintragung: 43, 321 ff. — Bestehenbleiben auf Grund Berücksichtigung im Mindestgebote: 47, 90, 91, 95. — Bestehenbleiben ohne Berücksichtigung im Mindestgebote: 110, 321 ff. — Bestehenbleiben auf Grund Vereinbarung: 179. — Wegfall: 47. — Barzahlung auf Grund besonderer Versteigerungsbedingung: 124. — Löschung: 224. — Schätzung wiederkehrender Leistungen: 97, 98. — Ausschluß von Gewährleistung: 118. — Einfluß auf die Gebührenbewertung: 122.

Miete und Pacht.

Artikel 28.

Ist das Grundstück vor dem Inkrafttreten des Bürgerlichen Gesetzbuchs einem Miether oder Pächter überlassen worden, so finden die Vorschriften des § 57 des Gesetzes über die Zwangsversteigerung und die Zwangsverwaltung Anwendung.

Weitergehende Rechte des Miethers oder Pächters, die sich aus den bisherigen Gesetzen ergeben, bleiben unberührt.

Becher Mat. VI S. 29; 83, 84; 143; 181 zu Entw. Art. 29.

Beteiligung am Verfahren: **Seite** 33, 161, 169. — Kündigungsrecht: 121, 175, 178, 185. — Rechte des Mieters und Pächters in der Zwangsverwaltung: 274; in der Teilungssubhastation: 313.

Feststellung des Wertes des Grundstücks.

Artikel 29.

Für die Fälle der §§ 64, 112 des Gesetzes über die Zwangsversteigerung und die Zwangsverwaltung können die Staatsministerien der Justiz und des Innern die Grundsätze bestimmen, nach welchen der Werth des Grundstücks festgestellt werden soll.

Becher Mat. VI S. 29, 30; 84; 143, 144; 181 zu Entw. Art. 30.

Grundsätze: Seite 324. — **Zuständigkeit zur Festsetzung:** 133, 206. — **Privatschätzungen:** 87.

Sicherheitsleistung.

Artikel 30.

Für Gebote der Gemeinden, der Kreditanstalten, welche unter der Verwaltung einer Gemeinde stehen, und der öffentlichen Sparkassen kann Sicherheitsleistung nicht verlangt werden.

Artikel 31.

In den Fällen der §§ 67, 85 des Gesetzes über die Zwangsversteigerung und die Zwangsverwaltung darf die Sicherheit auch durch Stellung eines Bürgen nach § 239 des Bürgerlichen Gesetzbuchs geleistet werden.

Auf Gebote des Schuldners oder eines neu eingetretenen Eigenthümers des Grundstücks findet diese Vorschrift keine Anwendung.

Becher Mat. VI S. 30, 31; 84–87; 144, 145; 181 zu Entw. Art. 31, 32.

Befreiung von der Verpflichtung zur Sicherheitsleistung: **Seite** 140, 170, 324. — Bürgschaft als Sicherheit: 141, 142. — Unzulässigkeit der Bürgschaft: 128, 142. — Erklärung des Bürgen als mithaftend, Inanspruchnahme desselben, Zwangsvollstreckung aus dem Zuschlagsbeschlusse gegen Bürgen: 142, 144, 164, 201, 240.

Auszahlung des Erlöses.

Artikel 32.

Wird die Auszahlung des Versteigerungserlöses oder der bei einer Zwangsverwaltung erzielten Ueberschüsse an einen im Vertheilungstermine nicht anwesenden Berechtigten angeordnet, so ist der auszuzahlende Betrag dem Berechtigten auf dessen Gefahr und Kosten durch den Gerichtsschreiber zu übersenden.

Becher Mat. VI S. 31; 87; 145; 181 zu Entw. Art. 33.

Übersendung des Versteigerungserlöses: **Seite** 215, 216 — der Verwaltungsüberschüsse: 284 — bei Zahlungen im Versteigerungstermine: 152.

Aufgebotsverfahren.

Artikel 33.

Die öffentliche Bekanntmachung des im § 138 des Gesetzes über die Zwangsversteigerung und die Zwangsverwaltung bezeichneten Aufgebots erfolgt durch Anheftung an die Gerichtstafel und einmalige Einrückung in das für die Bekanntmachungen des Gerichts bestimmte Blatt. Die Aufgebotsfrist beginnt mit der Einrückung in dieses Blatt.

Becher Mat. VI S. 31, 32; 88; 145, 146; 181 zu Entw. Art. 34.

Bekanntmachung des Aufgebots zwecks Ausschließung eines unbekannten Berechtigten, Aufgebotsfrist und Beginn: **Seite** 252, 325.

Lehen, Familienfideikommisse, Erbgüter.

Artikel 34.

Bei der Zwangsvollstreckung in ein Familienfideikommiß finden die für Hypotheken geltenden Vorschriften auf die Fideikommißschulden entsprechende Anwendung. An die Stelle der Eintragung im Grundbuche tritt die Eintragung in der Fideikommißmatrikel.

Von der Anordnung der Zwangsversteigerung oder der Zwangsverwaltung, von der Aufhebung des Verfahrens und von dem rechtskräftigen Zuschlage hat das Vollstreckungsgericht dem Fideikommißgerichte Mittheilung zu machen. Im Falle der Bestellung eines Verwalters hat das Vollstreckungsgericht dem Fideikommißgerichte die Person des Verwalters zu bezeichnen.

Becher Mat. VI S. 32—34, 88, 89, 146, 181 zu Entw. Art. 35.

1. Das **ZVG.** findet gemäß § 2 EG. hierzu auch auf die Zwangsvollstreckung in Lehen, Familienfideikommisse und landwirtschaftliche Erbgüter Anwendung, soweit nicht das Lehen- und Fideikommißrecht, sowie das Gesetz über die landwirtschaftlichen Erbgüter (vgl. Bem. 2 zu § 2 EG.) und das vorliegende AG. Sondervorschriften enthalten.

Über die Zulässigkeit der Zwangsversteigerung bezw. -verwaltung in Lehen- und Fideikommißgüter sowie landwirtschaftliche Erbgüter siehe Ortenau-Henle S. 44 bis 46, Roth-Becher BZR. T. II Abt. 3 S. 38, 88, 95, Becher LZR. Bd. I S. 930, 957, 964.

Durch die Anordnung der Zwangsverwaltung eines Fideikommißgutes wird die etwa nach §§ 71, 72 der VII. Beil. z. VU. (durch das Fideikommißgericht) angeordnete Administration und gerichtliche Verwahrung aufgehoben (Becher Mat. VI S. 89; Ortenau-Henle S. 46).

2. Für Familienfideikommisse bestimmt Art. 34, daß **Fideikommißschulden** im Verfahren der gleichen Behandlung unterliegen, wie die Hypotheken; soweit für letztere Eintragung erforderlich (z. B. §§ 9, 10, 37 Ziff. 4, 45, 114, 146 ZVG.), gilt dies auch von den ersteren, nur tritt hier an die Stelle des Grundbuchs die Fideikommißmatrikel (vgl. auch § 303 Abs. 2 DA. f. GBÄ.). Für den Rang ist zunächst entscheidend die Eigenschaft des Anspruchs als Fideikommißschuld erster oder zweiter Klasse, sodann die Eintragung in der Matrikel (v. d. Pfordten AG. Bem. 1). Das Fideikommißgericht, welches gemäß Art. 34 Abs. 2 AG. von Anordnung und Aufhebung des Verfahrens, Rechtskraft des Zuschlags und Person des Verwalters zu verständigen ist (aber keinen Einfluß auf die Wahl des Verwalters hat), tritt hinsichtlich der nach § 19 Abs. 2 ZVG. vorgeschriebenen Mitteilungen neben das Grundbuchamt.

3. Lehenschulden, die nicht Hypotheken- oder Fideikommißschulden sind, werden im Verfahren nur berücksichtigt, soweit sie gemäß § 9 Ziff. 2, 37 Ziff. 4, 45, 110, 114, 146 ZVG. angemeldet bezw. glaubhaft gemacht werden.

4. Die Eintragung des **Versteigerungs- und Verwaltungsvermerks** (§§ 19, 146 ZVG.) erfolgt nicht in der Matrikel, sondern im Grundbuch (vgl. Art. 13—16 BayAG. z. GBO.; § 303 Abs. 2, § 306 Abs. 2 DA. f. GBÄ.).

Artikel 35.

Ist die Zwangsverwaltung auf den Antrag eines Fideikommißgläubigers zweiter Klasse angeordnet, so findet bei der Vertheilung der Ueberschüsse die im § 155 Abs. 2 des Gesetzes über die Zwangsversteigerung und die Zwangsverwaltung bestimmte Beschränkung auf den Anspruch des Gläubigers keine Anwendung.

Becher Mat. VI S. 33; 89; 146; 181 zu Entw. Art. 36.

Abweichende Verteilung in der Zwangsverwaltung. Die Vorschrift erschien mit Rücksicht auf die vom bisherigen bayer. Recht abweichenden Bestimmungen des ZVG. über die Verteilung der Verwaltungserträgnisse erforderlich (vgl. Bem. 2 zu § 146, Bem. 1 und 3 zu § 155 ZVG.).

Der Fideikommißgläubiger zweiter Klasse (§§ 39, 58—60 der VII. Beil. z. VU.; vgl. Ortenau-Henle S. 45, Roth-Becher a. a. O. S. 88, Becher LZR. a. a. O. S. 957) ist nämlich nur berechtigt, Befriedigung aus den Früchten des Fideikommisses zu suchen, während die Beitreibung seiner Forderung mittelst Zwangsversteigerung der Substanz des Gutes ihm verwehrt ist. Da nun gemäß § 155 ZVG. die Erträgnisse zunächst zur Deckung der laufenden wiederkehrenden Leistungen zu verwenden sind, der Hauptanspruch aber erst in der fünften Klasse zum Zuge kommt, besteht die Gefahr, daß dieser, soweit er einem solchen Fideikommißgläubiger zusteht, überhaupt niemals Befriedigung aus dem Gute finden könnte. Deshalb gestattet Art. 35 (im Anschlusse an Art. 145, 150, 151 BayHO.) auch die Befriedigung seines Haupt- (nicht bloß Zinsen- und anderen Neben-) Anspruchs im Range seines Rechtes, wenn er auch wegen des Hauptanspruchs die Verwaltung betreibt. Unter sich rangieren Haupt- und Nebenansprüche wieder nach § 12 ZVG. (v. d. Pfordten AG. Bem. 2).

Artikel 36.

Ist ein zu einem Lehen, einem Familienfideikommiß oder einem landwirthschaftlichen Erbgute gehörendes Grundstück einem Miether oder Pächter überlassen, so steht, wenn die Zwangsverwaltung auf den Antrag eines Gläubigers, der zu dem Antrag auf Zwangsversteigerung nicht berechtigt ist, angeordnet oder der Beitritt eines solchen Gläubigers zugelassen ist, dem Verwalter das im § 57 des Gesetzes über die Zwangsversteigerung und die Zwangsverwaltung bestimmte Kündigungsrecht zu. Die Vorschriften des Artikel 28 finden entsprechende Anwendung.

Becher Mat. VI S. 33, 34; 89; 146; 181 zu Entw. Art. 37.

Abweichende Regelung des Kündigungsrechts des Verwalters. Die Vorschrift statuiert eine Ausnahme von § 152 Abs. 2 ZVG. (vgl. Bem. 3 daselbst), da den in Art. 36 genannten Gläubigern (vgl. Ortenau-Henle, Roth-Becher und Becher LZR. a. a. O.) die Zwangsversteigerung als Befriedigungsmittel nicht zu Gebote steht, ihre Rechte also der Gefahr einer Beeinträchtigung durch ein unvorteilhaftes Miet- oder Pachtverhältnis ausgesetzt wären, wenn der Verwalter, wie in § 155 Abs. 2 ZVG., an die Einhaltung des Miet- und Pachtvertrags gebunden sein würde. Die Ausübung des gesetzlichen Kündigungsrechtes (neben dem vertragsmäßigen) ist nach dem Zwecke der Bestimmung, wie der Verwaltung davon abhängig, daß dieselbe für die Masse Vorteile mit sich bringt.

Der Satz 2 des Art. 36 dehnt die Vorschrift auf die vor dem 1. I. 1900 erfolgte Überlassung des Grundstücks aus.

Zwangsvollstreckung in Bergwerke und unbewegliche Kuxe.

Artikel 37.

Für die Zwangsversteigerung und die Zwangsverwaltung von Bergwerken mit Einschluß der Anlagen, auf welche die Vorschrift des Artikel 221 des Berggesetzes vom 20. März 1869 Anwendung findet, und von unbeweglichen Kuxen gelten die besonderen Vorschriften der Artikel 38 bis 43.

Becher Mat. VI S. 34; 90; 147; 181 zu Entw. Art. 38.

1. Anwendung des ZVG. Der Zwangsversteigerung und Zwangsverwaltung nach den für Grundstücke geltenden Vorschriften des ZVG. unterliegen auch das Bergwerkseigentum und die (unbeweglichen) Kuxe des älteren Bergrechtes (vgl. Einleitung S. 5), sowie Bergwerke, Steinbrüche und Gräbereien, welche nach den älteren Vorschriften berechtigt sind, Mineralien zu gewinnen, die nicht mehr Gegenstand des Bergwerkseigentums sind — Berggesetz vom 20. III. 1869 und 30. VI. 1900 (GVBl. S. 745 ff., 775 ff.): Art. 42, 43, 258, 263 (40, 41, 221, 228 in d. F. des Art. 157 Ziff. IV, XIX des BayAG. z. BGB.); vgl. Art. 17, 18 BayAG. z. BGO. und § 2 EG. z. ZVG., sowie Einleitung III 2.

Die besonderen Vorschriften der Art. 37 ff. AG. bringen das bisherige Recht (Art. 174—181 BaySO.) mit den Bestimmungen des ZVG. in Einklang. Die Art. 174, 175 Abs. 1, 176, 179 Abs. 3 Satz 2 BaySO. mußten mit der Anlegung des Grundbuchs wegfallen (Mot. a. a. O.).

Vgl. zum folgenden: Ortenau-Henle S. 512 ff.; Roth-Becher BZR. T. II Abt. 3 S. 163, 188; Becher LZR. Bd. I S. 992, 1023, Bd. II S. 1577, 1579.

2. Zuständig zur Anordnung des Verfahrens ist das Amtsgericht, in dessen Bezirke die Berechtigung ausgeübt wird (vgl. § 1 ZVG. Bem. 1), nicht das Gericht, bei welchem das Grundbuch geführt wird (vgl. § 2 Abs. 1 Nr. 5, 592 Abs. 2 DA. f. GBA.).

Der **Versteigerungsvermerk** ist in das gemäß Art. 17, 18 BayAG. z. GBO., §§ 591 ff. DA. f. GBA. gebildete Grundbuch einzutragen.

Im übrigen sind auf das Verfahren die Bestimmungen des ZVG. und BayAG. (insbesondere über Versteigerung durch die Notare, Mindestgebot, Zuschlag, Verteilung, Wiederversteigerung) anzuwenden, soweit nicht die folgenden Art. 38—43 eingreifen.

Artikel 38.

Die Ansprüche der zum Betriebe des Bergwerkes angenommenen, in einem Dienst- oder Arbeitsverhältnisse stehenden Personen, insbesondere der Bergleute und Betriebsbeamten, auf Lohn und andere Bezüge gewähren wegen der laufenden und der aus dem letzten Jahre rückständigen Beträge ein Recht auf Befriedigung in der zweiten Klasse.

Die von dem Werksbesitzer zu leistenden Beiträge zu der Knappschaftskasse und einer nach den Vorschriften des Berggesetzes errichteten Krankenkasse gehören zu den öffentlichen Lasten des Bergwerkes.

Becher Mat. VI S. 35; 90, 91; 147; 181 zu Entw. Art. 39.

Bevorrechtigte Lohnforderungen und öffentliche Lasten. Die Vorschrift ist dem bisherigen bayer. Rechte fremd; sie schließt sich an § 10 Abs. 1 Ziff. 2, 3

ZVG. an (vgl. S. 37 u. 38) und bezieht sich nur auf den Fall der Zwangsvollstreckung in Bergwerke.

Nicht bevorrechtigt sind die Ansprüche des Repräsentanten und Grubenvorstandes (Art. 114 ä. F., 146 n. F. Berggeſ.) als der gesetzlichen Vertreter der Gewerkschaft; wohl aber, wenn und soweit sie gleichzeitig Betriebsbeamte sind (vgl. Art. 116 ä. F., 148 Abs. 2 n. F. Berggeſ., auch Fischer-Schäfer S. 629).

Nicht in Geld bestehende Bezüge sind nach § 46 ZVG. zu schätzen (v. d. Pfordten AG. Bem. 2).

Die in Art. 38 genannten Berechtigten werden zum Verfahren nur auf Grund Anmeldung bezw. Glaubhaftmachung zugezogen (§ 9 Ziff. 2 ZVG.). Doch soll gemäß § 6 JMBek. vom 31. III. 1905 (JMBl. S. 590) die Terminsbestimmung des Notars wegen der nach Art. 174, 176, 177 Abs. 2 des Berggeſ. zu leistenden Beiträge auch der Knappschafts- bezw. Krankenkasse von Amts wegen mitgeteilt werden.

Artikel 39.

Der Anspruch auf die zur Zeit der Beschlagnahme auf den Kux ausgeschlagenen Beiträge (Art. 92 des Berggesetzes) gewährt ein Recht auf Befriedigung aus dem Kuxe mit dem Range hinter den in der zweiten und vor den in der dritten Klasse zu befriedigenden Ansprüchen.

Der zur Deckung des Anspruchs bestimmte Theil des geringsten Gebots ist im Vertheilungstermine baar zu berichtigen.

Becher Mat. VI S. 35; 91; 147; 181 zu Entw. Art. 40.

Rang der Beiträge zu den Betriebskosten. Die Vorschrift bezieht sich, wie der nachfolgende Art. 40, nur auf den Fall der Zwangsvollstreckung in unbewegliche Kuxe und entspricht dem Art. 179 Abs. 3 Satz 1 BayGO. nebst Art. 39 Abs. 1 Nov. hierzu; das Erfordernis der Barzahlung dieses Anspruchs (falls derselbe in das Mindestgebot fällt und eine Vereinbarung nach § 59 ZVG. nicht erfolgt ist), wurde der Bestimmung des § 49 Abs. 1 ZVG. entsprechend aufgestellt, da die Beiträge (Zubuße) der Gewerken (Kuxeigentümer) dazu dienen, die Kosten des Bergwerksbetriebs und die Schuldverbindlichkeiten der Gewerkschaft zu decken, wozu Barmittel erforderlich sind.

Der Anspruch der Gewerkschaft auf diese Beiträge bedarf (wie bisher, Ortenau-Henle S. 517) der Anmeldung bezw. Glaubhaftmachung (§ 37 Ziff. 4, § 45 ZVG.).

Über die Eingliederung des Anspruchs in die Rechte auf Befriedigung aus dem Kuxe siehe S. 37.

Artikel 40.

Bei der Zwangsversteigerung oder Zwangsverwaltung eines unbeweglichen Kuxes gilt die Gewerkschaft als Betheiligter, auch wenn sie eine Forderung nicht angemeldet hat.

Becher Mat. VI S. 35; 91; 147; 181 zu Entw. Art. 41.

Beteiligung der Gewerkschaft. Art. 40 hängt mit der in Art. 39 aufgestellten Bestimmung zusammen. Die (unbeweglichen) Kuxe des älteren Rechtes stellen die Anteilsrechte der Gewerken (Kuxeigentümer) an dem Bergwerkseigentum dar (Becher LZR. Bd. I S. 1011); die Vollstreckung in den Kux entspricht also bei Grundstücken der Vollstreckung in den Grundstücksanteil (§ 864 Abs. 2 ZPO.). Da diese Kuxe gemäß Art. 124 n. F., Art. 92 ä. F. Berggesetzes mit den auf dieselbe ausgeschlagenen Beiträgen zu Gunsten der Gewerkschaft (Art. 39 AG.) belastet sind, ist letztere ohne weiteres (in Abweichung von § 9 Ziff. 1 ZVG.) zu den bei der Vollstreckung in den Kux Beteiligten gezählt (vgl. S. 31); sie ist also im ganzen Verfahren zuzuziehen, auch wenn sie nichts angemeldet hat.

Die Gewerkschaft wird durch ihren Repräsentanten oder den Grubenvorstand vertreten; Zustellung kann an jedes Mitglied des Grubenvorstandes erfolgen (Art. 142 ä. F., 144 n. F. Bergges.). Die übrigen Kuxeigentümer (Gewerken) sind als solche nicht Beteiligte (§ 9 Ziff. 2 ZVG.; Ortenau-Henle S. 516).

Die Zwangsverwaltung des Kuxes entspricht ebenfalls derjenigen eines Grundstücksanteils. Der Verwalter übt die dem Kuxeigentümer zustehenden Rechte am Bergwerke aus.

Artikel 41.

Im Falle der Zwangsversteigerung umfaßt die Beschlagnahme des Bergwerkes nicht die bereits gewonnenen Mineralien.

Becher Mat. VI S. 35; 91, 92; 147; 181 zu Entw. Art. 42.

Umfang der Bergwerksbeschlagnahme. Die Vorschrift entspricht dem § 21 Abs. 1 ZVG. und betrifft nur den Fall der Zwangs*versteigerung* (nicht -verwaltung) eines *Bergwerks*; sie regelt wie § 21 Abs. 1 ZVG. den Umfang der Beschlagnahme abweichend von § 20 Abs. 2 ZVG. mit §§ 1120—1122 BGB. (vgl. S. 59), da der Schuldner im Zwangsversteigerungsverfahren den Betrieb des Bergwerks behält, die Entziehung der Verfügung (Veräußerung) über die getrennten Mineralien ihn aber zur Einstellung des Betriebs nötigen würde.

Artikel 42.

Die Terminsbestimmung soll außer der Angabe des Grundbuchblatts auch den Namen des Bergwerkes, die Angabe der Mineralien, für welche das Bergwerkseigenthum verliehen ist, den Flächeninhalt des verliehenen Feldes und die Bezeichnung der Gemeindebezirke, in denen das Feld liegt, enthalten.

Die Vorschrift des Artikel 26 findet keine Anwendung.

Becher Mat. VI S. 34, 35; 92; 147; 181 zu Entw. Art. 43.

Art. 42 entspricht dem Art. 175 Abs. 2 BayGO. (Ortenau-Henle S. 515) und enthält eine weitere, die §§ 37 Ziff. 1, 38 ZVG. ergänzende Ordnungsvorschrift über den **Inhalt der Terminsbestimmung** des Notars. Die Angabe der Zahl der Kuxe, in welche das Bergwerkseigentum geteilt ist, wurde, als bei der Vollstreckung in unbewegliche Kuxe selbstverständlich, nicht besonders vorgeschrieben.

Die Anwendung des Art. 26 AG. wurde als entbehrlich erachtet, da die Anheftung der Terminsbestimmung in der Gemeinde hier keine praktische Bedeutung hat und die Veröffentlichung nach §§ 39 ff. ZVG. genügt.

Artikel 43.

Das Vollstreckungsgericht hat der Bergbehörde von der Anordnung der Zwangsversteigerung oder der Zwangsverwaltung, von der Aufhebung des Verfahrens, von der Anordnung von Maßregeln, durch die der Schuldner oder der Ersteher in der Verwaltung des Bergwerkes beschränkt wird, und von dem rechtskräftigen Zuschlage Mittheilung zu machen.

Im Falle der Bestellung eines Verwalters hat das Vollstreckungsgericht der Bergbehörde die Person des Verwalters zu bezeichnen.

Becher Mat. VI S. 34; 92; 147; 148; 181 zu Entw. Art. 44.

Mitteilungen an die Bergbehörde. Art. 43 enthält die gleichen Bestimmungen, wie Art. 178 Abs. 1 und 2 BayGO. Unter den Sicherungsmaßregeln gegen den Schuldner sind diejenigen der §§ 25, 146 ZVG., gegen den Ersteher diejenigen des § 94 ZVG. verstanden.

Da gemäß §§ 74, 75 n. F. (71, 72 ä. F.) Berggesetzes der Verwalter die technische (nicht kaufmännische) Leitung des Bergwerksbetriebs erst übernehmen darf, wenn die Bergbehörde seine Befähigung anerkannt hat, so ist dessen Qualifikation schon vor seiner Bestellung durch die Bergbehörde zu prüfen, während die in Art. 43 Abs. 2 AG. vorgeschriebene Anzeige genügt, wenn (wie es regelmäßig der Fall sein wird) der technische Leiter vom Verwalter beibehalten wird (vgl. Art. 178 Abs. 3 BayGO., welcher als entbehrlich angesehen wurde).

Gerichtliche Versteigerung von Bergwerken und unbeweglichen Kuxen.

Artikel 44.

Auf die in den Artikeln 161, 163, 164 des Berggesetzes zugelassene gerichtliche Versteigerung eines Bergwerkes oder einer Anlage, auf welche die Vorschrift des Artikel 221 des Berggesetzes Anwendung findet, sowie auf die im Artikel 232 Abs. 2 des Berggesetzes vorgeschriebene Zwangsversteigerung eines unbeweglichen Kuxes finden die Vorschriften über die Zwangsversteigerung Anwendung, soweit sich nicht aus den Artikeln 45 bis 51 ein Anderes ergibt.

Becher Mat. VI S. 35–37; 92–95; 148–150; 181 zu Entw. 45–52.

1. Allgemeines. Auch die Art. 44—51 beruhen auf Art. 67 EG. z. BGB., § 2 EG. z. ZVG. und halten im wesentlichen den bisherigen Rechtszustand (Art. 182 ff. BayGO.) aufrecht; vgl. Becher LZR. Bd. II S. 1579.

Die „gerichtliche" Versteigerung in den vorgedachten Fällen ist keine Zwangsvollstreckung zum Zwecke der Beitreibung einer Forderung (vgl. jedoch Art. 47). Sie ermöglicht zwar, wie die Versteigerung in den besonderen Fällen der §§ 175, 180 ZVG., die Befriedigung der Realgläubiger; ihr Zweck ist aber deren Beseitigung um jeden Preis (Ortenau-Henle S. 35, 522).

Die gerichtliche Versteigerung des Bergwerks kann erfolgen, wenn der Werksbesitzer entweder den Betrieb nicht ordnungsmäßig beginnt oder fortsetzt, so daß die Entziehung (Aufhebung) des Bergwerkseigentums im öffentlichen Interesse droht, oder wenn er auf dasselbe vor der Bergbehörde verzichtet (161, 163 ä. F., 194, 196 n. F. Berggef.); diejenige eines unbeweglichen Kuxes, wenn der Eigentümer desselben den Verkauf der Gewerkschaft anheimstellt (Art. 119 ä. F., 151 n. F. mit 232 ä. F., 267 n. F. Berggef.; vgl. auch Ortenau-Henle S. 521).

Der Fall der Versteigerung eines Kuxes, auf welchen der Gewerke nach Art. 121 (neu 153) Berggef. verzichtet hat, scheidet nunmehr aus; hier verbleibt es bei der Überlassung des Kuxes an die Gewerkschaft (Art. 232 Berggef. in d. F. des Art. 157 Ziff. XXI BayAG. z. BGB.; Becher Mat. II S. 75, VI S. 36).

2. Verfahren. Für die Zuständigkeit und die Anordnung des Verfahrens gilt das zu Art. 37 Bemerkte. Der Versteigerungsvermerk ist, wie in den verwandten Fällen der §§ 172, 175, 180 ZVG. (abweichend von Art. 183 Satz 3 BaySO.) einzutragen, und zwar, auch wenn die Anordnung des Verfahrens nicht als Beschlagnahme gilt (Art. 47); über die Bedeutung der Eintragung vgl. Bem. 3 zu § 173 ZVG.

Die Bestimmungen des ZVG. über die Feststellung eines Mindestgebots sind in Art. 49 AG. geändert. Ein Verteilungsverfahren im Sinne des ZVG. findet (ähnlich, wie in den Fällen der §§ 180 ff. ZVG.) nur in beschränktem Maße statt; die Beteiligten sind im Streitfalle auf den Prozeßweg verwiesen (vgl. unten Art. 48 und Ortenau-Henle S. 35).

Über den Fall der Konkurrenz von gerichtlicher Versteigerung und Zwangsvollstreckung (Art. 44—51 und 37—43 AG.), welchen das BayAG. ebensowenig ausdrücklich regeln wollte als das ZVG., vgl. § 172 Bem. 3, § 176 Bem. 2, § 180 Bem. 4 ZVG. (Ortenau-Henle S. 35, 36).

Artikel 45.

Der Antragsteller hat die Thatsachen, welche sein Recht zur Stellung des Antrags begründen, durch Urkunden glaubhaft zu machen, soweit sie nicht bei dem Gericht offenkundig sind.

Auf Antrag des Bergwerkseigenthümers darf die Versteigerung nur angeordnet werden, wenn der Antragsteller als Eigenthümer im Grundbuch eingetragen oder wenn er Erbe des eingetragenen Eigenthümers ist. Die Versteigerung des Kuxes darf nur angeordnet werden, wenn der Gewerke als solcher im Grundbuch eingetragen oder wenn er Erbe des eingetragenen Gewerken ist.

Becher Mat. VI S. 36; 93; 148; 181 zu Entw. Art. 46.

Inhalt des Antrags und besondere Voraussetzungen. Die Vorschrift gibt den Inhalt des Art. 184 Abs. 2 BaySO. in vereinfachter Fassung wieder, welche derjenigen des § 177 ZVG. nachgebildet ist; Art. 184 Abs. 2 Ziff. 2b BaySO. ist mit Anlegung des Grundbuchs gegenstandslos geworden; Ziff. 3a l. c. ist weggefallen, weil es bei unbeweglichen Kuxen einen Kuxschein im Sinne des Art. 93 Bergges. nicht gibt (Mot.).

Bei Antragstellung ist, soweit erforderlich, urkundlich glaubhaft zu machen, daß einer der Fälle der Art. 161, 163 (194, 196 neu) bezw. 119, 232 (151, 267 neu) Bergges. vorliegt, also daß die Entziehung des Bergwerkseigentums droht (Beschluß des Oberbergamtes), daß die Frist des Art. 161 (194 neu) l. c. in Lauf gesetzt ist, daß das Bergwerk bezw. der Kux mit dinglichen Rechten belastet ist, bezw. daß der Antragsteller eine Forderung gegen den Werksbesitzer hat, daß der Eigentümer des Kuxes dessen Verkauf der Gewerkschaft anheimgestellt hat. Die Urkunden brauchen keine öffentlichen oder öffentlich beglaubigten zu sein. Vollstreckungstitel für den den Antrag stellenden Gläubiger ist nicht erforderlich (wegen Art. 161 [194 neu] Abs. 2 Bergges.)

Der Antrag auf gerichtliche Versteigerung des Bergwerks kann vom Eigentümer oder seinen Gläubigern (Kurrent- wie Realgläubigern) gestellt werden (Art. 161, 163 ä. F. 194, 196 n. F. Bergges.); nur für den ersteren Fall ist in Anlehnung an § 181 Abs. 2 ZVG. ausdrücklich vorgeschrieben, daß der Antragsteller als Eigentümer im Grundbuch eingetragen oder Erbe des eingetragenen Eigentümers sein muß (Zeugnis des Grundbuchamtes, § 17 Abs. 2 und 3 ZVG.). Gleiches gilt für den Fall der Versteigerung des Kuxes, die überhaupt nur mehr auf Antrag der Gewerkschaft erfolgt (Art. 119, 120, 232 ä. F., 151, 152, 267 n. F. Berggeſ.). Dagegen ist die Eintragung des Eigentümers des Bergwerks nicht Voraussetzung des Antrags (wohl aber der Eintragung des Versteigerungsvermerks), wenn ein Gläubiger desselben die Versteigerung verlangt.

Nichtbeachtung des Art. 45 Abs. 2: § 766 ZPO., §§ 28, 83 Ziff. 6, § 84 ZVG.

Artikel 46.

Ist der Antrag von einem nach Artikel 161 Abs. 1 des Berggesetzes Berechtigten gestellt, so sind mit dem Beschlusse, durch den die Zwangsversteigerung angeordnet wird, der Antrag und, wenn der Berechtigte nicht im Grundbuch eingetragen ist, die im Artikel 45 Abs. 1 bezeichneten Urkunden dem Bergwerkseigenthümer zuzustellen.

Becher Mat. VI S. 36; 93; 149; 181 zu Entw. Art. 47.

Zustellung des Antrags und seiner Beilagen. Die Vorschrift betrifft nur den Fall der Versteigerung eines Bergwerks, nicht eines unbeweglichen Kuxes und entspricht im ersten Halbsatze dem Art. 34 BayZO.; der zweite Halbsatz erschien wegen des Mangels eines Vollstreckungstitels notwendig.

Eine nochmalige Zustellung des Beschlusses der Bergbehörde wird aber wegen Art. 160 (193 neu) Berggeſ. unterbleiben können.

Die Zustellung an den Eigentümer des Bergwerks ist entbehrlich, wenn er auf dasselbe vor dem Oberbergamte verzichtet hat (Art. 163 ä. F., 196 n. F.) Berggeſ.; Mot. S. 36); sie erfolgt im übrigen nach Maßgabe des § 8 ZVG. Dem Antragsteller wird nur der Beschluß über Anordnung des Verfahrens oder Ablehnung des Antrags zugestellt. Die Bergbehörde ist gemäß Art. 43 AG. zu verständigen.

Nichtbeachtung begründet nicht Zuschlagsversagung bezw. -aufhebung nach §§ 43, 83 Ziff. 1, 84 ZVG., wenn nur der Beschluß selbst ordnungsgemäß zugestellt ist (a. M. v. d. Pfordten AG. Bem. 2).

Artikel 47.

Ist die Versteigerung des Bergwerkseigenthums auf Antrag des Bergwerkseigenthümers oder die Versteigerung des Kuxes auf Antrag der Gewerkschaft angeordnet oder hat der Bergwerkseigenthümer nach Artikel 163 des Berggesetzes auf das Bergwerkseigenthum verzichtet, so gilt der Beschluß, durch welchen das Verfahren angeordnet wird, nicht als Beschlagnahme. Im Sinne der §§ 13, 55 des Gesetzes über die Zwangsversteigerung und die Zwangsverwaltung ist jedoch die Zustellung an den Antragsteller als Beschlagnahme anzusehen.

Becher Mat. VI S. 36; 94; 149; 181 zu Entw. Art. 48.

Wirkung des Anordnungsbeschlusses. Der Art. 47 entspricht teilweise dem Art. 183 Satz 1 und 2 BayZO.; für den Fall jedoch, daß die Anordnung der gerichtlichen Versteigerung des Bergwerks auf Antrag eines nach Art. 161 (194 neu)

Berggeſ. Berechtigten erfolgt iſt, wurde ihr die Bedeutung der Beſchlagnahme (§ 20 Abſ. 1, § 23 ZVG.) belaſſen, da in dieſem Falle dem Antragſteller der Eigentümer als Schuldner (trotz mangelnden Vollſtreckungstitels) gegenüberſteht.

In den übrigen Fällen iſt für eine Beſchlagnahme kein Raum. Die Vorſchrift in Satz 2 entſpricht dem § 173 Satz 2 ZVG. und gilt nur für die im Satze 1 bezeichneten Fälle, wo ein eigentlicher Schuldner nicht gegeben iſt.

Artikel 48.

Wird der Beitritt eines weiteren Gläubigers zugelaſſen, ſo findet die Vorſchrift des § 11 Abſ. 2 des Geſetzes über die Zwangsverſteigerung und die Zwangsverwaltung keine Anwendung.

Becher Mat. VI S. 37; 94; 149, 150; 181 zu Entw. Art. 49.

Rangverhältnis mehrerer Beſchlagnahmen. Auch in den Fällen, in welchen die Anordnung der gerichtlichen Verſteigerung des Bergwerks als Beſchlagnahme behandelt wird (Art. 47), begründet ſie für den Antragſteller keinen Vorrang vor anderen, im Sinne des Art. 161 (194 neu) Berggeſ. Berechtigten; dieſe erhalten vielmehr, gleichgültig ob ſie das Verfahren beantragt haben oder nicht, verhältnismäßige Befriedigung, ſoweit ihr Anſpruch nicht einer vorhergehenden Klaſſe (§ 10 Ziff. 1—4 ZVG.) angehört. Das Verfahren hat den Charakter eines Liquidationsprozeſſes, in welchem neue Vorrechte nicht entſtehen können.

Anders natürlich, wenn es ſich um einen Beitritt auf Grund Vollſtreckungstitels handelt, weil hierdurch ein Verfahren nach Art. 37—43 beantragt wird (vgl. Art. 44 a. E.)

Artikel 49.

Die Vorſchriften über das geringſte Gebot finden keine Anwendung. Das Meiſtgebot iſt in ſeinem ganzen Betrage durch Zahlung zu berichtigen.

Becher Mat. VI S. 37; 95; 149; 181 zu Entw. Art. 50.

Dieſe Ausnahmebeſtimmung über den **Wegfall eines Mindeſtgebots** entſpricht dem Art. 39 Abſ. 2 Nov. z. BayBO. und erklärt ſich aus dem Zwecke des Verfahrens, welches den Untergang aller dinglichen Rechte am Bergwerke bezw. Kuxe herbeiführen ſoll, damit erſteres von der Bergbehörde neu verliehen, letzterer von der Gewerkſchaft anderweitig verteilt werden kann (vgl. oben Bem. zu Art. 44. Ortenau-Henle S. 35).

Die Feſtſetzung einer beſonderen Verſteigerungsbedingung (§ 59 ZVG.) iſt durch Art. 49 nicht ausgeſchloſſen (v. d. Pfordten AG. Bem. 3); wird das Verſteigerungsobjekt hierdurch unverkäuflich, ſo greift Art. 51 ein.

Artikel 50.

Gebote des Bergwerkseigenthümers oder des Gewerken ſind unwirkſam.

Becher Mat. VI S. 37; 95; 149; 181 zu Entw. Art. 51.

Unwirkſamkeit der Gebote. Die Vorſchrift ändert die §§ 70, 71 ZVG. und entſpricht dem Art. 188 BayBO.; indem ſie den Eigentümer des Bergwerks oder des Kuxes nicht als Bieter zuläßt, hat ſie ein im Art. 73 BayBO. ausgeſprochenes (dem ZVG. fremdes) Prinzip aufrecht erhalten; es erklärt ſich aus dem Verzichte des Eigentümers, bezw. der Untätigkeit des Bergwerksbeſitzers.

Artikel 51.

Wird ein Gebot nicht abgegeben oder sind sämmtliche Gebote erloschen, so wird das Verfahren aufgehoben.

Becher Mat. VI S. 37; 95; 149; 181 zu Entw. Art. 52.

Art. 51 ist eine von § 77 Abs. 1 ZVG. abweichende Bestimmung. Mit der einmaligen **Ergebnislosigkeit** des Termins steht die Unverkäuflichkeit des Bergwerkseigentums und Kuxes fest. Ersteres kann nun von der Bergbehörde aufgehoben werden, wodurch alle Ansprüche auf dasselbe erlöschen — Art. 162 (195 neu), 163 (196 neu) Berggef. —; letzterer wird der Gewerkschaft lastenfrei im Grundbuche zugeschrieben — Art. 232 (267 neu) Berggef.

Übergangs- und Schlußbestimmungen.

Artikel 52.

Das Gesetz vom 23. Februar 1879, die Zwangsvollstreckung in das unbewegliche Vermögen wegen Geldforderungen betreffend, und das Gesetz vom 29. Mai 1886, Aenderungen der Bestimmungen über die Zwangsvollstreckung in das unbewegliche Vermögen betreffend, werden aufgehoben.

Die Vorschrift des Artikel 42 des Gesetzes vom 29. Mai 1886 bleibt jedoch für die Hypotheken in Kraft, welche schon zu der Zeit bestehen, zu welcher das Grundbuch als angelegt anzusehen ist.

Becher Mat. VI S. 37; 95, 96; 150; 181 zu Entw. Art. 53.

1. Zu **Abs. 1** vgl. die Bem. zu §§ 1 und 15 EG. z. ZVG.

2. Vollstreckbarkeit von Zwangshypothekenbriefen. Abs. 2 hält (auf Grund Art. VIII EG. z. ZPO. vom 17. V. 1898) die Bestimmung des Art. 42 Nov. z. BaySO., wonach die Zwangsvollstreckung (Zwangsversteigerung und -verwaltung des Grundstücks) auch aus einem vom Hypothekenamte über eine Zwangshypothek gebildeten und mit dem Schuldtitel verbundenen Hypothekenbriefe gegen jeden dritten (nicht schuldnerischen) Besitzer (nach Erteilung der weiteren Vollstreckungsklausel; Art. 128 ff. BayAG. z. ZPO.) stattfindet, für die zur Zeit der Grundbuchanlegung bestehenden (eingetragenen) Zwangshypotheken aufrecht (Ortenau-Henle S. 535, Becher LZR. Bd. II S. 1317, 1585 ff.).

Über Vollstreckbarkeit der Hypothekenbriefe alten Rechtes im allgemeinen siehe Einleitung II, Kaisenberg NotGes. S. 142 ff., 146 ff.

3. Die **nach dem bezeichneten Zeitpunkt entstehenden Zwangshypotheken** sind Sicherungshypotheken (§ 866 ZPO.); ihre Eintragung ist auf dem vollstreckbaren Titel zu vermerken (§ 867 ZPO.); die Erteilung eines Hypothekenbriefes ist ausgeschlossen (§ 1185 Abs. 1 BGB.); die Vollstreckung kann auch nach Eintragung der Sicherungshypothek nur aus dem ursprünglichen Schuldtitel erfolgen (vgl. §§ 794 ff. ZPO.), gegen den Besitzer des Grundstücks, der nicht persönlicher Schuldner ist, also nur nach Maßgabe der §§ 325, 727, 750 ZPO., da § 800 ZPO. hier nicht zutrifft.

Artikel 53.

Die Vorschriften der Artikel 1 bis 52 treten für jeden Grundbuchbezirk mit dem Zeitpunkt in Kraft, in welchem das Grundbuch als angelegt anzusehen ist.

Becher Mat. VI S. 39, 40; 103, 104, 105; 151; 181 zu Entw. Art. 56.

Inkrafttreten (der Art. 1—52) **des Ausführungsgesetzes.** Vgl. die Bem. zu §§ 1 und 15 EG. z. ZVG.

Artikel 54.

Von dem Inkrafttreten des Bürgerlichen Gesetzbuchs an erfolgt die nach Artikel 55 Abs. 1 Ziff. 1 des Gesetzes vom 23. Februar 1879 als gesetzliche Versteigerungsbedingung geltende Verzinsung des Kaufpreises mit vier vom Hundert.

Becher Mat. VI S. 96; 151; 181.

Verzinsung des Strichschillings. Diese Übergangsbestimmung wurde erst auf Grund der Beratungen des Ausschusses der K. d. Reichsräte als Art. 53 b dem Entwurfe beigefügt und ändert für die Übergangszeit (vgl. Bem. zu §§ 1, 15 EG. z. ZVG.) die Vorschrift des Art. 55 Abs. 1 Ziff. 1 BayŠO., entsprechend dem § 246 BGB. (vgl. § 49 ZVG.).

Artikel 55.

Von der Verkündung dieses Gesetzes an soll in dem Falle des Artikel 66 Abs. 2 des Gesetzes vom 23. Februar 1879 die in dem Artikel 64 Abs. 1 Ziff. 1 desselben Gesetzes vorgeschriebene Anheftung wiederholt werden.

Becher Mat. VI S. 138—142; 152, 156; 181 zu Entw. Art. 27 Abs. 2.

Anheftung der Versteigerungs-Terminsbestimmung. Die Vorschrift wurde als § 53c dem Entwurf angefügt und entspricht dem Art. 26 AG., welcher in Abweichung vom Entwurf auch in dem Falle der Wiederholung des Versteigerungstermins während der Übergangszeit (§§ 1, 15 EG. z. ZVG.) für anwendbar erklärt wurde (vgl. § 39 ZVG. Bem. 4 u. § 7 EG. z. ZVG.).

Artikel 56.

Nach dem Inkrafttreten des Bürgerlichen Gesetzbuchs findet, solange das Grundbuch noch nicht als angelegt anzusehen ist, die Vormerkung einer Hypothek nach Artikel 40 des Gesetzes vom 29. Mai 1886 sowie die Einschreibung einer gerichtlichen Hypothek des Pfälzischen Rechtes auf Grund eines Vollstreckungsbefehls nicht mehr und auf Grund eines anderen Schuldtitels nur noch für eine den Betrag von dreihundert Mark übersteigende Forderung statt; die Vorschriften der §§ 4, 5 der Civilprozeßordnung finden entsprechende Anwendung.

Soll nach dem Inkrafttreten des Bürgerlichen Gesetzbuchs, solange das Grundbuch noch nicht als angelegt anzusehen ist, in den Landestheilen rechts des Rheins im Wege der Zwangsvollstreckung oder der Arrestvollziehung die Vormerkung einer Hypothek an mehreren Grundstücken des Schuldners erfolgen, so ist der Betrag der Forderung oder der in dem Arrestbefehle festgestellte Geldbetrag auf die einzelnen Grundstücke zu vertheilen; die Größe der Theile bestimmt der Gläubiger, die Bestimmung ist unwiderruflich. Das Gleiche gilt in der Pfalz, wenn in dem bezeichneten Zeitraum eine gerichtliche

Hypothek an mehreren Grundstücken des Schuldners oder eine Beschlagnahme mehrerer Grundstücke des Schuldners zur Sicherung der Zwangsvollstreckung eingeschrieben werden soll.

Soweit nach diesen Vorschriften eine gerichtliche Hypothek des Pfälzischen Rechtes nicht eingeschrieben werden kann, gilt sie als nicht entstanden.

Becher Mat. VI S. 38; 96—103, 105; 152, 153, 156; 181 zu Entw. Art. 54.

Beschränkung der Zwangs- und Arrest-, sowie gerichtlichen Hypotheken. Die Vorschrift ändert für die Zeit nach dem 1. I. 1900 und bis zur Grundbuchanlegung (vgl. Bem. 1 zu § 1 EG. z. ZVG.) die Art. 40 und 44 Nov. z. BayGO. und Art. 12, 14 pfälz. LiegGes. vom 1. VII. 1898 in Anlehnung an §§ 866, 867, 932 ZPO. Die Beschränkung auf Forderungen über 300 Mk. des Abs. 1 gilt jedoch nicht für die Arresthypothek (anders Abs. 2).

Die auf die Pfalz bezüglichen Bestimmungen beruhen auf Ergänzungsbeschlüssen des Ausschusses der K. d. R. und bezweckten die Herstellung eines gleichheitlichen Rechtszustandes auch für diejenigen Grundstücke, für welche das Reichsrecht noch nicht gilt. Die Beschränkung trifft auch hier nur die gerichtlichen, d. h. die unmittelbar mit Erlassung des Urteils, des Vollstreckungsbefehls oder der Feststellung im Konkurse entstehenden Hypotheken (nicht: die vertragsmäßigen und gesetzlichen Hypotheken, sowie die Privilegien).

Der Teilungszwang gilt auch für die bereits entstandenen Nebenforderungen (Zinsen, Kosten); die künftigen Nebenforderungen können nur aus dem jeweiligen Teilbetrage geltend gemacht werden.

Über die Ausführung der Teilung vgl. die Kommentare zu §§ 866, 867 Abs. 2 ZPO.

Artikel 57.

Eine Hypothekenvormerkung, die zu der Zeit, zu welcher das Grundbuch als angelegt anzusehen ist, im Wege der Zwangsvollstreckung oder der Arrestvollziehung eingetragen ist, verwandelt sich in eine Sicherungshypothek, sofern nicht in diesem Zeitpunkte die Umwandlung in eine Hypothekeneintragung zulässig und beantragt ist.

Becher Mat. VI S. 38, 39; 103; 153; 181 zu Entw. Art. 55.

Umwandlung der Zwangs- und Arresthypotheken. Diese Hypotheken alten Rechtes (Art. 40, 41, 44 Nov. z. BayGO.) sind, im Gegensatze zu der Sicherungshypothek des neuen Rechtes (§ 866 ZPO.), nur vorläufige Eintragungen, die erst nach fruchtlosem Ablauf der dort bestimmten Frist zu definitiven Hypothekrechten werden; ist letzteres zur Zeit der Grundbuchanlegung (vgl. § 1 EG. z. ZVG.) noch nicht geschehen, so verwandeln sie sich in Sicherungshypotheken neuen Rechtes (§§ 1184 ff. BGB., Art. 192 Abs. 1 EG. hierzu; vgl. §§ 866—868, 932 ZPO., §§ 605, 606 DA. f. GBÄ., ferner die Bem. zu Art. 52 oben); andernfalls werden sie, wie andere Hypotheken alten Rechtes, in Buchhypotheken des BGB. (§ 1116 Abs. 2 BGB.) übergeleitet.

Über Berücksichtigung der Vormerkungen alten Rechtes im Verfahren vgl. ZVG. § 10 Bem. 4, § 11 Bem. 2, § 14 Bem. 3c, § 50 Bem. 3b.

Bekanntmachung

des Königlichen Staatsministeriums der Justiz,

die Zwangsvollstreckung in das unbewegliche Vermögen betr.
vom 31. März 1905 (JMBl. S. 587 ff.).

Zur Ausführung der gesetzlichen Vorschriften über die Zwangsvoll-vollstreckung in das unbewegliche Vermögen wird für die Bezirke, in denen das Grundbuch als angelegt anzusehen ist, hiermit folgendes bestimmt:

§ 1.

Die Zustellungen im Zwangsversteigerungsverfahren und im Zwangsverwaltungsverfahren werden nach den Vorschriften der §§ 4 bis 41, 69 bis 72 der Bekanntmachung vom 16. Dezember 1899 (JMBl. S. 475) und nach den Vorschriften der Bekanntmachungen vom 26. Dezember 1899 (JMBl. 1900 S. 110), 1. März 1900 (JMBl. S. 582), 16. März 1900 (JMBl. S. 591), 8. Januar 1902 (JMBl. S. 305), 26. März 1902 (JMBl. S. 519), 16. März 1903 (JMBl. S. 102), 7. Juni 1903 (JMBl. S. 308) ausgeführt. Für die Ausführung von Zustellungen durch den Notar als Versteigerungsbeamten gelten außerdem die Vorschriften des § 203 der Geschäftsordnung für die Notariate vom 24. Dezember 1899 (JMBl. S. 591).

Die Zustellung durch Aufgabe zur Post ist in den im § 4 des Gesetzes über die Zwangsversteigerung und die Zwangsverwaltung bezeichneten Fällen zulässig; die Postsendung muß mit der Bezeichnung „Einschreiben" versehen werden. Die an den Schuldner zu bewirkende Zustellung des Beschlusses, durch den die Zwangsvollstreckung angeordnet oder der Beitritt eines Gläubigers zugelassen wird, darf nicht durch Aufgabe zur Post ausgeführt werden (§ 8 des ZVG.).

§ 2.

Als Zustellungsvertreter (§§ 6, 7 des ZVG.) oder als Vertreter eines unbekannten Berechtigten (§ 135 des ZVG.) kann, wenn eine andere, zur Übernahme der Vertretung bereite und geeignete Person nicht vorhanden ist, mit Genehmigung des Vorstandes des Amtsgerichts ein Gerichtsschreiber oder ein stellvertretender Gerichtsschreiber bestellt werden.

§ 3.

Der Versteigerungsbeamte soll den Eigentümer zur Vorlegung eines Auszugs aus dem Grundsteuerkataster veranlassen und sich, soweit es nötig ist, bei dem Rentamte darüber vergewissern, daß der Auszug dem neuesten Stande des Grundsteuerkatasters entspricht. Verweigert der Eigentümer die Vorlegung, so soll der Versteigerungsbeamte das Rentamt um die Übersendung eines Auszugs aus dem Grundsteuerkataster ersuchen. Ferner soll er die Brandversicherungssumme beschlagnahmter Gebäude ermitteln. Zweckmäßig ist es, die Beteiligten zu fragen, ob Rechte an dem beschlagnahmten Grundstücke bestehen, die nicht in das Grundbuch eingetragen sind (Art. 27 des AG. z. GBO. u. z. ZVG.), ob dem jeweiligen Eigentümer des beschlagnahmten Grundstücks Rechte an anderen Grundstücken zustehen, die im Grundbuche bei dem herrschenden Grundstücke nicht vermerkt sind, und ob die auf die Bezeichnung des Grundstücks sich beziehenden Angaben im Grundbuche mit der Wirklichkeit übereinstimmen.

§ 4.

Ist ein beschlagnahmtes Gebäude durch Brand beschädigt, so soll der Versteigerungsbeamte den Versteigerungstermin, wenn es tunlich ist, erst nach der Festsetzung der Brandentschädigungssumme bestimmen.

Ist zur Zeit des Brandes der Termin schon bestimmt, so soll der Versteigerungsbeamte der Versicherungskammer, Abteilung für Brandversicherung, von dem Termine Kenntnis geben und sie ersuchen, die Entschädigungssumme sobald als möglich festzusetzen und von der Festsetzung ihm Mitteilung zu machen. Kann die Entschädigungssumme vor dem Termine nicht mehr festgesetzt werden, so soll der Termin aufgehoben und ein neuer Termin bestimmt werden.

§ 5.

In der Terminsbestimmung soll das Grundstück ebenso bezeichnet werden, wie es im Grundbuche bezeichnet ist. Bei Anwesen mit einer großen Zahl von Grundstücken kann die Angabe der Benennung und der Kulturart unterbleiben. In die an die Gemeindetafel anzuheftende Terminsbestimmung soll die Angabe der Benennung und der Kulturart immer aufgenommen werden.

Nach dem Ermessen des Versteigerungsbeamten können auch sonstige zur näheren Bezeichnung des Grundstücks dienende Angaben in die Terminsbestimmung aufgenommen werden. Insbesondere kann, wenn die Beschreibung des Grundstücks im Grundsteuerkataster von den Angaben im Grundbuch abweicht oder der Versteigerungsbeamte Kenntnis davon hat, daß die Angaben im Grundbuche mit der wirklichen Beschaffenheit des Grundstücks nicht übereinstimmen, z. B. weil ein als Bauplatz bezeichnetes Grundstück ganz oder teilweise überbaut ist oder weil das Gebäude nicht mehr besteht, dies in der Terminsbestimmung kurz erwähnt werden.

§ 6.

Die Terminsbestimmung soll dem Rentamte, der Verwaltung der Gemeinde, in deren Bezirke das Grundstück liegt, und bei Grundstücken, die dem Betrieb einer Brauerei dienen, dem Hauptzollamte mitgeteilt werden. Ist dem Versteigerungsbeamten bekannt oder kann er ohne weitläufige Nachforschungen ermitteln, daß das Grundstück für öffentliche Lasten haftet, deren Erhebung einer anderen Behörde, Kasse oder Anstalt obliegt, so soll die Terminsbestimmung auch dieser mitgeteilt werden. Die Mitteilung erfolgt durch die Übersendung einer Abschrift der Terminsbestimmung.

§ 7.

Alle Bekanntmachungen, die in die Blätter eingerückt werden, sind zur Ersparung von Kosten so kurz als möglich zu fassen und nicht unnötigerweise in Absätze zu teilen.

Bei der Erteilung des Auftrags zur Einrückung der Terminsbestimmung in ein Blatt (§ 39 des ZVG.) soll, sofern es mit dem Blatte nicht schon allgemein vereinbart ist, bestimmt werden, daß

1. ein Belegblatt sechs Wochen vor dem Termin an den Versteigerungsbeamten abzuliefern ist;
2. der Anspruch auf Zahlung der Kosten der Einrückung erlischt, wenn ihr Betrag dem Versteigerungsbeamten nicht so rechtzeitig mitgeteilt wird, daß er bei der Feststellung des geringsten Gebots berücksichtigt werden kann.

Die Belege für die Einrückungen und für die Anheftung der Terminsbestimmung sind zu den Akten zu nehmen.

§ 8.

In den Fällen der §§ 64, 112 des Gesetzes über die Zwangsversteigerung und die Zwangsverwaltung hat der Versteigerungsbeamte den Wert der Grundstücke festzustellen. Anhaltspunkte für die Feststellung des Wertes können ihm die früheren Kaufpreise der Grundstücke, die etwa vorhandenen amtlichen Schätzungen aus der jüngsten Zeit und ähnliche Behelfe bieten. Er kann auch vor der Feststellung des Wertes einen oder mehrere amtlich verpflichtete Schätzmänner zur Abgabe von Gutachten veranlassen, wenn er nicht selbst imstande ist, die Schätzung vorzunehmen. Solche Gutachten sollen immer eingeholt werden, wenn ein Beteiligter es beantragt, die Tragung der Kosten übernimmt und entweder ihren Betrag vorschießt oder für ihre Deckung sonst genügende Sicherheit leistet.

Gegen die Feststellung des Wertes durch den Versteigerungsbeamten findet eine selbständige Beschwerde nicht statt (§ 95 des ZVG.).

Die Gebühren der Schätzmänner sind gleich denen der Sachverständigen in bürgerlichen Rechtsstreitigkeiten zu behandeln. Ihr Betrag ist, soweit sie nicht von einem Betheiligten zu tragen sind (Abs. 1 letzter Satz), vor der Feststellung des geringsten Gebots festzusetzen.

§ 9.

Die Urkunden, die das Grundbuchamt dem Vollstreckungsgerichte mit der beglaubigten Abschrift des Grundbuchblatts übersendet hat (§ 19 Abs. 2 des ZVG.; § 548 Abs. 4 der GDA.),*) sind nach der Beendigung des Verfahrens dem Grundbuchamte zurückzugeben.

§ 10.

Der Verwalter (§§ 94, 150 des ZVG.) erhält als Bestallung eine Ausfertigung des Beschlusses, durch den das Gericht ihn als Verwalter bestellt hat.

Die dem Verwalter zu gewährende Vergütung wird vom Gerichte festgesetzt (§ 153 des ZVG.). In der Regel wird es zweckmäßig sein, sie schon bei der Bestellung nach Anhörung des Verwalters, des Gläubigers und des Schuldners festzusetzen. Hierdurch wird übrigens nicht ausgeschlossen, daß die Gebühr erhöht wird, wenn eine bei ihrer Festsetzung nicht vorhergesehene und deshalb unberücksichtigt gebliebene Mühewaltung erforderlich wird.

---

*) Dienstanweisung für die Grundbuchämter in den Landesteilen rechts des Rheins (im Vorausgegangenen zitiert als „DA. f. GBÄ.“).

Anhang.

I. Beispiele

zur Veranschaulichung des Verfahrens der Zwangsversteigerung und der Zwangsverwaltung.

(Vgl. hierzu: Fischer, das Verfahren der Zwangsversteigerung an einem Rechtsfall dargestellt; Lorenz, Formularbuch z. RG. über Zwangsversteigerung und Zwangsverwaltung; Samter, Handbuch zum Verfahren der Zwangsversteigerung und Zwangsverwaltung und Wenz-Wagner, die Zwangsversteigerung und die Zwangsverwaltung.)

I. Einleitung des Verfahrens.

A) Versteigerungsantrag.

§ 1 Ges. § 13 EG. Art. 25 AG.

Zum k. Amtsgerichte Mühlheim. Hallstadt, 25. September 1905.

Antrag
des Rechtsanwalts N. in Hallstadt
zur Sache
Meier Friedrich, Rentner in Hallstadt,
gegen
Müller Johann, Gastwirt in Audorf,
wegen Zwangsversteigerung.

vgl. § 71 Abs. 2 Ges.

Unter Vorlage der mir von dem Rentner Friedrich Meier in Hallstadt erteilten Prozeßvollmacht und des Schuldbekenntnisses zu Urkunde des k. Notars Grün in Mühlheim vom 1. August 1900 Geschäftsregisternummer 410 in vollstreckbarer Ausfertigung vom 10. September 1902 nebst Zustellungsurkunde vom 15. desselben Mts., beantrage ich unter Bezugnahme auf das Grundbuch für Audorf Bd. I Bl. 5 S. 10 die Anordnung der Zwangsversteigerung des daselbst auf den Namen des Schuldners Johann Müller eingetragenen, im Bezirke des k. Amtsgerichts Mühlheim gelegenen Anwesens HsNr. 4 in Audorf, bestehend aus Wohnhaus mit Gastwirtschaft, Stall, Scheune und Hofraum, PlNr. 60 zu 0,080 ha wegen des dem Gläubiger zustehenden Anspruchs von 3000 ℳ Hauptsache und 4% Zinsen hieraus seit 1. Januar 1902, 13 ℳ 20 ₰ Anwalts-, 2 ℳ 20 ₰ Schreibgebühren, 65 ₰ Zustellungskosten und 30 ₰ Porto sowie der entstehenden Kosten.

§§ 15 bis 17.

Der Rechtsanwalt N.

B) Versteigerungsbeschluß.

Vollstr.-R. Nr. 11/05 H. Mühlheim, 26. September 1905.

In Sachen
des Rentners Friedrich Meier in Hallstadt, Gläubigers,
vertreten durch RA. N. dortselbst,
gegen
den Gastwirt Johann Müller in Audorf, Schuldner,
nicht vertreten,
wegen Zwangsversteigerung

wird auf den Antrag des Gläubigers Meier vom 25. präs. 26. ds. Mts. auf Grund der in vollstreckbarer Ausfertigung vom 10. September 1902 vorgelegten, mit dem Nachweise rechtsförmlicher Zustellung versehenen Schuldurkunde des k. Notars Grün dahier vom 1. August 1900 GRNr. 410 wegen des dem Gläubiger zustehenden Anspruchs von 3000 ℳ Hauptsache, 4% Zinsen hieraus ab 1. Januar 1902, 16 ℳ 35 ₰ Anwalts- und Schreibgebühren, Zustellungskosten und Porto und wegen der durch die Rechtsverfolgung in nachbezeichnete Grundstücke entstehenden Kosten die Zwangsversteigerung des in der StGde. Audorf gelegenen, auf den Schuldner Müller als Eigentümer im diesgerichtlichen Grundbuch für Audorf Bd. I Bl. 5 S. 10 eingetragenen Anwesens HsNr. 4 in Audorf, bestehend aus . . . [wie Antrag], angeordnet und die Versteigerung dem k. Notariate Mühlheim übertragen. [Dieser Beschluß gilt zu Gunsten des Gläubigers als Beschlagnahme des Anwesens.] [1])

§ 10 Z. 5, Abs. 2 Ges.

§§ 15—18 §§ 20 ff. Ges. § 13 EG. Art. 25 AG.

K. Amtsgericht M.
O.

[1]) Ausnahme: §§ 173, 176.

[Versteigerungsbeschluß in den Fällen der §§ 172 ff. ZVG.:
Auf Antrag des RA. N. in Hallstadt als Verwalter im Konkursverfahren über das Vermögen — den Nachlaß — des . . . (Zum Zwecke der Aufhebung der Gemeinschaft hinsichtlich des nachbezeichneten Grundstücks . .) wird die Zwangsversteigerung des (zur Konkursmasse gehörigen) in der StGde. M. gelegenen, im diesgerichtlichen Grundbuch für . . . . auf den Namen des . . . (und des . . . als Miteigentümer zu gleichen Drittelsanteilen) eingetragenen Anwesens HsNr. . . ., bestehend aus . . . (auf Antrag des Miteigentümers . . .) angeordnet und die Versteigerung dem k. Notariate M. übertragen.] §§ 19, 22; 146, 3 ff., 8, 22.

C. Ersuchen ans Grundbuchamt; Zustellung.

VRNr. 11/05 H. M., 26. September 1905.

Verfügung: 1. Ersuchen an das Grundbuchamt Mühlheim.

Nachdem die Zwangsversteigerung des im Grundbuch für Audorf Bd. I Bl. 5 S. 10 eingetragenen Anwesens HsNr. 4 daselbst, bestehend aus . . (wie bei A), angeordnet ist, ersuche ich um Eintragung dieser Anordnung in das Grundbuch, Bestätigung derselben und des Zeitpunktes, in welchem dieses Ersuchen dem Grundbuchamte zugegangen ist, sowie um Mitteilung gemäß § 19 Abs. 2 ZVG.

2. Zustellung je einer Ausfertigung des Beschlusses sub B. an
α) RA. N. in Hallstadt, *β*) Gastwirt Joh. Müller in Audorf.

3. WV. in 1 Wch., ev. mit Einlauf.

K. Amtsgericht M.
O.

D. Mitteilung des Grundbuchamtes.

M., 28. Septbr. 1905.

Auf das Ersuchen vom 26. ds. Mts. vorbez. Betr. wurde folgendes in das Grundbuch für Audorf Bd. I Bl. 5 S. 12 eingetragen: § 19 Abs. 2.

Abs. II. Nr. 6. Die Zwangsversteigerung ist angeordnet [1];
eingetragen am 27. Septbr. 1905.

Das Ersuchen um Eintragung vom 26. ds. Mts. ist am 27. ds. Mts. vorm. 3/4 9 Uhr beim Grundbuchamt eingegangen.

Beglaubigte Abschrift des Grundbuchblattes liegt bei; ebenso eine beglaubigte Abschrift der bei den Grundbuchanlagen befindlichen Urkunde . . . . . Als Inhaber der Briefhypothek . . . . . hat sich am . . . . . der Gutsbesitzer . . . . . ausgewiesen. Über Änderungen des Wohnsitzes der Beteiligten ist hier nichts bekannt.

K. Amtsgericht M., Grundbuchamt.
P.

An das k. AG. M., Vollstreckungsgericht.

E. Beitritt, Verbindung, Sicherungsmaßregel.

Mühlheim, 1. Oktober 1905.

1. **Protokoll** des Gerichtsschreibers
am k. Amtsgerichte Mühlheim
in Sachen
des Kaufmanns Otto Schmid dahier, Gl.,
gegen
den Gastwirt Johann Müller in Audorf, Sch.,
wegen Zwangsversteigerung.

Es erscheint der Kaufmann Otto Schmidt hier und erklärt:

Inhaltlich der von mir hiermit übergebenen Schuld- und Hypothekenurkunde des K. Notars Grün hier vom 20. April 1902 GRNr. 111 schuldet mir der Gastwirt Johann Müller in Audorf ein infolge nicht rechtzeitiger Zinszahlung fällig gewordenes Kapital

[1] Die Erwähnung des vollstreckungsrichterlichen Beschlusses ist, weil nicht Grundlage der Eintragung, nicht erforderlich (§ 19 Abs. 1 ZVG., § 39 GBO.; abw. DA. f. GBA. S. 367, vgl. §§ 129, 139 daselbst).

von 5000 Mk. Aus demselben sind vertragsmäßig 5% Zinsen jährlich zu bezahlen und seit 1. Januar 1905 rückständig. Das Kapital ist auf dem schuldnerischen, der Zwangsversteigerung bereits unterstellten Anwesen HsNr. 4 in Audorf an 3. Stelle und auf dem gleichfalls dem Schuldner gehörigen, auf ihn als Eigentümer im diesgerichtlichen Grundbuch für Audorf Bd. II Bl. 50 S. 55 eingetragenen Ökonomieanwesen HsNr. 13 in Audorf, bestehend aus Wohnhaus, Stallung, 2 Scheunen, Remise und Hofraum, PlNr. 68½ zu 0,092 ha; ferner Acker in der Läng', PlNr. 304 zu 0,110 ha; Wiese dortselbst, PlNr. 305 zu 0,322 ha und Wald am Gehäng' PlNr. 411 zu 1,650 ha, sämtlich in der Steuergemeinde Audorf, Amtsgerichts Mühlheim gelegen, an 5. Stelle hypothekarisch verbandweise sicher gestellt. Der Schuldtitel ist allgemein für vollstreckbar erklärt und dem Schuldner rechtsförmlich am 28. vor. Mts. zugestellt worden. Der Nachweis der eingetretenen Fälligkeit der Hauptsache ergibt sich aus dem Inhalte der Hypothekurkunde im Zusammenhalt mit dem von mir weiter übergebenen Pfändungsprotokoll des Gerichtsvollziehers Schnell hier vom 28. vor. Mts.

Ich beantrage unter Bezugnahme auf das vorbezeichnete Grundbuch, meinen Beitritt zu dem, bezüglich HsNr. 4 in Audorf eingeleiteten Zwangsversteigerungsverfahren zu Gunsten meiner oben genannten Forderung und der entstehenden Kosten der Rechtsverfolgung zuzulassen und hierwegen weiterhin die Zwangsversteigerung des Anwesens
§ 27. HsNr. 13 in Audorf anzuordnen.

Mit Rücksicht darauf, daß die beiden Anwesen rückwärts aneinander grenzen und durch Niederlegung der trennenden Hofmauer im Laufe des heurigen Sommers
§ 18. zu einem wirtschaftlichen Ganzen verbunden worden sind, beantrage ich weiter, die Verbindung der beiden Verfahren zu beschließen, um die Versteigerung zu einem Gesamtpreis zu ermöglichen.

Endlich bemerke ich, daß der Schuldner seit 2 Tagen in der zum Anwesen HsNr. 13 in Audorf gehörigen Waldung durch mehrere Knechte Holz fällen läßt und laut beiliegender Bestätigung des Bürgermeisters von Audorf bereits 1 Fuhr Langholz nach
§ 25. Bernheim zu seinem Schwager Schlecht hat schaffen lassen, weshalb ich beantrage, dem Schuldner jedes weitere Holzfällen in jener Waldung und die Wegschaffung des bereits gefällten Holzes unter Haftandrohung zu verbieten und den Waldaufseher Xaver Vornbran in Leiten, Gemeinde Audorf, mit der Bewachung der Waldung zu beauftragen, indem ich mich zur Vorschußleistung erbiete.

Lt. U.

Otto Schmid.

Klug, k. Sekretär.

Mühlheim, 2. Oktober 1905.

2. Beschluß. (VR.Nr. 11 u. 12/05 H.).

In Sachen (wie unter 1)

wird auf den, am 1. ds. Mts. gestellten Antrag des Gläubigers Schmid hier auf Grund . . . . . . wegen des diesem zustehenden Anspruchs von 5000 Mk. Hauptsache, 5% Zinsen hieraus ab 1. Januar 1903 sowie der durch die Rechtsverfolgung in nachstehende Grundstücke entstehenden Kosten

a. der Beitritt des Antragstellers zu dem mit diesgerichtlichem Beschluß vom
§ 27. 26. vor. Mts. angeordneten Zwangsversteigerungsverfahren bezüglich des in der StGde. Audorf gelegenen, im diesgerichtlichen Grundbuch für Audorf Bd 1 Bl. 5 S. 10 auf Schuldner Müller als Eigentümer eingetragenen Anwesens HsNr. 4 in Audorf, bestehend aus . . . . . . zugelassen;

b) die Zwangsversteigerung des gleichfalls in der StGde. Audorf gelegenen und
§§ 20 ff. auf Namen des Schuldners Müller als Eigentümer im diesgerichtlichen Grundbuch für Audorf Bd. 2 Bl. 50 S. 55 eingetragenen Ökonomieanwesens HsNr. 13 in Audorf, bestehend aus . . . . . ., angeordnet und die Versteigerung dem k. Notariat Mühlheim übertragen;

c) mit Rücksicht darauf, daß die Voraussetzungen des § 18 ZVG. gegeben sind, die beiden genannten Anwesen wirtschaftlich zusammenhängen und aus ihrer gemeinsamen
§ 18. Versteigerung ein höherer Erlös erwartet werden darf, während andrerseits das zuerst eingeleitete Verfahren noch nicht weit gediehen ist, die Verbindung der beiden Zwangsversteigerungsverfahren angeordnet;

d) im Hinblick auf die seitens des Antragstellers glaubhaft gemachte Gefahr der Verschleppung von Beschlagnahmeobjekten dem Schuldner Müller bei Meidung einer für jeden Fall der Zuwiderhandlung auszusprechenden Haftstrafe von 3 Tagen verboten, in der zum Anwesen HsNr. 13 in Audorf gehörigen Waldung PlNr. 411 StGde. Audorf Holz zu fällen oder das gefällte wegzuschaffen, soweit dies nicht zur Fortführung der Wirtschaft in dem genannten Anwesen erforderlich ist, endlich der Waldaufseher Xaver Vorndran in Leiten mit der Bewachung dieser Waldung beauftragt. § 25.

[Vorstehender Beschluß ad a und b gilt zu gunsten des Gläubigers Schmid als Beschlagnahme der beiden vorgenannten Anwesen.]

3. Verfügung.

a) Ersuchen an das diesgerichtliche Grundbuchamt bezgl. 2b (vergl. oben C);

b) Zustellung je einer Ausfertigung des Beschlusses unter 2 an §§ 22, 27.
   - α) Gl. Schmid,
   - β) Sch. Müller;

c) Ermächtigung: Auf Antrag des . . . werden Sie hiermit beauftragt, die dem Schuldner Müller Johann, Gastwirt in Audorf, gehörige Waldung am Gehäng, PlNr. 411 StGde. Audorf, zu überwachen und von einer seitens des Schuldners oder anderer Personen versuchten Holzfällung oder Wegschaffung gefällten Holzes hierher unverzüglich Anzeige zu erstatten;

d) Zustellung von c), welche von vorheriger Einzahlung eines Kostenvorschusses von 100 Mk. abhängig gemacht wird, an Waldaufseher Vorndran.

K. Amtsgericht M.

O.

II. Aufhebung des Verfahrens.

A) Beschluß [1]).

VRNr. 12/05 H. M., 18. Oktober 1905.

In Sachen (wie I E 1)

wird das mit diesgerichtlichem Beschluß vom 2. ds. Mts. angeordnete Verfahren der Zwangsversteigerung des in der StGde. Audorf gelegenen, im diesgerichtlichen Grundbuch für Audorf Bd. II Bl. 50 S. 55 auf den Namen des Fuhrwerksbesitzers Hans Schnell seit 1. ds. Mts. eingetragenen Ökonomieanwesens HsNr. 13 in Audorf, bestehend aus . . ., wieder aufgehoben, in der Erwägung, daß ausweislich der Mitteilungen des Grundbuchamtes vom 3. ds. Mts. als Eigentümer des beschlagnahmten Anwesens zur Zeit des Eingangs des Ersuchens um Eintragung des Versteigerungsvermerks nicht mehr der Schuldner Müller im Grundbuch eingetragen war und die dem Gläubiger zur Beibringung eines Vollstreckungstitels gegen den nunmehrigen Eigentümer Schnell gesetzte Frist am gestrigen unbenutzt verstrichen ist, weshalb das mit Beschluß vom 4. ds. Mts. einstweilen eingestellte Verfahren wieder aufzuheben war (. . . . in der Erwägung, daß der Versteigerungsantrag vom Gläubiger am . . . zurückgenommen wurde). §§ 19, 28; 32; 161.

Die mit Beschluß vom 2. ds. Mts. angeordnete Verbindung gegenwärtigen Verfahrens mit dem zu VRNr. 11/05 H anhängigen, sowie die bestehenden Sicherungsmaßregeln werden gleichzeitig aufgehoben. Der Beitrittsbeschluß vom gleichen Tage hinsichtlich des schuldnerischen Anwesens HsNr. 4 in Audorf bleibt unberührt.

B) Verfügungen [2]).

a) Zustellung je einer Ausfertigung des Beschlusses unter 1) an Gl. Schmid, Sch. Müller und neuen Eigentümer Schnell; § 32.

b) Schreiben an Waldaufseher Vorndran. Die mit Beschluß vom 2. ds. Mts. angeordnete Bewachung der schuldnerischen Waldung ist wieder aufgehoben. Sie werden aufgefordert, binnen 8 Tagen hierher mitzuteilen, welche Vergütung Sie für Ihre Tätigkeit beanspruchen, widrigenfalls der vom Gläubiger erlegte Vorschuß zurückgegeben wird.

c) Zustellung von b);

---

[1]) Das Formular kann unter entsprechender Änderung auch für die Zwangsverwaltung benützt werden.

[2]) Im Falle der Zwangsverwaltung sind auch die Drittschuldner der §§ 22 Abs. 2, 151 Abs. 3 zu benachrichtigen.

§ 34. d) Ersuchen an das Grundbuchamt M. Den auf Grund diesgerichtlichen Ersuchens vom 2. ds. Mts. bei dem im Grundbuch für Audorf Bd. II Bl. 50 S. 55 nunmehr auf den Namen des ... eingetragenen Anwesens HsNr. 13 in Audorf ... in Abt. II unter Nr. 7 eingetragenen Zwangsversteigerungsvermerk ersuche ich zu löschen und das Geschehene hierher mitzuteilen.

K. Amtsgericht M.

O.

III. Bestimmung des Versteigerungstermins.

§ 36 Ges. § 13 EG., Art. 25 AG. [Hierzu sind die Akten (Versteigerungsanträge samt Beilagen, Versteigerungs- und Beitrittsbeschluß mit Zustellungsnachweisen, Mitteilungen des Grundbuchamtes) dem Notar zu übermitteln.]

A) Terminsbestimmung.

VRNr. 11/05 H. M., 20. Oktober 1905.

§§ 37, 172, 175, 180. Im Wege der Zwangsvollstreckung (auf Antrag des K.-Verwalters, des Testamentsvollstreckers, behufs Aufhebung der Gemeinschaft) soll das im Bezirke des K. Amtsgerichts M., Steuergemeinde Audorf, gelegene, im Grundbuch für Audorf Bd. I Bl. 5 S. 10,
§ 38. zur Zeit der Eintragung des Versteigerungsvermerks auf den Namen des Gastwirts Johann Müller eingetragene Anwesen HsNr. 4 in Audorf, bestehend[1]) aus ...., zu 0,275 ha, am Mittwoch, den 20. Dezember 1905, vormittags 10 Uhr im Amtszimmer des K. Notariats Mühlheim HsNr. 123 durch den unterfertigten zum Versteigerungsbeamten ernannten Notar versteigert werden.

Es ergeht die Aufforderung ... (§ 37 Ziff. 4). Ferner werden diejenigen ... (§ 37 Ziff. 5) aufgefordert. ...[2]). Der Versteigerungsvermerk ist am 27. September 1905 in das Grundbuch eingetragen worden.

Der Versteigerungsbeamte.
R., K. Notar.

B) Verfügungen:

1. Schreiben an die Expedition des Amtsblatts des K. AG. Mühlheim:

§§ 39, 43. Die beigefügte Terminsbestimmung ersuche ich, einmal in das Amtsblatt aufzunehmen und zwar so zeitig, daß von dem Tage, an welchem die betreffende Nummer des Amtsblattes erscheint, bis zum Tage des Versteigerungstermins volle 6 Wochen verstrichen sein werden.

Des weiteren wird ersucht:
a) ein Belegblatt 6 Wochen vor dem Termine hierher gelangen zu lassen,
b) die Kosten gleichzeitig mit der Übersendung bekannt zu geben.

Sollten die Kosten nicht so rechtzeitig mitgeteilt werden, daß sie bei Feststellung des geringsten Gebots im Termine berücksichtigt werden können, so erlischt der Anspruch auf Zahlung derselben. Gegenwärtiger Auftrag gilt daher nur als unter dieser Bedingung erteilt[3]).

2. Schreiben an den Magistrat der Marktgemeinde Mühlheim (oder Gerichtsvollzieher):

§ 7 EG. Art. 26 AG. In der Anlage übersende ich eine Ausfertigung und eine begl. Abschrift der Terminsbestimmung vom heutigen mit dem Ersuchen, die erstere an der für die amtlichen Bekanntmachungen bestimmten Stelle anheften, den Vollzug auf der Abschrift bestätigen und letztere unter Kostenbekanntgabe alsbald hierher gelangen zu lassen.

§ 40. 3. Desgl. an die Gerichtsschreiberei K. AG. Mühlheim, wegen Anheftung der Terminsbestimmung an die Gerichtstafel und Bekanntgabe der voraussichtlichen Kosten des Verfahrens.

---

[1]) Vgl. JMBek. vom 31. III. 1905, §§ 3 ff., § 5.
[2]) Entsprechend zu ändern in den Fällen der §§ 172 ff. ZVG.
[3]) Vgl. JMBek. vom 31. III. 1905 §§ 6 ff.

4. Zustellung je einer Ausfertigung der Terminsbestimmung an: §§ 41, 43 Abs. 2; §§ 3 ff.
a) Gläubiger (zu Händen des Prozeßbevollmächtigten),
b) Schuldner,
c) die Beteiligten des § 9 (aus Grundbuchblattsabschrift, Mitteilungen des Grundbuchamtes, Anmeldungen, deren Glaubhaftmachung hier nicht erforderlich).

5. Übersendung je einer Abschrift der Terminsbestimmung an:
a) K. Rentamt M.,
b) Magistrat M.,
c) K. Brandversicherungskammer M[1]).

6. Erholung eines Besitzbelastungszeugnisses vom K. Rentamt M., event. von Gutachten über den Grundstückswert. § 64.

7. WV. 6. XI. 04 wegen § 43 Abs. 1 und am 5. XII. 04 wegen §§ 43 Abs. 2 u. 41 Abs. 2 ZVG.

Der Versteigerungsbeamte.
R.

M. 8. XII. 05.

C) Mitteilungen

an die Beteiligten: In dem Verfahren zum Zwecke der Zwangsversteigerung des in .... gelegenen ......, im Grundbuch ... auf den Namen des ...... eingetragenen Anwesens ...... wird den Beteiligten mitgeteilt, daß die auf 20. Dezbr. 1905 anberaumte Versteigerung auf Grund der bis 5. XII. 05 dem Schuldner zugestellten Beschlüsse des K. AG. Mühlheim über Anordnung der Versteigerung und Zulassung des Beitritts stattfindet §§ 41 Abs. 2, 3, 44 Abs. 2.

a) auf Antrag des ...... wegen dessen im Grundbuch f. Audorf Bd. I Bl. 5 S. 13 Abt. III Nr. 3 eingetragenen Anspruchs von ...... samt 5% Zinsen hieraus vom ...... und den Kosten,
b) auf Antrag des ...... wegen dessen, im Grundbuch nicht eingetragenen Anspruchs von ......

(Maßgebend für die Bildung des geringsten Gebots wird daher voraussichtlich der erstbezeichnete Anspruch sein).

Der Versteigerungsbeamte.
R.

IV. Versteigerungsprotokoll.

Zw.-Verst. Reg.-Nr. 21.

Heute, den 20. Dezember 1905, wurde von mir, A. R., K. Notar in Mühlheim, als ernanntem Versteigerungsbeamten in dem Verfahren der Zwangsversteigerung des in der StGde. Audorf, K. AG. Mühlheim, gelegenen, im Grundbuch für Audorf Bd. I Bl. 5 S. 10 auf den Namen des Gastwirts Johann Müller in Audorf eingetragenen Anwesens HsNr. 4 in Audorf die Versteigerung in meinem Amtszimmer dahier HsNr. 123, wie folgt, vorgenommen: §§ 66 ff., 78, 80.

1. Nach dem zur festgesetzten Stunde, d. i. um 10 Uhr vormittags, erfolgten Aufruf der Sache sind folgende Beteiligte erschienen: ....

(Den Erschienenen wurde bekannt gegeben, daß der heutige Termin in der Nummer 345 des hiesigen Amtsblattes vom 4. XI. 05 veröffentlicht und die Terminsbestimmung den damals bekannten Beteiligten ordnungsmäßig bis längstens 5. XI. 05 zugestellt worden ist). § 43.

2. Sodann wurden die das Versteigerungsobjekt betreffenden Nachweisungen, nämlich die begl. Abschrift des Grundbuchblatts vom 28. September 1905 und die übrigen Mitteilungen des Grundbuchamts, die Bestätigung des K. Rentamts Mühlheim über die Bodenzinsbelastung, der erholte Grundsteuerkatasterauszug, die Mitteilungen der Brandversicherungskammer, die vom Hypothekgläubiger Meier eingereichte Abschätzung, bekannt gemacht.

---

[1]) Vgl. JMBek. vom 31. III. 1905 §§ 6 ff.

3. Des weiteren wurde den Erschienenen eröffnet, daß die Zwangsversteigerung betrieben wird a) auf Antrag des ..... wegen eines Anspruchs von ..... b) auf Antrag ..... wegen ....., und daß die Beschlagnahme des Anwesens am ..... durch Eingang des Ersuchens um Eintragung des Versteigerungsvermerks beim Grundbuchamt und darauf folgende Eintragung wirksam geworden ist.

4. Mitgeteilt wurden folgende Anmeldungen und Anzeigen:

a) des betreibenden Gläubigers Meier über 65 Mk. Verwaltungskosten;
b) des Altknechts Frühauf über 35 Mk. Lohnrückstand,
c) des K. Rentamts Mühlheim über 220 Mk. Grund- u. Haussteuer, Umlagen;
Art. 23, 24 AG. §§ 45, 13 § 54 Ges. d) des Kaminkehrers Schwarz über 43 Mk. Kaminkehrlöhne;
e) des Hyp.-Gl. Pfiffig über 37 Mk. rückständige Zinsen;
f) des Hyp.-Gl. Überall über Fälligkeit seines Hyp.-Kapitals zu 1800 Mk., wegen Verzögerung der Zinszahlung;
§§ 57 ZVG., 9 EG. g) des Pächters Stark über den mit Schuldner hinsichtlich der Teichwiese geschlossenen Pachtvertrag;
h) des Wagners Hammer über Eigentumsvorbehalt hinsichtlich des neuen Lastwagens;
i) des Pfiffig über Pfändung der dem Subhastaten an der Hypothek des Überall zustehenden Rechte;
k) des Gl. Meier über 27 Mk. 45 Pfg. weitere Kosten der dinglichen Rechtsverfolgung;
l) des Hyp.-Gl. Lustig über Erwerb der in Abt. III Nr. 7 vorgetragenen Briefhypothek.

§ 45. Hiergegen wurde nichts erinnert.

5. Nunmehr wurde nach Anhörung der anwesenden Beteiligten zur Feststellung des geringsten Gebots und der Versteigerungsbedingungen geschritten, nachdem trotz Anfrage weitere Angaben über nicht eingetragene Rechte am Versteigerungsobjekte oder über solche, welche dem Subhastaten als Eigentümer anderen Grundstücken gegenüber zustünden, sowie über Änderungen des Beschriebs der Grundstücke nicht gemacht wurden.

[Als maßgebend für die Feststellung des geringsten Gebots wurde gemäß § 44 Abs. 2 ZVG. erachtet der Anspruch des Gl. Meier, hypothekarisch auf dem Versteigerungsobjekt an 5. Stelle sicher gestellt. Der Antrag des früheren, für die I. Hypothek angeblich persönlich forthaftenden Eigentümers Spät (welcher wegen der von ihm bezahlten rückständigen Zinsenrate per 1. VII. 05 dem Verfahren beigetreten ist), die von ihm gemäß §§ 1164, 1176 BGB. erworbene Zinsenhypothek der Feststellung des Mindestgebots zu Grunde zu legen, wurde abgelehnt, da der von ihm erwirkte Beitrittsbeschluß nicht mehr innerhalb der Frist des § 44 Abs. 2 ZVG. zugestellt werden konnte].

A) Geringstes Gebot.

Bar zu zahlen sind nachstehende Ansprüche:

§§ 49, 109.

a)	Staatskasse,	an Kosten des Versteigerungsverfahrens, beiläufig	Mk. 500,—
b)	Versteigerungsbeamter,	desgl.	„ 41,20
c)	Gl. Meier,,	Verwaltungskosten, § 10 Z. 1 ZVG.	„ 65,—
d)	Frühauf,	Liedlohn, § 10 Z. 2	„ 35,—
e)	K. Rentamt Mühlheim,	Steuern 2c., § 10 Z. 3	„ 220,—
	Schwarz,	Kaminkehrlöhne, Art. 23 AG.	„ 43,—
f)	Spät,	Zinsrückstand aus der I. Hyp. des Kreditvereins Mühlheim, § 10 Z. 4, §§ 12, 13	„ 105,—
	Kreditverein Mühlheim,	laufender Zins, § 47	160,—
g)	Spät,	Altenteilsanspruch, laufender aus Hyp. (alten Rechtes) Nr. II, geschätzt gemäß §§ 46, 47 auf	„ 25,—
h)	Aktienbrauerei Mühlheim,	laufender Zins aus Hyp. Nr. III, § 47	„ 80,—
i)	Überall,	desgl. aus Hyp. Nr. IV	„ 24,—
			Sa. Mk. 1298,20

m. W. zwölfhundertachtundneunzig Mark zwanzig Pfennige.

B. Versteigerungsbedingungen.

a) **Bestehen bleiben** folgende, als Teil des geringsten Gebots zu berücksichtigende Rechte und Ansprüche:

α) die Dienstbarkeit z. G. des Eigentümers des Anwesens HsNr. 5 in Audorf, Abt. II Nr. 1, auf Grund des § 44 ZVG., gewertet gemäß § 51 Abs. 2 Ges. auf 500 Mk.;

β) das Wohnungsrecht des Vorbesitzers Spät, gewertet auf 200 Mk., Abt. II Nr. 2, dieses auf Grund des § 9 Abs. 1 EG. z. ZVG.;

γ) die Hypothek des Kreditvereins Mühlheim zu 12000 Mk. und 1200 Mk. Kaution samt Rangeinräumungsverzicht, Abt. III Nr. 1;

δ) Altenteilshypothek (alten Rechtes) des Spät zu 400 Mk. Höchstwert, Abt. III Nr. 2;

ε) die Hypothek der Aktienbrauerei Mühlheim zu 6000 Mk. und 600 Mk. Kaution samt Rangeinräumungsverzicht bei Löschungsreife derselben und der vorgehenden Hypotheken, Abt. III Nr. 3;

ζ) die Hypothek des Händlers Überall zu 1800 Mk., Abt. III Nr. 4.

b) **Eine Erhöhung des Bargebots** tritt ein:

α) Falls die Dienstbarkeit Abt. II Nr. 1 nicht besteht, hat der Ersteher außer dem Bargebot, weitere 500 Mk. bar zu zahlen, vom Zuschlag ab mit 4 % zu verzinsen und 3 Monate ab Kündigung an den nach § 125 ZVG. Berechtigten zu entrichten; §§ 50, 51 Ges.

β) wenn das Wohnungsrecht des Vorbesitzers Spät Abt. II Nr. 2 bis zur Verkündung des Zuschlags wegfällt, hat der Ersteher weitere 200 Mk. bar zu zahlen, diese mit 4 % ab Zuschlag zu verzinsen und die Summe 3 Monate ab Kündigung zu entrichten;

γ) das gleiche gilt, wenn das als Hypothek Abt. III Nr. 2 eingetragene Auszugsrecht des Spät zu 400 Mk. bis zur Verkündung des Zuschlags wegfällt; Art. 48 Abs. 1, 3 ÜB. z. BGB.

δ) wenn die Hypothek des Händlers Überall zu 1800 Mk. Abt. III Nr. 4, welche verbandweise auch auf dem schuldnerischen Anwesen HsNr. 13 in Audorf ruht, an dem Versteigerungsobjekte nach den Vorschriften über die Gesamthypothek erlischt, hat der Ersteher noch 1800 Mk. bar zu leisten und dieselben, als bereits fällig, mit den vertragsmäßigen 5 % bis zur Zahlung zu verzinsen.

c) Als **besondere Versteigerungsbedingung** wird festgestellt: §§ 59 ff. Ges.

α) auf Antrag des Gl. Meier, dessen Hypothek Abt. III Nr. 5 zu 3000 Mk. Gleichrang mit dem Wohnungsrechte des Spät in Abt. II Nr. 2 genießt, ist das Versteigerungsobjekt mit und ohne Übernahme des Wohnungsrechtes auszubieten; Gebote unter der Bedingung des Erlöschens des Wohnungsrechts sind jedoch nur zulässig, wenn die Hypothek des Meier bei Übernahme der bezeichneten Last eine Beeinträchtigung erfährt; § 9 EG. Art. 27 AG.

β) auf Antrag des beteiligten Kaufmanns Pfiffig wird bestimmt, daß der das geringste Gebot übersteigende Betrag des Meistgebots erst nach 4 Monaten ab Zuschlagsverkündung zu bezahlen und von letzterer an mit 4 % zu verzinsen ist; § 60 ZVG.

γ) auf Antrag des Pächters Stark wird bestimmt, daß das Versteigerungsobjekt mit und ohne das dem Ersteher in § 57 ZVG. eingeräumte Kündigungsrecht gegenüber dem Pächter Stark auszubieten und der Zuschlag dem unter der Bedingung des Wegfalls des Kündigungsrechts abgegebenen Gebote nur zu erteilen ist, falls der etwa hierdurch gegenüber dem andern Gebote beeinträchtigte Beteiligte (einschließlich des Schuldners) zustimmt. § 57.

[Der weitere Antrag des Wagners Hammer, den von ihm gelieferten Lastwagen von der Versteigerung auszuschließen, wurde abgelehnt, da Antragsteller nicht der Aufforderung nach § 37 Ziff. 5 ZVG. nachgekommen ist.] § 55 Abs. 2, § 65.

d) Im **übrigen** gelten die gesetzlichen Versteigerungsbedingungen. §§ 49 ff., 52—56.

[Darunter insbesondere die Verpflichtung des Erstehers zur Verzinsung des durch Zahlung zu berichtigenden Betrags des Meistgebots mit 4 % ab Zuschlagsverkündung und zur Tragung der Kosten des Zuschlagsbeschlusses (Besitzveränderungsgebühren).] §§ 49 Abs. 2, 58.

6. Die zu Ziff. 5 erfolgten Feststellungen wurden verlesen und hierauf auf die bevorstehende Ausschließung weiterer Anmeldungen hingewiesen. Weitere Anmeldungen erfolgen nicht. § 66.

Sodann forderte der Versteigerungsbeamte um 10 Uhr 50 Minuten zur Abgabe von Geboten auf (nachdem die Erschienenen darüber belehrt worden waren, daß nur Bargebote zum Mindestbetrag von 1298 Mk. 20 Pf. zulässig sind und die bestehen bleibenden Rechte ziffermäßig nicht enthalten dürfen).

Es boten nunmehr (nach Abgabe mehrerer gegenstandslos gewordener Gebote):	Übernahme des Wohnungsrechts		Gesetzliches Kündigungsrecht des Erstehers	
	mit	ohne	mit	ohne
	ℳ	ℳ	ℳ	ℳ
a) Der Gastwirt Xaver Lang in M.	3800	—	—	3800
b) Der Brauereibesitzer Karl Dick in R.	4000	—	4000	—
c) Der Ökonom Hans Langsam in U.	—	4700	—	4700
§§ 67, 70. Der Hyp.-Gl. Pfiffig verlangte Sicherheit von diesem Bieter, da seine Hypothek zu 2700 Mk. Abt. III Nr. 6 durch dieses Gebot teilweise Befriedigung zu erwarten habe. Die Sicherheit wurde nicht für erforderlich erklärt. (Da Antragsteller durch das Gebot nicht gedeckt [1]) seine Bestreitung eines der vorgehenden Rechte aber hier unbeachtlich ist). Der Gl. Pfiffig widersprach sofort der Zulassung dieses Gebotes ohne Sicherheitsleistung.				
d) Hierauf bot der Hyp.-Gl. Pfiffig seinerseits . .	4500	—	4500	—
Der Gl. Meier verlangte Sicherheitsleistung, welche für erforderlich erklärt wurde. Pfiffig war bereit, 300 Mk. zu hinterlegen, womit Meier jedoch nicht einverstanden war. § 72. Es wurde deshalb das Gebot des Pfiffig durch sofort verkündeten Beschluß zurückgewiesen. Letzterer widersprach sofort der Zurückweisung seines Gebotes.				
e) Endlich bot der Ökonom Langsam	—	4750	4750	—
Der Gl. Meier verlangte Sicherheitsleistung, welche für erforderlich erklärt wurde. Langsam leistete Sicherheit durch Übergabe eines 4% Pfandbriefs der südd. Grundschuldbank über 500 Mk.				

7. Der Aufforderung des Versteigerungsbeamten ungeachtet, wurde ein Gebot nicht
§ 73. mehr abgegeben. Das **letzte Gebot** wurde durch dreimaligen Aufruf verkündet. Sodann wurde um 12 Uhr 5 Minuten der Schluß der Versteigerung verkündet.

§ 81. **8.** Den anwesenden Beteiligten wurde Gelegenheit gegeben, sich über den Zuschlag zu äußern. Der Ökonom Langsam erklärte hierzu, daß er für den anwesenden Güterhändler Michael Reich dahier geboten habe, welcher seine Zustimmung zu dieser Erklärung abgab.

Die beiden letzteren Personen sind mir, dem Notar, persönlich und als verfügungsfähig bekannt.

9. Nunmehr wurde folgender

(Zuschlags-) Beschluß

§§ 87, 89. verkündet:

§ 82. Das dem Verfahren zum Zwecke der Zwangsversteigerung unterstellte, im Grundbuch . . . . auf den Namen . . . . eingetragene Anwesen HsNr. 4 in Audorf, bestehend aus . . . ., wird, nachdem im heutigen Versteigerungstermine der Ökonom H. Langsam

[1]) 1298 Mk. 20 Pfg. bares Mindestgebot
\+ 200 „ — „ für Wohnungsrecht (im Gleichrange mit Hyp. Abt. III Nr. 5)
\+ 3000 „ — „ Kapital } Hyp.-Abt. III Nr. 5 des Gl. Meier
\+ 305 „ 43 „ Zinsen und Kosten }
4803 Mk. 63 Pfg.

Meistbietender geblieben, dieser aber erklärt hat, daß er für den Güterhändler Michael Reich hier geboten habe, und nachdem des letzteren Zustimmung hierzu mündlich zu gegenwärtigem Protokoll erklärt wurde, dem vorgenannten Reich für den durch Zahlung zu berichtigenden Betrag von 4750 Mk. — m. W. . . . — und unter folgenden Bedingungen zugeschlagen:

a) Der das geringste Gebot übersteigende Teil des Meistgebots zu 3451 Mk. 80 Pfg. ist vier Monate ab heute zahlbar und bis dahin mit 4 % zu verzinsen;

b) bestehen bleiben die Dienstbarkeit in Abt. II Nr. 1 und die Hypotheken in Abt. III Nr. 1—4;

c) der Ersteher ist verpflichtet, wenn die Dienstbarkeit Abt. II Nr. 1 nicht besteht, noch weitere 500 Mk. zu zahlen; ferner falls die Hypothek des Spät (Altenteil) Abt. III Nr. 2 noch vor Verkündung dieses Beschlusses weggefallen ist, noch weitere 400 Mk. zu leisten, diese beiden Summen mit 4 % von heute an zu verzinsen und je drei Monate ab Kündigung zu entrichten;

d) der Ersteher ist verpflichtet, falls die Hypothek Abt. III Nr. 4 des Händlers Überall zu 1800 Mk. an dem Versteigerungsobjekte nach den Vorschriften über die Gesamthypothek erlischt, weitere 1800 Mk. zu leisten und als fällig mit 5 % bis zur Zahlung zu verzinsen;

e) im übrigen gelten die gesetzlichen Versteigerungsbedingungen[2]).

Der Meistbietende Hans Langsam, Ökonom in U., wird für mithaftend erklärt.

Gründe:

Das Gebot des Ökonom Langsam zu 4750 Mk. erschien als das Meistgebot.

Denn es war zu berücksichtigen, daß im Falle der Nichtübernahme des Wohnungsrechtes für dieses gemäß §§ 92 Abs. 2, 121 ZVG. im Gleichrange mit dem Rechte des an 5. Stelle stehenden Hyp.-Gl. Meier ein Ersatzbetrag von 200 Mk. aus dem Meistgebote zu decken ist. Das Gebot des Hyp.-Gl. Pfiffig zu 4500 Mk. unter Aufrechterhaltung des Wohnungsrechtes, welches gemäß § 72 Abs. 2 ZVG. wirksam geblieben ist, repräsentiert nur einen Wert von 4700 Mk.

Es deckt aber auch andrerseits nicht die Hypothek des Meier (welche 3000 Mk. Hauptsache, 301 Mk. gemäß §§ 10 Ziff. 4, 47 Ges. im Range des Rechtes zu berücksichtigende Zinsen vom 1. VII 03—3. I. 06 und 16 Mk. 35 Pfg. frühere, 27 Mk. 45 Pfg. weitere Vollstreckungskosten, also 3344 Mk. 80 Pfg. beträgt, daher erst bei einem Gebote von 3344 Mk. 80 Pfg. + 1298 Mk. 20 Pfg. = 4643 Mk. mit Wohnungsrecht volle Befriedigung gefunden hätte), weshalb entsprechend den festgesetzten Versteigerungsbedingungen (oben Ziff. 5 c α) das höhere Gebot zu 4750 unter der Bedingung des Erlöschens des Wohnungsrechtes zugelassen werden mußte.

Die gleichen Gesichtspunkte waren ausschlaggebend bei Vergleichung des unter der Bedingung des Wegfalls des gesetzlichen Kündigungsrechtes des Erstehers abgegebenen Gebots zu 4700 Mk. mit dem entgegengesetzten zu 4750 Mk., nachdem weder Gl. Meier noch der Schuldner hierzu eine Erklärung abgegeben haben (vgl. oben Ziff. 5 c, γ).

Vorgelesen und genehmigt. § 162, 163 ZPO.

Der Versteigerungsbeamte.

R.

[Vollstreckungsklausel: §§ 93, 132.

Ausfertigung vorstehenden Zuschlagsbeschlusses wird dem Rentner Friedrich Meier in Hallstadt zum Zwecke der Zwangsvollstreckung wegen des ihm nach dem Verteilungsprotokolle vom . . . zustehenden Bargebots-Rückstandes in Höhe von . . . (m. W.) nebst 4 % Zinsen aus . . . vom . . . (Verteilungstermin) ab gegen Ersteher R und Meistbietenden L als Gesamtschuldner erteilt.

Mühlheim . . . . . .

Schön,
Gerichtsschreiber.]

---

[2]) Zuschlagskosten nach § 58 ZVG. aus:

Bargebot:	4750	Mk.
Bestehen bleibende Rechte:	500	„
	13200	„
	400	„
	6600	„
	1800	„
	Sa. 27250	Mk.

M., 20. XII. 05.

§ 88. **10.** Verfügung: 1. Der Zuschlagsbeschluß ist in Ausfertigung zuzustellen an
a) Ersteher Reich und Meistbietenden Langsam
b) den nicht anwesenden Beteiligten . . . . .
2. Abgabe der Akten samt Zustellungsnachweisen an das K. AG. Mühlheim (mit dem Beifügen, daß Ersteher innerhalb 2 Wochen Antrag nach § 144 ZVG. stellen will).

Der Versteigerungsbeamte.
R.

V. Verteilung des Erlöses durch das Gericht.

[Angenommen, daß eine Verteilung nach § 144 Ges. (vgl. unten VII) nicht versucht wurde.]

M., 4. Januar 1906.

1. Bestimmung des Verteilungstermins[1]).

§ 105. Im Verfahren zum Zwecke der Zwangsversteigerung des im Grundbuch für . . . auf den Namen . . . eingetragenen Anwesens HsNr. 4 in Audorf wird Termin zur Verteilung des Versteigerungserlöses bestimmt auf

Dienstag, 24. Januar 1906, vorm. 10 Uhr, Zimmer Nr. 3.

§§ 117, 126 Die Berechnung der Ansprüche ist tunlichst schon vor d. Termine bei Gericht einzureichen.

Eine Auszahlung erfolgt nur bei gehöriger Legitimation des Berechtigten, weshalb die hierzu erforderlichen Urkunden (Hypothekenbriefe, Abtretungserklärungen, Geldempfangsvollmachten, Erbscheine und dergl.) vorzulegen sind.

Art. 32 AG. Wird die Auszahlung eines Betrages an einen im Verteilungstermine nicht erschienenen oder nicht legitimierten Berechtigten angeordnet, so erfolgt Übersendung des Betrages an ihn durch die Post auf seine Gefahr und Kosten.

K. Amtsgericht M.
O.

Verfügung: a) Ausfertigung der Terminsbestimmung ist an die Gerichtstafel anzuheften und
b) zuzustellen an die Beteiligten (auch an diejenigen, welche nunmehr Rechte angemeldet haben), Ersteher und Meistbietenden, nämlich . . . . .;
c) Gerichtsschreiberei wird zur Kostenberechnung veranlaßt;
d) WV. am 10 I. 06 wg. § 105 Abs. 4, sodann zum Termin.

2. Terminsprotokoll.

M., 24. Januar 1906.

§§ 107 ff. Gegenwärtig:
Amtsrichter O.
GSchreiber L.

Zu dem auf heute anberaumten Verteilungstermin im Verfahren, betr. die Zwangsversteigerung des im Grundbuch . . . . auf den Namen des . . . . eingetragenen Anwesens HsNr. 4 in Audorf, sind bei Aufruf der Sache erschienen: . . . . . .

Mit den Erschienenen wurde folgendes verhandelt:

A. Feststellung der Teilungsmasse.

Als solche kommt auf Grund Zuschlagsbeschlusses vom 20. Dez. 1905 in Betracht:

a)	das Bargebot zu	Mk. 4750,—
b)	4% Zinsen aus 1298,20 Mk. gemäß § 49 Abs. 2, 3 Ges. ab 20. Dezember 1905 (einschließlich) bis 31. Dezbr. 1905 [da laut vorgelegter Hinterlegungserklärung der Ersteher das bare Mindestgebot samt 4% Zinsen hieraus an diesem Tage hinterlegt hat]	„ 1,30
c)	2% Deposital-Zinsen aus 1298,20 Mk. vom 1. Jan. bis 24. Jan. 1906 laut Erklärung der Hinterlegungsstelle	„ 1,80
d)	4% Zinsen aus 3451,80 Mk. vom 20. Dezbr. 1905 (einschließlich) bis 24. Jan. 1906 (ausschließlich)	„ 13,50
e)	der Ersatzbetrag für das, laut vom Hyp.-Gl. Pfiffig übergebener Sterbeurkunde vor der Zuschlagsverkündung weggefallene Altenteilsrecht des Spät zu	„ 400,—
f)	4% Zinsen hieraus vom 20. Dezbr. 1905 (einschließlich) bis 24. Jan. 1906 (ausschließlich)	„ 1,30
		Sa. Mk. 5167,90

[1]) Auch für die Fälle der §§ 139, 141 ZVG. nach entsprechender Änderung zu verwenden.

Hierzu wird bemerkt:

a) daß zur Verteilung heute zur Verfügung steht ein Betrag von . . . Mk. 1298,20
und Zinsen { " 1,80
" 1,30
Sa. Mk. 1301,30

b) daß der Rest laut Zuschlagsbeschluß befristet ist,

c) daß der Wegfall des Wohnungsrechts des Spät vor dem Zuschlag eine Erhöhung der Zahlungspflicht des Erstehers um deswillen nicht veranlaßt, weil dieser jene Last nach dem Versteigerungsergebnis nicht übernommen hat.

B. Feststellung der Schuldenmasse.

Auf Grund des Inhalts des Grundbuchs zur Zeit der Eintragung des Versteigerungsvermerks bezw. der erfolgten Anmeldungen sind in Ansatz zu bringen:

Nr.	Gläubiger	Forderung	Betrag ℳ	Betrag ₰	§§ 113, 114.
a)	Staatskasse	Kosten des Verfahrens [1]) . .	196	20	
	Versteigerungsbeamter	desgl.	41	20	§ 109.
b)	Meier Friedrich	Verwaltungskosten	65	—	§ 10 Ziff. 1.
c)	Frühauf	Lohnrückstand	35	—	§ 10 Ziff. 2.
d)	K. Rentamt M.	Grund- und Haussteuer, nebst Umlagen . . .	220	—	
	Kaminkehrer Schwarz	Kehrlöhne	43	—	§ 10 Ziff. 3. Art. 23 AG.
e)	Spät'sche Erben	Zinsrückstand } aus Hyp. Abt. III Nr. 1 zu 12000 Mk., welche samt Kaution zu 1200 Mk. bestehen bleibt.	105	—	
	Kreditverein Mühlheim	Laufende Zinsen bis 20. Dez. 05 (ausschl. Zuschlag) [2]) }	155	—	§ 10 Ziff. 4.
f)	Spät'sche Erben	Altenteilsanspruch, laufender bis Todestag, Abt. III Nr. 2	21	—	
g)	Aktienbrauerei Mühlheim	Laufende Zinsen aus Hyp. Abt. III Nr. 3 zu 6000 Mk., welche samt Kaution zu 600 Mk. bestehen bleibt, bis 20. Dezbr. 05 (ausschließlich)	76	—	
h)	Händler Überall	Desgl. aus der bestehen bleibenden (Verband-)Hyp. Abt. III Nr. 4 zu 1800 Mk., bis 20. Dez. 05 (ausschl.)	22	—	
i)	Gl. Meier	Kosten der die Befriedigung aus dem Grundstücke bezweckenden Rechtsverfolgung	43	80	§ 12.
k)	Derselbe	4% Zinsen aus 3000 Mk. Hyp.-Forderung Abt. III Nr. 5 mit dem hier gemäß § 10 Ziff. 4 rangierenden Teil aus der Zeit vom 1. Juli 03 bis 24. Jan. 06 (ausschl.)	309	20	
l)	Derselbe	Hyp.-Forderung Abt. III Nr. 5	3000	—	
		(Das mit i—l gleichrangige Wohnungsrecht des Spät ist erloschen durch den Tod des Berechtigten; ein Ansatz daher hier wegen §§ 114, 121 nicht zulässig, da der Wegfall des Rechtes den Nachgläubigern unmittelbar zu Gute kommt).			
m)	Pfiffig	6% Zinsen aus Hyp.-Forderung Abt. III Nr. 6 zu 2700 Mk. vom 1. Febr. 03 bis 24. Jan. 06 (ältere Rückstände kraft Sicherungshyp.)	484	—	
		Sa.	4816	40	

[1]) Gerichts-Gebühr des Art. 9 BayGebGes. aus: Mk. 500 } Bestehen bleibende Rechte, bezw. Ersatzbeträge
" 13200
" 400
" 6600
" 1800
" 4750 Bargebot
Auslagen nach §§ 79 ff. GKG.: 16.20 Mk. Mk. 27250 = 180 Mk.

[2]) Über den Endtermin der einzustellenden wiederkehrenden Leistungen siehe Bem. zu §§ 47 u. 107.

	Nr.	Gläubiger	Forderung	Betrag ℳ	₰
			Übertrag	4816	40
	n)	Pfiffig	Forderung aus Sicherungshypothek Abt. III Nr. 6 .	2700	—
§ 10 Ziff. 5.	o)	Gl. Meier	Zinsrückstand aus Hyp. Abt. III Nr. 5 vom 1. Jan. 02 bis 30. Juni 03	180	—
§ 10 Ziff. 6.	p)	Karl Lustig	Unverzinsliche Briefhypothek Abt. III Nr. 7 (dem Gl. Meier gegenüber unwirksam) zu	1000	—
			Sa.	8696	40

§ 10 Ziff. 7 und 8. Weitere Forderungen sind nicht vorhanden, ebensowenig verspätete, gemäß §§ 37 Ziff. 4, 110 ZVG. an letzter Stelle rangierende Anmeldungen.

C. Verteilung.

a) Bestehen blieben laut Zuschlagsbeschlusses die Lasten Abt. II Nr. 1 und Abt. III Nr. 1, 3 und 4.

b) Die vorhandene Barmasse zu 1301 Mk. 30 Pf. (vgl. A) wird zugeteilt auf die zu B a—i aufgeführten Forderungen zu insgesamt 1023 Mk. 20 Pf., der Rest zu 278 Mk. 10 Pf. auf die Forderung zu B k mit 309 Mk. 20 Pf. (welche also hier mit 31 Mk. 10 Pf. ausfällt), sodaß

c) die Forderung gegen den Ersteher in Ansehung des nicht berichtigten, 4 Monate ab Zuschlag zahlbaren, Bargebots zu 3451 Mk. 80 Pf. nebst 4 % Zinsen hieraus ab 24. I. 06 (einschließl.)
zunächst zuzuteilen ist auf die Forderung zu B k mit Rest zu 31 Mk. 10 Pf.
(Ausfall bei b)
ferner „ „ „ „ B l „ „ „ 3000 „ — „
und „ „ „ „ B m „ „ „ 420 „ 70 „ ,
3451 Mk. 80 Pf.,
während

§ 125 Abs. 1. d) die Forderung gegen den Ersteher in Ansehung des Ersatzbetrages für das weggefallene Altenteilsrecht zu 400 Mk. nebst 4 % Zinsen hieraus ab 24. I. 06, zahlbar 3 Monate ab Kündigung,
zuzuteilen ist auf die Forderung zu B m mit Rest zu 63 Mk. 30 Pf. (Ausfall bei c)
ferner „ „ „ „ B n „ noch 336 „ 70 „
400 Mk. — Pf.
und die Forderung gegen den Ersteher auf Zahlung der bis 24. I. 06 erlaufenen Zinsen aus 3451 Mk. 80 Pf., fällig 4 Monate ab Zuschlag, sowie der gleichen Zinsen aus 400 Mk., fällig 3 Monate ab Kündigung,
zuzuteilen ist auf die Forderung zu B n mit weiteren 13 Mk. 50 Pf. und
1 „ 30 „
14 Mk. 80 Pf.

§ 125 Abs. 2, § 123. e) Außer dieser unbedingten Zuteilung ist noch eine bedingte Verteilung gemäß § 125 Abs. 2 (siehe Zuschlagsbeschluß) vorzunehmen. Es wird deshalb die Forderung gegen den Ersteher zu 1800 Mk. nebst 5 % Zinsen hieraus ab 20. XII. 05, zahlbar für den Fall, daß die Hypothek des Händlers Überall Abt. III Nr. 4 an dem Versteigerungsobjekte nach Maßgabe der Vorschriften über die Gesamthypothek erlischt, zugeteilt auf die Forderung zu B n mit weiteren 1800 Mk. (Ausfall bei d).

f) Nach vorstehendem würden ausfallen:
die Forderung des Pfiffig B n mit (2 700 Mk. — 336 Mk. 70 Pf. — 14 Mk. 80 Pf. — 1800 Mk. =) . . . . 548 Mk. 50 Pf.,
die Forderung des Meier B o mit . . 180 „ — „
„ „ „ Lustig B p „ . . 1000 „ — „

D. Verhandlung über den Plan.

§ 115. Über den Teilungsplan wurde verhandelt. Zu A und B wurde nichts erinnert. Dagegen wurde Widerspruch erhoben zu C

a) von Hyp.-Gl. Pfiffig gegen die bestehen bleibende Hypothek Abt. III Nr. 4 samt Zinsen zu B h des Überall zu 1800 Mk. und 22 Mk. (da in dieser Höhe eine Forderung nicht mehr zu Recht bestehe und er die Rechte des Subhastaten hierauf zu Gunsten weiterer Forderungen gegen denselben gepfändet habe);

b) von Schuldner Müller gegen die Verteilung unter C d bezügl. des Ersatzbetrages zu 400 Mk. nebst 1 Mk. 30 Pf. Zinsen (da er insoweit die Forderung des Pfiffig zu B m und n bestreite).

E. Eventualzuteilung infolge Widerspruchs.

Da eine Einigung hinsichtlich des Widerspruchs nicht zu erwarten, war der Plan, wie folgt, zu ergänzen:

a) der Barbetrag zu 22 Mk. (B h) wird für den Fall, daß der Widerspruch des Pfiffig als begründet erklärt wird, diesem zugeteilt; die Forderung gegen den Ersteher in Ansehung des Ersatzbetrages für die Hypothek Abt. III Nr. 4 wird für den Fall, daß der Widerspruch des Hyp.-Gl. Pfiffig sich als begründet herausstellt, als bereits fällig und ab 20. XII. 05 mit 5 % verzinslich auf die Forderung des Hyp.-Gl. Pfiffig zu B n mit 1800 Mk. samt Zinsen zugeteilt (an der Eventualzuteilung C e wird hierdurch nichts geändert); § 124.

b) die zu C d verteilte Forderung gegen den Ersteher zu 400 Mk. nebst 4 % Zinsen hieraus ab 20. XII. 05, zahlbar 3 Monate ab Kündigung, wird für den Fall, daß der Widerspruch des Schuldners Müller für begründet erklärt wird, diesem zugeteilt.

F) Ausführung des Plans.

a) Der Ersteher hat bar hinterlegt: 1301 Mk. 30 Pfg.

In Ansehung dieses Betrages erhalten **Erhebungsanweisungen** auf die Hinterlegungsstelle die zu C b bezeichneten Berechtigten, soweit anwesend; im übrigen wird die Auszahlung durch die Hinterlegungsstelle mittelst Postübersendung an geordnet, zurückbehalten aber der auf die noch unbekannten Spät'schen Erben entfallende und der vom Widerspruch betroffene Betrag. Hiernach sind ausgewiesen: §§ 116 ff. § 117.

Nr.	Empfangsberechtigte	ausgezahlt bezw. angewiesen ℳ	₰	durch Post zu übersenden ℳ	₰	zu hinterlegen bezw. hinterlegt zu lassen ℳ	₰
1	Rechnungsführender Sekretär, zugleich	196	20				
	für Versteigerungsbeamten . . .	41	20				
2	Meier Friedrich	65	—				
3	Frühauf	—	—	35	—		
usw.	Spätsche Erben	—	—	—	—	105	—
						21	—
	Überall (widersprochen)					22*)	—
	Sa.						

1301 ℳ 30 ₰ §§ 124, 120.

Die Anwesenden quittieren durch Unterschrift über den Empfang der Erhebungsanweisungen.

b) Im übrigen ist das Bargebot nicht berichtigt[1]), weil in Höhe von 3451 Mk. 80 Pfg. + 13 Mk. 50 Pfg. erst 4 Monate ab Zuschlag zahlbar, in Höhe von 400 Mk. + 1 Mk. 30 Pfg. erst 3 Monate ab Kündigung fällig.

Da hinsichtlich des Hypothekbetrags zu 3000 Mk. des Gl. Meier (Bl,) dieser durch öffentlich beglaubigte Urkunde nachweist, daß zwischen ihm und dem Ersteher das Bestehenbleiben der Hypothek Abt. III Nr. 5 vereinbart worden ist, mindert sich der 4 Monate ab Zuschlag zahlbare Teil des Bargebots auf 451 Mk. 80 Pfg. nebst Zinsen hieraus + 13 ℳ 50 ₰. § 91 Abs. 2, 3.

Es wird daher die Forderung gegen den Ersteher auf Zahlung von

α) 451 Mk. 80 Pfg. nebst 4% Zinsen hieraus ab 24. I. 06, fällig 20. IV. 06, sodann die 13 Mk. 50 Pfg. Zinsen bis 24. I. 06, fällig gleichfalls am 20. IV. 06, § 118.

*) als zwischen Überall und Pfiffig streitig.

[1]) Eine Versilberung der Bietungskaution ist unzulässig, da der nicht bezahlte Teil des Bargebots befristet ist; die Herbeiführung der Versilberung durch Geltendmachung des Pfandrechts hieran ist hier Sache der Berechtigten außerhalb des Verfahrens. § 108.

dem Gl. Meier in Höhe von 31 M. 10 Pfg. nebst Zinsen (Bk mit Cc)
u. dem Hyp.-Gl. Pfiffig in Höhe von 420 „ 70 „ „ „ (Bm mit Cc)
„ „ „ 13 „ 50 „ (unverzinslich) (Bn mit Cd)
465 Mk. 30 Pfg.

unbedingt, dagegen von

β) 400 Mk. nebst 4% Zinsen hieraus ab 20. XII. 05, fällig 3 Monate ab Kündigung, samt 1 Mk. 30 Pfg. Zinsen bis 24. I. 06, fällig gleichfalls 3 Monate ab Kündigung,
dem Hyp.-Gl. Pfiffig in Höhe von 63 Mk. 30 Pfg. nebst Zinsen (Bm mit Cd)
demselben „ „ „ 336 „ 70 „ „ „ (Bn mit Cd)
und 1 „ 30 „ (unverzinslich) (Bn mit Cd)
401 Mk. 30 Pfg.

§§ 124 mit 120. unter der Bedingung, daß der Widerspruch des Schuldners Müller nicht für begründet erklärt wird,
und dem Schuldner Müller unter der entgegengesetzten Bedingung (vgl. Eb) **übertragen.**

Nach vorstehendem sind im ganzen ausgewiesen:

1301 Mk.	30 Pfg.	
3000 „	— „	
465 „	30 „	
401 „	30 „	
Sa. 5167 Mk.	90 Pfg.	(vgl. A).

§§ 124, 125 mit 120. c) Endlich wird entsprechend der zu Ce und Ea vorgenommenen Eventualverteilung die Forderung gegen den Ersteher auf Zahlung einer bereits fälligen Summe von 1800 Mk. samt 5% Zinsen hieraus ab 20. XII. 05 dem Hyp.-Gl. Pfiffig in Höhe von 1800 Mk. samt Zinsen (Bn mit Ce und Ea) unter der Bedingung **übertragen,** daß entweder der Widerspruch desselben gegen die Hypothek des Überall Abt. III Nr. 4 für begründet erklärt oder diese Hypothek nach den Vorschriften über die Gesamthypothek am Versteigerungsobjekt erlischt.

§ 128. d) Für die unter Fb, c übertragenen Forderungen gegen den Ersteher ist die Eintragung folgender **Sicherungshypotheken** zu veranlassen: . . . (vgl. unter 3 „Grundbuchberichtigung").

§ 127. e) Auf der vorliegenden Hypothekurkunde des Gl. Meier wird **vermerkt:**
„In der Zwangsversteigerungssache . . . ist die vorstehend beurkundete Forderung des Gl. Meier zum Zuge gekommen:
α) mit den Kosten der dinglichen Rechtsverfolgung zu 43 Mk. 80 Pfg.
β) „ „ vertragsmäßigen Zinsen v. 1. VII. 03—24. I. 06 zu 309 „ 20 „
γ) mit der Hauptsache zu 3000 „ — „
Bezahlt wurden die Kosten und von den Zinsen ein Betrag von 278 Mk. 10 Pfg., hinsichtlich der Hauptsache zu 3000 Mk. wurde das Bestehenbleiben der Hypothek gemäß § 91 Abs. 2, 3 ZVG. vereinbart, während für den Zinsenrest zu 31 Mk. 10 Pfg. eine gleich große, mit 4% ab 24. I. 06 verzinsliche, am 20. IV. 06 zahlbare Forderung gegen den Ersteher dem Gläubiger übertragen wurde (vgl. oben F b α). Mit den weiter liquidierten 4% Zinsen vom 1. I. 02 bis 30. IV. 03 zu 180 Mk. (vgl. oben B o) ist der Gläubiger ausgefallen."

f) Der vom Hyp.-Gl. Lustig vorgelegte Brief zu Hyp. Abt. III Nr. 7 über 1000 Mk. wurde vernichtet.

Vorgelesen und genehmigt:
K. Amtsgericht M.
O.

3. Grundbuchberichtigung.

§ 130. Ersuchen an das Grundbuchamt Mühlheim. Im Zwangsversteigerungsverfahren, betr. das Anwesen HsNr. 4 in Audorf, bisher eingetragen im Grundbuch für Audorf . . . . auf den Namen des . . . ., ersuche ich (unter Beifügung des Nachweises der bezahlten Besitzveränderungsgebühren):

a) den Ersteher, Güterhändler Michael Reich hier, als Eigentümer einzutragen;
b) zu löschen den Versteigerungsvermerk Abt. II Nr. 6, die Verfügungsbeschränkung Abt. II Nr. 5 (z. B. zu Gunsten der Hypothek des Pfiffig Abt. III Nr. 6 gemäß § 1136 BGB.), das Wohnungsrecht Abt. II Nr. 2, ferner die Posten Abt. III Nr. 2 (Altenteilshypothek Spät), Abt. III Nr. 6 (Sicherungshypothek Pfiffig), Abt. III

Nr. 7 (Briefhypothek Lustig), sowie alle etwa nach dieser Post eingetragenen Rechte der Abt. III; § 131.

c) in Abt. III einzutragen auf Grund Zwangsversteigerungsverfahrens (vgl. oben 2 F);

α) 31 Mk. 10 Pfg., mit 4% verzinslich ab 24. I. 06, am 20. IV. 06 fällig, Sicherungshypothek für Gl. Meier, bestimmt zur Sicherung der Zinsenforderung desselben gegen den Ersteher, im Range vor Abt. III Nr. 5 (oder: ..... für die dem Gl. Meier übertragene Forderung gegen den Ersteher, bestimmt zur Sicherung eines Teilbetrags der Zinsen aus Hyp. Abt. III Nr. 5, im Range vor dieser Hypothek); § 129.

β) 420 Mk. 70 Pfg., mit 4% verzinslich ab 24. I. 06, am 20. IV. 06 fällig, und 13 Mk. 50 Pfg., unverzinslich, fällig gleichfalls am 20. IV. 06, Sicherungshypothek für Gl. Pfiffig, bestimmt zur Sicherung der Zinsenforderung desselben gegen den Ersteher, im Range nach α und nach Abt. III Nr. 5;

γ) 401 Mk. 30 Pfg., fällig 3 Monate ab Kündigung, nebst 4% Zinsen aus 400 Mk. ab 24. I. 06 Sicherungshypothek für Gl. Pfiffig, wenn und soweit der Widerspruch des Schuldners Müller hiergegen nicht für begründet erklärt wird, sowie für Schuldner Müller, wenn und soweit sein Widerspruch sich als begründet herausstellt; diese Sicherungshypothek hat (vgl. oben 2 C d) Rang nach α, β und Abt. III Nr. 5 und im Teilbetrage von 63 Mk. 30 Pfg. Rang vor dem Reste.

δ) 1800 Mk. nebst 5% Zinsen hieraus ab 20. XII. 05, bereits fällig, Sicherungshypothek für Gl. Pfiffig, wenn und soweit entweder der Widerspruch desselben gegen die Hypothek des Gl. Überall Abt. III Nr. 4 für begründet erklärt oder diese Hypothek nach den Vorschriften über die Gesamthypothek an gegenwärtigem Objekt erlischt, im Rang nach den übrigen Rechten;

d) über den Vollzug hierher Mitteilung zu machen.

4. Sonstige Verfügungen.

a) Zu übersenden sind per Post auf Kosten der Empfänger .... (siehe F a), event. entsprechende Weisung an die Hinterlegungsstelle; § 117.

b) zu hinterlegen (hinterlegt zu lassen) sind 105 Mk. für die Spät'schen Erben, 22 Mk. für Gl. Überall, wenn und soweit .... (siehe F c);

c) zurückzugeben Hypothekurkunde des Gl. Meier über nicht erloschene Hypothek Abt. III Nr. 5 (die Schuldurkunden und Vollstreckungstitel, letztere, soweit sie nicht wegen Vollzahlung an Schuldner auszuhändigen sind). § 127.

d) WV. nach 1 Mt. wegen § 115.

[e) Behufs Ermittlung des Empfangsberechtigten zu Abt. III Nr. .... wird der Sekretariatsassistent Fleißig hier als Vertreter bestellt.] §§ 135 ff.

K. Amtsgericht M.

O.

5. Über endgültige Ausführung des Plans auf Grund **Erledigung des Widerspruchs** siehe § 124 Bem. 3 Ges.

VI. Aufgebotsverfahren.

1. Antrag auf Ermächtigung. M., 25. IV. 06.

Vor dem unterfertigten Gerichtsschreiber erscheint der Ökonom N. und erklärt: § 138 Abs. 1.

In der Zwangsversteigerung des auf den Namen .... im Grundbuch ... eingetragenen Anwesens .... ist bei der Erlösverteilung ein Betrag von 3000 Mk. Hauptsache samt 55 Mk. Zinsen auf die Hypothek Abt. III Nr. ... (welche im Grundbuch auf den Namen des .... eingetragen war) entfallen. Genannter Betrag ist mir, da der Brief nicht vorgelegt war (die Erben nicht ermittelt wurden u. dgl.) gemäß § 126 ZVG. für den Fall zugeteilt worden, daß der Berechtigte nicht ermittelt würde.

Da letzteres innerhalb der Frist des § 138 Abs. 1 ZVG. nicht geschehen ist, stelle ich das Ersuchen, mich zu ermächtigen, das Aufgebotsverfahren zum Zwecke der Ausschließung des unbekannten Berechtigten von der Befriedigung aus dem zugeteilten (hinterlegten bezw. mir bedingt übertragenen Forderungs-) Betrage zu beantragen.

Lt. U.

N. Gerichtsschreiber Klug.

2. Ermächtigungsbeschluß. M., 26. IV. 06.

Auf den von Ökonom N. unterm gestrigen gestellten Antrag wird demselben die nachgesuchte Ermächtigung erteilt, das Aufgebotsverfahren zum Zwecke der Ausschließung des unbekannten Berechtigten von der Befriedigung aus dem ihm zugeteilten, auf die Hypothek . . . entfallenen Betrage von . . . zu beantragen.

Zuzustellen an N. und den Vertreter nach § 135 ZVG.

K. Amtsgericht M.
O.

3. Aufgebotsantrag

des Ökonom N. M., 28. IV. 06.

§ 140. Unter Vorlage der mir am 26. d. Mts. erteilten Ermächtigung bitte ich, das Aufgebotsverfahren zum Zwecke . . . (wie bei 2) einzuleiten, indem ich bemerke, daß mir Rechtsnachfolger des eingetragenen Berechtigten Z. nicht bekannt geworden sind, worüber ich auch eine eidesstattliche Versicherung abzugeben bereit bin.

N.

4. Aufgebot. M., 29. IV. 06.

In der Zwangsversteigerung des . . . . . (aus 1 Abs. 1).

§ 140 Gef. § 12 EG. Art. 33 BayAG. Da innerhalb der Frist von 3 Monaten ab Verteilungstermin der Berechtigte nicht ermittelt wurde, ist dem Ökonom N. die Ermächtigung erteilt worden, das Aufgebotsverfahren zum Zwecke . . . (aus 2) zu beantragen.

Auf dessen Antrag werden hiermit die unbekannten Berechtigten aufgefordert, ihre Ansprüche und Rechte spätestens im Termine vom

Mittwoch, 27. Juni 1906, vorm. 10 Uhr, ZNr. 3

anzumelden, widrigenfalls ihre Ausschließung von der Befriedigung aus dem zugeteilten Betrag (und dessen definitive Zuteilung an den Antragsteller oder die sonst legitimierten Berechtigten) erfolgen wird.

Verfügung: Das Aufgebot ist an die Gerichtstafel anzuheften und durch einmalige Einrückung in das Amtsblatt bekannt zu machen, sowie zuzustellen an Antragsteller N., eingetragenen Berechtigten Z. bezw. dessen letzten Rechtsnachfolger und dem Vertreter nach § 135 ZVG.

K. Amtsgericht M.
O.

5. Ausschlußurteil.

§§ 952, 953 ZPO. (Im Aufgebotstermin ist erschienen der Antragsteller, welcher die Erlassung des Ausschlußurteils beantragte, und der eingetragene Berechtigte Z., welcher erklärte, daß er zwar das Aufgebot in Ansehung seines von ihm verlorenen Briefes noch nicht betrieben habe, aber trotzdem seinen Anspruch auf den zugeteilten Betrag aufrecht erhalte; dem Antragsteller wurde die eidesstattliche Versicherung darüber abgenommen, daß er von der Person des derzeitigen, in Ansehung der fraglichen Post Berechtigten keine Kenntnis habe. Es wurde folgendes Urteil verkündet:

Im Namen Seiner Majestät des Königs von Bayern!

In Sachen

betr. das Aufgebot der unbekannten Berechtigten hinsichtlich des in der Zwangsversteigerung . . . . auf die Hypothek Abt. III Nr. . . . zugeteilten Betrags von . . . .

erkennt das K. Amtsgericht M. durch Amtsrichter O. auf Grund öffentlicher Verhandlung vom 27. Juni 1906 zu Recht:

I. die unbekannten Berechtigten werden von der Befriedigung aus dem, auf die Hypothek Abt. III Nr. . . . zugeteilten Betrage zu . . . . ausgeschlossen.

II. Dem Hyp.-Gläubiger Z. werden seine Rechte auf vorbezeichneten Betrag vorbehalten.

III. Dem Antragsteller N. fallen die Kosten des Aufgebotsverfahrens, vorbehaltlich § 140 Abs. 6 ZVG., zur Last.

Tatbestand . . . Gründe . . .

Der K. Amtsrichter O.

Verkündet am 27. Juni 1906.

Gerichtsschreiber K.

6. Weitere Planausführung.

M., 1. VII. 06.

a) Terminsbestimmung. § 141 ZVG.

Im Verfahren der Zwangsversteigerung des .... wird nach der am 27. vor. Mts. erfolgten Erlassung des Ausschlußurteils hinsichtlich des auf die Hypothek Abt. III Nr. ... entfallenen Betrags zur weiteren Ausführung des Teilungsplans Termin bestimmt auf

Samstag, 21. Juli 1906, vorm. 10 Uhr, ZNr. 3.

Zuzustellen dem Antragsteller N., dem Vorbehaltsberechtigten Z., dem Vertreter nach § 135 ZVG. und dem Schuldner Müller.

K. Amtsgericht M.
O.

M., 21. VII. 06.

b) Verhandlung im Termin.

Erschienen sind ... Gegenstand der weiteren Planausführung ist der hinter liegende Betrag von ... (die übertragene Forderung von ...). Derselbe ist zuzuteilen

α) der Staatskasse [1]) wegen der Kosten der nachträglichen Verteilung zu	20	Mk.	60 Pf.
β) dem Vertreter nach § 135 ZVG. wegen dessen Gebühren und Auslagen zu	7	„	20 „
γ) dem Antragsteller N. wegen der Kosten des Aufgebotsverfahrens [2]) zu	19	„	20 „
δ) demselben als früheren Eventualberechtigten . .	3008	„	— „
Sa.	3055	Mk.	— Pf.

Der Gl. Z. erhebt Widerspruch gegen die Zuteilung zu δ, weshalb der Betrag zu 3008 Mk. — Pf. ihm nunmehr eventuell, d. h. für den Fall zugeteilt wird, daß sein Widerspruch sich als begründet herausstellt.

c) Ausführung.

Alsdann erhalten die zu α—γ Genannten Erhebungsanweisungen auf die Hinterlegungsstelle (angenommen, daß insoweit Bardepot vorhanden sei), während im übrigen die Forderung gegen den Ersteher in Höhe von 3008 Mk. — Pf. primär dem N., eventuell dem Z. übertragen und dementsprechende Umschreibung der eingetragenen Sicherungshypothek veranlaßt wird (vgl. oben V 2 F und 3, 4).

K. Amtsgericht M.
O.

VII. Außergerichtliche Verteilung nach § 144 ZVG.

1. Antrag (vgl. VIII Ziff. 8)
des RA. Huber für Ersteher
zum K. AG. M.

M., 4. I. 06.

Das auf den Namen des ... im Grundbuch ... eingetragene Grundstück PlNr. .... hat der Güterhändler Michael Reich hier, für welchen ich Prozeß- und Geldempfangsvollmacht beifüge, am 20. XII. 05 für das Bargebot von 7100 Mk. u. a. unter folgenden Versteigerungsbedingungen erworben:

a) Bestehen bleiben die Baubeschränkung zu Gunsten der Stadtgemeinde M. Abt. II Nr. 2 und die Gesamthypothek der deutschen Bank in B. Abt. III Nr. 1 zu 5000/500 Mk. samt Rangeinräumungsverzicht;

b) Der Ersteher hat, wenn und soweit die Gesamthypothek Abt. III Nr. 1 an dem Versteigerungsobjekte nach den besonderen Vorschriften über die Gesamthypothek erlischt, außer dem Bargebote noch 5500 Mk. zu zahlen, mit 4 ½ % halbjährig am ... zu verzinsen und nach vorausgegangener ¼ jähriger Kündigung heimzuzahlen (wie bei Hyp. Abt. III Nr. 1).

[1]) Gebühren: Art. 13 GebGes. aus 3055 Mk. = 16 Mk. 80 Pf. Auslagen: 3 Mk. 80 Pf.
[2]) Gebühr nach § 44 GKG. = 3 × 1/10 = 16 Mk. 80 Pf. und Auslagen.

Hiernach hat der Ersteher zu zahlen 7100 Mk. samt 4 % Zinsen hieraus vom Zuschlag bis zum Zahltage [1]), d. h. hier bis 3. I. 06 = 7112 Mk. Durch die beigefügten, nachstehend bezeichneten, öffentlichen bezw. öffentlich beglaubigten Urkunden und Erklärungen weise ich nach, daß der Ersteher folgende, aus dem Meistgebote zu befriedigende Gläubiger bezahlt hat bezw. von ihnen als Alleinschuldner übernommen worden ist:

Rang	Berechtigte	Anspruch	Betrag M.	Betrag ₰	Zahlung und anderweitige Tilgung M.	Zahlung und anderweitige Tilgung ₰	Alleinschuldnerannahme M.	Alleinschuldnerannahme ₰	Beleg-Nr.
§ 109	Staatskasse 5/10 + 3/10	Kosten [2]) des Verfahrens inkl. Auslagen	92	—	92	—	—	—	1 Quittung
	Versteigerungsbeamter		35	10	35	10	—	—	2 Quittung
§ 10 Z. 1	Antragsteller	Nichterstattete Verwaltungsausgaben	11	—	11	—	—	—	3 Aufrechnungserklärung
Ziff. 2	Dienstmagd Klein	Dienstlohn für die Zeit vom . . . bis 20. XII. 05 (ausschließl.) [3])	8	—	8	—	—	—	4 Quittung
Ziff. 3	K. Rentamt M.	Grundsteuern für die Zeit vom 1. IV. 03 – 20. XII. 05 (ausschließl.)	45	—	45	—	—	—	5 "
	Stadtgemeinde M.	Umlagen für die gleiche Zeit	40	—	40	—	—	—	6 "
	Versicherungskammer	Hagelversicherungsbeiträge pro 1905	12	—	12	—	—	—	7 "
Ziff. 4	a) Deutsche Bank	4 1/2 % Zinsen aus 5000 Mk. vom 1. VII. 05 – 20. XII. 05 (ausschließl.) (Hyp. Abt. III Nr. 1)	106	—	106	—	—	—	8 "
	b) Antragsteller	Kreditkautionshypothek, Abt. III Nr. 2 zu 4000/200 Mk., Saldo hieraus	3520	—	3520	—	—	—	3 Aufrechnungserklärung
	c) Wagner Hämmerle	Eigentümergrundschuld des Subhastaten, aus Abt. III Nr. 2, gepfändet von Hämmerle	480	—	480	—	—	—	9 Quittung; Pfändungs- u. Ueberweisungsbeschluß, Vollstreckungs-Titel beim Akt
			200	—	200	—	—	—	
	d) Altsitzer Spät	Wohnungsrecht, Abt. II Nr. 3, Ersatzbetrag nach §§ 92 Abs. 2, 121 ZVG.	–	—	—	—	—	—	10 Verzicht zu Gunsten der Masse [4])
	e) Kaufmann Rührig	Kosten des Beitritts, soweit nicht gemäß Art. 8 Abs. 2 GebGes. schon in den Kosten des Verfahrens enthalten;	10	90	10	90	—	—	11 Quittung
		5 % Zinsen aus Hyp. Abt. III Nr. 3 zu 1000 Mk. vom 1. VII. 03 — 20. XII. 05 (ausschließl.)	123	20	123	20	—	—	11 Quittung
		Hypothek Abt. III Nr. 3	1000	—	–	—	1000	—	12 Übernahmeerklärung
		samt den Zinsen vom 20. XII. 05 — 8. I. 06 (einschl.)	2	10	—	—	2	10	12 Übernahmeerklärung
	f) Antragsteller	Hyp. Abt. III Nr. 4 zu 5000 Mk., kommt noch zum Zuge mit	1426	70	1426	70			3 Aufrechnungserklärung
		Sa.	7112	—	6109	90	1002	10	

[1]) Bei einfachen Verhältnissen wird sich häufig die Verteilung auf den Tag des Zuschlags abstellen lassen, ohne daß Aktiv- und Passivmasse dadurch unrichtig werden.

[2]) Gerichtsgebühr aus: a) 5500 Mk.
b) 7112 "
12612 Mk.

[3]) Über die Endtermine der einzustellenden wiederkehrenden Leistungen siehe Bem. zu §§ 47, 107, 155.

[4]) Ein Verfahren nach § 121 Abs. 2 ZVG. ist mit § 144 nicht vereinbar; hierzu wäre ein Übereinkommen nach § 143 nötig.

Hinsichtlich der Gesamthypothek der deutschen Bank Abt. III Nr. 1 haben die an der Eventualverteilung interessierten Beteiligten, nämlich der Subhastat und der 5. Hypothekgläubiger Pfiffig (dessen Forderung 3500 Mk. beträgt, während nach obigem der Antragsteller noch mit mindestens 3000 Mk. ausfällt) auf Sicherstellung verzichtet — Beleg Nr. 13.

Die Besitzveränderungsgebühren sind bezahlt — Beleg Nr. 14.

Die vom Ersteher hinterlegte Sicherheit beantrage ich, an mich herauszugeben. Ich lege die erforderliche Anzahl Abschriften dieser Erklärung bei, zwecks Mit-Zustellung an die Beteiligten, und ersuche, nach § 144 ZVG. zu verfahren.

RA. Huber.

M., 5. Jan. 06.

2. Verfügung: a) Ist obige Erklärung samt Urkunden auf der Gerichtsschreiberei zur Einsicht der Beteiligten niederzulegen;
b) Zustellung von 3 an die Beteiligten .....

3. Benachrichtigung und Aufforderung.

In der Zwangsversteigerung des auf den Namen ...... im Grundbuch .... eingetragenen Grundstücks ...... erhalten anliegend die Beteiligten je eine Abschrift der namens des Erstehers Reich von RA. Huber am 4. pr. 5. ds. Mts. eingereichten Erklärung, mit welcher der Nachweis geliefert ist, daß diejenigen Berechtigten, deren Ansprüche durch das Gebot des Erstehers gedeckt sind, befriedigt wurden bezw. den Ersteher als Alleinschuldner angenommen haben, zugestellt unter der Mitteilung, daß die Erklärung samt Urkunden zur Einsicht der Beteiligten auf der Gerichtsschreiberei niedergelegt ist, und mit der Aufforderung, etwaige Erinnerungen binnen 2 Wochen ab Zustellung bei Gericht geltend zu machen.

[Werden Erinnerungen innerhalb dieser Frist nicht erhoben, so ergeht

a) Ersuchen zur Umschreibung des Versteigerungsobjekts auf Ersteher Reich und Löschung des Versteigerungsvermerks und aller Hypotheken mit Ausnahme von
5000/500 Mk. der deutschen Bank in B. (Abt. III Nr. 1) und
1000 Mk. des Kaufmanns Rührig in D. (Abt. III Nr. 3);

b) Anweisung an die Hinterlegungsstelle zur Rückgabe der Bietungskaution an RA. Huber.]

K. Amtsgericht M.

O.

VIII. Zwangsverwaltung.

1. Anordnungsbeschluß.

M., 26. IX. 1905.

In Sachen . . . (wie bei I B)
wird auf den am 25. ds. Mts. gestellten Antrag des Gläubigers .... auf Grund der in vollstreckbarer Ausfertigung vom 10. September 1902 vorgelegten, mit dem Nachweis rechtsförmlicher Zustellung versehenen Schuldurkunde ... wegen des demselben zustehenden Anspruchs von 3000 Mk. Hauptsache .... die Zwangsverwaltung des in der StGde. Audorf gelegenen, auf den Namen des Schuldners .... im diesgerichtlichen Grundbuch für ... eingetragenen (oder ev.: im Eigenbesitze des Schuldners .... befindlichen) Anwesens HsNr. 4 in Audorf, bestehend aus .... angeordnet. § 146. § 147.

[Dieser Beschluß gilt zu Gunsten des Gläubigers .... als Beschlagnahme des Anwesens; durch die Beschlagnahme wird dem Schuldner die Verwaltung und Benutzung des Anwesens, einschließlich der Verfügung über die Einkünfte hieraus, entzogen.] § 148.

Als Verwalter wird der Gutspächter Schneidig in A. bestellt und derselbe ermächtigt, sich selbst den Besitz des Anwesens zu verschaffen.

Verfügung: a) Zustellung an Gl. und Sch.
b) Ersuchen an das Grundbuchamt[1]) } wie bei I C.
c) Schreiben an Verwalter:

---

[1]) Die Mitteilungen nach § 19 Abs. 2 ZVG. entfallen hier, wenn sie gleichzeitig zum Versteigerungsakt erfolgen.

Mit Beschluß vom heutigen, welcher in Ausfertigung zu Ihrer Legitimation beigefügt ist, wurde die Zwangsverwaltung des Anwesens HsNr. 4 in Audorf angeordnet und Ihnen die Verwaltung übertragen. Durch denselben sind Sie ermächtigt, sich selbst den Besitz des Anwesens
§ 150. zu verschaffen und sich hierzu der Hilfe eines Gerichtsvollziehers zu bedienen. Als Termin für die erste Rechnungslegung wird der 5. X. 06 bestimmt (vorbehaltlich Zuschlags in der Zwangsversteigerung).

[Über die Besitzergreifung, deren Zeitpunkt, die vorgefundenen Objekte, deren Zustand, die ausstehenden Miet- und Pachtzinsforderungen, Versicherungsverhältnisse, die Höhe und Art der öffentlichen Lasten, die mutmaßlichen Ausgaben und Einnahmen, die erforderlich erscheinenden Maßregeln und Vorschüsse, endlich über die Höhe der von Ihnen beanspruchten Vergütung, ist zwecks Erteilung weiterer Anweisungen binnen 3 Tagen Bericht zu erstatten. Mit demselben ist gleichzeitig der Nachweis der Hinterlegung der Ihnen bereits bekannt gegebenen Sicherheitsleistung im Betrage von . . . zu erbringen.]

d) Zustellung von c) an Verwalter.

e) WV. mit Einlauf der Mitteilungen des Grundbuchamtes.

K. Amtsgericht M.
O.

2. Benachrichtigung der Beteiligten.

M., 1. X. 05.

§ 146 Abs. 2. a) Mit diesgerichtlichem Beschluß vom 26. vor. Mts. ist auf Antrag des . . . wegen dessen Anspruchs von . . . auf Grund der vollstreckbaren Schuldurkunde . . . . . die Zwangsverwaltung des in der StGde. . . . gelegenen, im Grundbuch für . . . auf den Namen des . . . eingetragenen (ev. im Eigenbesitze des . . . befindlichen) Anwesens . . ., bestehend aus . . ., angeordnet worden. Hiervon werden Sie als Beteiligter mit dem Beifügen benachrichtigt, daß als Verwalter der . . . bestellt ist.

b) Zustellung von a) an die nach § 9 ZVG. Beteiligten.

3. Zahlungsverbot.

§§ 22 Abs. 2, 146, 148, 511, Abs. 3. a) Mit diesgerichtlichem Beschluß vom 26. vor. Mts. ist die Zwangsverwaltung des . . . (wie 2) angeordnet. Hiermit ist dem Schuldner die Verwaltung und Benutzung dieses Anwesens entzogen. Da von der Beschlagnahme auch die dem Schuldner zustehenden Miet- und Pachtzinsforderungen aus dem bezeichneten Anwesen ergriffen werden, wird Ihnen auf Antrag des Gläubigers (Verwalters) verboten, Zahlungen solcher Miet- und Pachtzinsen an den Schuldner zu leisten. Zur Empfangnahme derselben ist nur mehr der als Verwalter bestellte . . . . berechtigt.

b) Zustellung je einer Ausfertigung von a) an die Mieter und Pächter . . . .

K. Amtsgericht M.
O.

4. Beitrittsbeschluß.

M., 5. X. 05.

a) In Sachen . . . wird auf den Antrag des Gläubigers N. vom . . . auf Grund
§§ 27, 146, 151 Abs. 2. . . . . wegen . . . . (aus VIII, 1) der Beitritt des Gläubigers zu der angeordneten Zwangsverwaltung des . . . . (aus VIII, 1) zugelassen.

[Dieser Beschluß gilt zu Gunsten des Gläubigers N. als Beschlagnahme des Anwesens. Als Verwalter ist der . . . . bestellt.]

b) Zustellung an Gl., Sch. u. Verwalter.

K. Amtsgericht M.
O.

5. Verwalterbericht.

M., 29 IX. 05.

a) Auf Grund Beschlusses vom 26. d. Mts. habe ich mich sofort nach Empfang der gerichtlichen Ermächtigung am 27. d. Mts. vormittags 9 Uhr in das schuldnerische Anwesen HsNr. 4 in Audorf begeben und nach Verständigung des Schuldners von den in der Anlage aufgeführten unbeweglichen und beweglichen Objekten Besitz ergriffen.

Der Schuldner bewohnt mit seiner Familie ....; diese Räumlichkeiten wurden ihm als unentbehrlich zur Benützung überlassen.

Die Gebäulichkeiten sind in leidlichem Zustande; größere, dringende Reparaturen sind zunächst nur in dem zur Unterbringung der Erntekartoffeln allein geeigneten und verfügbaren Keller der Scheune vorzunehmen, da derselbe infolge des jüngsten Hochwassers verschlammt ist. Hier ist vor allem die Trockenlegung des Kellerbodens notwendig. Der von mir zu Rate gezogene Baumeister Fix schätzt die Kosten dieser Arbeiten auf 250 Mk. Da ich einen Teil der Kartoffeln auf dem Felde zu veräußern vermag, bedarf ich eines sofortigen Vorschusses von 100 Mk.

Die übrigen Ernteerträgnisse sind, soweit entbehrlich, bereits vom Schuldner versilbert und nicht mehr vorhanden. Gebäude, Vieh und Mobiliar sind versichert. Die Prämien sind fällig am .... Miet- und Pachtzinsforderungen sind nicht vorhanden.

An Dienstboten habe ich nur den Oberknecht Ruhig und zwei Mägde im Dienste behalten, da diese zur Bewältigung der Herbstarbeiten ausreichen; von den beiden Knechten habe ich den einen entlassen, den anderen zunächst nur gegen Taglohn weiter beschäftigt.

An öffentlichen Lasten sind zu berichtigen ..., an Löhnen ... Ertragsüberschüsse sind für die nächste Zeit nicht zu erwarten; möglich ist jedoch, daß während des Winters ein Teil des schlagbaren Holzes im Wald am Gehäng abgeforstet und verwertet werden kann, worüber ich den Förster Rauh zu Rate ziehen werde.

Als Vergütung beanspruche ich einen Betrag von 2 Mk. pro Tag.

Verwalter M.

b) Verfügung:

M., 30. IX. 05.

α) Schreiben an Gläubiger Meier. Nach Bericht des Verwalters ist zur Vornahme dringender Reparaturen .... ein sofortiger Vorschuß von 100 Mk. notwendig. Zu dessen Erlage bei Gericht oder Verwalter wird Ihnen eine Frist von 2 Tagen ab Zustellung gesteckt, nach deren fruchtlosen Ablauf die Verwaltung sofort wieder aufgehoben würde. § 161 Abs. 3.

β) Mitteilung an Gl. Meier und Schuldner vom Eingang des Verwalterberichts zur alsbaldigen Rückäußerung; [geeignetenfalls ist ein Hörtermin anzuberaumen, zu welchem auch der Verwalter zugezogen werden kann; auch über die Höhe des Verwalterhonorars können in demselben Bestimmungen getroffen werden].

γ) Aufforderung an Verwalter zum Bericht über Vorschußerlage.

K. Amtsgericht M.
O.

6. Anweisung an den Verwalter.

M., 5. X. 05.

a) Beschluß.

Nach Anhörung des Gläubigers und Schuldners und Einsicht des von beiden vorgelegten, von dem Förster Rauh aufgestellten Wirtschaftsplans wird der Verwalter angewiesen, die in diesem Plane begutachtete Ab- und Aufforstung der Waldung am Gehäng unverzüglich in Angriff zu nehmen, vorausgesetzt, daß der Gläubiger, soweit erforderlich, ihm die Mittel hierzu je auf 2 Wochen im voraus zur Verfügung stellt. Das Honorar des Verwalters wird auf täglich 2 Mk. festgesetzt. § 153.

b) Zustellung an Gl., Sch. und Verwalter.

K. Amtsgericht M.
O.

7. Verteilungstermin.

a) Anberaumung.

(Nachdem der Verwalter berichtet hat, daß aus den Holzverkäufen ein Ertragsüberschuß von 500 Mk. zur Verteilung gelangen kann.) §§ 155, 156.

M., 5. I. 06.

In dem Verfahren zum Zwecke der Zwangsverwaltung des in der StGde. Audorf gelegenen, im diesgerichtlichen Grundbuch für . . . auf den Namen des . . . eingetragenen Anwesens . . . soll für die Dauer des Verfahrens der Plan über die Verteilung der Ertragsüberschüsse des Anwesens aufgestellt werden.

Zu diesem Zweck wird Termine auf . . . ZNr. . . . bestimmt.

Zuzustellen an die betreibenden Gläubiger, Schuldner, Verwalter und die übrigen Beteiligten des § 9, nämlich . . .

M. 20. I. 06.

b) Terminsprotokoll.

In dem zur Aufstellung des Teilungsplans in der Zwangsverwaltung des Anwesens . . . auf heute anberaumten, ordnungsmäßig durch Zustellung an die Beteiligten mitgeteilten Termine sind erschienen: . . .

Es wurde bekannt gegeben, daß die Beschlagnahme zuerst durch Besitzergreifung des Verwalters, also am 27. IX. 05 vorm. 9 Uhr wirksam geworden ist; ferner

1. der Inhalt des Grundbuchblatts,
2. die nach der Ermittlung des Verwalters bezw. nach Anmeldung zu berücksichtigenden öffentlichen Lasten,
3. die Ansprüche der betreibenden Gläubiger.

Hierauf wurde folgender Plan aufgestellt: Zu berichtigen sind in folgender Rangordnung:

1. die Ausgaben der Verwaltung, insbesondere . . . (Löhne für die beibehaltenen Arbeiter ab 27. IX. 05; Vergütung des Verwalters);
2. die Kosten des Verfahrens [1]);
3. die Ansprüche der betreibenden Gläubiger aus § 10 Ziff. 1 ZVG. (soweit nicht in 1 enthalten);
4. die Arbeitslöhne für die Zeit vom 1. IX. 05 (letzter Fälligkeitstermin vor Beschlagnahme) bis 26. IX. 05 (einschließl.), nach § 10 Ziff. 2;
5. die je vom letzten Fälligkeitstermine vor der Beschlagnahme an laufenden Beträge öffentlicher Lasten, nach § 10 Ziff. 3 nämlich: . . .
6. desgl. nach § 10 Ziff. 4 die 4 % Zinsen aus Hypothek Abt. III Nr. 1 zu . . . an Gläubiger X., zahlbar am . . .
7. desgl. die 4½ % Zinsen aus Hypothek Abt. III Nr. 2 zu . . . an betreibenden Teil Meier, zahlbar am . . .
8. desgl. die 5% Zinsen aus Hypothek Abt. III Nr. 3 zu . . . an Gläubiger Z., zahlbar am . . .
9. Kosten des 1. Beschlagnahmegläubigers nach § 10 Abs. 2 zu . . .
10. dessen rückständige Zinsen laut Beschlagnahmebeschlusses, § 10 Ziff. 5, zu . . .
11. dessen Hauptanspruch " " , § 10 " 5, zu . . .
12. Kosten, rückständige Zinsen und Hauptanspruch des 2. Beschlagnahmegläubigers laut Beitrittsbeschlusses, § 10 Ziff. 5, zu . . .

Widerspruch wurde hiergegen nicht erhoben [. . . erhoben gegen die HypothekAbt. Nr. 3 von Gl. Meier, weshalb festgestellt wird, daß die auf 8 treffenden Beträge auf die Ansprüche 9—11 entfallen, wenn der Widerspruch als begründet erklärt wird].

K. Amtsgericht M. Gerichtsschreiber
O. N.

8. Planausführung.

§ 157. a) Schreiben an Verwalter. Anbei erhalten Sie Abschrift des Protokolls von heute mit der Anweisung, nach Maßgabe des aufgestellten Teilungsplans und der darin festgestellten Rangordnung die Ertragsüberschüsse auszuzahlen (die auf 8 treffenden Beträge zunächst zu hinterlegen), vor Auszahlung des unter 11 aufgeführten Anspruchs aber
§ 158. hierher Bericht zu erstatten und weitere Terminsbestimmung zu beantragen.

K. Amtsgericht M.
O.

---

[1]) Art. 11 BayGebGes.; hier 10/10 aus 3000 Mk. = 56 Mk.

M., 21. II. 06.

b) Änderung der Anweisung an Verwalter.

Nachdem der im Verteilungstermine vom 20. I. 06 erhobene Widerspruch infolge Ablaufs der Frist des § 878 ZPO. erledigt ist, werden Sie angewiesen, die auf Ziff. 8 des Plans treffenden Beträge an Gläubiger Z. auszuzahlen. § 157.

c) Mitteilung hiervon an Gl. Z. u. Meier.

K. Amtsgericht M.

O.

9. Außergerichtliche Befriedigung (siehe VII).

Antrag des RA. Huber für Ersteher Reich. M., 4. I. 06. § 160

In der Zwangsverwaltung des im Grundbuch für ..... auf den Namen des ..... eingetragenen Anwesens HsNr. 4 in Audorf, welches am 20. XII. 05 von meinem Vollmachtgeber Reich erstanden wurde, ist nach der vom Verwalter eingereichten Schlußrechnung, ausweislich deren die Verwaltungsausgaben, die Kosten des Zwangsverwaltungsverfahrens [1]) und die laufenden Beträge der öffentlichen Lasten bereits gedeckt sind, ein Überschuß vom 435 Mk. 20 Pfg. zu verteilen.

Hiervon wären gemäß § 155 Abs. 2 ZVG. zu befriedigen:

Da eine Forderung nach § 10 Ziff. 1 nicht vorhanden ist Vgl. oben unter 7.

a) Arbeitslöhne für die Zeit vom 1. IX.—26. IX. 05 an ..... zu insgesamt	65 Mk. 00 Pfg.
b) $4^1/_2$% Zinsen aus Hyp. Abt. III Nr. 1 zu 5000 Mk. für die Zeit [2]) vom 1. VII. 05—20. XII. 05 an Deutsche Bank in B.	106 „ 00 „
c) 5% Zinsen aus Hyp. Abt. III Nr. 3 zu 1000 Mk. für die Zeit vom 1. VII. 05—20. XII. 05 an Kfm. Rührig	23 „ 60 „
d) 4% Zinsen aus Hyp. Abt. III Nr. 4 zu 5000 Mk. für die Zeit vom 1. IV. 05—20. XII. 05 an Antragsteller	144 „ 50 „
e) 5% Zinsen aus Hyp. Abt. III Nr. 5 zu 3500 Mk. (welche bei der Erlösverteilung VII ausgefallen ist!) für die Zeit vom 1. IV. 05—20. XII. 05 an Pfiffig zu 110 Mk. 75 Pfg. (kommt hier noch zum Zuge mit)	96 „ 10 „
	Sa. 435 Mk. 20 Pfg

Die Beträge zu a, b und e hat Ersteher bezahlt (Beleg Nr. 1—3); hinsichtlich des Betrages zu c wurde derselbe von Gl. Rührig als Alleinschuldner übernommen (Beleg Nr. 4), bezügl. desjenigen zu d hat der Ersteher dem Subhastaten gegenüber aufgerechnet (Beleg Nr. 5). Die Berechtigten zu a, b, c und e haben, wie die Urkunden ersehen lassen, ihr Einverständnis zur Hinausgabe der Verwaltungsmasse an den Ersteher erklärt (ihren Anspruch hierauf abgetreten).

Ich ersuche nunmehr nach §§ 160, 144 ZVG. zu verfahren und nach Ablauf der dort bezeichneten Frist den Verwalter anzuweisen, den Ertragsüberschuß zu 435 Mk. 20 Pfg. an mich als Geldempfangsbevollmächtigten des Erstehers auszubezahlen.

[Hieran kann sich dann gleichzeitig der zu VII ausgeführte Antrag anschließen, natürlich mit der sich infolge der Verteilung der Verwaltungsmasse bei den entsprechenden Posten ergebenden Modifikation].

RA. Huber.

Verfügung, Benachrichtigung und Aufforderung, wie bei VII Ziff. 2, 3 mit dem Zusatze:

Werden Erinnerungen nicht erhoben, so wird

die Schlußrechnung des Verwalters als genehmigt angesehen, das (durch den Zuschlag beendigte) Verwaltungsverfahren aufgehoben und der Verwaltungsvermerk im Grundbuch gelöscht, die Verwalterkaution zurückgegeben und endlich die Auszahlung des Verwaltungsüberschusses zu ... an den Ersteher, zu Händen des ......, angeordnet werden.

---

[1]) Gerichtsgebühren: $^5/_{10}$ aus 3000 Mk., Art. 11 GebGes.

[2]) Endtermin für die Zinsenberechnung ist der Zuschlag, vgl. § 161 Bem. 3.

II.

Die auf das Verfahren der Zwangsversteigerung und Zwangsverwaltung bezüglichen gebührenrechtlichen Bestimmungen.

A. Auszug
aus dem Bayer. Gebühren-Gesetze
in der Fassung der Bekanntmachung vom 11. November 1899 (GVBl. S. 904)

mit

Reichsgerichtskostengesetz
vom 18. Juni 1878 in der Fassung vom 20. Mai 1898 (RGBl. S. 659).

I. Abteilung.
Einleitende Bestimmungen.
Art. 1.

Die in gegenwärtigem Gesetze bestimmten Gebühren treten an die Stelle der bisherigen Taxen, Einregistrierungs- und Stempelgebühren. Dieselben sind öffentliche Abgaben und fließen, soweit nicht gesetzlich etwas anderes bestimmt ist, in die Staatskasse.

Art. 2.

Der Mindestbetrag einer Gebühr ist 20 Pfennig, vorbehaltlich der Bestimmung im Art. 266 Abs. 3.

Pfennigbeträge, welche ohne Bruch nicht durch zehn teilbar sind, werden auf den nächst höheren durch zehn teilbaren Betrag abgerundet.

Art. 5.

Die Gebühren, welche von den Beteiligten außer den für die Staatskasse zu verrechnenden Gebühren wegen der Bemühung einzelner Personen bei der Erledigung der Geschäfte zu entrichten sind, insbesondere Vorlade- und Zustellgebühren, Gebühren der Zeugen und Sachverständigen, Tagegelder und Reisekosten der Kommissäre, Gebühren der Pfarrer, Amtsärzte, Konsuln, Rechtsanwälte, Notare, Hypothekenbewahrer und Gerichtsschreiber, Gebühren der Gerichtsvollzieher und sonstiger Vollstreckungsorgane werden, soweit dieselben nicht bereits reichsgesetzlich geregelt sind, durch K. Verordnung bestimmt.

[Vgl. hierzu Notariats- und Rechtsanwaltsgebührenordnung.]

II. Abteilung.
Bürgerliche Rechtsstreitigkeiten.
I. Abschnitt.

Zwangsversteigerung und Zwangsverwaltung.
Art. 7.

In dem Verfahren der Zwangsversteigerung und der Zwangsverwaltung von Gegenständen des unbeweglichen Vermögens im Wege der Zwangsvollstreckung finden die Vorschriften des Reichs-Gerichtskostengesetzes und die besonderen Vorschriften der Art. 8 bis 20 Anwendung.

Art. 8 (8, 9).

Für die Entscheidung, einschließlich des vorangegangenen Verfahrens, über den Antrag auf Anordnung der Zwangsversteigerung oder der Zwangsverwaltung werden zwei Zehnteile der Sätze des § 8 des Reichs-Gerichtskostengesetzes erhoben.

Diese Gebühr wird auf die nach den Art. 9, 11 für das angeordnete Verfahren zu erhebende Gebühr angerechnet.

§ 8 des RGKG. lautet:

In bürgerlichen Rechtsstreitigkeiten werden die Gebühren nach dem Werte des Streitgegenstandes erhoben.

Die volle Gebühr beträgt bei Gegenständen im Werte:

1.	bis 20 Mark einschließlich							1	Mark,		
2.	von	mehr	als	20	bis	60	Mark einschließlich	2	„	40	Pfg.,
3.	„	„	„	60	„	120	„ „	4	„	60	„
4.	„	„	„	120	„	200	„ „	7	„	50	„
5.	„	„	„	200	„	300	„ „	11	„		
6.	„	„	„	300	„	450	„ „	15	„		
7.	„	„	„	450	„	650	„ „	20	„		
8.	„	„	„	650	„	900	„ „	26	„		
9.	„	„	„	900	„	1200	„ „	32	„		
10.	„	„	„	1200	„	1600	„ „	38	„		
11.	„	„	„	1600	„	2100	„ „	44	„		
12.	„	„	„	2100	„	2700	„ „	50	„		
13.	„	„	„	2700	„	3400	„ „	56	„		
14.	„	„	„	3400	„	4300	„ „	62	„		
15.	„	„	„	4300	„	5400	„ „	68	„		
16.	„	„	„	5400	„	6700	„ „	74	„		
17.	„	„	„	6700	„	8200	„ „	81	„		
18.	„	„	„	8200	„	10000	„ „	90	„		

Die ferneren Wertsklassen steigen um je 2000 Mark und die Gebühren um je 10 Mark.

Art. 9 (10).

In dem Verfahren der Zwangsversteigerung werden erhoben:

1. für das Verfahren bis zur Einleitung des Verteilungsverfahrens fünf Zehnteile und, wenn das Verfahren vor der Erteilung des Zuschlags erledigt wird, drei Zehnteile der Sätze des § 8 des Reichs-Gerichtskostengesetzes;
2. für das Verteilungsverfahren fünf Zehnteile jener Sätze. Findet nach § 144 des Gesetzes über die Zwangsversteigerung und die Zwangsverwaltung ein Verteilungsverfahren nicht statt oder wird nach § 143 des Gesetzes über die Zwangsversteigerung und die Zwangsverwaltung das Verteilungsverfahren nach der Bestimmung des Verteilungstermins, aber vor dem Beginne des Verteilungstermins eingestellt, so werden drei Zehnteile der Sätze des § 8 des Reichs-Gerichtskostengesetzes erhoben.

Die im Abs. 1 bestimmten Gebühren werden im Falle der Erteilung des Zuschlags nach dem Meistgebote, in allen übrigen Fällen nach dem Werte des Gegenstandes der Zwangsversteigerung berechnet.

Mehrere Meistgebote oder Werte von Gegenständen der Zwangsversteigerung sind zusammenzurechnen.

Ist der Betrag der Forderungen, die aus dem Meistgebote zu befriedigen sind, geringer als dieses oder ist der Betrag der Forderungen, wegen deren die Zwangsversteigerung angeordnet ist, geringer als der Wert des Gegenstandes der Zwangsversteigerung, so wird die Gebühr aus der Summe der Forderungen berechnet.

Art. 10 (11).

Das Versteigerungsprotokoll ist im Falle des Zuschlags von dem Versteigerungsbeamten mit den nämlichen Gebühren zu bewerten, wie ein Kaufvertrag.

Auf diese Gebühren finden die Bestimmungen in den §§ 4 bis 7 des Reichs-Gerichtskostengesetzes keine Anwendung. An ihre Stelle treten die auf die Gebühren für Notariatsurkunden bezüglichen Vorschriften des gegenwärtigen Gesetzes, welche auch für die Wertsermittelung (Art. 41), die Zuständigkeit und das Verfahren in Beschwerdesachen Maß zu geben haben.

Wird der Zuschlag rechtskräftig aufgehoben, so ist die vom Ersteher entrichtete Gebühr zurückzuerstatten.

Art. 11 (12).

In dem Verfahren der Zwangsverwaltung werden erhoben:

1. der volle Betrag, wenn aber das Verfahren vor dem zur Aufstellung des Teilungsplans bestimmten Termin erledigt wird, fünf Zehnteile der Sätze des § 8 des Reichs-Gerichtskostengesetzes;
2. wenn das Verfahren länger als ein Jahr dauert, für jedes weitere Verwaltungsjahr fünf Zehnteile jener Sätze.

Die Berechnung dieser Gebühren erfolgt:

zu 1) aus dem Werte der Forderung, für welche die Beschlagnahme erwirkt worden ist,

zu 2) aus dem Betrage, der in jedem Verwaltungsjahre zur Verteilung an die Gläubiger gelangt.

Art. 12 (14).

Für die Entscheidung über den Antrag auf Bestimmung eines neuen Versteigerungstermins (§ 85 des Gesetzes über die Zwangsversteigerung und die Zwangsverwaltung) werden zwei Zehnteile der Sätze des § 8 des Reichs-Gerichtskostengesetzes besonders erhoben.

Die Berechnung der Gebühr erfolgt, sofern dem Antrage stattgegeben wird, aus dem bei der früheren Versteigerung erzielten Meistgebote, im Falle der Abweisung aber nach dem Werte der dem Antragsteller zustehenden Forderung und eventuell nach Maßgabe der Bestimmung im § 10 des Reichs-Gerichtskostengesetzes.

§ 10 des RGKG. lautet:

Bei nicht vermögensrechtlichen Ansprüchen wird der Wert des Streitgegenstandes zu 2000 Mark, ausnahmsweise niedriger oder höher, jedoch nicht unter 200 Mark und nicht über 50000 Mark angenommen.

Ist mit einem nicht vermögensrechtlichen Anspruch ein aus ihm hergeleiteter vermögensrechtlicher verbunden, so ist nur ein Anspruch, und zwar der höhere maßgebend.

Art. 13 (16).

Für den Termin zur weiteren Ausführung des Teilungsplans (§§ 139, 141, 157 Abs. 2 des Gesetzes über die Zwangsversteigerung und die Zwangsverwaltung) werden nach dem Werte der einem Berechtigten zugeteilten Beträge, über welche im Termine verhandelt werden soll, drei Zehnteile der Sätze des § 8 des Reichs-Gerichtskostengesetzes erhoben.

Art. 14 (17).

Im Falle der Erledigung des Verfahrens durch einen von dem Versteigerungsbeamten beurkundeten Vergleich (Arrangement) kommen die Bestimmungen des gegenwärtigen Gesetzes über die Gebühren für Urkunden und Ausfertigungen der Notare zur Anwendung.

Gleiches gilt von den im Verfahren vor dem Versteigerungsbeamten beurkundeten Vereinbarungen und Erklärungen, soweit deren Inhalt über den Gegenstand oder Zweck des Verfahrens hinausgeht.

Art. 15 (19).

Die Kosten einer Veröffentlichung, welche der Versteigerungsbeamte nach § 40 des Gesetzes über die Zwangsversteigerung und die Zwangsverwaltung veranlaßt hat, sowie die Gebühren des Ausrufers, dessen sich der Versteigerungsbeamte im Versteigerungstermine bedient hat, gehören zu den Auslagen im Sinne des § 79 des Reichs-Gerichtskostengesetzes.

§ 79 des RGKG. lautet:

An baren Auslagen werden erhoben:
1. die Schreibgebühren;
2. die Post- und Telegraphengebühren;
3. die durch Einrückung einer Bekanntmachung in öffentliche Blätter entstehenden Kosten;
4. die an Zeugen und Sachverständige zu zahlenden Gebühren;
5. die bei Geschäften außerhalb der Gerichtsstelle den Gerichtsbeamten zustehenden Tagegelder und Reisekosten;
6. die an andere Behörden oder Beamte oder an Rechtsanwälte für deren Tätigkeit zu zahlenden Beträge;
7. die Kosten eines Transports von Personen;
8. die Haftkosten nach Maßgabe der für die Strafhaft geltenden landesgesetzlichen Vorschriften.

Art. 16 (20).

Derjenige Gläubiger, auf dessen Antrag die Anordnung der Zwangsversteigerung oder der Zwangsverwaltung erfolgt ist, hat außer dem Gebührenvorschuß (Reichs-Gerichtskostengesetz § 81) auch für die mit dem Verfahren bis zur Einleitung der Verteilung verbundenen Auslagen auf Erfordern einen zu deren Deckung hinreichenden Vorschuß zu erlegen.

Mehrere Antragsteller haften für die Berichtigung dieses Vorschusses als Gesamtschuldner.

§ 81 des RGKG. lautet:

In bürgerlichen Rechtsstreitigkeiten ist ein Gebührenvorschuß für jede Instanz von dem Antragsteller zu zahlen. Der Vorschuß beträgt soviel wie die höchste Gebühr, welche für einen Akt der Instanz zum Ansatze kommen kann.

Diese Verpflichtung besteht auch für den Widerkläger und im Falle wechselseitig eingelegter Rechtsmittel für jede Partei, in beiden Fällen unter getrennter Berechnung der Streitgegenstände.

Bei Erweiterung der Anträge ist der Vorschuß nach Maßgabe der Erweiterung zu erhöhen.

Art. 17 (21).

Im Verteilungsverfahren können auf die aus der Masse vorweg zu deckenden Gebühren und Auslagen nach dem Fortgange des Verfahrens Abschlagszahlungen erhoben werden.

Art. 18 (22).

In den Fällen des Art. 12 hat der Antragsteller einen Gebührenvorschuß nicht zu entrichten.

Die Erhebung der entstandenen Gebühren kann jedoch sofort nach der Entscheidung von der hierin bezeichneten Partei ohne Anrechnung eines derselben anderweitig obliegenden Vorschusses erfolgen.

Art. 19 (23).

Soweit die aus der Masse zu deckenden Gebühren und Auslagen aus dem Barbestande derselben nicht entrichtet werden können, haftet für dieselben derjenige Gläubiger, auf dessen Antrag die Anordnung der Zwangsversteigerung oder der Zwangsverwaltung erfolgt ist. Das gleiche gilt, wenn das Verfahren ohne Verteilung erledigt wird.

Die Haftung mehrerer Antragsteller bemißt sich nach dem Verhältnisse ihrer Forderungen.

Art. 20.

Für die von dem Vollstreckungsgericht auf Grund des § 130 des Gesetzes über die Zwangsversteigerung und die Zwangsverwaltung veranlaßte Tätigkeit des Grundbuchamts werden Gebühren nicht erhoben. Auf die Eintragung des Erstehers als Eigentümers findet diese Vorschrift keine Anwendung.

Art. 21.

In dem Verfahren der Zwangsversteigerung eines im Schiffsregister eingetragenen Schiffes, dann eines ausländischen Schiffes, das, wenn es ein deutsches Schiff wäre, in das Schiffsregister eingetragen werden müßte, finden die Vorschriften der Art. 7 bis 10, 12 bis 20 entsprechende Anwendung.

Art. 22 (24).

Die Vorschriften der Art. 7 bis 20 finden entsprechende Anwendung in dem Verfahren

1. der vom Konkursverwalter beantragten Zwangsversteigerung oder Zwangsverwaltung (§§ 172 bis 174 des Gesetzes über die Zwangsversteigerung und die Zwangsverwaltung);
2. der Zwangsversteigerung des Grundstücks auf Antrag des Erben (§§ 175 bis 179 des Gesetzes über die Zwangsversteigerung und die Zwangsverwaltung);
3. der Zwangsversteigerung zum Zwecke der Aufhebung einer Gemeinschaft (§§ 180 bis 184 des Gesetzes über die Zwangsversteigerung und die Zwangsverwaltung);
4. der nach den Art. 161, 163, 164 des Berggesetzes vom 20. März 1869 stattfindenden gerichtlichen Versteigerung eines Bergwerkes oder einer Anlage, auf welche die Vorschrift des Art. 221 des erwähnten Gesetzes Anwendung findet;
5. der im Art. 232 Abs. 2 des Berggesetzes in der Fassung des Art. 157 des Ausführungsgesetzes zum Bürgerlichen Gesetzbuche vorgeschriebenen Zwangsversteigerung eines unbeweglichen Kuxes.

II. Abschnitt.

Sonstige Gegenstände.

Art. 23.

In bürgerlichen Rechtsstreitigkeiten findet, auch soweit das Verfahren landesgesetzlich geregelt ist, hinsichtlich der Gebühren und Auslagen der Gerichte das Reichs-Gerichtskostengesetz Anwendung, sofern nicht in dem gegenwärtigen Gesetz oder in Staatsverträgen ein anderes bestimmt ist.

Art. 24 (25).

In dem Verfahren bei Streitigkeiten über Entschädigung bei Zwangsenteignung kommt die Beweisgebühr des § 18 des Reichs-Gerichtskostengesetzes auch für die Anordnung einer neuen Schätzung (Art. 21 des Gesetzes zur Ausführung der Reichs-Zivilprozeßordnung und Konkursordnung in der Textierung vom 26. Juni 1899) zur Erhebung.

Für die Entscheidung, einschließlich des vorangegangenen Verfahrens, über Anträge auf Anordnung einer Sicherheitsleistung (Art. 22 des Gesetzes zur Ausführung der Reichs-Zivilprozeßordnung und Konkursordnung in der Textierung vom 26. Juni 1899) werden zwei Zehnteile der Sätze des § 8 des Reichs-Gerichtskostengesetzes erhoben.

In dem Verteilungsverfahren (Art. 24 des Gesetzes zur Ausführung der Reichs-Zivilprozeßordnung und Konkursordnung in der Textierung vom 26. Juni 1899) finden die Bestimmungen der Art. 9, 13, 14, 17, 19, 20 mit der Maßgabe Anwendung, daß der Berechnung der im Art. 9 Ziff. 2 bestimmten Gebühr der Betrag der zu verteilenden Entschädigungssumme zu Grunde gelegt wird.

Gleiches gilt für die Gebühren und Auslagen in dem Verteilungsverfahren nach Art. 53, 54 des Einführungsgesetzes zum Bürgerlichen Gesetzbuche, nach Art. 134, 135, 151 des Berggesetzes vom 20. März 1869, nach Art. 13 Abs. 3 des Gesetzes vom 23. Februar 1868, die Ablösbarkeit der auf Grund und Boden haftenden oder mit einer Gewerbsrealität verbundenen Ehehaftsverhältnisse betreffend, oder nach Art. 27 des Gesetzes zur Ausführung der Reichs-Zivilprozeßordnung und Konkursordnung in der Textierung vom 26. Juni 1899.

Jedes Verfahren über die im Abs. 2 bezeichneten Anträge gilt für die Gebührenerhebung als besonderer Rechtsstreit.

§ 18 des RGKG. lautet:

Die volle Gebühr (§ 8) wird erhoben:
1. für die kontradiktorische mündliche Verhandlung (Verhandlungsgebühr);
2. für die Anordnung einer Beweisaufnahme (Beweisgebühr);
3. für eine andere Entscheidung (Entscheidungsgebühr).

IV. Abteilung.

Angelegenheiten der freiwilligen Gerichtsbarkeit.

I. Abschnitt.

Allgemeine Bestimmungen.

Art. 41.

In den Fällen, in welchen die verhältnismäßige Gebühr für ein Rechtsgeschäft zu erheben ist, gelten, wenn der Zahlungspflichtige die Wertsangabe verweigert oder wenn die von dem Zahlungspflichtigen gemachte Angabe oder im Falle einer freiwilligen Versteigerung der Zuschlagspreis als dem wahren Werte nicht entsprechend erachtet wird, die nachstehenden Vorschriften.

Art. 47 (153).

Gegen den Ansatz oder die Nachforderung von Gebühren, welche bei einem Notariat anfallen, steht dem Zahlungspflichtigen das Rechtsmittel der Beschwerde an das Landgericht zu, in dessen Bezirke das Notariat seinen Sitz hat.

Die Beschwerde ist erst zulässig, wenn der Zahlungspflichtige sich an die zuständige Regierungsfinanzkammer um Abhilfe gewendet und entweder eine abschlägige oder innerhalb sechs Wochen keine Entschließung erhalten hat. Die Regierungsfinanzkammer hat über solche Gesuche den Beteiligten die Empfangsbescheinigung unverzüglich und unentgeltlich auszufertigen.

Die Vorschriften des zweiten Absatzes finden keine Anwendung, wenn die Nachforderung von der Regierungsfinanzkammer veranlaßt ist.

Art. 48.

Die Beschwerde kann bei dem Gerichte, dessen Verfügung angefochten wird, oder bei dem Beschwerdegerichte durch Einreichung einer Beschwerdeschrift oder durch Erklärung zum Protokolle des Gerichtsschreibers eingelegt werden.

Die Beschwerde kann auf neue Tatsachen und Beweise gestützt werden.

Hat der Zahlungspflichtige Beschwerde eingelegt, so ist die Beschwerde der Regierungsfinanzkammer zur Äußerung mitzuteilen.

Die Beschwerde hat keine aufschiebende Wirkung.

Die Entscheidung ist mit Gründen zu versehen.

Art. 49.

Gegen die Entscheidung des Beschwerdegerichts ist das Rechtsmittel der weiteren Beschwerde zulässig, wenn die Entscheidung auf einer Verletzung des Gesetzes beruht. Die Vorschriften der §§ 550, 551, 559, 561, 563, 574 der Reichs-Zivilprozeßordnung finden entsprechende Anwendung.

Über die weitere Beschwerde entscheidet das Oberste Landesgericht.

Die weitere Beschwerde kann bei dem Gerichte erster Instanz oder bei dem Beschwerdegerichte oder bei dem Obersten Landesgerichte nach Maßgabe der Vorschrift des Art. 48 Abs. 1 eingelegt werden. Erfolgt die Einlegung durch Einreichung einer Beschwerdeschrift, so muß diese von einem Rechtsanwalt unterzeichnet sein. Der Zuziehung eines Rechtsanwaltes bedarf es nicht, wenn die weitere Beschwerde von einer Behörde eingelegt wird.

Auf die weitere Beschwerde finden die Vorschriften des § 22 des Gesetzes über die Angelegenheiten der freiwilligen Gerichtsbarkeit und der Absätze 3, 4, 5 des Art. 48 dieses Gesetzes entsprechende Anwendung.

Über die weitere Beschwerde ist der Staatsanwalt mit gutachtlicher Äußerung zu hören.

Art. 50.

Die Entscheidungen erfolgen bei den Landgerichten durch eine Zivilkammer, bei den Oberlandesgerichten und dem Obersten Landesgerichte durch einen Zivilsenat. Die Entscheidung kann ohne vorgängige mündliche Verhandlung erfolgen.

Gegen Entscheidungen des Obersten Landesgerichts findet kein Rechtsmittel statt.

Die Vorschriften der Reichs-Zivilprozeßordnung über die Ausschließung und Ablehnung der Gerichtspersonen finden entsprechende Anwendung.

Art. 51 (52).

Ist eine Entscheidung oder sonstige Amtshandlung, für welche eine Gebühr nicht zu erheben wäre, nach freier richterlicher Überzeugung mutwillig veranlaßt worden, so hat das Gericht von Amts wegen die besondere Erhebung von drei Zehnteilen der Gebühr des § 8 des Reichs-Gerichtskostengesetzes zu beschließen.

Gegen den Beschluß findet Beschwerde nach Maßgabe der Art. 46 bis 50 statt.

Das Rechtsmittel der weiteren Beschwerde ist unzulässig.

Die Gebühr kann sofort nach dem Beschlusse von der in diesem bezeichneten Partei ohne Anrechnung eines derselben etwa obliegenden Vorschusses eingehoben werden.

Art. 52 (53).

In dem Verfahren auf weitere Beschwerde erhöht sich die im § 45 des Reichs-Gerichtskostengesetzes bestimmte Gebühr um die Hälfte.

II. Abschnitt.

Verhandlungen der Gerichte.

1. Zeugnisse, Beglaubigungen und Ausfertigungen.

Art. 54 (51).

Für gerichtliche Zeugnisse (Atteste, Bescheinigungen), für gerichtliche Beglaubigungen von Privatabschriften oder der Unterschriften in öffentlichen oder Privaturkunden (Legalisationen) sowie für einfache gerichtliche Ausfertigungen, beglaubigte Abschriften oder Auszüge, welche nicht von Amts wegen zu erteilen sind, kommen, soweit nicht besondere Vorschriften bestehen, folgende Gebühren zur Erhebung.

Die Gebühr beträgt bei den Amts- und Landgerichten:

1. 2 Mark für gerichtliche Zeugnisse,
2. 1 Mark für die übrigen im Abs. 1 bezeichneten Amtshandlungen.

Diese Gebührensätze erhöhen sich bei den Oberlandesgerichten um die Hälfte, bei dem Obersten Landesgerichte auf den doppelten Betrag.

Für die von Amts wegen zu erteilenden einfachen Ausfertigungen und beglaubigten Abschriften oder Auszüge werden nur Schreibgebühren erhoben.

2. Registerführung.

Art. 63.

Für die Eintragung in das Schiffsregister, einschließlich der dieselbe begleitenden gerichtlichen Handlungen, werden erhoben:

1. für die erstmalige Eintragung 10 Mark;
2. für die Eintragung von Veränderungen 3 Mark.

Art. 65.

Bei Schiffen, deren Tragfähigkeit 100,000 Kilogramm nicht übersteigt, kommen die in den Art. 63, 64 bestimmten Gebühren nur zur Hälfte zur Erhebung.

Art. 67.

Auf die Bestellung und Eintragung eines Pfandrechts an einem im Schiffsregister eingetragenen Schiffe oder eines dieses Pfandrecht belastenden Rechtes, auf die Eintragung von Widersprüchen, Vermerken und Löschungen finden die Bestimmungen des gegenwärtigen Gesetzes über die Gebühren in Grundbuchsachen gleichmäßig Anwendung.

Art. 68.

Gebühren werden nicht erhoben:

1. für die Löschung eines Schiffes im Schiffsregister;
2. für die auf Ersuchen des Vormundschaftsgerichts im Falle des § 54 Abs. 2 des Gesetzes über die Angelegenheiten der freiwilligen Gerichtsbarkeit erfolgte Eintragung eines Pfandrechts an einem im Schiffsregister eingetragenen Schiffe:
3. für die Gestattung der Einsicht in das Schiffsregister.

6. Grundbuchsachen.

Art. 116 (88).

Jede Eintragung in das Grundbuch, einschließlich der sie begleitenden Handlungen des Grundbuchamts, unterliegt, soweit in den folgenden Artikeln nicht ein anderes bestimmt ist, einer Gebühr, welche bei Wertsgegenständen bis zu 200 Mark einschließlich ein Zehnteil der Sätze des § 8 des Reichs-Gerichtskostengesetzes, bei Wertsgegenständen über 200 Mark 1 Mark beträgt.

Art. 117 (90).

Hat die nämliche Eintragung gleichzeitig auf verschiedenen Grundbuchblättern desselben Eigentümers zu erfolgen, so wird die Gebühr nur einmal erhoben.

Ist die nämliche Eintragung gleichzeitig auf den Grundbuchblättern verschiedener Eigentümer zu bewirken, so kommt für jeden Eigentümer die Gebühr besonders zur Erhebung.

Von verschiedenen Eintragungen unterliegt eine jede der Gebühr für sich, sofern dieselben nicht auf Grund einer Verhandlung gleichzeitig auf dem nämlichen Grundbuchblatt oder auf mehreren Grundbuchblättern eines und desselben Eigentümers zu erfolgen haben. In letzterem Falle kommt nur eine Gebühr und bei Verschiedenheit der Sätze der höchste Betrag zur Erhebung.

Bei der Eintragung von Hypotheken für mehrere Versteigerungserlöse, die auf Grund derselben Verhandlung einem Gläubiger gegen die Ersteher der einzelnen gleichzeitig versteigerten Grundstücke zustehen, dürfen die Gebühren des Art. 116 zusammengerechnet den Betrag von 10 Mark nicht übersteigen.

Art. 119, Abs. 2.

Wenn die Eintragung zu erfolgen hat, ohne daß es hierzu der Bewilligung desjenigen bedarf, dessen Recht durch sie betroffen wird, kommt nur die Gebühr des Art. 116 zur Erhebung. Auf den Fall des Art. 154 Abs. 5 findet vorstehende Bestimmung keine Anwendung.

Art. 123 (92).

Abschriften aus dem Grundbuche, ferner Abschriften von Urkunden, von denen gemäß § 11 der Grundbuchordnung oder einer auf Grund des § 93 der Grundbuchordnung erlassenen Anordung des Staatsministeriums der Justiz Abschrift erteilt werden kann, sowie Abschriften von den noch nicht erledigten Eintragungsanträgen unterliegen einer Gebühr von 1 Mark.

Die Gebühr kann, sofern die Verhältnisse des Empfängers oder die Geringfügigkeit des Gegenstandes eine Ausnahme begründen, von dem Grundbuchamte nach freiem Ermessen auf die Hälfte ermäßigt werden.

Erfordert die Anfertigung der im Abs. 1 erwähnten Auszüge, Bescheinigungen oder Bestätigungen einen größeren Zeitaufwand, so beträgt die Gebühr 3 bis 10 Mark.

Art. 127 (95).

Gebühren werden nicht erhoben:
1. für die Benachrichtigung des Antragstellers und des eingetragenen Eigentümers sowie aller aus dem Grundbuch ersichtlichen Personen, zu deren Gunsten die Eintragung erfolgt ist oder deren Recht durch sie betroffen wird, von der erfolgten Eintragung in das Grundbuch;
2. für die Gestattung der Einsicht des Grundbuchs, dann der im Art. 123 erwähnten Urkunden und Anträge.

III. Abschnitt.

Verhandlungen der Notare.

Art. 144 (112).

Für Urkunden und Ausfertigungen der Notare werden Gebühren nach folgenden Bestimmungen erhoben.

Art. 146 (113 Ziff. 1, 114).

Für Verträge, durch welche sich der eine Teil verpflichtet, das Eigentum an einem Grundstücke zu übertragen oder ein den Grundstücken gleichstehendes Recht zu bestellen oder zu übertragen, beträgt die verhältnismäßige Gebühr:
1. eins vom Hundert der Gegenstandssumme:
   a) wenn der Vertrag zwischen Verwandten oder Stiefverwandten in gerader Linie oder zwischen Ehegatten oder zwischen Geschwistern abgeschlossen wird;
   b) bei Verträgen über die Teilung eines Nachlasses oder des Gesamtgutes einer Gütergemeinschaft oder fortgesetzten Gütergemeinschaft;
   c) bei einem Wertsgegenstande bis zu 1000 Mark einschließlich;
2. ein und einhalb vom Hundert der Gegenstandssumme bei einem Wertsgegenstande von über 1000 Mark bis 2000 Mark einschließlich;
3. zwei vom Hundert der Gegenstandssumme in allen übrigen Fällen.

Sind bei Verträgen zwischen Verwandten oder Stiefverwandten (Ziff. 1 lit. a) neben den Verwandten oder Stiefverwandten der absteigenden Linie die Ehegatten oder Verlobten beteiligt, so findet auf deren Anteilsrechte die Bestimmung der Ziff. 1 Anwendung. In den übrigen Fällen der Ziff. 1 lit. a ist bei Mitbeteiligung weiterer Personen die Gebühr nach den Anteilsrechten der einzelnen Personen gesondert zu berechnen.

Hierzu: 1. Gesetz vom 9. VII. 1904, betr. die provisorische Erhebung eines Zuschlags zu den Gebühren und Erbschaftssteuern (GVBl. S. 235), siehe unten B.
2. Gesetz vom 15. VI. 1898, betr. die Einführung einer Besitzveränderungsabgabe für Gemeinden, siehe unten C.

Art. 152 (120).

Auf Versteigerungen von Grundstücken finden die Bestimmungen des Art. 146 gleichmäßig Anwendung.

Wird bei einer öffentlichen Versteigerung von Grundstücken der Zuschlag auf die für die einzelnen Grundstücke gelegten Gebote erteilt, so ist die Gebühr nach den Einzelpreisen zu berechnen.

Für öffentliche Mobiliar-Versteigerungen werden die im Art. 257 bestimmten Gebühren aus der Summe der Zuschlagspreise erhoben.

Art. 173 (132).

Für jede vollstreckbare Ausfertigung einer Notariatsurkunde wird, vorbehaltlich der Bestimmung im Abs. 2, eine Gebühr von eins vom Tausend der Gegenstandssumme im Mindestbetrage von 50 Pfennig besonders erhoben.

Für die vollstreckbare Ausfertigung von Urkunden über die Bestellung einer Hypothek, einer Grundschuld oder einer Rentenschuld (§§ 799, 800 der Reichs-Zivilprozeßordnung) sowie für andere Ausfertigungen oder beglaubigte Abschriften beträgt die Gebühr 50 Pfennig.

Die gleiche Gebühr wird auch für sonstige Beglaubigungen, Zeugnisse und andere derartige Bescheinigungen erhoben, über welche keine förmliche Notariatsurkunde errichtet wird.

Art. 189 (149).

Die Verbindlichkeit zur Entrichtung der Gebühr obliegt demjenigen, der die Tätigkeit des Notars veranlaßt hat. Ist dieselbe von mehreren veranlaßt worden, so haften diese dem Staate gegenüber als Gesamtschuldner.

Vereinbarungen über die Tragung der Gebühren sind nur für die Beteiligten wirksam.

VIII. Abteilung.

Gemeinsame Bestimmungen.

Art. 279 (252).

Insoweit das Gesetz einem Verwandtschaftsverhältnis Einfluß auf die Gebührenpflicht einräumt, gilt als Verwandtschaft auch die durch Annahme an Kindesstatt begründete Verwandtschaft sowie das Verhältnis zwischen einem unehelichen Kinde und dessen Abkömmlingen einerseits und dem Vater und dessen Verwandten andererseits, sofern die Vaterschaft erweislich anerkannt ist.

Auf ein die Gebühr minderndes Verhältnis, welches zufolge eines richterlichen Erkenntnisses oder eines Vertrags schon vor dem Anfalle der Gebühr zu bestehen aufgehört hat, darf nicht zurückgegangen werden. Die Aufhebung der ehelichen Gemeinschaft nach § 1575 des Bürgerlichen Gesetzbuchs steht der Scheidung gleich.

Die vor dem Inkrafttreten des Bürgerlichen Gesetzbuchs vereinkindschafteten Kinder stehen in Ansehung der Gebührenpflicht den ehelichen Kindern gleich.

Art. 281 (254).

In allen Fällen, in welchen für die Partei ein Rechtsanwalt handelt, ist für die Entrichtung der Gebühren, Auslagen und desfallsigen Vorschüsse nicht der Anwalt, sondern die von ihm vertretene Partei verhaftet, wenn nicht der Anwalt ausdrücklich die Zahlung für die Partei übernommen hat.

Art. 287 (260).

Die Beitreibung rückständiger Gebühren und Auslagen des Staates erfolgt durch die Rentämter im Wege des administrativen Zwangsvollzugs.

Durch Königliche Verordnung kann das Vollstreckungsrecht auch anderen Verwaltungsbehörden eingeräumt werden.

Die Mitwirkung der Rentämter bei der Beitreibung rückständiger Geldstrafen wird gleichfalls durch Königliche Verordnung geregelt.

Art. 288.

Die Notare sollen, falls ihnen die Mitwirkung bei der Erhebung der Gebühren übertragen ist, bis zur Entrichtung der dem Staate und den Gemeinden anfallenden Gebühren die Aushändigung der Urschriften, Ausfertigungen und Abschriften an die Beteiligten und die Vorlage der Urschriften, Ausfertigungen und Abschriften für die Beteiligten an die Gerichte und andere Behörden verweigern. Tun sie dies nicht, so haften sie persönlich für die Gebühr.

Die Bestimmung des Art. 55 Abs. 2 des Notariatsgesetzes findet entsprechende Anwendung.

Art. 289 (261).

Dem Grundbuchamt ist es untersagt, eine Eintragung in das Grundbuch eher vorzunehmen, als der Nachweis über die Entrichtung oder Hinterlegung der Gebühren vorgelegt ist. Sofern den Notaren die Mitwirkung bei der Erhebung der Gebühren übertragen ist, bedarf es dieses Nachweises nicht, wenn die Eintragung auf Grund einer von einem bayerischen Notar errichteten oder beglaubigten Urkunde beantragt wird.

Handelt der Grundbuchbeamte dieser Bestimmung zuwider, so haftet er persönlich für die Gebühr.

Die Vorschriften der Abs. 1, 2 finden auf die Umschreibung in dem Grundsteuerkataster entsprechende Anwendung.

IX. Abteilung.

Schlußbestimmungen.

Art. 296 (272).

Dieses Gesetz tritt gleichzeitig mit dem Bürgerlichen Gesetzbuch in Kraft.*)

Alle älteren Gesetze und Verordnungen über Taxen-, Stempel- und Einregistrierungsgebühren bleiben, soweit sie nicht ausdrücklich aufrecht erhalten sind, aufgehoben.

Art. 297.

Die Gebührenvorschriften über die Zwangsversteigerung und die Zwangsverwaltung treten, soweit sie die Schiffe betreffen, an dem im Art. 296 bezeichneten Termin, im übrigen für jeden Grundbuchbezirk mit dem Zeitpunkt in Kraft, in welchem das Grundbuch als angelegt anzusehen ist. Bis zu diesem Zeitpunkte haben bei Zwangsversteigerungen und Zwangsverwaltungen hinsichtlich der Gebühren noch die seitherigen Bestimmungen Anwendung zu finden. Das gleiche gilt für das Verfahren, welches gemäß § 15 des Einführungsgesetzes zu dem Gesetz über die Zwangsversteigerung und die Zwangsverwaltung noch nach den Landesgesetzen zu erledigen ist, sowie für die Zwangsverwaltung eines gemeinschaftlichen Grundstücks zum Zwecke der Aufhebung der Gemeinschaft nach den Art. 41, 113 des Gesetzes, Übergangsvorschriften zum Bürgerlichen Gesetzbuche betreffend.

B.

Gesetz,

betr. die provisorische Erhebung eines Zuschlags zu den Gebühren und Erbschaftssteuern

vom 9. Juli 1904 (GVBl. S. 235).

Art. 1.

Vom Tage des Inkrafttretens dieses Gesetzes bis zum Ablaufe der XXVII. Finanzperiode werden

1. . . . .
2. die nach dem Gesetze über das Gebührenwesen in der Fassung vom 11. November 1899 (Ges. u. V.-Bl. S. 904) anfallenden Gebühren
   a) nach Art. 146 Abs. 1 Ziff. 3 und Art. 250 Abs. 1 Ziff. 3 bei einer Gegenstandssumme von mehr als 60 000 Mk. um zehn vom Hundert,
   b) nach Art. 150 Abs. 1 von eineinhalb vom Hundert auf zwei vom Hundert,
   c) nach Art. 215 Abs. 1 von 15 auf 20 Mk.

erhöht.

Pfennigbeträge, welche sich bei der Berechnung des Zuschlags ergeben und ohne Bruch nicht durch zehn teilbar sind, werden auf den nächst höheren, durch zehn teilbaren Betrag aufgerundet.

Art. 2.

Die Berechnung der örtlichen Abgabe nach dem Gesetze vom 15. Juni 1898, die Einführung einer Besitzveränderungsabgabe für Gemeinden betreffend (Ges. u. V.-Bl. S. 292), erfolgt aus dem Betrage der Gebühr ohne Einrechnung des Zuschlags.

Art. 3.

Die zur Ausführung dieses Gesetzes erforderlichen Anordnungen werden von dem Staatsministerium der Finanzen erlassen.

---

*) Gemäß Art. C des Gesetzes vom 9. Juni 1899 trat die Aufhebung der Art. 199, 231 bis 263 des früheren Gebührengesetzes bereits mit dem 1. Juli 1899 in Kraft.

C.

Gesetz,

betr. die Einführung einer Besitzveränderungsabgabe für Gemeinden

vom 15. Juni 1898 (GVBl. S. 292).

Einziger Artikel.

Die Gemeinden sind mit Genehmigung des K. Staatsministeriums des Innern befugt, bei Veränderungen im Besitze oder Eigentum unbeweglicher, im Gemeindebezirk gelegener Sachen, sofern und soweit diese Veränderungen nicht unter den in Art. 114 Abs. I Ziff. 1 des Gebührengesetzes bezeichneten Personen erfolgen, dann von den im Gemeindebezirk gelegenen, nach Art. 218 ff. des Gebührengesetzes gebührenäquivalentpflichtigen unbeweglichen Sachen eine örtliche Abgabe im Betrage von einem Viertel derjenigen Gebühr zu erheben, welche aus Anlaß der treffenden Besitz- oder Eigentumsveränderung beziehungsweise als Gebührenäquivalent an die K. Staatskasse zu entrichten ist. Bei Tauschverträgen über unbewegliche Sachen, welche in Bezirken verschiedener Gemeinden gelegen sind, findet die Erhebung der örtlichen Abgabe nach dem Verhältnisse des Wertes der einzelnen Objekte statt.

Die Beschlußfassung über die Einführung der örtlichen Abgabe steht in den Landesteilen diesseits des Rheins dem Magistrate unter Zustimmung der Gemeindebevollmächtigten, in Landgemeinden dem Gemeindeausschusse unter Zustimmung der Gemeindeversammlung, dann in der Pfalz dem Gemeinderate zu.

Die Erhebung der örtlichen Abgabe erfolgt in der Form eines Zuschlags zu der für die Staatskasse zu erhebenden Gebühr. Dieser Zuschlag geht im Range sowie in Beziehung auf die Einbringlichkeit der für die Staatskasse zu erhebenden Gebühr nach; im übrigen genießt derselbe die gleichen Rechte und Vorzüge, welche durch das Gebührengesetz den für die Staatskasse zu erhebenden Gebühren beigelegt sind. Die Befugnis des K. Staatsministeriums der Finanzen zur Gewährung von Stundungen und Nachlässen von Staatsgebühren erstreckt sich auch auf die örtliche Abgabe.

Die näheren Vorschriften über die Erhebung der örtlichen Abgabe und die den perzipierenden Beamten hierfür zu gewährende Vergütung werden vom K. Staatsministerium der Finanzen erlassen.

D.

Auszug

aus der Bayer. Notariatsgebührenordnung

vom $\frac{\text{28. Dezember 1899}}{\text{4. Juli 1903}}$ $\left(\frac{\text{GVBl. S. 1183 ff.}}{\text{GVBl. S. 381 ff.}}\right)$

Erster Abschnitt.

Allgemeine Vorschriften.

Art. 1.

Die Vergütung für die Amtshandlungen der Notare bestimmt sich nach den Vorschriften dieser Gebührenordnung. Auf die Notariatsverweser finden diese Vorschriften, soweit nicht in einzelnen Fällen ein anderes bestimmt ist, gleichmäßige Anwendung.

Art. 2.

Für die Geltendmachung und Beitreibung der Gebühren und Auslagen der Notare und für das Armenrecht sind die Vorschriften des Notariatsgesetzes, für die Verjährung die Vorschriften des Bürgerlichen Gesetzbuchs, für die Buch- und Registerführung die Vorschriften der Geschäftsordnung maßgebend.

Art. 3.

Gebühren werden, soweit nicht in besonderen Vorschriften ein anderes bestimmt ist, nur in Parteisachen erhoben.

Für Amtshandlungen, welche unabhängig von dem Ansuchen Beteiligter von Amts wegen vorzunehmen sind, wie Eintragungen in die vorgeschriebenen Dienstregister, Anzeigen an Behörden, Vorlegung von Urkunden und Akten an solche, dürfen keine Gebühren angesetzt werden. Dasselbe gilt für Zustellungen, die von Amts wegen zu erfolgen haben.

Art. 4.

Für die Berechnung seiner Gebühren und Auslagen, die Übersendung der Rechnungen, die Aufforderung und Mahnung zur Zahlung, endlich für die Quittung kann der Notar weder Gebühren noch Auslagen verrechnen. Wird die Übersendung der Quittung gewünscht, so können die Auslagen für die Post oder den Boten in Ansatz kommen.

Art. 5.

Für jedes Geschäft ist ohne Rücksicht auf die Zahl der dabei Beteiligten nur eine Gebühr zu erheben.

Art. 7.

Die Gebühr bildet die Vergütung für die gesamte, zur Erledigung des Geschäfts erforderliche Tätigkeit des Notars. Für einzelne zur Abwickelung eines Geschäfts gehörende Handlungen, wie Ladung von Beteiligten zu Amt, Bestellung von Zeugen und Sachverständigen, vorbereitende Besprechungen und Korrespondenzen, Prüfung von Büchern, Registern, Akten, Urkunden, Rechnungen, Einsicht von Grund- und Hypothekenbüchern dürfen besondere Gebühren nicht verrechnet werden.

Art. 9.

Die Notariatsgebühren werden entweder nach festen Sätzen oder nach dem Werte des Gegenstandes des Geschäfts oder endlich nach Maßgabe der von dem Notar auf die Erledigung des Geschäfts verwendeten Zeit bemessen. (Feste Gebühren, Wertgebühren, Zeitgebühren.)

Art. 10.

Die zum Zwecke der Erhebung der Staatsgebühr festgestellte Gegenstandssumme ist auch für die Notariatsgebühren maßgebend, wenn gleichzeitig Staatsgebühren und Notariatsgebühren nach dem Werte des Gegenstandes erhoben werden.

Anderenfalls erfolgt die Bestimmung der Gegenstandssumme nach den besonderen Vorschriften dieser Verordnung und in Ermangelung von solchen besonderen Vorschriften nach vernünftigem Ermessen.

Art. 11.

Bei der Berechnung der Gebühren nach dem Werte bleiben Bruchteile eines Pfennigs außer Ansatz. Pfennigbeträge, die nicht durch zehn teilbar sind, werden auf zehn aufgerundet.

Art. 12.

Die volle Wertgebühr beträgt bei Gegenständen im Werte

1.	bis zu	100 Mark				1,—	Mark
2.	von mehr als	100	„	bis	200 Mark	1,80	„
3.	„ „ „	200	„	„	300 „	2,70	„
4.	„ „ „	300	„	„	400 „	3,60	„
5.	„ „ „	400	„	„	500 „	4,50	„
6.	„ „ „	500	„	„	600 „	5,40	„
7.	„ „ „	600	„	„	900 „	6,30	„
8.	„ „ „	900	„	„	1200 „	7,20	„
9.	„ „ „	1200	„	„	1500 „	8,10	„
10.	„ „ „	1500	„	„	1800 „	9,—	„
11.	„ „ „	1800	„	„	2200 „	10,50	„
12.	„ „ „	2200	„	„	2700 „	12,—	„
13.	„ „ „	2700	„	„	3300 „	13,50	„
14.	„ „ „	3300	„	„	4000 „	15,—	„
15.	„ „ „	4000	„	„	4800 „	16,50	„
16.	„ „ „	4800	„	„	5700 „	18,—	„

17.	von mehr als	5700	Mark bis	6700	Mark	19,50	Mark
18.	„ „ „	6700	„ „	7800	„	21,—	„
19.	„ „ „	7800	„ „	8900	„	22,50	„
20.	„ „ „	8900	„ „	10,000	„	24,—	„
21.	„ „ „	10,000	„ „	12,000	„	27,—	„
22.	„ „ „	12,000	„ „	14,000	„	30,—	„
23.	„ „ „	14,000	„ „	16,000	„	33,—	„
24.	„ „ „	16,000	„ „	18,000	„	36,—	„
25.	„ „ „	18,000	„ „	20,000	„	39,—	„
26.	„ „ „	20,000	„ „	23,000	„	42,—	„
27.	„ „ „	23,000	„ „	26,000	„	44,—	„
28.	„ „ „	26,000	„ „	29,000	„	46,—	„
29.	„ „ „	29,000	„ „	32,000	„	48,—	„
30.	„ „ „	32,000	„ „	35,000	„	50,—	„
31.	„ „ „	35,000	„ „	38,000	„	52,—	„
32.	„ „ „	38,000	„ „	41,000	„	54,—	„
33.	„ „ „	41,000	„ „	44,000	„	56,—	„
34.	„ „ „	44,000	„ „	47,000	„	58,—	„
35.	„ „ „	47,000	„ „	50,000	„	60,—	„

Die ferneren Wertklassen steigen um je 10000 Mark und die Gebühren um je 6 Mark; beträgt der Wert des Gegenstandes mehr als 400000 Mark, so steigt die Gebühr von da ab nur mehr um je 1 Mark in jeder Klasse.

II. Abschnitt.

Beurkundung von Rechtsgeschäften, von sonstigen Erklärungen, von Vorgängen und von Tatsachen.

Art. 23.

Für die Vornahme von öffentlichen Versteigerungen, einschließlich der zugehörigen Beurkundung, wird die anderthalbfache Wertgebühr erhoben.

Wird bei einer öffentlichen Versteigerung von Grundstücken der Zuschlag auf die für die einzelnen Grundstücke gelegten Gebote erteilt, so ist die Gebühr nach den Einzelpreisen zu berechnen.

Bei der öffentlichen Versteigerung von beweglichen Sachen und von Nutzungen, für welche nicht die sich auf Grundstücke beziehenden Vorschriften gelten, ist die Gebühr stets aus dem Gesamterlöse zu berechnen.

IV. Abschnitt.

Vermittlung der Auseinandersetzung. Zwangsversteigerung.

Art. 52.

Wird dem Notar auf Grund des Artikel 25 des Ausführungsgesetzes zu der Grundbuchordnung und zu dem Gesetz über die Zwangsversteigerung und die Zwangsverwaltung die Ausführung einer Versteigerung übertragen, so erhält er für die gesamte Tätigkeit im Verfahren bis zum Versteigerungstermine mit Einschluß der Beurkundung von Anträgen, Erklärungen und Vereinbarungen der Beteiligten eine Gebühr von 15 Mark.

Für die Versteigerung selbst einschließlich der Beurkundung derselben und der Erteilung des Zuschlags erhält der Notar die im Artikel 23 bestimmte Gebühr.

Die Gebühr des Absatz 1 fällt an mit der Bestimmung des Versteigerungstermins. Wird das Verfahren vor der Bestimmung des Versteigerungstermins eingestellt oder aufgehoben, so entfällt die Gebühr.

Art. 53.

Wird unter Versagung des Zuschlags ein neuer Versteigerungstermin bestimmt, so erhält der Notar für das Verfahren bis zu dem neuen Versteigerungstermin eine Gebühr von 5 Mark.

VI. Abschnitt.

Zustellung, Behändigung, Vorlegung von Urkunden.

Art. 59.

Soweit der Notar nach den dafür bestehenden Vorschriften Zustellungen von Amts wegen vorzunehmen hat, stehen ihm dafür keine Gebühren zu.

Art. 62.

Legt der Notar auf Ersuchen der Beteiligten eine von ihm beurkundete oder beglaubigte Erklärung einer anderen Behörde vor, so hat er für die Vorlegung eine Gebühr von 1 Mark zu beanspruchen. Die Gebühr entfällt, wenn der Notar die Urkunde schon von Amts wegen vorzulegen hat.

VII. Abschnitt.

Gestattung der Einsicht, Erteilung und Beglaubigung von Abschriften und Ausfertigungen. Vollstreckungsklausel. Schreibgebühren.

Art. 65.

Für die Gestattung der Einsicht in die Verlassenschaftsakten des älteren Rechts der Landesteile r. d. Rh., für die Gestattung der Einsicht in die Akten über die Vermittelung der Auseinandersetzung in Ansehung eines Nachlasses oder des Gesamtgutes einer ehelichen oder fortgesetzten Gütergemeinschaft, in die Testaments-Eröffnungs- und Zwangsversteigerungsakten, endlich in das Wechselprotestregister und das Buch für die Eintragungen zur Feststellung des Datums von Privaturkunden kann eine Gebühr nicht beansprucht werden.

Art. 66.

Für die Erteilung einer Abschrift erhält der Notar eine Gebühr von 1 Mark, wenn die Abschrift nicht mehr als vier Seiten hat, andernfalls für jede weitere Seite 0,20 Mark mehr. (Schreibgebühr.)

Auf die Seite sind mindestens zwanzig Zeilen von durchschnittlich zwölf Silben zu rechnen. Angefangene Seiten werden für voll berechnet.

Für den Beglaubigungsvermerk kann keine besondere Gebühr in Ansatz gebracht werden.

Art. 67.

Für die Erteilung einer beglaubigten Abschrift von einer Urkunde, die dem Notar zum Zwecke der Beglaubigung der Abschrift vorgelegt worden ist, wird die gleiche Gebühr erhoben, wie für die Erteilung einer Abschrift einer Urkunde aus der Urkundensammlung des Notars.

Wird außer der Hauptschrift auch die Abschrift dem Notar vorgelegt und nur um die Beglaubigung der Übereinstimmung ersucht, so steht doch dem Notar die gleiche Gebühr zu, wie wenn die Abschrift von ihm angefertigt worden wäre.

Die Vorschriften im Absatz 1 und 2 finden entsprechende Anwendung auf die Auszüge.

Art. 68.

Für die Erteilung einer Ausfertigung steht dem Notar die gleiche Gebühr zu wie für die Erteilung einer Abschrift.

Für die Erteilung der Vollstreckungsklausel erhält der Notar nur dann eine besondere Gebühr, wenn die Prüfung des Eintrittes einer Tatsache oder einer Rechtsnachfolge notwendig war. (Zivilprozeßordnung §§ 726 bis 729.) Die Gebühr beträgt 1 Mark.

Art. 69.

Für die Herstellung der Urschrift der Urkunden erhält der Notar keine Schreibgebühr.

IX. Abschnitt.

Auslagen.

Art. 75.

An baren Auslagen werden erhoben:
1. Die Post- und Telegraphengebühren;
2. die durch Einrückung einer Bekanntmachung in öffentliche Blätter entstehenden Kosten;
3. die an Zeugen, Sachverständige, Auskunftspersonen, Dolmetscher, Ausrufer und sonstige notwendige Hilfspersonen zu zahlenden Beträge;
4. die an andere Behörden oder Beamte, insbesondere an den zugezogenen zweiten Notar oder an Rechtsanwälte für deren Tätigkeit zu zahlenden Beträge;
5. die zur Entrichtung der dem Staate und den Gemeinden anfallenden Gebühren gemachten Vorschüsse.

Art. 76.

Für das zu den Urkunden, Ausfertigungen und sonstigen Schriftstücken verwendete Papier kann eine besondere Gebühr nicht in Anspruch genommen werden.

Die Kosten einer besonderen Ausstattung der Urkunde, insbesondere die Kosten, welche durch Verwendung von Pergamentpapier oder Pergament entstehen, können jedoch in Ansatz gebracht werden. Ebenso die Auslagen für die zum Schutze der Ausfertigungen wichtigerer Urkunden gebräuchlichen Decken (Mäntel).

Art. 77.

Für die Verpackung von Schriftstücken, die an Beteiligte zu senden sind, sowie für die Adresse können Auslagen nicht berechnet werden.

Art. 81.

Für Dolmetscher und Sachverständige kann die denselben unter Einhaltung der in den §§ 3 bis 11 der Gebührenordnung für Zeugen und Sachverständige enthaltenen Grundsätze gezahlte Entschädigung verrechnet werden.

Den Beteiligten bleibt anderweitige Vereinbarung über die Vergütung vorbehalten.

Art. 82.

Ergibt sich bei Versteigerungen das Bedürfnis, einen Ausrufer beizuziehen und wird dieser nicht von den Beteiligten selbst gestellt, so kann für den beigezogenen Ausrufer die ortsübliche Gebühr in Ansatz gebracht werden.

X. Abschnitt.

Entfernungsgebühren, Reisekosten.

Art. 83.

Nimmt der Notar ein Amtsgeschäft an einem Orte vor, der außerhalb der Amtsräume, jedoch weniger als drei Kilometer von seinem Amtssitz entfernt liegt, so hat er für die daraus entstehende Zeitversäumnis Vergütung zu beanspruchen.

Unterliegt das auswärts vorgenommene Geschäft ohnehin der Zeitgebühr, so ist die Zeit für den Hin- und Rückweg der Zeit der Vornahme des Geschäfts hinzuzurechnen. Andernfalls kommt dem Notar für die auf Hin- und Rückweg verwendete Gesamtzeit die Zeitgebühr besonders zu. Hat der Notar auf seinem Gange mehrere Geschäfte erledigt, so sind die Ganggebühren entsprechend zu verteilen.

Art. 84.

Bei der Vornahme von Dienstgeschäften an Orten, die außerhalb des Amtssitzes gelegen und von diesem nicht weniger als drei Kilometer entfernt sind, hat der Notar neben den Notariatsgebühren Entschädigung durch Tagegelder und Ersatz der Reisekosten zu beanspruchen.

Für die Zuziehung von Gehilfen zum Niederschreiben der Urkunden dürfen Gebühren oder Auslagen nicht verrechnet werden.

Art. 85.

Die Tagegelder können auf so lange beansprucht werden als das vorzunehmende Geschäft — die Reisezeit mit eingerechnet — auswärts dauert.

Erfolgt die Hin- und Rückreise an demselben Tage und erstreckt sich die notwendige Abwesenheit zur Geschäftsvornahme auf nicht länger als sechs Stunden, so kann nur die Hälfte des Tagegeldes beansprucht werden.

Art. 86.

Das Tagegeld beträgt für den ganzen Tag 11 Mark.

Artikel 87.

Als Reisekosten dürfen, vorbehaltlich der Bestimmungen der Artikel 90, 91 nur die wirklich entrichteten Auslagen in Aufrechnung gebracht werden.

Art. 88.

Bei allen Dienstreisen, welche ohne Nachteil für den Reisezweck durch Benützung von Eisenbahnen oder Dampfschiffen zurückgelegt werden können, haben die Notare nur auf Vergütung der Kosten dieser Beförderungsgelegenheit Anspruch. Auf Eisenbahnen gebührt ihnen ein Platz in der zweiten, auf Dampfschiffen in der ersten Klasse.

Art. 89.

Soweit die Benützung der Eisenbahnen oder Dampfschiffe nicht möglich oder nicht tunlich erscheint, kann der Notar sich in gleicher Weise, wie die Richter des Amtsgerichts eines Gefährtes bedienen. Er soll sich, wenn möglich, den Akkorden anschließen, die nach § 12 der Verordnung vom 11. Februar 1875, die Aufrechnung der Tagegelder und Reisekosten bei auswärtigen Dienstgeschäften der Beamten und Bediensteten des Zivilstaatsdienstes betr., abgeschlossen werden.

Art. 90.

Ein Notar, der mit eigenem Wagen und eigenen Pferden versehen ist, darf, wenn er sich dieses Gefährtes zu Dienstreisen bedient, die Kosten in Aufrechnung bringen, welche nach den Vorschriften der vorhergehenden Artikel erwachsen wären, wenn er sich eines gemieteten Beförderungsmittels bedient hätte.

Art. 91.

Legt ein Notar bei einer Dienstreise den Weg zu Fuß oder unter Benützung des Fahrrads zurück, so hat er Anspruch auf eine Reisekostenvergütung von 0,20 Mk. für jeden vollen Kilometer des Hin- und Rückwegs. Bruchteile von Kilometern kommen nicht in Anschlag.

Würden die Kosten bei Benützung von Eisenbahn, Dampfschiff, Gefährt geringer sein, so kann die Reisekostenvergütung nur in dem geringeren Betrage beansprucht werden.

XI. Abschnitt.

Hinterlegungsgebühren.

Art. 97.

Für die Übernahme, Verwahrung und Ablieferung von Geldern, Wertpapieren und Kostbarkeiten nach Artikel 4 des Notariatsgesetzes erhalten die Notare Hinterlegungsgebühren nach Maßgabe der folgenden Bestimmungen.

Art. 98.

Die Gebühr enthält die Vergütung für die gesamte Tätigkeit des Notars. Für die Korrespondenz über die Übernahme, die Bescheinigung über den Empfang, die Verzeichnung und Verrechnung, die verzinsliche oder unverzinsliche Hinterlegung bei öffentlichen Banken und die Wiedereinziehung der Werte von diesen, für die wegen der Ablieferung gepflogenen schriftlichen oder mündlichen Verhandlungen mit den Beteiligten, mit Behörden oder Dritten, endlich für die Verhandlung bei der Ablieferung selbst darf keine besondere Gebühr in Ansatz gebracht werden. Die tatsächlich erwachsenen Postportoauslagen — einschließlich der allenfallsigen Versicherungskosten — dürfen aufgerechnet werden.

Art. 99.

Die Gebühr wird nach dem Werte des hinterlegten Betrages oder Gegenstandes berechnet.

Als Gegenstandssumme gilt auch für die Gebühr des Notars die zum Zwecke der Bemessung der staatlichen Hinterlegungsgebühr ermittelte Summe.

Art. 100.

Die Gebühr beträgt in der Regel:
für den Betrag bis zu 2000 Mark 1/4 vom Hundert,
darüber hinaus für den Mehrbetrag 1/8 vom Hundert.

Beträgt die hinterlegte Summe mehr als 400000 Mark, so ist für den Mehrbetrag nur ein Zehntel vom Tausend zu entrichten.

Art. 101.

Die Gebühr beträgt, wenn dem Notar die Einnahme, Aufbewahrung und Ablieferung der Strichgelder aus einer Versteigerung obliegt,

a) bei Versteigerung von unbeweglichen Gegenständen:
für den Betrag bis zu 2000 Mk. 1 vom Hundert,
darüber hinaus für den Mehrbetrag 1/2 vom Hundert;

b) bei Versteigerung von beweglichen Gegenständen:
für den Betrag bis zu 2000 Mk. 2 vom Hundert,
darüber hinaus für den Mehrbetrag 1 vom Hundert.

Art. 104.

Soweit bestimmt ist, daß die Notare bei der Berechnung und Erhebung der aus Anlaß ihrer Amtsgeschäfte dem Staate und den Gemeinden anfallenden Gebühren mitzuwirken haben, haben die Notare von den Beteiligten für die Einnahme, Aufbewahrung und Ablieferung dieser Gebühren Hinterlegungsgebühren nicht zu beanspruchen. Werden auf Wunsch der Beteiligten die Staatsgebühren und die gemeindlichen Besitzveränderungsabgaben vom Notar vorgeschossen, so haben die Beteiligten dafür eine Gebühr von einem Prozent der vorgeschossenen Summe zu entrichten; sonstige Vergütung oder Verzinsung der vorgeschossenen Summen darf nicht beansprucht werden.

XII. Abschnitt.

Schlußbestimmungen.

Art. 107.

Die Vorschriften dieser Verordnung über die Gebühren bei der Zwangsversteigerung treten, soweit sie die Schiffe betreffen, am 1. Januar 1900, im übrigen für jeden Grundbuchbezirk mit dem Zeitpunkt in Kraft, in welchem das Grundbuch als angelegt anzusehen ist. Bis zu diesem Zeitpunkte haben bei Zwangsversteigerungen hinsichtlich der Gebühren noch die seitherigen Bestimmungen Anwendung zu finden. Das gleiche gilt für das Verfahren, welches gemäß § 15 des Einführungsgesetzes zu dem Gesetz über die Zwangsversteigerung und die Zwangsverwaltung noch nach den Landesgesetzen zu erledigen ist, sowie für die Zwangsversteigerung eines gemeinschaftlichen Grundstücks zum Zwecke der Aufhebung der Gemeinschaft nach den Art. 41, 113 des Gesetzes, Übergangsvorschriften zum Bürgerlichen Gesetzbuche betreffend.

Die Erlassung besonderer Vorschriften über die Gebühren der Notare bei der Beurkundung und Beglaubigung von Verträgen und Erklärungen, für welche das Grundbuchrecht maßgebend ist, bleibt für später vorbehalten.

Art. 109.

Gegenwärtige Verordnung tritt mit dem 1. Januar 1900 in Kraft.

Art. 110.

Das Staatsministerium der Justiz ist mit der Ausführung dieser Verordnung beauftragt. Es ist ermächtigt, deren Vorschriften im Falle des Bedürfnisses durch Bestimmungen nicht grundsätzlicher Art zu ändern und zu ergänzen.

E.

Auszug

aus der Bayer. Gebührenordnung für Rechtsanwälte

vom 26. März 1902 (GVBl. S. 133)

und der

Reichs-Gebührenordnung für Rechtsanwälte

vom 7. Juli 1879 in der Fassung vom 20. Mai 1898 (RGBl. S. 692).

K. Allerh. VO., die Gebühren der Rechtsanwälte in den Angelegenheiten der Rechtspflege betreffend.

Art. 1.

Die Reichsgebührenordnung für Rechtsanwälte findet entsprechende Anwendung auf die Berufstätigkeit des Rechtsanwalts

1. in den vor die ordentlichen Gerichte gehörenden bürgerlichen Rechtsstreitigkeiten mit Ausnahme der in den Artikeln 17 bis 23 aufgeführten Angelegenheiten, auch soweit das Verfahren den Vorschriften der Zivilprozeßordnung oder der Konkursordnung nicht unterliegt.

(Ziff. 2—4 und Abs. 2 sind hier nicht mitabgedruckt.)

Art. 4.

In allen anderen Angelegenheiten, für welche die Vergütung der Berufstätigkeit des Rechtsanwalts landesrechtlich zu regeln ist, sind ausschließlich die folgenden Vorschriften maßgebend.

Diese Vorschriften finden jedoch keine Anwendung auf die Berufstätigkeit des Rechtsanwalts in den Angelegenheiten der Verwaltung und der Verwaltungsrechtspflege, ferner auf die Berufstätigkeit, die ein Rechtsanwalt als Mitglied eines Gläubigerausschusses, als Konkursverwalter, Zwangsverwalter, Nachlaßverwalter, Zustellungsvertreter oder Vertreter eines im Verteilungsverfahren nicht ermittelten Berechtigten, als Vormund, Pfleger, Testamentsvollstrecker oder in einer ähnlichen Stellung ausübt.

Art. 5.

Volle Gebühr im Sinne der folgenden Vorschriften ist die im § 9 der Reichsgebührenordnung für Rechtsanwälte bestimmte Gebühr mit der Maßgabe, daß von 10000 bis 20000 Mark die Wertsklassen um je 2500 Mark und die Gebühren um je 4 Mark und von 20000 Mark an die Gebühren um je 5 Mark und die Wertsklassen bis 100000 Mark um je 5000 Mark, bis 300000 Mark um je 10000 Mark, bis 1 Million Mark um je 25000 Mark und darüber hinaus um je 50000 Mark steigen.

§ 9 der RRAGO. lautet:

In bürgerlichen Rechtsstreitigkeiten werden die Gebühren nach dem Werte des Streitgegenstandes erhoben.

Der Gebührensatz beträgt bei Gegenständen im Werte:

1.	bis 20 Mark einschließlich					2 Mark,
2.	von mehr als	20	bis	60	Mark einschließlich	3 „
3.	„ „ „	60	„	120	„ „	4 „
4.	„ „ „	120	„	200	„ „	7 „
5.	„ „ „	200	„	300	„ „	10 „
6.	„ „ „	300	„	450	„ „	14 „
7.	„ „ „	450	„	650	„ „	19 „
8.	„ „ „	650	„	900	„ „	24 „
9.	„ „ „	900	„	1200	„ „	28 „
10.	„ „ „	1200	„	1600	„ „	32 „
11.	„ „ „	1600	„	2100	„ „	36 „
12.	„ „ „	2100	„	2700	„ „	40 „
13.	„ „ „	2700	„	3400	„ „	44 „
14.	„ „ „	3400	„	4300	„ „	48 „
15.	„ „ „	4300	„	5400	„ „	52 „
16.	„ „ „	5400	„	6700	„ „	56 „
17.	„ „ „	6700	„	8200	„ „	60 „
18.	„ „ „	8200	„	10000	„ „	64 „

Die ferneren Wertklassen steigen um je 2000 Mark und die Gebührensätze in den Klassen bis 50000 Mark einschließlich um je 4 Mark, bis 100000 Mark einschließlich um je 3 Mark und darüber hinaus um je 2 Mark.

Art. 6.

Der Rechtsanwalt erhält für die Tätigkeit, die er zu seiner Information entwickelt, einschließlich der zu diesem Zwecke vorgenommenen Besprechungen und der Einsicht von Akten zwei Zehnteile der vollen Gebühr, jedoch mindestens zwei Mark. Ist die Tätigkeit des Rechtsanwalts besonders weitläufig oder schwierig, so kann die Gebühr bis auf fünf Zehnteile der vollen Gebühr erhöht werden (Informationsgebühr).

Die Gebühr kann in einer Instanz nur einmal beansprucht werden.

Vertritt der Rechtsanwalt den Auftraggeber in mehreren Instanzen, so erhält er die Gebühr in der höheren Instanz nur dann, wenn er in dieser zu seiner Information eine weitere Tätigkeit entwickelt hat.

Die Gebühr beträgt nur ein Zehnteil der vollen Gebühr, wenn die Tätigkeit des Rechtsanwalts die Zwangsvollstreckung betrifft.

Die Gebühr kann nicht gefordert werden, wenn die Tätigkeit des Rechtsanwalts der Einleitung eines Prozesses vorausgeht und dem Rechtsanwalte die Prozeßgebühr oder eine Gebühr nach § 44 der Reichsgebührenordnung für Rechtsanwälte zusteht, ferner wenn die Tätigkeit des Rechtsanwalts Mahnungen, Kündigungen oder Schreiben ähnlicher Art betrifft, die der Einleitung einer Zwangsvollstreckung vorausgehen, und dem Rechtsanwalt eine Gebühr für den Antrag auf Einleitung der Zwangsvollstreckung zusteht.

§ 44 der RRAGO. lautet:

Dem Rechtsanwalte, welcher lediglich den Verkehr der Partei mit dem Prozeßbevollmächtigten führt, steht eine Gebühr in Höhe der Prozeßgebühr zu. Er erhält nur fünf Zehnteile, wenn ihm in unterer Instanz die vorbezeichnete Gebühr oder die Prozeßgebühr zustand.

Die mit der Übersendung der Akten an den Rechtsanwalt der höheren Instanz verbundenen gutachtlichen Äußerungen dienen nicht zur Begründung dieser Gebühr, wenn nicht zu denselben Auftrag erteilt war.

Art. 7.

Der Rechtsanwalt erhält für die Erteilung eines Rates ein Zehnteil der vollen Gebühr.

Hat der Rechtsanwalt im Anschluß an die Erteilung des Rates eines der in den Artikeln 8 bis 12 bezeichneten Geschäfte vorzunehmen, für das nach diesen Artikeln oder nach Artikel 13 eine besondere Gebühr anzusetzen ist, so kann die Gebühr für das Geschäft nur gefordert werden, soweit sie die Gebühr für den Rat übersteigt.

Art. 8.

Der Rechtsanwalt erhält zwei Zehnteile der vollen Gebühr, jedoch mindestens zwei Mark, für Anträge, Erklärungen und Beschwerden bei Behörden. Die Gebühr kann bis auf vier Zehnteile der vollen Gebühr erhöht werden, wenn die Tätigkeit des Rechtsanwalts besonders weitläufig oder schwierig ist.

Hat der Rechtsanwalt die einem Antrag oder einer Erklärung zu Grunde liegende Urkunde entworfen und erhält er hierfür eine Gebühr nach Artikel 12, so steht ihm für den Antrag oder für die Erklärung die Gebühr aus Absatz 1 nur dann zu, wenn der Antrag oder die Erklärung eine das Sach- und Rechtsverhältnis entwickelnde Darstellung enthält und deren Einreichung vom Auftraggeber verlangt wird.

Für bloße Benachrichtigungen, Beschleunigungsgesuche, kurze Anzeigen, Gesuche um Abschriften oder Ausfertigungen und für ähnliche Schreiben erhält der Rechtsanwalt nur Schreibgebühren.

Art. 9.

Der Rechtsanwalt erhält ein Zehnteil der vollen Gebühr für Abfassung eines Schreibens an eine andere Privatperson als den Auftraggeber, wenn es rechtliche Ausführungen oder sachliche Auseinandersetzungen enthält.

Für die der Einleitung eines Prozesses oder einer Zwangsvollstreckung vorausgehenden Mahnungen, Kündigungen oder Schreiben ähnlicher Art kann diese Gebühr nicht gefordert werden, wenn dem Rechtsanwalte die Prozeßgebühr, eine Gebühr nach § 44 der Reichsgebührenordnung für Rechtsanwälte oder eine Gebühr für den Antrag auf Einleitung der Zwangsvollstreckung zusteht.

Auf ein Schreiben an den Auftraggeber, das einen von diesem erbetenen Rat enthält, findet die Bestimmung des Artikel 7 Abs. 1, auf ein Gutachten mit juristischer Begründung die Bestimmung des § 88 der Reichsgebührenordnung für Rechtsanwälte Anwendung.

Für andere Schreiben erhält der Rechtsanwalt nur Schreibgebühren.

Art. 10.

Für die Wahrnehmung eines Termins vor einer Behörde erhält der Rechtsanwalt drei Zehnteile der vollen Gebühr, jedoch mindestens drei Mark; werden in derselben Instanz mehrere Termine wahrgenommen, so beträgt die Gebühr für den zweiten und für jeden weiteren Termin zwei Zehnteile der vollen Gebühr, jedoch mindestens zwei Mark (Terminsgebühr).

Für die Wahrnehmung eines Termins, der nur zur Übernahme oder zur Ablieferung von Geldern oder Wertpapieren bestimmt ist, erhält der Rechtsanwalt eine Terminsgebühr nur dann, wenn die Übernahme oder die Ablieferung in dem Termine nicht stattfindet. Die Gebühr beträgt in diesem Falle ein Zehnteil der vollen Gebühr, jedoch nicht mehr als die Gebühr für die Übernahme oder die Ablieferung betragen hätte.

Art. 11.

Für die Mitwirkung beim Abschluß eines Vergleichs erhält der Rechtsanwalt die volle Gebühr.

Art. 12.

Für das Entwerfen der Urkunde über ein Rechtsgeschäft erhält der Rechtsanwalt zwei bis fünf Zehnteile der vollen Gebühr. Wenn die Tätigkeit des Rechtsanwalts besonders weitläufig oder schwierig ist, kann die Gebühr bis auf den Betrag der vollen Gebühr erhöht werden.

Art. 13.

Hat der Rechtsanwalt eines der in den Artikeln 7 bis 12 genannten Geschäfte vorbereitet oder begonnen, erledigt sich aber der Auftrag vor der vollständigen Ausführung, so erhält der Rechtsanwalt eine unter entsprechender Anwendung der Bestimmungen dieser Artikel zu bemessende Gebühr.

Art. 14.

Dem Rechtsanwalte steht in derselben Instanz an Gebühren für die in den Artikeln 6 bis 9 genannten Geschäfte aus diesen Artikeln oder aus dem Artikel 13 nicht mehr als eine volle Gebühr zu, jedoch nicht weniger als die Summe der Mindestgebühren für je eines der in Betracht kommenden Geschäfte beträgt.

An Terminsgebühren steht dem Rechtsanwalt in derselben Instanz nicht mehr als eine volle Gebühr zu; wenn er einen unter Artikel 10 Abs. 1 fallenden Termin wahrgenommen hat, erhält er mindestens drei Mark.

Dem Rechtsanwalte stehen für die Mitwirkung beim Abschluß eines Vergleichs und an Terminsgebühren in der Instanz, in welcher der Vergleich abgeschlossen worden ist, nicht mehr als fünfzehn Zehnteile der vollen Gebühr zu, wenn der Vergleich vor der Behörde, bei der die Sache anhängig ist, oder vor einer ersuchten Behörde abgeschlossen worden ist.

Art. 15.

Die Gebühren werden nach dem Werte des Gegenstandes erhoben.

Auf die Wertsberechnung finden die Vorschriften der §§ 9, 9a, 11 bis 13 des Gerichtskostengesetzes Anwendung.

Ist der Gegenstand einer Schätzung nach Geld nicht fähig, so ist ein Wert von 200 bis 50000 Mark, wenn aber das Geschäft für den Auftraggeber ausnahmsweise von besonders hoher Bedeutung ist, ein Wert bis zu 100000 Mark anzunehmen. Ist mit einem nicht vermögensrechtlichen Anspruch ein aus ihm hergeleiteter vermögensrechtlicher verbunden, so ist nur ein einziger Anspruch und zwar der höhere maßgebend.

§§ 9, 9a, 11—13 des RGKG. lauten:

§ 9.

Für die Wertsberechnung sind die Vorschriften der Zivilprozeßordnung §§ 3 bis 9 und der Konkursordnung § 148 mit den nachstehenden Bestimmungen maßgebend.

§ 9a.

Ist das Bestehen oder die Dauer eines Pacht- oder Mietverhältnisses für einen längeren als einjährigen Zeitraum streitig, so wird der Wert auf den Betrag des einjährigen Zinses berechnet.

Bei Ansprüche auf Alimente, welche auf gesetzlicher Vorschrift beruhen, wird der Wert des Rechts auf die wiederkehrenden Leistungen, falls nicht der Gesamtbetrag der geforderten Leistungen geringer ist, auf den fünffachen Betrag des einjährigen Bezugs berechnet. Das gleiche gilt bei Ansprüchen auf Entrichtung einer Geldrente, welche nach den §§ 843, 844 des Bürgerlichen Gesetzbuchs oder nach den §§ 3, 3a, 7 des Gesetzes, betreffend die Verbindlichkeit zum Schadenersatze für die bei dem Betriebe von Eisenbahnen, Bergwerken u. s. w. herbeigeführten Tötungen und Körperverletzungen, vom 7. Juni 1871 erhoben werden.

Ist für die Dauer des Rechtsstreits, welcher eine Ehesache betrifft, über die Unterhaltspflicht der Ehegatten zu entscheiden, so wird der Wert des Rechtes auf Entrichtung einer Geldrente auf den einjährigen Betrag derselben berechnet.

§ 11.

Soweit Klage und Widerklage, welche nicht in getrennten Prozessen verhandelt werden, denselben Streitgegenstand betreffen, sind die Gebühren nach dem einfachen Werte dieses Gegenstandes zu berechnen. Soweit beide Klagen nicht denselben Streitgegenstand betreffen, sind die Gegenstände zusammenzurechnen.

Das gleiche gilt für wechselseitig eingelegte Rechtsmittel, welche nicht in getrennten Prozessen verhandelt werden.

§ 12.

Für Akte, welche einen Teil des Streitgegenstandes betreffen, sind die Gebühren nur nach dem Werte dieses Teils zu berechnen.

Sind von einzelnen Wertsteilen in derselben Instanz für gleiche Akte Gebühren zu berechnen, so darf nicht mehr erhoben werden, als wenn die Gebühr von dem Gesamtbetrage der Wertsteile zu berechnen wäre; treten für die Akte verschiedene Gebührensätze ein, so ist der höchste Satz maßgebend.

§ 13.

Für Akte, welche Früchte, Nutzungen, Zinsen, Schäden oder Kosten als Nebenforderungen ohne den Hauptanspruch betreffen, ist der Wert der Nebenforderungen insoweit maßgebend, als er den Wert des Hauptanspruchs nicht übersteigt.

Für Akte der Zwangsvollstreckung wegen einer Geldforderung werden die einzuziehenden Zinsen mitberechnet.

Für Akte, welche die Kosten des Rechtsstreits ohne den Hauptanspruch betreffen, ist der Betrag der Kosten maßgebend.

Art. 16.

Eine Gebühr kann nicht beansprucht werden für die mit der Erledigung eines Geschäfts verbundenen Nebengeschäfte und für die zur Vorbereitung eines Geschäfts erforderliche Tätigkeit, soweit nicht eine Gebühr hierfür besonders bestimmt ist. Insbesondere kann hiernach eine Gebühr nicht beansprucht werden für das Entwerfen einer dem Rechtsanwalt oder von dem Rechtsanwalte zu erteilenden Vollmacht, für das Entgegennehmen von Zustellungen sowie für Vermerke zu den Handakten des Rechtsanwalts, wenn sie nur den Zweck haben, Aufschluß über seine Tätigkeit und über den Stand der Sache zu geben.

Art. 17.

Für die Vertretung eines Beteiligten im Verfahren der Zwangsversteigerung erhält der Rechtsanwalt drei Zehnteile der vollen Gebühr

1. für die Vertretung bis zur Einleitung des Verteilungsverfahrens,
2. für die Vertretung im Verteilungsverfahren.

Für die Vertretung des Antragstellers bis zur Einleitung des Verteilungsverfahrens erhält der Rechtsanwalt statt der im Abs. 1 Nr. 1 bestimmten Gebühr vier Zehnteile der vollen Gebühr, wenn er einen Antrag auf Zwangsversteigerung gestellt oder einen Versteigerungstermin wahrgenommen hat; hat er einen solchen Antrag gestellt und einen Versteigerungstermin wahrgenommen, so erhält er sechs Zehnteile der vollen Gebühr.

Für die Vertretung eines anderen Beteiligten bis zur Einleitung des Verteilungsverfahrens erhält der Rechtsanwalt statt der im Abs. 1 Nr. 1 bestimmten Gebühr, wenn er einen Versteigerungstermin wahrgenommen hat, vier Zehnteile der vollen Gebühr.

Drei Zehnteile der vollen Gebühr erhält der Rechtsanwalt auch dann, wenn unter seiner Mitwirkung eine außergerichtliche Verteilung stattfindet; auf diese Gebühr wird die Gebühr für die Vertretung im Verteilungsverfahren angerechnet.

Art. 18.

Für die Berechnung der im Artikel 17 bestimmten Gebühren ist im Falle der Vertretung des Gläubigers oder eines anderen Berechtigten (§ 9 Nr. 1, 2 des Gesetzes über die Zwangsversteigerung und die Zwangsverwaltung vom 24. März 1897) der Wert des Rechtes maßgebend, wobei die neben einem Hauptanspruche bestehenden Ansprüche wegen der Kosten und Nebenleistungen unberücksichtigt bleiben. Im Falle der Vertretung des Gläubigers ist der nach § 13 des Gerichtskostengesetzes sich berechnende Wert des Anspruchs, wegen dessen die Zwangsversteigerung beantragt ist, maßgebend, wenn er größer ist als der Wert des Rechtes ohne Kosten und Nebenleistungen. Ist im Falle der Erteilung des Zuschlags das Meistgebot, in den Fällen, in denen das Verfahren vor der Erteilung des Zuschlags erledigt wird, der Wert des Gegenstandes der Zwangsversteigerung geringer als der nach Satz 1 oder Satz 2 maßgebende Betrag, so ist das Meistgebot oder der Wert des Gegenstandes der Zwangsversteigerung maßgebend.

Bei der Vertretung eines anderen Beteiligten bestimmen sich die Gebühren im Falle der Erteilung des Zuschlags nach dem Meistgebot oder nach dem Anteile des Vertretenen an dem Meistgebot, in den Fällen, in denen das Verfahren vor der Erteilung des Zuschlags erledigt wird, nach dem Werte des Gegenstandes der Zwangsversteigerung oder nach dem Anteile des Vertretenen an diesem Werte.

Der Wert mehrerer Rechte oder Ansprüche, ebenso mehrere Meistgebote oder Werte von Gegenständen der Zwangsversteigerung, auf die sich das Recht des Auftraggebers erstreckt, sind zusammenzurechnen.

Beschränkt sich die Tätigkeit des Rechtsanwalts auf die Vertretung in dem Verfahren bis zum Versteigerungstermin und hat die Wahrnehmung eines anderen Termins nicht stattgefunden, so ist für die Berechnung der Gebühr des Vertreters des Gläubigers der Wert des Anspruchs des Gläubigers, wegen dessen die Zwangsversteigerung beantragt ist, maßgebend. Für die Berechnung der Gebühr des Vertreters eines anderen Beteiligten als des Antragstellers ist der Betrag maßgebend, der in demselben Falle der Berechnung der Gebühr des Vertreters des Antragstellers zu Grunde zu legen wäre. Sind in dem Falle des Satzes 2 mehrere Antragsteller vorhanden, so ist unter den der Berechnung der Gebühren ihrer Vertreter in demselben Falle zu Grunde zu legenden Beträgen der größte maßgebend. Der nach Abs. 1 bis 3 zu Grunde zu legende Betrag ist maßgebend, wenn er geringer ist.

Art. 19.

Für die Vertretung des Gläubigers, des Schuldners oder des Konkursverwalters im Verfahren der Zwangsverwaltung, einschließlich des Verteilungsverfahrens, erhält der Rechtsanwalt jährlich zwei Zehnteile der vollen Gebühr aus dem Betrage, der in jedem Verwaltungsjahre zur Verteilung an die Gläubiger gelangt (Wert der Einkünfte des Jahres), jedoch mindestens jährlich zehn Mark. Die Vorschrift des Artikel 17 Abs. 4 ist entsprechend anzuwenden.

Der Rechtsanwalt erhält außerdem für den Antrag auf Anordnung der Zwangsverwaltung oder auf Zulassung des Beitritts, wenn er einen Gläubiger vertritt, einmal drei Zehnteile der vollen Gebühr aus dem sich nach § 13 des Gerichtskostengesetzes berechnenden Werte des Anspruches oder der Ansprüche, wegen deren die Zwangsverwaltung von ihm beantragt ist, wenn er den Konkursverwalter vertritt, einmal drei Zehnteile der vollen Gebühr aus dem Werte der Einkünfte des Verwaltungsjahrs, in dem der Antrag gestellt ist, in jedem der beiden Fälle jedoch mindestens zehn Mark.

Beschränkt sich die Tätigkeit des Rechtsanwalts auf die Vertretung in dem Verfahren wegen Anordnung der Zwangsverwaltung oder wegen Zulassung des Beitritts, so erhält er, wenn er einen Antrag auf Zwangsverwaltung gestellt hat, nur die ihm nach Abs. 2 zukommende Gebühr. Hat er einen solchen Antrag nicht gestellt, so erhält er als Vertreter eines Gläubigers einmal zwei Zehnteile der vollen Gebühr aus dem Werte des Anspruchs oder der Ansprüche des Gläubigers, wegen deren die Zwangsverwaltung beantragt ist, als Vertreter des Konkursverwalters einmal zwei Zehnteile der vollen Gebühr aus dem Werte der Einkünfte des Verwaltungsjahrs, in dem der Antrag gestellt ist, auf den sich die Tätigkeit des Rechtsanwalts bezieht, und wenn sie sich auf mehrere in verschiedenen Jahren gestellte Anträge bezieht, aus dem größten Jahresbetrage der Einkünfte; die Gebühr beträgt mindestens fünf Mark. Für den Vertreter des Schuldners gilt das im Satze 2 für den Vertreter des Konkursverwalters bestimmte.

Art. 20.

Vertritt der Rechtsanwalt im Verfahren der Zwangsverwaltung einen anderen Berechtigten als den Gläubiger, so erhält er für die Vertretung in dem Verfahren wegen Anordnung der Zwangsverwaltung oder wegen Zulassung des Beitritts einmal zwei Zehnteile, für die Vertretung in dem weiteren Verfahren einmal drei Zehnteile der vollen Gebühr aus dem Werte der wiederkehrenden Leistungen; für die Berechnung dieses Wertes ist der Wert der Leistungen eines Jahres maßgebend. Der Wert der Einkünfte des Verwaltungsjahrs, in dem der Rechtsanwalt zuerst eine Tätigkeit für den Berechtigten entwickelt hat, ist statt des Wertes der Leistungen eines Jahres maßgebend, wenn er geringer ist als dieser Wert. Die Gebühr für die Vertretung in dem Verfahren wegen Anordnung der Zwangsverwaltung oder wegen Zulassung des Beitritts beträgt mindestens fünf Mark, die Gebühr für die Vertretung in dem weiteren Verfahren mindestens zehn Mark. Die Vorschrift des Artikel 17 Abs. 4 ist entsprechend anzuwenden.

Art. 21.

Ist in den Fällen der Artikel 19, 20 die Gebühr aus dem Werte der Einkünfte zu berechnen, so ist der volle Wert der Einkünfte des Verwaltungsjahrs auch dann maßgebend, wenn der dem Rechtsanwalt erteilte Auftrag vor der Beendigung des Verwaltungsjahrs aufgehoben wird.

An die Stelle der in den Artikeln 19, 20 bestimmten geringsten Beträge der Gebühren tritt die Hälfte dieser Beträge, wenn der Rechtsanwalt denselben Beteiligten gleichzeitig im Verfahren der Zwangsversteigerung bezüglich derselben Gegenstände vertritt.

Art. 22.

Die für das Verfahren der Zwangsversteigerung geltenden Vorschriften sind auch bei der gerichtlichen Versteigerung eines Bergwerkes oder einer Anlage, auf welche die Vorschrift des Artikel 258 des Berggesetzes Anwendung findet, und bei der im Artikel 267 Abs. 2 des Berggesetzes vorgeschriebenen Zwangsversteigerung eines unbeweglichen Kuxes anzuwenden.

Art. 23.

Auf die Berufstätigkeit des Rechtsanwalts in einem Verteilungsverfahren außerhalb der Fälle der Zwangsversteigerung und der Zwangsverwaltung, das nach den für die Verteilung des Erlöses im Falle der Zwangsversteigerung geltenden Vorschriften zu erledigen ist, finden die Vorschriften der Artikel 17, 18 entsprechende Anwendung.

Art. 25.

Die Vorschriften der Artikel 6 bis 16 finden auf die in den Artikeln 17 bis 24 aufgeführten Angelegenheiten nur dann Anwendung, wenn sich der Auftrag auf eine einzelne Tätigkeit oder auf mehrere einzelne Tätigkeiten im Verfahren beschränkt.

Art. 26.

Ist für das dem Rechtsanwalt übertragene Geschäft eine Gebühr nicht bestimmt, so erhält er eine unter entsprechender Anwendung der Vorschriften der Reichsgebührenordnung für Rechtsanwälte und dieser Verordnung zu bemessende Gebühr.

Art. 27.

Die Vorschriften der §§ 2 bis 8, 11, 12, 26, § 29 Abs. 2, § 30, § 31 Abs. 1, §§ 32 bis 26, 76 bis 87, 93, 94 des Reichsgebührenordnung für Rechtsanwälte finden, soweit nicht ein anderes bestimmt ist, in den Fällen der Artikel 4 bis 26 entsprechende Anwendung.

In den Fällen der Artikel 17 bis 23 finden auch die Vorschriften der §§ 10, 25, § 29 Abs. 1, §§ 41, 48 bis 51, 90 der Reichsgebührenordnung für Rechtsanwälte, in den Fällen des Artikel 24 dieselben Bestimmungen mit Ausnahme des § 41 entsprechende Anwendung.

Sind der Auftrag zu einem Antrag auf Eintragung einer Sicherungshypothek und der Auftrag zur Einleitung des Verfahrens der Zwangsversteigerung oder des Verfahrens der Zwangsverwaltung bezüglich desselben Anspruchs auf Grund desselben Schuldtitels gleichzeitig erteilt worden, so wird, wenn beide Aufträge ausgeführt werden, die Gebühr für den Antrag auf Eintragung der Sicherungshypothek auf die im Artikel 17 Abs. 2 oder im Artikel 19 Abs. 2 bestimmte Gebühr angerechnet.

Art. 28.

Diese Verordnung tritt am 1. April 1902 in Kraft.

Die Vergütung für die Berufstätigkeit des Rechtsanwalts zur Erledigung von Aufträgen, die vor diesem Zeitpunkt erteilt sind, bestimmt sich nach den bisherigen Vorschriften.

Für den erbschaftlichen Liquidationsprozeß (Artikel 150 bis 157 des Gesetzes zur Ausführung der Reichs-Zivilprozeßordnung und Konkursordnung vom 23. Februar 1879) sowie für das Hypothekenreinigungsverfahren bleiben die bisherigen Vorschriften in Geltung.

Das gleiche gilt für die Verfahren der Zwangsversteigerung, der Zwangsverwaltung und der gerichtlichen Versteigerung, auf welche die Vorschriften des Gesetzes vom 23. Februar 1879, die Zwangsvollstreckung in das unbewegliche Vermögen wegen Geldforderungen betreffend, und des Gesetzes vom 29. Mai 1886, Änderungen der Bestimmungen über die Zwangsvollstreckung in das unbewegliche Vermögen betreffend, anzuwenden sind. Für das Verfahren der Zwangsversteigerung eines gemeinschaftlichen Grundstücks zum Zwecke der Aufhebung der Gemeinschaft gelten dagegen die Bestimmungen dieser Verordnung schon vor dem Zeitpunkt, in welchem das Grundbuch als angelegt anzusehen ist; in diesem Verfahren erhält der Rechtsanwalt für den Antrag auf Wiederversteigerung (Artikel 87 des Gesetzes vom 23. Februar 1879, Artikel 28 des Gesetzes vom 29. Mai 1886) einschließlich der weiteren Tätigkeit bis zur Einleitung des Verteilungsverfahrens neben den im Artikel 17 bestimmten Gebühren weitere drei Zehnteile der vollen Gebühr.

Die Bestimmung des Artikel 27 Abs. 3 ist auch auf die Vormerkung einer Hypothek nach Artikel 40 des Gesetzes vom 29. Mai 1886, Änderungen der Bestimmungen über die Zwangsvollstreckung in das unbewegliche Vermögen betreffend, entsprechend anzuwenden.

Sachregister.

(Die Zahlen bedeuten die Seiten.)

A.

B.

F.

G.

(Die Zahlen bedeuten die Seiten.)

(Die Zahlen bedeuten die Seiten.)

L.

M.

N.

O.

P.

Q.

R.

S.

U.

V.

(Die Zahlen bedeuten die Seiten.)

(Die Zahlen bedeuten die Seiten.)

Z.

(Die Zahlen bedeuten die Seiten.)

Kolibri 360 GmbH
Ferdinand-Jühlke-Straße 7
99095 Erfurt, Deutschland
produktsicherheit@kolibri360.de